A Catalogue of 18th-Century Symphonies

VOLUME I

THEMATIC IDENTIFIER

A Catalogue of 18th-Century Symphonies

VOLUME I

THEMATIC IDENTIFIER

Jan LaRue, 1918-

INDIANA UNIVERSITY PRESS
Bloomington and Indianapolis

027543

©1988 by Jan LaRue
All rights reserved

No part of this book may be reproduced or utilized in any form or by any means, electronic or mechanical, including photocopying and recording, or by any information storage and retrieval system, without permission in writing from the publisher. The Association of American University Presses' Resolution on Permissions constitutes the only exception to this prohibition.

Manufactured in the United States of America

Library of Congress Cataloging-in-Publication Data

LaRue, Jan.
A catalogue of 18th-century symphonies.

Includes index.
Contents: v. 1. Thematic identifier.
1. Symphonies–18th century–Thematic catalogs.
I. Title.
ML128.S9L37 1988   016.7851'1'09033   86-46404
ISBN 0-253-31363-5 (v. 1)
1 2 3 4 5 92 91 90 89 88

This book is dedicated to those who have loved the symphony enough to compose, copy, perform, record, conserve, reconstruct, authenticate, research, compile, catalogue, analyze, teach, discuss, write about, and —not least— happily listen.

CONTENTS

Acknowledgments ix
Preface xii

Thematic Identifier 1

Index 321

Acknowledgments

The number of individuals and institutions that have supported and contributed to this project over a period of more than thirty years is so large that I begin with an apology that not everyone can be personally mentioned. Furthermore, my records and memory may inadvertently leave further unintentional and regrettable omissions. For these I beg forgiveness and in atonement cite my lifetime adherence to the Golden Rule of Research: pass on to others the spirit and substance of concerned exchange from which we all so richly benefit. Only in this way can one respond to the nonrecompensable debts of scholarship—the sharing with predecessors, colleagues, and students that maintains the precious continuity of humane research.

A Catalogue of 18th-Century Symphonies began in 1954 during a year of sabbatical leave from Wellesley College additionally supported by a research professorship from the Austrian Fulbright Commission of the International Institute of Education. At this time I hoped to write a history of the eighteenth-century symphony, but I soon made a shattering discovery: no one knew for certain who wrote which symphony. Though I had no idea then of the magnitude of the task, the obvious solution was a research tool that compared symphonic incipits (opening bars of the first violin part) from all available sources, so as to call attention to the frequent conflicts in attribution.

The decision to attempt such a compilation seemed inevitable, and it matured rapidly under the catalytic influences of four central individuals. The incandescent personality of H.C. Robbins Landon fueled the first efforts with direct contributions of index cards for various composers and the momentum of his inexhaustible enthusiasm. Otto Erich Deutsch, the great biographer of Handel, Mozart, and Schubert, brought his unique clarity of thought to bear on problems of planning and organization. The path-breaking research of Jens Peter Larsen on symphonies falsely attributed to Haydn offered a sophisticated model and later a generous provision of material. Last but most, Helen Claire Robison, my dear wife, joined directly in all the work of the early years—the visits to hundreds of libraries and the cataloguing of thousand of sources all over Europe somehow fitted in with the raising of two amazingly patient daughters.

After these beginnings, first thanks go to the most immediate helpers and supporters, including Eugene Wolf, Jean K. Wolf, Christa Fuhrmann Landon, Marian C. Green, Margaret Johnson Bartz, Jeanette B. Holland, Gregory Harwood, Alice Caldwell, Rena Charnin Mueller, Ann Jennerjahn, Diana Schneider, Donna Kerber, Brenda Aaronson, Polly Wheat, Robert Lynch, Stephen Bryant, Josephine Wright, Deborah Wythe, Evangeline Vassiliades, Ed Wight, Kathryn Shanks, and David Cannata, the last two especially effective for input and decisions of the final months. Acknowledgments to individual librarians and their institutions will be made in Volume II, in connection with the location of sources for each symphony.

Many of my Ph.D. candidates made particularly valuable contributions that clarify the symphonic output of specific composers; they include Eugene Wolf (Stamitz), Jean Wolf (Cannabich), Howard Brofsky (Padre Martini), Shelley Davis (J. G. Lang), Anneliese Callen (Schwindl), Suzanne Forsberg (Camerloher), Margaret Grupp Grave (Dittersdorf), George Hill (Gassmann), and Judith Schwartz (G. M. Monn).

Institutions have played an enormously important part in bringing about the *Catalogue,* beginning with sabbatical leaves from Wellesley College and New York University, but even more directly by a generous fellowship from the John Simon Guggenheim Memorial Foundation that made possible an extensive trip to libraries in East Germany, Czechoslovakia, and Poland. Grants from the American Council of Learned Societies, the Ford Foundation for the Advancement of Teaching, and the American Philosophical Society enabled me to add significant areas to the *Catalogue*. Particularly influential was the suggestion of Dean Norman Cantor of New York University that I apply for support from the National Endowment for the Humanities to computerize the *Catalogue*. This agency awarded me a three-year grant, which was later renewed for a fourth year. Computer control, in addition to its wonderful flexibility (a few negatives will be mentioned below), made possible the production of camera-ready copy, the only hope for publishing a large project addressed to a small audience. This indispensable support developed in large measure as a consequence of the insightful and effective policies of Dorothy Wartenberg, Division of Research in NEH. To her the symphony and all researchers in this area owe a special debt.

An entirely special set of acknowledgments are owed to my exceedingly helpful colleagues in the Courant Institute of Mathematical Sciences at New York University, notably Max Goldstein, Edward Friedman, Edi Franceschini, Frank LoPresti, Terry Moore, Anna Moore, and Gary Chapman. The final sort and format was imaginatively devised by Jeff Bary.* SYMCAT, our general acronym for the *Catalogue,* began as a time-sharing project on a CDC Cyber 170 main-frame computer, the only option then available. Main frames, however, have a number of disadvantages for the long-term researcher, and the advent of microcomputers will greatly assist Volume II of the *Catalogue.*

For invaluable and unstinted aid on administrative and fiscal aspects of the NEH project I am grateful to Ann Greenberg, the perceptive Director of Sponsored Services for New York University, and her able deputy, Martha Dunne. Similarly supportive in the Department of Music, Rena Mueller supervised vital transactions within tight schedules. Most important, firstly and finally, as primal implementor who made possible many of the above confluences of good fortune, I am most deeply grateful for the personal, intellectual, musical, and moral support of my first chairman and cherished colleague, Martin Bernstein.

---

* A laser printer made possible the column format (fixed spacing and sans-serif typeface) for the incipits, followed by proportional spacing with serifs for the identification numbers and composers' names. This differentiation seems to help in searching and reduces eye fatigue.

Preface

A *Catalogue of 18th-Century Symphonies* could have appeared years earlier if cataloguers of music had realized the inadequacy of general titles such as "Symphony in D Major" to identify a given work. Librarians are not to be blamed, since as conservators they must be conservative, and that has meant a continuation of book traditions, in which the title in most cases does offer positive identification. In recent years, some libraries have gradually added musical incipits—an ideal but costly process. In the meantime, researchers must request and personally examine every source to find out just which symphony it is. As a practical alternative, an alphabetic incipit using the first dozen or so note names in the first violin part will positively identify almost any symphony in a card file, at a saving of thousands of hours for researchers and shelf attendants. It is hoped that future cataloguing decisions will take note of this simple and inexpensive alphabetic solution. Revisions of *The British Union-Catalogue of Early Music* and the RISM *Einzeldrücke vor 1800* offer admirable opportunities in this regard.

    Publication of the *Catalogue* in "hard copy" is planned in three stages. The first is the present *Thematic Identifier,* containing 16,558 incipits of note names (see explanations below) arranged alphabetically by keys and then within these keys. The listing includes separate entries for slow introductions and the following fast movements, as well as many secondary entries for variants produced by appoggiaturas added or missing, omitted ties, and incorrect key identifications. In addition, layers of alteration have been contributed over more than two hundred years by war, modernization, copyists, printers, forgers, purchasers and performers, librarians and archivists, secretaries and shelf attendants, indexers, and musicologists. Bookbinders and well-intentioned curators often trim ragged edges or replace soiled covers, thereby destroying forever much precious evidence of owners, borrowers, editors, prices, plate numbers, performance records, and watermarks; and stains of weather, ink, food, and drink may obscure small but potentially important bits of evidence for dating and authentication. For all these reasons, the *Thematic Identifier* should be regarded as a primary finding tool that opens initial pathways of

PREFACE xiii

investigation and gives early warning of serious complications in attribution, the central problem of symphonic studies.

The second stage will consist of one or two volumes entitled *Composers' Worklists*, this time with incipits in full musical notation, but still arranged alphabetically, a distinct and useful simplification for the search process.

Finally, to offer more flexibility for additions, corrections, and coordinated updating, the entire contents of the database will be made available on microfiches or compact disks.

In principle the *Catalogue* includes all discoverable symphonies and similar works used in concert c. 1720 to c. 1810. For example, opera overtures found in sources intended for concert performance have been included; and for composers of such double-function works, other overtures have been included even if not specifically connected with concert performance, in the hope of providing further identifications of anonymous works. French overtures (Largo opening; dotted rhythms) have generally been excluded, as have chamber works in nonsymphonic meters (3/8) or in conspicuously soloistic or heavily ornamented style. However, some quartets and larger combinations that begin in a formal symphonic manner (e.g., $|\frac{4}{4} \, \♩ \, \♩ \, \♩ \, \♪ \, | \, \♩ \, \♩ \, \♩ \, \♪ \, |$) have been included, based on considerable evidence of cross-overs between chamber and symphonic repertories. Furthermore, in general I have tried to include rather than exclude borderline cases, since they may open up valuable leads in questions of authentication for other works.

The *Catalogue* uses the following bibliographic conventions:

(1) Composers with the same last name have been distinguished by identification numbers assigned with the aid of *Cutter-Sanborn Three-Figure Author Table: Swanson-Swift Revision* (Littleton, Colorado: Libraries Unlimited, 1976), for example:

"B112 Bach" refers to a Bach source without given name.
"B114 Bach" refers to C. P. E. Bach.
"B116 Bach" refers to J. C. Bach.
"H409 Haydn" refers to a Haydn source without given name.
"H411 Haydn" refers to Joseph Haydn.
"H413 Haydn" refers to Michael Haydn.

(2) RISM sigla have been used only for reporting locations of anony-

mous works. A full table explaining these sigla will appear in connection with the source locations in later volumes.

(3) Variants in incipit notes or unusual (?mis)spellings of composers' names reflect the situation in the sources, since particular melodic variants or ingenious counterspellings may yield valuable clues to the specialist regarding dating and transmission.

In the present volume, within each key, the alphabetic location of a symphony is determined by the note names at the beginning of the first violin part (the conventional incipit used for identification since about 1730). A rising chromatic listing of keys from A-flat to G-natural is convenient for learning and comparison. Using the alphabet as central principle also dictates placing minor keys after the parallel rather than the relative major, e.g., A major followed by A minor (represented here by A-). (Note that in German, "parallel" means "parallel signature," not "parallel note name.")

Other key arrangements, such as those beginning with C and proceeding according to the circle of fifths (C, G, D, A, etc.) or by increasing number of accidentals (C, G, F, D, B-flat, etc.), are much harder to check and nightmarish to revise. Also, alphabetic listings can be used by persons who know note names but are inexperienced in technical matters such as the circle of fifths.

After the line number, each entry contains the key and incipit, followed by the composer's identification number (for internal reference) and last name. This system creates a self-revising order that avoids the constant need for repositioning in listings by number, opus, date, or tonality. Unfortunately many symphonies contain strings of repeated notes, such as tremolos, which take up space without offering an identifiable profile. The longest to date is 64 notes on one pitch, nearly a whole line in itself. Obviously numbers are required to conserve space, yet if one mixes alphabetical and numerical systems, some conflicts in order result. In large catalogues these conflicts become critical because entries that are successive according to one principle may be pages apart according to another logic. For example, following alphabetical order first, we produce a numerical problem (3 coming after 4):

Alphabetical
C:CCC
C:CCCC
C:CCCD

Numerical
C:3C
C:4C
C:3CD

On the other hand, following first the numerical order causes an alphabetical problem (C:CCCC coming after C:CCCD):

Numerical
C:3CA
C:3CD
C:4CA

Alphabetical
C:CCCA
C:CCCD
C:CCCC

In practice, however, repeated notes occur so commonly that the numerical organization coming first proves to be the more practical solution. The use of the *Thematic Identifier* thus involves the following steps:

(1) Reduce the first violin incipit to numbers and letters without regard to octaves or barlines (symbols for accidentals: $ = flat, # = sharp, and N = natural).

(2) Locate the symphony within its key by first following the numerical order and then the alphabetical order. In the samples below, C-:CGEED (=1CG2ED) numerically precedes C-:2CE, even though alphabetically E precedes G.

Violin I Incipit   Line No.   Alphabetical Incipit

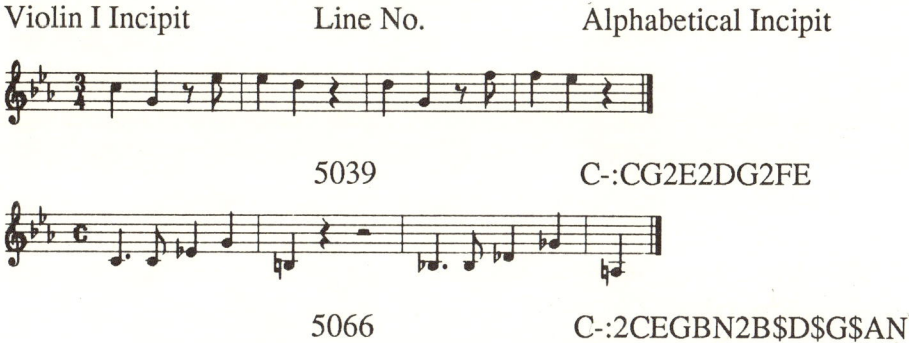

5039   C-:CG2E2DG2FE

5066   C-:2CEGBN2BDG$AN

If you encounter difficulty in locating the incipit, examine the ten lines above and below the expected location. Several possibilities of variation in an incipit may change this location, such as copyist's mistakes, appoggiaturas added or omitted, or in a short incipit, failure to show the full numerical repetition at the end—2D could be a page away from 3D. Transpositions are very rare, but if a symphony cannot be located in its proper place, it may be lurking mistakenly in the same relative position of a neighboring key (B-flat instead of B) or a relative major or minor (A minor instead of C major).

One of the most rewarding aspects of the *Thematic Identifier,* attainable in no other way, is the "resurrection" of anonymous manuscripts by identification of their composers. These involve not only local composers but important international figures for whom an additional source may furnish vital clues for editing and performance, as well as evidence of the distribution of popular works. In a complementary function, the *Thematic Identifier* calls attention to the true identities of symphonies falsely attributed to famous composers. For example, the present volume shows that a "false" Haydn symphony listed by H. C. Robbins Landon *(Symphonies of Joseph Haydn,* App. II, no. 69) should probably be attributed to Weigert (compare lines 1049 and 1050). These several functions of the *Thematic Identifier* create the first comprehensive foundation for a general study of the great symphonic repertory of the Enlightenment.

In the coming years I shall be grateful for corrections and additions and happy to receive questions regarding particular works. Please address them to 15 Edgehill Drive, Darien, Connecticut 06820, U.S.A.

Jan LaRue
Darien, 1988

Thematic Identifier

```
 1  A$ : ABCBCDCFGABCBANB    S383 SCHUBERT
 2  A$ : A4E3C//EAG           G251 GASSMANN
 3  A$ : AGAEG2A2E2DC2FE      O650 ORDONEZ
 4  A$ : AGFE3ABCD            V254 VANHAL
 5  A$ : 3AC5AC2AFG2AGFEFGABC J330 JANITSCH
 6  A$ : 3AC5AC2AFG2AGFEFGABC ANON. D/DDR-Dlb
 7  A$ : 3AGFE3ABCD           V254 VANHAL
 8  A$ : 2C2E3ABC2DCE2CB2A    S383 SCHUBERT
 9  A$ : EAG                  G251 GASSMANN
10  A$ : E4AGDBNCFGA          H877 HUBER
11  A$ : EB2EDEFB2FEFG        K860 KOSPOTH
12  A$ : 4E3C//EAAG           G251 GASSMANN

13  A : AA#BDCEDCBAGF         L368 LAUBE
14  A : ABABCECAGBEGABCDEFGA  M998 MYSLIVECEK
15  A : ABACEBCBCDBCBDFDC     B275 BARRIERE
16  A : AB2A2EFGACBA2GAB      G926 GUENIN
17  A : ABC                   D918 DUNI
18  A : ABCABCADCBAEFG        M625 MICHL
19  A : ABCABCEC2AGBAGF       Z730 ZIMMERMANN
20  A : ABCADBD2C2AB          P727 PLEYEL
21  A : ABCA3DCBCD            H337 HARTWIG
22  A : ABCBABCBABCBAECA      ANON. S-Skma
23  A : ABCBABCDBED           P523 PFEIFFER
24  A : ABCBAD#EB             C945 CROTCH
25  A : ABCBAEAC2DBGE         S795 STARZER
26  A : ABCBAECEABCBAE        G736 GRAF
27  A : ABCB2AECFDECFD        M488 MEDER
28  A : ABCDA2DEFEAEABCDEFG   L234 LAMONINARY
29  A : ABCDCAEC3AGFEDCBA     A646 APPEL
30  A : ABCDCBAGEAEB          G998 GYROWETZ
31  A : ABCDCBCDBED           T678 TORELLI
32  A : ABCDE2A               T611 TISCHER
33  A : ABCDECA               N489 NEUMANN
34  A : ABCDECDEFGAEDCBACBA   M729 MOLTER
35  A : ABCDEDCBABCDEDCB2ABCDCB2A  ANON. DK-Kk
36  A : ABCDEDCB2ABCDCB2A     M214 MAHAUT
37  A : ABCDEDCB3A            P548 PHILIDOR
38  A : ABCDEFABCDE2ABCDEFABCDEA   B617 BIRCK
```

39 A : ABCDEFEDCDC   Z425 ZECHNER
40 A : ABCDEFG   H758 HOLZBAUER
41 A : ABCDEFGABCD#   C182 CAMERLOHER
42 A : ABCDEFGACED2BCDEFGA2BD   M998 MYSLIVECEK
43 A : ABCDEFGAEAEFGABC   H708 HOFMANN
44 A : ABCDEFGAEBEDECEA   H573 HERTEL
45 A : ABCDEFGA2G   P523 PFEIFFER
46 A : ABCDEFG2ACBDCEDBCD#EFGAB   W131 WAGENSEIL
47 A : ABCDEFG4A   K966 KUNTZEN
48 A : ABCDEFG5AGBEFED   L234 LAMONINARY
49 A : ABCDEFGEABCD   C182 CAMERLOHER
50 A : ABCD2EGNFABC2DFE2C   D243 DAUVERGNE
51 A : ABCD3ECACDBGA   K840 KOERZL
52 A : ABCD3EFGAEDCBAFE   H573 HERTEL
53 A : ABCD5EFG   V443 VELIKY
54 A : ABCD7E   D617 DITTERSDORF
55 A : ABCD#EFGA4DCDEDC   W131 WAGENSEIL
56 A : ABCFEDCBAGA   B858 BRIOSCHI
57 A : AB4CDC2BC   H354 HASSE
58 A : ABDCDF2EFGABCD   B664 BOCCHERINI
59 A : ABDCEDCBAGF   L368 LAUBE
60 A : ABEAEABCACDECEG   ANON. A-LA
61 A : ABGACBABCDBACBAB   S783 STALDER
62 A : AB#2CFAG   F271 FAUNER
63 A : ACACAEAFEGEACAF   K913 KRAUS
64 A : ACACECEAECA   H708 HOFMANN
65 A : ACADBEDC4FGAB3E   O650 ORDONEZ
66 A : ACADB2EAB   K880 KOZELUCH
67 A : ACAECAGFEDCB   B547 BERTONI
68 A : ACAECAGFEDCBA   P761 POKORNY
69 A : ACAECEACAECE   M748 MONN
70 A : ACAECECECAE   G557 GLEISSNER
71 A : ACA2E2AG2A   S397 SCHWAEGRICHEN
72 A : ACA4EAGFEDCBA4E   N454 NERUDA
73 A : AC2A2EC   P221 PARADEISER
74 A : AC3AG3AGACED   H573 HERTEL
75 A : ACBABCECAGBEGABCDEFGA   M998 MYSLIVECEK
76 A : ACBACBADCBDCB   J750 JOMMELLI
77 A : ACBADCB3E2DC   S699 SONNLEITHNER
78 A : ACBA2DCBA2FEDC3A   V624 VIBERT
79 A : ACBAD#ED#2EFEDGA   P979 PUGNANI
80 A : ACBAD#3EFG5A   G678 GOSSEC
81 A : ACBAEAGF2EDC2DCBA   W131 WAGENSEIL
82 A : ACBAED#EABCDCBAGA   F439 FIAMENGHINI
83 A : ACBAEGFE2ABCBAE   B459 BENDA
84 A : ACBA2EDCBA   K789 KOHAUT
85 A : ACBA3EDCBAG2ACEFBDCBEG   J750 JOMMELLI
86 A : ACBA3EDCBAG2ACEFBDCB2E   C534 CHIESA
87 A : ACBA4E   H708 HOFMANN
88 A : ACBAGABCDCAFE   S324 SCHENCKER
89 A : ACBAGAFA4EFGA//AEE#   G926 GUENIN
90 A : ACBAG2EDCBCA   S853 STIASNI

91 A : ACBAGFEDC2E   G779 GRAUPNER
 92 A : ACB2ABCDBFAGFG   S774 STADT
 93 A : ACB2ABCDBGEACB2ABCDB   S139 SAINT-GEORGES
 94 A : ACB2ABCDEBAGAEAEA   C221 CANNABICH
 95 A : ACBCDBGACBCDBG   G251 GASSMANN
 96 A : ACBCD2CEDEFEFGA   R539 RICKERT
 97 A : ACBCDEABCD   E164 EBERLIN
 98 A : ACBCDE2A2F2E   B456 BENDA
 99 A : ACBCDE2A2F2EB   S297 SCHALE
100 A : ACBCDE2A2F2EB   ANON. S-Uu
101 A : ACBCDE2A2F2EBAGFEB   S295 SCHAFFRATH
102 A : ACBCDECACD#B   W520 WESLEY
103 A : ACBCDECAEC3GNFG#A#BCBANGNFEDCD   B461 BENDA
104 A : ACBCDECDBCEDBC   H758 HOLZBAUER
105 A : ACBCDEDCB3A   P548 PHILIDOR
106 A : ACBCD3E2B   O160 OCH
107 A : ACBCD3EF2E   S785 STAMITZ
108 A : ACBCECACBCEC2AGFA   C225 CANNABICH
109 A : ACBDCABCDEFGAGFEFE   D797 DRUSCHETZKY
110 A : ACBDC3BDCB2AB   S785 STAMITZ
111 A : AC2BDCBCDCDEGABAE   B125 BACHSCHMIDT
112 A : AC2BD2CF2BCDEB   A833 ASIOLI
113 A : ACDEAGF   W131 WAGENSEIL
114 A : ACDECACDECACDECACDECBDC   S383 SCHUBERT
115 A : ACDECAGAEFDE   M382 MARTIN
116 A : ACDECDBEAE   O350 OGLIO
117 A : ACDEDC2AGF   W131 WAGENSEIL
118 A : ACDEDCE2ACDEDCB   Z425 ZECHNER
119 A : ACDEFAGAEDCAC   G778 GRAUN
120 A : ACDEFEADCAB2AGN   F248 FASCH
121 A : ACDEFGACDEFG2ACE   K922 KRESS
122 A : ACDEFGAEC2AFD2AECA   B617 BIRCK
123 A : ACD2EAEF2EAEF   P837 PORPORA
124 A : ACD2EFGAEBECE   F439 FIAMENGHINI
125 A : ACD2E2FG2AGFE2D   V254 VANHAL
126 A : ACD3EB   P129 PAGANELLI
127 A : ACD3EFG3ABCEAGFED   R758 ROMAN
128 A : ACD4EACD4E2FG4A   O680 ORGITANO
129 A : ACD4EFGA   G678 GOSSEC
130 A : ACD#ED#EFE   G678 GOSSEC
131 A : ACD#ED#EFE   L869 LORENZITI
132 A : ACD#EFD#FEFD#FEDNCB   G567 GLUCK
133 A : ACEA   ANON. CH-Bu
134 A : ACEACBD2CBGB2ACE   F489 FILTZ
135 A : ACEACBEDCDCBGB2ACE   F489 FILTZ
136 A : ACEAC2BC   G396 GEWEIJ
137 A : ACEACEAEDCBAEDCBA   ANON. CS-Pnm/Doksy
138 A : ACEACEAF   S336 SCHINDELE
139 A : ACEACEGAFG2E2D   G778 GRAUN
140 A : ACEACEGAFG2E2DCBA   G778 GRAUN
141 A : ACEAC3EA//9EA   W939 WRANITZKY
142 A : ACEA2C2BC   G396 GEWEIJ

143 A : ACEA2C2BCE2DC D617 DITTERSDORF
144 A : ACEA2C2BDF O650 ORDONEZ
145 A : ACEAE O650 ORDONEZ
146 A : ACEAEC A888 AUBERLIN
147 A : ACEAECAECAECA2E A282 AGTHE
148 A : ACEAEDCACEACB2ACEAFEFAE W131 WAGENSEIL
149 A : ACEAE2F S819 STEGMANN
150 A : ACEA3ECACEDC A237 ADLGASSER
151 A : ACEA14EAEDCBA2E H758 HOLZBAUER
152 A : ACEAFGFEDCBA C146 CALDAZI
153 A : ACEAGF3EDFED2C H708 HOFMANN
154 A : ACE2A G396 GEWEIJ
155 A : ACE2AGAB H688 HOECKH
156 A : ACE3ABCDEFEDCBA W131 WAGENSEIL
157 A : ACE3ABCDEFEDCBAG ANON. D/BRD-RH
158 A : ACE3ABC2DFEDCB H413 HAYDN
159 A : ACE3ABEG3BCB3ABA3G W131 WAGENSEIL
160 A : ACE3AG M939 MOZART
161 A : ACE4AEGB4E C182 CAMERLOHER
162 A : ACE5AGFEDCDCA B668 BODINUS
163 A : ACE7AGF2E4F C258 CARAFFE
164 A : ACE14ADF14A S789 STAMITZ
165 A : ACEBDACEBD S320 SCHEINPFLUG
166 A : ACEBGABC2DF2D3CDE D245 DAVAUX
167 A : ACECABDBGACECABDBG S689 SOLNITZ
168 A : ACECACAE2CEAECECAE B114 BACH
169 A : ACECACECACEA K840 KOERZL
170 A : ACECACEFGACAC W939 WRANITZKY
171 A : ACECAEAEAE2ABAGABC W499 WERTTIG
172 A : ACECBAECBA2FGBAGF B393 BECK
173 A : ACECBC2ACE W131 WAGENSEIL
174 A : ACECBC2ACEDCD4BCDCBCA ANON. DK-Kk
175 A : ACECDEFGABCDEFEDC B125 BACHSCHMIDT
176 A : ACEDBGEACEDBGE F271 FAUNER
177 A : ACEDCBABC2DCB2AECA S594 SIMON
178 A : ACEDCBC2ACE W131 WAGENSEIL
179 A : ACEDCBC2AC2EDCD4BC2DCBCA ANON. DK-Kk
180 A : ACEDC2DCB#C S985 SYLVA
181 A : ACEDCEACBD G778 GRAUN
182 A : ACEDCEAED N489 NEUMANN
183 A : ACEFEDCA B658 BLUMENTHAL
184 A : ACEGBD F271 FAUNER
185 A : AC2EACE2AD2FAD S787 STAMITZ
186 A : AC2EAECEG2BEBG H714 HOFSTETTER
187 A : AC2EAGFEDC Z780 ZINGARELLI
188 A : AC2EDCEA2ED N489 NEUMANN
189 A : AC2EFEDCA B658 BLUMENTHAL
190 A : ACFG F271 FAUNER
191 A : A2CBAGABCDCAFEA S324 SCHENCKER
192 A : A4CD2E2F2GA L619 LE ROY
193 A : ADBGAGAECED2CBCA F489 FILTZ
194 A : ADCBAD#ED#2EFEDGA P979 PUGNANI

```
195   A : ADCBAD#3EFG5A     G678 GOSSEC
196   A : ADCBAEAGFE2ABDCBAE     B459 BENDA
197   A : ADCBAEAGF2EDC2DCBA     W131 WAGENSEIL
198   A : ADCBAEDCB3E2DC     S699 SONNLEITHNER
199   A : ADCBA3EDCBAG2ACEFBDCB2E     C534 CHIESA
200   A : ADCBA4E     H708 HOFMANN
201   A : ADCBCDBGADCBCDBG     G251 GASSMANN
202   A : ADCBCDEABCD     E164 EBERLIN
203   A : ADCBCDECDBCEDBC     H758 HOLZBAUER
204   A : ADCBCD3EFE     S785 STAMITZ
205   A : ADCBCECADCBCEC2AGFEDCBA     C225 CANNABICH
206   A : ADCDCBAF     V254 VANHAL
207   A : ADCEFEDC3B     H411 HAYDN
208   A : ADCEFGAGF2E     K926 KREUSSER
209   A : AD2CF2EGAGNFE     B116 BACH
210   A : ADEDBAGB2E     ANON. A-LA
211   A : AEABCBDBAGA     B589 BIERLINGER
212   A : AEAB5CACD4E     M385 MARTINELLI
213   A : AEAB5CDCBABE     Z780 ZINGARELLI
214   A : AEACBDCBGC     G778 GRAUN
215   A : AEACDD#EFGABCDBGEFGAE     S363 SCHOBERT
216   A : AEA2CD2BEB2DEC     H877 HUBER
217   A : AEAEABCBCDEGAB     L712 LIDARTI
218   A : AEAEAEAB2CD2EDCB     N311 NAUMANN
219   A : AEAEAEACEC     G942 GUGEL
220   A : AEAEAEAEAEACBD     S357 SCHMITTBAUR
221   A : AEAECACECACE     G567 GLUCK
222   A : AEAECEA2ED     B733 BORGHI
223   A : AEAEDC     F248 FASCH
224   A : AEAEFG4A4E4C4A     H469 HEINICHEN
225   A : AEA5E2FED     S295 SCHAFFRATH
226   A : AEAFA     B858 BRIOSCHI
227   A : AEAFACBA2DCB     H354 HASSE
228   A : AEAFACBAEDCB     C182 CAMERLOHER
229   A : AEAGB3DCB     Z310 ZANI
230   A : AEAGFEAB2C2DCBA     P586 PICCINNI
231   A : AEAGF2EDCBAE     H337 HARTWIG
232   A : AEA2GFEAB2CDCBA     P586 PICCINNI
233   A : AE2ABACAEC4A / / A : 8ABAGA     B414 BEECKE
234   A : AE2AB2A     S394 SCHURER
235   A : AE2AC2AFE2AB     ANON. D/BRD-DO
236   A : AE2AGB3DCB     Z310 ZANI
237   A : AE3ABCDBCE2ABC     B533 BERRETTA
238   A : AE3ABCD2E3AG#ABG#     K922 KRESS
239   A : AECA     S638 SMETHERGELL
240   A : AECABABABABABCD     M998 MYSLIVECEK
241   A : AECABEDB     M939 MOZART
242   A : AECACAECBEDB     E164 EBERLIN
243   A : AECADFGAG#AG#A     S521 SEYFERT
244   A : AECAEBGE     S373 SCHRAMEK
245   A : AECAECAE / / 2A2E2A2ECBA     W767 WINEBERGER
246   A : AECAECAECA     J330 JANITSCH
```

247 A : AECAECAECACDECBDC S383 SCHUBERT
248 A : AECAEC2AEC2ACA G778 GRAUN
249 A : AECAEC2AFED R687 RODEWALD
250 A : AECAECB2AFD H758 HOLZBAUER
251 A : AECAECEABGAE F489 FILTZ
252 A : AECAECEABGAE E550 ENDERLE
253 A : AECAECFEDBEDBABC D617 DITTERSDORF
254 A : AECAECGE2ACAECGEA7C S783 STALDER
255 A : AECAE2CAEC S783 STALDER
256 A : AECAEDCB2AFD H758 HOLZBAUER
257 A : AECA9ECBC9D W939 WRANITZKY
258 A : AECAFDAGEDEFEAEC M816 MONZA
259 A : AECA4FEAECA R383 RELUZZI
260 A : AECAGFED#EA2DN B790 BOYCE
261 A : AEC2ABEFE S749 SPERGER
262 A : AEC2AC2ACEFDG2AC2ACE B199 BAMBINI
263 A : AEC2AECA S232 SANTA
264 A : AEC2AECABEGEBEDBCEAE ANON. D/DDR-Dlb
265 A : AEC2AECAE O350 OGLIO
266 A : AEC2AECAFEC2EDB2D2CE K820 KOENIGSPERGER
267 A : AEC4AGFGABAGF B617 BIRCK
268 A : AECBABG2A M388 MARTINO
269 A : AECBABG2A T195 TARTINI
270 A : AECBABG2ADEFEDCDB C262 CARASSI
271 A : AECBACDE T338 TESSARINI
272 A : AECBAEFGAGAGAECB2A M741 MONDONVILLE
273 A : AECBAFEDCB F248 FASCH
274 A : AECBAGAE B858 BRIOSCHI
275 A : AECB2AGAB//ECBAFA G678 GOSSEC
276 A : AECB5ABCDCDEFE A839 ASPLMAYR
277 A : AECBEDC M748 MONN
278 A : AEC2BGAEAC M262 MALZAT
279 A : AECDBCABGABCDEFGA M998 MYSLIVECEK
280 A : AECDCBCDED2CDCB P839 PORTA
281 A : AECDEAC2BD2CE G295 GEBEL
282 A : AECDEDBCDC R714 ROELLIG
283 A : AECEACBDCEA Z310 ZANI
284 A : AECEAEBECEBECEBE M489 MEDERITSCH
285 A : AECEAECEACACBEDCBA S280 SCALA
286 A : AECEAECEACBDCDCB G251 GASSMANN
287 A : AECE2ACBDCEA Z310 ZANI
288 A : AECEC2A G942 GUGEL
289 A : AECEC3ABCDBCA K966 KUNTZEN
290 A : AECFEF2EFE B415 BEETHOVEN
291 A : AECG2A2EC P221 PARADEISER
292 A : AE2CBABA A139 ABEL
293 A : AE2CBAECBAFA2FEABAGFEDCB M729 MOLTER
294 A : AE2C2BGAEAC M262 MALZAT
295 A : AEDCACBA D972 DUSSEK
296 A : AEDCBACEGAEBAGF B664 BOCCHERINI
297 A : AEDCBAEDCBA S316 SCHEIBE
298 A : AEDCBA2FGFG2A B116 BACH

299 A : AEDCBAGAB2E2CB   G678 GOSSEC
300 A : AEDCBAGABGAB   B393 BECK
301 A : AEDCB4A   P762 POLAZZI
302 A : AEDCB4A   ANON. S-Skma
303 A : AEDCB5A   C182 CAMERLOHER
304 A : AEDCB5A   M388 MARTINO
305 A : AEDCB5A   G537 GIULINI
306 A : AEDCB5ABCDCDEFE   A839 ASPLMAYR
307 A : AEDCB5ABDCFEDCBA2G2A   B524 BERNASCONI
308 A : AEDCBCDEFAGAGFE   G537 GIULINI
309 A : AEDCDCBAEDCDCB2ABCDEDCB   S783 STALDER
310 A : AED2CBAB4A2G//4ABC2AGFEDCBA   P592 PICHL
311 A : AED2CBAB4A2G//4ABC2AGF   ANON. CS-Pnm/Doksy
312 A : AED2CBAED2CBAE   S785 STAMITZ
313 A : AED2CB3AF   ANON. A-LA
314 A : AED3CBAB3ABA2G//4ABC2AGFEDCBA   P592 PICHL
315 A : AED3CBAB4A2G//4ABC2AGF   ANON. CS-Pnm/Doksy
316 A : AED3CDB   N489 NEUMANN
317 A : AE2DCBCDEFAGAGFE   G537 GIULINI
318 A : AE2DC2BAGABGAB   B393 BECK
319 A : AEE#   G926 GUENIN
320 A : AEFCDEADBAGCDEB   B285 BARTHELEMON
321 A : AEF2CDEB//ADCBA4E   H708 HOFMANN
322 A : AEFEAFEFEDCDEC   ANON. S-L
323 A : AEFEDCA   B658 BLUMENTHAL
324 A : AEFEDCBAGBCDEDCBA   K880 KOZELUCH
325 A : AEF2EDCE   L269 LANG
326 A : AEF2EFGABCAEC   B918 BUCELLI
327 A : AEFGABCDEFGAGFEDCAGF   F528 FISCHER
328 A : AEFGAEBECEFGAEBE   ANON. I-Gi
329 A : AEFGAEBECEFGAEBEC   S419 SCIROLI
330 A : AEFGAECA2EBCD   L237 LAMP
331 A : AEFGAEC2AFD2AECAEBCD#EBGE   B573 BEYER
332 A : AEFGAEFAEADACA   S795 STARZER
333 A : AEFGAGABCBCD   ANON. PL-MO
334 A : AEFGAGABCBCDEDCBAGAB   S349 SCHMIDT
335 A : AEGEACDE   V254 VANHAL
336 A : AE2GAFG2AG2FEDE2FE2DC   P129 PAGANELLI
337 A : A2ECACEDC   A237 ADLGASSER
338 A : A2ECAF2E   K789 KOHAUT
339 A : A2ECBABEDCE   B285 BARTHELEMON
340 A : A2ECDCBCDED2CDCB   P839 PORTA
341 A : A2ECDEDCD3FGAGF   G537 GIULINI
342 A : A2ECDFEDCD2F   G537 GIULINI
343 A : A2ECE2CADBGEAGABA   F489 FILTZ
344 A : A2E2CDEFAGF   G251 GASSMANN
345 A : A2EDCBABEDCE   B285 BARTHELEMON
346 A : A2EDCBA2DEDCB   K880 KOZELUCH
347 A : A2EDEGFE2DCBCEDCB   F528 FISCHER
348 A : A2EF2C2DEB//ADCBA4E   H708 HOFMANN
349 A : A2EF2DCAE   K990 KYFFNER
350 A : A2EF2DE   A925 AUMON

```
351  A : A2EFEDAC    H758 HOLZBAUER
352  A : A2EFEDCA2CDCB2ABCBA    B664 BOCCHERINI
353  A : A2EFEDCBAE    C742 COMY
354  A : A2EFEDCB4A    R750 ROLLE
355  A : A2EF2EDCA2CD2CB2ABCBA    B664 BOCCHERINI
356  A : A2E2FDG    M748 MONN
357  A : A2EGNFEDA2CEDCBAE    H758 HOLZBAUER
358  A : A3ECBCDBCA2E    K789 KOHAUT
359  A : A3EDCDEDB    M388 MARTINO
360  A : A3EFED2CBCDBAGAE    ANON. I-Gi
361  A : A3E2FDG    M748 MONN
362  A : A5E    H652 HILLER
363  A : A5EA5EB5DB5D    G537 GIULINI
364  A : A5EA5EB5DB5D    G183 GALUPPI
365  A : A7E    H652 HILLER
366  A : AF6ECF6ECEAEC    G435 GIARDINI
367  A : AGAA#2B//AGAGAA#2B    W827 WITT
368  A : AGABABGCBCDCDBEFEAGF    G926 GUENIN
369  A : AGABCD    Z730 ZIMMERMANN
370  A : AGABCEDCDB    W939 WRANITZKY
371  A : AGABDCGA    F596 FLEISCHMANN
372  A : AGAC2AGFEDCB2AECA    H877 HUBER
373  A : AGA4CDCB    B664 BOCCHERINI
374  A : AGAEDCAGACB2AGA    M748 MONN
375  A : AGAEFCDBEG    ANON. S-Skma
376  A : AGA2FE    D617 DITTERSDORF
377  A : AGAGAA#2B    W827 WITT
378  A : AGAGAGAGAFEDCAGAGAGAFED    S765 SPOURNY
379  A : AGAGAGAG2ACECBCBCBCB2CEA    S689 SOLNITZ
380  A : AG2AB2CDECDB    W131 WAGENSEIL
381  A : AG2ACAEACBCE    S785 STAMITZ
382  A : AG2AGFE2DCB    V254 VANHAL
383  A : AG5A    ANON. F-Pn/Blancheton
384  A : AGEFEDCAG    W131 WAGENSEIL
385  A : AGFEDCBA    Z780 ZINGARELLI
386  A : AGFEDCBABCDEDCBAGF    M277 MANGEAN
387  A : AGFEDCBAGABC    M938 MOZART
388  A : AGFEDCBAG2BD    A748 ARNE
389  A : AGFEDCBAGFEDCB    L368 LAUBE
390  A : AGFEDCBAGFEDCBACE2A    S789 STAMITZ
391  A : AGFEDCB2AGFEDCB4A    G958 GUILLEMAIN
392  A : AGFEDCBECED3E    K750 KOBRICH
393  A : AGFEFBCDCEBCDCA    B755 BOYCE
394  A : AGFEFEFEDCDCDCBABAGA    S689 SOLNITZ
395  A : AGF2EFDCA    F653 FOERSTER
396  A : AGF4EDB    W245 WANCZURA
397  A : AGF4EDB3A    ANON. CS-Pnm/Frydlant
398  A : AG2F3EABCDCF2DC    U360 ULBRICH
399  A : A2GDAB3A//E2ACEDCB    P979 PUGNANI
400  A : 2A//4ABC3E    B414 BEECKE
401  A : 2ABAB2CDCDEAGF2E    ANON. D/BRD-EB
402  A : 2ABACAEC4A    B414 BEECKE
```

403 A:2ABAGAFGFEBAGAGFEF   ANON. D/DDR-Dlb
404 A:2ABAGAFGFEBAGAGFEFEDCDCBAB   M464 MAXIMILIAN
405 A:2AB2AD2CFE2AB2AD2C   W131 WAGENSEIL
406 A:2AB2AGA   ANON. D/BRD-KZa
407 A:2AB3ABCBCDCDB   ANON. CS-Pnm/Doksy
408 A:2ABCA2CDEC   S781 STAIN
409 A:2ABCADBECFDGEA   ANON. CS-Pnm/Doksy
410 A:2ABC2ACE2ABCBAECAB   D617 DITTERSDORF
411 A:2ABCBACE2AGABA   D617 DITTERSDORF
412 A:2ABCB2ABABCBA   H758 HOLZBAUER
413 A:2ABCB2AECAEFEFG   D617 DITTERSDORF
414 A:2ABCB2AECAEFEFG   F489 FILTZ
415 A:2ABCBCDEFGACDE   F295 FEDERICO
416 A:2ABCBCD#2EFEDCB   R383 RELUZZI
417 A:2ABCDCBCDE   C221 CANNABICH
418 A:2ABCDE2A   T611 TISCHER
419 A:2ABCDEDCBABCDEDCBAEAG   ANON. I-Gli
420 A:2ABCDEFBD2B2GEC   S342 SCHLOEGER
421 A:2ABCDFG   M385 MARTINELLI
422 A:2ABCDEFGABCD   J330 JANITSCH
423 A:2ABCDEFGACDEFGABAEFGABCD2E2A2G   R795 ROSE
424 A:2ABCDEFGAFEDCABDCBA   M945 MUELLER
425 A:2ABCDEFGE2ABCDEFGE   ANON. S-Skma
426 A:2ABCD2EFGA2G   P523 PFEIFFER
427 A:2ABCD2EFGE2ABCD2E   C182 CAMERLOHER
428 A:2ABCD3EFGAGAEDC   K840 KOERZL
429 A:2ABCE2AGEBG   S295 SCHAFFRATH
430 A:2ABCFEDCBA2GA   B858 BRIOSCHI
431 A:2AB2CBCDE   C221 CANNABICH
432 A:2AB2CDEFGA   K210 KAUER
433 A:2AB2CD2EA   C534 CHIESA
434 A:2A2BA2DCF   O650 ORDONEZ
435 A:2A2B3C2DE   H769 HONAUER
436 A:2A3BA3DCF   O650 ORDONEZ
437 A:2ACACA2EGEGEA   L115 L'ABBE
438 A:2ACADAEA   J750 JOMMELLI
439 A:2ACAEAC2ACAE   R535 RICHTER
440 A:2ACAEAF   M943 MUELLER
441 A:2ACA2E2AGFEAF   G678 GOSSEC
442 A:2ACAGAFEFDCDE   M244 MALDERE
443 A:2AC2AC2AC2AC2ABAGF   D617 DITTERSDORF
444 A:2ACBA2E2FG   H337 HARTWIG
445 A:2ACB2ACBAEDCDCB   C938 CROES
446 A:2ACB3ACB2A   G537 GIULINI
447 A:2ACBEDCAED   V254 VANHAL
448 A:2ACDBDECE   W131 WAGENSEIL
449 A:2ACDEFGAB2C   V254 VANHAL
450 A:2ACEA   A139 ABEL
451 A:2ACEACB2CEACED   R716 ROESER
452 A:2ACEA2CEAC2E2A   D617 DITTERSDORF
453 A:2ACEAEACEDCB2ACE   R716 ROESER
454 A:2ACE2ABCBAEACE2ABCBAEFEFBD   ANON. D/DDR-SWl

```
455  A : 2 ACE2ACE2AGFEDCBCA  S181 SALURINI
456  A : 2 ACE3 AED  W644 WIEDNER
457  A : 2 ACECEAEACEC  H758 HOLZBAUER
458  A : 2 ACE5DCFDEF  B862 BRIXI
459  A : 2 AC2E2BCE2D2C2BAGBD#E  D245 DAVAUX
460  A : 2 A2CA3EC  C573 CIMAROSA
461  A : 2 A2CBABGA  H758 HOLZBAUER
462  A : 2 A2C2EACBD  S189 SAMMARTINI
463  A : 2 A2C2EACBDBA  S783 STALDER
464  A : 2 A2C2EACBDCAGBC  K295 KELLY
465  A : 2 A2C2EAGFEA  M729 MOLTER
466  A : 2 A2C2E2ABCEC3ABCECA  C534 CHIESA
467  A : 2 A2C2E2ACD  G537 GIULINI
468  A : 2 A2C2E2A2C2E2A  R447 REUTTER
469  A : 2 A4C  P761 POKORNY
470  A : 2 ADCB2ADCB  B664 BOCCHERINI
471  A : 2 ADCB#2CFE  S787 STAMITZ
472  A : 2 AD3CF3EGAGNFE  B116 BACH
473  A : 2 AEAB3AFABA  M729 MOLTER
474  A : 2 AEAGFEDC  H354 HASSE
475  A : 2 AEA2GFEAB2C3DCBA  P586 PICCINNI
476  A : 2 AECAEDCB2A  S416 SCIOLINI
477  A : 2 AECAGABCDECA2EDC  H573 HERTEL
478  A : 2 AECAGBC  Q400 QUERFURTH
479  A : 2 AEC2ABEFE  S749 SPERGER
480  A : 2 AEC3AEC3ACDEFG  S280 SCALA
481  A : 2 AECB2AECBABFDC2BFDCB  J750 JOMMELLI
482  A : 2 AECBFDBG  W939 WRANITZKY
483  A : 2 AECFECA2EABG  ANON. D/BRD-FU
484  A : 2 AECFECA2EABGEFGAGE  ANON. D/BRD-F
485  A : 2 AE2CA  V296 VARESCO
486  A : 2 AE2CA2CEC  Z780 ZINGARELLI
487  A : 2 AE2CAEDCDCB2AE  H413 HAYDN
488  A : 2 AEDCB2ABCDFEDCB  G776 GRAUN
489  A : 2 AEDCB2AEDCBAD  N327 NAVOIGILLE
490  A : 2 AEE#  G926 GUENIN
491  A : 2 AEFEDCB3AGFE  P213 PAPAVOINE
492  A : 2 AEFGE2AEFGEAECA  S838 STERKEL
493  A : 2 A2EAB3A2FABA  M729 MOLTER
494  A : 2 A2E2AEGBDFEAC  L812 LOCHON
495  A : 2 A2E2A2ECBA  W767 WINEBERGER
496  A : 2 A2E6ABC  C182 CAMERLOHER
497  A : 2 A2E6ABC  G778 GRAUN
498  A : 2 A2E6ABC2BCD  ANON. CS-Pnm/Doksy
499  A : 2 A2E6ABC2BCDCA  S789 STAMITZ
500  A : 2 A2E6ABC2BCDC3A  ANON. PL-Wu/Breslau
501  A : 2 A2E2C3A//5ABCDCB  R383 RELUZZI
502  A : 2 AFE  G876 GRONER
503  A : 2 AFEDCB  C182 CAMERLOHER
504  A : 2 AGABAC2AE  G567 GLUCK
505  A : 2 AGABAG5ABCDC  H413 HAYDN
506  A : 2 AGABCD  Z730 ZIMMERMANN
```

```
507  A:2AGABCD2G    H138 HAFENEDER
508  A:2AGACAFAGACAE    A839 ASPLMAYR
509  A:2AGACAGAEDC    W131 WAGENSEIL
510  A:2AGAC2AGACECAEA    S383 SCHUBERT
511  A:2AGACDEFECBA    H417 HAYER
512  A:2AGAE2D2C2B3AGA    K840 KOERZL
513  A:2AGAEFG3AGAEFGA    G168 GALLINA
514  A:2AGAFAEGACBDCEA    H411 HAYDN
515  A:2AGAGAECA2ECEDEBGE    R535 RICHTER
516  A:2AGAGAECA2ED#ED#EBGE    D311 DEECKE
517  A:2AGAG2AGAGACE2A    H839 HOUPFELD
518  A:2AGAGBDCBAGBA#B    F951 FUCHS
519  A:2AGAGFEFEDCD    W131 WAGENSEIL
520  A:2AGBACDC    P589 PICCINNI
521  A:2AGB2DCA    C182 CAMERLOHER
522  A:2AGBEGBEGB    V254 VANHAL
523  A:2AG9EC4A    Z660 ZIEGLER
524  A:2AGFEBCDEDCBCBA    P762 POLAZZI
525  A:2AGFEDCB    C182 CAMERLOHER
526  A:2AGFEDCBCBA    B858 BRIOSCHI
527  A:2AGFEDCBCBA2C2E    ANON. S-Uu
528  A:2AGFEDEAG    T611 TISCHER
529  A:2AGFEFA3G    K789 KOHAUT
530  A:2AGFE2FEDCD    H758 HOLZBAUER
531  A:2AGF2EDEFEDCBA    G958 GUILLEMAIN
532  A:2AGFGAFGAE    S316 SCHEIBE
533  A:2AG2FEDCA//5A    G778 GRAUN
534  A:2A2G#A//D2B2A2B2C    Z780 ZINGARELLI
535  A:3A    K925 KREUSSER
536  A:3ABAB3ABABAECA    B896 BRUNETTI
537  A:3ABAGABAGA3EFED#EFED#EA    O650 ORDONEZ
538  A:3ABCDABCD2ABD    M729 MOLTER
539  A:3ABCDBCDECDEF    H708 HOFMANN
540  A:3ABCDEAF2ABCD    G776 GRAUN
541  A:3ABCDEFGA    L753 LINDSTRAND
542  A:3ABCDEFGA3EFGABCDE    B617 BIRCK
543  A:3AB2CDEFGACDEFG    C225 CANNABICH
544  A:3A3B//4AGA2B2C3B    P727 PLEYEL
545  A:3A3B2CD#2E    H708 HOFMANN
546  A:3ACACD2ACAD#    H411 HAYDN
547  A:3ACBAB3ACBABAECA    B896 BRUNETTI
548  A:3ACBACABA3F    J960 JUST
549  A:3ACBA3EGFE2A    B524 BERNASCONI
550  A:3ACBA3EGFE3AFEA    ANON. F-Pn/Blancheton
551  A:3ACBDCEDE2F2ED    H708 HOFMANN
552  A:3ACDD#2ECDD#2E2AGFEFEDC    F522 FIORITO
553  A:3ACD2EFEB    V254 VANHAL
554  A:3ACD2EFGAG2AGA    W464 WELTZ
555  A:3ACD#ED#2EFGA    M938 MOZART
556  A:3ACEA    A139 ABEL
557  A:3ACEF    M214 MAHAUT
558  A:3A3C4E    H700 HOFFMEISTER
```

559 A : 3 ADCB3ADCB   B664 BOCCHERINI
560 A : 3 A3DCBA3G   ANON. D/BRD-Rtt
561 A : 3 AECGAE   P761 POKORNY
562 A : 3 AEDCABAGABCDEFE3A   A839 ASPLMAYR
563 A : 3 AEDCB   P762 POLAZZI
564 A : 3 AEDCBAECEDCEDCB   M214 MAHAUT
565 A : 3 AEDCBAGABCDEFE3A   A839 ASPLMAYR
566 A : 3 AEDCBAGFE   C762 CONTI
567 A : 3 AEFG3AEFGAEADCBAG   A277 AGRELL
568 A : 3 A2EDCBCABCB   I850 ISOUARD
569 A : 3 AGAB2AGAC2AGA   P285 PASQUALI
570 A : 3 AGABCD2G   H138 HAFENEDER
571 A : 3 AGAB3CBCD   A139 ABEL
572 A : 3 AGAB3DCGA   F596 FLEISCHMANN
573 A : 3 AGABG4E2B / / 2A2CA3EC   C573 CIMAROSA
574 A : 3 AGABG4E3BAB / / 2AE2CA2CEC   Z780 ZINGARELLI
575 A : 3 AGA2BCDC2A   W131 WAGENSEIL
576 A : 3 AGAGABG4E2B / / 2A2CA3EC   C573 CIMAROSA
577 A : 3 AGAGABG4E3BAB / / 2AE2CA2CEC   Z780 ZINGARELLI
578 A : 3 AG6AEDCBCFED   M729 MOLTER
579 A : 3 AG3CB   ANON. S-Skma
580 A : 3 AGFEA2F2EDC   V254 VANHAL
581 A : 3 AGFEDCBAFEAGFEDCBAD2CBD   ANON. S-L
582 A : 3 AGFEDCBCDBCA   W131 WAGENSEIL
583 A : 3 AGF2E3D   O650 ORDONEZ
584 A : 3 AGF3EDEFEDCBA   G958 GUILLEMAIN
585 A : 3 AGF6E   B664 BOCCHERINI
586 A : 3 AGFGAFGAE   S316 SCHEIBE
587 A : 3 AGFGEFEFG2A   H758 HOLZBAUER
588 A : 3 A2GFEA2F2EDC   V254 VANHAL
589 A : 4 A   H877 HUBER
590 A : 4 ABAGABAGAC3A   A371 ALESSANDRO
591 A : 4 ABC2AGF   ANON. CS-Pnm/Doksy
592 A : 4 ABC2AGFEDCBA   P592 PICHL
593 A : 4 ABCBA3C   F489 FILTZ
594 A : 4 ABCBA4CDEDC   T645 TOESCHI
595 A : 4 ABCD2ABCDA   M729 MOLTER
596 A : 4 ABCDEAF3ABCD   G776 GRAUN
597 A : 4 ABCDEFEDE   W131 WAGENSEIL
598 A : 4 ABCDEFGAGAGAGAGA   C938 CROES
599 A : 4 ABCDEFG5A4G4F4E4D   K926 KREUSSER
600 A : 4 ABCD3EABCDEFG   G678 GOSSEC
601 A : 4 ABCD3EABCDEFG2A   ANON. CS-Pnm
602 A : 4 ABC3E   B414 BEECKE
603 A : 4 AB2CD2E2F   A889 AUBERT
604 A : 4 A3BDCBCBAG2A   P116 PACHMANN
605 A : 4 A4BC2DCBA3C3D2E   B157 BAILLEUX
606 A : 4 ACBAGA4CEDCB   O650 ORDONEZ
607 A : 4 ACBCDE3FGFE   C267 CARDON
608 A : 4 ACEAECAEFAF   K760 KOCH
609 A : 4 ACEAF2DF4EGBE   B664 BOCCHERINI
610 A : 4 ACE4ACE   M498 MEHUL

611 A : 4 ACEC4ADF4D   H413 HAYDN
612 A : 4 A4C   S291 SCHACHT
613 A : 4 A4C4E3AGAG   M676 MIROGLIO
614 A : 4 A4C4E4A4C4E2AGFGABDCB4C4EA   B461 BENDA
615 A : 4 A2D2C2B2A   D617 DITTERSDORF
616 A : 4 AE   S348 SCHMIDT
617 A : 4 AE3ACBA   Z110 ZACH
618 A : 4 AECACEAEACBDCECACE   ANON. A-GOe
619 A : 4 AECAECAECAECAECAECEDC   L115 L'ABBE
620 A : 4 AEC4AEC   E340 EICHNER
621 A : 4 AECD2EAEAEAEC   R122 RACKEMANN
622 A : 4 AE4CAECAE   S383 SCHUBERT
623 A : 4 AEFEFGA   K660 KLOB
624 A : 4 A2E2CA3FD2A2FD   S345 SCHMID
625 A : 4 A2E2C2A2EFGAEA   M729 MOLTER
626 A : 4 A2E4C2A   M678 MITSCHA
627 A : 4 A4E4C4A4E4C4A   ANON. S-Skma
628 A : 4 A4E4C4A4E4C5A7EB3E   C516 CHELLERI
629 A : 4 AF3D   D617 DITTERSDORF
630 A : 4 AF3D   H411 HAYDN
631 A : 4 AFEDCB   H758 HOLZBAUER
632 A : 4 AGA2 B2C4B   P727 PLEYEL
633 A : 4 AG2AGA4 ED#E   O650 ORDONEZ
634 A : 4 AGFEAGFE   L619 LE ROY
635 A : 4 AGFE4AGFEAGFE   D617 DITTERSDORF
636 A : 4 AG2FED   R383 RELUZZI
637 A : 5 A   G778 GRAUN
638 A : 5 ABAB3CACDCDE   T645 TOESCHI
639 A : 5 ABC3ACD   F921 FRITZ
640 A : 5 ABCDCB   R383 RELUZZI
641 A : 5 ABCDEFGACDE3 A   P761 POKORNY
642 A : 5 ABCDEFGACDE3 ACAEACA   B547 BERTONI
643 A : 5 ABCD5EFG4A   K959 KUERZINGER
644 A : 5 ABCE5ABCE   M498 MEHUL
645 A : 5 ACAECAECAE   ANON. CH-Mue
646 A : 5 AC2A2CABCD   P761 POKORNY
647 A : 5 ACBAB3CACDCDE   T645 TOESCHI
648 A : 5 ACBACDA   G972 GULTZAU
649 A : 5 ACBA5EAFE5ACBA   M214 MAHAUT
650 A : 5 ACBA6EGFE   M938 MOZART
651 A : 5 ACBCDE4FGFE   C267 CARDON
652 A : 5 ACBD4A   S934 STUMPF
653 A : 5 ACDCFEAGF   B896 BRUNETTI
654 A : 5 AEC2AECA   L239 LAMPUGNANI
655 A : 5 AECEFDCBAGA   O650 ORDONEZ
656 A : 5 AEDCBACEA   P761 POKORNY
657 A : 5 A3FE   F294 FEDERICI
658 A : 5 AGABCB3AGAB   D617 DITTERSDORF
659 A : 5 AGA2 B2C3B   P727 PLEYEL
660 A : 5 AGAFAG5ACBC   M729 MOLTER
661 A : 5 AGAGA   G736 GRAF
662 A : 5 AG2AGAC3A   A371 ALESSANDRO

```
663  A:5AG3AG3A    M939 MOZART
664  A:5AG5DC      W464 WELTZ
665  A:5AGFE4F     R379 REITTER
666  A:5AGFEDCDEF4GN   H411 HAYDN
667  A:6ABAG2FGA   H700 HOFFMEISTER
668  A:6ABCDCB     R383 RELUZZI
669  A:6ABCDCB     M388 MARTINO
670  A:6ABCDCB4A   B645 BLASI
671  A:6ABCDEFGAB4C   L621 LERZI
672  A:6ACADBECFDGEA  L820 LOEFFLER
673  A:6ACBA6EAFE6ACBA   M214 MAHAUT
674  A:6ACBA6EGFE  M938 MOZART
675  A:6A2C2A2E2A2CEACE   H413 HAYDN
676  A:6AEA3CBEB3DCE5A   F921 FRITZ
677  A:6AEA3CBEB3DCE5A   ANON. DK-Kk
678  A:6AED2AED2AGFEDCB   R795 ROSE
679  A:6AEFGAECADB   H839 HOUPFELD
680  A:6A2E2A2B2C2G   R815 ROSETTI
681  A:6AGFE2A     C979 CUPIS
682  A:7ABCDE3A    K922 KRESS
683  A:7ABCDEF2E   T195 TARTINI
684  A:7ACECBA     H411 HAYDN
685  A:7AE5A       C762 CONTI
686  A:7AE5A       B524 BERNASCONI
687  A:7AE7ABCD    G776 GRAUN
688  A:7AE7ABCDECA   H354 HASSE
689  A:7AE7ABCDECA   C759 CONTI
690  A:7A2E2A2CAGABA   S189 SAMMARTINI
691  A:7AGFEDCDE   Z310 ZANI
692  A:8A          M244 MALDERE
693  A:8ABAGA      B414 BEECKE
694  A:8AB3AB4ACBAB   D972 DUSSEK
695  A:8ABFEDCBC2A   W131 WAGENSEIL
696  A:8ACACE4A    K680 KNECHTEL
697  A:8A8E        S682 SOHIER
698  A:8A8E4C4A8E4CA   C225 CANNABICH
699  A:9ABCDEFG3A  B858 BRIOSCHI
700  A:9ACADBECECAFAF   D617 DITTERSDORF
701  A:9AECA9CAEC  G972 GULTZAU
702  A:9AEC10AEC9AEBE   ANON. D/DDR-Dlb
703  A:9AEFDFGA    C182 CAMERLOHER
704  A:11AGABAGFEDCEDC   S594 SIMON
705  A:13ABCBA     B116 BACH
706  A:13ABCB13C   F489 FILTZ
707  A:13A4GN      H411 HAYDN
708  A:16A8C       D972 DUSSEK
709  A:16A8E       W131 WAGENSEIL
710  A:16A16E      S765 SPOURNY
711  A:17ACACACAC4A4E4C4A   M742 MONET
712  A:17AEAGBA    M498 MEHUL
713  A:18AGFEDCB   M943 MUELLER
714  A:20A         R535 RICHTER
```

715 A:24A C182 CAMERLOHER
716 A:45AGN H411 HAYDN
717 A:4CNBC#DEFN4E G286 GAYER
718 A:CABCBAE2ABCD J750 JOMMELLI
719 A:CBAEDCFED F526 FISCHER
720 A:CBAF H839 HOUPFELD
721 A:CBAGF2ED2CBAGF G776 GRAUN
722 A:CB4AED3CDA V254 VANHAL
723 A:CBCBCDBE2BABABC A833 ASIOLI
724 A:CBCDCDE C145 CALDARA
725 A:CBCDE C145 CALDARA
726 A:C2B3AGFD#2EFEDC2BC2D C139 CAJETANI
727 A:CDBE2CDBAD P727 PLEYEL
728 A:CDBGAFE//CDBGAF M498 MEHUL
729 A:CD2BC2AB C175 CAMBINI
730 A:CDCBCDCBCABG C175 CAMBINI
731 A:CDCD2EAGA V254 VANHAL
732 A:CDEBCDECDE2CDECAFEAFE S24 SARTI
733 A:CDECDECDE2CDECAFEAFE ANON. DK-Kk
734 A:CDEC2EC2E2CD S249 SARTI
735 A:CDEDCBAGABDEFEDCB S139 SAINT-GEORGES
736 A:CDEDCB2AC S785 STAMITZ
737 A:CDEFAGAGFEABC P619 PIERLOT
738 A:CDEFEFEFEFEDCBA K840 KOERZL
739 A:CD2ED2CD2ED2CDECFA D617 DITTERSDORF
740 A:CD2EFED#EF2EAE P979 PUGNANI
741 A:CD2EFG//E2AG2F L239 LAMPUGNANI
742 A:CD2EFG2AE//E2AG2FEAGF E810 ESTIEN
743 A:CD3E2DBDCBCEDCBA ANON. CS-Pnm/Osek
744 A:CD3EFED#EF2EAE P979 PUGNANI
745 A:CD3EFG3ABAGA P285 PASQUALI
746 A:CDF4ECB2ABC C175 CAMBINI
747 A:C2D2CE2D2CA2G2FED Z730 ZIMMERMANN
748 A:CEACEACBDCB G251 GASSMANN
749 A:CEACEAGAEFGA2E H758 HOLZBAUER
750 A:CEBEAGFG3AGEFEFG C824 CORRETTE
751 A:CEBGBAC M748 MONN
752 A:CECEBEBEAECEAECE P149 PAISIELLO
753 A:CECECECAC2A2FD#E F489 FILTZ
754 A:CECECEDCBAD#E V118 VACHON
755 A:CE2CE2CE2CECED2C D248 DAVESNE
756 A:CEDCBCACEDCBCBCDEFGA S341 SCHLECHT
757 A:CEDC2BACBDCEDFE G926 GUENIN
758 A:CEDCG2AA#BANGA//AECEAEBECE M489 MEDERITSCH
759 A:CEGNFG#2ACE R812 ROSENCRANZ
760 A:CEGACEFGA J750 JOMMELLI
761 A:CEGACEFGABCDCB P592 PICHL
762 A:CEGACEFGABCEDCB D357 DELLER
763 A:CEGACEFGABCEDCB P592 PICHL
764 A:C2E2AB2D2BC3E S189 SAMMARTINI
765 A:C2EDCBCACEDCBCBCDEFGAFGA S341 SCHLECHT
766 A:2CBAGCBAG//E2ACFBCD V158 VALENTINI

16 A:2CB THEMATIC IDENTIFIER

```
767  A : 2CB2AGF2ED3CB2AGF   G776 GRAUN
768  A : 2CBC2DCDD#E   M947 MUELLER
769  A : 2CDBE3CDBAD   P727 PLEYEL
770  A : 2CDCEDC2BCG2A   T722 TOUCHEMOULIN
771  A : 3CAECECA3CAECECA2F   R928 RUGE
772  A : 3CDE2GAB3ABC2EFG   D248 DAVESNE
773  A : 4CAECA   D451 DESELBRUNNER
774  A : 4CD2EDCBAE   W131 WAGENSEIL
775  A : 4CFDC3BCDEC   W786 WINTER
776  A : DABCDAFD2ABCDAFD   ANON. Breitkopf 65
777  A : DACEAEFEDCB2AEAEFEDCB   ANON. A-Wgm
778  A : DA2DEFEAEABCDEFG   L234 LAMONINARY
779  A : DAECABABCD2CBGDB   ANON. CS-BRsav/JUR
780  A : DAECBABG2ADEFEDCDB   ANON. GB-Lbl
781  A : DAECBABG2AFEDCDB   ANON. GB-Lbl
782  A : DAFDGDBG   M938 MOZART
783  A : D2ACBA2EGFE3AFEA   ANON. F-Pn/Blancheton
784  A : D8ABFEDCBCA   ANON. I-Pca
785  A : D2B2A2B2C   Z780 ZINGARELLI
786  A : DCBACDE   E164 EBERLIN
787  A : DEAE2ABGA   ANON. D/BRD-DS
788  A : D#EBCGAEFDCB   R535 RICHTER
789  A : EABAEFEDEDCBCE   R758 ROMAN
790  A : EABAEFE2DCBCE   R758 ROMAN
791  A : EABAGABAGACEDC   S795 STARZER
792  A : EABAGAEAEF2EDC   S713 SORKOCEVIC
793  A : EABCACBAFG2A   B858 BRIOSCHI
794  A : EABCB   E570 ENGEL
795  A : EABCBA2EFGFE   W131 WAGENSEIL
796  A : EABCDCBAE   M388 MARTINO
797  A : EABCDCBAEABCDCBAEAEBE   O130 OBERTI
798  A : EABC2DCDE2FEFG2AB   T152 TALON
799  A : EAB2CDBG3A   V254 VANHAL
800  A : EAB3C2BCDBFAGBA   M998 MYSLIVECEK
801  A : EABDCD2EDCDCB   M625 MICHL
802  A : EACACEAEE#   O650 ORDONEZ
803  A : EACBABCEDC//AEAECEA2ED   B733 BORGHI
804  A : EACBAE2AGF   G159 GALIMBERTI
805  A : EACBAE2AGFEDCB   B858 BRIOSCHI
806  A : EACBAFDEF   P523 PFEIFFER
807  A : EACBDCFEDCBA   B461 BENDA
808  A : EACBGAECDF   H758 HOLZBAUER
809  A : EACDFD   V254 VANHAL
810  A : EACD#CD#E2CDF   M998 MYSLIVECEK
811  A : EACEACBADCBA   S961 SURMONTI
812  A : EACEAGFEFEDCDEDBCAB   C486 CHARTRAIN
813  A : EACE2AGABABCBC   A278 AGRICOLA
814  A : EACE2AGBACBEDBDCB   ANON. CS-Pnm
815  A : EACEDBCAC   M748 MONN
816  A : EACEDBCACBE   ANON. Dbr-DS
817  A : EACED2BCA2CBE   ANON. D/BRD-DS
818  A : EACEDCB   P979 PUGNANI
```

819 A : EACEDCBAGAGFE H298 HARRER
820 A : EACEDCBCD M214 MAHAUT
821 A : EACED#CD#E2CDF M998 MYSLIVECEK
822 A : EAC2ED2BCAC M748 MONN
823 A : EACF2EAGEDB B285 BARTHELEMON
824 A : EACGAB2EBDCDEA W493 WERNER
825 A : EACGAB2EBDCDEA ANON. H-Gc
826 A : EA2CBABEFGA2B G776 GRAUN
827 A : EA2C3EAGA2EAGABAGFEDCB B617 BIRCK
828 A : EADCDEC2AGBACBFED W464 WELTZ
829 A : EAEAGFEDCBAEAEAGFEDCBACBD F851 FREDERIC
830 A : EAE2ABGA C531 CHIESA
831 A : EAE4AEACBEBDC D617 DITTERSDORF
832 A : EAECAEFEG M998 MYSLIVECEK
833 A : EAEC2AGBACBEDBDCB G159 GALIMBERTI
834 A : EAECEDBGEDBDC V254 VANHAL
835 A : EAECEDC//9ACADBECECAFAF D617 DITTERSDORF
836 A : EAECEDC S598 SIMONETTI
837 A : EAEDCACBA E810 ESTIEN
838 A : EAEDCACB2AED S189 SAMMARTINI
839 A : EAEDCBAEAEDCB2A G948 GUILLEMAIN
840 A : EAEDCBAEDCB3AGF K990 KYFFNER
841 A : EAEDG K840 KOERZL
842 A : EAEFDCD2E V254 VANHAL
843 A : EAEGEDCBAG K880 KOZELUCH
844 A : EA2EAGFED W131 WAGENSEIL
845 A : EA2EC2EA2EC2E2CA S189 SAMMARTINI
846 A : EA5EFED#E H354 HASSE
847 A : EA5EFED#EFED#E H294 HARR
848 A : EA6ED#E H354 HASSE
849 A : EA6ED#2ED#E H294 HARR
850 A : EAFAG3AEAFAG2A M754 MONSIGNY
851 A : EAFAG3AEAFAG2A ANON. D/DDR-SW1
852 A : EAFDCBA O650 ORDONEZ
853 A : EAFEAFEFEDCDEDC ANON. S-L
854 A : EAGNG3FABF D617 DITTERSDORF
855 A : EAGAECBC D617 DITTERSDORF
856 A : EAGFE3BAGF O650 ORDONEZ
857 A : E2ABAGEDEDC V254 VANHAL
858 A : E2ABC2AFEA S189 SAMMARTINI
859 A : E2ABCBACEAEDCACB D617 DITTERSDORF
860 A : E2ABCB3ABCB3ABCB3ABCBAF ANON. PL-Golos
861 A : E2ACBA3EFGA A337 ALBINONI
862 A : E2ACEDCB P979 PUGNANI
863 A : E2ACFBCD V158 VALENTINI
864 A : E2ACF2EAGEDB B285 BARTHELEMON
865 A : E2A2C2EACBABE B544 BERTIN
866 A : E2AECAD2BGE2DCDEC O650 ORDONEZ
867 A : E2AECEDBGEDBDC V254 VANHAL
868 A : E2AECEDC S598 SIMONETTI
869 A : E2AEFEDC2ACDCB H198 HAMAL
870 A : E2A2E3ABCB2EDCBCB2A K350 KENNIS

18   A:E2A   THEMATIC IDENTIFIER

```
871  A : E2A3E2E#2F3B2CD   S521 SEYFERT
872  A : E2A2FGAGFE2BAGFE2DC   I930 IVANSCHIZ
873  A : E2AGAE2CBC   D617 DITTERSDORF
874  A : E2AG2F   L239 LAMPUGNANI
875  A : E2AG2FEAGF   E810 ESTIEN
876  A : E3ACB3AE   D617 DITTERSDORF
877  A : E3ACBGBAGF2ECBAGA   F526 FISCHER
878  A : E3AGDC2AGD   H708 HOFMANN
879  A : E3AGFEDCBA   H298 HARRER
880  A : E4A   H877 HUBER
881  A : E4A3ED3E   H411 HAYDN
882  A : E4AGEFGFE4A   V878 VOGEL
883  A : E4AG2FE2DCBA2FED   R383 RELUZZI
884  A : E5AGAE2A   H758 HOLZBAUER
885  A : E5AG2FED   W464 WELTZ
886  A : E9AFEDCDF   F491 FINAZZI
887  A : EBGACFEBGA   K926 KREUSSER
888  A : E2BC3BCB   M748 MONN
889  A : ECABCBCDEAFAFED   C226 CANOBBIO
890  A : ECAEE#FDGENACA   Z730 ZIMMERMAN
891  A : ECAEFDCB   R535 RICHTER
892  A : ECA2ECA   A676 ARDINA
893  A : ECA2EFGEACA   Z730 ZIMMERMANN
894  A : EC2ABCDCEC2AB   O650 ORDONEZ
895  A : EC3ACBADCE2FGAEDCBAEC   S316 SCHEIBE
896  A : EC4ABDBCEC2ABCD   H708 HOFMANN
897  A : EC6AG2FEDCEDCB   H758 HOLZBAUER
898  A : ECBABC3DC//3ACACD2ACAD#   H411 HAYDN
899  A : ECBAFA   G678 GOSSEC
900  A : ECBAFGAGF   N327 NAVOIGILLE
901  A : ECB2AGFEABGABCDEFG   M729 MOLTER
902  A : ECB2AGFEBGFE   C938 CROES
903  A : ECBEDCAGAGA   B664 BOCCHERINI
904  A : EC2B3ABCD2B   P727 PLEYEL
905  A : ECDBAEAFAGE   W522 WESLEY
906  A : ECDC2B2AE   P727 PLEYEL
907  A : ECDEFE2DBCDE   B847 BREVAL
908  A : ECDE2GFGABC   M998 MYSLIVECEK
909  A : ECEBEC2A   R714 ROELLIG
910  A : ECECAGACE2D   V254 VANHAL
911  A : ECECECECEA   W786 WINTER
912  A : ECEDC   F271 FAUNER
913  A : ECEDCBDCBCAECA   S689 SOLNITZ
914  A : EC2EAGF2EFE3DAG3FED2C   ANON. DK-Kk
915  A : EC2EDC   F271 FAUNER
916  A : ECFDBECBC//2AGAFAEGACBDCEA   H411 HAYDN
917  A : ECFECDB   D617 DITTERSDORF
918  A : ECGAD#2EFED#EBCDCEAC   A839 ASPLMAYR
919  A : E2CD2B   V254 VANHAL
920  A : E2CE2A2GABCDE   R535 RICHTER
921  A : E4C6ABCDEFGA   B790 BOYCE
922  A : EDCABCDCBA   E164 EBERLIN
```

923 A : EDCACEDCD3B   D617 DITTERSDORF
924 A : EDCACEDCD3BGE   S213 SANDEL
925 A : EDCACEDCED2B   V254 VANHAL
926 A : EDCAC2EDCD3B   D617 DITTERSDORF
927 A : EDCAC2EDCED2B   V254 VANHAL
928 A : EDCAC2EDCED3BGE   S213 SANDEL
929 A : EDC2AEFEA   G172 GALLO
930 A : EDC2AEFEABAGFEDCBCDEA   ANON. USSR-Koe
931 A : EDCBABAGABCBD   M244 MALDERE
932 A : EDCBACBAGAGACBABEDCBACBA2GA   S594 SIMON
933 A : EDCBAF2E//ED#E2A2CB   G183 GALUPPI
934 A : EDCBAFGBAGF   N327 NAVOIGILLE
935 A : EDCB2A2C2BAGFE   R383 RELUZZI
936 A : EDCB2AECE   N489 NEUMANN
937 A : EDCB2AF2E2DC   B459 BENDA
938 A : EDCB2AGFED   S785 STAMITZ
939 A : EDCB3AA#2BAGFE2D   D617 DITTERSDORF
940 A : EDCBCBAGAEBCBAG   ANON. S-L
941 A : EDCDE2GFGABC   M998 MYSLIVECEK
942 A : EDCFE2AGFE   H411 HAYDN
943 A : ED2CFD#EFD#EBG   H413 HAYDN
944 A : ED2CFD#EFD#EBG   D617 DITTERSDORF
945 A : ED5CDEFE4D   H652 HILLER
946 A : EDECAECA   W131 WAGENSEIL
947 A : ED#BCBGAGFBGFE   S342 SCHLOEGER
948 A : ED#E2A2CB   G183 GALUPPI
949 A : ED#EFE   J750 JOMMELLI
950 A : ED#EF2ED#EFE   F489 FILTZ
951 A : ED#EF2ED#EFE   F770 FRAENZL
952 A : EE#FEDCBAGED   H708 HOFMANN
953 A : EFAGFEABCD   G537 GIULINI
954 A : EFDCBCDEC   D617 DITTERSDORF
955 A : EFDCDBAG//ABCDECA   N489 NEUMANN
956 A : EFDD#EBDNCBCEDCBAGF2E   P837 PORPORA
957 A : EFDE3CDEFGEFD   C175 CAMBINI
958 A : EFEAEFEAE   D617 DITTERSDORF
959 A : EFEAGFECDCEDCB   S985 SYLVA
960 A : EFE4AGB3D   P221 PARADEISER
961 A : EFEDCBCDC2E   S985 SYLVA
962 A : EFEDCDCBAG//ABCDECA   N489 NEUMANN
963 A : EFED2CECDCB2AE   G678 GOSSEC
964 A : EFEDGA   S231 SANTA
965 A : EFEFEF4EF   D972 DUSSEK
966 A : EF2EC2DE2DBC   G251 GASSMANN
967 A : EF3EAGFGAGBAGFECE   C175 CAMBINI
968 A : EFGABCEDB   Z780 ZINGARELLI
969 A : EFGACAE//6EGEBE   M379 MARTIN
970 A : EFGAECABCDCBBA   C550 CHRISTELLI
971 A : EFGAECABCDECAEFGAFED   H573 HERTEL
972 A : EFGAECABCDEFG   L239 LAMPUGNANI
973 A : EFGAECABCDEFG2A   B524 BERNASCONI
974 A : EFGAECABCDEFG4A   B858 BRIOSCHI

```
975   A : EFGAECABCDEFG8A    Z510 ZELBELL
976   A : EFGAECAFDCB2EFG    ANON. D/BRD-Mbs
977   A : EFGAECAFDCB2EFGAE  P839 PORTA
978   A : EFGAECBABAGAE      B634 BLAINVILLE
979   A : EFGA3E2CDEDCEGB    M498 MEHUL
980   A : EFGAGEDCAGF//ABCDCBCDBED   T678 TORELLI
981   A : EFGAGFDE2BCD//2AGABCD2G    H138 HAFENEDER
982   A : EFG2ACAE2AGFE      ANON. CS-M
983   A : EFG2A2C3EFG        K913 KRAUS
984   A : EFG3ABCD3EFG       S316 SCHEIBE
985   A : EFG3AEFGABCD       H710 HOFMANN
986   A : EFG4AEFG4AEFG      P645 PINAIRE
987   A : EFG4AGFEF          L811 LOCATELLI
988   A : EFG5ACBAGFED       Q300 QUENTIN
989   A : EFG7ABCD           O350 OGLIO
990   A : EFG7ABCD6E         ANON. H-Gc
991   A : EFG7ABCD7EFGE      B858 BRIOSCHI
992   A : E2F2EDGA           S231 SANTA
993   A : E2FGB2G2EB         S765 SPOURNY
994   A : EGAECECABAD        D972 DUSSEK
995   A : EGFE2B             K789 KOHAUT
996   A : EGFE2BAGF          O650 ORDONEZ
997   A : EGF3EAGFGAGBAGFECE C175 CAMBINI
998   A : EGFGA2BCDE         H813 HORN
999   A : 2EACEDCB           C945 CROTCH
1000  A : 2EA2CA2CE2AEE#     O650 ORDONEZ
1001  A : 2EAE2ACA2CEC2EAE   M753 MONROY
1002  A : 2EAE2CEC4A         A277 AGRELL
1003  A : 2EAGAEAC3DCB       L576 LEO
1004  A : 2EAG2FED#2EDN      O650 ORDONEZ
1005  A : 2E2A2FEAGA         G159 GALIMBERTI
1006  A : 2E2A2FEAGA2BCD2BCD ANON. S-L
1007  A : 2ECAGFE2DABDFA#B   W418 WEIGERT
1008  A : 2EC2AC2EC2A        W786 WINTER
1009  A : 2EC2AG2FEC         G251 GASSMANN
1010  A : 2ECDEAEGF2EC2DAED  D617 DITTERSDORF
1011  A : 2ECDEDBC           O650 ORDONEZ
1012  A : 2ECFDECFDECAG2AGADCB  G567 GLUCK
1013  A : 2EDCBADEF2E//FED#E2A2CB  G183 GALUPPI
1014  A : 2EDCBAGABAE        P281 PASGRADINI
1015  A : 2EDCB2AECE         N489 NEUMANN
1016  A : 2ED2C2B            S411 SCHWARZENDORF
1017  A : 2ED2CE2CB2AE       G678 GOSSEC
1018  A : 2EDEDCBA2FEFEDCBE  D972 DUSSEK
1019  A : 2EFEDCBAG2A        ANON. A-LA
1020  A : 2EFEDE3FGAG2F2E    H758 HOLZBAUER
1021  A : 2EF2EA2EF2EAE      D617 DITTERSDORF
1022  A : 3EA2CABCBACDEDC    M498 MEHUL
1023  A : 3EAG2FED#2EDN      O650 ORDONEZ
1024  A : 3EDE3FGAG2F2E      H758 HOLZBAUER
1025  A : 4E2C2BABA          G998 GYROWETZ
1026  A : 4E5C5AGAGAB        K860 KOSPOTH
```

1027	A:5EAEAFA	G778	GRAUN
1028	A:5EFEDCB5AEDCBA	A839	ASPLMAYR
1029	A:6EGEBE	M379	MARTIN
1030	A:9EA	W939	WRANITZKY
1031	A:10EABCB2AGFE	C175	CAMBINI
1032	A:FAC2FAC2FAC2FACFABCDAB	C573	CIMAROSA
1033	A:F5BE2DG2FBDCBA	C267	CARDON
1034	A:FDC3B	O650	ORDONEZ
1035	A:FED#E2A2CB	G183	GALUPPI
1036	A:GAC2B	B664	BOCCHERINI
1037	A:G3ABCDEFGA3EFGABCDE	B617	BIRCK
1038	A:2GA2GFEA2GFEGFA	H758	HOLZBAUER
1039	A-:ABCACDE	B617	BIRCK
1040	A-:ABCACD2EF#G#A	F248	FASCH
1041	A-:ABCDEFEDCBC	H573	HERTEL
1042	A-:ABCDEFG#ABCDF//AEAB5CDCBABE	Z780	ZINGARELLI
1043	A-:ABCEDCBABC//5ACDCFEAGF	B896	BRUNETTI
1044	A-:ACBABDCB	S295	SCHAFFRATH
1045	A-:ACBAEA3FBCD2E	K966	KUNTZEN
1046	A-:ACBAG#ACBAG#A	S785	STAMITZ
1047	A-:ACBAG#A3CD#DN	D617	DITTERSDORF
1048	A-:ACBA3G#ABG#	W827	WITT
1049	A-:ACDEAG#EFG#AEF#G#AD	M729	MOLTER
1050	A-:ACEABCB2ACEABCBAE	ANON.	D/BRD-DS
1051	A-:ACEACB2EG#B3DCBA	R383	RELUZZI
1052	A-:ACG#EF#G#ABCDEFG#ABCB	H877	HUBER
1053	A-:A2C2E2F//A:2AGBACDB	P589	PICCINNI
1054	A-:AD#ED#ED#ED#	N327	NAVOIGILLE
1055	A-:AD#2E//ACBA3G#ABG#	W827	WITT
1056	A-:AEABCABEBCDB	S397	SCHWAEGRICHEN
1057	A-:AEABCABG#AGNFEDCB//ABCACDE	B617	BIRCK
1058	A-:AEAB5CDCBABE	Z780	ZINGARELLI
1059	A-:AEAEA2B	F248	FASCH
1060	A-:AEAG#EG#AEC	B858	BRIOSCHI
1061	A-:AECABCDEF#G#	S295	SCHAFFRATH
1062	A-:AECAEC2G#ABAGFEAGFEDCB	C759	CONTI
1063	A-:AEC14A	M939	MOZART
1064	A-:AEDCB2AEBAG#F#ED	F248	FASCH
1065	A-:A2EF2EDCBAG#A	M489	MEDERITSCH
1066	A-:A2E6G#//A:EFGABCEDB	Z780	ZINGARELLI
1067	A-:AGFEAGFEAGFEAGFE	R535	RICHTER
1068	A-:AGFEDCBAEACGF	C938	CROES
1069	A-:AG#ABCDCBAD#	C948	CROUBELIS
1070	A-:AG#AEDECBCAG#ACB2CBCEDECB	M314	MARCELLO
1071	A-:AG#GNF#FN2E	C938	CROES
1072	A-:2ACAE	R695	RODOLFO
1073	A-:2ACB2A2FEDCB	U530	UMSTATT
1074	A-:2AGFEDCB2AEACGF	C938	CROES
1075	A-:2AGFEFEDCDCBAC	S231	SANTA
1076	A-:2AG#ABCBCD2EF#G#A	B279	BARSANTI
1077	A-:3ABCA3FE	Z780	ZINGARELLI

1078 A- : 3A3BCBAE / / A : 4AGA2 B2C4B   P727 PLEYEL
1079 A- : 3AG#ABABC3AECA   H571 HERSCHEL
1080 A- : 4ACBD   L869 LORENZITI
1081 A- : 4A4C4F4E4D#   D617 DITTERSDORF
1082 A- : 4A4E4C4A4E4B4G#4E   P645 PINAIRE
1083 A- : 4AG#2EG#ACBECBCABCD   Z610 ZETTERWALL
1084 A- : 5ACDCFEAGF   B896 BRUNETTI
1085 A- : 5A4EA4EAGF   ANON. B-Bc
1086 A- : 8A / / A : AGFEDCBA   Z780 ZINGARELLI
1087 A- : CEADFAEF#G#ABCDE8F2E2D2C2B   P779 POLUZZI
1088 A- : CEG#ACEFEFEFF#   B283 BARTA
1089 A- : CG#F#G#2AEDEFABCFE   L791 LLEYS
1090 A- : DEFE2AG#ABCB   ANON. Breitkopf 65
1091 A- : EACBG#ACEDBC   V254 VANHAL
1092 A- : EAECAFEDCBCDEA   B114 BACH
1093 A- : EAG#AEABCACDEDC   R535 RICHTER
1094 A- : E2AGFA#3BC#2DC#B   R535 RICHTER
1095 A- : E2AG#ABCBA   Q300 QUENTIN
1096 A- : E3AGEA#3BC#2D   R535 RICHTER
1097 A- : ECG#3AFE   V254 VANHAL
1098 A- : ECG#3AFE   ANON. CS-Pnm/Doksy
1099 A- : ED2CB / / A : AC2EAGFEDC   Z780 ZINGARELLI
1100 A- : EFA2D2FA / / 3ABCA3FE   Z780 ZINGARELLI
1101 A- : EF3EG#AF   G251 GASSMANN
1102 A- : EFG3A2CBAGFEFEGFED   B664 BOCCHERINI
1103 A- : EFG#ABDC#F2ED#   M435 MATTEI
1104 A- : EF#G#ACFCDEF / / A : ECECECECEA   W786 WINTER
1105 A- : EF#G#A2E3A   H354 HASSE
1106 A- : EG#F#EG#BD   E164 EBERLIN
1107 A- : 2EDCB2A   B634 BLAINVILLE

1108 B$: ABBN2CDCB   C322 CARTELLIERI
1109 B$: ABEFCDA3BDCB2F   M729 MOLTER
1110 B$: AB2FG2ED   C524 CHERZELLI
1111 B$: A4BCDBDECFDEDCB   Z780 ZINGARELLI
1112 B$: BABABABABABCDCDCDCDCDE   C626 CLEMENTI
1113 B$: BABABCDEF   F274 FAVI
1114 B$: BABABDC#DC#D   C573 CIMAROSA
1115 B$: BABA2B2A   W131 WAGENSEIL
1116 B$: BABA2BDF5BDFB   G571 GNECCO
1117 B$: BABCA2FEDECBA   S383 SCHUBERT
1118 B$: BABCBABCBABCB2E2DCBABC   R716 ROESER
1119 B$: BABCBABCBABC2BGDCBCD   A889 AUBERT
1120 B$: BABCBA2BABCDEFD   ANON. S-Skma
1121 B$: BABCBAGFED   G678 GOSSEC
1122 B$: BABCBDCBDFABFED   K880 KOZELUCH
1123 B$: BABCBDEBABCBDE   B664 BOCCHERINI
1124 B$: BABC2BEDEFE   W131 WAGENSEIL
1125 B$: BABC3BDG2E2DC   S342 SCHLOEGER
1126 B$: BABCDEC   H517 HENNIG
1127 B$: BABCDE2CBCD   P727 PLEYEL
1128 B$: BABCDEDCDED   A748 ARNE

1129	B$: BABCDEFEFDCD	A758 ARNOLD
1130	B$: BABCD2E2DCDEF2GF	L619 LE ROY
1131	B$: BABCDFEDCDED	A748 ARNE
1132	B$: BABC2D2BC	K795 KOHL
1133	B$: BABC2D2BCDCBN	V254 VANHAL
1134	B$: BABC2DCDEFGFGAB	O650 ORDONEZ
1135	B$: BABC2DCDEFGFGAB	D617 DITTERSDORF
1136	B$: BABDBABF	P221 PARADEISER
1137	B$: BABDBABFBA2BAG	ANON. A-LA
1138	B$: BABDCBDB//BCDEFGA3BAB	Z780 ZINGARELLI
1139	B$: BABDCEDE2FDE2F	M729 MOLTER
1140	B$: BABDEFEF2GFEF2G	M757 MONTANY
1141	B$: BABDFBFDBCBNCEG	B461 BENDA
1142	B$: BABDFEDCDBABDFEDCBDGEDCDB	S682 SOHIER
1143	B$: BABF2DC#DG3FGABFDBBNC	S346 SCHMID
1144	B$: BABFEFDCDBA2B	F248 FASCH
1145	B$: BAB2FDFBDF2BABG	E550 ENDERLE
1146	B$: BAB3F3F#G	R919 RUCK
1147	B$: BABG	M938 MOZART
1148	B$: BABGFGEN2FGABCDEDE	H700 HOFFMEISTER
1149	B$: BAB3GFEDCB	G943 GUGLIELMI
1150	B$: BA2BA2BAB	P592 PICHL
1151	B$: BA2BA2BABCDEFD	ANON. S-Skma
1152	B$: BA2BA2BA2BAB	D972 DUSSEK
1153	B$: BA2BA2BA2BA2BAB	S789 STAMITZ
1154	B$: BA2BA2BA2BA2BAB	R535 RICHTER
1155	B$: BA2BA2BDEF	V254 VANHAL
1156	B$: BA2BACBN3C	T765 TRAETTA
1157	B$: BA2BDFBAGFEDCB	C182 CAMERLOHER
1158	B$: BACBAG2F	G251 GASSMANN
1159	B$: BAFE	H411 HAYDN
1160	B$: BAGBAGBAGB	B118 BACH
1161	B$: BAGFDCB2FED	B914 BRUSACO
1162	B$: BAGFEDCBAGF	D972 DUSSEK
1163	B$: BAGFEDCBAGFEDCDFBDEGBG	M741 MONDONVILLE
1164	B$: BAGFEDCBFGABFEDC	V155 VALENTINE
1165	B$: BAGFEDGF4B4A	L234 LAMONINARY
1166	B$: BAGFEDGFEDC2BF	G948 GUILLEMAIN
1167	B$: BAGFGABAGFGABAGFGABAGF	G183 GALUPPI
1168	B$: BAG2FF#GFE	ANON. I-Gi
1169	B$: BAG2FF#GFE3D	R491 RICCI
1170	B$: BAG3FD	B664 BOCCHERINI
1171	B$: BAG3FE3DCB2FGABDC2F	M729 MOLTER
1172	B$: BAG5F	H700 HOFFMEISTER
1173	B$: BA2GBA2GCB3AGF#GFEDC	S689 SOLNITZ
1174	B$: B2ABCDE//BCDEFGABCD	S335 SCHIMPKE
1175	B$: BBNCB$B2AG2AB2A$G	D617 DITTERSDORF
1176	B$: BBNCDE2F2DA	W786 WINTER
1177	B$: BCABCA//2FGABABCDCDECFC	Z780 ZINGARELLI
1178	B$: BCABFBC	P727 PLEYEL
1179	B$: BCABFDFBFDF	W853 WOLF
1180	B$: BCAD3BABC//FBDFGBAGAB	H411 HAYDN

1181 B$: BCADECDCABECDGEFECD   A237 ADLGASSER
1182 B$: BCBABCBABCBA2B   P727 PLEYEL
1183 B$: BCBABCBABFBCDC   D972 DUSSEK
1184 B$: BCBABCBABGCBAB   K990 KYFFNER
1185 B$: BCBABC2B   H758 HOLZBAUER
1186 B$: BCBABCDBFDBEDGFB   C573 CIMAROSA
1187 B$: BCBABCDCBCBABCDC   C573 CIMAROSA
1188 B$: BCBABCDCBGBABCDC   G943 GUGLIELMI
1189 B$: BCBABCDEDCBABCDE   G251 GASSMANN
1190 B$: BCBABC3DCBA3B   C573 CIMAROSA
1191 B$: BCBABDC5BCBABDC5B   ANON. I-Gi
1192 B$: BCBABDFB3E   N478 NEUBAUER
1193 B$: BCBABDFGEDE   N477 NEUBAUER
1194 B$: BCBABFDBFD   S699 SONNLEITHNER
1195 B$: BCBABFDBFDBFDBECAFBCBABF   B896 BRUNETTI
1196 B$: BCBABGECBAGABAGACA   P548 PHILIDOR
1197 B$: BCBABGFABCBABGFA   L239 LAMPUGNANI
1198 B$: BCBABGFABCBABGFA   G778 GRAUN
1199 B$: BCBABG2FEDC   S291 SCHACHT
1200 B$: BCBA2BGFGFGF   N478 NEUBAUER
1201 B$: BCBAGF2DCDE3CF   M435 MATTEI
1202 B$: BCBCBCBCBCBCD2B   B579 BIANCHI
1203 B$: BCBCBCBCDEDED   J750 JOMMELLI
1204 B$: BCBCBCDB   S348 SCHMIDT
1205 B$: BCBCBF   M478 MAZZONE
1206 B$: BCBC2D2B2E2DC3F   F517 FIORAVENTI
1207 B$: BCBC2DEDEF   R568 RIGEL
1208 B$: BCBE2DED   B664 BOCCHERINI
1209 B$: BC2BE2DG2F   D136 DALAYRAC
1210 B$: BCC#2DCNEAC2BDF2B2AG   C938 CROES
1211 B$: BCD   S348 SCHMIDT
1212 B$: BCDBDCBFGFBF   I930 IVANSCHIZ
1213 B$: BCDBFBCDBF   M998 MYSLIVECEK
1214 B$: BCDBFGAFBDEC   K917 KRAUSE
1215 B$: BCDBFGAFBFEC   ANON. S-Skma
1216 B$: BCDBFGAF2BCDEFGABDCB   C182 CAMERLOHER
1217 B$: BCDCBABGF   V163 VALERI
1218 B$: BCDCBCDCD2E2DCDE2F   P727 PLEYEL
1219 B$: BCDCB2EDCBABGFBAGF   V254 VANHAL
1220 B$: BCDCBFBCDCBF   D617 DITTERSDORF
1221 B$: BCDC5BF   B116 BACH
1222 B$: BCDC5BFBCDC5BG   B125 BACHSCHMIDT
1223 B$: BCDCDE4FBAGFGFEDEDCBCDB   ANON. D/DDR-Dlb
1224 B$: BCDCFEDBAGFGAB   B896 BRUNETTI
1225 B$: BCDC5F   S787 STAMITZ
1226 B$: BCDCGFEDBAGFGAB   B896 BRUNETTI
1227 B$: BCD2CBABGF   V163 VALERI
1228 B$: BCDECDEFDEFG   P149 PAISIELLO
1229 B$: BCDED   B864 BRODSKY
1230 B$: BCDEDBENG//BDGFAC   B617 BIRCK
1231 B$: BCDEDCBDCBNDCBNC   D617 DITTERSDORF
1232 B$: BCDEDC3B   S379 SCHROETER

1233	B$: BCDEDCDCBGFEDBAG	M729 MOLTER
1234	B$: BCDEDCDEFGFE	P523 PFEIFFER
1235	B$: BCDE2DC3B	S379 SCHROETER
1236	B$: BCDE3D3C2D3C	B547 BERTONI
1237	B$: BCDEFA2FG2F5E	F489 FILTZ
1238	B$: BCDEFBFEDCBAB	M938 MOZART
1239	B$: BCDEFBGFBGF2BAGFEDC	ANON. USSR-Koe
1240	B$: BCDEF4B	E164 EBERLIN
1241	B$: BCDEFDC2BGFENE$D	F489 FILTZ
1242	B$: BCDEFEDCBA2BAB	M729 MOLTER
1243	B$: BCDEFEFGBABCDED	S785 STAMITZ
1244	B$: BCDEFF#G	P791 PONS
1245	B$: BCDEFGA	B116 BACH
1246	B$: BCDEFGA	S335 SCHIMPKE
1247	B$: BCDEFGABABABDEFGABCDCDCD	ANON. PL-GNd
1248	B$: BCDEFGABAGFEFGABCD	S348 SCHMIDT
1249	B$: BCDEFGABAGF#G//FGABFGABFGA	R748 ROLLA
1250	B$: BCDEFGABCD	S335 SCHIMPKE
1251	B$: BCDEFGABDEFGABCDEDFG	S689 SOLNITZ
1252	B$: BCDEFGA2BFGABDEFGD	C284 CARLO
1253	B$: BCDEFGA3BAB	Z780 ZINGARELLI
1254	B$: BCDEFGA10B	S295 SCHAFFRATH
1255	B$: BCDEFGBABCDEDCD	R758 ROMAN
1256	B$: BCDEFGFBCDE	M938 MOZART
1257	B$: BCDEFGFGFGFBFGFBFGFG	ANON. D/BRD-DS
1258	B$: BCDE2FEDCBNDGF	D199 DANZI
1259	B$: BCDE2FGA4B	G295 GEBEL
1260	B$: BCDE2FGA4BD3B4C	K750 KOBRICH
1261	B$: BCDE2FGFBGFE	ANON. CH-SA
1262	B$: BCDE4FBFB2F2DB	H354 HASSE
1263	B$: BCDE8FB2FB2F	M729 MOLTER
1264	B$: BCDEGABCD//6B	Z780 ZINGARELLI
1265	B$: BCD3EDEF	C524 CHERZELLI
1266	B$: BCDFBDFDBEC	P221 PARADEISER
1267	B$: BCDF4B4D4FBF	B858 BRIOSCHI
1268	B$: BCDFEDCBAB	A839 ASPLMAYR
1269	B$: BCDFEDCDEFAGFE	P523 PFEIFFER
1270	B$: BC2DECABDE2FGECD	F438 FIALA
1271	B$: BC2DEFGFGEFEF	V158 VALENTINI
1272	B$: BC2DE2FA2BAGFEDC	S789 STAMITZ
1273	B$: BC2DE3FENF	Z780 ZINGARELLI
1274	B$: BC2FBCDEDEF	C225 CANNABICH
1275	B$: B2CBCD$	A523 AMON
1276	B$: B2CBCD	S357 SCHMITTBAUR
1277	B$: B2CDCBABFDF	G251 GASSMANN
1278	B$: BDFBGBEG$//BDFBDGCFB	H411 HAYDN
1279	B$: BDABDA//B2FGFC2FGF	Z780 ZINGARELLI
1280	B$: BDA2BFENFDBA2BCEBN2C	B664 BOCCHERINI
1281	B$: BDAC6FGFEDBABAGFE	ANON. D/DDR-SWl
1282	B$: BDBABFBGBF3B	D617 DITTERSDORF
1283	B$: BDBA2BABC2DCDE//FDBACE	Z250 ZANDER
1284	B$: BDBA2GB	A139 ABEL

1285 B$: BDBC2A   B175 BALDAN
1286 B$: BDBCBFGFBF   I930 IVANSCHIZ
1287 B$: BDBCDE2FEFGA8BAGFEFEDC   O350 OGLIO
1288 B$: BDBDBD2CBCE   V254 VANHAL
1289 B$: BDBDEF   S785 STAMITZ
1290 B$: BDBDFDFDFDB2DCBA   B116 BACH
1291 B$: BDBDFDFGABFGAB   K295 KELLY
1292 B$: BDBDF2D4E4F4G4ABCB   A839 ASPLMAYR
1293 B$: BDBFBAA$G   D972 DUSSEK
1294 B$: BDBFBD3FGBFEDEF   W939 WRANITZKY
1295 B$: BDBFBFDFDBDADFENE$ M895 MOSELL
1296 B$: BDBFBFDFDBDBFBFDFDBDB   P340 PAWLOWSKI
1297 B$: BDBFB2FBCDEDCDE   B116 BACH
1298 B$: BDBF3BDFB   Q400 QUERFURTH
1299 B$: BDBFDBCECGE   V254 VANHAL
1300 B$: BDBFDBDFBDBFDBD   H714 HOFSTETTER
1301 B$: BDBFDBGFEBDBFDGEDCB   H758 HOLZBAUER
1302 B$: BDBFDEFGA2B   H700 HOFFMEISTER
1303 B$: BDBFDEFGA2BD   P727 PLEYEL
1304 B$: BDBFECA   W373 WEBER
1305 B$: BDBFGFBGFBG   F489 FILTZ
1306 B$: BDB2F   M748 MONN
1307 B$: BDB2FGABEDG2FEDCB   A139 ABEL
1308 B$: BDBGABEGECDE   M435 MATTEI
1309 B$: BDBGBGEGECGB   W418 WEIGERT
1310 B$: BDB2GCECAB//FBGA3BABC   G251 GASSMANN
1311 B$: BD2BD2BFD2BFDBDF2DFD   M729 MOLTER
1312 B$: BDCABDCAB3F   O650 ORDONEZ
1313 B$: BDCB   H517 HENNIG
1314 B$: BDCBAB2A2B2C2D   ANON. CH-SA
1315 B$: BDCBABCBABCBCDFE   H839 HOUPFELD
1316 B$: BDCBABCD2EDCBNCDENF   K791 KOHAUT
1317 B$: BDCBABE2D//DCFGAGFBA   B118 BACH
1318 B$: BDCBAGBAGFEGFEDC2B   W131 WAGENSEIL
1319 B$: BDCBAGDCBABCBCDFE   H839 HOUPFELD
1320 B$: BDCBAGFED   M244 MALDERE
1321 B$: BDCBAGFED   B116 BACH
1322 B$: BDCBA2GCE//FBGA2BCBABC   G251 GASSMANN
1323 B$: BDCBCBDCBCBDCBCD2B   B579 BIANCHI
1324 B$: BDCBCBDCBCDFEDED   J750 JOMMELLI
1325 B$: BDCBC2D2B2E2DC3F   F517 FIORAVENTI
1326 B$: BDCBC2DFEDEF   R568 RIGEL
1327 B$: BDCBDCBFBFBDCBFBFBCDEFEDC   S419 SCIROLI
1328 B$: BDCBDC2BD2CBA   N644 NICOLINI
1329 B$: BDCBDCDE   O160 OCH
1330 B$: BDCBD4E4C4A4F   F274 FAVI
1331 B$: BDCBDFDACBACEABDCBDFDCBAG   ANON. F-Pn
1332 B$: BDCBDFDACBACEABDCBDFDCB   A991 AZAIS
1333 B$: BDCB2DCB2FED   T180 TARCHI
1334 B$: BDCB4DFEDFBG   ANON. CS-Bm
1335 B$: BDCBEDCBCD   B145 BAGGE
1336 B$: BDCBFAGF   M938 MOZART

1337	B$: BDCBFAGF8B	W644 WIEDNER
1338	B$: BDCBFAGF16B	H704 HOFMANN
1339	B$: BDCBFDB2GBGF	B858 BRIOSCHI
1340	B$: BDCBFDB2GB2GF	M388 MARTINO
1341	B$: BDCBFEBDCBFE	ANON. S-L
1342	B$: BDCBFEDBAGFE	H198 HAMAL
1343	B$: BDCBFEDBAGFGDEF	A237 ADLGASSER
1344	B$: BDCBFED3BFDB	U930 UTTINI
1345	B$: BDCBFE2FBG3EDC2D	F653 FOERSTER
1346	B$: BDCB2FENFCED	W424 WEINERT
1347	B$: BDCB2FGA	B755 BOYCE
1348	B$: BDCB2FGABAGFED	B456 BENDA
1349	B$: BDCB2F2GAB2F2GAB	G550 GLASER
1350	B$: BDCB3FAGF3BFGFEFB	ANON. USSR-Koe
1351	B$: BDCB5FBEDC	O650 ORDONEZ
1352	B$: BDC2BABCDEF	W131 WAGENSEIL
1353	B$: BDC2BEDBDCB	H413 HAYDN
1354	B$: BDC2BEDBDC2B	ANON. A-GOe
1355	B$: BDC3BFAG3FB	S165 SALIERI
1356	B$: BDC3BFAG3FB	P149 PAISIELLO
1357	B$: BDC3BFAG3F2BD	R716 ROESER
1358	B$: BDC5BDC4BG	S789 STAMITZ
1359	B$: BDC5BDC4BGFE	C182 CAMERLOHER
1360	B$: BDCDEDEC	M939 MOZART
1361	B$: BDCDE2FGABDCDE2FGA	F491 FINAZZI
1362	B$: BDCDFBF	G736 GRAF
1363	B$: BDC2EDG2FBGAFGE	F528 FISCHER
1364	B$: BDCF	D916 DUNI
1365	B$: BD2CB2F2G2ABF	G550 GLASER
1366	B$: BD2C2BD2C3BA	N644 NICOLINI
1367	B$: BDEAC#DF#	C175 CAMBINI
1368	B$: BDECAB	H138 HAFENEDER
1369	B$: BDECAFBDECAFBDCBAGFED	S575 SIGHIZELLI
1370	B$: BDEC2DFAEF	L939 LUCHESI
1371	B$: BDEDCD	B414 BEECKE
1372	B$: BDEDECFDB	K926 KREUSSER
1373	B$: BDEENFECBAB	D199 DANZI
1374	B$: BDEENFGABABCE	ANON. D/BRD-DS
1375	B$: BDEF//B3F	H354 HASSE
1376	B$: BDEF	L869 LORENZITI
1377	B$: BDEFDE3F	N489 NEUMANN
1378	B$: BDEFEDCBDEFEDCBD	ANON. D/BRD-HR
1379	B$: BDEFEDE	B547 BERTONI
1380	B$: BDEFGABCDEDBDEFGF	G617 GOLABEK
1381	B$: BDEFGABCDFEDCB	S414 SCHWINDL
1382	B$: BDEFGAB2CBCDB	C175 CAMBINI
1383	B$: BDEFGABDCBDC	W131 WAGENSEIL
1384	B$: BDEFGABDCBDCBEB	C182 CAMERLOHER
1385	B$: BDEFGABDE	S785 STAMITZ
1386	B$: BDEFGABDEFGA	B858 BRIOSCHI
1387	B$: BDEFGABDEFGAB	H839 HOUPFELD
1388	B$: BDEFGABEDCDC	S789 STAMITZ

```
1389  B$ : BDEFGABEDCDCB   T195 TARTINI
1390  B$ : BDEFGABFDGF   A139 ABEL
1391  B$ : BDEFGA2B   S785 STAMITZ
1392  B$ : BDEFGA2B2FDFGABC2D2B   D248 DAVESNE
1393  B$ : BDEF2GABECDEC   ANON. DK-Kk
1394  B$ : BDE2FEDGEGA3BDE6FGA2B   ANON. S-Skma
1395  B$ : BDE2FGABECD   B116 BACH
1396  B$ : BDE2FGABECDECD   F489 FILTZ
1397  B$ : BDE3FB2F   M281 MANNA
1398  B$ : BDE3FGA2B   C182 CAMERLOHER
1399  B$ : BDE3F2GED2E   O650 ORDONEZ
1400  B$ : BDE4FE2D   S249 SARTI
1401  B$ : BDEGAGFE   W855 WOLFF
1402  B$ : BDEG2F2EDCAB   ANON. A-M
1403  B$ : BD2EDE   B547 BERTONI
1404  B$ : BDENE2FGABABCE   ANON. D/BRD-DS
1405  B$ : BDFBABABABA   T180 TARCHI
1406  B$ : BDFBABCAB   B116 BACH
1407  B$ : BDFBABCABDE2F   T645 TOESCHI
1408  B$ : BDFBABFDF#GECAFGAB   S787 STAMITZ
1409  B$ : BDFBAGFE   H877 HUBER
1410  B$ : BDFBAGFEDCBABCD   B125 BACHSCHMIDT
1411  B$ : BDFBAG2F   T611 TISCHER
1412  B$ : BDFBCB2A   S411 SCHWARZENDORF
1413  B$ : BDFBCD   L576 LEO
1414  B$ : BDFBCDC3B2ABCEDCEC   K140 KALB
1415  B$ : BDFBCDEFGA2BC   C182 CAMERLOHER
1416  B$ : BDFBC2DEF6BFB   G778 GRAUN
1417  B$ : BDFBC2DEF6BFBCD   G778 GRAUN
1418  B$ : BDFBD//4FB4DF   W939 WRANITZKY
1419  B$ : BDFBDB2ECAF3B   R817 ROSETTI
1420  B$ : BDFBDB4F   T645 TOESCHI
1421  B$ : BDFBDCBABF   R714 ROELLIG
1422  B$ : BDFBDCBFD   K666 KLOPP
1423  B$ : BDFBDCDBF   M388 MARTINO
1424  B$ : BDFBDCEDBDFBD   K600 KIRNBERGER
1425  B$ : BDFBDEFDGEFDEC   M998 MYSLIVECEK
1426  B$ : BDFBDEFED   M748 MONN
1427  B$ : BDFBDFBC2BE2DCB   S340 SCHIRINGER
1428  B$ : BDFBDFB4D4F4G4A$4G   R716 ROESER
1429  B$ : BDFBDFBFDEDCBGFEDCB   W131 WAGENSEIL
1430  B$ : BDFBDFBFGFEDECD   P593 PICHL
1431  B$ : BDFBDFB3FENFG   H708 HOFMANN
1432  B$ : BDFBDFB4FEDBDF   B548 BERTRAM
1433  B$ : BDFBDFB5FD   G537 GIULINI
1434  B$ : BDFBDFBGF   R919 RUCK
1435  B$ : BDFBDFCDEGABGFEDCBD   S359 SCHMITTBAUR
1436  B$ : BDFBDFDBFGA   C573 CIMAROSA
1437  B$ : BDFBD2F2A   M382 MARTIN
1438  B$ : BDFBD4FBAGFE   H652 HILLER
1439  B$ : BDFBDGCFB   H411 HAYDN
1440  B$ : BDFBDGFENE$CE2B   V163 VALERI
```

```
1441  B$ : BDFB2DEFED    M748 MONN
1442  B$ : BDFBECG    C148 CALEGARI
1443  B$ : BDFBFD2FBF    S383 SCHUBERT
1444  B$ : BDFBFECBC    A139 ABEL
1445  B$ : BDFBFEDCBFDB    W644 WIEDNER
1446  B$ : BDFBFENFGF    H708 HOFMANN
1447  B$ : BDFB2FECBC    A139 ABEL
1448  B$ : BDFB2FGABFDEDC    H138 HAFENEDER
1449  B$ : BDFB4FED4FED    R539 RICKERT
1450  B$ : BDFBF#3GBGEN3F    B125 BACHSCHMIDT
1451  B$ : BDFBGFENFGF    H708 HOFMANN
1452  B$ : BDF2BAGF    P523 PFEIFFER
1453  B$ : BDF2B2A    S411 SCHWARZENDORF
1454  B$ : BDF2BDBFDB    S357 SCHMITTBAUR
1455  B$ : BDF2BDE3FGA2B    B858 BRIOSCHI
1456  B$ : BDF2BDE3FGA2B    ANON. CS-Pnm
1457  B$ : BDF2BDF3BFBGBEGFBDF    B664 BOCCHERINI
1458  B$ : BDF2B2EF2GAB    B713 BONFICHI
1459  B$ : BDF2BFDB    P589 PICCINNI
1460  B$ : BDF3BFEDC2BCBNCA    P960 PROSPERI
1461  B$ : BDFCBABCAB    B116 BACH
1462  B$ : BDFCBABCABEDE2F    T645 TOESCHI
1463  B$ : BDFDBAC2FGABDBGF#AD    S787 STAMITZ
1464  B$ : BDFDBDFBCEGABDFB    G279 GAVEAUX
1465  B$ : BDFDBDFD2BCD2A    V181 VALLE
1466  B$ : BDFD4BF4BD2FEFEDC    N478 NEUBAUER
1467  B$ : BDFDCAFABFD    G778 GRAUN
1468  B$ : BDFDCECBDF    P221 PARADEISER
1469  B$ : BDFDECFEDBCDECFEDBDFBFDC    L486 LEEMANS
1470  B$ : BDFDEFDC    B617 BIRCK
1471  B$ : BDFDFDBDFDFD2BA    S229 SANPIERIO
1472  B$ : BDFEDCACE    S383 SCHUBERT
1473  B$ : BDFEDCB    R535 RICHTER
1474  B$ : BDFEDCB8F    D617 DITTERSDORF
1475  B$ : BDFEDCBGFABF    M937 MOZART
1476  B$ : BDFEDEDE3FDBFECD    M998 MYSLIVECEK
1477  B$ : BDFED4EC#DBAG    P979 PUGNANI
1478  B$ : BDFEFBFGD    B667 BODE
1479  B$ : BDFEGFDFEG2FBAGF    B547 BERTONI
1480  B$ : BDF2EGE    P149 PAISIELLO
1481  B$ : BDFGA2BDF    T722 TOUCHEMOULIN
1482  B$ : BDFGBDEGABCDCBCDCBFED    H839 HOUPFELD
1483  B$ : BDFGF2BAGF2ED2BAGFEDB    K350 KENNIS
1484  B$ : BD2FBFDB    S395 SCHUSTER
1485  B$ : BD2FEDCBAB    S324 SCHENCKER
1486  B$ : BD2FEDC2BFBFBFB    B745 BOSSI
1487  B$ : BD2FEDCDEDEFEDBCD    M435 MATTEI
1488  B$ : BD2FED2CBAB2DCBCEDC    S324 SCHENCKER
1489  B$ : BD2FEG2AEACB    Q600 QUILMETES
1490  B$ : BD2FGFBABGFBABGFBABG    W499 WERTTIG
1491  B$ : BD2FGFBDEN    M939 MOZART
1492  B$ : BD9F    D617 DITTERSDORF
```

1493 B$: BDGFAC B617 BIRCK
1494 B$: BD2GBEGFEDCBFGAB A341 ALBRECHTSBERGER
1495 B$: B2DCBCB A676 ARDINA
1496 B$: B2DE2FBFDB S395 SCHUSTER
1497 B$: B2D2F2E B547 BERTONI
1498 B$: B2DG2E2C//2BABCBAG2F V163 VALERI
1499 B$: B3D2FGB2D2C S161 SALAZAR
1500 B$: B5DB5FD5B P592 PICHL
1501 B$: BE2BANBE2BANBEBGE2B S213 SANDEL
1502 B$: BEDCBABCB W477 WENT
1503 B$: BEDCBEDCBFGABF M388 MARTINO
1504 B$: BEDCBEDCBFGABFE B858 BRIOSCHI
1505 B$: BEDCDBDBD2CBCE V254 VANHAL
1506 B$: BEDCDE2FGABEDCDE2FGA F491 FINAZZI
1507 B$: BEDEBCD G251 GASSMANN
1508 B$: BEDGFBA3BAB F489 FILTZ
1509 B$: BED2GABFBFBF P589 PICCINNI
1510 B$: BE2DG2FGFEDC2EDC K180 KARAVSCHEK
1511 B$: BEGB2EDFGFE R535 RICHTER
1512 B$: BE3GA$2F//E5GFGA H758 HOLZBAUER
1513 B$: B2ED2GFBABA N494 NEUPAUER
1514 B$: BFAB G736 GRAF
1515 B$: BFABECF2B G251 GASSMANN
1516 B$: BFABGFEDCBGFEDCBF M729 MOLTER
1517 B$: BFADCBABGC S699 SONNLEITHNER
1518 B$: BFBAG2F//FBDCBACBA2G4F H411 HAYDN
1519 B$: BFBCDEDCDCDEFC R758 ROMAN
1520 B$: BFBD S699 SONNLEITHNER
1521 B$: BFBDBAFGABCD B918 BUCELLI
1522 B$: BFBDBDFEFG M244 MALDERE
1523 B$: BFBDBFD2B B461 BENDA
1524 B$: BFBDBFD3BDCB2EGFEDBFDB B456 BENDA
1525 B$: BFBD2BAFGABCD B918 BUCELLI
1526 B$: BFBDCBCDED M943 MUELLER
1527 B$: BFBDCBFBD2CBAGFG C182 CAMERLOHER
1528 B$: BFBDC2BFBDCBAC S789 STAMITZ
1529 B$: BFBDFDBFBDFD O895 OTTONI
1530 B$: BFBDGECA M396 MASCHIETTO
1531 B$: BFB2DBD2FDF2B A579 ANFOSSI
1532 B$: BFB2D2CDC//12B2C2DC P761 POKORNY
1533 B$: BFBF A139 ABEL
1534 B$: BFBFBDFDFBDBDBF G778 GRAUN
1535 B$: BFBFBDFDFBDBDBFBFBFBDFDF G778 GRAUN
1536 B$: BFBFBFBFBFBF R817 ROSETTI
1537 B$: BFBFBFBFBFBFBFG E360 EISENMANN
1538 B$: BFBFBFBFBFBFBFGABCDEFGAFB S189 SAMMARTINI
1539 B$: BFBFBFBFBFBFBFGEFD D617 DITTERSDORF
1540 B$: BFBFBFBFDB2GA A139 ABEL
1541 B$: BFBFBFCFDBDBDBDB M666 MINOJA
1542 B$: BFBFBFDBDBFDFD P149 PAISIELLO
1543 B$: BFBFBFECDBFBGF B858 BRIOSCHI
1544 B$: BFBFDBCBFDBFDCB B556 BESOZZI

```
1545  B$ : BFBFDBEFGF   W131 WAGENSEIL
1546  B$ : BFBFD2BFBFDBABCBCDCDEDEFEC   B125 BACHSCHMIDT
1547  B$ : BFBFE2B2C   B119 BACH
1548  B$ : BFBFEDBCBFDBFDCB   B556 BESOZZI
1549  B$ : BF2B   P762 POLAZZI
1550  B$ : BF2BCDEFGA2BFGEDC   B858 BRIOSCHI
1551  B$ : BF2B2DBCDC//8B   G834 GRETRY
1552  B$ : BF2B2D2CDC//12B2C2DC   P761 POKORNY
1553  B$ : BF2BF2BF2BFBGFGF   M729 MOLTER
1554  B$ : BF2BF2BF2BF2BAGFEDCDCD   C714 COLLOBRATT
1555  B$ : BF2B2F2D2F2B2D2F2D   ANON. D/BRD-TIT
1556  B$ : BF6BCBCD   D972 DUSSEK
1557  B$ : BF2CB   T644 TOESCA
1558  B$ : BFDA$EG$   P149 PAISIELLO
1559  B$ : BFDABFDA   T915 TUERCK
1560  B$ : BFDABFDBCGFD   W464 WELTZ
1561  B$ : BFDABGFF#GDEBNC   V163 VALERI
1562  B$ : BFDA3BDFF#GDBF#   K880 KOZELUCH
1563  B$ : BFDB   T657 TOMASINI
1564  B$ : BFDB   R535 RICHTER
1565  B$ : BFDB9A$   B393 BECK
1566  B$ : BFDBCA2BFD   P523 PFEIFFER
1567  B$ : BFDBCAF   M831 MORAVETZ
1568  B$ : BFDBCBABCBABGF   V254 VANHAL
1569  B$ : BFDBCBAG4FEDEFGAB   T722 TOUCHEMOULIN
1570  B$ : BFDBCBCB   H411 HAYDN
1571  B$ : BFDBCDEFGABGFENFABCD   E550 ENDERLE
1572  B$ : BFDBCDE2FGF   R596 RISPOLI
1573  B$ : BFDBDBFBFD   ANON. H-Gc
1574  B$ : BFDBDCBCB   H411 HAYDN
1575  B$ : BFDBDE3FECAFDB   N311 NAUMANN
1576  B$ : BFDBDFBFDBFEDE   S791 STANZEN
1577  B$ : BFDBDF2B//3BFDBDF   B858 BRIOSCHI
1578  B$ : BFDBDF2B2F2G2F2EDCDB   W493 WERNER
1579  B$ : BFDBDF4G4E4G4ABCDC   S120 SACCHINI
1580  B$ : BFDBEDCFDBC   L475 LE DUC
1581  B$ : BFDBFBCFECFC   E340 EICHNER
1582  B$ : BFDBF4B   D617 DITTERSDORF
1583  B$ : BFDBFDBABC3B   S789 STAMITZ
1584  B$ : BFDBFDBABC3B   R535 RICHTER
1585  B$ : BFDBFDBACEACE   Z660 ZIEGLER
1586  B$ : BFDBFDBCDEFGABCDE   G541 GLACHANT
1587  B$ : BFDBFDBCD5E3DE3D   G961 GUILLON
1588  B$ : BFDBFDBDFBFE2DCBA   H839 HOUPFELD
1589  B$ : BFDBFDBF   P761 POKORNY
1590  B$ : BFDBFDBFA$G2CE   B555 BESCH
1591  B$ : BFDBFDBFB   S785 STAMITZ
1592  B$ : BFDBFDBFDB   W644 WIEDNER
1593  B$ : BFDBFD2BCBCBED   S785 STAMITZ
1594  B$ : BFDBFD2BCDCB   S357 SCHMITTBAUR
1595  B$ : BFDBFD2BCFAC   Z660 ZIEGLER
1596  B$ : BFDBFD2BDCBDCBED   S785 STAMITZ
```

```
1597  B$ : BFDBFD2BG    R714 ROELLIG
1598  B$ : BFDBFD2ECAECD    M998 MYSLIVECEK
1599  B$ : BFDBF2DB2EC2FEDEFG3F    B664 BOCCHERINI
1600  B$ : BFDBFEDEFD    B547 BERTONI
1601  B$ : BFDBFGABCDABCDE    P589 PICCINNI
1602  B$ : BFDBFGABCDEFEDCBAGF    B619 BIRNBACH
1603  B$ : BFDBF2G2ABDBF    P987 PUSCHMANN
1604  B$ : BFDB2FEDEFD    B547 BERTONI
1605  B$ : BFDB3FBDCED    S371 SCHRAGNER
1606  B$ : BFDBG2FG2F    ANON. S-L
1607  B$ : BFDB2GFEDCBABCBABABC    C182 CAMERLOHER
1608  B$ : BFD2BAB    L475 LE DUC
1609  B$ : BFD2BA2BABGF    V254 VANHAL
1610  B$ : BFD2BA2BECAFBABD    ANON. CH-Mue
1611  B$ : BFD2BA2ED    G396 GEWEIJ
1612  B$ : BFD2BAG4FEDEFGAB    T722 TOUCHEMOULIN
1613  B$ : BFD2BBN2C2E2D    P592 PICHL
1614  B$ : BFD2BCBAGF2EDBDFBFDB2F    B573 BEYER
1615  B$ : BFD2BDC3B    R833 ROSSI
1616  B$ : BFD2BFD2BABC    R714 ROELLIG
1617  B$ : BFD2BFD2BABC3D2CBCD3ED    C516 CHELLERI
1618  B$ : BFD2BFD2BCDEF    J330 JANITSCH
1619  B$ : BFD2BFD2BCDEF    G778 GRAUN
1620  B$ : BFD2B2F3ED    C759 CONTI
1621  B$ : BFD2BG    R817 ROSETTI
1622  B$ : BFD2BGFEF2D    P727 PLEYEL
1623  B$ : BFD2B2G2FEN    H354 HASSE
1624  B$ : BFD3BABFBGE3BABG    H708 HOFMANN
1625  B$ : BFD3BFD2B    G876 GRONER
1626  B$ : BFD4BAB    L475 LE DUC
1627  B$ : BFD4BCDCDEDC    B858 BRIOSCHI
1628  B$ : BFD6BGE6BFD5BED    K820 KOENIGSPERGER
1629  B$ : BFDBNCDEGABF    M435 MATTEI
1630  B$ : BFDCBABF    G776 GRAUN
1631  B$ : BFDCBABFBDBFA    B125 BACHSCHMIDT
1632  B$ : BFDCBABFG2A2EDCB    P439 PERGOLESI
1633  B$ : BFDCBABFGBAEDCB    G780 GRAVE
1634  B$ : BFDCBABFGBAEDCB    G778 GRAUN
1635  B$ : BFDCBABFGBAEDC2B2G    J330 JANITSCH
1636  B$ : BFDCBCDEFE    P523 PFEIFFER
1637  B$ : BFDCBCFGFEDCBFEDBCD    S316 SCHEIBE
1638  B$ : BFDCBDEFGA    D972 DUSSEK
1639  B$ : BFDCBECBA2BF    S424 SCOTUR
1640  B$ : BFDCBFDC2BDFB    G736 GRAF
1641  B$ : BFDCBFGABFDCB    F733 FOERSTER
1642  B$ : BFDCDEFEDC4BC    H700 HOFFMEISTER
1643  B$ : BFDEC2B    W827 WITT
1644  B$ : BFDECD2BCBABGEG    C175 CAMBINI
1645  B$ : BFDEDC2B    P149 PAISIELLO
1646  B$ : BFDEDCDEDEDC    P727 PLEYEL
1647  B$ : BFDEFBFBDFEDEFBFBDF    ANON. D/DDR-SW1
1648  B$ : BFDEFEDC3BDCABDCAB2F    M938 MOZART
```

1649   B$: BFDEG   M939 MOZART
1650   B$: BFDE2GACFEDC   B755 BOYCE
1651   B$: BFD2EDEFEDFBDF   O650 ORDONEZ
1652   B$: BFDFBCDCBFDF   S316 SCHEIBE
1653   B$: BFDFBFCACF   W416 WEICHENMAHR
1654   B$: BFDFBFD   M939 MOZART
1655   B$: BFDGEC//DEDCB2FA   W939 WRANITZKY
1656   B$: BF2DB   S638 SMETHERGELL
1657   B$: BF2DBCDEFGAB   C562 CHURFUERST
1658   B$: BF2DBCDEFGABFDB   W839 WODICZKA
1659   B$: BF2DBF//2F   M666 MINOJA
1660   B$: BF2DB2FDBF   H758 HOLZBAUER
1661   B$: BF2DB2FDBF2EDCDBF   ANON. CS-Pnm
1662   B$: BF2DB2FDBF2EDCDBFB   S348 SCHMIDT
1663   B$: BF2D2C2BCB//FE3DEFG   M837 MOREIRA
1664   B$: BF2D3CE2G2FGFE   L486 LEEMANS
1665   B$: BF2DECD3BABGEG   C175 CAMBINI
1666   B$: BF3DCBACE   C175 CAMBINI
1667   B$: BFECBCD2E2CBF3DE3D   D456 DESHAYES
1668   B$: BFEDBCDEFGABFED   ANON. S-Skma
1669   B$: BFEDBCDEFGABFEDBCDEFGAB   ANON. S-Skma
1670   B$: BFEDBDCBF   H298 HARRER
1671   B$: BFEDBFDFDFDBFED   P149 PAISIELLO
1672   B$: BFEDCBABFGFEDCBFGF   F248 FASCH
1673   B$: BFEDCBAGFEDEF   H354 HASSE
1674   B$: BFEDCBFDGEAF   P322 PATTONI
1675   B$: BFEDC4BDEDCB   S787 STAMITZ
1676   B$: BFEDC5BF   C182 CAMERLOHER
1677   B$: BFEDCDEABCDC   C175 CAMBINI
1678   B$: BFEDEF   V254 VANHAL
1679   B$: BFE2DEFGED2C2BCDECBA   L765 LIPPERT
1680   B$: BFE4DCED4CDFGFGAB   B843 BRESCIANELLO
1681   B$: BFEFBCDEFGABCFEFABCDEFGA   M729 MOLTER
1682   B$: BFEFBDFBCFEFACEA   M729 MOLTER
1683   B$: BFEFDBEN4FGABAGFE   W131 WAGENSEIL
1684   B$: BFEFDECDBCAF//B7F   H413 HAYDN
1685   B$: BFEFDECDBCA2FGEFDECDB   N311 NAUMANN
1686   B$: BFEFDECDBCA3FGEFDECD   H413 HAYDN
1687   B$: BFEFGBAEDEFA$G   M729 MOLTER
1688   B$: BFEFGFD2BC2DEFGA$ S521 SEYFERT
1689   B$: BF2EFDECDBCA3FGEFDECDB   N311 NAUMANN
1690   B$: BFGABABCDEFDBECA   L486 LEEMANS
1691   B$: BFGABADCEDGFBA   C759 CONTI
1692   B$: BFGABCDBCDEF2B2F2D2B   M729 MOLTER
1693   B$: BFGABCDEFGAFBCDE   B790 BOYCE
1694   B$: BFGABC2DEF#GA2BCD   H700 HOFFMEISTER
1695   B$: BFGABDBFCFABCECF   W477 WENT
1696   B$: BFGABF3DEC   F653 FOERSTER
1697   B$: BFGABFGA3B   O650 ORDONEZ
1698   B$: BFGABFGABFGA2BFGABFGA   C759 CONTI
1699   B$: BFGA2B2AG2DECFEDB   D243 DAUVERGNE
1700   B$: BFGA2BCDEFGAB   B755 BOYCE

```
1701  B$ : BFGA2B2F2D2FB3D    R447 REUTTER
1702  B$ : BFGA3BFBDBFGA3BFBD    B739 BORTNYANSKY
1703  B$ : BFGA3BFDBF    A139 ABEL
1704  B$ : BFGA4B    M748 MONN
1705  B$ : BFGA5BABCBAGFE    H570 HERSCHEL
1706  B$ : BFGA9BFGA4B    ANON. S-L
1707  B$ : BFGBAFBFDB    H337 HARTWIG
1708  B$ : BFGDEBNCDEFGFEDE    H700 HOFFMEISTER
1709  B$ : BFGDECFEFBDE6F    ANON. D/BRD-RH
1710  B$ : BFGDEFGA2BD    P678 PISENDEL
1711  B$ : BFGECF    K925 KREUSSER
1712  B$ : BFGECFEDCBDCBA    P592 PICHL
1713  B$ : BFGEDBFGEDBA    G776 GRAUN
1714  B$ : BFGEDCDBAB    S355 SCHMITT
1715  B$ : BFGFDBCBFDED    P149 PAISIELLO
1716  B$ : BFGFD3BGEFE    H411 HAYDN
1717  B$ : BFGFED    A139 ABEL
1718  B$ : BFGFEDBFGFEDCBA    G776 GRAUN
1719  B$ : BFGFED2C2BAG2F#G2BAGF    I930 IVANSCHIZ
1720  B$ : BFGFEDEFGAB3CDE    S774 STADT
1721  B$ : BFGFEDE2F2B    G251 GASSMANN
1722  B$ : BFGFGDEFG    K890 KRAMER
1723  B$ : BFG6FG4F    H652 HILLER
1724  B$ : B2FBDEGABAGFEDEF    H332 HARTMANN
1725  B$ : B2FB2FBDFABFD2B2FB2F    H573 HERTEL
1726  B$ : B2FDBFG2FDB    P979 PUGNANI
1727  B$ : B2FDBGFED//F4B4D4F    ANON. I-MOe
1728  B$ : B2FD3BDBDFB    S383 SCHUBERT
1729  B$ : B2F2D2B2F2DB    H354 HASSE
1730  B$ : B2F2D2B2F2DB    R535 RICHTER
1731  B$ : B2F2D3BA5G    B847 BREVAL
1732  B$ : B2F2D3BA5GAB    D245 DAVAUX
1733  B$ : B2FEFB2FEF2BCDBDENFCFG    B116 BACH
1734  B$ : B2FEFGABED2F    B459 BENDA
1735  B$ : B2F2E2DCB2G2BAF3E    O650 ORDONEZ
1736  B$ : B2FGFC2FGF    Z780 ZINGARELLI
1737  B$ : B3F    H354 HASSE
1738  B$ : B3FBFBFBFBFBFG    ANON. CS-Bm/Nove Risi
1739  B$ : B3F2B//FGABCD    G998 GYROWETZ
1740  B$ : B3F2BFD$BFDNBEC//FGABCD    A555 ANDRE
1741  B$ : B3FDBDEFEDEFEDBDFB3G    M676 MIROGLIO
1742  B$ : B3FDG3EC4A    P727 PLEYEL
1743  B$ : B3FGAFB    B733 BORGHI
1744  B$ : B3FGEDFEDEFEFD    S521 SEYFERT
1745  B$ : B3FG2FEDC    A139 ABEL
1746  B$ : B4FBAG2FGA    R714 ROELLIG
1747  B$ : B4F5D4F4DF4G    B755 BOYCE
1748  B$ : B4FGF3BDB    S774 STADT
1749  B$ : B4FGFGA4BED    H298 HARRER
1750  B$ : B5FBGECFD2BDCB    O650 ORDONEZ
1751  B$ : B5F2BCDFBF    P761 POKORNY
1752  B$ : B5F2BCDFBF    A341 ALBRECHTSBERGER
```

1753	B$: B5FGA4BD	H298	HARRER
1754	B$: B6FGFEDC	H652	HILLER
1755	B$: B7F	H413	HAYDN
1756	B$: B7FGFEDC	H652	HILLER
1757	B$: B10F	S394	SCHURER
1758	B$: B16FBAGFEDBA	H298	HARRER
1759	B$: BGABGABGABAG2FDFECED	G183	GALUPPI
1760	B$: BGDCBDE	D972	DUSSEK
1761	B$: BG2EG2FDCD//BCBA2BGFGFGF	N478	NEUBAUER
1762	B$: BGFABGFAB	O650	ORDONEZ
1763	B$: BGFACBCDEFGA	D544	DIBDIN
1764	B$: BGFEDCB	R535	RICHTER
1765	B$: BGFEDCDEABCEDC	C175	CAMBINI
1766	B$: BGFEDEDCBDEFB	Z310	ZANI
1767	B$: BGFEGBED2C	N478	NEUBAUER
1768	B$: BGF2EDEDCBDEFB	Z310	ZANI
1769	B$: BG3FEDEF	ANON.	I-Bsp
1770	B$: B2G2FDBCEDCEDCD	G251	GASSMANN
1771	B$: 2BABABDFBDF	G824	GREINER
1772	B$: 2BABABDFBDF	P727	PLEYEL
1773	B$: 2BABA2BABACFEDCDE	M998	MYSLIVECEK
1774	B$: 2BABA2BDCBAGFEDC	M998	MYSLIVECEK
1775	B$: 2BABAGECBAFE	A139	ABEL
1776	B$: 2BABCA3FEDCBCBA	S383	SCHUBERT
1777	B$: 2BABCB	H758	HOLZBAUER
1778	B$: 2BABCBA3BABCBAB	Z730	ZIMMERMANN
1779	B$: 2BABCBAG2F	V163	VALERI
1780	B$: 2BABCBDBC3DCDEDF	P525	PFEIFFER
1781	B$: 2BABCBDFDBF	F921	FRITZ
1782	B$: 2BABCB3DCDED	P979	PUGNANI
1783	B$: 2BABC2BDCBAGFED2CBN	M998	MYSLIVECEK
1784	B$: 2BABC2BENFC#DABG#A	C225	CANNABICH
1785	B$: 2BABCDBEGEC//FGFENFBD	S335	SCHIMPKE
1786	B$: 2BABCDBFDBEDGFB	C573	CIMAROSA
1787	B$: 2BABCDC2BABCDC	C573	CIMAROSA
1788	B$: 2BABCDC2BABCDC	G943	GUGLIELMI
1789	B$: 2BABCDCDEFEFG	Z790	ZINGONI
1790	B$: 2BABCDEFGA2BF#//BDCBDC2BD2CBA	N644	NICOLINI
1791	B$: 2BABCDF	M947	MUELLER
1792	B$: 2BABCDFGAGFGA	G291	GAZZANIGA
1793	B$: 2BABC2DCDE2DCDE	D797	DRUSCHETZKY
1794	B$: 2BABC3DCBA3B	C573	CIMAROSA
1795	B$: 2BABC#DF#G//BAFECDAB	H411	HAYDN
1796	B$: 2BABDC6BABDC5B	ANON.	I-Gl
1797	B$: 2BAB2D2BF	A579	ANFOSSI
1798	B$: 2BAB2F2BFAGFGA2GA2B	A139	ABEL
1799	B$: 2BAB2FGA5BA	H708	HOFMANN
1800	B$: 2BAB3F3F#G	R919	RUCK
1801	B$: 2BABGBFB2E2G2B2G	S375	SCHRAUB
1802	B$: 2BABGECBAG2AGACA	P548	PHILIDOR
1803	B$: 2BAB2GF2BBN	H704	HOFMANN
1804	B$: 2BAB2GF2BBNCGFEDC	A139	ABEL

1805 B$: 2BAB2GF2BBNCGFEDC B555 BESCH
1806 B$: 2BA2BABCDEFGAB W235 WALTHER
1807 B$: 2BA2BABFBCDC D972 DUSSEK
1808 B$: 2BA2BA2BA2BA2BABDEF2BA Z760 ZIMMERMANN
1809 B$: 2BAN3B2FEN3FD M895 MOSELL
1810 B$: 2BA4B2DC4DF F438 FIALA
1811 B$: 2BACBCDB G778 GRAUN
1812 B$: 2BAC2BACBDCEDFEGF P149 PAISIELLO
1813 B$: 2BADCB2FEDFED2EDGF2E H708 HOFMANN
1814 B$: 2BAE M939 MOZART
1815 B$: 2BA5FEGCBA H468 HEINE
1816 B$: 2BAGFDCB2FED B914 BRUSACO
1817 B$: 2BAGFEDC R397 RENDEUX
1818 B$: 2BAGFEDCB W644 WIEDNER
1819 B$: 2BAGFEDCB2A2BAGF B896 BRUNETTI
1820 B$: 2BAGFEDC2BAGFEDCB B617 BIRCK
1821 B$: 2BAGFED2CBAGFED A579 ANFOSSI
1822 B$: 2BAGFENE$DCBAGFGEDCBA Z660 ZIEGLER
1823 B$: 2BAGFGA2BAGFGAB F816 FRANCHI
1824 B$: 2BA2GFBD2FCEDC F271 FAUNER
1825 B$: 2BA2G3FD B664 BOCCHERINI
1826 B$: 2B2ACBAG2F G251 GASSMANN
1827 B$: 2B2AGFEDC//3B2AGFE B414 BEECKE
1828 B$: 2B2A2GA$ W786 WINTER
1829 B$: 2B2A2G2F2E2DEFGA ANON. PL-Wu/Breslau
1830 B$: 2BCABCABCA2DECD M244 MALDERE
1831 B$: 2BCAB2GF2EDC H472 HEINSIUS
1832 B$: 2BCBABCDFEDCBABC P149 PAISIELLO
1833 B$: 2BCBAB5C3DCD5E S395 SCHUSTER
1834 B$: 2BCBABDE2FBDCEDC R558 RIEPEL
1835 B$: 2BCBABFBDFGFENF V163 VALERI
1836 B$: 2BCBACDCBABF//BABABDC#DC#D C573 CIMAROSA
1837 B$: 2BCBAC2DEFEDE//BABABDC# C573 CIMAROSA
1838 B$: 2BCBDBC2BCDEFGABAGF G172 GALLO
1839 B$: 2BCBDBC3BCBDBC2BCDEF ANON. S-Uu
1840 B$: 2BCBDEDCB D972 DUSSEK
1841 B$: 2BCB2DEDFGFBAG2F2EDC ANON. D/BRD-WEY
1842 B$: 2BCDBCDCDE2DC S749 SPERGER
1843 B$: 2BCDBFD2BDB D199 DANZI
1844 B$: 2BCDBFGAF2BCDEFGABDCB C182 CAMERLOHER
1845 B$: 2BCDBGFEDBCABFDB ANON. A-Ssp
1846 B$: 2BCDBN2CDE R748 ROLLA
1847 B$: 2BCDCBABF C573 CIMAROSA
1848 B$: 2BCDCBFDEF C221 CANNABICH
1849 B$: 2BCDCBGEAF B393 BECK
1850 B$: 2BCDC2BCDCBFDCBCD A370 ALESSANDRI
1851 B$: 2BCDC3BCDC2BCDEFD G251 GASSMANN
1852 B$: 2BCDC5B2DEFE4D M386 MARTINI
1853 B$: 2BCD3CDED O121 OBERMEIER
1854 B$: 2BCDECBCA3BDEFGED L269 LANG
1855 B$: 2BCDE2CDEF Z660 ZIEGLER
1856 B$: 2BCDEDB J750 JOMMELLI

1857 B$: 2BCDEDBFGFEDC S355 SCHMITT
1858 B$: 2BCDEDC2DE S789 STAMITZ
1859 B$: 2BCDEDC2DE F489 FILTZ
1860 B$: 2BCDEEN M939 MOZART
1861 B$: 2BCDEFBCA S189 SAMMARTINI
1862 B$: 2BCDEFDBFDF M666 MINOJA
1863 B$: 2BCDEFGA K926 KREUSSER
1864 B$: 2BCDEFGABAGF2EFGABCDE S348 SCHMIDT
1865 B$: 2BCDEFGABDEC F534 FISHER
1866 B$: 2BCDE2FGABD W939 WRANITZKY
1867 B$: 2BCDE2FGAF2B B858 BRIOSCHI
1868 B$: 2BCDE3FGA S232 SANTA
1869 B$: 2BCDE4FDCBDCBF ANON. CS-Pnm
1870 B$: 2BCDE4FEDCBEDCBF ANON. CS-Pnm
1871 B$: 2BCD5EDC2B G998 GYROWETZ
1872 B$: 2BCDFEDB J750 JOMMELLI
1873 B$: 2BCDFEDBFGFEDC S355 SCHMITT
1874 B$: 2BCDFEDC B116 BACH
1875 B$: 2BCDFEDC2DE S789 STAMITZ
1876 B$: 2BCDFEDC2DE F489 FILTZ
1877 B$: 2BC2DCBN4CDE E340 EICHNER
1878 B$: 2BC2DE2FGA4BDBEB ANON. A-GOe
1879 B$: 2BC2DE2FGA4BDBEBFB B116 BACH
1880 B$: 2BC2D3ENF//FBDFDFDBCDCB S298 SCHALL
1881 B$: 2BC4DE3F M678 MITSCHA
1882 B$: 2BC4DFDE4F2BC4DBFBFEDE B895 BRUNETTI
1883 B$: 2BCED3CDFED O121 OBERMEIER
1884 B$: 2B2CDCBAGFEDFB2DEDC//7FDBFDF P839 PORTA
1885 B$: 2B2CDF2C2DEC C225 CANNABICH
1886 B$: 2B2C2DEGFEDCEDCBAGFED S419 SCIROLI
1887 B$: 2B2C2D2E3D2E2F2GF S787 STAMITZ
1888 B$: 2BDA2BF W644 WIEDNER
1889 B$: 2BDB ANON. S-L
1890 B$: 2BDBDE//2E2DE2DC C573 CIMAROSA
1891 B$: 2BDBDE//EDEDC C573 CIMAROSA
1892 B$: 2BDBDFDBD2BFEDC H409 HAYDN
1893 B$: 2BDBECFENFGABCFCEDC G577 GODECHARLE
1894 B$: 2BDBEDCBA//BCD2CBABGF V163 VALERI
1895 B$: 2BDBFBGBFBGFEDCB Z770 ZINCK
1896 B$: 2BDBFDBFDBGEG M943 MUELLER
1897 B$: 2BDBFDCEACFA2B S783 STALDER
1898 B$: 2BDBFGABENDEN2FG H708 HOFMANN
1899 B$: 2BDBFGAGENDEF ANON. CS-Pnm/Osek
1900 B$: 2BDBFGFEDEDCBCBAB W131 WAGENSEIL
1901 B$: 2BDB2FGAGBG//2BDB ANON. S-L
1902 B$: 2BDB5FF#GDEENFC D617 DITTERSDORF
1903 B$: 2BD2BCBNCD5CE2C G251 GASSMANN
1904 B$: 2BDCBAB2E2D//DCFGAGFBA B118 BACH
1905 B$: 2BDCBAGFEDB L576 LEO
1906 B$: 2BDCBCBNCD5CE2C G251 GASSMANN
1907 B$: 2BDCBFD2CEDCGE2D K789 KOHAUT
1908 B$: 2BDCBFEDBGF R568 RIGEL

38 B$:2BD   THEMATIC IDENTIFIER

1909 B$: 2BDCB3FAGF3BFGFEFB ANON. USSR-Koe
1910 B$: 2BDC2BCDE F274 FAVI
1911 B$: 2BDC3BCDECFDB R491 RICCI
1912 B$: 2BD2CBFA2GF B918 BUCELLI
1913 B$: 2BDEFGABF R750 ROLLE
1914 B$: 2BDF G736 GRAF
1915 B$: 2BDF ANON. CS-BRsav/Kremnica
1916 B$: 2BDFBDF D617 DITTERSDORF
1917 B$: 2BDFBDFBDF F654 FOERSTER
1918 B$: 2BDFBD24F S785 STAMITZ
1919 B$: 2BDF3BDCBAB D972 DUSSEK
1920 B$: 2BDF3BDCBAB V254 VANHAL
1921 B$: 2BDF4BAGAFB2DE G778 GRAUN
1922 B$: 2BDF7B B668 BODINUS
1923 B$: 2BDFDBFDBFDB P761 POKORNY
1924 B$: 2BDFDEFGABCDCB P149 PAISIELLO
1925 B$: 2BDFDFB2FBAG2FE T915 TUERCK
1926 B$: 2BDF2EGE P149 PAISIELLO
1927 B$: 2BD2FEDECFACE S816 STEFFAN
1928 B$: 2BD6FE2DCB A579 ANFOSSI
1929 B$: 2B2D2B//F3BE P592 PICHL
1930 B$: 2B2D2B2D2B P495 PETRINI
1931 B$: 2B2DCB2FEDBAGF R568 RIGEL
1932 B$: 2B2DF2D2FB//FD2BDB S638 SMETHERGELL
1933 B$: 2B2DFGF W522 WESLEY
1934 B$: 2B2D2F2A2B2D G943 GUGLIELMI
1935 B$: 2B2D2FB A579 ANFOSSI
1936 B$: 2B2D2FGFENFGFD//3BA C524 CHERZELLI
1937 B$: 2B2D3FENFGF V254 VANHAL
1938 B$: 2B2D3FENFGFB ANON. CS-Pnm/Doksy
1939 B$: 2B2D3FENFGFD//3BA C524 CHERZELLI
1940 B$: 2B2D5FBAG5FBAG G678 GOSSEC
1941 B$: 2B3DF B116 BACH
1942 B$: 2B3DF3BDCBA R491 RICCI
1943 B$: 2B3D2F2E B547 BERTONI
1944 B$: 2BEDCB2FGAC2BA2G2F S139 SAINT-GEORGES
1945 B$: 2BEDEBCD G251 GASSMANN
1946 B$: 2BFAC2F K680 KNECHTEL
1947 B$: 2BFBCDB B858 BRIOSCHI
1948 B$: 2BFBCDBCAB B821 BRANT
1949 B$: 2BFBDCDEDCBAB B116 BACH
1950 B$: 2BFBDF5BGFGFAB N478 NEUBAUER
1951 B$: 2BFB3DBD3FDF2B A579 ANFOSSI
1952 B$: 2BF2B B283 BARTA
1953 B$: 2BFDA2BFDB2CGFD W464 WELTZ
1954 B$: 2BFDBABCBFGFGABDEDEFGBAB B459 BENDA
1955 B$: 2BFDBCBA2BGBGEB T645 TOESCHI
1956 B$: 2BFDBCBFDB R535 RICHTER
1957 B$: 2BFDBCBFDB M388 MARTINO
1958 B$: 2BFDBCBFDBCB B858 BRIOSCHI
1959 B$: 2BFDBCBFDBCBGF L368 LAUBE
1960 B$: 2BFDB2C2EC B283 BARTA

1961	B$: 2BFDBDCBFDBDCB	B858 BRIOSCHI
1962	B$: 2BFDBDCBFDBDCBGF	L368 LAUBE
1963	B$: 2BFDBFDBCDEFGABCDE	G541 GLACHANT
1964	B$: 2BFDBFDB2FDBFDBF	R535 RICHTER
1965	B$: 2BFDBF3EFGCDE	B116 BACH
1966	B$: 2BFD2BA2BGBGEB	T645 TOESCHI
1967	B$: 2BFD2BCBFDB	R535 RICHTER
1968	B$: 2BFD2BCBFDB	M388 MARTINO
1969	B$: 2BFD2BCDC6BGEB	S213 SANDEL
1970	B$: 2BFD2BFDBGFEDFB	F248 FASCH
1971	B$: 2BFDCECACF	S756 SPILLER
1972	B$: 2BFDFBDBFDFBDBFDFBCDEDCDG	A337 ALBINONI
1973	B$: 2BFDFD2BFD	G678 GOSSEC
1974	B$: 2BF2DBF	M998 MYSLIVECEK
1975	B$: 2BF2DCBCDE//BFDEC2B	W827 WITT
1976	B$: 2BFEDC2BC//B3FGAFB	B733 BORGHI
1977	B$: 2BFGABCDE//12B4D4F4B	P337 PAVESI
1978	B$: 2BFGABF#GD//FGABF#GFNED	R748 ROLLA
1979	B$: 2BFGEDC	M386 MARTINI
1980	B$: 2BFGF2DBCB2FDED	P149 PAISIELLO
1981	B$: 2BFGFEDC2BFG	S785 STAMITZ
1982	B$: 2BFG2F2DE2D4B	B116 BACH
1983	B$: 2BFG2F2DE2D4B	L269 LANG
1984	B$: 2B2FBGDE2GB//BAB3G2EDCB	G943 GUGLIELMI
1985	B$: 2B2F3B	H354 HASSE
1986	B$: 2B2F3BCDBGCDEC	S330 SCHIATTI
1987	B$: 2B2F3BD2FB	G943 GUGLIELMI
1988	B$: 2B2F2DB//F6B	D456 DESHAYES
1989	B$: 2B2F2DBDB	M419 MASSONNEAU
1990	B$: 2B2F2D2BABCBABD	R491 RICCI
1991	B$: 2B2F2D2BC2D2CB	V227 VANDENBROEK
1992	B$: 2B2F2D2B2F2D	S357 SCHMITTBAUR
1993	B$: 2B2F2D3B	C175 CAMBINI
1994	B$: 2B2F2DF	P157 PALERMITANO
1995	B$: 2B2F2DF	B456 BENDA
1996	B$: 2B2F2D2F2D2B	H813 HORN
1997	B$: 2B2FEDC4BCDC	A139 ABEL
1998	B$: 2B2FEF2B2FEF2BCDBDENFCFG	B116 BACH
1999	B$: 2B3FDEDCDECB	P589 PICCINNI
2000	B$: 2B3FEDEENF	P337 PAVESI
2001	B$: 2B4FDCBGECBABC	H700 HOFFMEISTER
2002	B$: 2B4F2G2FEDF	G567 GLUCK
2003	B$: 2BGEDEF	H354 HASSE
2004	B$: 2BGEDEF2BCDE	P582 PIANTANIDA
2005	B$: 2BGEDEF2BCDEFDEFGA	J330 JANITSCH
2006	B$: 2BG2EG2FDCD//BCBA2BGFGFGF	N478 NEUBAUER
2007	B$: 2BG2FGED	S785 STAMITZ
2008	B$: 2B2GCDEGFD	D972 DUSSEK
2009	B$: 3B//B3D2FGB2D2C	S161 SALAZAR
2010	B$: 3B//2BCDFEDC	B116 BACH
2011	B$: 3BA	C524 CHERZELLI
2012	B$: 3BABCB3DCDED	P979 PUGNANI

2013 B$: 3BABCD S838 STERKEL
2014 B$: 3BABCDECABC P149 PAISIELLO
2015 B$: 3BAB2CBC2DCDE N261 NASOLINI
2016 B$: 3BAB5C3DCD5E S395 SCHUSTER
2017 B$: 3BABDBF#3GFGB A139 ABEL
2018 B$: 3BABDFBDFBDFD H413 HAYDN
2019 B$: 3BABG M938 MOZART
2020 B$: 3BABGFAB ANON. S-L
2021 B$: 3BAB3GFG3EDE P345 PAZZAGLIA
2022 B$: 3BA4BAB F248 FASCH
2023 B$: 3BAC3BACBDCEDFEGF P149 PAISIELLO
2024 B$: 3BAFE H411 HAYDN
2025 B$: 3BAGFE B414 BEECKE
2026 B$: 3BAGFEDC2B H298 HARRER
2027 B$: 3BAG2FDCAG$F I880 ITACUS
2028 B$: 3BAG2FGEDB S189 SAMMARTINI
2029 B$: 3BAG2FGEDBAGF M388 MARTINO
2030 B$: 3BAG2FGEDBAGFDECB F921 FRITZ
2031 B$: 3BAG2FGEDBAGFDECBFBCDEFBFED ANON. DK-Kk
2032 B$: 3BAG4FG D972 DUSSEK
2033 B$: 3BAG4F3G P582 PIANTANIDA
2034 B$: 3BAG5FENF D972 DUSSEK
2035 B$: 3B2AGFE B414 BEECKE
2036 B$: 3B2A2G4FGABCDEA3BA G926 GUENIN
2037 B$: 3B4AD2GCFG ANON. D/DDR-Dlb
2038 B$: 3BBNCAF Z730 ZIMMERMANN
2039 B$: 3BC2AB3D B228 BARBA
2040 B$: 3BCBAB L559 LE MOYNE
2041 B$: 3BCBA8BA4FED S333 SCHIERL
2042 B$: 3BCDBECFDGECA2B P592 PICHL
2043 B$: 3BCDCABFD B414 BEECKE
2044 B$: 3BCDCBFBDFD3CDEDCA B667 BODE
2045 B$: 3BCDCBFDEFGABCD C225 CANNABICH
2046 B$: 3BCDCBFDEFGABCD T645 TOESCHI
2047 B$: 3BCDEF//BCDEFF#G P791 PONS
2048 B$: 3BCDEFCAF G516 GIRANEK
2049 B$: 3BCDEFGAB V163 VALERI
2050 B$: 3BCDEFGAB3C C948 CROUBELIS
2051 B$: 3BCDEFGA2BA2BA2BAG2F T152 TALON
2052 B$: 3BCDEFGA2BDF4B B668 BODINUS
2053 B$: 3BC5DE3F M678 MITSCHA
2054 B$: 3BC2EC K662 KLOEFFLER
2055 B$: 3B3CDEFGABCDC S838 STERKEL
2056 B$: 3B3CGF P337 PAVESI
2057 B$: 3BDBDBABCB M488 MEDER
2058 B$: 3BDB3EGE3CENCF S291 SCHACHT
2059 B$: 3BDB3EGE3CENCF S382 SCHUBAUR
2060 B$: 3BDCBAGFEDBEBFEFG ANON. CH-Mue
2061 B$: 3BDCBAGFEDC V254 VANHAL
2062 B$: 3BDCB3DFECDB M998 MYSLIVECEK
2063 B$: 3BDCFACED W131 WAGENSEIL
2064 B$: 3BDCFACED Z660 ZIEGLER

2065   B$: 3BDEENFBDB//8BAF   P337 PAVESI
2066   B$: 3BDEN3FGA4BAGF   K820 KOENIGSPERGER
2067   B$: 3BDFABDFAB   H573 HERTEL
2068   B$: 3BDFBAGFEDCBAGFED   S934 STUMPF
2069   B$: 3BDF4BDFB   E164 EBERLIN
2070   B$: 3B2DCFACED   Z660 ZIEGLER
2071   B$: 3B2DGE   G557 GLEISSNER
2072   B$: 3B3D3BA   S395 SCHUSTER
2073   B$: 3B3D4FBA   A370 ALESSANDRI
2074   B$: 3BECABECA   P979 PUGNANI
2075   B$: 3BEDC3BEDC2BF2A$2G   H570 HERSCHEL
2076   B$: 3BFA4BF   B858 BRIOSCHI
2077   B$: 3BFA4BF   M388 MARTINO
2078   B$: 3BFBCDBFDBGFEDFBCDBFDB   S689 SOLNITZ
2079   B$: 3BFBD3CBCDCB   P727 PLEYEL
2080   B$: 3BFBDFBD   C742 COMY
2081   B$: 3BFBDGFENFBFEDC   T645 TOESCHI
2082   B$: 3BFB2D2CDCBCDCB   P727 PLEYEL
2083   B$: 3BFBFBFBDCA2F   H571 HERSCHEL
2084   B$: 3BFDB   S355 SCHMITT
2085   B$: 3BFDBDFBDFB   B858 BRIOSCHI
2086   B$: 3BFDBDFBFDBD   H710 HOFMANN
2087   B$: 3BFDBFD   P761 POKORNY
2088   B$: 3BFDBFDBFDBFDB   M395 MASCHEK
2089   B$: 3BFDBFEDE   B124 BACHTA
2090   B$: 3BFDBFEDE   D617 DITTERSDORF
2091   B$: 3BFD3BABCA   S749 SPERGER
2092   B$: 3BFDCEDEDCACB   S517 SEYDELMANN
2093   B$: 3BFD2FDB   B393 BECK
2094   B$: 3BFD2FD3BFD   G678 GOSSEC
2095   B$: 3BF2DCEDFEDCACB   S517 SEYDELMANN
2096   B$: 3BF2D2CDCBCDCB   P727 PLEYEL
2097   B$: 3BF2D3CBCDCB   P727 PLEYEL
2098   B$: 3BFEDCBFEDCB   G778 GRAUN
2099   B$: 3BFF#3GD   W131 WAGENSEIL
2100   B$: 3BFGA   B420 BEHM
2101   B$: 3BFGA2BA$2GF2E   K290 KELLER
2102   B$: 3BFGA8B   H700 HOFFMEISTER
2103   B$: 3BF3GD   W131 WAGENSEIL
2104   B$: 3BF3GD   ANON. A-LA
2105   B$: 3B2FDEFG2F   T645 TOESCHI
2106   B$: 3BF#3G   F770 FRAENZL
2107   B$: 3BGFE   D972 DUSSEK
2108   B$: 3BG2FGED   S785 STAMITZ
2109   B$: 4BABA2BCBAGF   R716 ROESER
2110   B$: 4BABCFABCACD   H354 HASSE
2111   B$: 4BA2BA   C742 COMY
2112   B$: 4BAGAFGABCDC   G279 GAVEAUX
2113   B$: 4BAGENGF4GFECED   P439 PERGOLESI
2114   B$: 4BAGFEDC   M729 MOLTER
2115   B$: 4BAGFEDCBAG   B858 BRIOSCHI
2116   B$: 4BAGFEDCBFG   S783 STALDER

2117 B$: 4BAGFEDC2B   M386 MARTINI
2118 B$: 4BAGFEDC3BAGFEDC2BAG   H618 HEYMANN
2119 B$: 4BAGFEDCD3ECBAGFE   B116 BACH
2120 B$: 4BAG2F4AGF2E   S575 SIGHIZELLI
2121 B$: 4B2A2G4FGABCDEA3BA   G9126 GUENIN
2122 B$: 4BCABAGFEDC   S181 SALURINI
2123 B$: 4BCBABCBABCBAB   P727 PLEYEL
2124 B$: 4BCBCD3B   A579 ANFOSSI
2125 B$: 4BCDBCDCDE2DC   S749 SPERGER
2126 B$: 4BCDCABFD   B414 BEECKE
2127 B$: 4BCDEDCDBABCBAB   J330 JANITSCH
2128 B$: 4BCDEFG3FB   P979 PUGNANI
2129 B$: 4BDBF2B   H471 HEINSIO
2130 B$: 4BDBN4C   S383 SCHUBERT
2131 B$: 4BDCBA4BDCBAB2G4BA   P116 PACHMANN
2132 B$: 4BDCDE2GBAB   S291 SCHACHT
2133 B$: 4BDEFDBDEFDB   T645 TOESCHI
2134 B$: 4BDEFGABCD//BDEDCD   B414 BEECKE
2135 B$: 4BDFBACAD   P727 PLEYEL
2136 B$: 4BDFDBDFD   K912 KRAUS
2137 B$: 4BDF#G   T645 TOESCHI
2138 B$: 4BDF#GDF#G   J790 JOSEKY
2139 B$: 4BDGBACAD   R817 ROSETTI
2140 B$: 4B4D4FB   S383 SCHUBERT
2141 B$: 4B4D4F4B4D4F   M729 MOLTER
2142 B$: 4B4D4F4B4D4FBD   F655 FOERSTER
2143 B$: 4BFBD   M365 MARSH
2144 B$: 4BFB2D2C   P727 PLEYEL
2145 B$: 4BFBFBFBCDFEDC   Z730 ZIMMERMANN
2146 B$: 4BFBFD4F   L134 LACHNITH
2147 B$: 4BFDAGFGFDCFEDED   B116 BACH
2148 B$: 4BFDBFDBFDBFDBFDB   R535 RICHTER
2149 B$: 4BFEDCDC   D337 DELANGE
2150 B$: 4BFGF   R568 RIGEL
2151 B$: 4BFGFEDCBCDEFGFBAC   ANON. D/DDR-SW1
2152 B$: 4B2F//DEFBA2GF   K860 KOSPOTH
2153 B$: 4B2F2D   S414 SCHWINDL
2154 B$: 4B2F2D2B2D2F2B4D   H839 HOUPFELD
2155 B$: 4B4F   M386 MARTINI
2156 B$: 4B4F4D4B4F4D4B   R795 ROSE
2157 B$: 4BGFEDEDC   S220 SANDL
2158 B$: 5B   B414 BEECKE
2159 B$: 5B//26BCD   W827 WITT
2160 B$: 5BAA$ B459 BENDA
2161 B$: 5BAG2B   G688 GOULETTI
2162 B$: 5BAGFEDCBA4CBAGFEDC   B617 BIRCK
2163 B$: 5BAGF5GFED   B617 BIRCK
2164 B$: 5BA2GFEFGED   S359 SCHMITTBAUR
2165 B$: 5BA2GFEFGEDC   C221 CANNABICH
2166 B$: 5BA5GF5ED   B279 BARSANTI
2167 B$: 5BA6GF   P213 PAPAVOINE
2168 B$: 5BCABFDF   Z730 ZIMMERMANN

2169	B$: 5BCBCDEDEFEDEFEDCB	A579 ANFOSSI
2170	B$: 5BCDBDBFCDEN2F	S383 SCHUBERT
2171	B$: 5BCDEFGAB	B933 BULANT
2172	B$: 5BDBF2B	H471 HEINSIO
2173	B$: 5BDBF3BFBGF	R758 ROMAN
2174	B$: 5BDCBABDCBA2BDFBFBF	S563 SIBERER
2175	B$: 5BDCBCDFEDEFEDEFEDCB	A579 ANFOSSI
2176	B$: 5BDC5BDC	M666 MINOJA
2177	B$: 5BDEDC	P221 PARADEISER
2178	B$: 5BDEFD2BDEFD	T645 TOESCHI
2179	B$: 5BDFENFCFEB	J350 JANSON
2180	B$: 5B5D5F5E5G	S693 SOMIS
2181	B$: 5BF2BAGF//FGFDCBAGF	M395 MASCHEK
2182	B$: 5BFDBFCDE	M380 MARTIN
2183	B$: 5BFGABCDEF	D299 DEDLER
2184	B$: 5BFG4BDE	M729 MOLTER
2185	B$: 5BFGFEFGF	B116 BACH
2186	B$: 5B4F3D	R750 ROLLE
2187	B$: 5B4F3D	G778 GRAUN
2188	B$: 5BG	M939 MOZART
2189	B$: 5B2GFEDECAB	S213 SANDEL
2190	B$: 6B//F6BC2B	D456 DESHAYES
2191	B$: 6B	Z780 ZINGARELLI
2192	B$: 6BABCD2BABC	R695 RODOLFO
2193	B$: 6BABFGA	C182 CAMERLOHER
2194	B$: 6BA6BGFED	V281 VAN SWIETEN
2195	B$: 6BAG2B	G688 GOULETTI
2196	B$: 6BAGFEDCBF	S355 SCHMITT
2197	B$: 6BAGFEDC2BAGFEDC	S785 STAMITZ
2198	B$: 6BA7GF	P213 PAPAVOINE
2199	B$: 6BCBA3DF6BCBA	H413 HAYDN
2200	B$: 6BCDCB6FGAGFB	M938 MOZART
2201	B$: 6BDBD2BDB	D617 DITTERSDORF
2202	B$: 6BDBED2GFED	K870 KOTZWARA
2203	B$: 6BD5BF11B	O650 ORDONEZ
2204	B$: 6BD5BGFEDFEDCD	B116 BACH
2205	B$: 6BDCB	W131 WAGENSEIL
2206	B$: 6BDCBCD	B116 BACH
2207	B$: 6BDCBCD	S785 STAMITZ
2208	B$: 6BDCBCDCBA	M244 MALDERE
2209	B$: 6BDCBCDCBAGFEF	ANON. E-Mp
2210	B$: 6BDCBCE	M262 MALZAT
2211	B$: 6BDCBCED	H704 HOFMANN
2212	B$: 6BDCBCEDFEDEGF	H758 HOLZBAUER
2213	B$: 6BDCBG3DF6BDCBA	H413 HAYDN
2214	B$: 6BEDC6BGFE6DBABG	S120 SACCHINI
2215	B$: 6BFEDC6BAGFE6DBABG	S120 SACCHINI
2216	B$: 6BFGA	C182 CAMERLOHER
2217	B$: 6B6F6BA	F248 FASCH
2218	B$: 7B//3BFD3BABCA	S749 SPERGER
2219	B$: 7B	P727 PLEYEL
2220	B$: 7BAB	W644 WIEDNER

2221 B$: 7BAGFEDCB B617 BIRCK
2222 B$: 7BCBABDCBCEDCDEDC4B G251 GASSMANN
2223 B$: 7BCBDCBCED M244 MALDERE
2224 B$: 7BCDCDEDE2FDCB G778 GRAUN
2225 B$: 7BDCBCEDC5D F522 FIORITO
2226 B$: 7B7D7FDBD2CBCD S357 SCHMITTBAUR
2227 B$: 7B5F S749 SPERGER
2228 B$: 7B5FDB R817 ROSETTI
2229 B$: 8B G834 GRETRY
2230 B$: 8BAA$G B858 BRIOSCHI
2231 B$: 8BABCBCDCDEDC4B G251 GASSMANN
2232 B$: 8BAF P337 PAVESI
2233 B$: 8BAGF M938 MOZART
2234 B$: 8BCDECDCB R158 RAINONE
2235 B$: 8BCDEFGDCA2GB B858 BRIOSCHI
2236 B$: 8BDFD H652 HILLER
2237 B$: 8B2D2FBG S189 SAMMARTINI
2238 B$: 8B4F4D8B4F4D4F4D4G4A$ B576 BIANCHI
2239 B$: 9BA$GFGA$G2F B843 BRESCIANELLO
2240 B$: 9B4A4GF10G4F4ED F528 FISCHER
2241 B$: 10B S189 SAMMARTINI
2242 B$: 10B L368 LAUBE
2243 B$: 12B E570 ENGEL
2244 B$: 12B2C2DC P761 POKORNY
2245 B$: 12B4D4F4B P337 PAVESI
2246 B$: 13B B414 BEECKE
2247 B$: 15B G968 GUIU
2248 B$: 14B ANON. S-L
2249 B$: 16B ANON. S-Skma
2250 B$: 16B ANON. S-Uu
2251 B$: 16B R714 ROELLIG
2252 B$: 16B16F16B S689 SOLNITZ
2253 B$: 17B3FF#2G N311 NAUMANN
2254 B$: 18BCBABCDBCB S161 SALAZAR
2255 B$: 18BCDCBCDEFEDED M816 MONZA
2256 B$: 18BDBDF17B S395 SCHUSTER
2257 B$: 24B ANON. S-L
2258 B$: 25BAGFEDCD2BC H354 HASSE
2259 B$: 25BAGFEDCD3B ANON. S-Skma
2260 B$: 26BCD W827 WITT
2261 B$: CBABCBABCBAB P592 PICHL
2262 B$: CBABCBABCBAB R535 RICHTER
2263 B$: CBABCBABCBABCBAB S789 STAMITZ
2264 B$: CBABCBA2BDEF V254 VANHAL
2265 B$: CBABCDEDCDEFAGFGAB D617 DITTERSDORF
2266 B$: CBABCDEDCDEFGFGAB O650 ORDONEZ
2267 B$: CBABCD2EDCDEFG P548 PHILIDOR
2268 B$: CBAB2FDFBDFBCBABG E550 ENDERLE
2269 B$: CBA2BADCBN3C T765 TRAETTA
2270 B$: CBAG2FEF//F2BAFF#G G183 GALUPPI
2271 B$: CDEFGF2B2AG2F H700 HOFFMEISTER
2272 B$: CD7E2DCD7E D617 DITTERSDORF

```
2273  B$ : 2CBABCD3EDCDEFG   P548 PHILIDOR
2274  B$ : 16C   B175 BALDAN
2275  B$ : DBABDBFB   A560 ANDREOZZI
2276  B$ : DBADCBGFEDCBADBG   B393 BECK
2277  B$ : DBCEDBCDEDBCEDBCDE   ANON. D/DDR-Dlb
2278  B$ : DBCFEDFDECDC//4BDBN4C   S383 SCHUBERT
2279  B$ : DBDB2D2C2B   P987 PUSCHMANN
2280  B$ : DBDBFDEFGA2B2DEC   ANON. CS-BRsav/Marianka
2281  B$ : DBDFB2FECBC2DFB2DC   ANON. CS-BRsav/JUR
2282  B$ : DBFB3DBD3FDFB   A579 ANFOSSI
2283  B$ : DBFDBCDEFGABFDB   ANON. D/BRD-DS
2284  B$ : DBFDBFDBFB2F2E   M729 MOLTER
2285  B$ : DBF2DBCDEFGABFDB   ANON. D/BRD-DS
2286  B$ : DB2FECDB2FEC   S320 SCHEINPFLUG
2287  B$ : DBGFGEDECBAB   ANON. US-Wc
2288  B$ : DB2GFG2EDECBAB   ANON. US-Wc
2289  B$ : D2BDFDEFGABCDCB   ANON. CS-BRsav/Kremnica
2290  B$ : D2BF3BABCDFGAB   L619 LE ROY
2291  B$ : D12B4F#12G4D4E4C8FB   ANON. I-Pca
2292  B$ : D15B15C4DFGA12B   ANON. US-Wc
2293  B$ : DCBABABFGAB2ABC2BAB   B790 BOYCE
2294  B$ : DCBABDBFB   A560 ANDREOZZI
2295  B$ : DCBAG3FEGFECBAFE   B896 BRUNETTI
2296  B$ : DCBCD2E   B664 BOCCHERINI
2297  B$ : DCBFDCBFDCBGFED   C182 CAMERLOHER
2298  B$ : DCBFEDBAGF   S781 STAIN
2299  B$ : DCDCBAGFB   L475 LE DUC
2300  B$ : DCDEDBFDBFDEDEFEBGE   Z425 ZECHNER
2301  B$ : DCDENGFENF   ANON. A-Wgm
2302  B$ : DCFGAGFBA   B118 BACH
2303  B$ : D2CBAG3FEGFEDCBAFE   B896 BRUNETTI
2304  B$ : D2CDF2EFGF//BC2DEFGFGEFEF   V158 VALENTINI
2305  B$ : DECDBCA   T928 TUMA
2306  B$ : DEDCB2FA   W939 WRANITZKY
2307  B$ : DEDCDCBCBA   T928 TUMA
2308  B$ : DEENFDE$//GFGFGFGF   D199 DANZI
2309  B$ : DEENFF#GA2B   Z780 ZINGARELLI
2310  B$ : DEENFGF//3FENFGFD   Z780 ZINGARELLI
2311  B$ : DEFBA2GF   K860 KOSPOTH
2312  B$ : DEFBGABFEFGFEDCDBFDBDE   S485 SERINI
2313  B$ : DEF2BFE2DEF2BDCBDEF2BAG   P116 PACHMANN
2314  B$ : DEFD2BCDEC   C175 CAMBINI
2315  B$ : DEFDEFBGENFE$D   M998 MYSLIVECEK
2316  B$ : DEFEDEDC2BABCBF   M998 MYSLIVECEK
2317  B$ : DEFEDEFG2ECDEDCDEF2D   B664 BOCCHERINI
2318  B$ : DEFEFGACBABFEDCB   W464 WELTZ
2319  B$ : DEFGFENGCEFC   H411 HAYDN
2320  B$ : DEF2GABAGFEDEF//FGABABABABAB   F225 FARINELLI
2321  B$ : DEF2GCDE2F   R817 ROSETTI
2322  B$ : DE2F2DEC2D2ED   F438 FIALA
2323  B$ : DE3FGFD3EFECD   V254 VANHAL
2324  B$ : DEGFEDEFG2ECDFEDCDEF2D   B664 BOCCHERINI
```

```
2325  B$ : DEGFEDFEDC2BABCBF    M998 MYSLIVECEK
2326  B$ : DFABCAF3CDCAG2FED    ANON. D/BRD-DS
2327  B$ : DFBAG2FBD    ANON. Breitkopf 65
2328  B$ : DFBFB2FBDBD2BDFDFD    B116 BACH
2329  B$ : DFBFEDC2BFEDCBF2G2E2B2G    ANON. GB-Lbl
2330  B$ : DF2BA2G2FBD    ANON. Breitkopf 65
2331  B$ : DF4BCBAB//BC2DE3FENF    Z780 ZINGARELLI
2332  B$ : DFDBCABD    M244 MALDERE
2333  B$ : DFDBFDB4F    W493 WERNER
2334  B$ : DFDCDEDCBC//DCDENGFENF    ANON. A-Wgm
2335  B$ : DFE3D    V254 VANHAL
2336  B$ : DFGAB4D4B4A4G4F4E4D4CD    P548 PHILIDOR
2337  B$ : D2FB2FBACEDECG2ED    ANON. US-Wc
2338  B$ : D2FD2FE2G    Z730 ZIMMERMANN
2339  B$ : D3FD3FD3FD3FC3FC3F    C182 CAMERLOHER
2340  B$ : DG2DEDCBDAD    S947 SUHLE
2341  B$ : DGFEDCBAGBC    G172 GALLO
2342  B$ : DGFEDE2DCBA    H298 HARRER
2343  B$ : 2DBC3DC2BA$GF#2ED    ANON. D/BRD-DS
2344  B$ : 2DBDGABAGE2AF    F528 FISCHER
2345  B$ : 2DCBAGFEDBGAEDFB    B114 BACH
2346  B$ : 2DCD    C764 CONTRAPUNTI
2347  B$ : 2DCDBCDEFG    L811 LOCATELLI
2348  B$ : 2DCDBCDEF2GF    M388 MARTINO
2349  B$ : 2DCDBCDEF2GF    B858 BRIOSCHI
2350  B$ : 2DCDEFDCBC    ANON. Breitkopf 65
2351  B$ : 2DCDENGFENF    ANON. A-Wgm
2352  B$ : 2DC2DEFDCBC    ANON. Breitkopf 65
2353  B$ : 2DEDC2BABGFD2CDE//2BAB3F3F#G    R919 RUCK
2354  B$ : 2DE2DCBCDE2FGF    S787 STAMITZ
2355  B$ : 2DEF2CDE    F248 FASCH
2356  B$ : 2D2EDEFD2EDEFD2EDE    C221 CANNABICH
2357  B$ : 2D2E2D2E2D    C175 CAMBINI
2358  B$ : 2DFDGA    W644 WIEDNER
2359  B$ : 2DF2DB2D    V254 VANHAL
2360  B$ : 2DFE2DCBACB//BF2B2F2D    ANON. D/BRD-TIT
2361  B$ : 3DBFDFD    H354 HASSE
2362  B$ : 3D2CB    ANON. A-LA
2363  B$ : 3DEF2CDE    F248 FASCH
2364  B$ : 3DEFEDBFDEFED3CDEDC    O750 ORSLER
2365  B$ : 3DEN3CFE$    N644 NICOLINI
2366  B$ : 3DFGFGFBAGFEDC    H573 HERTEL
2367  B$ : 4D    M748 MONN
2368  B$ : 4D4EF4A4B//BDFGA2BDF    T722 TOUCHEMOULIN
2369  B$ : 5DCACACACA    R383 RELUZZI
2370  B$ : 5D2CB    ANON. A-LA
2371  B$ : 6DEDE    Z780 ZINGARELLI
2372  B$ : 16D2BCDEFGABAGFEDCB    G778 GRAUN
2373  B$ : EDEDC    C573 CIMAROSA
2374  B$ : EDE2FBGF    W418 WEIGERT
2375  B$ : EDFEDEDCBA//ABBN2CDCB    C322 CARTELLIERI
2376  B$ : EFEDF    P923 PREDIERI
```

2377	B$:	EFEF2ABAGFENDC	R535	RICHTER
2378	B$:	EGBA$GFEDEFBEGB	M729	MOLTER
2379	B$:	E5GFGA	H758	HOLZBAUER
2380	B$:	2ED2FED2EDCBA//ABBN2CDCB	C322	CARTELLIERI
2381	B$:	2E2DE2DC	C573	CIMAROSA
2382	B$:	2EFED	H354	HASSE
2383	B$:	2EFEDF	P923	PREDIERI
2384	B$:	3EFED	H354	HASSE
2385	B$:	3EFGEGFGEBGEB2GFGE	ANON.	D/BRD-RH
2386	B$:	ENFG2FD2B2AENFG2FE2CB	V254	VANHAL
2387	B$:	FABC2BCDEFG	B790	BOYCE
2388	B$:	FABCDEFGA4BAG4FBCD	H700	HOFFMEISTER
2389	B$:	FABFGEFGABFB	H359	HASSMANN
2390	B$:	FABGBNC//FEFDFECAF	Z780	ZINGARELLI
2391	B$:	FABGFB	ANON.	CS-Pnm/Doksy
2392	B$:	FABGFBFED	G251	GASSMANN
2393	B$:	FA2BFD	S785	STAMITZ
2394	B$:	FA2BF2DCBN2CBN2CGE	M998	MYSLIVECEK
2395	B$:	FBABAGFEDCBDCB	S189	SAMMARTINI
2396	B$:	FBABCBDCDEDF	G251	GASSMANN
2397	B$:	FBABCBDCDEDFABCA	P592	PICHL
2398	B$:	FBABCDBCDEDC	J955	JUNYER
2399	B$:	FBABFGDFED2E	D617	DITTERSDORF
2400	B$:	FBAFBAFG4FG	U530	UMSTATT
2401	B$:	FBAGFBFBAGF2B	S165	SALIERI
2402	B$:	FBAG3FGFEDC	F375	FERRARI
2403	B$:	FBCBCDCFGF3BAGFED	C182	CAMERLOHER
2404	B$:	FBCBCDCFGF3BAGFED	T195	TARTINI
2405	B$:	FBCBCDEFBGFBGBFGE	H688	HOECKH
2406	B$:	FBCDCD2CDEDCB	L386	LAUSENMAYER
2407	B$:	FBCDCD2CDFEDCB	ANON.	US-Wc
2408	B$:	FBCDCD2CDFEDCB	L386	LAUSENMAYER
2409	B$:	FBCDCD2CDFEDCB	D617	DITTERSDORF
2410	B$:	FBCDCDE	S414	SCHWINDL
2411	B$:	FBCDECB//3BBNCAF#	Z730	ZIMMERMANN
2412	B$:	FBCECABCECA2B	A925	AUMON
2413	B$:	FBDBFCECDCDE4F	B285	BARTHELEMON
2414	B$:	FBDB2FGBG2DEGEBG	A839	ASPLMAYR
2415	B$:	FBDCA//BA2BA2BAB	P592	PICHL
2416	B$:	FBDCBAB2CD	V254	VANHAL
2417	B$:	FBDCBABDCBA	A632	ANTINI
2418	B$:	FBDCBABDCBA	D248	DAVESNE
2419	B$:	FBDCBABDCBABDCBABDC	ANON.	S-Skma
2420	B$:	FBDCBABDCBAFB	P439	PERGOLESI
2421	B$:	FBDCBABFAB	K917	KRAUSE
2422	B$:	FBDCBACBA2G4F	H411	HAYDN
2423	B$:	FBDCB2EDFB	L134	LACHNITH
2424	B$:	FBDCBFA$GEACBDC	M281	MANNA
2425	B$:	FBDC2BABG//BEDCBABCB	W477	WENT
2426	B$:	FBDC2BDFED	R687	RODEWALD
2427	B$:	FBDFB	R535	RICHTER
2428	B$:	FBDFBABG	L368	LAUBE

48 B$:FBD   THEMATIC IDENTIFIER

2429 B$: FBDFBDFB C182 CAMERLOHER
2430 B$: FBDFBDFBD O650 ORDONEZ
2431 B$: FBDFDFDBCDCB S298 SCHALL
2432 B$: FBDFGBAGABC H411 HAYDN
2433 B$: FBDFGFED V254 VANHAL
2434 B$: FBD2FED2CFC2ED V779 VIOTTI
2435 B$: FB2DCBA//CBABCBABCBAB P592 PICHL
2436 B$: FB2DCB2EDFB L134 LACHNITH
2437 B$: FB2DF2BGEC B285 BARTHELEMON
2438 B$: FBFBDBDFBFGEC L368 LAUBE
2439 B$: FBFBDB2FDFBDFB2F H413 HAYDN
2440 B$: FBFBGFEDCBFDB F345 FERANDINI
2441 B$: FBFCFDFEDCBAFDCB C578 CIRRI
2442 B$: FBFDABA2BCD R714 ROELLIG
2443 B$: FBFDBCABCDEFGAF ANON. D/DDR-Dlb
2444 B$: FBFDBCD2BABAB B896 BRUNETTI
2445 B$: FBFDBEFGFBABCBDCDEDF S789 STAMITZ
2446 B$: FBFDBFDBAGFGF W131 WAGENSEIL
2447 B$: FBFDB3FGFE G888 GRUNER
2448 B$: FBFDCBF B617 BIRCK
2449 B$: FBFDC2BFEDCB T195 TARTINI
2450 B$: FBFDC2BFEDCB J830 JOSEPHI
2451 B$: FBFDC2GFE M938 MOZART
2452 B$: FBFDECAFEDEFEDBCD D369 DEMACHI
2453 B$: FBF2DC2GFE M938 MOZART
2454 B$: FBFEDBABDCBAB V254 VANHAL
2455 B$: FBFEDCBGFBAGFE B858 BRIOSCHI
2456 B$: FBFEDC2BFEDCB T195 TARTINI
2457 B$: FBFEDC2BFEDCB J830 JOSEPHI
2458 B$: FBFGABFGABFG2FED H758 HOLZBAUER
2459 B$: FBFGBGABA P322 PATTONI
2460 B$: FBFGFED M947 MUELLER
2461 B$: FB2FBCDFCDEF S120 SACCHINI
2462 B$: FB2FDEDC2DE K840 KOERZL
2463 B$: FB2FGFED M947 MUELLER
2464 B$: FBGA2BCBABCDEDFEDED G251 GASSMANN
2465 B$: FBGFBCDE2FBGFBCDE2F ANON. D/DDR-Dlb
2466 B$: F2BABC2D M365 MARSH
2467 B$: F2BAB2F K990 KYFFNER
2468 B$: F2BAFF#G G183 GALUPPI
2469 B$: F2BAGBFBFED//BDCABDCAB3F O650 ORDONEZ
2470 B$: F2BAGFA2BAG B755 BOYCE
2471 B$: F2BAGFBF2BAGF2B S165 SALIERI
2472 B$: F2BAG2FGAB A277 AGRELL
2473 B$: F2BAG2FGA2BAG L239 LAMPUGNANI
2474 B$: F2BAG2FGA2BAG2FGA2B S689 SOLNITZ
2475 B$: F2BAG2FGA2BAG2FGA2B ANON. D/BRD-RH
2476 B$: F2BAG2FGA2FGA2B ANON. S-L
2477 B$: F2BCABGDEDC B896 BRUNETTI
2478 B$: F2BCBAB2CBC2DCB2E M394 MASCH
2479 B$: F2BCBABGDEDC B896 BRUNETTI
2480 B$: F2BCBGFEDF2BCB P727 PLEYEL

2481	B$: F2BDCBABFAB	K917	KRAUSE
2482	B$: F2BDFB2DFGFGAB	M748	MONN
2483	B$: F2BDFBFDBGFGAB	S411	SCHWARZENDORF
2484	B$: F2BDFGFED	V254	VANHAL
2485	B$: F2BFD	S785	STAMITZ
2486	B$: F2BFDBFDBFB	H708	HOFMANN
2487	B$: F2BFDC2BF	B617	BIRCK
2488	B$: F2BFDF#GE	S521	SEYFERT
2489	B$: F2BF2DCBN4CGE	M998	MYSLIVECEK
2490	B$: F2BFEDF2BDCBF2BAGFEDCB	P116	PACHMANN
2491	B$: F2BGEDEDCDCDCBAB	C762	CONTI
2492	B$: F3BABAC3EDED	M244	MALDERE
2493	B$: F3BABAC3EDEDF	A839	ASPLMAYR
2494	B$: F3BABAC3ED2ED	M244	MALDERE
2495	B$: F3BABCDEDB	G778	GRAUN
2496	B$: F3BA2BAC3ED2EDF	A839	ASPLMAYR
2497	B$: F3BDFEGF	W131	WAGENSEIL
2498	B$: F3BE	P592	PICHL
2499	B$: F3BFDF2BFDFB	B858	BRIOSCHI
2500	B$: F4BABC4FENF	P116	PACHMANN
2501	B$: F4BAGAG2FGFE	S381	SCHUBACK
2502	B$: F4BCBABCBAB	M244	MALDERE
2503	B$: F4BCBABF	H354	HASSE
2504	B$: F4BCEFEDCBA	K917	KRAUSE
2505	B$: F4B4D4F	ANON.	I-MOe
2506	B$: F4BFGABEDA	S594	SIMON
2507	B$: F5BAB	D617	DITTERSDORF
2508	B$: F5BABACEDE	Z660	ZIEGLER
2509	B$: F5BABCEDF3B	S789	STAMITZ
2510	B$: F5BABF	H354	HASSE
2511	B$: F5BABFGFE	ANON.	CS-Pnm/Doksy
2512	B$: F5BA2BAB	M244	MALDERE
2513	B$: F5BA2BAB4CAGACBC	G778	GRAUNG
2514	B$: F5BA2BCDEDCBA2BAB	B461	BENDA
2515	B$: F5BCDEFDCB	H298	HARRER
2516	B$: F5BDCBAGFEDCBA	H700	HOFFMEISTER
2517	B$: F5BF	H354	HASSE
2518	B$: F5BFE2DAG2FBDCBA	C267	CARDON
2519	B$: F6BC2B	D456	DESHAYES
2520	B$: F7BABGBF7BABGB	G948	GUILLEMAIN
2521	B$: F2CBDFBAG2F	T338	TESSARINI
2522	B$: FDA2BCDEFEDCBCDEFEDC	P589	PICCINNI
2523	B$: FDBABFDBGEBABGEBA	H573	HERTEL
2524	B$: FDBACE	Z250	ZANDER
2525	B$: FDB2CBCDB3F	M798	MONTORO
2526	B$: FDBDF2BFGBEGFGABD	A484	AMAN
2527	B$: FD2BAGFE	C959	CRUSELL
2528	B$: FD2BCBABC2DB3F	V465	VENTO
2529	B$: FD2BDB	S638	SMETHERGELL
2530	B$: FD3BABC2DB3F	V465	VENTO
2531	B$: FD3BAG	B116	BACH
2532	B$: FD4BA2GFE	F917	FRITSCH

2533 B$: FDCBCAB H795 HOEPKIN
2534 B$: FDCBCABF2GFEDC R535 RICHTER
2535 B$: FDCBCDECAGFBFDB H413 HAYDN
2536 B$: FDC2BCAG2F ANON. A-LA
2537 B$: FDC2BCAG2FD2FEC2EDBDCB L368 LAUBE
2538 B$: FDC2BCAG2FD2FEC2EDBDCB L116 LABE
2539 B$: FDCDEFBFBFEDEF B116 BACH
2540 B$: FDEFBDCDECE V254 VANHAL
2541 B$: FDEFD3BDGAB F526 FISCHER
2542 B$: FDEFGABCD2E V254 VANHAL
2543 B$: FDEFGFE3DCBA S291 SCHACHT
2544 B$: FDEFGFGEFGAG H652 HILLER
2545 B$: FDE3FDE3FDFDFD H411 HAYDN
2546 B$: FDFBDFBDFBDFBDFBDCE W131 WAGENSEIL
2547 B$: FDFDFDFD P662 PIO
2548 B$: FDGEFDGEFDECDCB P837 PORPORA
2549 B$: F2DCBABBNC W939 WRANITZKY
2550 B$: F2DCDCBNCD2E T645 TOESCHI
2551 B$: F2D2EC2A2B H411 HAYDN
2552 B$: F2D2F4B2D2F2A2C2E2A4B P645 PINAIRE
2553 B$: FECA2BD3CE2DG2F S355 SCHMITT
2554 B$: FECB2F G827 GRENTZER
2555 B$: FEDCBABAGABC E340 EICHNER
2556 B$: FEDCBCDECBAGFBFDB H413 HAYDN
2557 B$: FEDCBFENFGBAFEDEBGE C177 CAMBIONI
2558 B$: FEDCBGFEDC3ABCBA C177 CAMBIONI
2559 B$: FEDC3BFG2FEDC B114 BACH
2560 B$: FEDCDCBABAGFGFED H337 HARTWIG
2561 B$: FEDCDEFBFBFEDEF B116 BACH
2562 B$: FEDEDC2BABC O650 ORDONEZ
2563 B$: FEDEFBAGFEDEFBAGFEDBECBAB S795 STARZER
2564 B$: FEDEFGABDCD2E V254 VANHAL
2565 B$: FE3DEFG M837 MOREIRA
2566 B$: FE5DCDED4C//G-:GEC#DAB2CBAGF#G M678 MITSCHA
2567 B$: FEF S357 SCHMITTBAUR
2568 B$: FEFBDCDFBAB H498 HENDRICH
2569 B$: FEFDFECAF Z780 ZINGARELLI
2570 B$: FEFGBG D617 DITTERSDORF
2571 B$: FEFGEDCFDCB G295 GEBEL
2572 B$: FEFGEDCFDCBDCBABAGF ANON. D/BRD-RH
2573 B$: FEFGFEF3B2A2G2FE Z110 ZACH
2574 B$: F2EDCBFENFGBAFEDEBGE C177 CAMBIONI
2575 B$: FENFG2FEFG//BDECAB H138 HAFENEDER
2576 B$: FENFG4FBAGF2E2DCB M625 MICHL
2577 B$: FEN2FG2FDBD M939 MOZART
2578 B$: FGABABABABAB F225 FARINELLI
2579 B$: FGABAGFCEFG S316 SCHEIBE
2580 B$: FGABAGFEDC D492 DEVIENNE
2581 B$: FGABCD A555 ANDRE
2582 B$: FGABCD G998 GYROWETZ
2583 B$: FGABCDEFGA2B E164 EBERLIN
2584 B$: FGABC2DENF#GDENF#GDENF# A590 ANGLOIS

2585 B$: FGABDBCDEGCDEF2A   R817 ROSETTI
2586 B$: FGABDB2FGAB//3DEN3CFE$ N644 NICOLINI
2587 B$: FGABDFBFGABFDB   P589 PICCINNI
2588 B$: FGABFDBCDEFD2BACFE   M998 MYSLIVECEK
2589 B$: FGABFDB2GFEDCBAGFED   H573 HERTEL
2590 B$: FGABFD4BGEB   A277 AGRELL
2591 B$: FGABFDC2BC2D   H354 HASSE
2592 B$: FGABFED//DEENFF#GA2B   Z780 ZINGARELLI
2593 B$: FGABFGABFGA   R748 ROLLA
2594 B$: FGAB2FDBCDE   P149 PAISIELLO
2595 B$: FGABF#GFNED   R748 ROLLA
2596 B$: FGA2B2A2G2F2E2D2C2B   J330 JANITSCH
2597 B$: FGA2BCDEFGABCDEFGAB   N859 NORRIS
2598 B$: FGA2BDCBFGA2B   D617 DITTERSDORF
2599 B$: FGA2BFD2BFDB   G778 GRAUN
2600 B$: FGA2BFD2BFDB   B456 BENDA
2601 B$: FGA3BCDE   H710 HOFMANN
2602 B$: FGA3BC2FD   P589 PICCINNI
2603 B$: FGA3BEDCBDFBFB3G   B157 BAILLEUX
2604 B$: FGA4BF   R535 RICHTER
2605 B$: FGA6BFGA6BFGA   C516 CHELLERI
2606 B$: FGA6B2F2D8B2F2D2B   G172 GALLO
2607 B$: FGBAGFE2D   G876 GRONER
2608 B$: FGEDCBABAB   H708 HOFMANN
2609 B$: FGEDEFGA   G834 GRETRY
2610 B$: FGFBA$GF   V878 VOGEL
2611 B$: FGFBGF   V878 VOGEL
2612 B$: FGF2BA   V254 VANHAL
2613 B$: FGF2BAFGF2CB//BGFABGFAB   O650 ORDONEZ
2614 B$: FGFDCBAGF   M395 MASCHEK
2615 B$: FGFEFDAFGFEFDAFGAB   T765 TRAETTA
2616 B$: FGFENFBD   S335 SCHIMPKE
2617 B$: FGFENF2BCBABD   H411 HAYDN
2618 B$: FGFGFBAGFED   C175 CAMBINI
2619 B$: FGFGF2BFGAGAG2BG   D611 DISCHNER
2620 B$: FG2FDBC3A   W939 WRANITZKY
2621 B$: F2GFEFDAF2GFEFDAFGAB   T765 TRAETTA
2622 B$: 2F   M666 MINOJA
2623 B$: 2FBA$G2FBA$G   V878 VOGEL
2624 B$: 2FB2DFBD   S785 STAMITZ
2625 B$: 2FB2D3FBD2F   M937 MOZART
2626 B$: 2FBF4D3B   A277 AGRELL
2627 B$: 2FB2FC2FD2FE2FDBA   K660 KLOB
2628 B$: 2FB3FDFD2BCAF   D369 DEMACHI
2629 B$: 2FBG3FBG   V878 VOGEL
2630 B$: 2F2BDF2CE//BFD2B2G2FEN   H354 HASSE
2631 B$: 2F3B2D2CBCDBF   R817 ROSETTI
2632 B$: 2F3B3D2CBCDB   Z830 ZOBL
2633 B$: 2FDB2AG2FDGF   E340 EICHNER
2634 B$: 2FDB2C2DCDED   O121 OBERMEIER
2635 B$: 2FDB2D2BA2BABCAE   B896 BRUNETTI
2636 B$: 2FDE2C3B   S357 SCHMITTBAUR

2637 B$: 2FDF2DC2B   W786 WINTER
2638 B$: 2FD2F   S785 STAMITZ
2639 B$: 2F2D3BABCBABCBA2C2A3E   C267 CARDON
2640 B$: 2FECA2BD3CE2DG2F   S355 SCHMITT
2641 B$: 2FEDCBDEF2GF   H337 HARTWIG
2642 B$: 2FEDCB4F   G827 GRENTZER
2643 B$: 2FEDCB2GFEDC3ABCBA   C177 CAMBIONI
2644 B$: 2FEDFEDED2E2GF2EDC#2D   M625 MICHL
2645 B$: 2FED2FED2FGEDECB   ANON. PL-MO
2646 B$: 2FED2GB2GFBC2DCB   R593 RIPPEL
2647 B$: 2FE2D2BAG//B2FDBFG2FDB   P979 PUGNANI
2648 B$: 2FENF3BABD   H411 HAYDN
2649 B$: 2FENF3BAGCE   H354 HASSE
2650 B$: 2FGABABCDCDECFC   Z780 ZINGARELLI
2651 B$: 2FGAB2DEFG   A748 ARNE
2652 B$: 2FGA3BCDE2FED   H852 HOWARD
2653 B$: 2FGDF3ECAEFED   S787 STAMITZ
2654 B$: 2FGED   V254 VANHAL
2655 B$: 2FGE2DEFGA   G834 GRETRY
2656 B$: 2FGFE5D6EFED4CC#3D   D617 DITTERSDORF
2657 B$: 3FA3FABCDEC   S395 SCHUSTER
2658 B$: 3F2AENFENFENF2ABCDEC   S395 SCHUSTER
2659 B$: 3FBA2G3FBA2G2F   P979 PUGNANI
2660 B$: 3FBD2F2EG   V254 VANHAL
2661 B$: 3FDB2AG3FDGF   E340 EICHNER
2662 B$: 3FD2BG2E2CBCD   K926 KREUSSER
2663 B$: 3FDE   G168 GALLINA
2664 B$: 3FDGF   C175 CAMBINI
2665 B$: 3FEDCBABFGFEFED   ANON. F-Pn/Blanch
2666 B$: 3FEDCBA3CFACED   K860 KOSPOTH
2667 B$: 3FEDC2BA3CFAC2ED   K860 KOSPOTH
2668 B$: 3FEFG//BDECAB   H138 HAFENEDER
2669 B$: 3FENF3BAGCE   H354 HASSE
2670 B$: 3FENFGFD   Z780 ZINGARELLI
2671 B$: 3FGFE2D4EFED2CD   D617 DITTERSDORF
2672 B$: 3F4G2FBD2FE   ANON. A-GOe
2673 B$: 4FBABG   F653 FOERSTER
2674 B$: 4FB4DF   W939 WRANITZKY
2675 B$: 4FENF2BGFE   H324 HARSCH
2676 B$: 4FGFEDC3B   O650 ORDONEZ
2677 B$: 4FG2FEDC3B   O650 ORDONEZ
2678 B$: 5FG2FEDC   V254 VANHAL
2679 B$: 7FDBFDF   P839 PORTA
2680 B$: 7FEDCBCDEN   G678 GOSSEC
2681 B$: 9F   W245 WANCZURA
2682 B$: 9FBAGF   E164 EBERLIN
2683 B$: 9FEFGFA8CFEFGFA8DFE   C524 CHERZELLI
2684 B$: 12F12G   T645 TOESCHI
2685 B$: GABC2DCDEDGFED   P761 POKORNY
2686 B$: GA3B2A2G   ANON. CS-Bm
2687 B$: G3B2A3CBN   B285 BARTHELEMON
2688 B$: GDB2GF#GAGF#GAG   S659 SMITH

```
2689   B$ : G7DGE//BAGBAGBAGB   B118 BACH
2690   B$ : GF3BGF3C   G998 GYROWETZ
2691   B$ : GFEDCBAG4B2AG   S373 SCHRAMEK
2692   B$ : GFENFBFAGFGBGBAGABA   P322 PATTONI
2693   B$ : GFGFGFGF   D199 DANZI
2694   B$ : G2FDG2FED2CDEGAGFBDFB   C175 CAMBINI
2695   B$ : G2FENFBDFD   B617 BIRCK
2696   B$ : 3GABAG2F   S785 STAMITZ
2697   B$ : 4GFEFGEFGA   ANON. D/BRD-Rtt

2698   B$ - : BDFBGBEG   H411 HAYDN
2699   B$ - : CE2DEFGFEFAN//B$ : 2FDE2C3B   S357 SCHMITTBAUR
2700   B$ - : DAC2BC$EDC$GEC$2B2A   S165 SALIERI

2701   B : B   T820 TRIEBEL
2702   B : BA#BCDB3F3B   B279 BARSANTI
2703   B : BDEG2F2ED   H411 HAYDN
2704   B : BFDBDFGECABAFBDF   S383 SCHUBERT
2705   B : BFEDCBFCBAGF   M748 MONN

2706   B - : BA#BCDB3F3B   B279 BARSANTI
2707   B - : BA#BDFBDFD   ANON. CS-Pnm/Frydlant
2708   B - : BA#FANG   P592 PICHL
2709   B - : BCBA#BC2DEDCDEFD   B114 BACH
2710   B - : BCBCDBF   S320 SCHEINPFLUG
2711   B - : BCDE2FG#A#   M732 MOMBELLI
2712   B - : BDBCECDBA#//FBDCF2B   V158 VALENTINI
2713   B - : BDCBFDCBCBA#G#FC   D243 DAUVERGNE
2714   B - : BDCB3FEFGE   W418 WEIGERT
2715   B - : B2D2FBGFE2D   G251 GASSMANN
2716   B - : BFDF2BEF3GFEDCDF   B896 BRUNETTI
2717   B - : BFGEBF   R748 ROLLA
2718   B - : BFGFGFB2FGF   H652 HILLER
2719   B - : 2BAGFGE2DB2CA   K440 KEYSER
2720   B - : 2B2D2FBDC2B   F912 FRIGEL
2721   B - : 3BDCN3BC#D#   ANON. H-Bn
2722   B - : 3BDCN3BC#D#   A839 ASPLMAYR
2723   B - : 5B   R167 RAMBACH
2724   B - : 6B   H688 HOECKH
2725   B - : 6B   V855 VIVALDI
2726   B - : DFB8D3B   B484 BERBIGUER
2727   B - : 2D2F2A#2B   D972 DUSSEK
2728   B - : FBA#BGFA#BA#3BA#BCEDC   ANON. D/BRD-Mbs
2729   B - : FBDCF2B   V158 VALENTINI
2730   B - : FBFDB4F3EDCBA#   M729 MOLTER
2731   B - : FB2FG2FEFG   R714 ROELLIG
2732   B - : FGFEFBF2GAGFGB   O650 ORDONEZ
2733   B - : 4FDCDF2BEADGCF   V158 VALENTINI

2734   C : ACEACBCA3E2DC   H688 HOECKH
2735   C : AGABCBCDEDEFGFGE   F914 FRINGER
2736   C : AG3CAG3D   G998 GYROWETZ
```

2737   C : AGFE2CDEFGABCBAGCAG   C177 CAMBIONI
2738   C : 2ACBGECGE2C2B   R355 REIDER
2739   C : 2ACG3ED   R568 RIGEL
2740   C : 6AEAE//CEGCDEFEDCEG   S371 SCHRAGNER
2741   C : BAGF   H354 HASSE
2742   C : BCBACBAG   ANON. I-Gi
2743   C : BCBCF#GF#GECDGC   P761 POKORNY
2744   C : BCEBCGBCEBC   M498 MEHUL
2745   C : B2CG//CGECGECBA   B664 BOCCHERINI
2746   C : B3DCDGDEFED   D617 DITTERSDORF
2747   C : 2B2A2GF   H354 HASSE
2748   C : 5BCBC5DEDE4F   P283 PASQUA
2749   C : C   R585 RIOTTE
2750   C : C2AGFEDC   G567 GLUCK
2751   C : CABAG#ABCG//CGECGC2GC   H411 HAYDN
2752   C : CAF#GABCDB   W939 WRANITZKY
2753   C : CAGC//GCGECGDBGAE   K891 KRAML
2754   C : CAGFEDGE//CEGEFG   H411 HAYDN
2755   C : CAGFE2DCGA2FDC2BC   K290 KELLER
2756   C : CAGFEFG   P727 PLEYEL
2757   C : CAGFEFGAFD   V254 VANHAL
2758   C : CAGFGC   W131 WAGENSEIL
2759   C : CAGFGCAGFEDEFG   O650 ORDONEZ
2760   C : CAGFGEDCBCD   D369 DEMACHI
2761   C : CAG2F5E   A277 AGRELL
2762   C : C2ABCG//CGECGC   H411 HAYDN
2763   C : C2AGFGC   W131 WAGENSEIL
2764   C : C2AGFGCAGFEDEFG   O650 ORDONEZ
2765   C : C2AG2FEDGE//GECEGEFG   H411 HAYDN
2766   C : CBA$GEFDGEAFBG   D617 DITTERSDORF
2767   C : CBABCBABCEDEFDCDE   Z730 ZIMMERMANN
2768   C : CBABCBABC4GFGC   O650 ORDONEZ
2769   C : CBABCGABCDEFE2GFEDE   ANON. H-Gc
2770   C : CBABCGEA   G291 GAZZANIGA
2771   C : CBAEDCBAG#ABC#   H965 HURLEBUSCH
2772   C : CBA6E   H409 HAYDN
2773   C : CBNAG   E310 EGGERT
2774   C : CBAGAGABCEABC2AE   M464 MAXIMILIAN
2775   C : CBAGAGABCEABC2AE   ANON. D/DDR-Dlb
2776   C : CBAGC//GCGECGDBGAE   K891 KRAML
2777   C : CBAGCAGFEF   G557 GLEISSNER
2778   C : CBAGCBAG   R535 RICHTER
2779   C : CBAGCBAGD   Z780 ZINGARELLI
2780   C : CBAGCDEF5G   H413 HAYDN
2781   C : CBAG2CBAGC   M498 MEHUL
2782   C : CBAGFEDCDEFE   P979 PUGNANI
2783   C : CBAGFEDC2GFD   T611 TISCHER
2784   C : CBAGFED5CEDCBAGF5E   C258 CARAFFE
2785   C : CBA2G2A2E2F#GFEDCBCDB   S749 SPERGER
2786   C : CBA5G   H700 HOFFMEISTER
2787   C : CB2AGBC   L134 LACHNITH
2788   C : CB2AGBCGF2EG   ANON. PL-MO

2789	C:CB2A2GEFGAGFEDC	P761 POKORNY
2790	C:CBB$ADBCG	W420 WEIGL
2791	C:CBCAGFEDCB3CB$	V155 VALENTINE
2792	C:CBCAGFEFEDCBCGEGC	T338 TESSARINI
2793	C:CBCB	H409 HAYDN
2794	C:CBCBAGFEDCGF#	S785 STAMITZ
2795	C:CBCBCBCBC3A	B579 BIANCHI
2796	C:CBCBCBCBCBCBCBCGAB	M678 MITSCHA
2797	C:CBCBCBCBCBCBCB8C4G4E	S348 SCHMIDT
2798	C:CBCBCBCBCBCBCB8C4G	S359 SCHMITTBAUR
2799	C:CBCBCBCBCD//EGBCDE3F	C626 CLEMENTI
2800	C:CBCBCBCEGCBCBCBCBCFA	G834 GRETRY
2801	C:CBCBCBCDEDEFGFGABABG	G617 GOLABEK
2802	C:CBCBCBCEGBDGAG#AG#	M498 MEHUL
2803	C:CBCBCBCFA$E	M498 MEHUL
2804	C:CBCBCBCGABCD	D617 DITTERSDORF
2805	C:CBCBCC#DC#D	V880 VOGEL
2806	C:CBCBCDEBCDEF#	H700 HOFFMEISTER
2807	C:CBCBCEDC3B	D797 DRUSCHETZKY
2808	C:CBCBCEFGAG#AG#A	A839 ASPLMAYR
2809	C:CBCBCGCGEDC	H409 HAYDN
2810	C:CBCBCGEAFDGECFDB	V254 VANHAL
2811	C:CBCDBCDEDE	C182 CAMERLOHER
2812	C:CBCDBCDEDEFDEF	M262 MALZAT
2813	C:CBCDB5GFEDCB	S383 SCHUBERT
2814	C:CBCDCBCDCGABC	Z780 ZINGARELLI
2815	C:CBCDCBCD4C	C182 CAMERLOHER
2816	C:CBCDCBCEGAB$	H491 HEMPEL
2817	C:CBCDCEDBC	B547 BERTONI
2818	C:CBCDCEGCEDEFECEG	W131 WAGENSEIL
2819	C:CBCDCEGCEDEFECE2GA	O650 ORDONEZ
2820	C:CBCDCGCGBG	N489 NEUMANN
2821	C:CBCDC3GEDEFE3C4G	B825 BRAUN
2822	C:CBCD2CBCD2CGABCDEF	A372 ALESSIO
2823	C:CBCD2CFDGEA2FDCB	M998 MYSLIVECEK
2824	C:CBCD3C2GECBCD	H571 HERSCHEL
2825	C:CBCDEDECBCDCBG	D797 DRUSCHETZKY
2826	C:CBCDEDEFGDBGCF#G	M938 MOZART
2827	C:CBCDEDEFGFGAB	P149 PAISIELLO
2828	C:CBCDEDEFGFGAG	O650 ORDONEZ
2829	C:CBCDEFEDCFGAGFEDEF	W131 WAGENSEIL
2830	C:CBCDEFGB	ANON. GB-Lbl:Longman Per.Ov.
2831	C:CBCDEFGEFGAGABC	O650 ORDONEZ
2832	C:CBCDE2FED	S985 SYLVA
2833	C:CBCD2EFED	P761 POKORNY
2834	C:CBCD2EFEDCEGC	P589 PICCINNI
2835	C:CBCECGECGECGF#G	K840 KOERZL
2836	C:CBCEDE	B547 BERTONI
2837	C:CBCEFGFED	T765 TRAETTA
2838	C:CBCFEDCBCGECFEDCBC	K820 KOENIGSPERGER
2839	C:CBCF2EDEAG	W939 WRANITZKY
2840	C:CBCGAB	G943 GUGLIELMI

2841 C:CBCGABCDCD S816 STEFFAN
2842 C:CBCGCBC2EDEG B116 BACH
2843 C:CBCGCBC2EDEG ANON. D/BRD-HR
2844 C:CBCGCBC2EDE2GFE H708 HOFMANN
2845 C:CBCGCBC2EDE2GFE H758 HOLZBAUER
2846 C:CBCGCBCFCF2DEFEDECDEF M729 MOLTER
2847 C:CBCGCBCGCBCG W416 WEICHENMAHR
2848 C:CBCGCDED S699 SONNLEITHNER
2849 C:CBCGCEGFEFD Z110 ZACH
2850 C:CBCGED#ECGF#GECEC D617 DITTERSDORF
2851 C:CBCGEGCBCGEGCGFEDC Z660 ZIEGLER
2852 C:CBCGFEDCDCBAG D797 DRUSCHETZKY
2853 C:CBCGG#2ABCDEF#G#2A T878 TSCHARNER
2854 C:CBC2GCBCGECDCDAGF W464 WELTZ
2855 C:CBC2GECE3GB R845 ROTH
2856 C:CB2CBCDGBDFECBCACBD N311 NAUMANN
2857 C:CB2CB2CBCGCD H758 HOLZBAUER
2858 C:CB2CB2CB2CBC B116 BACH
2859 C:CB2CB2CB2CBCGF#G W131 WAGENSEIL
2860 C:CB2CB2CDEFGFED W131 WAGENSEIL
2861 C:CB2CDEFGA H409 HAYDN
2862 C:CB2CDEFGAGCBCDEFE H708 HOFMANN
2863 C:CB2CDEGDB C182 CAMERLOHER
2864 C:CB2CEFGCB2CEFG C182 CAMERLOHER
2865 C:CB2CEGCB2CFA W131 WAGENSEIL
2866 C:CB2CEGCB2CFA ANON. CS-Pnm/Doksy
2867 C:CB2CEGCB2CFACBC S785 STAMITZ
2868 C:CB2CGAFC T645 TOESCHI
2869 C:CB2CGCEDGDF L368 LAUBE
2870 C:CB3C V254 VANHAL
2871 C:CB4CGFEDCB3CGFEDCBC Z660 ZIEGLER
2872 C:CB5C4E4G8C4F4A4C L115 L'ABBE
2873 C:CBDCEDFECBD M385 MARTINELLI
2874 C:CBDCEDFECBD M388 MARTINO
2875 C:CBDGB$ACF M596 METZGER
2876 C:CBDGFEFGFEDCBDGFEFGFED G168 GALLINA
2877 C:CBFE K990 KYFFNER
2878 C:CBFEAGF//GEGFAGEGFA W827 WITT
2879 C:CBFEGE2CEFGACBAGAB V254 VANHAL
2880 C:CBFEGE2CEFGACBAGAB P592 PICHL
2881 C:CBFEGEDEFGE H839 HOUPFELD
2882 C:CBGC G779 GRAUPNER
2883 C:C2BABAFD2C K913 KRAUS
2884 C:C2BABC2BABC3GAGFGC O650 ORDONEZ
2885 C:C2BC2BC2BC M652 MILLICO
2886 C:C2BDGD B494 BEREZOVSKY
2887 C:CDBCAGFE H411 HAYDN
2888 C:CDBCDBCBCDE2D V884 VOGLER
2889 C:CDBCDBCBCDEFDEFDEDEF S699 SONNLEITHNER
2890 C:CDBCDBCDBCGA M998 MYSLIVECEK
2891 C:CDBCDBCEGBC K964 KUMLAUF
2892 C:CDBCDB2CEDFEGFGADFEDCBAGF S411 SCHWARZENDORF

2893 C:CDBCDC G251 GASSMANN
2894 C:CDBCGAE S737 SPARY
2895 C:CDBCGCE2GCDBCGCE2G M464 MAXIMILIAN
2896 C:CDBC2GEFDE2C P761 POKORNY
2897 C:CDBC2GEFDE2CEFGCGFGACA B547 BERTONI
2898 C:CDBDFGEGCA T180 TARCHI
2899 C:CDCBAGG#AEG2F C175 CAMBINI
2900 C:CDCBCC#3DEDCD F310 FELDMAYR
2901 C:CDCBCDCB//2CDCBCC# H700 HOFFMEISTER
2902 C:CDCBCDCBCDEDCDEDCDEGECDFDB ANON. D/DDR-SW1
2903 C:CDCBCDCBCEGEC H765 HOLZMANN
2904 C:CDCBCDCBCEGECF G998 GYROWETZ
2905 C:CDCBCDCGCD A282 AGTHE
2906 C:CDCBCDCGECACB H443 HEBELT
2907 C:CDCBCDCGEFEDEFEC P592 PICHL
2908 C:CDCBCDFEDCG2E2CG H708 HOFMANN
2909 C:CDCBCDGDGDGDGE P727 PLEYEL
2910 C:CDCBCDGDGDGDGECFD ANON. CS-Bm
2911 C:CDCBCDGDGDGDGECFDGEAF ANON. I-MOe
2912 C:CDCBCEFEDE//GF3EFDC2BC S355 SCHMITT
2913 C:CDCBCEGCEGCFEAGFEDC N478 NEUBAUER
2914 C:CDCBC2EDCBC C626 CLEMENTI
2915 C:CDCBCFED S785 STAMITZ
2916 C:CDCBCFEDCD W131 WAGENSEIL
2917 C:CDCBCGAGF#G2C H708 HOFMANN
2918 C:CDCBCGCED2EC#DGDF W131 WAGENSEIL
2919 C:CDCBCGCGCDCBCGCGC4EF2EDCBC D617 DITTERSDORF
2920 C:CDCBCGED A758 ARNOLD
2921 C:CDCBC2GEBC2GE H793 HOEPFLINGER
2922 C:CDCBC2GEFDCBCDCBCA S324 SCHENCKER
2923 C:CDC2BDFEDCD S342 SCHLOEGER
2924 C:CDCDCEFEFEG M998 MYSLIVECEK
2925 C:CDCD5C3G M678 MITSCHA
2926 C:CDCDE3CDEDEFAGFE P727 PLEYEL
2927 C:CDCDE3CD2EDF P727 PLEYEL
2928 C:CDCDEFEDCDCDE B125 BACHSCHMIDT
2929 C:CDCDEFGAGAB2CDCDE G295 GEBEL
2930 C:CDCECDCGCFCECDCECDCACGC O650 ORDONEZ
2931 C:CDC2E2D//CBAGCAGFEF G557 GLEISSNER
2932 C:CD2CB2D H758 HOLZBAUER
2933 C:CD2C2GAB4CDEDEFE2C G567 GLUCK
2934 C:CD5CEDCD5C H409 HAYDN
2935 C:CDE$ENFF#4G4A4B2C S934 STUMPF
2936 C:CDEFEDE$F2GC2B$A G557 GLEISSNER
2937 C:CDE R817 ROSETTI
2938 C:CDECDE A237 ADLGASSER
2939 C:CDECDECDEC B463 BENEDICTO
2940 C:CDECEFGECBA C616 CLAUSE
2941 C:CDECFDGEAFBG6C W939 WRANITZKY
2942 C:CDECFEDEFDBG S249 SARTI
2943 C:CDECGEC ANON. D/BRD-Rtt
2944 C:CDECGEDG O650 ORDONEZ

2945 C : CDECGFEDC G779 GRAUPNER
2946 C : CDE2CDEFGFEDE G943 GUGLIELMI
2947 C : CDEDCB3A2G C175 CAMBINI
2948 C : CDEDCBCDEFEDCBCDEFECDCECFC C824 CORRETTE
2949 C : CDEDCGABCAGAFEFD ANON. CS-Bm
2950 C : CDED4CEFGFE H544 HERFFERT
2951 C : CDEDEFEDEFGAGF G778 GRAUN
2952 C : CDE2D2C ANON. D/BRD-Rtt
2953 C : CDE2D2C2D2ED P761 POKORNY
2954 C : CDEF R817 ROSETTI
2955 C : CDEFDGBCDE B699 BONAZZI
2956 C : CDEF2DE M435 MATTEI
2957 C : CDEFEDC O650 ORDONEZ
2958 C : CDEFEDCDEFEDCGCG G396 GEWEIJ
2959 C : CDEFEDGECBA2G B414 BEECKE
2960 C : CDEFED2GABC K660 KLOB
2961 C : CDEFE2D V254 VANHAL
2962 C : CDEFE2D2GG#AFE V837 VITASEK
2963 C : CDEFEFD V254 VANHAL
2964 C : CDEFEF#GABCDE//EF2EDCDGC3G B414 BEECKE
2965 C : CDEFF#GDEFGG#AE M829 MORANDI
2966 C : CDEFGA ANON. D/BRD-DO
2967 C : CDEFGABCAG K891 KRAML
2968 C : CDEFGABCBCB2CGFE D678 DONBERGER
2969 C : CDEFGABCBCD2C A341 ALBRECHTSBERGER
2970 C : CDEFGABCBCD2C P761 POKORNY
2971 C : CDEFGABCBCGAE ANON. F-Pn
2972 C : CDEFGABCDEDC H706 HOFMANN
2973 C : CDEFGABCDEF O650 ORDONEZ
2974 C : CDEFGABCDEFG B581 BIANCIARDI
2975 C : CDEFGABCECG O650 ORDONEZ
2976 C : CDEFGABCEG2F W786 WINTER
2977 C : CDEFGABCGECEFG H688 HOECKH
2978 C : CDEFGABCGEG B573 BEYER
2979 C : CDEFGABCGFECDEFGABCAGF ANON. S-L
2980 C : CDEFGAB2CBABCGAG W131 WAGENSEIL
2981 C : CDEFGAB3CEG Z425 ZECHNER
2982 C : CDEFGAB4C M938 MOZART
2983 C : CDEFGAB5CDEDEDCB M464 MAXIMILIAN
2984 C : CDEFGBC P149 PAISIELLO
2985 C : CDEFGCGFED S343 SCHLOSSER
2986 C : CDEFGECGADEFGAFEFC#DA C564 CIAMPI
2987 C : CDEFGEDCBCDCBAGFE R447 REUTTER
2988 C : CDEFGFEDC L486 LEEMANS
2989 C : CDEF2GABC W131 WAGENSEIL
2990 C : CDEF2GABC C182 CAMERLOHER
2991 C : CDEF2GFGABCGA2GFEDCG V878 VOGEL
2992 C : CDEF4GCDEF4G F654 FOERSTER
2993 C : CDEF5G3C2BA ANON. D/BRD-DS
2994 C : CDE2F P727 PLEYEL
2995 C : CDE4FEDC//9C Z730 ZIMMERMANN
2996 C : CDE4FEFG4AGE S213 SANDEL

THEMATIC IDENTIFIER   C:CEC   59

2997 C:CDEGABCBA2G M998 MYSLIVECEK
2998 C:CDEGA4GCGA4G K660 KLOB
2999 C:CDEGF R718 ROESSLER
3000 C:CDEGFEDGECBA2G B414 BEECKE
3001 C:CDEGFED2G W744 WILMS
3002 C:CD2EFEAD2AB E164 EBERLIN
3003 C:CDFEDEFAGFGACBAGFAGFE D972 DUSSEK
3004 C:C7DEFF#GD//C-:CBNCBNCBNCBN S944 SUESSMAYR
3005 C:CE$2GC M498 MEHUL
3006 C:CEACBDGACFAGBE//2CBCEDC A839 ASPLMAYR
3007 C:CEAF#G//CEDBCEGACG W939 WRANITZKY
3008 C:CEAG K958 KUEFFNER
3009 C:CEAGFEDC//4CECGCG F271 FAUNER
3010 C:CEBCGCE2GCEBCGCE2GEC2GDE2G ANON. D/DDR-Dlb
3011 C:CEBDGBCGEGCEFEDCBDGBC B175 BALDAN
3012 C:CEC B553 BERWALD
3013 C:CECAFDAG//CEGABCBAGAG T796 TRENTIN
3014 C:CECAGF#GFN//CDCBC2EDCBC C626 CLEMENTI
3015 C:CECBAGFEDCDEFGAFED ANON. CS-Pnm/Osek
3016 C:CECB2ACFA H708 HOFMANN
3017 C:CECBC3E ANON. GB-Lbl:Longman Per.Ov.
3018 C:CECBDGDFD W827 WITT
3019 C:CECECGAGCGAG K979 KUZNIK
3020 C:CECEDC2EF2EFGEGFE2C ANON. D/DDR-Dlb
3021 C:CECEGCECB E164 EBERLIN
3022 C:CECEGEG2C K926 KREUSSER
3023 C:CECGABCDEFEDECFGFE Z770 ZINCK
3024 C:CECGABCEGDFDGABCDFB C225 CANNABICH
3025 C:CECGACAE H758 HOLZBAUER
3026 C:CECGCE L223 LAMBERTI
3027 C:CECGCGECDEFGAF#3G S685 SOLERE
3028 C:CECGCGECDGF S617 SINGGEDICHT
3029 C:CECGCGECDGFG P221 PARADEISER
3030 C:CECGCGEDC B116 BACH
3031 C:CECGCGEGE L576 LEO
3032 C:CECGCGEGECECGCGEGEDGD C748 CONFORTO
3033 C:CECG3CE E970 EYBLER
3034 C:CECGDFDG//3CBCDCEF2ED B118 BACH
3035 C:CECGDFDGEFDEC G891 GRUNLING
3036 C:CECGEAGCBAGCEGFE L554 LEMMER
3037 C:CECGECAFDB H411 HAYDN
3038 C:CECGECAFDBGFEDE ANON. I-MOe
3039 C:CECGECGECGCDEFAGEGFD J216 JADIN
3040 C:CECGEC2GEFGAGE S291 SCHACHT
3041 C:CECGEC2GF#GE2CBCG K840 KOERZL
3042 C:CECGE2CBAGFEGFECGECA ANON. PL-MO
3043 C:CECGE2CBAGFEGFECGEC2AGFE Z110 ZACH
3044 C:CECGE2CECGEFGFECD A484 AMAN
3045 C:CECGEFDA2FD2E A748 ARNE
3046 C:CEC2GCEC2GAFDBF P129 PAGANELLI
3047 C:CEC3GDCDFED2C U480 UMLAUF
3048 C:CEC4G2CAGFEGAB R795 ROSE

3049 C : CE2CB2FDBGFG R364 REINDL
3050 C : CE2C2BFA2F2EC D617 DITTERSDORF
3051 C : CE2CEC C182 CAMERLOHER
3052 C : CE2CE2CGFEDCGCGC G678 GOSSEC
3053 C : CE3CDEDC//CEC3GDCDFED2C U480 UMLAUF
3054 C : CE4CBAGFE J750 JOMMELLI
3055 C : CE4CE3C M328 MARGIANE
3056 C : CEDBCEGACG W939 WRANITZKY
3057 C : CEDCAFEFDBGBDFBFEDECEG V474 VERACINI
3058 C : CEDCA2GFEDCDB2C S699 SONNLEITHNER
3059 C : CEDCBAGFEFGE F413 FESCA
3060 C : CEDCBAG#A ANON. A-G/Aussee
3061 C : CEDCBAG#ACBAGFE D617 DITTERSDORF
3062 C : CEDCBAG#ACBAGFEF O650 ORDONEZ
3063 C : CEDCBAG#ACBAGFEFAGB V254 VANHAL
3064 C : CEDCBCEFGFEDC A341 ALBRECHTSBERGER
3065 C : CEDCBCEFGFEDC P761 POKORNY
3066 C : CEDCBC3E ANON. GB-Lbl:Longman Per.Ov.
3067 C : CEDCBCG S785 STAMITZ
3068 C : CEDCBCGFEDECB2AG S355 SCHMITT
3069 C : CEDC2BADCB2A2GCEG P979 PUGNANI
3070 C : CEDCDAGB3CBCAFEFDBABGBDF A918 AUFFMANN
3071 C : CEDCDBE V254 VANHAL
3072 C : CEDCDCEGFEFEG M998 MYSLIVECEK
3073 C : CEDCDE3CDEDEFAGFE P727 PLEYEL
3074 C : CEDCDEFGFEDF N594 NICHELMANN
3075 C : CEDCDEF#GBAG C182 CAMERLOHER
3076 C : CEDCEDCEGAFED L283 LANGLE
3077 C : CEDCEDCGBAG H354 HASSE
3078 C : CEDCEDCGFEDFEDFE V254 VANHAL
3079 C : CEDCEF2GCADF H298 HARRER
3080 C : CEDCFDBDBEDGEC A579 ANFOSSI
3081 C : CEDCGBC S689 SOLNITZ
3082 C : CEDCGCDEDC M498 MEHUL
3083 C : CEDCGCEDCGCEGEC K860 KOSPOTH
3084 C : CEDCGCGCDEFGABC M388 MARTINO
3085 C : CEDCGCGCDEFGABC G834 GRETRY
3086 C : CEDCGECEGCEDCG P761 POKORNY
3087 C : CEDCGFEA2GFED H413 HAYDN
3088 C : CEDCGFECGAG2CB2DCE B556 BESOZZI
3089 C : CEDCGFED A839 ASPLMAYR
3090 C : CED2CB2AGDFAGFED B918 BUCELLI
3091 C : CED2CBCED2CBCED2C B896 BRUNETTI
3092 C : CED2CED2CED G779 GRAUPNER
3093 C : CED2C2GFE S213 SANDL
3094 C : CED3CGBA3GCE P149 PAISIELLO
3095 C : CEDECECEDFEFDFDF F489 FILTZ
3096 C : CEDECEG2CBCEGCE G678 GOSSEC
3097 C : CEDEFEC2G2C2G2C2G2C2G2E2G D797 DRUSCHETZKY
3098 C : CEDEFGABCG G778 GRAUN
3099 C : CEDEFGABCGE H354 HASSE
3100 C : CEDEF2GG#ACBA W131 WAGENSEIL

```
3101  C:CEDEF2GG#ACBAGE    H758 HOLZBAUER
3102  C:CEDEF3GCB2AG       K979 KUZNIK
3103  C:CEDEF6GFEDE        D369 DEMACHI
3104  C:CEDE2GFEDCEDEGCG   F293 FEDERICI
3105  C:CEDFDBGABC         C148 CALEGARI
3106  C:CEDFEGFA           S231 SANTA
3107  C:CEDFEGFAGFEDEDCBCGFED  B554 BERWALDT
3108  C:CEDFGAB5CDEDEDCB2C ANON. D/DDR-Dlb
3109  C:CED2GCB            N489 NEUMANN
3110  C:CE2D2C2DEDCEDBG    D985 DUVERNOY
3111  C:CED#EFAGFEF//2G2F2E2D2C  Z780 ZINGARELLI
3112  C:CEFA6CAGEDCBC      G430 GIAI
3113  C:CEFA6CAGFEDCBC     J330 JANITSCH
3114  C:CEFADEFGF//CGCECEGEGCGCE  T356 TEYBER
3115  C:CEFED              K979 KUZNIK
3116  C:CEFEDC3G           H652 HILLER
3117  C:CEFEDECBCDE2GFEF   M435 MATTEI
3118  C:CEFEDEGEFEDECEFEDEGEFEDE  Z110 ZACH
3119  C:CEFEFGFE2ABAB      R351 REICHEL
3120  C:CEF2E              H409 HAYDN
3121  C:CEFF#GEA#BC//GCAED ANON. D/BRD-Rtt
3122  C:CEFF#GECG#A//GCAE2DCDEG  S333 SCHIERL
3123  C:CEFGABCEFGAB       S414 SCHWINDL
3124  C:CEFGABCEFGABCGFE   P589 PICCINNI
3125  C:CEFGAB2CDEFGAB     A991 AZAIS
3126  C:CEFGAB4C           ANON. D/BRD-B
3127  C:CEFGAB4C           ANON. D/BRD-DO
3128  C:CEFGAB4C           C182 CAMERLOHER
3129  C:CEFGAGDEFGF        D778 DREYER
3130  C:CEFGAGE2C          M963 MUENCHHAUSEN
3131  C:CEFGAGFEFEDCG      S785 STAMITZ
3132  C:CEFGA3GFEDCBC      H571 HERSCHEL
3133  C:CEFG2ABAB2CBA2G    G251 GASSMANN
3134  C:CEFGBCAGFEDEFGBCAGF B858 BRIOSCHI
3135  C:CEFGCGABGCBGABG    C759 CONTI
3136  C:CEFGE4C            Z515 ZELLER
3137  C:CEFGEDBC           H411 HAYDN
3138  C:CEFGEF             S785 STAMITZ
3139  C:CEFGEGBD4CAB2CDD#ECA  A357 ALDAY
3140  C:CEFGFEDC2E3F       R817 ROSETTI
3141  C:CEFGFGFEDGBDF      M998 MYSLIVECEK
3142  C:CEF2GC//GCEGCEGEFGA  R817 ROSETTI
3143  C:CEF2GECGECGECG     M748 MONN
3144  C:CEF2GFE3C2B        H411 HAYDN
3145  C:CEF3GA2GCAFE       S787 STAMITZ
3146  C:CEF3GA2GCAFE       S789 STAMITZ
3147  C:CEF3GCBDEF         G778 GRAUN
3148  C:CEF3G2DEF2ABCED    R535 RICHTER
3149  C:CEGABABCGFE2DE     C353 CASTRUCCI
3150  C:CEGABCBAGAG        T796 TRENTIN
3151  C:CEGABC2GABC2GABCGEC  S816 STEFFAN
3152  C:CEGAFDGE3C         B965 BURNEY
```

3153 C : CEGAGFEDCB / / 6EGFDC   D797 DRUSCHETZKY
3154 C : CEGA3GCEF3E   G567 GLUCK
3155 C : CEGBABCGAG   M943 MUELLER
3156 C : CEGCAFGCDEFGABC   F534 FISHER
3157 C : CEGCAF#2G   C182 CAMERLOHER
3158 C : CEGC3ABC   G943 GUGLIELMI
3159 C : CEGC3ABC   ANON. I-Gi
3160 C : CEGCBAGFEGFEDCB   P126 PAER
3161 C : CEGCBCEGCGBD   E340 EICHNER
3162 C : CEGCBDBC / / C - : CBNCBNC   W939 WRANITZKY
3163 C : CEGC2BAGAGCBAGF   S342 SCHLOEGER
3164 C : CEGCDBCDBC   B116 BACH
3165 C : CEGCDED6CAG   D617 DITTERSDORF
3166 C : CEGCDEFEDCD   M435 MATTEI
3167 C : CEGCDEGFEDCEG   S371 SCHRAGNER
3168 C : CEGCE   V880 VOGEL
3169 C : CEGCE3CEDCDEDC   P727 PLEYEL
3170 C : CEGCED2CED2CDCD2CFEAG   K669 KLUG
3171 C : CEGCEDF2EGCEGFAG   E550 ENDERLE
3172 C : CEGCEFGABCDEFGFEF   S787 STAMITZ
3173 C : CEGCEFGFDBG3F   C940 CRONER
3174 C : CEGCEG   D972 DUSSEK
3175 C : CEGCEG6AGECGEC   R447 REUTTER
3176 C : CEGCEGC   T839 TRITTO
3177 C : CEGCEGCAFGECEGEGCGCEFE   ANON. I-MOe
3178 C : CEGCEGCDB   O750 ORSLER
3179 C : CEGCEGCEGCEGCEG   M386 MARTINI
3180 C : CEGCEGCEGCEGCFA   M938 MOZART
3181 C : CEGCEGCE2GG#2A   K662 KLOEFFLER
3182 C : CEGCEGCGECG   H411 HAYDN
3183 C : CEGCEGCGFE   H331 HARTL
3184 C : CEGCEGCGFEDCGFED2CBCD   K926 KREUSSER
3185 C : CEGCEG2C2B2A2G2A   R917 RUECHTER
3186 C : CEGCEGEC5AG   B617 BIRCK
3187 C : CEGCE2GCGFED   S189 SAMMARTINI
3188 C : CEGCE4GBDB2D2CBCBCB   O680 ORGITANO
3189 C : CEGC2EGC   M244 MALDERE
3190 C : CEGCFAGFE   C182 CAMERLOHER
3191 C : CEGCGABCDEFE   Z770 ZINCK
3192 C : CEGCGCEGCF   N489 NEUMANN
3193 C : CEGCGCG   M678 MITSCHA
3194 C : CEGCGCG   B116 BACH
3195 C : CEGCGEAFDG   A139 ABEL
3196 C : CEGCGECEFG   H704 HOFMANN
3197 C : CEGCGECEFGEFG   K840 KOERZL
3198 C : CEGCG2EGCEC2A   ANON. D/BRD-RH
3199 C : CEGCG2EGCEC2GCE   ANON. D/BRD-Rtt
3200 C : CEGC6GFE   R817 ROSETTI
3201 C : CEGCG#AFDCBDGBCE   B447 BELLOLI
3202 C : CEG2CBCC# / / 2CBA6G   H409 HAYDN
3203 C : CEG2CBCC#D / / 2CBA6GEC   Z730 ZIMMERMANN
3204 C : CEG2CBCD2FEC   S785 STAMITZ

3205 C : C E G 2 C 2 B   M244 MALDERE
3206 C : C E G 2 C D C B C E C B C G E D C   S342 SCHLOEGER
3207 C : C E G 2 C D E F G F E D C   W131 WAGENSEIL
3208 C : C E G 2 C G B D 2 G C B A G   G779 GRAUPNER
3209 C : C E G 4 C B D C   N489 NEUMANN
3210 C : C E G 4 C E 3 C B C A C E   ANON. D/BRD-Moenchsdeggingen
3211 C : C E G 4 C E 3 C B C A C E 4 A   ANON. D/BRD-HR
3212 C : C E G 5 C D E C G   G776 GRAUN
3213 C : C E G 5 C D E F G C A C   H573 HERTEL
3214 C : C E G 1 2 C B C C # / / 2 C B A 6 E   H409 HAYDN
3215 C : C E G E C   S785 STAMITZ
3216 C : C E G E C E G C E C G C   C759 CONTI
3217 C : C E G E C G A F A F A B   ANON. CS-Pnm/Doksy
3218 C : C E G E 2 C D E C G A B G 5 C E G C   ANON. PL-GNd
3219 C : C E G E 2 C E G E C A C F A C B A G F E D   R152 RAIMONDI
3220 C : C E G E 3 C G E 3 D F D   C221 CANNABICH
3221 C : C E G E F E F D C G   B914 BRUSACO
3222 C : C E G E F G   H411 HAYDN
3223 C : C E G E G 2 C F A F A C   S189 SAMMARTINI
3224 C : C E G E G 2 E F D G E   D544 DIBDIN
3225 C : C E G 5 E F G F E D C F A 3 F   S375 SCHRAUB
3226 C : C E G F D A B C   H708 HOFMANN
3227 C : C E G F E D C D C G D E F E F G F E   G251 GASSMANN
3228 C : C E G F E D C G E / / 2 C B C 2 G A B C   H708 HOFMANN
3229 C : C E G F E F E   A341 ALBRECHTSBERGER
3230 C : C E G F # 2 G / / G A   W853 WOLF
3231 C : C E 2 G A B   S120 SACCHINI
3232 C : C E 2 G A B C E 2 G A B C   S838 STERKEL
3233 C : C E 2 G A B C E 2 G A B 2 C D E F   V254 VANHAL
3234 C : C E 2 G A B C E 2 G A B 3 C D E F   ANON. PL-GNd
3235 C : C E 2 G A C 2 E F A D G   S361 SCHNEIDER
3236 C : C E 2 G A 2 G B G   O890 OTT
3237 C : C E 2 G C E 2 G C E D F E G F D 4 G   P912 PRATI
3238 C : C E 2 G C 2 E G C G F E   H331 HARTL
3239 C : C E 2 G 2 D E F   S213 SANDEL
3240 C : C E 2 G E C E 2 G E   H570 HERSCHEL
3241 C : C E 2 G 2 E 2 C 2 E 4 D 4 B 2 G 2 B 2 D 2 F E G 2 A C G   B555 BESCH
3242 C : C E 2 G F E D C G E / / 2 C B C 2 G A B 4 C   H708 HOFMANN
3243 C : C E 3 G A B C E 3 G A B 4 C   S291 SCHACHT
3244 C : C E 3 G A B G A C 3 E F G E   ANON. F-Pn/Blanch
3245 C : C E 4 G A 2 F G 2 E F D   P727 PLEYEL
3246 C : C E 4 G A 2 F G 2 E F D B C E G   D245 DAVAUX
3247 C : C E 4 G C E 4 G C E G C E   G778 GRAUN
3248 C : C 2 E A F 2 G F E C   C225 CANNABICH
3249 C : C 2 E C 2 E 2 G E G B A G F E D C   M753 MONROY
3250 C : C 2 E D C D C B C D E 2 G F E   M435 MATTEI
3251 C : C 2 E D E C B C D E G F E F   M435 MATTEI
3252 C : C 2 E D E F 3 D C D E   V254 VANHAL
3253 C : C 2 E D E G C E C F # G   F531 FISCHER
3254 C : C 2 E G 2 E 2 G C G C B B $ P592 PICHL
3255 C : C 2 E 2 G C A G / / C D B C D B C E G B C   K964 KUMLAUF
3256 C : C 2 E 2 G C G E G E   K860 KOSPOTH

3257 C : C2E2G2CGFGAFEF C759 CONTI
3258 C : C2E2G8CG2B2D8G S783 STALDER
3259 C : C2E3GFEAGFEDCBAGF//CDEFEDC O650 ORDONEZ
3260 C : C3EDGA3CBE3A3F3B3G M464 MAXIMILIAN
3261 C : C3EDGA3CBE3A3F3B3G ANON. D/DDR-Dlb
3262 C : C4EC6G6C B755 BOYCE
3263 C : CFCGCAGFEDC H765 HOLZMANN
3264 C : CFEAG4C K913 KRAUS
3265 C : CFEAGFEDC E164 EBERLIN
3266 C : CFEDCA2GF2EDCEDCB2C S699 SONNLEITHNER
3267 C : CFEDCDCEGB$3ABN R491 RICCI
3268 C : CFEDCFED S189 SAMMARTINI
3269 C : CFEDCFEDCFEDCFEDCFEDCFED4G G779 GRAUPNER
3270 C : CFEDCGCBAGAG2FEDECGECEGB M729 MOLTER
3271 C : CFEDCGFE2DBC2GFE2AF#2G ANON. DK-Kk
3272 C : CFEDC3GF D797 DRUSCHETZKY
3273 C : CFEDECECEDGFEFDFDF F489 FILTZ
3274 C : CFEDEFGABCG G778 GRAUN
3275 C : CFEDEFGABCGE H354 HASSE
3276 C : CFEDEGFEDCBCDE ANON. H-Gc
3277 C : CFEFE7CD7F H413 HAYDN
3278 C : CFG4CFE3CAG3C S382 SCHUBAUR
3279 C : CFGFE ANON. GB-Lbl:Longman Per.Ov.
3280 C : CF#GAGF#G C255 CAPUZZI
3281 C : CF#GG#AFEFGAGFEC D492 DEVIENNE
3282 C : CG M998 MYSLIVECEK
3283 C : CGABCBCDECDEFG M233 MAJER
3284 C : CGABCC#DGABCDD# S414 SCHWINDL
3285 C : CGABCDCGABCDC S189 SAMMARTINI
3286 C : CGABCDEBCG#A S838 STERKEL
3287 C : CGABCDEFDEC G219 GARDI
3288 C : CGABCDEFDEC//CF#GAGF#G C255 CAPUZZI
3289 C : CGABCDEFGABCAGAG C948 CROUBELIS
3290 C : CGABCDEF2GDEDEF S318 SCHEICHER
3291 C : CGABCDEGFEDF//8C4B4C4E4G#4A H411 HAYDN
3292 C : CGABCEGECACGC B547 BERTONI
3293 C : CGABCGABCBCDEFF#GAGFE F438 FIALA
3294 C : CGABCGABCDECDEFG G811 GREENE
3295 C : CGABCGABCEFGEFDC R568 RIGEL
3296 C : CGABCGABCEGE S357 SCHMITTBAUR
3297 C : CGABCGABCEGECEGEC M625 MICHL
3298 C : CGABCGABCGABC Z730 ZIMMERMANN
3299 C : CGABCGABCGABC//GFEDCDCBAGC S335 SCHIMPKE
3300 C : CGABCGABCGABCGABCDEFGABC2B S749 SPERGER
3301 C : CGABCGABCGABCGABCDEFGAB2CDEF S765 SPOURNY
3302 C : CGABCGAB2C M939 MOZART
3303 C : CGABCGAGCGAB G779 GRAUPNER
3304 C : CGABCGCGCABCECE R817 ROSETTI
3305 C : CGABCGEGEDGBCDGF2GF C759 CONTI
3306 C : CGAB2C2EAEF#G#2A2CF K798 KOHLER
3307 C : CGAB2C2ECECD3EG T928 TUMA
3308 C : CGAB3CECGDEF#3GBGC S383 SCHUBERT

```
3309  C:CGAB3CEG#FG#A      H700 HOFFMEISTER
3310  C:CGAB4CDEFDGABCD    M666 MINOJA
3311  C:CGAB4CDGABC4D      C225 CANNABICH
3312  C:CGAB5CEC4GE        T644 TOESCA
3313  C:CGAB5CGAB4C        N311 NAUMANN
3314  C:CGAEFGABC          M244 MALDERE
3315  C:CGAFDGC            R817 ROSETTI
3316  C:CGAFDGC            W939 WRANITZKY
3317  C:CGAF#GEFND#EAD     V254 VANHAL
3318  C:CGAGABCGAGABC      E164 EBERLIN
3319  C:CGAGCBCD2EFE       ANON. CS-Pnm/Doksy
3320  C:CGAGEFE2DEFG       L269 LANG
3321  C:CGAGFE             H839 HOUPFELD
3322  C:CGAGF2EFEDCG       S756 SPILLER
3323  C:CGAG2FECBAGAG2FEGEC  F491 FINAZZI
3324  C:CGAG2FGAGF         S414 SCHWINDL
3325  C:CG2ACBAG           H517 HENNIG
3326  C:CG2AFGCDBAG2F      W464 WELTZ
3327  C:CG2A2G2F           H758 HOLZBAUER
3328  C:CGBCEGEC           D972 DUSSEK
3329  C:CGBCGDEAFEDCBC     F489 FILTZ
3330  C:CGBCGDEAFEDCBC     H758 HOLZBAUER
3331  C:CGBCGFE            H409 HAYDN
3332  C:CGC//GECDEFGE2CDEF  B553 BERWALD
3333  C:CGCB               G251 GASSMANN
3334  C:CGCBGEGEDB         M386 MARTINI
3335  C:CGCDCBCDCDCBCD     ANON. GB-Lbl:Longman Per.Ov.
3336  C:CGCDCDEDEFE        M939 MOZART
3337  C:CGCDECEFGAB        H337 HARTWIG
3338  C:CGCDECEFGEFGAB     H708 HOFMANN
3339  C:CGCDEFDEAGF#EF#2GFD  S749 SPERGER
3340  C:CGCDEFE3A          H354 HASSE
3341  C:CGCD2EF2DECECEFG   ANON. F-Pn
3342  C:CGCDGD             O750 ORSLER
3343  C:CGCEAGFEDEF#G//ECBCG  L374 LAUGER
3344  C:CGCEC              M337 MARINELLI
3345  C:CGCECE             M488 MEDER
3346  C:CGCECEGEGCGCE      T356 TEYBER
3347  C:CGCECE4GCE         S291 SCHACHT
3348  C:CGCECGCEC          H409 HAYDN
3349  C:CGCECGCGCEC        H409 HAYDN
3350  C:CGCECGCGCEC        K840 KOERZL
3351  C:CGCEDCB            T645 TOESCHI
3352  C:CGCEDCBECEG        H758 HOLZBAUER
3353  C:CGCEDEDCDEFE       R568 RIGEL
3354  C:CGCED2FEDECEGFAG   S772 STAAB
3355  C:CGCEDGDFE4GF       D617 DITTERSDORF
3356  C:CGCE2DCDEFE        R568 RIGEL
3357  C:CGCE2D2G           E340 EICHNER
3358  C:CGCEFGABCDECDG     W134 WAGNER
3359  C:CGCEGCACFA2C       M729 MOLTER
3360  C:CGCEGCEFABCEG      M937 MOZART
```

3361 C : CGCEGCGCDEF H573 HERTEL
3362 C : CGCEGCGG#AFDA H708 HOFMANN
3363 C : CGCEG2CGCEGCEGCEG K290 KELLER
3364 C : CGCE2GFDBGAB K860 KOSPOTH
3365 C : CGCE2GFEDCBAB S976 SWIETEN
3366 C : CGCE2GFEDCBABCG S220 SANDL
3367 C : CGC2ECF2D2CB H758 HOLZBAUER
3368 C : CGC2EDCB T645 TOESCHI
3369 C : CGC2EDCBECEG H758 HOLZBAUER
3370 C : CGCF#G K926 KREUSSER
3371 C : CGCGCAG K926 KREUSSER
3372 C : CGCGCBCDGDGDCD W131 WAGENSEIL
3373 C : CGCGCDCDECECEFEF R568 RIGEL
3374 C : CGCGCEB O680 ORGITANO
3375 C : CGCGCECG#AEAEACAE C148 CALEGARI
3376 C : CGCGC2ECECEFGAGA ANON. D/BRD-HR
3377 C : CGCGCGCGCDEDCDECDGDG B577 BIANCHI
3378 C : CGCGCGCGCDGDGDGDGD S163 SALES
3379 C : CGCGCGCGCGC2GD W131 WAGENSEIL
3380 C : CGCGCGCGCGFGABABC P439 PERGOLESI
3381 C : CGCGCGCGEDC K994 KYMERLING
3382 C : CGCGCGECFDBGC C221 CANNABICH
3383 C : CGCGCGECFDBGC H758 HOLZBAUER
3384 C : CGCG2CDCBC2DEDCD M887 MORTELLARI
3385 C : CGCGECGECGECGE M435 MATTEI
3386 C : CGCGEGCGCGE2GDGDBDG W131 WAGENSEIL
3387 C : CG2CB G251 GASSMANN
3388 C : CG2CBCD2C ANON. GB-Lbl:Longman Per.Ov.
3389 C : CG2CBGEG2EDB M386 MARTINI
3390 C : CG2CDEFGAE H298 HARRER
3391 C : CG2CEDFEGFAGB$ G779 GRAUPNER
3392 C : CG2CGBABC H708 HOFMANN
3393 C : CG2CGC L269 LANG
3394 C : CG2CGCEC2ECEGEG H413 HAYDN
3395 C : CG2CGFEDC2G2CGF F418 FESTA
3396 C : CG3CEGCEGCG4C A579 ANFOSSI
3397 C : CG3C2GCDGD W233 WALTER
3398 C : CG4CBCECGE G942 GUGEL
3399 C : CGECDA//9CGABCGABCBCBCBCC# G166 GALLENBERG
3400 C : CGE//CDE2F P727 PLEYEL
3401 C : CGEA2G L269 LANG
3402 C : CGEC M938 MOZART
3403 C : CGECAFDFDB K840 KOERZL
3404 C : CGECBCGECC#DAGBAG2FE L486 LEEMANS
3405 C : CGECDEF#GABC2DFDBF C972 CUNATH
3406 C : CGECD4ECD4EAFDBDGFEF4G Z340 ZAPPA
3407 C : CGECECGCGEGEFEDEFED M998 MYSLIVECEK
3408 C : CGECED2CBAGCE W245 WANCZURA
3409 C : CGECEDECEDE2GC B733 BORGHI
3410 C : CGECEFGB$A R535 RICHTER
3411 C : CGECEGCGECEG ANON. F-Pn
3412 C : CGEC2E V296 VARESCO

3413 C:CGECFEDECFEDE2GC B733 BORGHI
3414 C:CGECGABCGDGEGFG P619 PIERLOT
3415 C:CGECGAFCFA ANON. D/DDR-SWl
3416 C:CGECGAFCFAGECEG B114 BACH
3417 C:CGECGC H411 HAYDN
3418 C:CGECGCBCD P589 PICCINNI
3419 C:CGECGCBCDCBCBCDCB S249 SARTI
3420 C:CGECGCDEFGAB8C S311 SCHAPOKH
3421 C:CGECGCE B547 BERTONI
3422 C:CGECGCEG//3CG2CGC W939 WRANITZKY
3423 C:CGECGCGAGF O160 OCH
3424 C:CGECGCGFED H411 HAYDN
3425 C:CGECGDBGCGECGCFA L269 LANG
3426 C:CGECGDCBCD P589 PICCINNI
3427 C:CGECGDE3FEA2G W939 WRANITZKY
3428 C:CGECGEC ANON. A-LA
3429 C:CGECGEC//EFGG#AE B414 BEECKE
3430 C:CGECGEC B545 BERTON
3431 C:CGECGEC M938 MOZART
3432 C:CGECGECBA B664 BOCCHERINI
3433 C:CGECGECD H411 HAYDN
3434 C:CGECGEC4EDECEDEC A370 ALESSANDRI
3435 C:CGECGECGDBGDBG C182 CAMERLOHER
3436 C:CGECGECGEAGFEF M998 MYSLIVECEK
3437 C:CGECGECGEC4F//B3DCDGDEFED D617 DITTERSDORF
3438 C:CGECGECGECGE2C2A S343 SCHLOSSER
3439 C:CGECGECGEFEGABCBAG D972 DUSSEK
3440 C:CGECGE2C2DECG ANON. S-Skma
3441 C:CGECGE2CEC S189 SAMMARTINI
3442 C:CGECGE2CEC3G G537 GIULINI
3443 C:CGECGE5C G972 GULTZAU
3444 C:CGECGE6CFEDCBCAGFEDE D617 DITTERSDORF
3445 C:CGECGE6CFEDCBCAGFEDE V254 VANHAL
3446 C:CGECGE2DBDBGC S787 STAMITZ
3447 C:CGECGEFAFCAFBGF H708 HOFMANN
3448 C:CGECGEFEFGF S414 SCHWINDL
3449 C:CGECGEGFDGFD//C-:2CDCDEDCG Z780 ZINGARELLI
3450 C:CGECGFGAGFE M939 MOZART
3451 C:CGEC2G T722 TOUCHEMOULIN
3452 C:CGEC2GABCGEC ANON. A-Wgm
3453 C:CGEC2GFE H688 HOECKH
3454 C:CGEC4GAGEFGAGE W939 WRANITZKY
3455 C:CGE2CBCDCGECAC B664 BOCCHERINI
3456 C:CGE2CBCD2C H354 HASSE
3457 C:CGE2CBCD2CEDEFE ANON. CS-Pnm/Doksy
3458 C:CGE2CBFDBGF//GABCEGCEG R817 ROSETTI
3459 C:CGE2CDCDECG2EFEF W131 WAGENSEIL
3460 C:CGE2CED2FE P676 PISCATOR
3461 C:CGE2CGECFDGEAFBGCEFD ANON. D/DDR-Dlb
3462 C:CGE2CGECFDGEAFBGCEFD2G M464 MAXIMILIAN
3463 C:CGE2CGE2CBAGFDBG R535 RICHTER
3464 C:CGE2CGE2CGEC E610 ENTERLEIN

3465 C : CGE3C2D2E2F2G2E2D2C S934 STUMPF
3466 C : CGE4CEGG#AECG#2A K880 KOZELUCH
3467 C : CGE4C4E4G4C4E5GFE V254 VANHAL
3468 C : CGE4C4E4G4C4E5GFE H708 HOFMANN
3469 C : CGE4C4G4C4G4C4E4G G942 GUGEL
3470 C : CGE6CGF#GAGFED A888 AUBERLIN
3471 C : CGEDCBCEDCBCGD F951 FUCHS
3472 C : CGEDCDEFGABCG V254 VANHAL
3473 C : CGEDCDF#6G4B4D B461 BENDA
3474 C : CGEDCGE Z780 ZINGARELLI
3475 C : CGED3C V254 VANHAL
3476 C : CGEDE2GFEDCFEDEGCG F293 FEDERICI
3477 C : CGEFGEFDC S386 SCHUBERTH
3478 C : CGEFGFEDCDE2F W827 WITT
3479 C : CGEFGFEDCDE2F B415 BEETHOVEN
3480 C : CGEF2GFECDEDEFEF2GFE H652 HILLER
3481 C : CGEGCB ANON. D/BRD-WEY
3482 C : CGEGCEDBGBDF W464 WELTZ
3483 C : CGEGCEGC2EFG L619 LE ROY
3484 C : CGEGCGDGECGCECFD O650 ORDONEZ
3485 C : CGEGCGEGCDEF2G ANON. B-Bc
3486 C : CGEG2CDE2DEF2EDC2DCB G168 GALLINA
3487 C : CGE2GCEDCEDCGEGCGCG T645 TOESCHI
3488 C : CG2E2D2CDE ANON. I-Gi
3489 C : CGFE$DCBNCB$A$G G567 GLUCK
3490 C : CGFECBCGAFGEFDC P589 PICCINNI
3491 C : CGFECDBCGABCDEFGFECDBC ANON. DK-Kk
3492 C : CGFEDC S189 SAMMARTINI
3493 C : CGFEDCBAGFEDC B664 BOCCHERINI
3494 C : CGFEDCBC2ABC R714 ROELLIG
3495 C : CGFEDCDEDE2FEA2GA# ANON. US-WS
3496 C : CGFEDCDEFGABCG V254 VANHAL
3497 C : CGFEDCDF#6G4B4D B461 BENDA
3498 C : CGFEDCEF#2G P761 POKORNY
3499 C : CGFEDCG//3CGECA V426 VEICHTNER
3500 C : CGFEDCGA2FDCBC K290 KELLER
3501 C : CGFEDCGFDCBAGD P761 POKORNY
3502 C : CGFEDCGFDCBAGDC2E2G B524 BERNASCONI
3503 C : CGFEDCGFEDCBCD G778 GRAUN
3504 C : CGFEDCGFEDCBCDEDEF2G S295 SCHAFFRATH
3505 C : CGFEDCGFEDCBCDEDEF2G ANON. S-Uu
3506 C : CGFEDCGFEDCGCGECGE B579 BIANCHI
3507 C : CGFED2CB B664 BOCCHERINI
3508 C : CGFED2CBC2ABC R714 ROELLIG
3509 C : CGFED3C V254 VANHAL
3510 C : CGFED6C T611 TISCHER
3511 C : CGFED7CGFED2C F528 FISCHER
3512 C : CGFEDEDCBCEGCFGE R447 REUTTER
3513 C : CGFED2EDCB2CDEFGAB T195 TARTINI
3514 C : CGFEGCEDBAGBDFECFDGC W464 WELTZ
3515 C : CGFEGCEGCG H704 HOFMANN
3516 C : CGFEGCEGCG H411 HAYDN

3517 C:CGF2ED2CB S232 SANTA
3518 C:CGF2ED2CDE3FGF#FNCGFE M895 MOSELL
3519 C:CGFGAF S785 STAMITZ
3520 C:CGFGECBCD D369 DEMACHI
3521 C:CGFG2EGDEGFEFD M678 MITSCHA
3522 C:CG2FED2CB B664 BOCCHERINI
3523 C:C2GAGA F528 FISCHER
3524 C:C2GAGABCG S414 SCHWINDL
3525 C:C2GC2EG2EC R971 RUST
3526 C:C2GCGECG E164 EBERLIN
3527 C:C2GC2GED3CDEF ANON. D/BRD-DS
3528 C:C2GECBGCEGECG D617 DITTERSDORF
3529 C:C2GECBGCEGEC2GECBG S414 SCHWINDL
3530 C:C2GEC3GECG P592 PICHL
3531 C:C2GE2C H839 HOUPFELD
3532 C:C2GE2CB2ACA V254 VANHAL
3533 C:C2GEFG2AGF S785 STAMITZ
3534 C:C2GEF2GFG2A H652 HILLER
3535 C:C2GEGECGEGF2ED E164 EBERLIN
3536 C:C2G2E2C//2CBCGCEG M998 MYSLIVECEK
3537 C:C2G2E3CBNB$ M244 MALDERE
3538 C:C2GFCBCG A139 ABEL
3539 C:C2GFCBCGC T645 TOESCHI
3540 C:C2GFED2AGF V254 VANHAL
3541 C:C2GFEDCB2CBA B918 BUCELLI
3542 C:C2GFEDCDEFGADG C255 CAPUZZI
3543 C:C2GFED2CDG M388 MARTINO
3544 C:C2GFGAFDBC2GFGAFDA M729 MOLTER
3545 C:C2G2FEDCGE2DC T611 TISCHER
3546 C:C2G2F5E3D2CB L811 LOCATELLI
3547 C:C2G2F5E3D2CB A277 AGRELL
3548 C:C3GAB2CEG2CFA M729 MOLTER
3549 C:C3GABGC B731 BORGHI
3550 C:C3GAGCDEFGABC G779 GRAUPNER
3551 C:C3GAG5FGF2E3D//CAGFGEDCBCD D369 DEMACHI
3552 C:C3GCBABC3GCBABC G567 GLUCK
3553 C:C3GE3CGC2B//4CB3A4G P727 PLEYEL
3554 C:C3GF#GCED3GF#GDFNECEC M998 MYSLIVECEK
3555 C:C4G M998 MYSLIVECEK
3556 C:C4G3B2CBCD2EDEF V254 VANHAL
3557 C:C4GC4AF4BCGAFG M748 MONN
3558 C:C4GE4CGECG L820 LOEFFLER
3559 C:C4GED3CDEFGE ANON. D/BRD-DS
3560 C:C4GEFGABC3G B459 BENDA
3561 C:C4G6F2E3D//CGFGECBCD D369 DEMACHI
3562 C:C5GCBAG R812 ROSENCRANZ
3563 C:C5GCEGCB5GFDBG S120 SACCHINI
3564 C:C5GFED3AC S795 STARZER
3565 C:C6G M477 MAZZINGHI
3566 C:C6GABC6EFGA V254 VANHAL
3567 C:C7GC3GE7GE3G B664 BOCCHERINI
3568 C:C7GFG H354 HASSE

70   C:C8G   THEMATIC IDENTIFIER

```
3569  C:C8GAGFEFGAG  H354 HASSE
3570  C:C8GC  G779 GRAUPNER
3571  C:C8G7FC8G7F  B896 BRUNETTI
3572  C:C11GD11GEFB  B755 BOYCE
3573  C:2C  ANON. D/DDR-SW1
3574  C:2CAG2CA2GC  A278 AGRICOLA
3575  C:2CA5G  S291 SCHACHT
3576  C:2C2A2F  K926 KREUSSER
3577  C:2CBAB2CBAB2C2DE  C175 CAMBINI
3578  C:2CBA6E  H409 HAYDN
3579  C:2CBAGABC4GDG  M395 MASCHEK
3580  C:2CBAGCDECA3BABC  K926 KREUSSER
3581  C:2CBAG2CBAGCGCGBEGE  B547 BERTONI
3582  C:2CBAG4C2EC4G  G998 GYROWETZ
3583  C:2CBAGFEAG  H758 HOLZBAUER
3584  C:2CBAGFEDCEDCBAGF  H708 HOFMANN
3585  C:2CBAGFEDCGBCGB  Z425 ZECHNER
3586  C:2CBAGFED2CB2CBCEGC  I930 IVANSCHIZ
3587  C:2CBAGFED5CC#D  N478 NEUBAUER
3588  C:2CBAGFED5CC#3DD#2E  E162 EBERL
3589  C:2CBA2GF2EDC//6CDCBC6EFEDE6G  T796 TRENTIN
3590  C:2CBA6G  H409 HAYDN
3591  C:2CBA6GEC  Z730 ZIMMERMANN
3592  C:2CBCBCBCBC3A  B579 BIANCHI
3593  C:2CBCBCBCBCBCD  O890 OTT
3594  C:2CBCBCBCEGEGCACBCBCBC  B125 BACHSCHMIDT
3595  C:2CBCBCDEBCDEF#G  H700 HOFFMEISTER
3596  C:2CBCBC3G2A  P582 PIANTANIDA
3597  C:2CBCB2CDEFB  L869 LORENZITI
3598  C:2CBCB3CB  D582 DIMHACZ
3599  C:2CBCBDCBCBDCBCD  O890 OTT
3600  C:2CBCDCBCD  A676 ARDINA
3601  C:2CBCDCBCDCBCD3C3D  M380 MARTIN
3602  C:2CBCDCDEDEF#G  S328 SCHETKY
3603  C:2CBCDC2EGA  B115 BACH
3604  C:2CBCDC2EGAGAG  B555 BESCH
3605  C:2CBCDC2EGAGAG  R431 RESCH
3606  C:2CBCDC2EGAGAGC  F489 FILTZ
3607  C:2CBCDCF2E//GCDCD2CE  C742 COMY
3608  C:2CBCDCGCD  A282 AGTHE
3609  C:2CBCDCGECACBD  H443 HEBELT
3610  C:2CBCDCG2EDEFEC  P592 PICHL
3611  C:2CBCDCGFDGF  D544 DIBDIN
3612  C:2CBCD3CD2EDEF3E  P761 POKORNY
3613  C:2CBCDEC#D  W827 WITT
3614  C:2CBCDEFDEDC#DEFGE  F522 FIORITO
3615  C:2CBCDEFEDE  B175 BALDAN
3616  C:2CBCDEFEDEFGAB  P592 PICHL
3617  C:2CBCDEFEGEGFED  H573 HERTEL
3618  C:2CBCDEFGAGFEFGAB2CBC  D617 DITTERSDORF
3619  C:2CBCD2EDEFGC  M998 MYSLIVECEK
3620  C:2CBCD2EDEFGFEFGABC  M435 MATTEI
```

```
3621  C:2CBC2DCDE    K913 KRAUS
3622  C:2CBC2DC#D    Z780 ZINGARELLI
3623  C:2CBCEA    D617 DITTERSDORF
3624  C:2CBCECEC#2D    V254 VANHAL
3625  C:2CBCE2CB    N311 NAUMANN
3626  C:2CBCEDC    A839 ASPLMAYR
3627  C:2CBCEDCD    W131 WAGENSEIL
3628  C:2CBCEDECGEC    P990 PUTZ
3629  C:2CBCEDECGEC    B990 BUTZ
3630  C:2CBCE2D2EDEG    M943 MUELLER
3631  C:2CBCEGCEGC    N478 NEUBAUER
3632  C:2CBCGCECEDECEG    ANON. YU-Zha
3633  C:2CBCGCEG    H423 HAYMANN
3634  C:2CBCGCEG    M998 MYSLIVECEK
3635  C:2CBCGCEG2CDE2FE2D2CB    G577 GODECHARLE
3636  C:2CBCGCG2CBCGCGC4EF2EDCBC    D617 DITTERSDORF
3637  C:2CBCGEG2CB    H409 HAYDN
3638  C:2CBCGEG2CBCGEGCGAF    R351 REICHEL
3639  C:2CBCGEG2CBCGEGCGAF    V254 VANHAL
3640  C:2CBCGFED16C    V155 VALENTINE
3641  C:2CBC2G//EF3GC2EBC2D    P337 PAVESI
3642  C:2CBC2GAB4C    H708 HOFMANN
3643  C:2CBC2GE2CBC2GE2CDCBCDCBC    H708 HOFMANN
3644  C:2CBC3G2EDE3C    P716 PLATONE
3645  C:2CB2CB4CBGF#2GF#G    M895 MOSELL
3646  C:2CB3C2ECB3CE2DC2D    P761 POKORNY
3647  C:2CB6CB4C    D678 DONBERGER
3648  C:2CB6C2DC6D    Z425 ZECHNER
3649  C:2CBDCED    S785 STAMITZ
3650  C:2CBDCEGAGF2EFEDC    B573 BEYER
3651  C:2CBDCFEDC    V254 VANHAL
3652  C:2CBGAB$G    G776 GRAUN
3653  C:2C2BAC3GF    H758 HOLZBAUER
3654  C:2C2B2A2GFEAGB    C948 CROUBELIS
3655  C:2C2B2C2D2E2D2E2F2G    G678 GOSSEC
3656  C:2C2B4C2F    Z425 ZECHNER
3657  C:2C2BDFEDCD    S342 SCHLOEGER
3658  C:2CDAG    V254 VANHAL
3659  C:2CDB2CDBCD    F921 FRITZ
3660  C:2CDBD3CDEF2EFDF2E    T175 TAPRAY
3661  C:2CDCBAG//GFEFGAG    P149 PAISIELLO
3662  C:2CDCBA2GAB    R364 REINDL
3663  C:2CDCBAG#    S785 STAMITZ
3664  C:2CDCBCAGF#//DAGF#FNE    M315 BERNARDINI
3665  C:2CDCBCC#    H700 HOFFMEISTER
3666  C:2CDCBCDCGCEC    A139 ABEL
3667  C:2CDCBCD3GECFEDF#    M895 MOSELL
3668  C:2CDCBC2DBCDB    G291 GAZZANIGA
3669  C:2CDCBCFD2BGE2CAF2D2CBCB    L134 LACHNITH
3670  C:2CDC2B3GF2EG    A237 ADLGASSER
3671  C:2CDCD5C3G    M678 MITSCHA
3672  C:2CDCDECE    M939 MOZART
```

3673 C:2CDCDECG2DEDEFD B116 BACH
3674 C:2CDCDEFEF7G G678 GOSSEC
3675 C:2CDCECFCGCACGFEDCBAG R447 REUTTER
3676 C:2CDC2EFEGABCBA S348 SCHMIDT
3677 C:2CDCFEA5G B414 BEECKE
3678 C:2CD2CBA2GAB R364 REINDL
3679 C:2CD2CD4EF2GA P149 PAISIELLO
3680 C:2CD2CECEF2EGE S749 SPERGER
3681 C:2CD2CED2CBDE2DFED O650 ORDONEZ
3682 C:2CD2E$F2G2A$ G678 GOSSEC
3683 C:2CDECBCACGCFCECDECBC B114 BACH
3684 C:2CDECEGC Z425 ZECHNER
3685 C:2CDECEG2CDECEG2CE2DF S787 STAMITZ
3686 C:2CDECGECGF A341 ALBRECHTSBERGER
3687 C:2CDE2CDE A237 ADLGASSER
3688 C:2CDEDCEDC2GABAGBAG G251 GASSMANN
3689 C:2CDEDCGECGE K840 KOERZL
3690 C:2CDEDC3G W131 WAGENSEIL
3691 C:2CDED2CDED6C4G4A4G S213 SANDEL
3692 C:2CDED3CDED2CGEC B125 BACHSCHMIDT
3693 C:2CDE2DEF F770 FRAENZL
3694 C:2CDEFEDCEFGAGF G943 GUGLIELMI
3695 C:2CDEFED3GABC K660 KLOB
3696 C:2CDEFEFGAGFGAGAB2C2G2E2C L619 LE ROY
3697 C:2CDEFEFGFEDBC R714 ROELLIG
3698 C:2CDEF3EFG S320 SACCHINI
3699 C:2CDEF3EFG S320 SCHEINPFLUG
3700 C:2CDEFGAB$ M748 MONN
3701 C:2CDEFGAB Z660 ZIEGLER
3702 C:2CDEFGABC H411 HAYDN
3703 C:2CDEFGABCAFDG M244 MALDERE
3704 C:2CDEFGABCAFDGCDEFGABCAF ANON. S-Skma
3705 C:2CDEFGABCBCC#DC#DAGFED P761 POKORNY
3706 C:2CDEFGABCBCC#DC#DAGFEDC B555 BESCH
3707 C:2CDEFGABCDEFGAFECAF M998 MYSLIVECEK
3708 C:2CDEFGABC2E2GF S297 SCHALE
3709 C:2CDEFGABCGC H704 HOFMANN
3710 C:2CDEFGABCGC N489 NEUMANN
3711 C:2CDEFGABCG2CDG2DE M748 MONN
3712 C:2CDEFGABCGEC2EFGABCD W646 WELTZ
3713 C:2CDEFGABC2G M998 MYSLIVECEK
3714 C:2CDEFGAB2CEG//C2EG2E2GCG P592 PICHL
3715 C:2CDEFGACBAG//EFEDEGFEF2DG G943 GUGLIELMI
3716 C:2CDEFG8A2BCDEF8GA C759 CONTI
3717 C:2CDEFGCBDGF//2CD3EDCBAG M998 MYSLIVECEK
3718 C:2CDEFGCEGC7GC7G Z660 ZIEGLER
3719 C:2CDEFG2CDEFGDC#DEFEFGA L619 LE ROY
3720 C:2CDEFGECDAGFED2CDEFGEC H792 HOPFFE
3721 C:2CDEFGFEDC L486 LEEMANS
3722 C:2CDEFGFEGCC# B896 BRUNETTI
3723 C:2CDEFGF#G2CF B664 BOCCHERINI
3724 C:2CDEF2G//CEF2E H409 HAYDN

3725 C:2CDEF2GAB//4CB4DC M489 MEDERITSCH
3726 C:2CDEF2GABCGECG H708 HOFMANN
3727 C:2CDEF2GAB2C R612 RITSCHELL
3728 C:2CDEF2GAB2CBAG P592 PICHL
3729 C:2CDEF2GAB4CG4EC W767 WINEBERGER
3730 C:2CDEF2GAB5C H409 HAYDN
3731 C:2CDEF2GAGFED S316 SCHEIBE
3732 C:2CDEF2GBG R812 ROSENCRANZ
3733 C:2CDEF2G2E2A2CBC Z660 ZIEGLER
3734 C:2CDEF3GAB2CEG2CFA M729 MOLTER
3735 C:2CDEF5GDCBA4G C255 CAPUZZI
3736 C:2CDEF9G R447 REUTTER
3737 C:2CDE4FEDC//9C Z730 ZIMMERMANN
3738 C:2CDEGCDEFGABCA2GBCA B858 BRIOSCHI
3739 C:2CDEGCGFECDEGCEDC S340 SCHIRINGER
3740 C:2CDEGF R718 ROESSLER
3741 C:2CDEGFEDCEFGBAGFECDE G943 GUGLIELMI
3742 C:2CD2EFGAB2CD ANON. A-LA
3743 C:2CD2EFGAB2CD2EFGAB L368 LAUBE
3744 C:2CD2EFGECGBC2DEFDB A139 ABEL
3745 C:2CD2EFGEFEFGAGFEFGAB M262 MALZAT
3746 C:2CD2EFGFE//2G2C2EGF2E2D A833 ASIOLI
3747 C:2CD2EF2GABCG H409 HAYDN
3748 C:2CD2EF2GABCGCG B116 BACH
3749 C:2CD2EF2GABCGCG M678 MITSCHA
3750 C:2CD4EDCB$AG M998 MYSLIVECEK
3751 C:2CD3EFEDEFGAGFGA3GABC P149 PAISIELLO
3752 C:2CD4EF2GA3GABC P149 PAISIELLO
3753 C:2CDF2DFE$//2ED2ED M435 MATTEI
3754 C:2CDFEDC4GAB W131 WAGENSEIL
3755 C:2CDFEDEGFEFAGFG P761 POKORNY
3756 C:2C2D2EFEFG S787 STAMITZ
3757 C:2CEAG2FE2DBC S213 SANDEL
3758 C:2CEAG2F2E2DBCFDBC ANON. D/BRD-Moenchsdeggingen
3759 C:2CECAGAFDCB5G D985 DUVERNOY
3760 C:2CECAFEDCBG K926 KREUSSER
3761 C:2CECAGFEDFE//CDCBCEGCEGCFE N478 NEUBAUER
3762 C:2CECBCACGCECACGCF V281 VAN SWIETEN
3763 C:2CECDEFGABABC Z110 ZACH
3764 C:2CECEGFEFGDCBCBDFD G926 GUENIN
3765 C:2CECF//CBCBCEDC3B D797 DRUSCHETZKY
3766 C:2CECFCGCAC2F#2G D617 DITTERSDORF
3767 C:2CECFDGEAFDB H758 HOLZBAUER
3768 C:2CECFDGEAFDB W131 WAGENSEIL
3769 C:2CECG K966 KUNTZEN
3770 C:2CECGCEGCEGC B667 BODE
3771 C:2CECGE2CEG S787 STAMITZ
3772 C:2CEC2G//2CEGECG2CDEFGEC R383 RELUZZI
3773 C:2CEC2GBG4CGB$ S320 SCHEINPFLUG
3774 C:2CEC2G2CEC2G P761 POKORNY
3775 C:2CE2CA2CAFCBCDCB3CBCD ANON. DK-Kk
3776 C:2CE2CA2CAFDB A839 ASPLMAYR

3777　C : 2CE2CE2CE2CE　H298 HARRER
3778　C : 2CE2CEGCEG2CD　K142 KALCKBRENNER
3779　C : 2CE2CGCE2GFD2FEAC　M676 MIROGLIO
3780　C : 2CE2CGCFCE2CE2C　O650 ORDONEZ
3781　C : 2CEC#2DE　S774 STADT
3782　C : 2CEDAF#2GFEDC　H708 HOFMANN
3783　C : 2CEDAF#2GFNEDC　ANON. CS-Bm/RAJ
3784　C : 2CEDCBAG//6GEDCDEDC　H411 HAYDN
3785　C : 2CEDCDECG2DFEDEFD　B116 BACH
3786　C : 2CEDCDEDCGAF　D476 DESTOUCHES
3787　C : 2CEDCDEFEFG　W853 WOLF
3788　C : 2CEDC2DFEFEDC　S697 SOMMER
3789　C : 2CEDCGAG2FGFE　P727 PLEYEL
3790　C : 2CEDC2GBAG　S329 SCHIASSI
3791　C : 2CEDC2GBAG2CEDCGA　ANON. D/DDR-Dlb
3792　C : 2CEDC2GBAG2CEGCG　ANON. S-L
3793　C : 2CED2CEDC2DFE2DFED2E　S373 SCHRAMEK
3794　C : 2CEDFEGFAGBACBDCFED　G778 GRAUN
3795　C : 2CEDF2EGBD　S320 SCHEINPFLUG
3796　C : 2CE2DCDEF　H411 HAYDN
3797　C : 2CE2DF2EFG　L269 LANG
3798　C : 2CE2D2GFEC　H409 HAYDN
3799　C : 2CE2D2GFECFED//CEDCBAG#ACB　O650 ORDONEZ
3800　C : 2CEE$2DE//CDEFGABCEG2F　W786 WINTER
3801　C : 2CEFBC　D797 DRUSCHETZKY
3802　C : 2CEFF#2G2ACDD#2E　G678 GOSSEC
3803　C : 2CEFGCGC　G811 GREENE
3804　C : 2CEGBGCBAG　Z770 ZINCK
3805　C : 2CEGCB3ACFAGF　F271 FAUNER
3806　C : 2CEGCBCDC　P915 PRAUN
3807　C : 2CEGCBCD3CFACBCDC　D617 DITTERSDORF
3808　C : 2CEGCDEFED2CEGCDEFED　M729 MOLTER
3809　C : 2CEGCE2CEGCE2CDEF#2G　S342 SCHLOEGER
3810　C : 2CEGCE3C　Q400 QUERFURTH
3811　C : 2CEGCEFGFEDCBAGFECEC　T722 TOUCHEMOULIN
3812　C : 2CEGCEG2CBAGFEGFEF　M729 MOLTER
3813　C : 2CEGC2E2DGAGFEDCBC　ANON. CH-SA
3814　C : 2CEGCFED2CEGCFED　M729 MOLTER
3815　C : 2CEG2CDEFGAB　R447 REUTTER
3816　C : 2CEG2CEGCBCDCBA2G　B334 BATONI
3817　C : 2CEG2CEG2CEGC　R535 RICHTER
3818　C : 2CEGECG2CDEFGEC　R383 RELUZZI
3819　C : 2CEGEFGABC　C225 CANNABICH
3820　C : 2CEGEFGFEDC　G998 GYROWETZ
3821　C : 2CEGEFGFEDCFGAGFED　K880 KOZELUCH
3822　C : 2CE2GC2BD2GD　P727 PLEYEL
3823　C : 2CE2GECB//2CBCDEFEDEFGAB　P592 PICHL
3824　C : 2CE2GFEDCBCEGED　H877 HUBER
3825　C : 2CE2GFEDCGE//2CBC2GABC　H708 HOFMANN
3826　C : 2CE2G2FEDC2B　S785 STAMITZ
3827　C : 2CE2G2F2E2DBCFDBC　ANON. D/BRD-HR
3828　C : 2CE4GE　P337 PAVESI

3829 C:2C2E2AB2D M939 MOZART
3830 C:2C2EDCDEDCGAF D476 DESTOUCHES
3831 C:2C2EDEGCECF#G F531 FISCHER
3832 C:2C2E2D2F M949 MUELLER
3833 C:2C2E2D2FE G678 GOSSEC
3834 C:2C2E2D2F2EFG L269 LANG
3835 C:2C2E2G2AGCDEDABCBF G998 GYROWETZ
3836 C:2C2E2GC W131 WAGENSEIL
3837 C:2C2E2GCE R167 RAMBACH
3838 C:2C2E2GC2GFEDEDCBCEG N311 NAUMANN
3839 C:2C2E2G2C2E2G2C2G R771 RONDINELLO
3840 C:2C2E2G3CECG F121 FABRIZI
3841 C:2C2E2GEFGABC2E2G M570 MEUCCI
3842 C:2C2E2G2E2C2E2G2E2G2B2D2B A337 ALBINONI
3843 C:2C2E3GAG G736 GRAF
3844 C:2C2E3GAGFEDCBABGCGF F518 FIORELLI
3845 C:2C3FGFE2C3FGF V426 VEICHTNER
3846 C:2CGA$FDBN//CDEF2DE M435 MATTEI
3847 C:2CGABC Z780 ZINGARELLI
3848 C:2CGABCGAB//2E2F2G2E2F2F# T797 TRENTO
3849 C:2CGABCGABCDEA//3ECGC R748 ROLLA
3850 C:2CGAB2CE//GAB2CFEAG C221 CANNABICH
3851 C:2CGAB6CD5E P727 PLEYEL
3852 C:2CGAFDGC R817 ROSETTI
3853 C:2CGAFDG2C W939 WRANITZKY
3854 C:2CGAG2FGF2EF O121 OBERMEIER
3855 C:2CG2AGFED2CA ANON. GB-Lbl:Longman Per.Ov.
3856 C:2CGCEGCAECEA//CGCE2D2G E340 EICHNER
3857 C:2CGCEG5CFEAGB2C N478 NEUBAUER
3858 C:2CGCEG2FBD2F2E H409 HAYDN
3859 C:2CGC2EDCB T645 TOESCHI
3860 C:2CGC2EDCB2ECEG H758 HOLZBAUER
3861 C:2CGCGCG3C3BABCECECEC O680 ORGITANO
3862 C:2CGCGE3C S189 SAMMARTINI
3863 C:2CG2CG2CG2CGE S249 SARTI
3864 C:2CGE$C2DA$//9CGABCGABCBCBCBCC# G166 GALLENBERG
3865 C:2CGEBCDE//CDECFDGEAFBG6C W939 WRANITZKY
3866 C:2CGECBCGEDEC T645 TOESCHI
3867 C:2CGECBFDB2C H793 HOEPFLINGER
3868 C:2CGECBFE D972 DUSSEK
3869 C:2CGECGEC N489 NEUMANN
3870 C:2CGECGFECBCBA U310 UHLMAN
3871 C:2CGEC2GECG2ECGEC F921 FRITZ
3872 C:2CGE2CBCDCGECAC B664 BOCCHERINI
3873 C:2CGE2CBCGECEGF M597 MEUNIER
3874 C:2CGE2CBCGECEGFEDCB P761 POKORNY
3875 C:2CGE2CBFDB2C H793 HOEPFLINGER
3876 C:2CGE2CGE T657 TOMASINI
3877 C:2CGE2CGE2CGE2CGE U530 UMSTATT
3878 C:2CGE4CBAG K925 KREUSSER
3879 C:2CGEC#2DC#DEFAGFEDC2BC B667 BODE
3880 C:2CGEDCBCGFEDEC T645 TOESCHI

76 C:2CG THEMATIC IDENTIFIER

3881 C:2CGEGECGECECGCGEC B118 BACH
3882 C:2CG2EC2GBCDEFGA T180 TARCHI
3883 C:2CG2EC2GCBAGEGFED3C C267 CARDON
3884 C:2CG2EC2GE2GFEDEF C524 CHERZELLI
3885 C:2CGFED3C S521 SEYFERT
3886 C:2C2GABGCF2EAG F314 FELICI
3887 C:2C2G2AGE M474 MAYR
3888 C:2C2G2C2E//GF2EFGG#ABCBD D617 DITTERSDORF
3889 C:2C2GE//CGCEC M337 MARINELLI
3890 C:2C2GE//GAB5CBCD4E R571 RIGHINI
3891 C:2C2GEAG2EG G567 GLUCK
3892 C:2C2GEGAB5C H700 HOFFMEISTER
3893 C:2C2GEGCEG2C3E K930 KROMMER
3894 C:2C2G2ECGAB4C//CGECGE W939 WRANITZKY
3895 C:2C2G2E5CDEF H559 HEROLD
3896 C:2C2G2EGFEDC D617 DITTERSDORF
3897 C:2C2GFGE3CBC//GAGEDEDB U480 UMLAUF
3898 C:2C3GE3C//4CB3A P727 PLEYEL
3899 C:2C4GEDCC#D//GFECBAG M395 MASCHEK
3900 C:3C S165 SALIERI
3901 C:3C//2GA2GA2GFED W786 WINTER
3902 C:3CAGFED5CC#2D E162 EBERL
3903 C:3C2A2GAGFE3C L619 LE ROY
3904 C:3C3A2FGAGFE2DEFEDC Z770 ZINCK
3905 C:3C3AGAGFE W131 WAGENSEIL
3906 C:3C3AGAGFE ANON. I-Pca
3907 C:3CBAB2CEDCD3EFDB S822 STEIBERT
3908 C:3CBAG S394 SCHURER
3909 C:3CBAGAGF D617 DITTERSDORF
3910 C:3CBAGBAGBAG S339 SCHIR
3911 C:3CBAGCBAGCDEFGB Z425 ZECHNER
3912 C:3CBAGCDECA3BABC K926 KREUSSER
3913 C:3CBAG2CEGFD M262 MALZAT
3914 C:3CBAGFE3AGFEDC3DE3FG3A J750 JOMMELLI
3915 C:3CBAGFE3AGFEDC3DE3FG3A ANON. D/DDR-SW1
3916 C:3CBAGFED Z310 ZANI
3917 C:3CBCAGFEFGA2G S699 SONNLEITHNER
3918 C:3CBCBCBCAFGEFD2E C221 CANNABICH
3919 C:3CBCC#DG2DCDD#E M262 MALZAT
3920 C:3CBCDBC2EDEFD F489 FILTZ
3921 C:3CBCDCBAG C148 CALEGARI
3922 C:3CBCDCBCDCBCDCGEC R397 RENDEUX
3923 C:3CBCDCEF2ED B118 BACH
3924 C:3CBCDCGCEC A139 ABEL
3925 C:3CBCDEGFED2E H758 HOLZBAUER
3926 C:3CBC2DBCDB G291 GAZZANIGA
3927 C:3CBC3EDE3GFGCGEC H758 HOLZBAUER
3928 C:3CBC5E//EDED2GE V227 VANDENBROEK
3929 C:3CBCFD2BGE2CAF2D2CBCB L134 LACHNITH
3930 C:3CBCGFEFGA2G S699 SONNLEITHNER
3931 C:3CBCGF#//DAGF#FNE M315 BERNARDINI
3932 C:3CB2CDEF M625 MICHL

3933 C:3CB3CDCDCF3E H443 HEBELT
3934 C:3CB5C3E//CEDCDE3CDEDEFAGFE P727 PLEYEL
3935 C:3CBDCED S785 STAMITZ
3936 C:3CBD2FE2AGFED//2CDAG V254 VANHAL
3937 C:3CBDG3B$ACF L820 LOEFFLER
3938 C:3CBEADG H298 HARRER
3939 C:3C2BCDEFEDCBAGFC S785 STAMITZ
3940 C:3C2B2GF2EG A237 ADLGASSER
3941 C:3CC#4DD#4E S215 SANDER
3942 C:3CDCBAG//GFEFGAG P149 PAISIELLO
3943 C:3CDCBAGBAGFEDC M938 MOZART
3944 C:3CDCBA3G V696 VILA
3945 C:3CDCBCAGABCDEDCBC W420 WEIGL
3946 C:3CDCBCDE S355 SCHMITT
3947 C:3CDCBC2DBCDB G291 GAZZANIGA
3948 C:3CDCBCECFD G736 GRAF
3949 C:3CDCBCECFEDEG K959 KUERZINGER
3950 C:3CDCBCECFEDEGECBA P761 POKORNY
3951 C:3CDCB3C G678 GOSSEC
3952 C:3CDCDFGF P837 PORPORA
3953 C:3CDCFGFCDCGAG P837 PORPORA
3954 C:3CDEDCBAGF B348 BAUMGARTNER
3955 C:3CDEDC3GA A193 ADAM
3956 C:3CDEDC3GABAG F851 FREDERIC
3957 C:3CDEFGABC M742 MONET
3958 C:3CDEFGABCGECG//E2F2G2AFD G328 GENERALI
3959 C:3CDEFGABCGE2CGEC M729 MOLTER
3960 C:3CDEF2G S816 STEFFAN
3961 C:3CDEF2GEFGFEDCDEFG P381 PELIKAN
3962 C:3CDEF2GFEAG H571 HERSCHEL
3963 C:3CDEF3GAB L820 LOEFFLER
3964 C:3CDEF3GAB3C R612 RITSCHELL
3965 C:3CDEF3GFED H298 HARRER
3966 C:3CD2EDCB//4EFED M732 MOMBELLI
3967 C:3CD3EFGEDC F248 FASCH
3968 C:3CDFEDC3G W131 WAGENSEIL
3969 C:3C2D2E2F2G2A2G2F2E D797 DRUSCHETZKY
3970 C:3C3DE ANON. CS-Pnm/Frydlant
3971 C:3C3D3EGCBA6G P548 PHILIDOR
3972 C:3C4D3E3F S357
3973 C:3CECBCACEC//CEGCEG D972 DUSSEK
3974 C:3CECEG2CBA3G B731 BORGHI
3975 C:3CEC3GBG3CDEDC B393 BECK
3976 C:3CEC3GBG3CEC2G B547 BERTONI
3977 C:3CEC5GABC B858 BRIOSCHI
3978 C:3CE3CEGFE S795 STARZER
3979 C:3CEDBFD2C S345 SCHMID
3980 C:3CEDCBAGF3CEDCBAGF W464 WELTZ
3981 C:3CEDCBAG#ACBAGFE D617 DITTERSDORF
3982 C:3CEDCEDC W131 WAGENSEIL
3983 C:3CEDCED2CEGFE3CEDCEDC ANON. D/BRD-RH
3984 C:3CEDCGECEG G779 GRAUPNER

3985 C:3CEDC3G L386 LAUSENMAYER
3986 C:3CED2CEDC3DFED S373 SCHRAMEK
3987 C:3CED2CEDCG//CG2CB G251 GASSMANN
3988 C:3CEDFECEG S189 SAMMARTINI
3989 C:3CE3DFE ANON. CS-Pnm/Frydlant
3990 C:3CE3DF3EGCBA6G P548 PHILIDOR
3991 C:3CEFEDCB//CAF#GABCDB W939 WRANITZKY
3992 C:3CEFF#2G3ACDD#2E G678 GOSSEC
3993 C:3CEFGABCD3EGAB C948 CROUBELIS
3994 C:3CEFGCAB8C R397 RENDEUX
3995 C:3CEFGCEFG Z425 ZECHNER
3996 C:3CEGAG2FEBAGFEDCB N327 NAVOIGILLE
3997 C:3CEGCEGC T645 TOESCHI
3998 C:3CEGC2GFE S944 SUESSMAYR
3999 C:3CEG2CDEFGAB2C//4CB3CF3EA3G S384 SCHUBERT
4000 C:3CEGEDFGC P727 PLEYEL
4001 C:3CEGEFDAFEGEFDBG S189 SAMMARTINI
4002 C:3CEGEFDAFEGEFDBG M382 MARTIN
4003 C:3CEGEFGBDFE S749 SPERGER
4004 C:3CE2G2F2BD2F2E N489 NEUMANN
4005 C:3CE2G2FEBAGFEDCB N327 NAVOIGILLE
4006 C:3CE3GBG3C G943 GUGLIELMI
4007 C:3C2E2CGDEF//2GF#GAGCGE2C2DE S333 SCHIERL
4008 C:3C2E2G F654 FOERSTER
4009 C:3C2E2GC2A P360 P.D.B.B.
4010 C:3C2E2GCD S355 SCHMITT
4011 C:3C2E2G3CB L811 LOCATELLI
4012 C:3C3E3FF#3GG#2A G834 GRETRY
4013 C:3C3EG//EFGCGF#GA F225 FARINELLI
4014 C:3CFEDCBCAGF H409 HAYDN
4015 C:3C3F H409 HAYDN
4016 C:3CGAB C957 CRUSE
4017 C:3CGABCBCDEDCB H411 HAYDN
4018 C:3CGABCEGC M939 MOZART
4019 C:3CGABCEGECGAB C221 CANNABICH
4020 C:3CGABCGABCDEFG R231 RASZEK
4021 C:3CGABCGABCDEFGABC T722 TOUCHEMOULIN
4022 C:3CGABCGAB3CGABCGABCGA ANON. D/DDR-Dlb
4023 C:3CGAB5CGAB S295 SCHAFFRATH
4024 C:3CGAGEFE S343 SCHLOSSER
4025 C:3CGAGFED ANON. CS-Pnm/Doksy
4026 C:3CGAG#GED ANON. CS-Pnm/Doksy
4027 C:3CGCBDC M949 MUELLER
4028 C:3CGCDEFGCGEC R716 ROESER
4029 C:3CGCEGCE H877 HUBER
4030 C:3CGCG2C T195 TARTINI
4031 C:3CGCGDGEGF S163 SALES
4032 C:3CGCGDGEGFDCG C225 CANNABICH
4033 C:3CG2CGC W939 WRANITZKY
4034 C:3CG2CGDAC2GC K925 KREUSSER
4035 C:3CGECA V426 VEICHTNER
4036 C:3CGECBF//CGEFGFEDCDE2F W827 WITT

4037	C:3CGECB3FEF//CGEFGFED	B415	BEETHOVEN
4038	C:3CGEC3GFED	H409	HAYDN
4039	C:3CGEDCGEDC	G557	GLEISSNER
4040	C:3CGED2C3ECGFE	L619	LE ROY
4041	C:3CGE2DEFEC	H704	HOFMANN
4042	C:3CG2EC2GEC	N489	NEUMANN
4043	C:3CG2EDC#DAF	V254	VANHAL
4044	C:3CG2E2DAF	V254	VANHAL
4045	C:3CGFEDCDCBA	D797	DRUSCHETZKY
4046	C:3CGFEDCGAB2CGFED	P761	POKORNY
4047	C:3CGFEDCGCGC	A579	ANFOSSI
4048	C:3CGFED5CGFEDCEGCG#A	A925	AUMON
4049	C:3CGG#AGFED	ANON.	CS-Pnm/Doksy
4050	C:3C2GAGF#G	E220	EDER
4051	C:3C2G2EC	H769	HONAUER
4052	C:3C2G2E2CB	G396	GEWEIJ
4053	C:3C3GCGABC	R491	RICCI
4054	C:3C3G2CBA	P587	PICCINNI
4055	C:3C3GE3CG3EF3D	M244	MALDERE
4056	C:3C3GEGEC	G998	GYROWETZ
4057	C:3C4G3AFDCB//CEDCGFED	A839	ASPLMAYR
4058	C:3C4GCGC	A139	ABEL
4059	C:3CG#2AB2AGFEDC	S291	SCHACHT
4060	C:4C	S249	SARTI
4061	C:4C	K595	KIRMAIR
4062	C:4C	ANON.	D/DDR-SWl
4063	C:4C	M416	MASSONI
4064	C:4C4A$4F#	W420	WEIGL
4065	C:4CA3CG3CFEDF	F118	FABREGA
4066	C:4CAGFEDEDCB	C182	CAMERLOHER
4067	C:4C2A	K958	KUEFFNER
4068	C:4C3A	P727	PLEYEL
4069	C:4C4A	S357	SCHMITTBAUR
4070	C:4C4A//2CDEF2GAGFED	S316	SCHEIBE
4071	C:4CB$A//CEGEC	S785	STAMITZ
4072	C:4CB$3G	M939	MOZART
4073	C:4CB//CEDCBAGFEFGE	F413	FESCA
4074	C:4CBAG	S394	SCHURER
4075	C:4CBAGAGFEDC	M938	MOZART
4076	C:4CBAGCBAGCBAG	S340	
4077	C:4CBA3G	B642	BLANGINI
4078	C:4CB3A4G	P727	PLEYEL
4079	C:4CBCAEGCE//5CED7CEDCGEC	P592	PICHL
4080	C:4CBCBAGABCDEDCBC	W420	WEIGL
4081	C:4CBCBCBCBCBCB	A139	ABEL
4082	C:4CBCBCEGC	N327	NAVOIGILLE
4083	C:4CBCDCBC4A	R817	ROSETTI
4084	C:4CBCDCBCDCBCDCGEC	R397	RENDEUX
4085	C:4CBCDCGEGC	W131	WAGENSEIL
4086	C:4CBCD2CBCD	C710	COLLETT
4087	C:4CBCDE	S355	SCHMITT
4088	C:4CBCDECECGC	G778	GRAUN

4089 C : 4CBCDEC#D / / 2CBCDEC#D W827 WITT
4090 C : 4CBCDEDCBAGFE W817 WISTEIN
4091 C : 4CBCDEFGABC4GF#GABC B489 BERESCIOLLO
4092 C : 4CBCECEDEG K959 KUERZINGER
4093 C : 4CBCECEDEGECBA P761 POKORNY
4094 C : 4CBCECFD G736 GRAF
4095 C : 4CBCEDE S249 SARTI
4096 C : 4CB3C G678 GOSSEC
4097 C : 4CB3CF3EA3G S384 SCHUBERT
4098 C : 4CB4CBCBAGA W493 WERNER
4099 C : 4CBDGFE / / 2CBCB3CB D582 DIMHACZ
4100 C : 4CB4DC M489 MEDERITSCH
4101 C : 4CBEADG H298 HARRER
4102 C : 4C2B2A2G2F2E2D2C2E F248 FASCH
4103 C : 4C2B2C2D2E2F2G2A2G2F D617 DITTERSDORF
4104 C : 4C2BDF#G P149 PAISIELLO
4105 C : 4C4B4C4G4A4G# O650 ORDONEZ
4106 C : 4C4BEFEFGE ANON. D/DDR-Dlb
4107 C : 4CDCBCBCDEFDE G738 GRAGNANI
4108 C : 4CDCB3C G678 GOSSEC
4109 C : 4CDCGCDECEC W233 WALTER
4110 C : 4CD2C3EF2E4GABCBA F770 FRAENZL
4111 C : 4CDECDEF2EA2FE B517 BERLIN
4112 C : 4CDECEGCECGECG3DEFD P592 PICHL
4113 C : 4CDECFED / / AG3CAG3D G998 GYROWETZ
4114 C : 4CDEF2EFE2CEDCBC D337 DELANGE
4115 C : 4CDEFGABCD / / CDCBCEGCEGCFE N478 NEUBAUER
4116 C : 4CDEFGABCEG / / EDEFDFEFG H411 HAYDN
4117 C : 4CDEFGABCEG ANON. PL-Pu
4118 C : 4CDEFGABCG R535 RICHTER
4119 C : 4CDEFGABC2GFED F489 FILTZ
4120 C : 4CDEFGAB2CEGCG S348 SCHMIDT
4121 C : 4CDEFGED2BC G550 GLASER
4122 C : 4CDEFGEFGA2G H758 HOLZBAUER
4123 C : 4CDEFGEFGA5GABCD S316 SCHEIBE
4124 C : 4CDEFGFEFGEC R535 RICHTER
4125 C : 4CDEF4GABCD G263 GATTI
4126 C : 4CDE5F2E / / CECG3CE E970 EYBLER
4127 C : 4CD2EFEFG T645 TOESCHI
4128 C : 4C4D S749 SPERGER
4129 C : 4C4D4C ANON. CS-Pnm/Doksy
4130 C : 4CECECGBGBGCE B116 BACH
4131 C : 4CECEDEFEDFDFEFGFEAEG K662 KLOEFFLER
4132 C : 4CECGCG F271 FAUNER
4133 C : 4CEC3G N486 NEUKOMM
4134 C : 4CE3CG3CE2CE2G V254 VANHAL
4135 C : 4CEDCBFEDCB / / CDE2CDEFGFEDE G943 GUGLIELMI
4136 C : 4CEDC2DE2FE S383 SCHUBERT
4137 C : 4CEDC3EGF2E4GABCBA F770 FRAENZL
4138 C : 4CEDC4EGFE C486 CHARTRAIN
4139 C : 4CED2CGEFEDCBAGFE C225 CANNABICH
4140 C : 4CEFE2DEFGF G236 GARNIER

```
4141  C:4CEFEFGCBCBDFD  G926 GUENIN
4142  C:4CEFG  B864 BRODSKY
4143  C:4CEFGABCDEGABCDEF  P987 PUSCHMANN
4144  C:4CEFGFEDCGCDEFED  D617 DITTERSDORF
4145  C:4CEG//CDEDCGABCAGAFEFD  ANON. CS-Bm
4146  C:4CEGCEGEC  W798 WIRBACH
4147  C:4CEGCEGE2CEG  L134 LACHNITH
4148  C:4CEG2CBAGB  P727 PLEYEL
4149  C:4CEG3CEGAE  K940 KROTTENDORFER
4150  C:4CEGFEFGDCBCBDFD  G926 GUENIN
4151  C:4CE2GABCEG//CDBCAGFE  H411 HAYDN
4152  C:4CE2G2ECGCE  S335 SCHIMPKE
4153  C:4CE3GE2C2B  T645 TOESCHI
4154  C:4C2E2GC//G:2GB3GB2GBDBCA2F  B912 BRUSA
4155  C:4C2E2G2C2E2G2CDCBAG  C145 CALDARA
4156  C:4C3E2G  F654 FOERSTER
4157  C:4C4E4B4C4E4B  H738 HOLLER
4158  C:4C4E4C4G4G#  L619 LE ROY
4159  C:4C4E2G//EFGCGF#GA  F225 FARINELLI
4160  C:4C4E2G2E2C2E4D  P761 POKORNY
4161  C:4C4E3GA2G  F225 FARINELLI
4162  C:4C4E4G3C2G2ECEGEC  A371 ALESSANDRO
4163  C:4C4E4G4CEGFEDCG2C  B461 BENDA
4164  C:4C4E4G4CE4GC  H411 HAYDN
4165  C:4C4E4G4C4G4B4D4G  G172 GALLO
4166  C:4C4E4G4E4C4E4G4C4B  D778 DREYER
4167  C:4C4E7G  O650 ORDONEZ
4168  C:4CGABCDE  K926 KREUSSER
4169  C:4CGABCDE  H690 HOEFLICH
4170  C:4CGABCDE  S756 SPILLER
4171  C:4CGABCGABC  D797 DRUSCHETZKY
4172  C:4CGABCGAB3C  H570 HERSCHEL
4173  C:4CGAB6CGAB  S295 SCHAFFRATH
4174  C:4CGABG2CDECG  K760 KOCH
4175  C:4CGAGFECDEFGAFDEDC  R555 RIEGER
4176  C:4CGCBAGFE  ANON. A-G/Aussee
4177  C:4CGCBAGFE  I930 IVANSCHIZ
4178  C:4CGCE  A282 AGTHE
4179  C:4CGCEGEF  G942 GUGEL
4180  C:4CGCEGEFDBGAB  N859 NORRIS
4181  C:4CGCGCDEFEDCBCGCGCD  K295 KELLY
4182  C:4CGCGCGCECGC  R535 RICHTER
4183  C:4CGCG5CDED2C  R936 RUMLING
4184  C:4CG4DGEFGEDEF  M495 MEGELIN
4185  C:4CGEG4CGEG  S838 STERKEL
4186  C:4CGEG4CGEG4ECGC  O650 ORDONEZ
4187  C:4CGEGECECGEGE  L368 LAUBE
4188  C:4CG2EDGBCEG  S383 SCHUBERT
4189  C:4CGFEDCBC//CDEFEFD  V254 VANHAL
4190  C:4CGFEDCBCC#DG  Z730 ZIMMERMANN
4191  C:4CGFEDCGFED3C  U530 UMSTATT
4192  C:4CGFEDEB2C//CDEFE2D  V254 VANHAL
```

4193 C:4CGFEFDEFECDEDC#D M625 MICHL
4194 C:4C2G//CGAGF2EFEDCG S756 SPILLER
4195 C:4C2GCE2G K925 KREUSSER
4196 C:4C2G2E3CA K840 KOERZL
4197 C:4C3G ANON. GB-Lbl:Longman Per.Ov.
4198 C:4C3GECGFDBC K860 KOSPOTH
4199 C:4C4G4E4A4F4ACDECEDCB G948 GUILLEMAIN
4200 C:4C4G4E4C B858 BRIOSCHI
4201 C:4C4G4E4C4G4ECEFGCAGF C516 CHELLERI
4202 C:4C5GABCD M386 MARTINI
4203 C:5C K926 KREUSSER
4204 C:5C T645 TOESCHI
4205 C:5C//GFAG R919 RUCK
4206 C:5C D797 DRUSCHETZKY
4207 C:5CB//CEDCBAGFEFGE F413 FESCA
4208 C:5CBAG S934 STUMPF
4209 C:5CBAGFEAGFED S783 STALDER
4210 C:5CBA4GG#3AGF4E P515 PEYERL
4211 C:5CBC P579 PIACENTINO
4212 C:5CBCAGDEFDG G998 GYROWETZ
4213 C:5CBCBCBCB W939 WRANITZKY
4214 C:5CBCBCDEFDE G738 GRAGNANI
4215 C:5CBCD3CEC G396 GEWEIJ
4216 C:5CBCDECECGC G778 GRAUN
4217 C:5CBCDECECGC S295 SCHAFFRATH
4218 C:5CBCDECECG3CBCD B459 BENDA
4219 C:5CBCDEDEF#G R535 RICHTER
4220 C:5CBCDEF5DCDEFG T678 TORELLI
4221 C:5CBCEG D337 DELANGE
4222 C:5CB3CB3CBC E340 EICHNER
4223 C:5CB5FE D972 DUSSEK
4224 C:5CB2G D972 DUSSEK
4225 C:5C2BDF#G P149 PAISIELLO
4226 C:5CDCDCDCD2C ANON. D/BRD-DO
4227 C:5CDCDC2EFG H411 HAYDN
4228 C:5CDCDEGCEG A139 ABEL
4229 C:5CDCEDF5E//7GEFGECABGAF K787 KOHAUT
4230 C:5CDEFDEFGEFG S419 SCIROLI
4231 C:5CDEFGABCEG//EDEFDFEFG H411 HAYDN
4232 C:5CDEFGABCEG ANON. PL-Pu
4233 C:5CDEFGABG5A R535 RICHTER
4234 C:5CDEF#4G//16C C225 CANNABICH
4235 C:5C2D G396 GEWEIJ
4236 C:5C5D Z730 ZIMMERMANN
4237 C:5CD#ECBDC M234 MAJO
4238 C:5CE5A M498 MEHUL
4239 C:5CE3CBAG4CEC S789 STAMITZ
4240 C:5CEDCDCEDCD2C ANON. D/BRD-DO
4241 C:5CEDCDC2EFG H411 HAYDN
4242 C:5CEDCD3C V254 VANHAL
4243 C:5CEDCD3C5F F653 FOERSTER
4244 C:5CEDCD3C5F D617 DITTERSDORF

4245 C:5CEDCDEGFED5C S838 STERKEL
4246 C:5CED7CEDCGEC P592 PICHL
4247 C:5CE4DE2CEF2DG B414 BEECKE
4248 C:5CEG G942 GUGEL
4249 C:5CEGCEC W939 WRANITZKY
4250 C:5CEGCEDBDGBDC H409 HAYDN
4251 C:5CEGCEGEC W798 WIRBACH
4252 C:5CEGG#ACFA S816 STEFFAN
4253 C:5CE2G3FAF S787 STAMITZ
4254 C:5C2E2G2C2E K966 KUNTZEN
4255 C:5C4E4G4C4EG K925 KREUSSER
4256 C:5C4E4G4C4E4G4C4B M748 MONN
4257 C:5CF2E2D5C D611 DISCHNER
4258 C:5C2F2E2D H517 HENNIG
4259 C:5CGABCGDGEGABCDE A962 AVOSSA
4260 C:5CGCDECEC W233 WALTER
4261 C:5CGCEGCEGC P727 PLEYEL
4262 C:5CGCEGCEGCE2GFED V254 VANHAL
4263 C:5CGCEGCEGCE2GFED S838 STERKEL
4264 C:5CG2CGC4E S395 SCHUSTER
4265 C:5CG5CGCGCG P727 PLEYEL
4266 C:5CGE2C A833 ASIOLI
4267 C:5CGEGD3GEGCG Z780 ZINGARELLI
4268 C:5CGF2ED4G M214 MAHAUT
4269 C:5C5G//GC3ECE R817 ROSETTI
4270 C:5C5G5C5A Z510 ZELBELL
4271 C:6C H700 HOFFMEISTER
4272 C:6CACGCFCE5CACGCFC M729 MOLTER
4273 C:6CAG T611 TISCHER
4274 C:6CBAG P973 PRYXI
4275 C:6CBCC#3D//CDCBCDGDGDGDG P727 PLEYEL
4276 C:6CBCC#D//CDCBCDGDGDGDGEC ANON. I-MOd
4277 C:6CBCD E970 EYBLER
4278 C:6CBCD#E D972 DUSSEK
4279 C:6CB2C3D//CDCBCDGDGDGDGECFD ANON. CS-Bm
4280 C:6CB3CB3CB2A2C W245 WANCZURA
4281 C:6C2B N478 NEUBAUER
4282 C:6C2BFDB//2CGE4CBAG K925 KREUSSER
4283 C:6CDCBC6EFEDE6G T796 TRENTIN
4284 C:6CDCD6CDCD6EFEF B737 BORRONI
4285 C:6CDCDEFG H411 HAYDN
4286 C:6CDEFGAB4C H710 HOFMANN
4287 C:6CDEF6GAB5C M895 MOSELL
4288 C:6CDGFEDC M666 MINOJA
4289 C:6C2D2E2F2G2A2G2D2F2E ANON. CS-Pnm
4290 C:6C6D6F//AGABCBCDEDEFGFGE F914 FRINGER
4291 C:6CE Z790 ZINGONI
4292 C:6CEDCD6CEDCD6EGFEF B737 BORRONI
4293 C:6CEDCDEFG H411 HAYDN
4294 C:6CE2FEG2AG E164 EBERLIN
4295 C:6CE2FEG2AG B116 BACH
4296 C:6CE2FEG2AGCEFA D617 DITTERSDORF

```
4297  C:6CE2FEG2AGCEG   ANON. CS-Bm
4298  C:6CEGCE   W939 WRANITZKY
4299  C:6C2E2D5C   G926 GUENIN
4300  C:6C4E4G4C4EG   K925 KREUSSER
4301  C:6C6E   C182 CAMERLOHER
4302  C:6C6E6GC   S395 SCHUSTER
4303  C:6CGECEG   Z425 ZECHNER
4304  C:6C6G   G779 GRAUPNER
4305  C:7C   H333 HARTMANN
4306  C:7C   S249 SARTI
4307  C:7CAGFEDCBA//CBAGCBAGD   Z780 ZINGARELLI
4308  C:7CAGFGEAGFGE   B116 BACH
4309  C:7CBC   H517 HENNIG
4310  C:7CDCDEGCEG   A139 ABEL
4311  C:7CDECGECGECG   ANON. CS-Bm/RAJ
4312  C:7CDECGECGECGF   P592 PICHL
4313  C:7CDECGECGECGFE   V254 VANHAL
4314  C:7CDEFGAB   R535 RICHTER
4315  C:7CDEFGABCEFGABCD   ANON. H-Gc
4316  C:7CDEGEC   ANON. CS-Bm
4317  C:7CD#E   D972 DUSSEK
4318  C:7C2ECGECGEC   D617 DITTERSDORF
4319  C:7C7E7G   S357 SCHMITTBAUR
4320  C:7CG6E6C   M949 MUELLER
4321  C:7CGFGEGFGE   B116 BACH
4322  C:8CBAG6CAGF   H413 HAYDN
4323  C:8CBAG7C   H409 HAYDN
4324  C:8C4B4C4E4G#4A   H411 HAYDN
4325  C:8CD3CDCBC   Z660 ZIEGLER
4326  C:8C5D   Z780 ZINGARELLI
4327  C:8CEGCBDGB   V118 VACHON
4328  C:8C4E4G8C   M676 MIROGLIO
4329  C:8C8E4G   M729 MOLTER
4330  C:8CG8ECGAB3CBAGCBAGE   M998 MYSLIVECEK
4331  C:9C   Z730 ZIMMERMANN
4332  C:9C   B116 BACH
4333  C:9CBCDEDEF8G   W464 WELTZ
4334  C:9CBCDEFED   T645 TOESCHI
4335  C:9CBCDEFED   ANON. H-Gc
4336  C:9CC#   S355 SCHMITT
4337  C:9CDCDECDCDE   N454 NERUDA
4338  C:9CDEDC3E   H700 HOFFMEISTER
4339  C:9CED2C   ANON. CS-Pnm/Frydlant
4340  C:9CGABCGABCBCBCBCC#   G166 GALLENBERG
4341  C:10C   V855 VIVALDI
4342  C:10C5D//CDE   R817 ROSETTI
4343  C:10C5D   P761 POKORNY
4344  C:10C5D5E5F   A839 ASPLMAYR
4345  C:10C9DEFEAG   R571 RIGHINI
4346  C:10CECECEG   E190 ECKERT
4347  C:11C   V855 VIVALDI
4348  C:12C//CDEF   R817 ROSETTI
```

```
4349   C:12C//CGABCGABCGABCGABCDEFGABC2B   S749 SPERGER
4350   C:12C4D12E4F   H761 HOLZBOGEN
4351   C:12C4E4C4G4C4E   L223 LAMBERTI
4352   C:12C12G   S189 SAMMARTINI
4353   C:12C12GEFGABCD   ANON. D/DDR-Dlb
4354   C:13C   G834 GRETRY
4355   C:13CDEF13GABG   ANON. D/DDR-Dlb
4356   C:13CEFGAGF   L742 LIND
4357   C:13CEGFEDC   B823 BRAUN
4358   C:13CFE2DCBAGFE   D797 DRUSCHETZKY
4359   C:14C4G12C4G   T645 TOESCHI
4360   C:15C2B   G567 GLUCK
4361   C:16C   H573 HERTEL
4362   C:16C   H758 HOLZBAUER
4363   C:16C   C225 CANNABICH
4364   C:16CA   ANON. D/DDR-Dlb
4365   C:16C2GF#GF#GF#G16D2CBCBCBC   C573 CIMAROSA
4366   C:17CBAGCBAGCBAGCBAG   G778 GRAUN
4367   C:18C   W786 WINTER
4368   C:19CE3CE3C   D236 DAUBE
4369   C:21CE3CE3C   S411 SCHWARZENDORF
4370   C:27CC#4D   K930 KROMMER
4371   C:34CD   M939 MOZART
4372   C:DAGF#FNE   M315 BERNARDINI
4373   C:DCBCDCBCDCBCDCBC   B116 BACH
4374   C:DCBCDCBCDCBCDCBCAGF#G   W131 WAGENSEIL
4375   C:DCBCDCB2CDEFGFED   W131 WAGENSEIL
4376   C:DCBCDE2FED   S985 SYLVA
4377   C:DCBCDE2FEDCFG2AGFEDEF   W131 WAGENSEIL
4378   C:DCBCDFEDEFAGFGAG   O650 ORDONEZ
4379   C:DCBCECGECGEC   K840 KOERZL
4380   C:DCBCGCE2GFEFD   Z110 ZACH
4381   C:DCBC2GECE3GB   R845 ROTH
4382   C:DCB2CDEFGABCGG#A   ANON. CS-BRsav
4383   C:DCB2CEAG2F2E2DBCFDBC   S213 SANDEL
4384   C:DCB2CEGDCBC   W131 WAGENSEIL
4385   C:DCB2CEGDCB2CFA   S785 STAMITZ
4386   C:DCB2CEGDCB2CFA   ANON. CS-Pnm/Doksy
4387   C:DCB3C   V254 VANHAL
4388   C:DCDEF5G2C   ANON. D/BRD-DS
4389   C:DCECG//ED2CED2CE   ANON. I-Pca
4390   C:DCEDCBAG#A   ANON. A-G/Aussee
4391   C:DCEDECEDECEDEG   ANON. I-Pca
4392   C:DCEFA6CAGFEDCBC   ANON. CS-BRsav/Pruske
4393   C:DCEGCEGC2E2F2GAGFE   ANON. CS-BRsav/Trnava
4394   C:DCFEDECFEDECFEDEG   ANON. I-Pca
4395   C:DCGECGECGEC3FDEFDEFD   ANON. CS-BRsav/Kosice
4396   C:DCGEC2GABCGEC   ANON. A-Wgm
4397   C:DCGE4C4E4G4C4E5GFEAFD   ANON. CS-BRsav
4398   C:DCGFED2EDCB2CDEFGABCGFED   ANON. GB-Lbl
4399   C:D2CDE2FG2AGF2EDCB3C2D2E2F2E   ANON. CS-BRsav/Pu
4400   C:D2CE2CA2CAFDBC   ANON. CS-BRsav
```

86 C:D2C THEMATIC IDENTIFIER

```
4401  C : D2CEGCBCD3CEGCBCD3CEGCBCD   ANON. CS-BRsav
4402  C : D2CF2EA2GCBCDCBAGEF   H700 HOFFMEISTER
4403  C : D2CF2EDCF2EDCGEGC   ANON. CS-BRsav/JUR
4404  C : D4C2B2C2D2E2F2G2A2G2 FED   ANON. CS-BRsav/Kez
4405  C : D4CDEFGFEFGEC2G   ANON. CS-BRsav
4406  C : D4CGCBAGF   ANON. A-G/Aussee
4407  C : D5CEDCD3C3 F   ANON. CS-BRsav/JUR
4408  C : D7CDECGECGEC   ANON. CS-BRsav/JUR
4409  C : D9CE3CE3C   ANON. CS-BRsav
4410  C : D11C/ /CGEC2GABCGEC   ANON. A-Wgm
4411  C : DED2CED2CE   ANON. I-Pca
4412  C : DEDE3CB4CBCDEGF#G   ANON. CS-BRsav
4413  C : DE2FGFEDEFGAG   O650 ORDONEZ
4414  C : DE3FEDEFGAG   O650 ORDONEZ
4415  C : DGCBDFG2DEG   ANON. CS-BRsav
4416  C : 2DEFGABCDFA2FGAG2 F   C221 CANNABICH
4417  C : 3DEDEDC   M949 MUELLER
4418  C : 2E$G2FE$D/ /CBCBCC#DC#D   V880 VOGEL
4419  C : E4AG#ABAFE   B617 BIRCK
4420  C : EBCDFEAGCEFGB$ADBNG   Z660 ZIEGLER
4421  C : EBCDGA2F2D2F2DE   R758 ROMAN
4422  C : ECBCD2CEG2CBCD2CFAC   M729 MOLTER
4423  C : ECBCG   L374 LAUGER
4424  C : ECDCBCDCBCDCBC   H758 HOLZBAUER
4425  C : ECDEFGABCAGF#GFNEDC   N477 NEUBAUER
4426  C : ECDGBCEGBC/ /2CE4GE   P337 PAVESI
4427  C : ECECGECGECGE   B114 BACH
4428  C : ECECGECGECGE   G778 GRAUN
4429  C : ECEGCDECGECEDGBD   G729 GRAB
4430  C : ECEGCGEGECECG   ANON. CS-Pnm/Osek
4431  C : E2CB2CB2CBC   H758 HOLZBAUER
4432  C : EDAGFDFDG/ /2CDEFGAB$   M748 MONN
4433  C : EDCBA2FG#AECAD   S316 SCHEIBE
4434  C : EDCBFEDC   C322 CARTELLIERI
4435  C : EDCDEDED   G567 GLUCK
4436  C : ED2CED2CE   ANON. I-Pca
4437  C : ED3CEAG4F2GF2E   N478 NEUBAUER
4438  C : EDECBCDCDEGEDCAFEF   W420 WEIGL
4439  C : EDED2GE   V227 VANDENBROEK
4440  C : EDEFDEGF2EDEDEFE   L939 LUCHESI
4441  C : EDEFDFEFG   H411 HAYDN
4442  C : EDEFGEDEF   H409 HAYDN
4443  C : EDEGABCDCDEFEFG   S816 STEFFAN
4444  C : EDE2GFEDCBCG   G172 GALLO
4445  C : EDFBDCGEDFBDC   H657 HIMMEL
4446  C : EFAEFGEF4GAGE   B612 BINDER
4447  C : EF2ABCD/ /A- :2EDCB2A   B634 BLAINVILLE
4448  C : EFBABCFBABCBDCE   S795 STARZER
4449  C : EFDCDB2CBCDGFEDED   S139 SAINT-GEORGES
4450  C : EFDCE3DG2FD2E   S291 SCHACHT
4451  C : EFD#E/ /2CBC2DC#D   Z780 ZINGARELLI
4452  C : EFEDCDGC3G   B414 BEECKE
```

```
4453  C:EFEDEFEDEBCDEDEF      R565 RIGEL
4454  C:EFEDEFGEFDF3EFEDEFG   C175 CAMBINI
4455  C:EFEDEGFEF2DG          G943 GUGLIELMI
4456  C:EFED#EAECBCBCD        S795 STARZER
4457  C:EFEFGCBC2GA2FD2E      M382 MARTIN
4458  C:EFEFGE2C              B942 BUNTE
4459  C:EFEFGEFEFGABAB        G567 GLUCK
4460  C:EF2EDCDGC3G           B414 BEECKE
4461  C:EFF#2GEG              M622 MICHALICZA
4462  C:EFGA                  N376 NEEFE
4463  C:EFGABCD               B634 BLAINVILLE
4464  C:EFGABCDEBCGAEGF3D     H413 HAYDN
4465  C:EFGA2GC2GE            H498 HENDRICH
4466  C:EFGCBAGCDEFEDC        M827 MORAL
4467  C:EFGCGF#GA             F225 FARINELLI
4468  C:EFGEAFGEAFGEC         M416 MASSONI
4469  C:EFGE2CE2GFEDCBG2FEDC  B896 BRUNETTI
4470  C:EFGFECDEFGAB//3C2GAGF#G  E220 EDER
4471  C:EFGFGADE2FEFG         S291 SCHACHT
4472  C:EFGFGADE2FEFG         S382 SCHUBAUER
4473  C:EFGG#AE               B414 BEECKE
4474  C:EF2GCB2A2GEF2G        F271 FAUNER
4475  C:EF3GC2EBC2D           P337 PAVESI
4476  C:EF4GAGFGFE3ABCBA      A337 ALBINONI
4477  C:E2FD#E//2CBC2DC#D     Z780 ZINGARELLI
4478  C:E2FEFCGFGEFGACGCFCEDE M741 MONDONVILLE
4479  C:E2F2G2AFD             G328 GENERALI
4480  C:EF#GD2CB2CB           C564 CIAMPI
4481  C:EGAGFECDBEGAGFECDB    M998 MYSLIVECEK
4482  C:EGA3GCBC              M386 MARTINI
4483  C:EG2AG4C               S521 SEYFERT
4484  C:EGBCDE3F              C626 CLEMENTI
4485  C:EGBDCDEDEFABCDG       V624 VIBERT
4486  C:EGCBED2CEG            U530 UMSTATT
4487  C:EGCDE2FGFECBAG#ABCG   D617 DITTERSDORF
4488  C:EGCEFGFGA             S330 SCHIATTI
4489  C:EGCEFGFGA             T645 TOESCHI
4490  C:EGCGCGCEFD            H544 HERFFERT
4491  C:EGCGECGECGECGECGCDE   ANON. D/DDR-Dlb
4492  C:EGCGEGCGDGBGCGAG      G834 GRETRY
4493  C:EG2C2GC2E2CE2GE2GFEDEF  C524 CHERZELLI
4494  C:EGEC2G5FAC            H413 HAYDN
4495  C:EGE2CB2AGFE           H761 HOLZBOGEN
4496  C:EG2EG2EGEGFEF//GAB5C  S838 STERKEL
4497  C:EGFEDCEDCBCDCBCDGFEDED  S139 SAINT-GEORGES
4498  C:EGFEDCGCECD           F489 FILTZ
4499  C:EGFEDCGCECDGFEDC      B887 BRUCHHAUSEN
4500  C:EGFEDGC2GFEDGCG       A237 ADLGASSER
4501  C:EGFEFE2D              P727 PLEYEL
4502  C:EGFEFGCBC2GA2FD2E     M382 MARTIN
4503  C:EGFEFGE2C             B942 BUNTE
4504  C:EGFEFGEGFEFGACBAB     G567 GLUCK
```

4505 C : EGFEF2GCBC2GA2FD2E M382 MARTIN
4506 C : EGFEGF A139 ABEL
4507 C : EGF2EDFE2DCE2DG2EA2G J330 JANITSCH
4508 C : E2G2CB2DCBGE M625 MICHL
4509 C : E6GABC L746 LINDBLAD
4510 C : 2ECGFEDGECGFED S286 SCARLATTI
4511 C : 2EDAGFDFD2G//2CDEFGAB$ M748 MONN
4512 C : 2EDBC G834 GRETRY
4513 C : 2EDCA2C//E4AG#ABAFE B617 BIRCK
4514 C : 2EDCGECEG B461 BENDA
4515 C : 2EDC#DFEGFG#AF2D2C R762 ROMBERG
4516 C : 2EDEFGEFDF4EDEFG C175 CAMBINI
4517 C : 2ED2ED M435 MATTEI
4518 C : 2ED2EDEBCDEDEF R565 RIGEL
4519 C : 2E2DCA2C//E4AG#ABAFE B617 BIRCK
4520 C : 2EFD2FE//5CBCBCBCB W939 WRANITZKY
4521 C : 2EFD2FEABCDEDCBAG ANON. CS-Bm/RAJ
4522 C : 2EFD2FEABCDEDCBAG ANON. CS-Pnm/Osek
4523 C : 2EF2ED#EAECBCBCD S795 STARZER
4524 C : 2EFG2AB B843 BRESCIANELLO
4525 C : 2E2F2G2E2F2F# T797 TRENTO
4526 C : 3ECGC R748 ROLLA
4527 C : 3EDEDCDEF2G S785 STAMITZ
4528 C : 3EF3DGCDEF#G ANON. D/DDR-SWl
4529 C : 3EFEDEFG A237 ADLGASSER
4530 C : 3EFG3AB B843 BRESCIANELLO
4531 C : 3EGAGF#GE2CBCGE S346 SCHMID
4532 C : 3EGCDEFEDEFEGFEDFEDEFE C221 CANNABICH
4533 C : 3EG2C2E2G2C2E2GA S485 SERINI
4534 C : 3E2GF#E2CBCGE S346 SCHMID
4535 C : 4EAGFEAGFE F489 FILTZ
4536 C : 4EFED M732 MOMBELLI
4537 C : 4EFEFEFEF4D M798 MONTORO
4538 C : 4EFG A237 ADLGASSER
4539 C : 4E2FDCBA2G N478 NEUBAUER
4540 C : 4EGE2G3F M939 MOZART
4541 C : 4EGFED4CEDCB4AGABCGFE O650 ORDONEZ
4542 C : 4EGFEGFE F489 FILTZ
4543 C : 4E4G M395 MASCHEK
4544 C : 4E4G M434 MATSCHUKO
4545 C : 5E4C A333 ALBERTAZZI
4546 C : 5EF//GAB2C2E2G P589 PICCINNI
4547 C : 6EFGECG G396 GEWEIJ
4548 C : 6EGFDC D797 DRUSCHETZKY
4549 C : 16E V163 VALERI
4550 C : FACEGC//5C D797 DRUSCHETZKY
4551 C : 8FEDEC6A R535 RICHTER
4552 C : G O650 ORDONEZ
4553 C : GA W853 WOLF
4554 C : GABCBA2GEGFE2DCDCBCE B896 BRUNETTI
4555 C : GABCBCBCBC2GABCDC#D O890 OTT
4556 C : GABCBCGCEFG K912 KRAUS

4557 C:GABCC#DE M824 MOORE
4558 C:GABCDCBAGFEDECEGCE F569 FLACKTON
4559 C:GABCDCBCC#DEDCBAGFEF C175 CAMBINI
4560 C:GABCDEFGABC W639 WIDERKEHR
4561 C:GABCDEFGABCDEF E164 EBERLIN
4562 C:GABCDEFGE//16E V163 VALERI
4563 C:GABCECGEC B116 BACH
4564 C:GABCEF#CBAG B525 BERNER
4565 C:GABCEF#CBAG C182 CAMERLOHER
4566 C:GABCEG ANON. GB-Lbl:Longman Per.Ov.
4567 C:GABCEG2ABC#DFAB S787 STAMITZ
4568 C:GABCEGBCEDCBC H573 HERTEL
4569 C:GABCEGBCEDCBCEFGECEDCBC B459 BENDA
4570 C:GABCEGCEG R817 ROSETTI
4571 C:GABCE2GAB M939 MOZART
4572 C:GABCE2GABCFA C948 CROUBELIS
4573 C:GABCE2GABCGECB2DEF#GBD A523 AMON
4574 C:GABCGABCGABCGABC P149 PAISIELLO
4575 C:GABCGAB2C2E2G//CEGCBAGFEGFEDCB P126 PAER
4576 C:GABCGCECE2GG#AGN//GCBCDCADC#DE F225 FARINELLI
4577 C:GABCGCEDGDFED T152 TALON
4578 C:GABCGEGCGABCGEGC P589 PICCINNI
4579 C:GABC2GC M498 MEHUL
4580 C:GABC2GE2CG2EC2E M998 MYSLIVECEK
4581 C:GABC2GE2CG2ECGAGA F718 FORESTI
4582 C:GAB2CD6CD I930 IVANSCHIZ
4583 C:GAB2CDEFGAB ANON. GB-Lbl:Longman Per.Ov.
4584 C:GAB2CD2EF2GABC T356 TEYBER
4585 C:GAB2CEG3CDEDFEAG F327 FELTON
4586 C:GAB2C2E2G P589 PICCINNI
4587 C:GAB2CFEAG C221 CANNABICH
4588 C:GAB3CDE ANON. GB-Lbl:Longman Per.Ov.
4589 C:GAB4CC#DBC#D3EGFE G678 GOSSEC
4590 C:GAB4CDEFG//2CBCEGCEGC N478 NEUBAUER
4591 C:GAB4CECFEDC G943 GUGLIELMI
4592 C:GAB4CGAB3CE M498 MEHUL
4593 C:GAB5C//CDEGF R718 ROESSLER
4594 C:GAB5C S838 STERKEL
4595 C:GAB5CBCD4E R571 RIGHINI
4596 C:GAB5C5B K950 KUCI
4597 C:GAB9CE3D2FE P727 PLEYEL
4598 C:GABGCADC W131 WAGENSEIL
4599 C:GABGCDEFGE2CGABG C573 CIMAROSA
4600 C:GABGF#G B823 BRAUN
4601 C:GACBCDCBAGFEDECEGCE F569 FLACKTON
4602 C:GAFDBC//CDEGFED2G W744 WILMS
4603 C:GAFDGB3C Z780 ZINGARELLI
4604 C:GAFGAFG2CEGCEGFG F489 FILTZ
4605 C:GAFGAFG3CECEGFG M648 MILLER
4606 C:GAFGEDEFDBC ANON. D/BRD-RH
4607 C:GAFGEDEFDBCG R535 RICHTER
4608 C:GAGAGAG2AGFEGFEDCGABCDEF P285 PASQUALI

4609 C : GAGBCD2GAGB G251 GASSMANN
4610 C : GAGCBED2CBAGA M652 MILLICO
4611 C : GAGEDEDB U480 UMLAUF
4612 C : GAGEFGAGCEFG H708 HOFMANN
4613 C : GAGEFGCAGFE H813 HORN
4614 C : GAGEGAGEGBCDEFG ANON. D/BRD-Mbs
4615 C : GAGFEDEFGFED G251 GASSMANN
4616 C : GAGFED2EGFA K490 KIMMERLING
4617 C : GAGFEFED2CEDCBAGFE S165 SALIERI
4618 C : GAGF2ECBAGFEDEFE W522 WESLEY
4619 C : GAGF2EDCDG W131 WAGENSEIL
4620 C : GAGF#EBA#ANG//2CBC2DCDE K913 KRAUS
4621 C : GA2GA3G2F2ED Z780 ZINGARELLI
4622 C : GA2GBCA H700 HOFFMEISTER
4623 C : GA2GBC2AGFED ANON. D/DDR-SW1
4624 C : GA2GCA2GEGF E164 EBERLIN
4625 C : GA2GCEGFGAFD E164 EBERLIN
4626 C : GA2GFED3CBAG#A P221 PARADEISER
4627 C : GA2GFEDEDFED O650 ORDONEZ
4628 C : G2AGFEFEDCDG W131 WAGENSEIL
4629 C : GBAGFAGFEDEGFEDCBC ANON. D/BRD-RH
4630 C : GBAGFAGFEDEGFEDCBCG R535 RICHTER
4631 C : GBCDEFGAGF H472 HEINSIUS
4632 C : GBCGABCDEFGCBC2GABCDEFGCBCG C759 CONTI
4633 C : GB2CD2F2EGEGFEDCGAGF S139 SAINT-GEORGES
4634 C : GBDCBCGEAFDGEC V254 VANHAL
4635 C : GCAB$ABNCD2G W939 WRANITZKY
4636 C : GCAED ANON. D/BRD-Rtt
4637 C : GCAE2DCDEG S333 SCHIERL
4638 C : GCBAGCBAGCBAGFEDC E550 ENDERLE
4639 C : GCBAGCE2G S165 SALIERI
4640 C : GCBAGFEDCEGCEDCBAGFEG B685 BOLLER
4641 C : GCBA2GCD2E W245 WANCZURA
4642 C : GCB2A2GFEDC3BF W775 WINKLER
4643 C : GCBCDCADC#DE F225 FARINELLI
4644 C : GCBCDCBCAGFEF K666 KLOPP
4645 C : GCBCDC2BGC H877 HUBER
4646 C : GCBCD2CB2AGFEF C182 CAMERLOHER
4647 C : GCBCDE2FGFEGC H413 HAYDN
4648 C : GCBCFGABCDFE P523 PFEIFFER
4649 C : GCBCGFEDEDCBCBCGFEDCG W546 WEYGERT
4650 C : GCDCBCDECEFEDGDEDCDE B664 BOCCHERINI
4651 C : GCDCBCD2E P126 PAER
4652 C : GCDCD2CE C742 COMY
4653 C : GCDECDEBCDCAFDB R594 RISO
4654 C : GCDEDB2CGC G776 GRAUN
4655 C : GCDEDCGFEDC2G D797 DRUSCHETZKY
4656 C : GCDEFGABC E310 EGGERT
4657 C : GCDEFGCAGFGCGFEDEFE3C3G M729 MOLTER
4658 C : GCD2E P126 PAER
4659 C : GCD2EFEDC W786 WINTER
4660 C : GCDFEDCG2FEDC2G D797 DRUSCHETZKY

4661 C:GCECDFDCBAGABC R817 ROSETTI
4662 C:GCECGAGFEFED T611 TISCHER
4663 C:GCECGCGECGCGEC2GFDG A848 ASSMAYER
4664 C:GCEC3GFE K840 KOERZL
4665 C:GCEDCBG2CDE O770 ORSTER
4666 C:GCEDCGFEDCBCDCBCDCBC V254 VANHAL
4667 C:GCEDEDEFBDFEFEFG S419 SCIROLI
4668 C:GCEDFEA2G2CB2AGF I930 IVANSCHIZ
4669 C:GCEDFEFGAGFEDCDCBEFGAGF S942 SUCHANEK
4670 C:GCEDFEGABCACG W422 WEILER
4671 C:GCEDGE//GCGCGDBECFD P149 PAISIELLO
4672 C:GCEFGDEGABCDBA P592 PICHL
4673 C:GCEGCBABCBAGFEDC H198 HAMAL
4674 C:GCEGCEGCEGCEGCEGCE D136 DALAYRAC
4675 C:GCEGCEGEFGA R817 ROSETTI
4676 C:GCEGCGCEGC L811 LOCATELLI
4677 C:GCEGCGCEGCECE C859 COURDALY
4678 C:GCEG2C M262 MALZAT
4679 C:GCEG3C K660 KLOB
4680 C:GCE2GCEGAG2FDFEGFEDC S139 SAINT-GEORGES
4681 C:GCE2GFEDCFEDC2GFEDC G776 GRAUN
4682 C:GC2ECG L712 LIDARTI
4683 C:GC2EC2GC2ECG G567 GLUCK
4684 C:GC2EDCBG2CDE O770 ORSTER
4685 C:GC2EDC2GF A925 AUMON
4686 C:GC2EDC2GFEGBD G251 GASSMANN
4687 C:GC2EDEDEFBD2FEFEFG S419 SCIROLI
4688 C:GC2EDFEGABCACG W422 WEILER
4689 C:GC2E2FG M998 MYSLIVECEK
4690 C:GC3ECE R817 ROSETTI
4691 C:GC3EDCD3FEDEG O790 OSWALD
4692 C:GC2FED2CBAG2C ANON. CS-Pnm
4693 C:GCGCEGCEGCEGCGB$ C759 CONTI
4694 C:GCGCGCEGA S985 SYLVA
4695 C:GCGCGCEGCGFEDED B461 BENDA
4696 C:GCGCGDBECFD P149 PAISIELLO
4697 C:GCGCGEC B461 BENDA
4698 C:GCGCGECFDECDB A555 ANDRE
4699 C:GCGECECGCBG S749 SPERGER
4700 C:GCGECGDBGAE K891 KRAML
4701 C:GCGECGECE C225 CANNABICH
4702 C:GCGECGECGECG2AG B896 BRUNETTI
4703 C:GCGECGEFDGEC R539 RICKERT
4704 C:GCGE2CGCAF2C H409 HAYDN
4705 C:GCGE2CGCGEC H758 HOLZBAUER
4706 C:GCGE2C2G3FE3F//2CBCECEC#2D V254 VANHAL
4707 C:GCGE4CGCAF2C H409 HAYDN
4708 C:GCGEDC L134 LACHNITH
4709 C:GCGEDCD2GCBC V158 VALENTINI
4710 C:GCGEGEGECEG3C W550 WEYSE
4711 C:GCGFEDCGCGFED C524 CHERZELLI
4712 C:GCGFEF2G G159 GALIMBERTI

```
4713  C : GC2GA2EFEDEFF#2G   M998 MYSLIVECEK
4714  C : GC2GCAF2D2C#DE2DEFG   B579 BIANCHI
4715  C : GC2G2F2ED   V254 VANHAL
4716  C : GC2G2F2EDCDEFGAB   ANON. CS-Bm
4717  C : GC2G2F2EDCDEFGABCBAG   ANON. PL-WRu
4718  C : GC3G   P727 PLEYEL
4719  C : GC4G2EDEFDBC3G   P979 PUGNANI
4720  C : GC6GEF5GEF4G   B461 BENDA
4721  C : GC13GFED//GCEG3C   K660 KLOB
4722  C : G2CAB$ABNCD2G   W939 WRANITZKY
4723  C : G2CBABGABCD   C182 CAMERLOHER
4724  C : G2CBCBCFE   M998 MYSLIVECEK
4725  C : G2CBCDCBCAGFEF   K666 KLOPP
4726  C : G2CBCDCBFEDCAGFE   D773 DRESSLER
4727  C : G2C2BGCC#2D   H877 HUBER
4728  C : G2CDB2C2E2D2B2C   Z730 ZIMMERMANN
4729  C : G2CDCBCDEG2FEDCBDCBAGF   ANON. D/DDR-SW1
4730  C : G2CDCD2EFEFGCG   C742 COMY
4731  C : G2CD2CD2CABC   D199 DANZI
4732  C : G2CD3C2E   V254 VANHAL
4733  C : G2CD6CD6CD4C   I930 IVANSCHIZ
4734  C : G2CDED2CFABCBA   G251 GASSMANN
4735  C : G2CDEDG2AB3CD   G776 GRAUN
4736  C : G2CDE2GFED2CDE2GFΓD3C   H413 HAYDN
4737  C : G2CDFG2D   P727 PLEYEL
4738  C : G2C2DEFEDCBC   S411 SCHWARZENDORF
4739  C : G2C2DE4GECG   S249 SARTI
4740  C : G2CEC2GE2C2BDFBDB   F489 FILTZ
4741  C : G2CE2C2B   S555 SHIELD
4742  C : G2CE2C2BG2DFEGFED   S326 SCHERER
4743  C : G2CEGCDEFGAB   K917 KRAUSE
4744  C : G2CEGCDEFGAB2CEGCDEFGAB   R795 ROSE
4745  C : G2CEGCDEFGAB2CEGCDEFGAB   G172 GALLO
4746  C : G2CE2GD2GECEC   H413 HAYDN
4747  C : G2C2E2G2C2EG   O650 ORDONEZ
4748  C : G2C2E2G2C2E13G   P589 PICCINNI
4749  C : G2C3EFDB   V254 VANHAL
4750  C : G3C   P727 PLEYEL
4751  C : G3CDCB2G3E$GE$FG   M662 MILWID
4752  C : G3CEDG3EGF   G251 GASSMANN
4753  C : G3CG3C   ANON. D/DDR-SW1
4754  C : G3CG3CGCECGCECG   S395 SCHUSTER
4755  C : G3CG5CDCBCEDCD   S249 SARTI
4756  C : G3CG5CDCBC2DEDCD   P149 PAISIELLO
4757  C : G3C2GB3C   H708 HOFMANN
4758  C : G4CBA2G   A839 ASPLMAYR
4759  C : G4CBCDCBCDCDEFE   R714 ROELLIG
4760  C : G4CBCDCGC2GFE   H413 HAYDN
4761  C : G4CECGE2CECGEC   C266 CARDON
4762  C : G4CEG2C   N454 NERUDA
4763  C : G4C2EDEFED   H708 HOFMANN
4764  C : G5CB   S699 SONNLEITHNER
```

4765 C:G5CB5G   Z310 ZANI
4766 C:G5CDEDCG5CDED   ANON. D/DDR-Dlb
4767 C:G5C2ED2G2D2F   G778 GRAUN
4768 C:G5C4EC8G   M895 MOSELL
4769 C:G5CG5CGCGCECEGAGC   W499 WERTTIG
4770 C:G6C   H700 HOFFMEISTER
4771 C:G6C5EGEFGFE   H758 HOLZBAUER
4772 C:G6C2G6E2G   M939 MOZART
4773 C:G7CDEFDCBCDEFDCBC5G   G778 GRAUN
4774 C:GEAG2FEDEFE   W131 WAGENSEIL
4775 C:GEBDGCE2G   H700 HOFFMEISTER
4776 C:GECB   N489 NEUMANN
4777 C:GECBC2A2GCDE//3CDEDCBAGF   B348 BAUMGARTNER
4778 C:GECBCGECGE2C   K926 KREUSSER
4779 C:GECBGFEFBGFEC//CGEFGFEDC   W827 WITT
4780 C:GECDCBCDEFDFEGEF   B125 BACHSCHMIDT
4781 C:GECDCBCFEDEDC#DGF   S787 STAMITZ
4782 C:GECDCBCFEDEDC#DGFE   G289 GAYET
4783 C:GECDCDGE2G2FDEDGEG   K820 KOENIGSPERGER
4784 C:GECDECG2AB   G778 GRAUN
4785 C:GECDEFGE2CDEF   B553 BERWALD
4786 C:GECDGCE2GECDG   ANON. CS-Bm
4787 C:GECDGCE2GECDG   ANON. A-Wn
4788 C:GECDGCE2GECDG   P727 PLEYEL
4789 C:GECEGEFG   H411 HAYDN
4790 C:GECGECDE2FDEF2G   W939 WRANITZKY
4791 C:GECGECEFGDE   A277 AGRELL
4792 C:GECGECF2D   C573 CIMAROSA
4793 C:GECGECGADBCBCDE   G168 GALLINA
4794 C:GECGE2CBFDBGF//GABCEGCEG   R817 ROSETTI
4795 C:GECG4EAFCA4FGECGFDBG2E   S342 SCHLOEGER
4796 C:GECGFEADEFE//8CEGCBDGB   V118 VACHON
4797 C:GE2CBAG2CBAGCGCGBEGE   B547 BERTONI
4798 C:GE2CBA2G2DE3FE   H700 HOFFMEISTER
4799 C:GE2CBCBC3G2A   P582 PIANTANIDA
4800 C:GE2CBCDEFDFEGEF   B123 BACHSCHMIDT
4801 C:GE2CEGCDEFGFEGCDFBC   M612 MEYER
4802 C:GE2CE2G2FEDC2BG   S787 STAMITZ
4803 C:GE4CDC   N489 NEUMANN
4804 C:GE6CEC6GCG2EGE2CECG   S749 SPERGER
4805 C:GEDCDCGFEDE   M991 MUSSINI
4806 C:GED3CAGF2CGFE2C   L811 LOCATELLI
4807 C:GED3CAGF2CGFE2C   S689 SOLNITZ
4808 C:GEDEFGCDBCEDEFGCEB   R383 RELUZZI
4809 C:GEDEFGEC   L742 LIND
4810 C:GEDEFGEC2GEDEFG   G183 GALUPPI
4811 C:GEFDECDCBAGAB   M989 MUSSILL
4812 C:GEFDGEFDGAGC2BAG   Z780 ZINGARELLI
4813 C:GEF2D2C2DB2G   W854 WOLF
4814 C:GEFEDCBAGFEFE   P548 PHILIDOR
4815 C:GEFGAGEF   K789 KOHAUT
4816 C:GEFGCDCGCDCGD   C145 CALDARA

4817   C : GEFGEFGEDCFDCB   L368 LAUBE
4818   C : GEFGEFGEFG3CDCBC   O650 ORDONEZ
4819   C : GE2FEDCBAGFEF   P548 PHILIDOR
4820   C : GEGEGECECECECA//CBGC   G779 GRAUPNER
4821   C : GEGEGEG3CACACAG2E//EFF#2GEG   M622 MICHALICZA
4822   C : GEGFAGCACBABCBCDEDCBAGF4E   B461 BENDA
4823   C : GEGFAGEGFA   W827 WITT
4824   C : GEGFDFEGFDADCB   L869 LORENZITI
4825   C : GE2GE2GFE   M938 MOZART
4826   C : GEG#AG#ACA   G736 GRAF
4827   C : G2EC   T645 TOESCHI
4828   C : G2EC2G2E2C   W639 WIDERKEHR
4829   C : G2EDCDCG2FEDE   M991 MUSSINI
4830   C : G3EDCB//CBCDEDECBCDCBG   D797 DRUSCHETZKY
4831   C : G3EDC2BCG2FGFED//CFEDC3GF   D797 DRUSCHETZKY
4832   C : GFAG   R919 RUCK
4833   C : GFEABCGFE   O650 ORDONEZ
4834   C : GFEAGFEDGF3E   D617 DITTERSDORF
4835   C : GFEAGFEDGF4EDF   V254 VANHAL
4836   C : GFECBAG   M395 MASCHEK
4837   C : GFECBC2A2GCDE//3CDEDCBAGF   B348 BAUMGARTNER
4838   C : GFE2CDEFGABCBAGCAG   C177 CAMBIONI
4839   C : GFE3CB2CDBFAGFED   C762 CONTI
4840   C : GFEDCB   N489 NEUMANN
4841   C : GFEDCDCBAGC   S335 SCHIMPKE
4842   C : GFEDC2EDFEDC   S281 SCALABRINI
4843   C : GFEDC2EDFEDCB2FE   H354 HASSE
4844   C : GFEDCFEDCBCDEFEDCB   N489 NEUMANN
4845   C : GFEDCGAB3C   B165 BAJAMONTI
4846   C : GFED2CBC   B116 BACH
4847   C : GFED2CDCB2CDBFAGFED   C762 CONTI
4848   C : GFED3CC#//CGECECGCGE   M998 MYSLIVECEK
4849   C : GFED8CC#2DCBAGF   G961 GUILLON
4850   C : GFEDEDCBNCE   K922 KRESS
4851   C : GFEDEFEDEFEDEF   D136 DALAYRAC
4852   C : GFEDEFGF2EAG   S165 SALIERI
4853   C : GFEDGFEDCGECGFEDGFEDCGEC   G172 GALLO
4854   C : GFEFEDCD   W786 WINTER
4855   C : GFEFEDGCDEFGAG   O650 ORDONEZ
4856   C : GFEFEFGCEGFE   H411 HAYDN
4857   C : GFEFGAG   P149 PAISIELLO
4858   C : GFEFGCEGFED//G2CDB2C2E2D2B2C   Z730 ZIMMERMANN
4859   C : GFEFGCEGFEDEFBDFE//G2CD3C2E   V254 VANHAL
4860   C : GFEGFEGFECBCG   M729 MOLTER
4861   C : GF2EAGFEB$AGFED   L475 LE DUC
4862   C : GF2EDEFEDC   N489 NEUMANN
4863   C : GF2EDEFEDC   G834 GRETRY
4864   C : GF2E2DCBA   Z780 ZINGARELLI
4865   C : GF2EFGG#ABCBDCB2AGN   D617 DITTERSDORF
4866   C : GF3EFDC2BC   S355 SCHMITT
4867   C : GFGDG   G776 GRAUN
4868   C : GF#GAGCBAG   C224 CANNABICH

4869	C : 2GABCBAGF	T645	TOESCHI
4870	C : 2GABC3BAGBCDED	S414	SCHWINDL
4871	C : 2GABCDEF#4GCB$GF#		ANON. D/BRD-Af
4872	C : 2GABC3EFEF	M998	MYSLIVECEK
4873	C : 2GABDC3BAGBCDFED	S414	SCHWINDL
4874	C : 2GA2B2CBCD	M498	MEHUL
4875	C : 2GAGA2GAG2AGFEGFEDCGABCDEF	P285	PASQUALI
4876	C : 2GAGE3C3DECG	S944	SUESSMAYR
4877	C : 2GAGE3C3DEC2GAGE		ANON. H-Bn
4878	C : 2GAGEFGAGEFGAG2C	M729	MOLTER
4879	C : 2GA2GA2GFED	W786	WINTER
4880	C : 2GA2GBC	H704	HOFMANN
4881	C : 2GA2GBCA	H700	HOFFMEISTER
4882	C : 2GA2GBC2AGFED		ANON. D/DDR-SW1
4883	C : 2GA2GECGA2GEC	S383	SCHUBERT
4884	C : 2GBCG2EFD2C	V163	VALERI
4885	C : 2GC	S165	SALIERI
4886	C : 2GCBCDEFDECDGABCBCE	S383	SCHUBERT
4887	C : 2GCB2GDCGE2CAF2DFD2B	F438	FIALA
4888	C : 2GCC#D2FAB	M938	MOZART
4889	C : 2GCDECFED2CBA2GCDE	M395	MASCHEK
4890	C : 2GCDEDB2CGC	G776	GRAUN
4891	C : 2GC2FED2CBAG2C		ANON. CS-Pnm
4892	C : 2GCG2EFD2C	V163	VALERI
4893	C : 2GC2GE2G2CDEFGABCEC		ANON. D/DDR-Dlb
4894	C : 2G2C		ANON. A-Wn
4895	C : 2G2C2DBA2GCDEFG	T180	TARCHI
4896	C : 2G2C2EGF2E2D	A833	ASIOLI
4897	C : 2G2C2GCGCEG	S398	SCHWANENBERGER
4898	C : 2G3CE2C	B121	BACH
4899	C : 2GECDEC	F271	FAUNER
4900	C : 2GE4CA2FA	O650	ORDONEZ
4901	C : 2GEDCBAG2F2E	H700	HOFFMEISTER
4902	C : 2GEDEF2GEDEF	H571	HERSCHEL
4903	C : 2GEFD2GEFDGAGCB	Z780	ZINGARELLI
4904	C : 2GEFEFGCE	H700	HOFFMEISTER
4905	C : 2G2EC2DCDF	W939	WRANITZKY
4906	C : 2GFECDEFGABC3G	F569	FLACKTON
4907	C : 2GFED3CEDCEDCEDC	B896	BRUNETTI
4908	C : 2GFEDEFDBC//2CBCEA	D617	DITTERSDORF
4909	C : 2GFED2EFED	P985	PURCKSTEINER
4910	C : 2GFE2D3C2EDC2EDC2EDC	B896	BRUNETTI
4911	C : 2GFEF2EDCD	W786	WINTER
4912	C : 2GFEF2EDCD4C	D617	DITTERSDORF
4913	C : 2GFEF2GA2G2F	W856	WOLFF
4914	C : 2GFGEGDE//4GFEDCDEF	Z780	ZINGARELLI
4915	C : 2G2F2E2D2C	Z780	ZINGARELLI
4916	C : 2GF#GAGCGE2C2DEC	S333	SCHIERL
4917	C : 3GAGFECDCB2ABAG2F	B896	BRUNETTI
4918	C : 3GAGF3EGFE	B517	BERLIN
4919	C : 3G2A3B2C3G2A	S251	SARTORIUS
4920	C : 3G2A3B2C3G2A	S232	SANTA

```
4921  C : 3G3A3G   M989 MUSSILL
4922  C : 3GB$AGF3EAGFE   B517 BERLIN
4923  C : 3GBC2A2GFEFEG   M394 MASCH
4924  C : 3G2B2C2D2E2D2E2D2C   D136 DALAYRAC
4925  C : 3GCDCAG2FGF2EDEFE   J330 JANITSCH
4926  C : 3GEF3G   S189 SAMMARTINI
4927  C : 3GEF3GEF3GFEDGD   V158 VALENTINI
4928  C : 4G   O650 ORDONEZ
4929  C : 4GABCDEF2GE   N386 NEGRI
4930  C : 4G4E4C4GAF2ED   K290 KELLER
4931  C : 4GFEDCDEF   Z780 ZINGARELLI
4932  C : 5G12C4DE4CEFEG   M678 MITSCHA
4933  C : 5G3EC   T645 TOESCHI
4934  C : 6GEDC   H411 HAYDN
4935  C : 6GFEDEFEDEFEDEFEDE   D136 DALAYRAC
4936  C : 7G5C / / 6CEGCEC   W939 WRANITZKY
4937  C : 7GEFGECABGAF   K787 KOHAUT
4938  C : 8G   C392 CELESTINO
4939  C : 14G / / GAB5C5B   K950 KUCI
4940  C : 14GABC   S357 SCHMITTBAUR
4941  C : 16GCDEFEFF#GE   S944 SUESSMAYR

4942  C - : BAGFE   G678 GOSSEC
4943  C - : BN2C2E2G2EC / / 3CBC3A   B895 BRUNETTI
4944  C - : CABNB$GAN   K791 KOHAUT
4945  C - : CAGF#GDECBN   F413 FESCA
4946  C - : CA2G / / C : 14GABC   S357 SCHMITTBAUR
4947  C - : C2AGFEN / / FGBNCGCBA   W827 WITT
4948  C - : CBCBCC#DC#D   V880 VOGEL
4949  C - : CBNCBNCBNCBN   W939 WRANITZKY
4950  C - : CBNCBNCBNCBN   S944 SUESSMAYR
4951  C - : CBNCBNCBNCDED2CBNG   B896 BRUNETTI
4952  C - : CBNCDECFAGFDGCGBG   B285 BARTHELEMON
4953  C - : CBNCDEDEFAGFED   H571 HERSCHEL
4954  C - : CBNCDEF / / C : CEFGAB2CDEFGAB   A991 AZAIS
4955  C - : CBNCDEFG   A839 ASPLMAYR
4956  C - : CBNCDEFGCFGA   S316 SCHEIBE
4957  C - : CBNCDG   P678 PISENDEL
4958  C - : CBNCEDCAGFDE   B914 BRUSACO
4959  C - : CBNCE3DC#DFE$F   H452 HEEL
4960  C - : CBNCGABNCDC#   W744 WILMS
4961  C - : CBNCGAGAEN   P582 PIANTANIDA
4962  C - : CBNCGEDECGF#GD   ANON. I-TN
4963  C - : CBN2CE2GADC2D3FG   P149 PAISIELLO
4964  C - : CBNDEENF   R535 RICHTER
4965  C - : CDCBAG   C322 CARTELLIERI
4966  C - : CDE2CDEG / / 5GEDECBN   M395 MASCHEK
4967  C - : CDEDCA   S355 SCHMITT
4968  C - : CDEDCDEDEFE   N311 NAUMANN
4969  C - : CDEDCDEDEFE   W939 WRANITZKY
4970  C - : CDEDC3G / / G2D3G   ANON. S-L
4971  C - : CDEENFGACBNAGF   S394 SCHURER
```

4972	C-: CDEFGABNC3G	B825	BRAUN
4973	C-: CDEFGANBNCEF#//C:6CBCD	E970	EYBLER
4974	C-: CDEGCEDEF	O650	ORDONEZ
4975	C-: CDEN3FE2D	H633	HIEBESCH
4976	C-: CDFEDCBNG//2C3G	B283	BARTA
4977	C-: CEAF#GBNCDE//E$:5EDEG5EDEA	D199	DANZI
4978	C-: CEBN2AFGE	H411	HAYDN
4979	C-: CEBNCGBNABNDBN	H411	HAYDN
4980	C-: CECAGFD2G//2GANBN	B414	BEECKE
4981	C-: CECDCDEFD	C742	COMY
4982	C-: CECGECEDF2EDFE	V254	VANHAL
4983	C-: CEDCBN2G//CBNCGABNCDC#	W744	WILMS
4984	C-: CEDCEAFCAGCFA	W371	WEBER
4985	C-: CEDCEDCD2GF	R535	RICHTER
4986	C-: CEDCGCBNCAG	S785	STAMITZ
4987	C-: CEDCGCBNCEDCB	H354	HASSE
4988	C-: CEDC2GCBNCAG	S785	STAMITZ
4989	C-: CEDC3G	G183	GALUPPI
4990	C-: CED3CED2CDFE2D//C:CE2GAB	S120	SACCHINI
4991	C-: CEDEG	S819	STEGMANN
4992	C-: CEDGANBN	N725	NISLE
4993	C-: CE2DFE2CEDCBAGF#G	B896	BRUNETTI
4994	C-: CEFF#GEDECE	W744	WILMS
4995	C-: CEGBAGAGBNDCBAGAG	C175	CAMBINI
4996	C-: CEGCBNCGEC3GAGFEDC	L574	LENTZ
4997	C-: CEGCBNDF	W939	WRANITZKY
4998	C-: CEGCE	W131	WAGENSEIL
4999	C-: CEGCED2C3BN	V254	VANHAL
5000	C-: CEGCEDFGF	L869	LORENZITI
5001	C-: CEGCEF#GBDFBD	C221	CANNABICH
5002	C-: CEGC2EDCBNAGFEDC	C322	CARTELLIERI
5003	C-: CEGCGED3CBNAG	R535	RICHTER
5004	C-: CEGECAGF#G//C:13CEGFEDC	B823	BRAUN
5005	C-: CEGFECBN//C:GF2E2DCBA	Z780	ZINGARELLI
5006	C-: CE2GCE	W131	WAGENSEIL
5007	C-: CE2GCEGBNDF	E560	ENDLER
5008	C-: CE2GCEGBNDFAGF	E559	ENDLER
5009	C-: CE2GC2GEDFA	S120	SACCHINI
5010	C-: CE2GEDC2A2G	P979	PUGNANI
5011	C-: CE3GACEEN//C:GCBAGCE2G	S165	SALIERI
5012	C-: C2EDCBNC2F	W786	WINTER
5013	C-: C2E2D4C2DE	B579	BIANCHI
5014	C-: C2E2G2BN2C	S189	SAMMARTINI
5015	C-: C2E2G2BN2CBNCGAFEG	ANON.	CS-Pnm/Osek
5016	C-: C4E2F//C:4CBA3G	B642	BLANGINI
5017	C-: CFABNCDEF	Z780	ZINGARELLI
5018	C-: CFD$CFBE//GAGF#GE2C	K913	KRAUS
5019	C-: CGABNCDGEDCBNCFED	G251	GASSMANN
5020	C-: CGAEFG	W939	WRANITZKY
5021	C-: CGAFGDEC	G251	GASSMANN
5022	C-: CGAF#2GC2EDC	H411	HAYDN
5023	C-: CGAF#GDEN	H517	HENNIG

5024 C-:CGAGFEGAG2FECDBNCG ANON. A-GOe
5025 C-:CGANBNCGANBN2C2E2A//5GC5G F652 FODOR
5026 C-:CGANBNCGANBN3C2GE//C:18C W786 WINTER
5027 C-:CGCEC#DGDFDEC H354 HASSE
5028 C-:CGECBNFDBNCED4CDFE4D G834 GRETRY
5029 C-:CGECBNGD//C:EDCBFEDC C322 CARTELLIERI
5030 C-:CGECECB2A//C:GCDEFGABC E310 EGGERT
5031 C-:CGECGAFDCBN//5CGE2C A833 ASIOLI
5032 C-:CGECGEC M244 MALDERE
5033 C-:CGECGED2CBNAGFEDEGBND B285 BARTHELEMON
5034 C-:CGEDC//4GB2DG C221 CANNABICH
5035 C-:CGEDC//C:CBCB H409 HAYDN
5036 C-:CGEDCDEF2G ANON. F-Pn/Blancheton
5037 C-:CGEDCGECGEDC P285 PASQUALI
5038 C-:CGEDGCGECBNAG L234 LAMONINARY
5039 C-:CG2E2DG2FE V254 VANHAL
5040 C-:CGFEDCBNCB$AG G567 GLUCK
5041 C-:CGFED11CDE B843 BRESCIANELLO
5042 C-:C2GECBNB$BANBANBAN K913 KRAUS
5043 C-:C3G B283 BARTA
5044 C-:C3GE//CGAEFG W939 WRANITZKY
5045 C-:C3GF V254 VANHAL
5046 C-:C5GEDCAGC H298 HARRER
5047 C-:2CBCDG//CAGF#GDECBN F413 FESCA
5048 C-:2CBNAG//CBNCGAGAEN P582 PIANTANIDA
5049 C-:2CBNCDEFGCFGA S316 SCHEIBE
5050 C-:2CBNCEDGF# V254 VANHAL
5051 C-:2CBNCG2AGAEN P582 PIANTANIDA
5052 C-:2CBNCGFEDCED2CBN2C S689 SOLNITZ
5053 C-:2CBNDEENF R535 RICHTER
5054 C-:2CBN2EDGFEFAGF//CBNCDG P678 PISENDEL
5055 C-:2C2BN6CBNC P645 PINAIRE
5056 C-:2CDCDEDCG Z780 ZINGARELLI
5057 C-:2CDEFGABNB$//C2E2D4C2DE B579 BIANCHI
5058 C-:2CDEFGANBN2CGE2ABCDEFG N327 NAVOIGILLE
5059 C-:2CDEFGCBNCGF//2C4EDCBAG M998 MYSLIVECEK
5060 C-:2CDEFGECAFGA R568 RIGEL
5061 C-:2C2DEFG5A G678 GOSSEC
5062 C-:2C3DCBNC//C:2CDCD5C3G M678 MITSCHA
5063 C-:2CECAG5FENFENFDC S785 STAMITZ
5064 C-:2CECAG5FENFENFDCBNF S823 STEINMETZ
5065 C-:2CEDCF#2G//C:CGEDCGE Z780 ZINGARELLI
5066 C-:2CEGBN2BDG$AN S291 SCHACHT
5067 C-:2CEGC3A//12CGEC M379 MARTIN
5068 C-:2CEG4C S189 SAMMARTINI
5069 C-:2C2E2C2BN2D2G2E2G2E G414 GHERARDESCHI
5070 C-:2C2E2C2ECF2A2F2AFBN2DBN N311 NAUMANN
5071 C-:2C2EGEC//2CGF#GAGE2D E168 EBERS
5072 C-:2C2E2G2EC//3CBC3A B895 BRUNETTI
5073 C-:2C4EDCBAG M998 MYSLIVECEK
5074 C-:2CGAG//C:5C2E2G2C2E K966 KUNTZEN
5075 C-:2CGEC3G//E$:BEGBEGBEG H133 HAEFFNER

```
5076  C-:2CGF#GAGE2D        E168 EBERS
5077  C-:2C2G2CBNGEC        S295 SCHAFFRATH
5078  C-:2C2GECBNB$BANBANBAN    K913 KRAUS
5079  C-:2C2G2E2C//E$:EGE3B     H133 HAEFFNER
5080  C-:2C3G              B283 BARTA
5081  C-:3CBAG3AGFEN       B157 BAILLEUX
5082  C-:3CBC3A            B895 BRUNETTI
5083  C-:3CBN2AG//2CBNCG2AGAEN   P582 PIANTANIDA
5084  C-:3CBNANBN          F327 FELTON
5085  C-:3CBNCECGCEGAG2BN   S749 SPERGER
5086  C-:3CBNGFENFG2B$AN    R535 RICHTER
5087  C-:3CDCBNCDECGE      Z730 ZIMMERMANN
5088  C-:3CDEFGANBN2CGE3A   N327 NAVOIGILLE
5089  C-:3CDEFG2CDEC       V281 VAN SWIETEN
5090  C-:3CDEF2G2AB$//C:GCDCBCD2E   P126 PAER
5091  C-:3CD2EFEDC         Z780 ZINGARELLI
5092  C-:3CDG              P466 PERSILE
5093  C-:3CD2GDECABGAF     M314 MARCELLO
5094  C-:3CE3C3DF3D//C:GCGCGECFDECDB   A555 ANDRE
5095  C-:3CED3C//C:GECGECF2D    C573 CIMAROSA
5096  C-:3C2E2CD           R535 RICHTER
5097  C-:3C2E2CD           S785 STAMITZ
5098  C-:3C2E2CDEF         H423 HAYMANN
5099  C-:3C2E2CE           L619 LE ROY
5100  C-:3C2ED3C//C:GECGECF2D   C573 CIMAROSA
5101  C-:3CG3CBN//CBNCDEFG  A839 ASPLMAYR
5102  C-:3CGDEBNCF#2G       G678 GOSSEC
5103  C-:4C//C:EGFEFGE2C    B942 BUNTE
5104  C-:4CB//CBNAG        E310 EGGERT
5105  C-:4CBNG//C2EDCBNC2F  W786 WINTER
5106  C-:4CDCDENF          A833 ASIOLI
5107  C-:4CEAG//C:CEAG     K958 KUEFFNER
5108  C-:4CGCEDBNCGFEDC    V254 VANHAL
5109  C-:4CGCE2G2FE//2C2E2C2BN2D2G   G414 GHERARDESCHI
5110  C-:4CGFEDCBN         R535 RICHTER
5111  C-:4C4G4C4D          G567 GLUCK
5112  C-:5C5A//C:GF#GAGCBAG   C224 CANNABICH
5113  C-:5CBAGFEDC5AGFEDCBA  P645 PINAIRE
5114  C-:5CDECDEFGEFG//C:G2CDFG  P727 PLEYEL
5115  C-:5CD2EDCBA//12CDEFG  M419 MASSONNEAU
5116  C-:5CEDCGEC          W550 WEYSE
5117  C-:5CGE2C            A833 ASIOLI
5118  C-:5C5G5BN           P727 PLEYEL
5119  C-:6CEGC//5CEDCGEC   W550 WEYSE
5120  C-:6CF#GDEBN//CBNCBNCBNCBN   W939 WRANITZKY
5121  C-:6C2GC2GC2G//E$-:EG$BEFEDEG$EB   S357 SCHMITTBAUR
5122  C-:6C6G//C:2CD2CBA2GAB   R364 REINDL
5123  C-:7CAG4F//CDEDCDEDEFE   W939 WRANITZKY
5124  C-:7CA2G3F//CDEDCDEDEFE  N311 NAUMANN
5125  C-:7CE3D//C:7CDEGEC   ANON. CS-Bm
5126  C-:7C3E6D3GDBC       M419 MASSONNEAU
5127  C-:8CEFGEFG          A278 AGRICOLA
```

```
5128  C-:9C//4CDCDENF        A833 ASIOLI
5129  C-:10C2A2GFEDC2BNC     S689 SOLNITZ
5130  C-:11C                 Z950 ZUMSTEEG
5131  C-:12CDEFG             M419 MASSONNEAU
5132  C-:12CGEC              M379 MARTIN
5133  C-:16CBNAG             G678 GOSSEC
5134  C-:DCDEGCEDEF          O650 ORDONEZ
5135  C-:D5CDECDEFG//C:DGCBDFG2DEG      ANON. CS-BRsav
5136  C-:ECAGFECBAGF         S328 SCHETKY
5137  C-:E2CAGAFDEFG//E$:2BCDEF2GF2B    N485 NEUHAUSER
5138  C-:EDCGAFEDEC//GCAGF   ANON. S-L
5139  C-:EDEFGAGFEC//CFABNCDEF          Z780 ZINGARELLI
5140  C-:EDEGF2EDECE//C:GA2GA3G2F2ED    Z780 ZINGARELLI
5141  C-:EDFEN//4C4G4C4D     G567 GLUCK
5142  C-:EFANBCDEN12F4CBN    ANON. I-Fc
5143  C-:EFGACBNCDCB$AGF     D972 DUSSEK
5144  C-:EGAGDGAGEGAGD       A748 ARNE
5145  C-:EGBGDBNCEGECG       ANON. PL-MO
5146  C-:EG3BE2C             Z780 ZINGARELLI
5147  C-:EGFEDECED$CBNC      P592 PICHL
5148  C-:E2GDFE//C:CEGAFDGE3C            B965 BURNEY
5149  C-:2EGANBNCDEGANBNCD//CEDGANBN    N725 NISLE
5150  C-:2EGC3BFB2AGF2E      F912 FRIGEL
5151  C-:2E$GFE$D//CBCBCC#DC#D          V880 VOGEL
5152  C-:3E2D2D$C3F          V696 VILA
5153  C-:3EFG3AB             B843 BRESCIANELLO
5154  C-:4EBCD//FGANBCDEN12F4CBN        ANON. I-Fc
5155  C-:5E                  K913 KRAUS
5156  C-:FD$CF//GAGF#GE2C    K913 KRAUS
5157  C-:FG3AG//C:GABGF#G    B823 BRAUN
5158  C-:FGANBCDEN12F4CBN    ANON. I-Fc
5159  C-:FGBNCGCBA           W827 WITT
5160  C-:6FCFGAFABC//CABNB$GAN          K791 KOHAUT
5161  C-:GABNCBNCGEDCGFED    C267 CARDON
5162  C-:GABNCDE//C-:3CD2EFEDC          Z780 ZINGARELLI
5163  C-:GABNCDEFEDEFGFE     B664 BOCCHERINI
5164  C-:GABNCDEFEDEFGFE     P727 PLEYEL
5165  C-:GABNCDFED//C:GAFDGB3C          Z780 ZINGARELLI
5166  C-:GACBNCDCDEFEDEFAGFE            B664 BOCCHERINI
5167  C-:GAGAGE2G2FE//3GF2EFEDCBN       Z780 ZINGARELLI
5168  C-:GAGF#GE2C           K913 KRAUS
5169  C-:GA2GAG2CBN          P987 PUSCHMANN
5170  C-:G2AGF//C:8C5D       Z780 ZINGARELLI
5171  C-:GANBNC//C:GCD2EFEDC             W786 WINTER
5172  C-:GANBNCDEFGABNGANBNCDEFAGBNC    L435 LEAL
5173  C-:GANBNCGANBN//C:2CGABC          Z780 ZINGARELLI
5174  C-:GANBNCGANBNCGC2EDC//CDCBAG     C322 CARTELLIERI
5175  C-:GANBN2C2ABN//C:2GFEF2EDCD      W786 WINTER
5176  C-:GANBN2CBNCBNCDFEDC  R813 ROSES
5177  C-:GANBN2C2E2C2A2G2F#  S712 SORS
5178  C-:GANBN2CGEC          R535 RICHTER
5179  C-:GANCBNANGCD         B283 BARTA
```

5180   C-: GBNCDEFG   F248 FASCH
5181   C-: GCABNC2EDCBNC   O650 ORDONEZ
5182   C-: GCAGF   ANON. S-L
5183   C-: GC2AB2G   W131 WAGENSEIL
5184   C-: GCBNA2GFEDEDC//C: CGCEG2CGCEGCEGCEG   K290 KELLER
5185   C-: GCBNCACBNG2AGAFAG   G811 GREENE
5186   C-: GC2BNCGCBNCG   C182 CAMERLOHER
5187   C-: GCDCBNGCDCBN   V254 VANHAL
5188   C-: GCDCDEDCBN2AGF   S774 STADT
5189   C-: GCD2EDCG   W131 WAGENSEIL
5190   C-: GCEGCE2G2BNCE4G   N478 NEUBAUER
5191   C-: G2CBNG2ED3GFEDC   ANON. PL-Wu/Breslau
5192   C-: G8CB4GANBN   S295 SCHAFFRATH
5193   C-: G2D3G   ANON. S-L
5194   C-: GEBNCDEFA$GFEDC//C: GEFGAGFE   K789 KOHAUT
5195   C-: GECAGFEC//C: C2BABAFD2C   K913 KRAUS
5196   C-: GECBNGECBNCGEC   W134 WAGNER
5197   C-: GECGDBGECAF#G   M754 MONSIGNY
5198   C-: GECGECBN2CG2AGA   A277 AGRELL
5199   C-: GE8C2FEDEFDEC   B664 BOCCHERINI
5200   C-: GEDCBNCD   R565 RIGEL
5201   C-: GFED5C//C: CBCF2EDEAG   W939 WRANITZKY
5202   C-: GFGABNABNC   W131 WAGENSEIL
5203   C-: GFGAGFEF//E$: EB5EDEDBCDE   M678 MITSCHA
5204   C-: GF#GDBNDC//3CDCBNCDE   Z730 ZIMMERMANN
5205   C-: 2GAGFED2C2GAGF   W131 WAGENSEIL
5206   C-: 2GANBN2C   B414 BEECKE
5207   C-: 3GCDEFGAG   E164 EBERLIN
5208   C-: 3GF2EFEDCBN   Z780 ZINGARELLI
5209   C-: 4G2ABNC//3CDG   P466 PERSILE
5210   C-: 4G4AF//CEDC3G   G183 GALUPPI
5211   C-: 4GB2DG   C221 CANNABICH
5212   C-: 5G//2EGC3BFB2AGF2E   F912 FRIGEL
5213   C-: 5GC5G   F652 FODOR
5214   C-: 5GEDECBN   M395 MASCHEK
5215   C-: 6GFF#2G2D2C2BN   H571 HERSCHEL

5216   C#-: CFDNCFE//18CDEFDEFG   K913 KRAUS
5217   C#-: 18CDEFDEFG   K913 KRAUS

5218   D$: 2CE2DEFGFE   S357 SCHMITTBAUR

5219   D: A   T820 TRIEBEL
5220   D: AA#BGE   M939 MOZART
5221   D: ABAB2ABABADCBABAE   S421 SCOLARI
5222   D: ABAB2ABABADCBAGFEDED   S689 SOLNITZ
5223   D: ABABCDB   C182 CAMERLOHER
5224   D: ABADADEGFGFE   G779 GRAUPNER
5225   D: ABADCBAFE//ABCDEFDEAE   B617 BIRCK
5226   D: ABAFABA2F   Z110 ZACH
5227   D: ABAFABA2FG   D617 DITTERSDORF
5228   D: ABAFED2CEDC//DFGE2FGEF   V254 VANHAL

5229 D : ABAFGFDEFGA D972 DUSSEK
5230 D : ABAFGFGAG C933 CRISPI
5231 D : ABAGAD2A2FEF A928 AURISICCHIO
5232 D : ABAGA2F2GAGAGFG S298 SCHALL
5233 D : ABAGAGFEDFEDC H758 HOLZBAUER
5234 D : ABAGFDFAFG S787 STAMITZ
5235 D : ABAGFEF Z780 ZINGARELLI
5236 D : ABAGFEFC3D B116 BACH
5237 D : ABAGFGFEDCD P791 PONS
5238 D : ABAG2FGE B664 BOCCHERINI
5239 D : ABAG2FGFED N454 NERUDA
5240 D : ABAG2FGFED//DCDEDFAD D617 DITTERSDORF
5241 D : ABAG2FGFEDCBGBCBABA S787 STAMITZ
5242 D : AB2AB2AGFEDAFD F841 FRASCIA
5243 D : AB2ADAB3AB2ADAG R455 REXACH
5244 D : AB2ADAFDAG P221 PARADEISER
5245 D : AB2AGFG2AGFGAD2B2A S421 SCOLARI
5246 D : ABB$2A//3DFEFA C979 CUPIS
5247 D : ABCD//ABCDFGEFDABC P337 PAVESI
5248 D : ABCD M939 MOZART
5249 D : ABCDABCABCDABCDFDA S785 STAMITZ
5250 D : ABCDABCD S395 SCHUSTER
5251 D : ABCDABCDABCD G291 GAZZANIGA
5252 D : ABCDABCDABCDAFD P149 PAISIELLO
5253 D : ABCDABCDABCDEFGABCDEFGA M498 MEHUL
5254 D : ABCDABCDEABCDE N644 NICOLINI
5255 D : ABCDABCDEABCDEFAFD//DABCDABCD F225 FARINELLI
5256 D : ABCDADABCDA G183 GALUPPI
5257 D : ABCDADADADADFAFD A758 ARNOLD
5258 D : ABCDADA2DE R578 RINALDO
5259 D : ABCDADAFABCDAEAFABCDEFAGA ANON. S-L
5260 D : ABCDADEFDFG H758 HOLZBAUER
5261 D : ABCDADFA2D2FA M498 MEHUL
5262 D : ABCDADFDFAFAD S449 SEDLER
5263 D : ABCDAF S819 STEGMANN
5264 D : ABCDAFADFADFA K891 KRAML
5265 D : ABCDAFBD#EAFD L757 LINLEY
5266 D : ABCDAFDAECA2DCBAGFE N859 NORRIS
5267 D : ABCDAFDAF M365 MARSH
5268 D : ABCDAFDGEDCDAFDGEDC2D D376 DEMEL
5269 D : ABCDAF2DFEC3ABCDECA ANON. D/BRD-Mbs
5270 D : ABCDAF2DFGABCDEFDAF N327 NAVOIGILLE
5271 D : ABCDAFGFGFEFEGFEABC D772 DRESSLER
5272 D : ABCDBABDAGAD P761 POKORNY
5273 D : ABCDBABDAGAD2AG S838 STERKEL
5274 D : ABCDBABDAGAD2AG ANON. D/BRD-Rtt
5275 D : ABCDCA#2BCDEFG//2DEFGEFGA A333 ALBERTAZZI
5276 D : ABCDCBABD P761 POKORNY
5277 D : ABCDCBABDBAGAD S838 STERKEL
5278 D : ABCDCBABDBAGAD2AG ANON. D/BRD-Rtt
5279 D : ABCDCD2AFE3FAGF M464 MAXIMILIAN
5280 D : ABCDCD2AFE3FAGFGABC ANON. D/DDR-Dlb

5281 D : ABCDCDEFGFBG#A   H700 HOFFMEISTER
5282 D : ABCDCDFCD   B175 BALDAN
5283 D : ABCDEDCD2E / / FEFGECDEFGAB   G279 GAVEAUX
5284 D : ABCDEFNAGFEDCDE   M498 MEHUL
5285 D : ABCDEFDAFDFBA   G778 GRAUN
5286 D : ABCDEFDEAE   B617 BIRCK
5287 D : ABCDEFGABGE   ANON. I-Vnm
5288 D : ABCDEFGAFDBGE   H411 HAYDN
5289 D : ABCDEFG2FED2CD   G567 GLUCK
5290 D : ABCDE2FE   K922 KRESS
5291 D : ABCDFA   ANON. GB-Lbl:Longman Per.Ov.
5292 D : ABCDFABAGFEGFED / / 2DEDCBA   A333 ALBERTAZZI
5293 D : ABCDFADAFD2BCBC   C175 CAMBINI
5294 D : ABCDFAFD2C   B399 BEDARD
5295 D : ABCDFAGFEDCA   C175 CAMBINI
5296 D : ABCDF5AFDAFDAFDCD   F873 FREUBEL
5297 D : ABCDFB / / AGFDE2FG   P587 PICCINNI
5298 D : ABCDFCDAFD#E   H652 HILLER
5299 D : ABCDFEA / / DAFEFGADFA   C626 CLEMENTI
5300 D : ABCDFEA   O750 ORSLER
5301 D : ABCDFEDCD   T180 TARCHI
5302 D : ABCDFEDC3DABCDFEDEFGA   P761 POKORNY
5303 D : ABCDFEDC3DABCDFEDEFGA   B189 BALLAVICINI
5304 D : ABCDFEDCEABCDE   T180 TARCHI
5305 D : ABCDFEFDCDGEAD   J750 JOMMELLI
5306 D : ABCDFEFECDFEFECDFED   ANON. D/BRD-Mbs
5307 D : ABCDFGABEFGADC2D   A139 ABEL
5308 D : ABCDFGABEFGADC2D   P761 POKORNY
5309 D : ABCDFGA3DEFGABCDFGA   ANON. A-Wn
5310 D : ABCDFGEFDABC   P337 PAVESI
5311 D : ABCDFG#DCB2ABC   R534 RICHTER
5312 D : ABCD2FABCDFAF   W474 WENGNER
5313 D : ABCD2F2ABCDEFGABCDA   R748 ROLLA
5314 D : ABCD2F2AD / / 2DCB2AGFEDFDA   S944 SUESSMAYR
5315 D : ABCD2F2A2DADA   L576 LEO
5316 D : ABCDGF   H354 HASSE
5317 D : ABCDGFEDCD   T180 TARCHI
5318 D : ABCDGFEFEDCDGEAD   J750 JOMMELLI
5319 D : ABC2DA3DEFG   F841 FRASCIA
5320 D : ABC2D2AFDEFG   S161 SALAZAR
5321 D : ABC2D2A2FDEFG#2A   B673 BOETTNER
5322 D : ABC2DCB4A / / DE3DEFE   C742 COMY
5323 D : ABC2DCDCBDCBABCDF   K966 KUNTZEN
5324 D : ABC2D2CDEF2GF   G414 GHERARDESCHI
5325 D : ABC2DEFG2ABCD3AGAGEG   P589 PICCINNI
5326 D : ABC2DEFG2ABC4D   R152 RAIMONDI
5327 D : ABC2DEFGBCD2E   G779 GRAUPNER
5328 D : ABC2DEFG#2ABCD   P523 PFEIFFER
5329 D : ABC2DE2FGA   M998 MYSLIVECEK
5330 D : ABC2DE2FG2ABCD   A579 ANFOSSI
5331 D : ABC2DE2FG2ABCD   A945 AVANZINI
5332 D : ABC2D2EC   G968 GUIU

5333 D : ABC2DFA2DFA ANON. A-LA
5334 D : ABC2DFA2DFADFEDCACE S281 SCALABRINI
5335 D : ABC2DFA2DFADFEDCACEA H354 HASSE
5336 D : ABC2DFAFDFD S252 SASSIA
5337 D : ABC2DFAF2DCDCDFAD J350 JANSON
5338 D : ABC2DFDFD2AGF B547 BERTONI
5339 D : ABC2D2F2A2B2D#2E F385 FERRER
5340 D : ABC3DABCDFAF S395 SCHUSTER
5341 D : ABC3DABC5DCDEDA V118 VACHON
5342 D : ABC3DADFEDFDF2A K680 KNECHTEL
5343 D : ABC3DAFDABCDAF C225 CANNABICH
5344 D : ABC3DCDEF2G G414 GHERARDESCHI
5345 D : ABC3DFAFDF4EABCD H324 HARTENFELS
5346 D : ABC3DFDFDAFDFDF L239 LAMPUGNANI
5347 D : ABC3DFGA R558 RIEPEL
5348 D : ABC4DA//DADFADFGA B233 BARBELLA
5349 D : ABC4DABCDFAFD W251 WANSKI
5350 D : ABC4DADA J750 JOMMELLI
5351 D : ABC4DCBABAGFGFE A758 ARNOLD
5352 D : ABC4DCDCDCDCFEFEFEFE G537 GIULINI
5353 D : ABC4DCDCDCDE G567 GLUCK
5354 D : ABC4DCDCDCDE S785 STAMITZ
5355 D : ABC4DCDCDCDE B524 BERNASCONI
5356 D : ABC4DCDCDCDEFEFE G887 GRUGLY
5357 D : ABC4DCDE//3DEAFEFGEDEF P791 PONS
5358 D : ABC4DCEAEFG#A//FDFDFD R817 ROSETTI
5359 D : ABC4DFDA#BDF//8F A333 ALBERTAZZI
5360 D : ABC4DFDEFG4A B233 BARBELLA
5361 D : ABC4DFEDCBACBA ANON. CS-Pnm/Frydlant
5362 D : ABC4D4F4A4D S934 STUMPF
5363 D : ABC5DA M379 MARTIN
5364 D : ABC5DABCD//DADFEAEGF ANON. S-L
5365 D : ABC5DABCD5E V155 VALENTINE
5366 D : ABC5DACD5E S355 SCHMITT
5367 D : ABC5DADFDADE5FDFA P837 PORPORA
5368 D : ABC5DAGFEDAGFE G537 GIULINI
5369 D : ABC5DFDAFDFAE ANON. S-L
5370 D : ABC5DFDE5FAFG5A G166 GALLENBERG
5371 D : ABC5DFED T180 TARCHI
5372 D : ABC5DFED4A B634 BLAINVILLE
5373 D : ABC5D6F6A G166 GALLENBERG
5374 D : ABC5DGFED T180 TARCHI
5375 D : ABC6DCBAGF6EDCBAG L115 L'ABBE
5376 D : ABC6DEFG7ABC2D D311 DEECKE
5377 D : ABC6DFED4A B634 BLAINVILLE
5378 D : ABC7DADF B524 BERNASCONI
5379 D : ABC7DAFDAF P791 PONS
5380 D : ABC8D ANON. S-L
5381 D : ABC8DCDBABGFD K290 KELLER
5382 D : ABC8DCDE7F M938 MOZART
5383 D : ABC13DFDEGE K662 KLOEFFLER
5384 D : ABC19D R397 RENDEUX

5385	D : ABC25D	R383 RELUZZI
5386	D : ABCFDFADEACEGFGAGA	E720 ERRICHELLI
5387	D : ABCFDFADEACEGFGAGA	ANON. CS-Pnm
5388	D : ABC2FD2ABGDBG	P119 PACI
5389	D : ABDCBCDEFGAB	P589 PICCINNI
5390	D : ABDCDF2EFGABCDAGF	B664 BOCCHERINI
5391	D : AB2DCBCDEFGAB	P589 PICCINNI
5392	D : ABFGABFGABCDC	M477 MAZZINGHI
5393	D : ABGADFGEFD	P923 PREDIERI
5394	D : ABGAFEDEDC	H758 HOLZBAUER
5395	D : ABG#A//DEFGFDFD	P912 PRATI
5396	D : ACB3AEACBA	E970 EYBLER
5397	D : ACDEFGABCFAFA//12D	M498 MEHUL
5398	D : ACDF2BAGFEDCBA	B755 BOYCE
5399	D : AC2DFEDED2C	S785 STAMITZ
5400	D : ACE13DADE	A277 AGRELL
5401	D : ACE4G	D136 DALAYRAC
5402	D : ACFGFE	G567 GLUCK
5403	D : ADABABADEF	H544 HERFFERT
5404	D : ADACDFEFGEGFG	L838 LOLLY
5405	D : ADADAD	M234 MAJO
5406	D : ADADAD	R817 ROSETTI
5407	D : ADADADADAD	C182 CAMERLOHER
5408	D : ADADADADADE	S421 SCOLARI
5409	D : ADADADADADFAFGED	N327 NAVOIGILLE
5410	D : ADADADADFEDEDAFDFDFD	S421 SCOLARI
5411	D : ADADA2DEFGABCD	B818 BRANDL
5412	D : ADADA4DF	S395 SCHUSTER
5413	D : ADADAFDFDADFADADA	A154 ABOS
5414	D : ADAD2AG2FDCDCBA	P589 PICCINNI
5415	D : ADADFDFAFAFD	D617 DITTERSDORF
5416	D : ADADFDFAFAFDADADFDF	S213 SANDEL
5417	D : ADADFDF4AFA	B116 BACH
5418	D : ADADFEABCDEG	K789 KOHAUT
5419	D : ADADFEABCDEGFADFE	ANON. CS-Pnm/Doksy
5420	D : ADADFEAE2GFGFEDECAG	D918 DUNI
5421	D : ADAD2FEGEDCAF	S985 SYLVA
5422	D : ADAFA//3DF2E3AG2F	H700 HOFFMEISTER
5423	D : ADAFAD//3DF2E	W939 WRANITZKY
5424	D : ADAFAF//AF2EFEDEF	M477 MAZZINGHI
5425	D : ADAFDA	J750 JOMMELLI
5426	D : ADAFDAD//ADAFD	C221 CANNABICH
5427	D : ADAFDADAFD	S357 SCHMITTBAUR
5428	D : ADAFDAFD	B664 BOCCHERINI
5429	D : ADAFDAFDAF4AGAGFDFDA	A336 ALBINI
5430	D : ADAFDAFD2EAGFED	Z780 ZINGARELLI
5431	D : ADAFDAFDFGECED	S318 SCHEICHER
5432	D : ADAFDAF2DA	S774 STADT
5433	D : ADAFD2AFE2DC	V254 VANHAL
5434	D : ADAFD2AGF2BCD	B896 BRUNETTI
5435	D : ADAFD2BA2GFE	G196 GANETTI
5436	D : ADAFDECGEFDAFG2ECD	B116 BACH

5437 D:ADAFDFGFAFEDCDED S749 SPERGER
5438 D:ADAF2DAFD2FE R750 ROLLE
5439 D:ADAFEDAFE S383 SCHUBERT
5440 D:ADAFEDEBGFEFDCDA C177 CAMBIONI
5441 D:ADAG7ADCD7A H469 HEINICHEN
5442 D:AD2ABAG2E V254 VANHAL
5443 D:AD2ADA S357 SCHMITTBAUR
5444 D:AD2ADA2DAE3A G778 GRAUN
5445 D:AD2AD2AD2ABAGFE Z780 ZINGARELLI
5446 D:AD2AD2AD2ABDGBEA M281 MANNA
5447 D:AD2AD2AD2ADEFGAGA2B M281 MANNA
5448 D:AD2AFAFDA R714 ROELLIG
5449 D:AD2AFAF3DAF M943 MUELLER
5450 D:AD2AFDBD2BGD ANON. CS-Pnm
5451 D:AD2AGFDEFGABCD2AG H354 HASSE
5452 D:AD3AFG3AD3A A193 ADAM
5453 D:AD3AGFE2GE2DCD L368 LAUBE
5454 D:AD4A2DAE3A G778 GRAUN
5455 D:AD4AE4AF R714 ROELLIG
5456 D:AD5AF5DA5F G779 GRAUPNER
5457 D:AD5AG//DFGA V254 VANHAL
5458 D:AD8AG#A H354 HASSE
5459 D:ADBAD S348 SCHMIDT
5460 D:ADBADBAFGEF E500 EMILIANI
5461 D:ADBA2DADBA R817 ROSETTI
5462 D:ADCA3DEFGABCD S521 SEYFERT
5463 D:ADCB F489 FILTZ
5464 D:ADCBAGFBA Z660 ZIEGLER
5465 D:ADCBAGFDAD K600 KIRNBERGER
5466 D:ADCBAGFEDADCBAGFED ANON. S-L
5467 D:ADCBAGFEDBAGF M938 MOZART
5468 D:ADCBAGFE2DEDCD ANON. D/BRD-RH
5469 D:ADCBAGFE4DCD G776 GRAUN
5470 D:ADCBAGFE4DCDEDCBAGF4EDE A243 ADRIANI
5471 D:ADCB3AGF H409 HAYDN
5472 D:ADCB3AGF2A2B//ADFDAFD I930 IVANSCHIZ
5473 D:ADCBA#BFG3A ANON. I-Mc
5474 D:ADCDAGFDAG#AEDCA ANON. S-Uu
5475 D:ADCDAGFDAG#AEDCA C516 CHELLERI
5476 D:ADCDAGFEAG#AED ANON. S-L
5477 D:ADCDBCABCDF K966 KUNTZEN
5478 D:ADCDCADEFEA2F2EFG S383 SCHUBERT
5479 D:ADCDEDADE2F Z380 ZARTH
5480 D:ADCDEDCDEDFA ANON. CH-Mue
5481 D:ADCDEDCDE4DGFGAGFGA4G N224 NARDINI
5482 D:ADCDEDEFAFEFG M998 MYSLIVECEK
5483 D:ADCDEF C573 CIMAROSA
5484 D:ADCDEFA C626 CLEMENTI
5485 D:ADCDEFD2AD//DA2DFEDC2D B678 BOIELDIEU
5486 D:ADCDEFD2A2DCDCDD# M498 MEHUL
5487 D:ADCDEFEFE H298 HARRER
5488 D:ADCDEFGAB2AB2AB2AB T195 TARTINI

5489 D : ADCDEFGABCDB   G778 GRAUN
5490 D : ADCDFEGFEFACE   V777 VINCI
5491 D : ADC2DCD   L712 LIDARTI
5492 D : ADC3DC4DGFE   G159 GALIMBERTI
5493 D : ADCE2DA   W131 WAGENSEIL
5494 D : ADCFE2DFEFG2F   S286 SCARLATTI
5495 D : ADEDCDFDAE   H354 HASSE
5496 D : ADEDC6D   H354 HASSE
5497 D : ADEDEFAGFEDG#2A   H354 HASSE
5498 D : ADEFAGEBCDFE2ADE   M498 MEHUL
5499 D : ADEFAGFED2A   H354 HASSE
5500 D : ADEFEAE2GF   C182 CAMERLOHER
5501 D : ADEFEFGFEADE   ANON. S-Skma
5502 D : ADEFEFGFED   G776 GRAUN
5503 D : ADEFEFGFEDEDCDFEDCBAGFEFD   K961 KUHLAU
5504 D : ADEFGABCD   G293 GEARGE
5505 D : ADEFGABCDAGF   S139 SAINT-GEORGES
5506 D : ADEFGABC2DEFGABCD3A   N386 NEGRI
5507 D : ADEFGABG#2AGNF   ANON. I-Gi
5508 D : ADEFGACDEFGACDC2B2A2G2F2B   A961 AVONDANO
5509 D : ADEFGACDEFGAC2D2B2A2G   F653 FOERSTER
5510 D : ADEFGAFACNBABG   S189 SAMMARTINI
5511 D : ADEFG2ABCDEFG2A   G778 GRAUN
5512 D : ADEFGFEA   L576 LEO
5513 D : ADEGFA2DGEGFAD   G729 GRAB
5514 D : ADEGFEFAGFEADE   ANON. S-Skma
5515 D : ADEGFEFAGFED   G776 GRAUN
5516 D : AD2EAEGF   C182 CAMERLOHER
5517 D : ADFACDBA   S785 STAMITZ
5518 D : ADFADAFDABCDC2B2A   Z660 ZIEGLER
5519 D : ADFADCBCAEACE   M998 MYSLIVECEK
5520 D : ADFADF   C486 CHARTRAIN
5521 D : ADFADFA2DFADEFGFE2A   H573 HERTEL
5522 D : ADFADFG2AFGE   H700 HOFFMEISTER
5523 D : ADFA2DA2D   P853 PORTOGALLO
5524 D : ADFA2DCBCAEACE   M998 MYSLIVECEK
5525 D : ADFA2DFADCBAG   H354 HASSE
5526 D : ADFAEFCDFA   S331 SCHIEDERMAYER
5527 D : ADFAEGFDAFEDEA   G779 GRAUPNER
5528 D : ADFAFA2DAF2A   P691 PITTRICH
5529 D : ADFAFCDED   S985 SYLVA
5530 D : ADFAFDAFAF2DFA   L269 LANG
5531 D : ADFAGFED//DEFDGEAGFEFD   Z510 ZELBELL
5532 D : ADF2ADFADEFGF   ANON. D/BRD-DS
5533 D : ADF3ADF3ACBABCD   A333 ALBERTAZZI
5534 D : ADFCDFCDFGABCD   M998 MYSLIVECEK
5535 D : ADFDACADCBA   M748 MONN
5536 D : ADFDADFDADF2AGECD   S395 SCHUSTER
5537 D : ADFDAFD   I930 IVANSCHIZ
5538 D : ADFDAFDAFDABADAB   S395 SCHUSTER
5539 D : ADFD2ADAEAFDAFD3AD3A   B114 BACH
5540 D : ADFDGEAFDBAGEFD   P727 PLEYEL

5541 D : ADFEADFEA   G779 GRAUPNER
5542 D : ADFECDADEG   H298 HARRER
5543 D : ADFEDADADA   M938 MOZART
5544 D : ADFEDCNA#2BC#   O650 ORDONEZ
5545 D : ADFEDCDFEDCDAGFE2D   ANON. D/BRD-Mbs
5546 D : ADFE2DFEACDE   R714 ROELLIG
5547 D : ADFE3D3ECA   ANON. A-LA
5548 D : ADFE3DFE3DFED   G429 GIACOMELLI
5549 D : ADFEFGF2B2D2G3B   S414 SCHWINDL
5550 D : ADFEGFAGB   V254 VANHAL
5551 D : ADFEGFAGBAFEDCDCDECBAG#AG#A   B617 BIRCK
5552 D : ADFE2GFBACDG   G776 GRAUN
5553 D : ADFGA   V254 VANHAL
5554 D : ADFGADCDCDCDC   R383 RELUZZI
5555 D : ADFGAGFE2D   G876 GRONER
5556 D : ADFG2ADFG2ADCDEGFED   H198 HAMAL
5557 D : ADFGEF3DADFABGAF   F653 FOERSTER
5558 D : ADFGEFGABCDEGF   A748 ARNE
5559 D : AD2FGAFBGAFGAFBGA   W168 WALDSTEIN
5560 D : AD2FGEF3DADF2ABGAF   F653 FOERSTER
5561 D : AD8FED//3DADADFDA   I930 IVANSCHIZ
5562 D : ADGFE2DAGF   G779 GRAUPNER
5563 D : ADG2FEDCDB2AGFE   M748 MONN
5564 D : A2DAB2DBE2AE   A579 ANFOSSI
5565 D : A2DAC3D2F2E   ANON. CS-Pnm/Doksy
5566 D : A2DADAFA   S419 SCIROLI
5567 D : A2DA2EA2FD2A   G779 GRAUPNER
5568 D : A2DA2F4A2G   K840 KOERZL
5569 D : A2DA2FDABA//ADAFDAFDFGECED   S318 SCHEICHER
5570 D : A2DA2FDADEFGABCD   R491 RICCI
5571 D : A2D2A2D2C2B2A2D2F2B2A2G2F   B612 BINDER
5572 D : A2DCBAGEGF   M262 MALZAT
5573 D : A2DCBAGFEDBAGF   M938 MOZART
5574 D : A2DCDADFADFGA   K600 KIRNBERGER
5575 D : A2DCDCDGFDCDCDBA   D617 DITTERSDORF
5576 D : A2DCDEDA   S249 SARTI
5577 D : A2DCDEDA2FEFGFE2AGABA   ANON. D/BRD-B
5578 D : A2DCDFDAE   H354 HASSE
5579 D : A2DC6D   H354 HASSE
5580 D : A2DCE2A2GFAD   R712 ROEHNER
5581 D : A2D2CDABCDEDC   G219 GARDI
5582 D : A2DEDEFGFGABAB   C940 CRONER
5583 D : A2DE2DFADAG   M262 MALZAT
5584 D : A2DEFDCBAGF   R535 RICHTER
5585 D : A2DEFGADFADEFGA   H334 HARTMANN
5586 D : A2D2EF2DC2BA2GF   R535 RICHTER
5587 D : A2DFAFA2D   J750 JOMMELLI
5588 D : A2DFAFA2D   G183 GALUPPI
5589 D : A2DFAFA3DF   ANON. D/BRD-DO
5590 D : A2DFAFA3DFAFAD   R928 RUGE
5591 D : A2DFD2ACA2DFD   G778 GRAUN
5592 D : A2DFDEDC2DA2FAFGFE2F   K110 KACHEL

```
5593  D:A2DFD2GEC      V254 VANHAL
5594  D:A2DFE2D2C      S785 STAMITZ
5595  D:A3DABA#BA#2B   Z425 ZECHNER
5596  D:A3DAFAF3DAFAF  F271 FAUNER
5597  D:A3DC//7DCBC7DCBC  P626 PIETROWSKI
5598  D:A3DCB          F489 FILTZ
5599  D:A3DCBADCBADCBA G548 GLASECK
5600  D:A3DCBA#BA#B2A  G537 GIULINI
5601  D:A3DEDE         D245 DAVAUX
5602  D:A3DEFEFDAGECADEFEDA  L939 LUCHESI
5603  D:A3DEF3EFG      H354 HASSE
5604  D:A3DEFGADCBADCBA  H573 HERTEL
5605  D:A3DEFGAFED3EFGAB  G776 GRAUN
5606  D:A3DEF4G4E4B4A  M998 MYSLIVECEK
5607  D:A3DEGFEFDAGECADEFEDA  L939 LUCHESI
5608  D:A3DF2EFG2A//6ACAEDCD  W251 WANSKI
5609  D:A4DA4EA4F      D797 DRUSCHETZKY
5610  D:A4DAFD4EBGEFAFDEGEC  F345 FERANDINI
5611  D:A4DAGFGAGFG    S795 STARZER
5612  D:A4D2ABAGFE     P592 PICHL
5613  D:A4D2ABAGFE4D   M625 MICHL
5614  D:A4DA#BGE2C2A   H700 HOFFMEISTER
5615  D:A4DCBADCBADCBA G548 GLASECK
5616  D:A4DCDED3BDA    N311 NAUMANN
5617  D:A4D4E4F4G4A4D  S785 STAMITZ
5618  D:A4DF5D         M938 MOZART
5619  D:A5DABCDEFG     K880 KOZELUCH
5620  D:A5DA4D         L884 LOTTI
5621  D:A5DAGFE        B461 BENDA
5622  D:A5DAGFE5DABCD  G779 GRAUPNER
5623  D:A5DBAGFEGF     W464 WELTZ
5624  D:A5DCACE        H298 HARRER
5625  D:A5DCACE        G183 GALUPPI
5626  D:A5DCACEGBAGFEDC4D  ANON. D/DDR-SW1
5627  D:A5DEDEF3D      H652 HILLER
5628  D:A5DEF3DA2D     G778 GRAUN
5629  D:A5DEFGABCDABGFACE  ANON. S-Uu
5630  D:A5DEFGFEDC4D   H354 HASSE
5631  D:A5DFEDCBAGFADF G779 GRAUPNER
5632  D:A5DFGAC5DFGAC2DB2AG  A681 ARENA
5633  D:A5DGEAGFE2DEFGABC  L356 LATILLA
5634  D:A6D2E2FG       S749 SPERGER
5635  D:A6DFDAGFG2E2C2A  W251 WANSKI
5636  D:A6DFED         H795 HOEPKIN
5637  D:A6DFED6ABC4D   E560 ENDLER
5638  D:A6DFG2A        K750 KOBRICH
5639  D:A6DGFED        H795 HOEPKIN
5640  D:A6DGFED        G776 GRAUN
5641  D:A7D            H298 HARRER
5642  D:A7DCCN2B       S395 SCHUSTER
5643  D:A7DEFEDAFDB2A4D  L356 LATILLA
5644  D:A7DFE4D        G778 GRAUN
```

5645 D:A8D H298 HARRER
5646 D:A8DD#E V254 VANHAL
5647 D:A9DEFGAFEDE6A F528 FISCHER
5648 D:A9DEFGAFEF C995 CZAJA
5649 D:A11D S713 SORKOCEVIC
5650 D:A12DB25DA12DG12A P589 PICCINNI
5651 D:A16D16A E559 ENDLER
5652 D:AEAEAEAB2CD2EDCB N311 NAUMANN
5653 D:AECAEDCB2AECACE M729 MOLTER
5654 D:AECAFGEFGE ANON. A-LA
5655 D:AECBAGAF B858 BRIOSCHI
5656 D:AEDCBA W939 WRANITZKY
5657 D:AEDCDEDCD L712 LIDARTI
5658 D:AEDCDEFGABCDB G778 GRAUN
5659 D:AEFCDADAEFCDAD G435 GIARDINI
5660 D:AEFEFGDEDE N486 NEUKOMM
5661 D:AEF2E ANON. H-Gc
5662 D:AEFGAGFBCDBCBABA J750 JOMMELLI
5663 D:AEF2GFBCD2BABA J750 JOMMELLI
5664 D:AEGAG3F C936 CRISPI
5665 D:AFA S189 SAMMARTINI
5666 D:AFADAFDABGFGECEA P221 PARADEISER
5667 D:AFA2DCBAGFA2D S394 SCHURER
5668 D:AFAEA3DEBAGFE2D I930 IVANSCHIZ
5669 D:AFAFAFDCDE2DCDED L619 LE ROY
5670 D:AFAFAFGEGEGE S328 SCHETKY
5671 D:AFAFA8FE M729 MOLTER
5672 D:AFAFDFDEGECEC3D D617 DITTERSDORF
5673 D:AFAFGFGAFDA T765 TRAETTA
5674 D:AFAGBAFAGBAFAGBABGAFGE B524 BERNASCONI
5675 D:AFAGEDCBABCDEFG B114 BACH
5676 D:AFAGEDCBABCDEFG I930 IVANSCHIZ
5677 D:AFAGEGDCBCDA#BGFACE L475 LE DUC
5678 D:AF2AFABGB S421 SCOLARI
5679 D:AFBAGEAG2FGF K860 KOSPOTH
5680 D:AFCDFDD#2EGEDCGE C221 CANNABICH
5681 D:AFCFA2DC2E R535 RICHTER
5682 D:AFDABCDEFGAF K966 KUNTZEN
5683 D:AFDABGDBAFDAGABG ANON. CS-Pnm/Frydlant
5684 D:AFDADC2ABCDAEA G778 GRAUN
5685 D:AFDADC2ABCDAEG R750 ROLLE
5686 D:AFDADFADFGECA D617 DITTERSDORF
5687 D:AFDADFADFGECA ANON. CS-Pnm/Doksy
5688 D:AFDA8DEDEFEDE D617 DITTERSDORF
5689 D:AFDAECADEFGFE3A M464 MAXIMILIAN
5690 D:AFDAEDADEFGFE3A ANON. D/DDR-Dlb
5691 D:AFDAFD2AGFGFGAG B896 BRUNETTI
5692 D:AFDAFDEFEFGFBAC W464 WELTZ
5693 D:AFDAF2DEFAGFEF2D H332 HARTMANN
5694 D:AFDAF2DEFG G778 GRAUN
5695 D:AFDAFGE W131 WAGENSEIL
5696 D:AFDAGEAFDFDA ANON. CS-BRsav

5697	D:AFD2AFD	P837 PORPORA
5698	D:AFD3ABAGFGECG	O650 ORDONEZ
5699	D:AFDBGDA//2DCBA2GFEDCD	B896 BRUNETTI
5700	D:AFDCAGE	P727 PLEYEL
5701	D:AFDCAGE5D2F	ANON. I-MOe
5702	D:AFDCDECBAGFGA	R817 ROSETTI
5703	D:AFDCEDC//DCDCDAG#AG#	W939 WRANITZKY
5704	D:AFDECD	P727 PLEYEL
5705	D:AFDFADADFADFA	F654 FOERSTER
5706	D:AFDFADBG	G183 GALUPPI
5707	D:AFDFADBGDGBDAF	S348 SCHMIDT
5708	D:AFDFAFDBGDGBGD	B116 BACH
5709	D:AFDF2AFDFAF2AFEFG	R383 RELUZZI
5710	D:AFDGB$A//AEFEFGDEDE	N486 NEUKOMM
5711	D:AFDGEAFA	P592 PICHL
5712	D:AFDGEAFBGAFCBCD	V465 VENTO
5713	D:AF2DABCDEFGAF	K966 KUNTZEN
5714	D:AF2DCBAC//D-:3AF6D	W939 WRANITZKY
5715	D:AF2DCDFAGAGF	D972 DUSSEK
5716	D:AF2DD#E2AFAF2DEA	G678 GOSSEC
5717	D:AF2D2F2A2DCF	ANON. S-Skma
5718	D:AF3D3BA	L619 LE ROY
5719	D:AF4DA3FD3AF3D	V113 VACCARI
5720	D:AF4DEDC2DFAD	C252 CAPUTI
5721	D:AF4DEDC2DFA2DCB	C255 CAPUZZI
5722	D:AF8DCDEDCDED	ANON. H-Gc
5723	D:AFEAGF	B492 BERETTI
5724	D:AFEDEABCDEFG	G251 GASSMANN
5725	D:AFE2DAFE2DABCDBAGF2G	C175 CAMBINI
5726	D:AFE2DAFE2DAFBCDBA	ANON. F-Pn
5727	D:AFE5DCBA	H298 HARRER
5728	D:AFEFAFDA	J750 JOMMELLI
5729	D:AFEFAFDA	F489 FILTZ
5730	D:AFEFDAFADFEFAF	A579 ANFOSSI
5731	D:AFEFDFAD	M816 MONZA
5732	D:AFEFD2FGAD//BCN2BEGA	H411 HAYDN
5733	D:AFEFGADCBAFEFGADCBAFAG	R397 RENDEUX
5734	D:AFEFGAFEFGA	D337 DELANGE
5735	D:AFEFGAFEFGAFEFGAGABCA	D617 DITTERSDORF
5736	D:AFEFG2A	J750 JOMMELLI
5737	D:AF2EFEDEF	M477 MAZZINGHI
5738	D:AF3EDEF	M477 MAZZINGHI
5739	D:AFGABCB3AGF2EFGAB2AGF	B664 BOCCHERINI
5740	D:AFGA2B2ABAGF2EFGABAGFE	B664 BOCCHERINI
5741	D:AFGAE2AEFDAFE2AC	F569 FLACKTON
5742	D:AFGAFB2AFGAFBA	ANON. CS-M
5743	D:AFGAFGAFDA	L576 LEO
5744	D:AFGAFGAGABGA	P439 PERGOLESI
5745	D:AFG2ADB	B229 BARBANDT
5746	D:AFG2ADE	C175 CAMBINI
5747	D:AFG3AFG3ADB	Z660 ZIEGLER
5748	D:AFGEDEFG4AFD2CEG	P149 PAISIELLO

5749 D : AFGEDFA3D F438 FIALA
5750 D : AFGFDEDABAFG U530 UMSTATT
5751 D : AFGFGAFDA T765 TRAETTA
5752 D : AFGFG2A M751 MONOPOLI
5753 D : A2FA2FGFEF2GFA C145 CALDARA
5754 D : A2FA2FGFEF2GF2A S785 STAMITZ
5755 D : A2FA2FGFEF2GF2AGFEF2G G183 GALUPPI
5756 D : A2FD2AF2DB2GD2BG2D R539 RICKERT
5757 D : A2FDEFGA2FDEF2A N454 NERUDA
5758 D : A2F2DABCDEFG L576 LEO
5759 D : A2FEA2GF B492 BERETTI
5760 D : A2FEFDAFAD2FEFAF A579 ANFOSSI
5761 D : A3FAF4DCD2E P548 PHILIDOR
5762 D : A4FDEDC2DFAD C247 CAPPONI
5763 D : A4FGFEF2GF2A J750 JOMMELLI
5764 D : A5FDCBAGFE5FDCBAGFE G778 GRAUN
5765 D : A20F P129 PAGANELLI
5766 D : AGABAGFEAF ANON. CS-Bm
5767 D : AGABAGFEAGFGAFD M234 MAJO
5768 D : AGACBAGFEAF ANON. CS-Bm
5769 D : AGAFAGAFAGAFCBA H573 HERTEL
5770 D : AGAFAG#2A S355 SCHMITT
5771 D : AGAF2AGAFAG2FE N224 NARDINI
5772 D : AGFABCDEFG4A4GFABCDEFG4A4G R467 REZEL
5773 D : AGFBA2GFE B664 BOCCHERINI
5774 D : AGF#CNBA A555 ANDRE
5775 D : AGF#CNBAE2DCNBAGF ANON. CS-BRsav
5776 D : AGFCDBGEABCDCBE H413 HAYDN
5777 D : AGFDCDEDCDEDCD S395 SCHUSTER
5778 D : AGFDE2FG P587 PICCINNI
5779 D : AGFEDAFG4AGAFGBAGFG S227 SANI
5780 D : AGFEDAGFED B755 BOYCE
5781 D : AGFEDAG2FEA H198 HAMAL
5782 D : AGFED2BABDCEDEDCDEF C175 CAMBINI
5783 D : AGFEDCBA2BA B790 BOYCE
5784 D : AGFEDCDCABCDAF ANON. S-L
5785 D : AGFEDCDEFDA M798 MONTORO
5786 D : AGFEDCDEGF G567 GLUCK
5787 D : AGFED3C ANON. I-Rsc
5788 D : AGFEDEABCDEFG G251 GASSMANN
5789 D : AGFEDFADFADAGFED M386 MARTINI
5790 D : AGFEDFE P439 PERGOLESI
5791 D : AGFE2DAGFE2DABCDBA ANON. F-Pn
5792 D : AGFE2DAGFE2DABCDB2AGF2G C175 CAMBINI
5793 D : AGFE2D2BA M938 MOZART
5794 D : AGFE2DC N489 NEUMANN
5795 D : AGFE2DCDFAGFE N376 NEEFE
5796 D : AGFE2D2CGFEDC S789 STAMITZ
5797 D : AGFE2D2F2D2A2F2D2A2F P899 PRANDINI
5798 D : AGFE3DFEDFEDEF B664 BOCCHERINI
5799 D : AGFE3DGE#FD#ENCD D617 DITTERSDORF
5800 D : AGFE4DADCDA R814 ROSETTI

```
5801  D:AGFE5DBAG      W131 WAGENSEIL
5802  D:AGFEFAFDA      F489 FILTZ
5803  D:AGFEFAFDA      J750 JOMMELLI
5804  D:AGFEFDAFD      M816 MONZA
5805  D:AGFEFEDCDBAGF      B755 BOYCE
5806  D:AGFEFG2A      J750 JOMMELLI
5807  D:AGFEFGF      H839 HOUPFELD
5808  D:AGFEFGFEBC      ANON. A-LA
5809  D:AGFEGFEFG2AGFE      B718 BONNO
5810  D:AGF2EBAG2F3A      R817 ROSETTI
5811  D:AGFE#FGFDCBA#BCB      C486 CHARTRAIN
5812  D:AGFG2AGFGAF      G779 GRAUPNER
5813  D:AGFGFEDEDAEAEAGAFGA4D      A156 ABOS
5814  D:AGFGFEFEDEDC//DFA4DAFDA      R817 ROSETTI
5815  D:AGFGFEFEDFGFEA      F271 FAUNER
5816  D:AG2FDC2B      C486 CHARTRAIN
5817  D:AG2FEDAG2FEDBDB      A961 AVONDANO
5818  D:AG2FEDC2BA      ANON. S-L
5819  D:AG2FE2DEDEDEDB      W939 WRANITZKY
5820  D:AG2FEFA4GBG2E      D245 DAVAUX
5821  D:AG2FEFGFEDCDED      G834 GRETRY
5822  D:AG2F2EBA2G2F3A//2FAGF2G2E2ACDE      R817 ROSETTI
5823  D:AG3FED      K966 KUNTZEN
5824  D:AG3FE3D      M435 MATTEI
5825  D:A2GFEDCDEFDA      M798 MONTORO
5826  D:A2GFEFAGFEBC      ANON. A-LA
5827  D:A2GF2EDCDEGF      G567 GLUCK
5828  D:AG#AFAG#2A      S348 SCHMIDT
5829  D:AG#AFEFDEFGFG      G834 GRETRY
5830  D:AG#FE      V878 VOGEL
5831  D:2ABABAGF      T645 TOESCHI
5832  D:2ABABDACDBABDACDBA      V624 VIBERT
5833  D:2ABA2GAGFEDFEDC      H758 HOLZBAUER
5834  D:2ABA2G2FGA      D136 DALAYRAC
5835  D:2AB2ABCDCD2CDEFEF2EFGA      G172 GALLO
5836  D:2ABCDABA2EFGAEFCD      F248 FASCH
5837  D:2ABCDABCDABCD      G943 GUGLIELMI
5838  D:2ABCDADAB2ABCDA2D      J750 JOMMELLI
5839  D:2ABCDEFG4A      K966 KUNTZEN
5840  D:2ABC2DABC      G943 GUGLIELMI
5841  D:2ABGA2FGEF      G943 GUGLIELMI
5842  D:2AC4D2F2A4D2F2A2D2G2E2G      A277 AGRELL
5843  D:2ADABGFAB      K926 KREUSSER
5844  D:2ADADAD3A2FE      C524 CHERZELLI
5845  D:2ADAD2FEF2ED      B896 BRUNETTI
5846  D:2ADAFADFA2D      S713 SORKOCEVIC
5847  D:2ADAGEFGF2D      H411 HAYDN
5848  D:2AD6AGFED      P589 PICCINNI
5849  D:2ADBADBADBA      ANON. D/BRD-Mbs
5850  D:2ADCB2ADCBADGA      B573 BEYER
5851  D:2ADCBCADCBCADAEAFEGEDC      H738 HOLLER
5852  D:2ADCDFE      H354 HASSE
```

5853 D:2ADC4D2F2A4D2F2A2D2G2E2G A277 AGRELL
5854 D:2ADEFECA M754 MONSIGNY
5855 D:2ADEFEDABADEFEDEF G834 GRETRY
5856 D:2ADE2F2B2GDCBABCDFA T180 TARCHI
5857 D:2A2DCBCDEDEFG//2DCDF3A G183 GALUPPI
5858 D:2A2DFADCD H573 HERTEL
5859 D:2A2D2F2A2F2D2F2A2DFA F521 FIORILLO
5860 D:2A2DGEC2DGEC3DCBACBA B729 BORGHI
5861 D:2A3DAF3A2FEDF S320 SCHEINPFLUG
5862 D:2A3DCBCDFEDEFG//DEDCDF3A G183 GALUPPI
5863 D:2A3DGEGCED//DCBABDAC P515 PEYERL
5864 D:2A4DABCDABCD H704 HOFMANN
5865 D:2A4DABCDABCDABCDFAGFE H700 HOFFMEISTER
5866 D:2A4DABCDABCDABCDFAGFE D617 DITTERSDORF
5867 D:2A8D2FEDE2AG#A Z640 ZIANI
5868 D:2AEFGAGFBCDBCBABA J750 JOMMELLI
5869 D:2AFAD S521 SEYFERT
5870 D:2AF2AEA V254 VANHAL
5871 D:2AFB3AFB3A2F P584 PIAZZA
5872 D:2AFDACEGFAFDACEG W464 WELTZ
5873 D:2AFDAFD W939 WRANITZKY
5874 D:2AFD2AFD2AF3D C295 CARNICER
5875 D:2AFDCDAFE C145 CALDARA
5876 D:2AF2DAFD2A2GFGFGAG B896 BRUNETTI
5877 D:2AF2DC2BA2GFEGFE B664 BOCCHERINI
5878 D:2AFECEDCDE F413 FESCA
5879 D:2AFGEFABCDEFG ANON. S-L
5880 D:2AFGEFDA T611 TISCHER
5881 D:2A2F2A2E2A2D4A2D C182 CAMERLOHER
5882 D:2A2F2A3EAGFGA2G P979 PUGNANI
5883 D:2A2FD2A2FD R714 ROELLIG
5884 D:2A2F2D2AFBA H763 HOLZINGER
5885 D:2A2FE O650 ORDONEZ
5886 D:2A2FG2EA2FG2E P979 PUGNANI
5887 D:2AGAD2A2FEF A928 AURISICCHIO
5888 D:2AGE2FEC2DCA S231 SANTA
5889 D:2AGFABAFGA H409 HAYDN
5890 D:2AGFABCDEFGAG ANON. S-L
5891 D:2AGFABCDEFGAGFEFGA C516 CHELLERI
5892 D:2AGFABCDEFGAGFEFGAD R758 ROMAN
5893 D:2AGFDAFAF V777 VINCI
5894 D:2AGFED3AGFEDA5B T195 TARTINI
5895 D:2AGFEDBCD//4D3A M244 MALDERE
5896 D:2AGFED2BGDB V254 VANHAL
5897 D:2AGFE2DEDE2FGFG2A B116 BACH
5898 D:2AGFE3D2FED2FEDEF B664 BOCCHERINI
5899 D:2AGFEFC3D B116 BACH
5900 D:2AGFEFEDCD B790 BOYCE
5901 D:2AGFGA2EBGEBGFEFGAD B524 BERNASCONI
5902 D:2AGFGAGFGADCBA B731 BORGHI
5903 D:2AGFG2FEDEDAEAEAGAFGA4D A156 ABOS
5904 D:2AGFG3FGA2GFEF S838 STERKEL

```
5905   D:2AG2F2AG2F    A579 ANFOSSI
5906   D:2AG2FE2D    P791 PONS
5907   D:2AG2FEFGFEDCDED    G834 GRETRY
5908   D:2AG3F2DEDC2BAGF2G    M625 MICHL
5909   D:2AG3FED    M625 MICHL
5910   D:2AG3FED    G998 GYROWETZ
5911   D:2AG3FED2AGF    B874 BROSCHI
5912   D:2AG3FE2DFEDFED    W939 WRANITZKY
5913   D:2AG4FE3D    M435 MATTEI
5914   D:2A2G2FA    P979 PUGNANI
5915   D:2A2G2FDEFG2AGF    V777 VINCI
5916   D:2AG#FEDCB2ABCAEG#A    P837 PORPORA
5917   D:3A    B116 BACH
5918   D:3A//DADFDA3DADFDAD    V158 VALENTINI
5919   D:3AB3AG3FE2D    W786 WINTER
5920   D:3ABC2DABC2DABCD    G943 GUGLIELMI
5921   D:3ABC2DCBA    C933 CRISPI
5922   D:3ABGFG    G323 GEMMINGEN
5923   D:3ABGFGCEAGFEF    Z510 ZELBELL
5924   D:3AD3A3D    M938 MOZART
5925   D:3AD3AE3AFDGEA    C175 CAMBINI
5926   D:3ADCABC2D2C2B2A    A748 ARNE
5927   D:3ADCB3ADCBADGA    B573 BEYER
5928   D:3ADC2B3A3GBAG    T645 TOESCHI
5929   D:3ADEFG3ADEFGADCE    L239 LAMPUGNANI
5930   D:3ADFBE2ABCDD#EC    P126 PAER
5931   D:3ADFDFA2FAFAD3AFA    C659 COCCHI
5932   D:3A2D2A2G2F2E2D3A    P762 POLAZZI
5933   D:3A2D3A2E3AFDGEA    C175 CAMBINI
5934   D:3A3D2ABAG2F2BE    M498 MEHUL
5935   D:3AF2AD    S521 SEYFERT
5936   D:3AF3AFAFA    S464 SELETTI
5937   D:3AF3AFAF3AF    J750 JOMMELLI
5938   D:3AFDAC2D    K966 KUNTZEN
5939   D:3AFDAF2D    K913 KRAUS
5940   D:3A2F2G2A    F248 FASCH
5941   D:3A3FDD#E//2DGFEDCDEFG2E    D456 DESHAYES
5942   D:3A3FDD#EGF//2DFEDCDEFG    C175 CAMBINI
5943   D:3AG    G779 GRAUPNER
5944   D:3AGFED3BGDB    V254 VANHAL
5945   D:3AGFE2DFEDE2FAGFG2A    B116 BACH
5946   D:3AG4FE2D    P837 PORPORA
5947   D:4ABADCDEFGE    M729 MOLTER
5948   D:4ABAG#ABG#3ABCDEFG4A    R817 ROSETTI
5949   D:4ABCDA2BGFE    L475 LE DUC
5950   D:4ABCDADAD2ABC    C182 CAMERLOHER
5951   D:4ABCDCBAG2FGA    H573 HERTEL
5952   D:4ABCDCEDGF3E    H411 HAYDN
5953   D:4ADFBCDCB    T928 TUMA
5954   D:4A2D2C2ED    R718 ROESSLER
5955   D:4A4D    P548 PHILIDOR
5956   D:4A4D4F4A4D    E560 ENDLER
```

```
5957  D:4AF2D3A      A193 ADAM
5958  D:4AF2D4AFD4A   H354 HASSE
5959  D:4AF5D2A      G498 GIORDANIELLI
5960  D:4AF5D2AF2AD2F4A   G494 GIORDANI
5961  D:4A4F12A4G    E560 ENDLER
5962  D:4A5F5DADADA4D   V591 VETTER
5963  D:4AGE3A      W939 WRANITZKY
5964  D:4AGFE5D2FE   S795 STARZER
5965  D:5A         M498 MEHUL
5966  D:5ABABABAB   Z425 ZECHNER
5967  D:5ABAG2FGABCBABC2DGF   C175 CAMBINI
5968  D:5ABCDCEDGF3E   H411 HAYDN
5969  D:5ABCDEFGA2B   P126 PAER
5970  D:5ABCDEFG#AB   ANON. D/BRD-Po
5971  D:5A2BAFGA2DFG   P837 PORPORA
5972  D:5ADFADEFGABC   G678 GOSSEC
5973  D:5AD5FA     W939 WRANITZKY
5974  D:5AFDAD5BGDBD   B393 BECK
5975  D:5AFDAD5BGDBG   B116 BACH
5976  D:5A5FGDCADCD4AG#   V158 VALENTINI
5977  D:5AGFEDC    A237 ADLGASSER
5978  D:5AGFG      S414 SCHWINDL
5979  D:5AGFGAGFG3A   C221 CANNABICH
5980  D:6A//DAGA2FEFAFEFD   S944 SUESSMAYR
5981  D:6A//3DBAGAFGFEFA   S944 SUESSMAYR
5982  D:6ACAEDCD   W251 WANSKI
5983  D:6ADAFAFD//5BCDCEDC2B2A   H411 HAYDN
5984  D:6ADAFBFDF4A   ANON. I-MOe
5985  D:6ADA6FA7E   G779 GRAUPNER
5986  D:6AD5FGADADEAE   Z780 ZINGARELLI
5987  D:6AFAGAEAF2AFAGAEAFA   C659 COCCHI
5988  D:6AG2FGA2BABC2DGF   C175 CAMBINI
5989  D:7A         S363 SCHOBERT
5990  D:7AEFGFDEF   B524 BERNASCONI
5991  D:8ABCDEFG4A   R817 ROSETTI
5992  D:9AFGA2FDE   G778 GRAUN
5993  D:13AGFE8D   E560 ENDLER
5994  D:16A        D617 DITTERSDORF
5995  D:16A16D     B755 BOYCE
5996  D:16A16E2A2D2F   H571 HERSCHEL
5997  D:16AF3A     U530 UMSTATT
5998  D:32A        S120 SACCHINI
5999  D:64A        B712 BONESI
6000  D:BAGAFBAGAF   H573 HERTEL
6001  D:BAGAFBAG#2A   S355 SCHMITT
6002  D:BAG#AFBAG#2A   S348 SCHMIDT
6003  D:BAG#AGNFEFDEFAGFG   G834 GRETRY
6004  D:BCN2BEGA   H411 HAYDN
6005  D:BCBEBAGFGBAGFED   D617 DITTERSDORF
6006  D:BCDE3FG#A#   M732 MOMBELLI
6007  D:BDCBFDCBFA#G#FCA#G#FECBA#   D243 DAUVERGNE
6008  D:BFGEBF     R748 ROLLA
```

6009 D:3BAD3BAD H413 HAYDN
6010 D:3BDCN3BC#D# A839 ASPLMAYR
6011 D:4BA#FANG P592 PICHL
6012 D:4BCDCEDC2B2A H411 HAYDN
6013 D:5B R167 RAMBACH
6014 D:8B4D4B4A4F4D4F G678 GOSSEC
6015 D:CDADFDF4AFA B116 BACH
6016 D:CDCDCDAC//DEDGFED H411 HAYDN
6017 D:CDEFGA//B-:BCDE3FG#A# M732 MOMBELLI
6018 D:CDEF2G2F2G2G# R559 RIESS
6019 D:CDE#FG#ACD P713 PLANTADE
6020 D:CDFDED2CEGEFE2D V465 VENTO
6021 D:CD2F2A2DCDEF E164 EBERLIN
6022 D:C2DCBAGFDAGFEDAGFE D650 DOEMMING
6023 D:C3DC4D3F M382 MARTIN
6024 D:CEDCBEAEFEAEFEBEG#E B721 BONPORTI
6025 D:4C2DCDABFG5D G216 GARCIA-FAJER
6026 D:DABABCDABA G251 GASSMANN
6027 D:DABABC2DBABAGF R687 RODEWALD
6028 D:DABA2D2F2DED2F2A J750 JOMMELLI
6029 D:DABAF4D M831 MORAVETZ
6030 D:DABAGADBAG H354 HASSE
6031 D:DABAGFABC ANON. I-Vnm
6032 D:DABAGFDABAGF S943 SUDETTO
6033 D:DABAGFED#AGAGFEDCBFGFEDCD D382 DEMLER
6034 D:DABAGFGABC3DA S765 SPOURNY
6035 D:DABAG2F2E2CE2GFEFG3A B116 BACH
6036 D:DAB2AB2ABAGFB2DAB2A C573 CIMAROSA
6037 D:DAB4ABAGF2DAB2A C573 CIMAROSA
6038 D:DABCNAGFED C939 CROIX
6039 D:DABCD K926 KREUSSER
6040 D:DABCD//DFADFA R349 REICHA
6041 D:DABCD T645 TOESCHI
6042 D:DABCD W827 WITT
6043 D:DABCDABC//DFADFADFADFDCBAGF R348 REICHA
6044 D:DABCDABCD W827 WITT
6045 D:DABCDABCD F225 FARINELLI
6046 D:DABCDABCDABCD M315 BERNARDINI
6047 D:DABCDABCDABCDABC F534 FISHER
6048 D:DABCDABCDABCDABCD M939 MOZART
6049 D:DABCDABCDABCDCB2AGF2GFEFED ANON. S-L
6050 D:DABCDABCDABCD4F4G4E S853 STIASNI
6051 D:DABCDABCDAFD K925 KREUSSER
6052 D:DABCDABCDAFDADEF W939 WRANITZKY
6053 D:DABCDABCDAFDAFD L134 LACHNITH
6054 D:DABCDABCD2AGFE G251 GASSMANN
6055 D:DABCDABCDCEDFEGF V163 VALERI
6056 D:DABCDABCDEFGABCDFAD E565 ENDRES
6057 D:DABCDABCDEFG#AEFG#A//AFDAGEAFD ANON. CS-BRsav
6058 D:DABCDABCDFAFDA C225 CANNABICH
6059 D:DABCDABCDFAFDABCD R716 ROESER
6060 D:DABCDABCDFAFGEBC P979 PUGNANI

```
6061  D : DABCDABCDFAGFE    G251 GASSMANN
6062  D : DABCDABCDFDADAFDAEFC   N635 NICOLAI
6063  D : DABCDABCDFDADAFDAEFC   ANON. D/BRD-RH
6064  D : DABCDABC2DEFG2ABC//4DCECABCA   S335 SCHIMPKE
6065  D : DABCDABC2DFA2DFAB    K662 KLOEFFLER
6066  D : DABCDABC3D2F2GA    C221 CANNABICH
6067  D : DABCDABC5DFAD    G678 GOSSEC
6068  D : DABCDABCFAFA    A370 ALESSANDRI
6069  D : DABCDABF//FGE2AFDAF    W827 WITT
6070  D : DABCDA2B    S458 SEIDL
6071  D : DABCDADABCDADFEDCB//DEFAFEDE    D617 DITTERSDORF
6072  D : DABCDADADABCDADADA    S395 SCHUSTER
6073  D : DABCDADAFCDE    H337 HARTWIG
6074  D : DABCDAFAD    Z790 ZINGONI
6075  D : DABCDAFDAF    ANON. F-Pn
6076  D : DABCDAFDAFD    M435 MATTEI
6077  D : DABCDAFDAFD    D617 DITTERSDORF
6078  D : DABCDAFDEABCD    H758 HOLZBAUER
6079  D : DABCDAFDEFDA//DFADFDBDF    G286 GAYER
6080  D : DABCDAFD#EABCDEAGE#F    R145 RAGUE
6081  D : DABCDBABGFGA    S749 SPERGER
6082  D : DABCDBABGFG2ABCDB    M678 MITSCHA
6083  D : DABCDBEC//D-:DAFDEFEFGAGABAGFE    N311 NAUMANN
6084  D : DABCDCDCDCDCD    B393 BECK
6085  D : DABCDC2DCBCBA    A839 ASPLMAYR
6086  D : DABCDD#EBCDE    L360 LATROBE
6087  D : DABCDEF    G878 GROSSE
6088  D : DABCDEFCD    C225 CANNABICH
6089  D : DABCDEFCDABCDEFGA    V163 VALERI
6090  D : DABCDEF2DCDE    B283 BARTA
6091  D : DABCDEFEDABCDEFE    G998 GYROWETZ
6092  D : DABCDEFGA    P592 PICHL
6093  D : DABCDEFGABAG#GNFE    S785 STAMITZ
6094  D : DABCDEFGADEF    A341 ALBRECHTSBERGER
6095  D : DABCDEFGAF2DBGEG    G577 GODECHARLE
6096  D : DABCDEFG2ABC    W786 WINTER
6097  D : DABCDFA2DC    S361 SCHNEIDER
6098  D : DABCDFAFDA    H138 HAFENEDER
6099  D : DABCDFAFDABCDFAF    G942 GUGEL
6100  D : DABCDFAF2DFEDC//DEFAGFG    P592 PICHL
6101  D : DABCDFAF4DEDGF    M435 MATTEI
6102  D : DABCDFAFEABCDEGFEDC    L486 LEEMANS
6103  D : DABCDFDABCDF    S536 SHAW
6104  D : DABCDFDABCDFA    B116 BACH
6105  D : DABCDFDABCDF2ABCDAFD    A341 ALBRECHTSBERGER
6106  D : DABCDFDB//DAD5AF3D    P592 PICHL
6107  D : DABCDFED2C//AFDECD    P727 PLEYEL
6108  D : DABC2D//4AGE3A    W939 WRANITZKY
6109  D : DABC2DCDBD//6DEFGFED    D199 DANZI
6110  D : DABC2DCDE    V163 VALERI
6111  D : DABC2DEFGAFD    A139 ABEL
6112  D : DABC2DEFGAFDGEAC    ANON. D/BRD-RH
```

6113 D:DABC2DFAB   M386 MARTINI
6114 D:DABC3D   R714 ROELLIG
6115 D:DABC3D//2F2E2AD   B414 BEECKE
6116 D:DABC3DABC   S357 SCHMITTBAUR
6117 D:DABC3DABC2D//12D   P727 PLEYEL
6118 D:DABC3DABC2DCADAD   S838 STERKEL
6119 D:DABC3DABC3D2A2G2F   M648 MILLER
6120 D:DABC3DABC3DFAF   S785 STAMITZ
6121 D:DABC3DABC3DFAFAD   K860 KOSPOTH
6122 D:DABC3DE//DF2ABCDEGA   W786 WINTER
6123 D:DABC3DEFGA   D617 DITTERSDORF
6124 D:DABC3DFA   N943 NOVY
6125 D:DABC3DFAGFGAFGED   B116 BACH
6126 D:DABC4DCBADFAF   A758 ARNOLD
6127 D:DABC4DE3F   M325 MARESCALCHI
6128 D:DABC5DAFD   K860 KOSPOTH
6129 D:DABC9DAFDA   T839 TRITTO
6130 D:DABFGAB2AFADED   P761 POKORNY
6131 D:DABFGAB2AF2DED//2D2CDEFG   B818 BRANDL
6132 D:DABFGFEA3D   A341 ALBRECHTSBERGER
6133 D:DABFGFEA3D   P761 POKORNY
6134 D:DA2BAGFED   S785 STAMITZ
6135 D:DACNCB3GED2CD   S320 SCHEINPFLUG
6136 D:DACDA   ANON. CS-Pnm
6137 D:DACDAD2FEDED   C573 CIMAROSA
6138 D:DACDAFEDCBA   S976 VAN SWIETEN
6139 D:DA2CDA2C   S695 SOMMARIVA
6140 D:DA2CDA2CDBAGFE   E810 ESTIEN
6141 D:DA2CDA2CDBAGFED   M388 MARTINO
6142 D:DA2CD2AGB2AGFED   M678 MITSCHA
6143 D:DAD   M939 MOZART
6144 D:DADAB2ABA   D617 DITTERSDORF
6145 D:DADABC6D   H298 HARRER
6146 D:DADADAD   K926 KREUSSER
6147 D:DADADADACDEFDFDFDFDEFG   P149 PAISIELLO
6148 D:DADADADADA   G834 GRETRY
6149 D:DADADADADFAF   K966 KUNTZEN
6150 D:DADADADADFEDCB   A277 AGRELL
6151 D:DADADADAEFDFDFDFDG   P149 PAISIELLO
6152 D:DADADADAFDFDFD   B524 BERNASCONI
6153 D:DADADADEFAGFED   T765 TRAETTA
6154 D:DADADADFA   V254 VANHAL
6155 D:DADADADFA   N311 NAUMANN
6156 D:DADADADFA4D   V190 VALTORTA
6157 D:DADADADFDEA   W786 WINTER
6158 D:DADADADFEDAGFGA   S397 SCHWAEGRICHEN
6159 D:DADADA2D2F2AEF2GF//DAFAGFEBCD   I930 IVANSCHIZ
6160 D:DADADAEAEAEAF   H413 HAYDN
6161 D:DADADAEDEFEFGEDCBABC   P592 PICHL
6162 D:DADADAEDEGFEFGEDCBABC   S785 STAMITZ
6163 D:DADAD2AGF   ANON. D/DDR-Z
6164 D:DADAD4AB3ADAD5A   P592 PICHL

6165 D : DADADBFG S249 SARTI
6166 D : DADADEFADEFG L758 LINLEY
6167 D : DADADEFGABCDAEAE E340 EICHNER
6168 D : DADADE2GFEFDA M998 MYSLIVECEK
6169 D : DADADFAD G876 GRONER
6170 D : DADADFADFAD B292 BARTOLI
6171 D : DADADFADFDFADADADF C182 CAMERLOHER
6172 D : DADADFAF W817 WISTEIN
6173 D : DADADFAFAFAD ANON. PL-MO
6174 D : DADADFAFD M939 MOZART
6175 D : DADADFD V254 VANHAL
6176 D : DADADFDAGFEDADADFDAGFED S789 STAMITZ
6177 D : DADADFDF3GAG P592 PICHL
6178 D : DADADF2DF2DFAF B116 BACH
6179 D : DADADFEGFADA H354 HASSE
6180 D : DADA2DEFGAF E730 ERSKINE
6181 D : DADA2DEFGAF K295 KELLY
6182 D : DADA2DFAFDFAD S249 SARTI
6183 D : DADA2DFDFD//4DABC M816 MONZA
6184 D : DADA3DADFAFAFD C225 CANNABICH
6185 D : DADAFADFADA H138 HAFENEDER
6186 D : DADAFAF5AFAFADADA S232 SANTA
6187 D : DADAFAF5AFAFADADAFAFA U170 UCIELINI
6188 D : DADAFDADFDAF C449 CHAMPEIN
6189 D : DADAFDAF S395 SCHUSTER
6190 D : DADAFDAFDAF S713 SORKOCEVIC
6191 D : DADAFDAFDAFB N311 NAUMANN
6192 D : DADAFDAFGECADFEG M917 MOTA
6193 D : DADAFD3A2GFED L695 LIBER
6194 D : DADAFDFEA G942 GUGEL
6195 D : DADAFGEFDCDEFEGEFD ANON. PL-Wu/Breslau
6196 D : DAD2AF//DAFDAFDEFED S756 SPILLER
6197 D : DAD5AF3D P592 PICHL
6198 D : DADCB ANON. CS-Bm
6199 D : DADCBAGFEDA ANON. S-L
6200 D : DADCBGF//DADADFDF3GAG P592 PICHL
6201 D : DADCDBFGADEAD ANON. I-TN
6202 D : DADCDE//DFAFDAFEDCBA W939 WRANITZKY
6203 D : DADCDFEF2ABCBCD G183 GALUPPI
6204 D : DADEAEF2GFE2DCBA B664 BOCCHERINI
6205 D : DADEDE3F Z110 ZACH
6206 D : DADEFCDG#AF B457 BENDA
6207 D : DADEFCDG#AFDA K880 KOZELUCH
6208 D : DADEFCDG#AFDA G998 GYROWETZ
6209 D : DADEFDFGA2FGEDADE H413 HAYDN
6210 D : DADEFED H409 HAYDN
6211 D : DADEFED3AGFE G779 GRAUPNER
6212 D : DADEFEDCBAGFAD G778 GRAUN
6213 D : DADEFGABCA G537 GIULINI
6214 D : DADEFG2EBEFGAF2DCDF G494 GIORDANI
6215 D : DADE2FG2EFDADFDFG B664 BOCCHERINI
6216 D : DADFABCD C322 CARTELLIERI

6217 D : DADFACEDCDFD   R568 RIGEL
6218 D : DADFADADFA   M939 MOZART
6219 D : DADFADAFD   S838 STERKEL
6220 D : DADFADBDGB   B573 BEYER
6221 D : DADFADEFGABC   B461 BENDA
6222 D : DADFADEFGABCD   P761 POKORNY
6223 D : DADFADF   H708 HOFMANN
6224 D : DADFADFAD2AF   A579 ANFOSSI
6225 D : DADFADFADFAD   R435 RESSI
6226 D : DADFADF2DC//FAD9FADF   P337 PAVESI
6227 D : DADFADFGA   B233 BARBELLA
6228 D : DADFA2DFNB   L664 LEVIS
6229 D : DADFAE2GDAD   S785 STAMITZ
6230 D : DADFAFAF   C524 CHERZELLI
6231 D : DADFAFD   L972 LUSTRINI
6232 D : DADFAFDADFAFDEFGFGF   B555 BESCH
6233 D : DADFAFDBAGAFGFEFD   C225 CANNABICH
6234 D : DADFAFGABCDCDA#BA#BFG   C221 CANNABICH
6235 D : DADFAGFEDADF   M998 MYSLIVECEK
6236 D : DADFAGFEDCEA   M498 MEHUL
6237 D : DADF2ADFA2DFAD   R435 RESSI
6238 D : DADFCADADF   A924 AULETTA
6239 D : DADFDADFADFA   F654 FOERSTER
6240 D : DADFDADFEAEGEAEG   P761 POKORNY
6241 D : DADFDA3DADFDAD   V158 VALENTINI
6242 D : DADFDAFDAF2DCB2AGFED   B458 BENDA
6243 D : DADFDAFDFD   K860 KOSPOTH
6244 D : DADFDAFDFD4A   K840 KOERZL
6245 D : DADFDAFDFEGECD   S291 SCHACHT
6246 D : DADFD2AC2D2C2B   M388 MARTINO
6247 D : DADFD2A3D2C2B2A2G   P439 PERGOLESI
6248 D : DADFD2A3D2C2B2A2GFD   ANON. D/DDR-SWl
6249 D : DADFD2AF   O680 ORGITANO
6250 D : DADFD2AGFDCBA   L619 LE ROY
6251 D : DADFDFAD   P592 PICHL
6252 D : DADFDFADFADFGFBA   S693 SOMIS
6253 D : DADFDFA2DFG6A   P762 POLAZZI
6254 D : DADFDFA2DFG6AGA6BA   L356 LATILLA
6255 D : DADFDFAFA   B697 BONAZZI
6256 D : DADFDFAFADADFEDC   D797 DRUSCHETZKY
6257 D : DADFDFAFADAD2F   H573 HERTEL
6258 D : DADFDFAFAD2A//DAFGA2B2GE   S411 SCHWARZENDORF
6259 D : DADFDFAFAFD2AGFGF   B547 BERTONI
6260 D : DADFDF2ADADA   N311 NAUMANN
6261 D : DADFDFGACBAG   S398 SCHWANENBERGER
6262 D : DADFDFGACBAGFDAFDA   ANON. D/DDR-Bds/KHB
6263 D : DADF4DADFDFADFEFGE   D617 DITTERSDORF
6264 D : DADFEA//2AFECEDCDE   F413 FESCA
6265 D : DADFEAEGF   ANON. S-L
6266 D : DADFEAEGFDFAGFGBAFED   ANON. S-Uu
6267 D : DADFEAEGFDGEDCBAD   ANON. CS-Bm/Nove Risi
6268 D : DADFECDECD   A139 ABEL

6269 D : DADFEDEAEGFEFADAGF   G678 GOSSEC
6270 D : DADFEDEFGAF / / DAFAFDCDC   W939 WRANITZKY
6271 D : DADFEDE3F   V254 VANHAL
6272 D : DADFEFDFEFDCBC   L134 LACHNITH
6273 D : DADFEFGFEA   L812 LOCHON
6274 D : DADFEFGF2EAEGFGAGF   M998 MYSLIVECEK
6275 D : DADFEGFAGBAGFED   G678 GOSSEC
6276 D : DADFGEAFBACADAD   A631 ANTIN
6277 D : DADFGEAFBGCADAD   M244 MALDERE
6278 D : DADFGEAFBGCADADF   ANON. S-Skma
6279 D : DADFGE2AFGAGF   P761 POKORNY
6280 D : DADFGE2AFGAGFADFGE2A   B863 BRIXI
6281 D : DADFGFGAGFEDAD   B116 BACH
6282 D : DADFGFGAGFEDAD   G251 GASSMANN
6283 D : DAD2FDF2AFAD   T722 TOUCHEMOULIN
6284 D : DAD4FAFA3D   C523 CHERUBINI
6285 D : DADGFEFDGFEF2DCBC   L134 LACHNITH
6286 D : DADGFEFGF2EAEAGFGAGF   M998 MYSLIVECEK
6287 D : DADGFEFG#ADFA2DCB   G735 GRAF
6288 D : DA2DA2DFAGEC   M998 MYSLIVECEK
6289 D : DA2D2ABCNBABCB2D2EGF   J750 JOMMELLI
6290 D : DA2DEA2EFEFGABCDA   G571 GNECCO
6291 D : DA2DEDEA2EFEF3D   O650 ORDONEZ
6292 D : DA2DEFDGD   N311 NAUMANN
6293 D : DA2DEFGAFBAGABC   A747 ARNE
6294 D : DA2DEFGFE   Z660 ZIEGLER
6295 D : DA2DEGFEDEAE   H354 HASSE
6296 D : DA2DFDF   M244 MALDERE
6297 D : DA2DFEDC2D   B678 BOIELDIEU
6298 D : DA3DABCDEFED   A579 ANFOSSI
6299 D : DA3DADAFCDEFGAF   G494 GIORDANI
6300 D : DA3DAGFED / / 10DAF   G678 GOSSEC
6301 D : DA3DAGFED / / 4A4D   P548 PHILIDOR
6302 D : DA3DC3DC3DE   A579 ANFOSSI
6303 D : DA3DEA3E   O650 ORDONEZ
6304 D : DA3DEFDGEADGBD   ANON. Hopkinson
6305 D : DA3DFADA2DFA   S120 SACCHINI
6306 D : DA3DFADA5DFA   S395 SCHUSTER
6307 D : DA3DFD5ADAD   M717 MOLINO
6308 D : DA4D   H354 HASSE
6309 D : DA4D4A4F5DABCDEFG2A   ANON. S-L
6310 D : DA4DFED   V254 VANHAL
6311 D : DA5DFEGFA   H354 HASSE
6312 D : DA7DA6DAFAFGECE   ANON. D/DDR-Bds/KHB
6313 D : DA7DA6DAFAFGECE   S398 SCHWANENBERGER
6314 D : DA8D   G778 GRAUN
6315 D : DA16D   G776 GRAUN
6316 D : DA17DFAD   W839 WODICZKA
6317 D : DAEABCDEFGFE   M386 MARTINI
6318 D : DAEAFDE2FED   A579 ANFOSSI
6319 D : DAEDCDGFEF2ABCBCD   G183 GALUPPI
6320 D : DAEFGFGFGFEDF   L368 LAUBE

6321	D:DA2EGFDAFDA2EGFD	S785 STAMITZ
6322	D:DAFAB2ABA	D617 DITTERSDORF
6323	D:DAFABGDBAF	B755 BOYCE
6324	D:DAFADABCDEFGA2DC	A334 ALBERTI
6325	D:DAFADAFADAFADAFA	V855 VIVALDI
6326	D:DAFADAFADAFADAFA	F177 FALASTRI
6327	D:DAFADAFD	R383 RELUZZI
6328	D:DAFADFADFAD	B858 BRIOSCHI
6329	D:DAFADFAFDAFA	G779 GRAUPNER
6330	D:DAFADFEAGFA	R812 ROSENCRANZ
6331	D:DAFA2DABA2GAG	C267 CARDON
6332	D:DAFAFD	S383 SCHUBERT
6333	D:DAFAFDADFAFAFDA	L754 LINEK
6334	D:DAFAFDAFD	R568 RIGEL
6335	D:DAFAFDCDC	W939 WRANITZKY
6336	D:DAFAFDCDD#EBA	C630 CLERICO
6337	D:DAFAF2DAFAFD	S363 SCHOBERT
6338	D:DAFAGFEBCD	I930 IVANSCHIZ
6339	D:DAFAGFED	D972 DUSSEK
6340	D:DAFA2GEC2G2F	H652 HILLER
6341	D:DAF2ABCD//8D	W786 WINTER
6342	D:DAF3A#BGE	M234 MAJO
6343	D:DAFBADFDGEFC	E560 ENDLER
6344	D:DAFBCDGFED	ANON. D/DDR-SW1
6345	D:DAFBDB	N376 NEEFE
6346	D:DAFBGEAF2DBGD	P727 PLEYEL
6347	D:DAFBGEAF2DBGDAFDEAG	B664 BOCCHERINI
6348	D:DAFBGECDFADCEAC	P761 POKORNY
6349	D:DAFBGECDFADCEACD	H413 HAYDN
6350	D:DAFCDG#AF	B457 BENDA
6351	D:DAFCDG#AFDA	K880 KOZELUCH
6352	D:DAFCDG#AFDA	G998 GYROWETZ
6353	D:DAFC3DCNA#BFAGFEDCD	K142 KALCKBRENNER
6354	D:DAFD	C957 CRUSE
6355	D:DAFDA	C626 CLEMENTI
6356	D:DAFDA	B459 BENDA
6357	D:DAFDABCD//3AFDAF2D	K913 KRAUS
6358	D:DAFDABCDAFDABCDAFDABCDFADCD	I930 IVANSCHIZ
6359	D:DAFDABCDAFDABCDFGAFGABA	P371 PEDRAZZI
6360	D:DAFDABCDEFGABCD	T171 TANZ
6361	D:DAFDABDBGDBCE	H758 HOLZBAUER
6362	D:DAFDACB	J750 JOMMELLI
6363	D:DAFDACDAC2D2C2D2E	A579 ANFOSSI
6364	D:DAFDAD2AD	V254 VANHAL
6365	D:DAFDADCBAG	P837 PORPORA
6366	D:DAFDADCBAGECG	M887 MORTELLARI
6367	D:DAFDADEFCDADE	A579 ANFOSSI
6368	D:DAFDADFAFDADFAF	H758 HOLZBAUER
6369	D:DAFDADFDFAFAD	K860 KOSPOTH
6370	D:DAFDAEAGEA//DAFDA	B459 BENDA
6371	D:DAFDAECADAFDBABAB	M729 MOLTER
6372	D:DAFDAF	H423 HAYMANN

6373 D : DAFDAFADF B456 BENDA
6374 D : DAFDAFBG2EDCBA M943 MUELLER
6375 D : DAFDAFCDA#BGB D617 DITTERSDORF
6376 D : DAFDAFD Z790 ZINGONI
6377 D : DAFDAFDA B863 BRIXI
6378 D : DAFDAFDABGB A839 ASPLMAYR
6379 D : DAFDAFDABGB S521 SEYFERT
6380 D : DAFDAFDADABCDFAF V254 VANHAL
6381 D : DAFDAFDADABCDFAFG S838 STERKEL
6382 D : DAFDAFDADBGDCBCD S357 SCHMITTBAUR
6383 D : DAFDAFDAE C182 CAMERLOHER
6384 D : DAFDAFDAEGFACED B667 BODE
6385 D : DAFDAFDAF C221 CANNABICH
6386 D : DAFDAFDAFA C529 CHIAVACCI
6387 D : DAFDAFDAFA ANON. I-Bsp
6388 D : DAFDAFDAFA ANON. A-Ssp
6389 D : DAFDAFDAFDF2EDEF2DEF M435 MATTEI
6390 D : DAFDAFDAGAB2A2D F528 FISCHER
6391 D : DAFDAFD2ABCDEF M380 MARTIN
6392 D : DAFDAFD2AFDA L134 LACHNITH
6393 D : DAFDAFD3A T795 TRENTIN
6394 D : DAFDAFD3AF3A H704 HOFMANN
6395 D : DAFDAFDCBAGF H758 HOLZBAUER
6396 D : DAFDAFDCBCEDAF P149 PAISIELLO
6397 D : DAFDAFDEFED S756 SPILLER
6398 D : DAFDAFDEFE6D S120 SACCHINI
6399 D : DAFDAFDEFGABCD2BA H411 HAYDN
6400 D : DAFDAFDEFGABCDCBA M938 MOZART
6401 D : DAFDAFDEFGABCDCDC2D M998 MYSLIVECEK
6402 D : DAFDAFDF A333 ALBERTAZZI
6403 D : DAFDAFDFEAGECAEGFDEFGABCDAGF ANON. S-Skma
6404 D : DAFDAFDGDBG V254 VANHAL
6405 D : DAFDAF2D3AF3AE3AG3A S785 STAMITZ
6406 D : DAFDAF2DB3ABGFGA S785 STAMITZ
6407 D : DAFDAF2DBGDBGD S357 SCHMITTBAUR
6408 D : DAFDAF2DCBAGFED G834 GRETRY
6409 D : DAFDAF2DCBAGFE2D P761 POKORNY
6410 D : DAFDAF2DCDEDGF B896 BRUNETTI
6411 D : DAFDAF2DFEDC A172 ACCORIMBONI
6412 D : DAFDAF3D//2AD6AGFED P589 PICCINNI
6413 D : DAFDAF5DEDEF P761 POKORNY
6414 D : DAFDAFE4DA G778 GRAUN
6415 D : DAFDAFGEDCBADAFDAFGEDCBA G961 GUILLON
6416 D : DAFDA2FGFE//D2ADFE2DFE5D P674 PISANI
6417 D : DAFDAGEAFDFDA ANON. CS-BRsav
6418 D : DAFDAGFEDAFDAGFE P761 POKORNY
6419 D : DAFDAGFEDAFDAGFE2DEF T765 TRAETTA
6420 D : DAFDAGFEDAFDAGFE9D7F A341 ALBRECHTSBERGER
6421 D : DAFDAGFEDCBAGFEDAD G778 GRAUN
6422 D : DAFDAGFGABCDBGEAFD B664 BOCCHERINI
6423 D : DAFD2ABAGF H354 HASSE
6424 D : DAFD2ABCDCBAGFED G943 GUGLIELMI

6425 D:DAFD2ABC5DABC5DFGA S395 SCHUSTER
6426 D:DAFD2ADAFD2ADAFDAFD R383 RELUZZI
6427 D:DAFD2AFAFD2AF M234 MAJO
6428 D:DAFD2AGFEDCDEGAGFDF S165 SALIERI
6429 D:DAFD4ADCBAD B116 BACH
6430 D:DAFDBAGFEDEFGABC4D H198 HAMAL
6431 D:DAFDBGD K917 KRAUSE
6432 D:DAFDBGEAFADBGEAFDCD G778 GRAUN
6433 D:DAFDCDCDBDCDCD C221 CANNABICH
6434 D:DAFDCDC3DCDCDA S414 SCHWINDL
6435 D:DAFDCDG2F2ED#E H411 HAYDN
6436 D:DAFDCDG2F2ED#EA2G2F ANON. I-MOe
6437 D:DAFD4CDEFG R817 ROSETTI
6438 D:DAFDEADAFDFEGACDA P592 PICHL
6439 D:DAFDECADAFDGE H708 HOFMANN
6440 D:DAFDEDEF S120 SACCHINI
6441 D:DAFDEDEFDA2FGFEF A579 ANFOSSI
6442 D:DAFDEDE2FDAF S286 SCARLATTI
6443 D:DAFDEDGFE R350 REICHARDT
6444 D:DAFDEFEDFE2D A370 ALESSANDRI
6445 D:DAFDEFGABCA A579 ANFOSSI
6446 D:DAFDEFGABCDAFDEFGABCD3A C516 CHELLERI
6447 D:DAFDEFGABCDCBAGFEFD ANON. S-L
6448 D:DAFDEFGADCDEA2FED G776 GRAUN
6449 D:DAFDEFG2ADFDEGE ANON. S-L
6450 D:DAFDEFGB L239 LAMPUGNANI
6451 D:DAFDEFGBGFDECDA G537 GIULINI
6452 D:DAFDEFGEFGAGFEDC H700 HOFFMEISTER
6453 D:DAFDFADADEAE G779 GRAUPNER
6454 D:DAFDFADAFDFADE5F R928 RUGE
6455 D:DAFDFADBCBCD B732 BORGHI
6456 D:DAFDFADCBADCBA B862 BRIXI
6457 D:DAFDFADCB2A T645 TOESCHI
6458 D:DAFDFADEDCDEFGFEFG//4ABCDCEDGF3E H411 HAYDN
6459 D:DAFDFADEFEFG H298 HARRER
6460 D:DAFDFADFAGFEDAFD D972 DUSSEK
6461 D:DAFDFADFDAFADFA S189 SAMMARTINI
6462 D:DAFDFADFDAFADFAFDACEA M277 MANGEAN
6463 D:DAFDFADFGFEDAFD D972 DUSSEK
6464 D:DAFDFA2D L724 LIGI
6465 D:DAFDFA2DCBCDCBCD ANON. D/BRD-WEY
6466 D:DAFDFA2DE2FG//4ABCDCEDGF3E H411 HAYDN
6467 D:DAFDFA3DAF3D L133 LACHESI
6468 D:DAFDFAFDAFDFAFDFAF ANON. I-Bsp
6469 D:DAFDFAGFE//DAFD2ADAFD2A R383 RELUZZI
6470 D:DAFDFAGFED P761 POKORNY
6471 D:DAFDFBCDAFD N478 NEUBAUER
6472 D:DAFDFD W767 WINEBERGER
6473 D:DAFDFDA H652 HILLER
6474 D:DAFDFDAFAF R558 RIEPEL
6475 D:DAFDFDAFDAFDECBA L486 LEEMANS
6476 D:DAFDFD2ABCDEF A579 ANFOSSI

6477   D : DAFDFDE2AEF2DABCBAG   F113 FABBIONI
6478   D : DAFDFDFDAFDFDA   R534 RICHTER
6479   D : DAFDFEDEF   S120 SACCHINI
6480   D : DAFDFEGFEDC   R558 RIEPEL
6481   D : DAFDGDBGD2BA   M938 MOZART
6482   D : DAFDGEAC   K925 KREUSSER
6483   D : DAF2DAFAFD   B116 BACH
6484   D : DAF2DAFAFDGFEF   T645 TOESCHI
6485   D : DAF2DAFD   M395 MASCHEK
6486   D : DAF2DAFD   S521 SEYFERT
6487   D : DAF2DAFDA   H411 HAYDN
6488   D : DAF2DAFDAFDAFDCBA   ANON. CH-Mue
6489   D : DAF2DAFDAFD2AFDADAF2DEFG3A   M676 MIROGLIO
6490   D : DAF2DAFDEFG   G778 GRAUN
6491   D : DAF2DAFDFDA2FDAF   H573 HERTEL
6492   D : DAF2DAF2DAFD   L811 LOCATELLI
6493   D : DAF2DAF2DAFDF   S189 SAMMARTINI
6494   D : DAF2DAF2DFEA   ANON. PL-GNd
6495   D : DAF2DAF2DFEGFBAC   H354 HASSE
6496   D : DAF2DAF2D3F3GG#3A   G834 GRETRY
6497   D : DAF2D2A   H298 HARRER
6498   D : DAF2D4CDEFG   R817 ROSETTI
6499   D : DAF2DEFGEAFD2FGEA   S383 SCHUBERT
6500   D : DAF2DFAGFGEA   N311 NAUMANN
6501   D : DAF2DFED   V254 VANHAL
6502   D : DAF3D   G291 GAZZANIGA
6503   D : DAF3DAFDA   H758 HOLZBAUER
6504   D : DAF3DBG3DEF   R558 RIEPEL
6505   D : DAF3DC   V254 VANHAL
6506   D : DAF3DEFGABCDEFGAFED   S348 SCHMIDT
6507   D : DAF4DEDCDABCDEFD   S838 STERKEL
6508   D : DAF4DFDA//5D   S355 SCHMITT
6509   D : DAF4DFDB4FAFD   ANON. D/DDR-SWl
6510   D : DAF5DABCDEFD   S838 STERKEL
6511   D : DAF5DAF4DEGEAGFE   ANON. D/BRD-DS
6512   D : DAF5DAF5DGFAGFEF   P762 POLAZZI
6513   D : DAFEAFDADAF2DEGEFGFEFED   ANON. D/BRD-DO
6514   D : DAFECDAFEC2D2F2A   L269 LANG
6515   D : DAFED2ADCBADEFGABC3D   ANON. CS-Bm/RAJ
6516   D : DAFED2AGFDEFGABCD   P761 POKORNY
6517   D : DAFED2AGFDEFGABC2DEFGABCD   B547 BERTONI
6518   D : DAFED4AD   S165 SALIERI
6519   D : DAFEDBABAD   P761 POKORNY
6520   D : DAFEDCBABA   P761 POKORNY
6521   D : DAFEDCBABADAFED   A341 ALBRECHTSBERGER
6522   D : DAFEDCDED   S785 STAMITZ
6523   D : DAFEDEDCD3AE3A   ANON. S-L
6524   D : DAFEDFEDBE   H354 HASSE
6525   D : DAFEDFEDEA   G778 GRAUN
6526   D : DAFE2DEADGFED   C759 CONTI
6527   D : DAFE7DBA   O650 ORDONEZ
6528   D : DAFE7DFG3AFG3A   D245 DAVAUX

6529 D:DAFEFD   S748 ARNE
6530 D:DAFEFD   S165 SALIERI
6531 D:DAFEFDA   L619 LE ROY
6532 D:DAFEFDAFEFD   M816 MONZA
6533 D:DAFEFDAFEF2D   H758 HOLZBAUER
6534 D:DAFEFD3AFEF4D   O650 ORDONEZ
6535 D:DAFEFDCD   G172 GALLO
6536 D:DAFEFDFADAFEFDFAD2A   ANON. CS-BRsav
6537 D:DAFEF2D2EDE   F528 FISCHER
6538 D:DAFEF2D2EDEFEF   A748 ARNE
6539 D:DAFEFGADFA   C626 CLEMENTI
6540 D:DAFEGBCDAFE   T797 TRENTO
6541 D:DAFEGBGEGB   H413 HAYDN
6542 D:DAFEGFEFGB   Z420 ZECH
6543 D:DAFGA2B2GE   S411 SCHWARZENDORF
6544 D:DAFG3ABAG#3A   M334 MARIA
6545 D:DAFGECADAFGE   H877 HUBER
6546 D:DAFGEC4AD   B896 BRUNETTI
6547 D:DAFGEDA//DFAFDFAFDFA   H411 HAYDN
6548 D:DAFG2EDECDAF2DAFGE   B114 BACH
6549 D:DAFGFEDA   L972 LUSTRINI
6550 D:DAFGFEDCABC2DEDC   P745 POFFA
6551 D:DAF2GEFD2AGFE   S791 STANZEN
6552 D:DA2FAF   J750 JOMMELLI
6553 D:DA2FAFCDA//16A   D617 DITTERSDORF
6554 D:DA2FAFDAF2D//5DFD   C225 CANNABICH
6555 D:DA2FD   H411 HAYDN
6556 D:DA2FD2AF   H423 HAYMANN
6557 D:DA2FD2AF2D3AF3A   H704 HOFMANN
6558 D:DA2FD2AF2D3AF3AE3AG3A   S785 STAMITZ
6559 D:DA2FD2AGFD2AGFABGEFDEC   S299 SCHALLER
6560 D:DA2FD4A   S249 SARTI
6561 D:DA2FEFGAGFEDAFEFGAGFE   Z950 ZUMSTEEG
6562 D:DA2FGED//AEDCBA   W939 WRANITZKY
6563 D:DAGABAGFEDCDF   N327 NAVOIGILLE
6564 D:DAGAFDAGAF   M816 MONZA
6565 D:DAGAFDAGAF   S421 SCOLARI
6566 D:DAGAFDEFAFD   G291 GAZZANIGA
6567 D:DAGA2FEFAFEFD   S944 SUESSMAYR
6568 D:DAGDBFDBGDBG4A4C4E4D   O680 ORGITANO
6569 D:DAGEFECAEDCD   M998 MYSLIVECEK
6570 D:DAGEGECADCD   M998 MYSLIVECEK
6571 D:DAGFAG2FED   B858 BRIOSCHI
6572 D:DAGF2A2GFGE   H413 HAYDN
6573 D:DAGFBADBAGF   S776 STADTLER
6574 D:DAGFBADBAGFGFD   C516 CHELLERI
6575 D:DAGFBAGFEFEDCDAD   V158 VALENTINI
6576 D:DAGFB2GFEAF   A579 ANFOSSI
6577 D:DAGF#CNBAE2DCNBAGF   ANON. CS-BRsav
6578 D:DAGFDCFEDADCB2A   S785 STAMITZ
6579 D:DAGFDEFGABCDEFD   ANON. CH-EINS
6580 D:DAGFDFAFDAGFDFAF   P589 PICCINNI

6581 D : DAGFEB   V254 VANHAL
6582 D : DAGFEBAGFDC2BAGFAGFE   G834 GRETRY
6583 D : DAGFED   G567 GLUCK
6584 D : DAGFEDABCDAGFEDABC   H411 HAYDN
6585 D : DAGFEDADFD   R281 RE
6586 D : DAGFEDADFD   R491 RICCI
6587 D : DAGFEDA5DEF   N311 NAUMANN
6588 D : DAGFEDAF2DBGE   M664 MINGETTI
6589 D : DAGFEDAGFED   B285 BARTHELEMON
6590 D : DAGFEDAGFEDAD   U170 UCIELINI
6591 D : DAGFEDAGFE4D3F2A   B933 BULANT
6592 D : DAGFEDAGFE4D3F3A2D   P761 POKORNY
6593 D : DAGFED2ADCBADEFGABC3D   ANON. CS-Bm/RAJ
6594 D : DAGFED2BA2GF   R491 RICCI
6595 D : DAGFEDCB   B283 BARTA
6596 D : DAGFEDCBABAGF   H198 HAMAL
6597 D : DAGFEDCBA2GF   C940 CRONER
6598 D : DAGFEDCDADC3DGFE   M655 MILLING
6599 D : DAGFEDCDEFG   ANON. A-LA
6600 D : DAGFEDCDEFG2AEDCB   Z425 ZECHNER
6601 D : DAGFEDEDEDEF   ANON. CS-Pnm/Doksy
6602 D : DAGFEDFEDAEDCBA   G776 GRAUN
6603 D : DAGFEDFEDE   C933 CRISPI
6604 D : DAGFEDFEDEDEF   ANON. CS-Pnm/Doksy
6605 D : DAGFED2FEDE   C933 CRISPI
6606 D : DAGFED2FEDEFAGFEF2AGFE   S120 SACCHINI
6607 D : DAGFE2DADADADADA   P593 PICHLER
6608 D : DAGFE3DCEDCB//3DEF3B2E   G498 GIORDANIELLI
6609 D : DAGFE3DCEDCB3ABDCBAG#   G494 GIORDANI
6610 D : DAGFE3DFAGFED2F   G183 GALUPPI
6611 D : DAGFE3DF2DB   G494 GIORDANI
6612 D : DAGFE3DF2D2BAGFE   T180 TARCHI
6613 D : DAGFE3DF2D2BAGF3EG2EC   G494 GIORDANI
6614 D : DAGFE4DC2DC   D617 DITTERSDORF
6615 D : DAGFE7DBA   O650 ORDONEZ
6616 D : DAGFEFD   S165 SALIERI
6617 D : DAGFEFDA   L619 LE ROY
6618 D : DAGFEFDAGFEFD   M816 MONZA
6619 D : DAGFEFDAGFEF2D   H758 HOLZBAUER
6620 D : DAGFEFD3AGFEF4DCBABG3D   O650 ORDONEZ
6621 D : DAGFEFDFADEFEFGFG2A   M729 MOLTER
6622 D : DAGFEFEDCD   G172 GALLO
6623 D : DAGFEF2GDGFEDEFA   W538 WESTROM
6624 D : DAGFGBGAG2FAFDC   G942 GUGEL
6625 D : DAG4FG2AGF   ANON. CS-BRsav/Kremnica
6626 D : DA2GFE3DFA2GFED2F   G183 GALUPPI
6627 D : DA2G3F2E2D//DAFDAFDA   B863 BRIXI
6628 D : DA2G3F2E2DA2G   P761 POKORNY
6629 D : DAG#ABABC   W939 WRANITZKY
6630 D : DAG#AF2DF2D   B579 BIANCHI
6631 D : DAG#6ABCDE   M385 MARTINELLI
6632 D : D2ABCDEFDE2ACDEFGE   D617 DITTERSDORF

6633 D:D2ABC2DBABGF R687 RODEWALD
6634 D:D2ABC2DC2B2A A925 AUMON
6635 D:D2AB2F2BCB//FDCDCDCDGED#E P337 PAVESI
6636 D:D2ABGAGEAGEFD W493 WERNER
6637 D:D2ABGAGEAGEFD ANON. H-Gc
6638 D:D2AB2GAF2AB2GAFD Z780 ZINGARELLI
6639 D:D2A2BA2D2GFE ANON. S-L
6640 D:D2AD T678 TORELLI
6641 D:D2ADAA#2BD2B K913 KRAUS
6642 D:D2AD2AD T839 TRITTO
6643 D:D2AD2AD B228 BARBA
6644 D:D2AD2AD2AD2A3D K926 KREUSSER
6645 D:D2AD2AF M816 MONZA
6646 D:D2AD2AF2DA2FD2AF B579 BIANCHI
6647 D:D2ADC2BABAFAGEG P982 PULLI
6648 D:D2ADEFE//GFE2DBGF F413 FESCA
6649 D:D2ADFAFD3FAG2E M625 MICHL
6650 D:D2ADFE2AEG R383 RELUZZI
6651 D:D2ADFE2DFE6D P674 PISANI
6652 D:D2AD2F3D V155 VALENTINE
6653 D:D2A2DADADAE2AE A579 ANFOSSI
6654 D:D2A2D2ABCD G779 GRAUPNER
6655 D:D2A2D2A2D2F N454 NERUDA
6656 D:D2A4D//FDCD3A H409 HAYDN
6657 D:D2A5D4A4D4FE2AE A579 ANFOSSI
6658 D:D2AFAFDA W420 WEIGL
6659 D:D2AF2AD2AGFED G779 GRAUPNER
6660 D:D2AF2B2AD2FDGE E559 ENDLER
6661 D:D2AFDADF A579 ANFOSSI
6662 D:D2AFD3ACB2A3DE2D P592 PICHL
6663 D:D2AF2D2AF2DEDCD T839 TRITTO
6664 D:D2AF2DC2BDB S357 SCHMITTBAUR
6665 D:D2AF2DFD3ABCA2D S785 STAMITZ
6666 D:D2AFEDC2B S785 STAMITZ
6667 D:D2AFEFDFGBD H573 HERTEL
6668 D:D2AFEFDFGBD ANON. D/DDR-SW1
6669 D:D2AFEFGA Z790 ZINGONI
6670 D:D2AFG2A2GEF2GFEDCBAD ANON. D/BRD-DS
6671 D:D2AFGED3ACD2AFGE F489 FILTZ
6672 D:D2AFGEFDECDA K917 KRAUSE
6673 D:D2AF2GFAFGFA B731 BORGHI
6674 D:D2A2F2D//2DCDEFGAGFEDCD S749 SPERGER
6675 D:D2A2F2DGAGFE Z730 ZIMMERMANN
6676 D:D2A2F3DEFGA2E2C2A M729 MOLTER
6677 D:D2AGFCDE4AG F489 FILTZ
6678 D:D2AGFDAFAFDAF2A ANON. CS-BRsav/Pruske
6679 D:D2AGFE2D G998 GYROWETZ
6680 D:D2AGFE2D2AGFED2BC2D3A C573 CIMAROSA
6681 D:D2AGFE4D A555 ANDRE
6682 D:D2AGFEFDFGBD H573 HERTEL
6683 D:D2AGFEFGA Z790 ZINGONI
6684 D:D2AGF2E//4DCBAGFE P285 PASQUALI

6685 D : D2 AGF2E2CEGFEFG3A B116 BACH
6686 D : D2 AGF2GABEA H413 HAYDN
6687 D : D2 AG2FE G251 GASSMANN
6688 D : D2 AG#AEGNFEDEFNDB$ / / ADBA2DADBA R817 ROSETTI
6689 D : D3 ABADC2BAFAG4FGABGE M625 MICHL
6690 D : D3 ABCDCBAD2A M748 MONN
6691 D : D3 AB3EF R383 RELUZZI
6692 D : D3 A2C2D2A2B2F S165 SALIERI
6693 D : D3 AD3AE3AE3A ANON. USSR-Koe
6694 D : D3 ADCBAG#AGN M678 MITSCHA
6695 D : D3 ADCB3AG2AGFACD ANON. PL-MO
6696 D : D3 ADC2BABAFAGEG P982 PULLI
6697 D : D3 AE3AF4AGFE A370 ALESSANDRI
6698 D : D3 AF3ACD3ACD G571 GNECCO
6699 D : D3 AFDAFD2AFDA B617 BIRCK
6700 D : D3 AFDEFDAFDA C938 CROES
6701 D : D3 AFDFDFDFA2DCD G263 GATTI
6702 D : D3 AFEFG F248 FASCH
6703 D : D3 A2FCBABECD J750 JOMMELLI
6704 D : D3 A2FCBABECD S286 SCARLATTI
6705 D : D3 AGA2B4AGA2B B233 BARBELLA
6706 D : D3 AGBA L746 LINDBLAD
6707 D : D4 AD2A4DF2D G779 GRAUPNER
6708 D : D4 ADC2AFAF N489 NEUMANN
6709 D : D4 A2F5D S795 STARZER
6710 D : D4 AGFGFGA K990 KYFFNER
6711 D : D5 AD5BA5G6A / / D2AD2AD B228 BARBA
6712 D : D5 A6DA5G R940 RUNCK
6713 D : D5 AFEFG N454 NERUDA
6714 D : D5 A4FG4E B579 BIANCHI
6715 D : D7 ADFGAFDGABA G834 GRETRY
6716 D : D7 AD7F8D F248 FASCH
6717 D : D9 A2GFG7A3G ANON. D/BRD-Mbs
6718 D : D14A2DFEA S320 SCHEINPFLUG
6719 D : D16ADCBAGFED8A ANON. D/DDR-Dlb
6720 D : D16AFGEFDEC G779 GRAUPNER
6721 D : DBABAGFBAGFEFDCB G948 GUILLEMAIN
6722 D : DBADA3GFGFAGFED L269 LANG
6723 D : DBAGAFDBAGAF M816 MONZA
6724 D : DBAGAFDBAGAF S421 SCOLARI
6725 D : DBAGAFDEFAFD G291 GAZZANIGA
6726 D : DBAGECABC F413 FESCA
6727 D : DBAGFEDCB E560 ENDLER
6728 D : DBAGFEDC8D F493 FINCK
6729 D : DBAGFEDEF S819 STEGMANN
6730 D : DBAGFE2D2A2F2D S795 STARZER
6731 D : DBAGFE2DEDCDECDA O650 ORDONEZ
6732 D : DBAG#AF2DF2D B579 BIANCHI
6733 D : DB2AG2FE2D / / D2G2F2ED C196 CAMPIONI
6734 D : DB2AG3FE2D / / 2D2EAF C523 CHERUBINI
6735 D : DB2A2G / / 5FABCDE N489 NEUMANN
6736 D : DBDADF S699 SONNLEITHNER

6737	D:DBDAD2FEDC//DADFADF	H708	HOFMANN
6738	D:DBGEFAF	V254	VANHAL
6739	D:D2BAGFEDC8D	F491	FINCK
6740	D:DC	R817	ROSETTI
6741	D:DCAB4DAB	C255	CAPUZZI
6742	D:DCADCNBA	V878	VOGEL
6743	D:DCADCADCADCA2D2EF	M816	MONZA
6744	D:DCADCADEDEFDFAFDAGFED	D617	DITTERSDORF
6745	D:DCAFE//DAFDFDAFAF	R558	RIEPEL
6746	D:DC2A2FDEF	C939	CROES
6747	D:DCA#BGFD#E	P126	PAER
6748	D:DCB$DCD	B414	BEECKE
6749	D:DCBA	G678	GOSSEC
6750	D:DCBA	K979	KUZNIK
6751	D:DCBABCDCBABC	B547	BERTONI
6752	D:DCBABCDCBABC4D4E	V254	VANHAL
6753	D:DCBABDAC	P515	PEYERL
6754	D:DCBABFGABAGFEA	G291	GAZZANIGA
6755	D:DCBABGFED#EBAGFG	T180	TARCHI
6756	D:DCBAD2A2GF	R534	RICHTER
6757	D:DCBAFGBADCBAB	V254	VANHAL
6758	D:DCBAGBABC	S163	SALES
6759	D:DCBAGDEC	D617	DITTERSDORF
6760	D:DCBAGFBAG	B912	BRUSA
6761	D:DCBAGFBAGFEDADADA	ANON. S-L	
6762	D:DCBAGFDFADCBAGFDFA	G776	GRAUN
6763	D:DCBAGFEDFADF2AGFEDCB	M277	MANGEAN
6764	D:DCBAGFE2DCBAGFEDC7A	ANON. I-Bsp	
6765	D:DCBAGFEΓDGDADBDA	Z310	ZANI
6766	D:DCBAGFEF2DCB	P186	PAMPANI
6767	D:DCBAGFEFE	ANON. CS-Pnm	
6768	D:DCBAGFGABCBDCBECBA	R714	ROELLIG
6769	D:DCB2ABC2D2A2D2F	P761	POKORNY
6770	D:DCB2A2CD	M182	MADLSEDER
6771	D:DCB2ADCB2ADCB2AF3DE3A	H354	HASSE
6772	D:DCB2AF2ADCBAFAFAF	G494	GIORDANI
6773	D:DCB2AFGABA	P495	PETRINI
6774	D:DCB2AGFEDF	G776	GRAUN
6775	D:DCB4ABGEC	K666	KLOPP
6776	D:DCB4ADCB4A	M234	MAJO
6777	D:DCB9ADCBA	R817	ROSETTI
6778	D:DCBCADCBCADABCDCBA	B732	BORGHI
6779	D:DCBC7BDCBCDCBAG	R814	ROSETTI
6780	D:DCBCDCBCDCBC2DADA	C389	CEDRONIO
6781	D:DCBGFEF2DCBABC//2DCDA	F438	FIALA
6782	D:DCCN2BABCEDCBA	Z770	ZINCK
6783	D:DCDABADADABADA	G779	GRAUPNER
6784	D:DCDAB3AFGEF2EF	S291	SCHACHT
6785	D:DCDABC2DCDFG#A#	S165	SALIERI
6786	D:DCDADCDA	B912	BRUSA
6787	D:DCDADCDADADFA	W131	WAGENSEIL
6788	D:DCDADCDAF	V878	VOGEL

6789 D : DCDAD2EFDEFGEFGABA   ANON. S-Skma
6790 D : DCDADFA2DCDADFADADF   K966 KUNTZEN
6791 D : DCDADFA2DCDBDGB2DCDAD   A839 ASPLMAYR
6792 D : DCDADFDED#EAEGE   S357 SCHMITTBAUR
6793 D : DCDADFG2AFG   P853 PORTOGALLO
6794 D : DCDAD2F2AF   S120 SACCHINI
6795 D : DCDAD2F2AF   A579 ANFOSSI
6796 D : DCDAD2FEFDFA   M816 MONZA
6797 D : DCDAED#EAFAGFBG   S163 SALES
6798 D : DCDAFCDBDAFD#EDEAGD#   A839 ASPLMAYR
6799 D : DCDAFEDCED#E   A590 ANGLOIS
6800 D : DCDAFEDFDAF   G291 GAZZANIGA
6801 D : DCDA2FEFDAGFGAGFEFGF   F191 FALK
6802 D : DCDAGFE2DEF   W817 WISTEIN
6803 D : DCDAG#AFD2EACD   P727 PLEYEL
6804 D : DCDAG#AFD2EACD   G998 GYROWETZ
6805 D : DCD2AED#E2B   B579 BIANCHI
6806 D : DCD2AFGE//DCB$DCD   B414 BEECKE
6807 D : DCDBABGFGEDACF   G678 GOSSEC
6808 D : DCD2BAGFEDA   F385 FERRER
6809 D : DCDCBAGFEDCD   ANON. D/BRD-HR
6810 D : DCDCDADCN   F248 FASCH
6811 D : DCDCDAFD   S189 SAMMARTINI
6812 D : DCDCDAG#AG#   W939 WRANITZKY
6813 D : DCDCDBCDCDG   A579 ANFOSSI
6814 D : DCDCDCD   G545 GLANZ
6815 D : DCDCDCDCDCDE   G328 GENERALI
6816 D : DCDCDCDCDFADCDCDCDCDGB   G834 GRETRY
6817 D : DCDCDCDCDFDCDCDCDCDF   C573 CIMAROSA
6818 D : DCDCDCDEFEFEFEFG   G396 GEWEIJ
6819 D : DCDCDCDEFEFEFEFGAGAGAG   P463 PERREIJ
6820 D : DCDCDD#   P727 PLEYEL
6821 D : DCDCDD#E//DABAF4D   M831 MORAVETZ
6822 D : DCDCD2D#3E   W827 WITT
6823 D : DCDCDEFEDCDCD   S265 SAVETTI
6824 D : DCDCDFAFDFA   C392 CELESTINO
6825 D : DCDCDFAFDFA   C149 CALESTINI
6826 D : DCDC2DCDC2DCDCDA   P761 POKORNY
6827 D : DCDC3DC3D   W939 WRANITZKY
6828 D : DCDECDCDEC5DCBA   B547 BERTONI
6829 D : DCDECDE2FEFGEFGA   P437 PEREZ
6830 D : DCDECDFEDCBAGF   C182 CAMERLOHER
6831 D : DCDEDCDE   S249 SARTI
6832 D : DCDEDCDED   P149 PAISIELLO
6833 D : DCDEDCDEDCDEDCDED   T765 TRAETTA
6834 D : DCDEDCDEDCDE2DEGF   A560 ANDREOZZI
6835 D : DCDEDCDFEFGFEFAGA   D771 DREHER
6836 D : DCDEDEFDCEDCDF2DE   J750 JOMMELLI
6837 D : DCDEDEFDED#EFEFGE   M998 MYSLIVECEK
6838 D : DCDEDEFEFG   P126 PAER
6839 D : DCDEDEFEFGECA   A579 ANFOSSI
6840 D : DCDEDFAD   D617 DITTERSDORF

6841	D:DCDEDFEFGFAGABA	ANON. DK-Kk
6842	D:DCDEDFEFGFAGABADCDED	H761 HOLZBOGEN
6843	D:DCDE2DCBA#	G736 GRAF
6844	D:DCDE2DCDEDF	W131 WAGENSEIL
6845	D:DCDE2DCDEDFD	P437 PEREZ
6846	D:DCDE2DCDEDFDB	B493 BERETZ
6847	D:DCDE2DCDE2DCDE2DFEFG2F	S249 SARTI
6848	D:DCDE2DEFGFGAG	F489 FILTZ
6849	D:DCDE2DFEDAG#AB2ABC	C371 CAUCIELLO
6850	D:DCDE5DCDED	P668 PIRLINGER
6851	D:DCDE5DCDE2DCDEDEDEF4E	ANON. D/BRD-HR
6852	D:DCDEFAGFE	A925 AUMON
6853	D:DCDEF3A	H877 HUBER
6854	D:DCDEFDADA2GFEDCDEFDA	K660 KLOB
6855	D:DCDEFDEAEFGE	H708 HOFMANN
6856	D:DCDEFE4D	H700 HOFFMEISTER
6857	D:DCDEFED#EFG	M998 MYSLIVECEK
6858	D:DCDEFED#EFGFD	D617 DITTERSDORF
6859	D:DCDEFEFGA	A561 ANDRESKA
6860	D:DCDEFEFGABAGFGFEDCDE	A555 ANDRE
6861	D:DCDEFEFGAFGFGABABCD	H515 HENNERSDORFF
6862	D:DCDEFEFGAGAB	W538 WESTROM
6863	D:DCDEFGAB	B575 BIANCHI
6864	D:DCDEFGABAGFE	O420 OLALBI
6865	D:DCDEFGABAGFEDFEFGC	B172 BALBI
6866	D:DCDEFGABED#	S395 SCHUSTER
6867	D:DCDEFGABGFE//DABCDEFGAFGEFDEC	O650 ORDONEZ
6868	D:DCDEFGAC	M388 MARTINO
6869	D:DCDEFGAC	C531 CHIESA
6870	D:DCDEFGAC	ANON. GB-Lbl:Longman Per.Ov.
6871	D:DCDEFGACDCDEFGAC	C534 CHIESA
6872	D:DCDEFGFE	A925 AUMON
6873	D:DCDEFGFE	H708 HOFMANN
6874	D:DCDEFGFE2DAFD	S286 SCARLATTI
6875	D:DCDEFGFED#ED#EFGAGFE#	E570 ENGEL
6876	D:DCDE2FEFGAD2A	M625 MICHL
6877	D:DCD2EDE2FEFG	J114 JACKSON
6878	D:DCDFACDAFCD	B874 BROSCHI
6879	D:DCDFAFGBAFEGFDCEDEF	D972 DUSSEK
6880	D:DCDFDCGECDBA	R551 RIEDER
6881	D:DCDFD2EFAGF	S521 SEYFERT
6882	D:DCDFEDADFADCDF2ED	M748 MONN
6883	D:DCDFEFAGA	V163 VALERI
6884	D:DCDFEFGE	ANON. A-LA
6885	D:DCDFEFGEFCDFEFGE	W131 WAGENSEIL
6886	D:DCDFEFGFG#2A	B116 BACH
6887	D:DC2DBAGFG	K966 KUNTZEN
6888	D:DC2DCD3AFE#F	C573 CIMAROSA
6889	D:DC2DC2DCD	B116 BACH
6890	D:DC2DC2DCD	S421 SCOLARI
6891	D:DC2DC2DCDADEFE	D918 DUNI
6892	D:DC2DC5DEF	M729 MOLTER

6893 D:DC2DE#FD2AD2A   A285 AHLEFELDT
6894 D:DC2DE#FD2AD2A   P761 POKORNY
6895 D:DC2DFADF2AGABGFEFGE   N489 NEUMANN
6896 D:DC2DFAFEFDFA   ANON. S-Skma
6897 D:DC5D//DEFGA3D   C182 CAMERLOHER
6898 D:DC6DCNB   A277 AGRELL
6899 D:DC7DC6B   M729 MOLTER
6900 D:DCECA3DFAGE2F   F387 FERRETTI
6901 D:DCECBCFECECBCFECGFEFA   P149 PAISIELLO
6902 D:DCEDCEDD#E   B818 BRANDL
6903 D:DCEGBG#AGN//DABCDFAFDA   H138 HAFENEDER
6904 D:DCFE   R558 RIEPEL
6905 D:DCGEF   L292 LANNER
6906 D:DCG2FEDCBA   H758 HOLZBAUER
6907 D:D2CBCFE2CBCFE   P149 PAISIELLO
6908 D:D2CDEFDABGEFGAGFE   P761 POKORNY
6909 D:D2CDEFDABGEFGAGFE   A341 ALBRECHTSBERGER
6910 D:DD#EFG   T180 TARCHI
6911 D:DD#2EDCB3A   H411 HAYDN
6912 D:DD#2EDNDCB4AGFDD#E   D187 DANKOWSKI
6913 D:DD#2E2DCB3A   H411 HAYDN
6914 D:DEADEADFDFDFD2FGE   A928 AURISICCHIO
6915 D:DECBABCDEFG   K913 KRAUS
6916 D:DECDECD2A2DEFGEFGEF   B547 BERTONI
6917 D:DECDECDCDCDEFGE//DAFDAFDEFGABCD2BA   H411 HAYDN
6918 D:DECDECDECD   V465 VENTO
6919 D:DECDECDECDEFGE   S229 SANPIERIO
6920 D:DECDECDGFEAC   M244 MALDERE
6921 D:DECDE2FGEFGA   A555 ANDRE
6922 D:DECDFGEFADFABDGBACEGAGFGF   M278 MANGO
6923 D:DECDGEFGEFBGABGA   G251 GASSMANN
6924 D:DECFGEADBA   D972 DUSSEK
6925 D:DECFGEAGABAGFEDCDEFEDC   C933 CRISPI
6926 D:DEDCBABCDEFG   K913 KRAUS
6927 D:DEDCBA2GAGFE2D   W786 WINTER
6928 D:DEDCDABCDEFGADEDCDBCD   J750 JOMMELLI
6929 D:DEDCDADE   D916 DUNI
6930 D:DEDCDADFE2D4C   D617 DITTERSDORF
6931 D:DEDCDAFDFGFE   ANON. D/BRD-Mbs
6932 D:DEDCDCEAE   G943 GUGLIELMI
6933 D:DEDCDEDADFGFEFGF2D   P584 PIAZZA
6934 D:DEDCDEDA2DEDCDEDAD   ANON. S-Skma
6935 D:DEDCDEDAFD   A139 ABEL
6936 D:DEDCDEDBAG   B336 BATTIRELLI
6937 D:DEDCDEDCD   N489 NEUMANN
6938 D:DEDCDEDCD3ABG#ABAG#A3F   C389 CEDRONIO
6939 D:DEDCDEDCDGF   K860 KOSPOTH
6940 D:DEDCDEDCDGFEDBAG   H333 HARTMANN
6941 D:DEDCDEDC2DFA   H758 HOLZBAUER
6942 D:DEDCDEDFAFAF   S348 SCHMIDT
6943 D:DEDCDEDFAFAG   S355 SCHMITT
6944 D:DEDCDE2DA2FEFG2FDADA   S249 SARTI

6945	D:DEDCDEFEDEFGFEF	C573 CIMAROSA
6946	D:DEDCDEFEDEFGFEF	T180 TARCHI
6947	D:DEDCDEFGFEFGA	S349 SCHMIDT
6948	D:DEDCDEFGFEFGA	B116 BACH
6949	D:DEDCDEGFEFG2AD2A2GFE	T645 TOESCHI
6950	D:DEDCD2E2FGE//8DEFDGFEDCDEABCD	G219 GARDI
6951	D:DEDCDFABA2GEFGBAGFDEF	G183 GALUPPI
6952	D:DEDCDFADEFGF2B	S355 SCHMITT
6953	D:DEDCDFAGFE17DFGAGFED	R594 RISO
6954	D:DEDCDF4AD	G183 GALUPPI
6955	D:DEDCDFDAFDAFADEDCDFD	G183 GALUPPI
6956	D:DEDCDFDGFEFAF	U930 UTTINI
6957	D:DEDCDF2DEDCDFD	G183 GALUPPI
6958	D:DEDCDFEDEDCDFE	P149 PAISIELLO
6959	D:DEDCDFED#E	B414 BEECKE
6960	D:DEDCDFGFEFA	B116 BACH
6961	D:DEDCDFGFEFA	L269 LANG
6962	D:DEDCD3F	ANON. GB-Lbl:Longman Per.Ov.
6963	D:DEDC2D2ABCEDCBAGFG	B539 BERTHEAUME
6964	D:DEDC2DE2F	L576 LEO
6965	D:DEDC4DABAG#4A	P912 PRATI
6966	D:DEDCFEDADEF	D617 DITTERSDORF
6967	D:DEDEDADF2AGE2GFDF	V884 VOGLER
6968	D:DEDEDE2DFA2DEFED2ABGBAFAGE	ANON. S-Skma
6969	D:DEDEDE3DEFED2A	ANON. S-Skma
6970	D:DEDEDFAFDEDE	G251 GASSMANN
6971	D:DEDEFDFD	G943 GUGLIELMI
6972	D:DEDEFGFGA	D617 DITTERSDORF
6973	D:DEDEFGFGABC	M943 MUELLER
6974	D:DEDEFGFG4A	S375 SCHRAUB
6975	D:DEDEFGFGFGAB	G745 GRASSL
6976	D:DEDE2FGFGA2DC2B2A	G414 GHERARDESCHI
6977	D:DEDE2FGFG2ABDADEFGFED	C933 CRISPI
6978	D:DEDFEDEG#2ADE2DCD	ANON. D/BRD-Mbs
6979	D:DEDFGFABAD	A748 ARNE
6980	D:DEDFGFABADCD	P761 POKORNY
6981	D:DEDFGFABADEDF	S286 SCARLATTI
6982	D:DEDGFB2ABAGFEFG	G678 GOSSEC
6983	D:DEDGFED	H411 HAYDN
6984	D:DEDG2FGFB2A	Z660 ZIEGLER
6985	D:DE2DBAGFDFDBGECD	K880 KOZELUCH
6986	D:DE2DE2DEDCDEFEDEF	J750 JOMMELLI
6987	D:DE2DFGFAGFEDCDEA	G943 GUGLIELMI
6988	D:DE3DEFE	C742 COMY
6989	D:DE10DFDGD	R578 RINALDO
6990	D:DEFNADCE	ANON. GB-Lbl:Longman Per.Ov.
6991	D:DEFNA2DC2E	F534 FISHER
6992	D:DEFABCDAEAFAGA	ANON. A-Wn
6993	D:DEFADEFA3D	R383 RELUZZI
6994	D:DEFADFAGFGA2BAD	G776 GRAUN
6995	D:DEFA2DCA3BACDEAG	B858 BRIOSCHI
6996	D:DEFAFEDE	D617 DITTERSDORF

6997 D : DEFAGAFAEADADE G834 GRETRY
6998 D : DEFAGFDEFGFEDEF R758 ROMAN
6999 D : DEFAGFEDEFGABCD A579 ANFOSSI
7000 D : DEFAGFG P592 PICHL
7001 D : DEFAG2FGA T455 THIR
7002 D : DEFA2G2FEDCD R568 RIGEL
7003 D : DEFDA2FGAFDADCDBA C936 CRISPI
7004 D : DEFDBFDBACEG A560 ANDREOZZI
7005 D : DEFDCDEDBDF ANON. Dbr-DO
7006 D : DEFDEFDEFDFABG#A H700 HOFFMEISTER
7007 D : DEFDEFG C573 CIMAROSA
7008 D : DEFDEFGABCD4A H413 HAYDN
7009 D : DEFDFA3DEFGDGB3DE M729 MOLTER
7010 D : DEFDGEAFBGAFGE S419 SCIROLI
7011 D : DEFDGEAFBGFEDCFG S419 SCIROLI
7012 D : DEFDGEAGFEFD Z510 ZELBELL
7013 D : DEFDGFEDCDE3A P592 PICHL
7014 D : DEF2DADFDEFGFEAE B547 BERTONI
7015 D : DEF6DEDE P592 PICHL
7016 D : DEFEABEFA//DFE3DAFE3D G998 GYROWETZ
7017 D : DEFEDEDGFGFDA H700 HOFFMEISTER
7018 D : DEFEDEFDEFGF C573 CIMAROSA
7019 D : DEFEDEFE16ADCBAGFE M729 MOLTER
7020 D : DEFEDEFG//EFGFG# B414 BEECKE
7021 D : DEFEDEFGAB3AGF B575 BIANCHI
7022 D : DEFEDEFGABCADAFDFA C516 CHELLERI
7023 D : DEFEDFGA N489 NEUMANN
7024 D : DEFEDFGAGF N311 NAUMANN
7025 D : DEFEDFGAGF B116 BACH
7026 D : DEFEDFGAGF4B4C4D K891 KRAML
7027 D : DEFEDGFEDCDB V254 VANHAL
7028 D : DEFEDGFG2ADC B755 BOYCE
7029 D : DEFED2GFEDCDB V254 VANHAL
7030 D : DEFE2DEFE2DEFE R535 RICHTER
7031 D : DEFE2DF2DFEFGF2E H515 HENNERSDORFF
7032 D : DEFE2DFGAGF C389 CEDRONIO
7033 D : DEFEFDA H573 HERTEL
7034 D : DEFEFD2G2F A333 ALBERTAZZI
7035 D : DEFEFGFEDCBAGFE2DE S316 SCHEIBE
7036 D : DEF2EFGF2DADF S383 SCHUBERT
7037 D : DEF3EF3EF3E H469 HEINICHEN
7038 D : DEFG K662 KLOEFFLER
7039 D : DEFGA P791 PONS
7040 D : DEFGABADBDAFEAGFE S229 SANPIERIO
7041 D : DEFGAB2ABCDEF P527 PFEIFFER
7042 D : DEFGABCABAG# C182 CAMERLOHER
7043 D : DEFGABCADCBAG W131 WAGENSEIL
7044 D : DEFGABCBCDBAGFE R578 RINALDO
7045 D : DEFGABCD//DFEDEFEDCDA S944 SUESSMAYR
7046 D : DEFGABCDABCDEFGA H710 HOFMANN
7047 D : DEFGABCDADA Z780 ZINGARELLI
7048 D : DEFGABCDADFEAEG K966 KUNTZEN

7049 D: DEFGABCDAEAF G779 GRAUPNER
7050 D: DEFGABCDAFA Z310 ZANI
7051 D: DEFGABCDAF3AGFEF B116 BACH
7052 D: DEFGABCDAFDAG#A W131 WAGENSEIL
7053 D: DEFGABCDAFDFADFEDA R440 RETZEL
7054 D: DEFGABCDAF2DAF2DAFDB E560 ENDLER
7055 D: DEFGABCDAFEFGABCDEDCBAGF B118 BACH
7056 D: DEFGABCD6ABC R440 RETZEL
7057 D: DEFGABCDA#BFG//DFADCBCDEA P149 PAISIELLO
7058 D: DEFGABCDCDEFEFG T611 TISCHER
7059 D: DEFGABCDE S872 STOLZEL
7060 D: DEFGABCDEFGABCDEFGABCD P548 PHILIDOR
7061 D: DEFGABCDE#F//DEFGABG#A G328 GENERALI
7062 D: DEFGABCDFA2D G779 GRAUPNER
7063 D: DEFGABCDFA2D G998 GYROWETZ
7064 D: DEFGABCDFDABG O650 ORDONEZ
7065 D: DEFGABCDFEC2DABCDG ANON. D/DDR-Dlb
7066 D: DEFGABCDFGABCDE K917 KRAUSE
7067 D: DEFGABCD2F//D2FA C221 CANNABICH
7068 D: DEFGABC2DEFGABCD H298 HARRER
7069 D: DEFGABC2DEFGABCDADA G295 GEBEL
7070 D: DEFGABC2DEFGABCDEFGABCDE H758 HOLZBAUER
7071 D: DEFGABC2D2F2G C182 CAMERLOHER
7072 D: DEFGABC3D ANON. A-LA
7073 D: DEFGABC3DC3DC2DEFG G172 GALLO
7074 D: DEFGABC3DFGA C182 CAMERLOHER
7075 D: DEFGABC3DGAGFGFEFED A517 AMINCONI
7076 D: DEFGABC3D2G2F2ED A517 AMINCONI
7077 D: DEFGABC5DA2FEGFEDC R750 ROLLE
7078 D: DEFGABC5DCBA2B M214 MAHAUT
7079 D: DEFGABC20D S934 STUMPF
7080 D: DEFGABG#A G328 GENERALI
7081 D: DEFGADEFGAFBGA B718 BONNO
7082 D: DEFGA3D C182 CAMERLOHER
7083 D: DEFGAFB R748 ROLLA
7084 D: DEFGAFDABCDAF S348 SCHMIDT
7085 D: DEFGAFGBCDEF B755 BOYCE
7086 D: DEFGAFGEFDEADADFAFGEFDEAD B719 BONO
7087 D: DEFGAG H559 HEROLD
7088 D: DEFGAGFED L972 LUSTRINI
7089 D: DEFGAGFED3A S348 SCHMIDT
7090 D: DEFGAGFEF M316 MARCHI
7091 D: DEFGAGFEF K922 KRESS
7092 D: DEFG2ABAGF H517 HENNIG
7093 D: DEFG2ABC2DEFGA F439 FIAMENGHINI
7094 D: DEFG2ABC3DCBA R578 RINALDO
7095 D: DEFG3ABAGF O350 OGLIO
7096 D: DEFG3ADCBA G516 GIRANEK
7097 D: DEFG3AFGABABABAB P838 PORSILE
7098 D: DEFG3A2G2E2C2A F345 FERANDINI
7099 D: DEFG6AFA2D A277 AGRELL
7100 D: DEFG7ADCED G251 GASSMANN

7101　D:DEFGBADC　I930 IVANSCHIZ
7102　D:DEFGCDED//FDEDFADF2AGFE　H708 HOFMANN
7103　D:DEFGEAF　A928 AURISICCHIO
7104　D:DEFGEDCB2AGFE　B731 BORGHI
7105　D:DEFGFADAFDADEFG　G251 GASSMANN
7106　D:DEFGFADAFDADEFG　G183 GALUPPI
7107　D:DEFGFADAFDADEFGFADAFD　A156 ABOS
7108　D:DEFGFADAFDADEFGFADAFD　ANON. DK-Kk
7109　D:DEFGFADAFDADFGA　ANON. CS-Pnm/Doksy
7110　D:DEFGFB　K966 KUNTZEN
7111　D:DEFGFDFD　P912 PRATI
7112　D:DEFGFDGABA　G736 GRAF
7113　D:DEFGFEDCB3ACB3A　R748 ROLLA
7114　D:DEFGFEDEFGABCD　A579 ANFOSSI
7115　D:DEFGFEDGABAGFDCDCBA　Z730 ZIMMERMANN
7116　D:DEFGFEF3E　G943 GUGLIELMI
7117　D:DEFGFEFGAG　G943 GUGLIELMI
7118　D:DEFGFE2FGABAGA　G183 GALUPPI
7119　D:DEFGFG　P592 PICHL
7120　D:DEFGFGABABCDBADCB　S517 SEYDELMANN
7121　D:DEFGFGEAFGA　R535 RICHTER
7122　D:DEFGFGEAFGA　ANON. US-WS
7123　D:DEFGFGEAFGABCD　F489 FILTZ
7124　D:DEFG2FGA　T455 THIR
7125　D:DEFG2FGABADAEAF　ANON. US-Wc
7126　D:DE2FGABCDADF　G172 GALLO
7127　D:DE2FG2AC2DCBAGFEF　S789 STAMITZ
7128　D:DE3F//FECABCD　C626 CLEMENTI
7129　D:DE4FAGFDCBA　ANON. D/BRD-Po
7130　D:DE4FG3A　B790 BOYCE
7131　D:DEGFDEFGAGA　P727 PLEYEL
7132　D:DEGFEABEFA//DFE3DAFE3D　G998 GYROWETZ
7133　D:DEGFEFDA　H573 HERTEL
7134　D:D2ECDGFD2EC　ANON. D/BRD-Mbs
7135　D:D2EDEFG//EFGFG#　B414 BEECKE
7136　D:D2EDEFGAB3AGF　B575 BIANCHI
7137　D:D2EFGAG　H559 HEROLD
7138　D:D2EF2GFB　K966 KUNTZEN
7139　D:D3EDEF3GFGA　A139 ABEL
7140　D:DE#F//DEFGABG#A　G328 GENERALI
7141　D:DFA　R349 REICHA
7142　D:DFABABA　M963 MUENCHHAUSEN
7143　D:DFABAGFEDC　M837 MOREIRA
7144　D:DFABCD　S785 STAMITZ
7145　D:DFABCDAFDCD　H758 HOLZBAUER
7146　D:DFABCDAGF　C752 CONRAD
7147　D:DFABCDBGEFGAC　S419 SCIROLI
7148　D:DFABCDC　W843 WOERBACH
7149　D:DFABCDC　W126 WARBACH
7150　D:DFABCDEF3G2AGFEFD　ANON. D/DDR-SWl
7151　D:DFAB　GF2AG ANON. PL-MO
7152　D:DFABDFCEGFAFD　O680 ORGITANO

7153	D:DFACABCDAEAGFEDA	B731 BORGHI
7154	D:DFACDAFADFAC	C979 CUPIS
7155	D:DFACDC2BGEAFDCD	S785 STAMITZ
7156	D:DFACDFAFGF4G	M625 MICHL
7157	D:DFACDFAGF	J960 JUST
7158	D:DFAC2DG#2AE#F	R348 REICHA
7159	D:DFACEADF2ADFA	G834 GRETRY
7160	D:DFACEGFEDA	B579 BIANCHI
7161	D:DFADA	G183 GALUPPI
7162	D:DFADABAGFEFGE	G943 GUGLIELMI
7163	D:DFADACEA	G779 GRAUPNER
7164	D:DFADACEA	P727 PLEYEL
7165	D:DFADACEA	S291 SCHACHT
7166	D:DFADADABABCNB	S785 STAMITZ
7167	D:DFADADADAFDADAD	R565 RIGEL
7168	D:DFADADAFD	B116 BACH
7169	D:DFADADAFDA	P626 PIETROWSKI
7170	D:DFADADAGFEDGB	U530 UMSTATT
7171	D:DFADADCDEGECEDFAD	R594 RISO
7172	D:DFADADFAEDCBA	B515 BERLIN
7173	D:DFADADFAG	H688 HOECKH
7174	D:DFADADGBDBDFA	D617 DITTERSDORF
7175	D:DFADA2DGBD	B116 BACH
7176	D:DFADAEDCDEGECED	R594 RISO
7177	D:DFADAFBGCEDFEG	B116 BACH
7178	D:DFADAFD	ANON. S-Skma
7179	D:DFADAFDAF	Q400 QUERFURTH
7180	D:DFADAFDAF2D	D245 DAVAUX
7181	D:DFADAFD2AF	M938 MOZART
7182	D:DFADAFDBABADFA	M729 MOLTER
7183	D:DFADAFDBAGF	W515 WESLERMEIR
7184	D:DFADAFDFADAFDFGAGFE	P839 PORTA
7185	D:DFADAFDFADAF2DABA2GF	M938 MOZART
7186	D:DFADAFDFAFAFAD	A579 ANFOSSI
7187	D:DFADAFD2F2A2DA	S783 STALDER
7188	D:DFADAF2DC2DC3D2F2E2D	N489 NEUMANN
7189	D:DFADAF2DFEFAGFEAFD	ANON. S-Skma
7190	D:DFADAF3DG	B896 BRUNETTI
7191	D:DFADAFED	G183 GALUPPI
7192	D:DFADAFEFGF2EFGFDFA	G736 GRAF
7193	D:DFADAGFAFDFADAGFA	K966 KUNTZEN
7194	D:DFADAGFED	C564 CIAMPI
7195	D:DFADAGFEDFADAGFED	M386 MARTINI
7196	D:DFAD2ABGFEGEDC	U360 ULBRICH
7197	D:DFADBADABADA	H704 HOFMANN
7198	D:DFADB2DCBA	M386 MARTINI
7199	D:DFADBFGFAGFEDC	B755 BOYCE
7200	D:DFAD4B4G4B4C	P761 POKORNY
7201	D:DFAD4B4G4B4C	G926 GUENIN
7202	D:DFADCA//2DCBAGF	C564 CIAMPI
7203	D:DFADCABGFGA	B755 BOYCE
7204	D:DFADC3AD3AE3AF3A	A277 AGRELL

7205 D : DFADC3AD3AE3AF3A ANON. S-L
7206 D : DFADCBABDCEDFAD T175 TAPRAY
7207 D : DFADCBAGF S398 SCHWANENBERGER
7208 D : DFADCBAGFD W464 WELTZ
7209 D : DFADCBAGFE M748 MONN
7210 D : DFADCBAG2FEDCB2A C516 CHELLERI
7211 D : DFADCBCACBC2A S344 SCHMID
7212 D : DFADCBCDEA P149 PAISIELLO
7213 D : DFADCDBDFBA# B712 BONESI
7214 D : DFADCDEAFE2A G295 GEBEL
7215 D : DFADCDE2DGBD T611 TISCHER
7216 D : DFADCDEFADFEFG H353 HASS
7217 D : DFADCDEFGAGAF T765 TRAETTA
7218 D : DFADCDEG B229 BARBANDT
7219 D : DFADC3DE3DED ANON. D/DDR-SW1
7220 D : DFADCEABDGBADF G617 GOLABEK
7221 D : DFADCEABGFEDCD3A F812 FRAIER
7222 D : DFADCGFEDCDEF H758 HOLZBAUER
7223 D : DFAD2C//2DEDCDE2DCBA V254 VANHAL
7224 D : DFAD2CGBGECD2FE//2DEDCDE2DCBA K880 KOZELUCH
7225 D : DFADECDEFGAGFGABC S120 SACCHINI
7226 D : DFADEC2DF2AGEF S229 SANPIERIO
7227 D : DFADEDCDA S348 SCHMIDT
7228 D : DFADEDCDEDCDEDCD A277 AGRELL
7229 D : DFADEDCDEDCDEDC2DAFD S785 STAMITZ
7230 D : DFADEDCDEDCDEDC2DAF2DAFD G778 GRAUN
7231 D : DFADEDCDEDCDEDC2DAF2D F345 FERANDINI
7232 D : DFADEDC3DFAD G567 GLUCK
7233 D : DFADEFDFADED P761 POKORNY
7234 D : DFADEFDFADE2DFAF F438 FIALA
7235 D : DFADEFGABCDAFDAF3D ANON. CH-Mue
7236 D : DFADEFGABCDEFGFGAG C225 CANNABICH
7237 D : DFADEFGBAGFGF M998 MYSLIVECEK
7238 D : DFADE2F2DFADEF S320 SCHEINPFLUG
7239 D : DFADE2FGA B737 BORRONI
7240 D : DFADF G183 GALUPPI
7241 D : DFADFA R349 REICHA
7242 D : DFADFABGEC S713 SORKOCEVIC
7243 D : DFADFABGEC S421 SCOLARI
7244 D : DFADFAC P589 PICCINNI
7245 D : DFADFACDGBDGBD L368 LAUBE
7246 D : DFADFAD S785 STAMITZ
7247 D : DFADFAD B158 BAILLOT
7248 D : DFADFADACEACEG S787 STAMITZ
7249 D : DFADFADADEFEDBAG G778 GRAUN
7250 D : DFADFADAFDAFDF G778 GRAUN
7251 D : DFADFADAF2ED P149 PAISIELLO
7252 D : DFADFADBABC P761 POKORNY
7253 D : DFADFADBABCDGFGAB B524 BERNASCONI
7254 D : DFADFADBADB2ADFA S348 SCHMIDT
7255 D : DFADFADBDCBABDCB S249 SARTI
7256 D : DFADFADCBAGAGF R568 RIGEL

7257	D:DFADFADCEGF	ANON. CS-BRsav/JUR
7258	D:DFADFADEDCDEDCD	M394 MASCH
7259	D:DFADFADF	C933 CRISPI
7260	D:DFADFADFAC2D	J750 JOMMELLI
7261	D:DFADFADFAD	S255 SATZENHOFFEN
7262	D:DFADFADFADFADCD	M729 MOLTER
7263	D:DFADFADFADFADG	H573 HERTEL
7264	D:DFADFADFADFDCBAGF	R348 REICHA
7265	D:DFADFADFAECEACEG	R122 RACKEMANN
7266	D:DFADFADFGECDFGECA	S249 SARTI
7267	D:DFADFADGB	ANON. PL-Wu/Breslau
7268	D:DFADFA2DCDEDCBAGFGAGFEFD	R598 RISTORI
7269	D:DFADFA2DC2DCD	M394 MASCH
7270	D:DFADFA2DGECDABAGFED	O680 ORGITANO
7271	D:DFADFA3DAGFA	H571 HERSCHEL
7272	D:DFADFA4D	H708 HOFMANN
7273	D:DFADFA5DACBAGFED	M729 MOLTER
7274	D:DFADFA6D	G779 GRAUPNER
7275	D:DFADFA6D	F248 FASCH
7276	D:DFADFA9DCDEFEFG#	A659 ARAIJA
7277	D:DFADFA9D8C	S161 SALAZAR
7278	D:DFADFAFADGCE	S638 SMETHERGELL
7279	D:DFADFAFDCA	G567 GLUCK
7280	D:DFADFA4F3EA	P837 PORPORA
7281	D:DFADFAGF2EBAGFEF	W426 WEINLICK
7282	D:DFADF2ACEACEDFA	K350 KENNIS
7283	D:DFADF2ADGBDG2B	M388 MARTINO
7284	D:DFADF2AEFAGFE	G251 GASSMANN
7285	D:DFADF2AFB2AGEG	G251 GASSMANN
7286	D:DFADF2A2F2DA	M998 MYSLIVECEK
7287	D:DFADFDAFDCNB	Z730 ZIMMERMANN
7288	D:DFADFDAF2DBAGFGAGFE	S324 SCHENCKER
7289	D:DFADFDBDF	G286 GAYER
7290	D:DFADFDBDFBDB	E340 EICHNER
7291	D:DFADFDFADFDEF	E560 ENDLER
7292	D:DFADFDFDFDFADA	W853 WOLF
7293	D:DFADFDGBDGDEF	E559 ENDLER
7294	D:DFADF2DCBABCDFA	Z770 ZINCK
7295	D:DFADFEDCBA	E164 EBERLIN
7296	D:DFADFEFA	M278 MANGO
7297	D:DFADFEFACD2EFAC	G778 GRAUN
7298	D:DFADFEFG2A	H411 HAYDN
7299	D:DFADFEGFEDCD	S189 SAMMARTINI
7300	D:DFADF2EFA3G	Z660 ZIEGLER
7301	D:DFADFGABCDAFDAF4D	ANON. CH-SA
7302	D:DFADFGAEFGF	R558 RIEPEL
7303	D:DFADFGAGFEDFAD	R568 RIGEL
7304	D:DFADFG2A	C933 CRISPI
7305	D:DFAD2F2AF	ANON. Breitkopf 65
7306	D:DFAD2FGD#E//FEDCBCB	C742 COMY
7307	D:DFAD2FGFE2D	P461 PEROTTI
7308	D:DFADGBDAF	R383 RELUZZI

7309 D : DFADGBDEF6GFGA   ANON. I-Pca
7310 D : DFADGBDF   M748 MONN
7311 D : DFADGFEFA   M278 MANGO
7312 D : DFADGFGFBABADCB   D617 DITTERSDORF
7313 D : DFA2D   M938 MOZART
7314 D : DFA2DABD   S277 SCACCIA
7315 D : DFA2DABDC2DA   B858 BRIOSCHI
7316 D : DFA2DA2DC   H354 HASSE
7317 D : DFA2DAFDAF2D   D245 DAVAUX
7318 D : DFA2D2A   T722 TOUCHEMOULIN
7319 D : DFA2D2AF   N859 NORRIS
7320 D : DFA2DCA//2DCBAGF   C564 CIAMPI
7321 D : DFA2DCBABDCEDFAD   T175 TAPRAY
7322 D : DFA2DCBAD   M939 MOZART
7323 D : DFA2DCBAGFD   W464 WELTZ
7324 D : DFA2DCBAG3FEDCB2A   C516 CHELLERI
7325 D : DFA2DCBCADCBC2A   S344 SCHMID
7326 D : DFA2DC2BAGFCDC   W853 WOLF
7327 D : DFA2DC2BAGFED   B461 BENDA
7328 D : DFA2DCDA   S348 SCHMIDT
7329 D : DFA2DCDCDCDEF   A370 ALESSANDRI
7330 D : DFA2DC2DCDFA2DC   A579 ANFOSSI
7331 D : DFA2DC2D2FE2F2DC2D   P149 PAISIELLO
7332 D : DFA2DC3DFAD   G567 GLUCK
7333 D : DFA2D2CA//2DCBAGF   C564 CIAMPI
7334 D : DFA2D3C2EGF   D617 DITTERSDORF
7335 D : DFA2D3C2EGFEF   V254 VANHAL
7336 D : DFA2DEC2DF2A   C935 CRISPI
7337 D : DFA2DEFED   E570 ENGEL
7338 D : DFA2DEFG   V878 VOGEL
7339 D : DFA2DEF2GFBAGF   C225 CANNABICH
7340 D : DFA2DFADF   S778 STAEPS
7341 D : DFA2DFA2D2AGFE   P285 PASQUALI
7342 D : DFA2DFA2DFAD   I940 IVERSON
7343 D : DFA2DFA2DFA2DFADACE2ACE   M729 MOLTER
7344 D : DFA2DFA3DCB   E550 ENDLER
7345 D : DFA2DFA3DCBAGFEFADF   ANON. D/BRD-DO
7346 D : DFA2DFA3DCBAGFEFAD2FADF   B369 BEATY
7347 D : DFA2DFAF5D   G159 GALIMBERTI
7348 D : DFA2DF5ADF4A   C573 CIMAROSA
7349 D : DFA2DFEDACE2A   M386 MARTINI
7350 D : DFA2DFGBA   M998 MYSLIVECEK
7351 D : DFA2DGAD   D245 DAVAUX
7352 D : DFA2DGB3DCBAGFE   E559 ENDLER
7353 D : DFA3DCDBAGF2D   G537 GIULINI
7354 D : DFA3DFAD3FADF3A   S794 STARCK
7355 D : DFA3DFA3DFA3DFA2DA7D   P129 PAGANELLI
7356 D : DFA3DFA4D2EFAFAF   ANON. D/BRD-HR
7357 D : DFA4DAFDA   R817 ROSETTI
7358 D : DFA4DC2DFADFA   K969 KUNTZEN
7359 D : DFA4D2EAC   K922 KRESS
7360 D : DFA4DF3DA4DGA4D   E560 ENDLER

```
7361  D:DFA6DCBADCDGFEAGFED  H573 HERTEL
7362  D:DFAE2AD  C439 CHALON
7363  D:DFAEDCDEG  B229 BARBANDT
7364  D:DFAF  M998 MYSLIVECEK
7365  D:DFAF  W939 WRANITZKY
7366  D:DFAFACEGDFAF  C938 CROES
7367  D:DFAFAD  A579 ANFOSSI
7368  D:DFAFADADFDFA  F489 FILTZ
7369  D:DFAFADADFDFA  S414 SCHWINDL
7370  D:DFAFA2DFGECD  C573 CIMAROSA
7371  D:DFAFA3DEFD  C573 CIMAROSA
7372  D:DFAFAFAF  S749 SPERGER
7373  D:DFAFAFDA  P592 PICHL
7374  D:DFAFAFEGBGBGE  H133 HAEFFNER
7375  D:DFAF2BAG#E2AGF  H113 HABEL
7376  D:DFAFD  G291 GAZZANIGA
7377  D:DFAFDA  P761 POKORNY
7378  D:DFAFDA  M939 MOZART
7379  D:DFAFDA  K959 KUERZINGER
7380  D:DFAFDAB3A2GF  G251 GASSMANN
7381  D:DFAFDABDC2D  ANON. D/DDR-SWl
7382  D:DFAFDAFEDCBA  W939 WRANITZKY
7383  D:DFAFDBAGAEFEFEDC  D617 DITTERSDORF
7384  D:DFAFDBAGFEFEF  H877 HUBER
7385  D:DFAFDB2AGFEFEF  H877 HUBER
7386  D:DFAFDB2AGFEFEFEDC  D617 DITTERSDORF
7387  D:DFAFD2C  B399 BEDARD
7388  D:DFAFDE2AGE  M949 MUELLER
7389  D:DFAFDEDCBAFA  D972 DUSSEK
7390  D:DFAFDFA2DC  G998 GYROWETZ
7391  D:DFAFDFA2DCB  G998 GYROWETZ
7392  D:DFAFDFAFD  A579 ANFOSSI
7393  D:DFAFDFAFDABCDAFDA  ANON. D/BRD-DS
7394  D:DFAFDFAFDFA  H411 HAYDN
7395  D:DFAFDFAFDFA  B114 BACH
7396  D:DFAFDFAFDFAFDFAF  M419 MASSONNEAU
7397  D:DFAFDFAFDFAFDFAFEGAGEGCG  H212 HAMER
7398  D:DFAFDFAFDFEFG2AGECDEG  P333 PAUR
7399  D:DFAFDFAF2DCBABG  M895 MOSELL
7400  D:DFAFDFAF2DC2B  A579 ANFOSSI
7401  D:DFAFDFAF3DCBA#  G943 GUGLIELMI
7402  D:DFAFDFAF3DCB2A#B  B731 BORGHI
7403  D:DFAFDFAFE  B116 BACH
7404  D:DFAFDFEDEGFE  T611 TISCHER
7405  D:DFAFDGEAFDGEAA#BFGG#AE  ANON. D/BRD-Mbs
7406  D:DFAF2D  S342 SCHLOEGER
7407  D:DFAF2DBDBA  M947 MUELLER
7408  D:DFAF2DCBAFA  D972 DUSSEK
7409  D:DFAF2DCBAGFEDFAF2D  P149 PAISIELLO
7410  D:DFAF2DFEDEDFEDED  D617 DITTERSDORF
7411  D:DFAF2DG  R716 ROESER
7412  D:DFAF3DCB2AGFED  P149 PAISIELLO
```

7413　D:DFAF4DBGCAFE7D　Z780 ZINGARELLI
7414　D:DFAF4DC3D　G961 GUILLON
7415　D:DFAFE　S785 STAMITZ
7416　D:DFAFEDGFGABABCDFA　S818 STEGMANN
7417　D:DFAFE2D2BA　B121 BACH
7418　D:DFAFEFGAB　T722 TOUCHEMOULIN
7419　D:DFAFGABCD　G678 GOSSEC
7420　D:DFAFGABCDGFE3FEGFG　N311 NAUMANN
7421　D:DFAFGECABCDF　A579 ANFOSSI
7422　D:DFAFGECADF　F489 FILTZ
7423　D:DFAFGEFBADEGFABC　Z660 ZIEGLER
7424　D:DFA2FAFDAFD　F519 FIORILLO
7425　D:DFA2FAFDGBG　ANON. CS-Pnm/Doksy
7426　D:DFAGAG#ABCDEFGEG　R758 ROMAN
7427　D:DFAGBADFAGBA　G537 GIULINI
7428　D:DFAGECAC　H704 HOFMANN
7429　D:DFAGE2DCEGEDCEGAGF　P983 PUNDTER
7430　D:DFAGF　O650 ORDONEZ
7431　D:DFAGFABCDEFDAGF　B896 BRUNETTI
7432　D:DFAGFDCADFDEGEFAF　G943 GUGLIELMI
7433　D:DFAGFDFEGFAGFDF　S373 SCHRAMEK
7434　D:DFAGFEDADA　L500 LEHMAN
7435　D:DFAGFEDADADADA　ANON. CS-Pnm/Doksy
7436　D:DFAGFED5C//DFAF4DC3D　G961 GUILLON
7437　D:DFAGFEDGFGABABCDFA　S818 STEGMANN
7438　D:DFAGFE2D2BA　B121 BACH
7439　D:DFAGFEFGAB　T722 TOUCHEMOULIN
7440　D:DFAGFGA//F4D8E　H411 HAYDN
7441　D:DFA3G　M678 MITSCHA
7442　D:DFAG#ABA4CDF2A　H150 HAIGH
7443　D:DF2ABADCBAC2EFEGFGAB　C564 CIAMPI
7444　D:DF2ABA2GF2D2CEG　D972 DUSSEK
7445　D:DF2AB2AB2ABAD　R817 ROSETTI
7446　D:DF2AB2AF2AGF　S521 SEYFERT
7447　D:DF2ABCBCD　A139 ABEL
7448　D:DF2ABCDAEAF　B732 BORGHI
7449　D:DF2ABCDCD　M748 MONN
7450　D:DF2ABCDEGA　W786 WINTER
7451　D:DF2ABCDF2ABCD　R364 REINDL
7452　D:DF2ABCDF2ABCD　B862 BRIXI
7453　D:DF2ABCDF2ABCD　B116 BACH
7454　D:DF2ABCDF4A4BGB　K926 KREUSSER
7455　D:DF2ABCEDCD　M748 MONN
7456　D:DF2ACDF2AC　K860 KOSPOTH
7457　D:DF2ACDF2AC　I930 IVANSCHIZ
7458　D:DF2ACDF2AC16D　K840 KOERZL
7459　D:DF2ADCBAGA　R349 REICHARDT
7460　D:DF2ADF2A　B987 BUTLER
7461　D:DF2A4DF2A3D　S120 SACCHINI
7462　D:DF2AFDBGD　M274 MANELLI
7463　D:DF2A3FEFGEF　D617 DITTERSDORF
7464　D:DF2AGECDF2AGECD　G678 GOSSEC

7465	D:DF2AGFADFEFGG#A	S348 SCHMIDT
7466	D:DF2AGFEDAGFEDAGFE	M529 MELSHEDE
7467	D:DF2AGFEDC3D	P523 PFEIFFER
7468	D:DF2AGFEDFA	M234 MAJO
7469	D:DF2AGFE2DEFGAFDAFDA	B116 BACH
7470	D:DF2A2G2FEG2E2DCD	D617 DITTERSDORF
7471	D:DF2A3GF//AGF#CNBA	A555 ANDRE
7472	D:DF3ABAGFEFGABC2D	P619 PIERLOT
7473	D:DF3AC2EDCDA	S165 SALIERI
7474	D:DF3ADA3FAD3FAF3D	E559 ENDLER
7475	D:DF3AD3AFDA	G998 GYROWETZ
7476	D:DF3AFDB3A	M395 MASCHEK
7477	D:DF3A2G	G323 GEMMINGEN
7478	D:DF4AC2EDCDA	S165 SALIERI
7479	D:DF4AGAGFGFEF	D617 DITTERSDORF
7480	D:DF5ABAGA	T611 TISCHER
7481	D:DF5AD5ADAG	G778 GRAUN
7482	D:DF6AD	D617 DITTERSDORF
7483	D:DF6AFA2D4F	L366 LAU
7484	D:DF7AEDCDFEDCD	H573 HERTEL
7485	D:DF9AG3A	Z730 ZIMMERMANN
7486	D:DFA#2BD#E//DFAFAFDA	P592 PICHL
7487	D:DFB//AGFDE2FG	P587 PICCINNI
7488	D:DFBAGFEGFAGFED	S165 SALIERI
7489	D:DFBAG#FG#2AG#FG#A	S165 SALIERI
7490	D:DFBAG#GNFEFGBCD	A139 ABEL
7491	D:DFBGE2AFDGBFE	V254 VANHAL
7492	D:DFBG#FG#AG#FG#A	S165 SALIERI
7493	D:DFDA	B125 BACHSCHMIDT
7494	D:DFDABADFDAGF	R716 ROESER
7495	D:DFDACA//FDEFGFE	C531 CHIESA
7496	D:DFDACADAFD4A	B847 BREVAL
7497	D:DFDACADFG5AGFE	H443 HEBELT
7498	D:DFDACA2DBAC2GFAF	ANON. S-L
7499	D:DFDACA2DBAC2GFAFE	T195 TARTINI
7500	D:DFDACA2D2BACG	ANON. D/BRD-DO
7501	D:DFDACA2D2BAC2GFAF	ANON. S-L
7502	D:DFDACA2D2BAC2GFAFE	T195 TARTINI
7503	D:DFDADAFAFD	S749 SPERGER
7504	D:DFDADAFD2ACBADFE	R558 RIEPEL
7505	D:DFDADBGFEA	W644 WIEDNER
7506	D:DFDADC5DFECBC	M998 MYSLIVECEK
7507	D:DFDADC4GFC	C524 CHERZELLI
7508	D:DFDADEGEAEFDGEAFED2A	D617 DITTERSDORF
7509	D:DFDADFDADFAD	G295 GEBEL
7510	D:DFDADFDAFEFED	S249 SARTI
7511	D:DFDAEDC5DFEDCBC	M998 MYSLIVECEK
7512	D:DFDAFDAD2AF2D	B459 BENDA
7513	D:DFDAFDADEDCB	S414 SCHWINDL
7514	D:DFDAFDAFDADBA	H573 HERTEL
7515	D:DFDAFDAFDAF	S395 SCHUSTER
7516	D:DFDAFDAFDAF	B116 BACH

7517 D : DFDAFDAFDAFDA C331 CARUSO
7518 D : DFDAFDAFDAF5DFEDC P116 PACHMANN
7519 D : DFDAFDAFDAFED T611 TISCHER
7520 D : DFDAFDAFDAGFEDCDE F718 FORESTI
7521 D : DFDAFDC2ABCDA A579 ANFOSSI
7522 D : DFDAFDFAC G736 GRAF
7523 D : DFDAFDFDAFDAF2DAFA G778 GRAUN
7524 D : DFDAFDGDBGD E164 EBERLIN
7525 D : DFDAF2DCBAGFG2A A484 AMAN
7526 D : DFDAF2DEFGF S291 SCHACHT
7527 D : DFDAF4DCB2C B461 BENDA
7528 D : DFD2ABCDAFDA C221 CANNABICH
7529 D : DFD2ABCDCBA G926 GUENIN
7530 D : DFD2ABCDCBAG G943 GUGLIELMI
7531 D : DFD2ACA2DFD5ABC P116 PACHMANN
7532 D : DFD2ADAF3ADA S395 SCHUSTER
7533 D : DFD2AFDC K880 KOZELUCH
7534 D : DFD2AFDFD2AF U530 UMSTATT
7535 D : DFD2AG#AG#A S578 SIGNOR
7536 D : DFD2AG#AG#A ANON. CH-C
7537 D : DFD3AA#BAGF S395 SCHUSTER
7538 D : DFD3ACA3DFDA H573 HERTEL
7539 D : DFD3ACDEFEFGED G251 GASSMANN
7540 D : DFD3ADAFGAA#B M8895 MOSELL
7541 D : DFD3ADCBAGD2A R350 REICHARDT
7542 D : DFD4ADFD4A C175 CAMBINI
7543 D : DFD4ADFD4A A579 ANFOSSI
7544 D : DFD4ADFD4AFA P149 PAISIELLO
7545 D : DFD4AEGE2AGF H715 HOFSTETTER
7546 D : DFD7AGFADF S320 SCHEINPFLUG
7547 D : DFDBAGFEFGAB2C C948 CROUBELIS
7548 D : DFDBCBAGFE//5FDC4AGFGFE M938 MOZART
7549 D : DFD3BEGE3CDFGFGBA M895 MOSELL
7550 D : DFD3BEGE3CFAF R817 ROSETTI
7551 D : DFDCACDFA ANON. CS-Pnm/Frydlant
7552 D : DFDCACDF2ACA G834 GRETRY
7553 D : DFDCADFADF2GAGFG2FDCAD S159 SALA
7554 D : DFDCBABAGFEFGAB2C C948 CROUBELIS
7555 D : DFDCBAGFABAGF2DA ANON. CS-BRsav
7556 D : DFDCDD#EFG3ABCD P461 PEROTTI
7557 D : DFDCDE2DAF G183 GALUPPI
7558 D : DFDCEACDFDCEAC P589 PICCINNI
7559 D : DFD5CEGE A668 ARCARI
7560 D : DFDEFGABCDF2GEFG A484 AMAN
7561 D : DFDEGEFAFD S521 SEYFERT
7562 D : DFDFADFADGAB R750 ROLLE
7563 D : DFDFA2DFDFA2DEFGABC Z110 ZACH
7564 D : DFDFAGFEDCBAGFEDA M998 MYSLIVECEK
7565 D : DFDF3ADADAFD K860 KOSPOTH
7566 D : DFDFDA2DEGFED H354 HASSE
7567 D : DFDFDCD B645 BLASI
7568 D : DFDFDFDFEGFA B461 BENDA

7569	D:DFDFDFD2FAFAFAFA	P523	PFEIFFER
7570	D:DFDFDFEGFGEG	B283	BARTA
7571	D:DFDFDF2ED#EGE	K860	KOSPOTH
7572	D:DFDF2D2A	N489	NEUMANN
7573	D:DFDGAGFEDCBAGFEDAGEDFD	M998	MYSLIVECEK
7574	D:DFDGEAFGECADFDGE	G291	GAZZANIGA
7575	D:DFD2GE2AFBCBCD	M998	MYSLIVECEK
7576	D:DF2DAF2DAFDAF	F532	FISCHIETTI
7577	D:DF2DCDAD2AGAF	U520	UMLAUFF
7578	D:DF2DCDCBDG2BAB	M943	MUELLER
7579	D:DF2DEFGBGFDEC	G537	GIULINI
7580	D:DF2DF2D2E2FGFED	H573	HERTEL
7581	D:DF2DF5DFAF	A928	AURISICCHIO
7582	D:DF2D2FADF2D2FA	A278	AGRICOLA
7583	D:DFDGBGFADCE	Z770	ZINCK
7584	D:DF3DEFGABCDCDCDCADFE	K930	KROMMER
7585	D:DF3DFDFEFDFEFD	ANON.	I-TN
7586	D:DF4D3E//2DE3DF2EF2E	P727	PLEYEL
7587	D:DF6DFD	S575	SIGHIZELLI
7588	D:DFEACE2GFEFGFEDEFD	C258	CARAFFE
7589	D:DFEADCFBACD	D245	DAVAUX
7590	D:DFEADFEADFEAFADC	A277	AGRELL
7591	D:DFEAFAEAFGFEDCABCA	D916	DUNI
7592	D:DFE2AGFGAGFADF	M666	MINOJA
7593	D:DFE3A2G2F2E3D	S787	STAMITZ
7594	D:DFE5AGFEDE	M435	MATTEI
7595	D:DFECACD	F951	FUCHS
7596	D:DFEDABADB	B918	BUCELLI
7597	D:DFEDACBADABC	H337	HARTWIG
7598	D:DFEDADADFDEDE	H573	HERTEL
7599	D:DFEDADADFED	H354	HASSE
7600	D:DFEDADADFEDADA12D4E12F4G	B116	BACH
7601	D:DFEDADADFEDEGFE	J750	JOMMELLI
7602	D:DFEDAD3AGF	P149	PAISIELLO
7603	D:DFEDADF	A924	AULETTA
7604	D:DFEDADFA2DFEDA	N454	NERUDA
7605	D:DFEDADFDFADAGFGFE	H334	HARTMANN
7606	D:DFEDADFEDA5D	Z260	ZANETTI
7607	D:DFEDADFEDE	R578	RINALDO
7608	D:DFEDADFEGFEAEG	A579	ANFOSSI
7609	D:DFEDA2DAFAGDA2FD	ANON.	S-Skma
7610	D:DFEDA2DFAGFD2F	B188	BALLABENE
7611	D:DFEDAEGFEAFD	S785	STAMITZ
7612	D:DFEDAFAGFDAFGABAB	B720	BONONCINI
7613	D:DFEDAFDB2ABCD	H573	HERTEL
7614	D:DFEDAF2D	T323	TERRADEGLIAS
7615	D:DFEDAFECBA	E559	ENDLER
7616	D:DFEDAGFB2ABGDBGB	G523	GIRCALLI
7617	D:DFEDAGFDCB	D972	DUSSEK
7618	D:DFEDAGFEDFEDAGFE	B393	BECK
7619	D:DFED2ABCDC2DBGAFGEFD	ANON.	D/BRD-HR
7620	D:DFED2ABCDE2FGBAG2D	M214	MAHAUT

7621 D : DFED2ABCDE2FGBAG2DGFEDA ANON. DK-Kk
7622 D : DFED2ABCDFED2ABC S395 SCHUSTER
7623 D : DFED2ACBADEFGABCD D617 DITTERSDORF
7624 D : DFED2ACBADEFGABC3D ANON. CS-Bm/RAJ
7625 D : DFED2ACBA2D G776 GRAUN
7626 D : DFED2AGFDFED2AGAFGABCDE K600 KIRNBERGER
7627 D : DFED3AG G776 GRAUN
7628 D : DFED4ACBA3DAGA M435 MATTEI
7629 D : DFED5A R578 RINALDO
7630 D : DFED5A H337 HARTWIG
7631 D : DFED5AFEFGFEF D617 DITTERSDORF
7632 D : DFED6ACBA M315 BERNARDINI
7633 D : DFEDCBAFGC D456 DESHAYES
7634 D : DFEDCBAGFDGDADBD G779 GRAUPNER
7635 D : DFEDCBAGFEDCD G678 GOSSEC
7636 D : DFEDCBAGFEDCD R568 RIGEL
7637 D : DFEDCDAFDFAGFEFDAF H573 HERTEL
7638 D : DFEDCD2AGFAGFED G778 GRAUN
7639 D : DFEDCD3AGFEDCDA M729 MOLTER
7640 D : DFEDCDBGFED#E F517 FIORAVENTI
7641 D : DFEDCDCBABADCDFDCD A278 AGRICOLA
7642 D : DFEDCDEDECDAGFEF R971 RUST
7643 D : DFEDCDEFGBAGFGAB V465 VENTO
7644 D : DFEDCD3F ANON. GB-Lbl:Longman Per.Ov.
7645 D : DFEDCFAGFEAD M435 MATTEI
7646 D : DFEDEBAGF3DCB G778 GRAUN
7647 D : DFEDEDFAFDEDE G251 GASSMANN
7648 D : DFEDEDFEDEDADFDADF K295 KELLY
7649 D : DFEDEFDFDF G943 GUGLIELMI
7650 D : DFEDEF2DFAGFGA2FADC I840 ISOLA
7651 D : DFEDEF3DFEDEF2D A579 ANFOSSI
7652 D : DFEDEFEDCDA S944 SUESSMAYR
7653 D : DFEDEFEDFEDEFED4A R928 RUGE
7654 D : DFEDEFGABDCBCDEF M214 MAHAUT
7655 D : DFEDEFGABDCBCDEFGBA ANON. DK-Kk
7656 D : DFEDEFGEFDFA S395 SCHUSTER
7657 D : DFEDEGFAGBACN S381 SCHUBACK
7658 D : DFEDFADBGECDFED V254 VANHAL
7659 D : DFEDFADBGECDFEDF H413 HAYDN
7660 D : DFEDFADFADC S189 SAMMARTINI
7661 D : DFEDFADFEDFGFDGEAF S521 SEYFERT
7662 D : DFEDFAFAG S521 SEYFERT
7663 D : DFEDFAFAGFBAGFE I930 IVANSCHIZ
7664 D : DFEDFAFEGAG M998 MYSLIVECEK
7665 D : DFEDFAGFDFED S120 SACCHINI
7666 D : DFEDFAGF2DB2DA2D M386 MARTINI
7667 D : DFEDFAGFE H758 HOLZBAUER
7668 D : DFEDF2A2E2GFD2F2EG C578 CIRRI
7669 D : DFEDF2DFEDFD C659 COCCHI
7670 D : DFEDFED2ADCBAG H758 HOLZBAUER
7671 D : DFEDFEDCEA H413 HAYDN
7672 D : DFEDFEDEFED B864 BRODSKY

7673 D:DFEDFEDFAFDEDCDA S713 SORKOCEVIC
7674 D:DFEDFEDFEDEFABC T765 TRAETTA
7675 D:DFEDFEDFEDFEDFEDFED C225 CANNABICH
7676 D:DFEDFEDFED2F2A2DF C748 CONFORTO
7677 D:DFEDFGBDC S344 SCHLOSSER
7678 D:DFEDGFEDCDEFED L336 LARUETTE
7679 D:DFE2D C564 CIAMPI
7680 D:DFE2DBAGFDFDBGECD K880 KOZELUCH
7681 D:DFE2DCEGF2ED#//5AD5FA W939 WRANITZKY
7682 D:DFE2DFADFE2DFABDAD D357 DELLER
7683 D:DFE2DFADFGECA K860 KOSPOTH
7684 D:DFE2DFADFGECA K840 KOERZL
7685 D:DFE3DA2DA2DFED F345 FERANDINI
7686 D:DFE3DAFE3D G998 GYROWETZ
7687 D:DFE3DCD2EGF3E S120 SACCHINI
7688 D:DFE3D2CBADEDCDEFEAG#A//4DABCD G878 GROSSE
7689 D:DFE5DEFG F248 FASCH
7690 D:DFE5DFE4DEGF4E S411 SCHWARZENDORF
7691 D:DFEFADFADFEFBDGB A579 ANFOSSI
7692 D:DFEFADFA2D E560 ENDLER
7693 D:DFEFADFEFAFDFDAFAF M816 MONZA
7694 D:DFEFAFEGFAGFE G779 GRAUPNER
7695 D:DFEFAGADCDFEFAGADC2D G778 GRAUN
7696 D:DFEFAGFDCDFEFAG ANON. S-Skma
7697 D:DFEFDACBCADCDCDCDCD C255 CAPUZZI
7698 D:DFEFDAGA G183 GALUPPI
7699 D:DFEFDAGAFDCDA M816 MONZA
7700 D:DFEFDAGAFDCDADADA G183 GALUPPI
7701 D:DFEFDFADEGFGE S346 SCHMID
7702 D:DFEFDFEF2DCDC P149 PAISIELLO
7703 D:DFEFDFGE F489 FILTZ
7704 D:DFEF2DFEFDEGFG M816 MONZA
7705 D:DFEFGABCDCBAGF Z780 ZINGARELLI
7706 D:DFEFGAF2BAF2BAFD B285 BARTHELEMON
7707 D:DFEFGAFDADFEFGAFDA G183 GALUPPI
7708 D:DFEFGAFD2AFEFGAGFG N311 NAUMANN
7709 D:DFEFGAFEFGADAGFGFGEF P186 PAMPANI
7710 D:DFEFGAFEFGADBC2DFGA B458 BENDA
7711 D:DFEFG2ABCD L825 LOEHLEIN
7712 D:DFEFGEA G251 GASSMANN
7713 D:DFEFGFD R578 RINALDO
7714 D:DFEFGFDFA2DCDE G432 GIAMBERGHI
7715 D:DFEFGFEGFGAGF M998 MYSLIVECEK
7716 D:DFEFG2FGA3F P761 POKORNY
7717 D:DFEFG2FGA5FEFGF B933 BULANT
7718 D:DFEF2GFG P662 PIO
7719 D:DFEGFAGB3AGFEDCDED2CEDFEGFA C733 COMPAGNOLI
7720 D:DFEGFDCEFEDCD M729 MOLTER
7721 D:DFEGFDFDBAGFD B858 BRIOSCHI
7722 D:DFEG2FAGB2ABCDEFGAFGE G562 GLOESCH
7723 D:DF2EG2F3DAFDA M943 MUELLER
7724 D:DFGA V254 VANHAL

7725 D : DFGABAD   M943 MUELLER
7726 D : DFGABAD   C182 CAMERLOHER
7727 D : DFGABAFGABAGFEGFEDCDEFG   R758 ROMAN
7728 D : DFGABCBCDGF   A139 ABEL
7729 D : DFGABCDCB   S521 SEYFERT
7730 D : DFGABCDFGA   H761 HOLZBOGEN
7731 D : DFGABGAFEFGEBCDFGABG   R928 RUGE
7732 D : DFGADAB2AG   Z880 ZOPPIS
7733 D : DFGADBADGFGAGFE2D   G811 GREENE
7734 D : DFGADFEDACDEACBA   W131 WAGENSEIL
7735 D : DFGADFEFG//AFG2ADB   B229 BARBANDT
7736 D : DFGADFGAGBCDGFE2AD   G183 GALUPPI
7737 D : DFGAFAEAEA2D   F530 FISCHER
7738 D : DFGAFAFDFGAFAFACDE   G537 GIULINI
7739 D : DFGAFB2A   ANON. E-Manresa
7740 D : DFGAFDFGAF   G824 GREINER
7741 D : DFGAFEFGECDAF   P761 POKORNY
7742 D : DFGAFGA2DEFGFG3A   S249 SARTI
7743 D : DFGA3F   M365 MARSH
7744 D : DFGAGFDADAFDFADAF   S163 SALES
7745 D : DFG2ABCDCB   S521 SEYFERT
7746 D : DFG2ADFEFGBAFGED   D617 DITTERSDORF
7747 D : DFG2ADFG2ADADFEAEG   ANON. S-L
7748 D : DFG2AEFG   V254 VANHAL
7749 D : DFG3A   D617 DITTERSDORF
7750 D : DFG3AFAGFGFEDCBAGF   S785 STAMITZ
7751 D : DFG3A2FGFEDE2A   S249 SARTI
7752 D : DFG3A2G2FEDC//DCBA   K979 KUZNIK
7753 D : DFG4ABADABADABA   B252 BARIDONE
7754 D : DFG4AFG4ADE2F   B755 BOYCE
7755 D : DFG5ADCDEDCDFG2A   H354 HASSE
7756 D : DFG6AGABA   R383 RELUZZI
7757 D : DFG7ABCDA   G776 GRAUN
7758 D : DFG8ABAGABAGFE   G834 GRETRY
7759 D : DFGBAGFCNB   S795 STARZER
7760 D : DFGC16D   S414 SCHWINDL
7761 D : DFGDGFEDCDE3A   P592 PICHL
7762 D : DFGEAF2DFGEAF   C614 CLASING
7763 D : DFGECADFGABC   B547 BERTONI
7764 D : DFGECADFGABCD   P761 POKORNY
7765 D : DFGECDFGECDEFG   K860 KOSPOTH
7766 D : DFGECDFGECDEFGABCDF   K840 KOERZL
7767 D : DFGEF3DADFDBGE   W856 WOLFF
7768 D : DFGE2FGEF   V254 VANHAL
7769 D : DFGFBABECF   J750 JOMMELLI
7770 D : DFGFBAGFEDFGFBAGFE   R594 RISO
7771 D : DFGFDFGFEGA   D972 DUSSEK
7772 D : DFGFEAFA   O650 ORDONEZ
7773 D : D2FA   C225 CANNABICH
7774 D : D2FAFD2FAFDCDEFGABD   Z340 ZAPPA
7775 D : D2FA2F2A2F   S749 SPERGER
7776 D : D2FAGFAD   A925 AUMON

7777	D:D2FAGFADGFADGF	I930 IVANSCHIZ
7778	D:D2F2A//D2FD2F	M435 MATTEI
7779	D:D2F2A3BAG	M938 MOZART
7780	D:D2F2AD//2AG4FE3D	M435 MATTEI
7781	D:D2F2ADADEFEA	G779 GRAUPNER
7782	D:D2F2ADE	R750 ROLLE
7783	D:D2F2ADEDFGFAB	B461 BENDA
7784	D:D2F2A2D2FA	G183 GALUPPI
7785	D:D2F2A2F2D2FGB	S189 SAMMARTINI
7786	D:D2F2AGFAD	A925 AUMON
7787	D:D2F3AGFE2A3CBA	M729 MOLTER
7788	D:D2FD2F	M435 MATTEI
7789	D:D2FEDCB2GFED//DEFEFD2G2F	A333 ALBERTAZZI
7790	D:D2FEFD2AGAF2DCDA	M816 MONZA
7791	D:D2FEF2G#A	G779 GRAUPNER
7792	D:D2F2EFGF	S383 SCHUBERT
7793	D:D2FGB//2DABCDADADAC2AB	O770 ORSTER
7794	D:D2FGEC	S132 SAILER
7795	D:D3F3A3D	M474 MAYR
7796	D:D3F2E2G2FC2D	G567 GLUCK
7797	D:D3F2GE3G2F	F829 FRANKE
7798	D:D4FAG7FE	ANON. D/BRD-HR
7799	D:D4FEDCBAGFEFDFA	ANON. S-L
7800	D:D7F2A2F2D	ANON. S-L
7801	D:DGABCDABCDEFG	L869 LORENZITI
7802	D:DGBACBCDECAGFG	ANON. S-Skma
7803	D:DGCN//FD7AF	F225 FARINELLI
7804	D:DGDBAGDEFGAGFGABCDCBAD	A337 ALBINONI
7805	D:DGDCBABCBDEF	A237 ADLGASSER
7806	D:DGFBAC	B664 BOCCHERINI
7807	D:DGFBAD	C935 CRISPI
7808	D:DGFBAGFE2DGFBAGFED	H354 HASSE
7809	D:DGFB2AGFEDCBAGF	Z730 ZIMMERMANN
7810	D:DGFDBA	G736 GRAF
7811	D:DGFEDABAGFEDG	P761 POKORNY
7812	D:DGFEDADFD	R281 RE
7813	D:DGFEDADFDBAGF	R491 RICCI
7814	D:DGFEDADGFEDA5D	Z260 ZANETTI
7815	D:DGFEDAFEDCBA	E560 ENDLER
7816	D:DGFED2ADCBADEFGABCD	D617 DITTERSDORF
7817	D:DGFED2ADCBA2D	G776 GRAUN
7818	D:DGFED3A2GFB2A	G776 GRAUN
7819	D:DGFED4ADCBA3DBAGA	M435 MATTEI
7820	D:DGFED5AFEFGFEF	D617 DITTERSDORF
7821	D:DGFEDBAGFDCBA	Z730 ZIMMERMANN
7822	D:DGFEDB3ABC2D4B$CD	V254 VANHAL
7823	D:DGFEDCABCDEFG#	B579 BIANCHI
7824	D:DGFEDEDCDCBDGBABAB	M943 MUELLER
7825	D:DGFEDEGFAGBACN	S381 SCHUBACK
7826	D:DGFEDFAFAG	S521 SEYFERT
7827	D:DGFEDFEDBE	H354 HASSE
7828	D:DGFEDGFEDACDEFGAGFEDCBAGFED	M998 MYSLIVECEK

7829 D:DGFEDGFEDBAGFBAG B863 BRIXI
7830 D:DGFEDGFE2DGFEDGFED S789 STAMITZ
7831 D:DGFE2DGFE2DGFE2DGFED H423 HAYMANN
7832 D:DGFE3D O650 ORDONEZ
7833 D:DGFEFADFADGFEFBDGB A579 ANFOSSI
7834 D:DGFEFADGFEFAFDF M816 MONZA
7835 D:DGFEFDBAGAFEDCDA G183 GALUPPI
7836 D:DGFEFDFADEAGFGE S346 SCHMID
7837 D:DGFEFDGFEFDEDCD A579 ANFOSSI
7838 D:DGFEFDGFEFDEDCDC P149 PAISIELLO
7839 D:DGFEF2DGFEFDEAGFG M816 MONZA
7840 D:DGFEFGABCDG A139 ABEL
7841 D:DGFEFGAFDADGFEFGAFDADFEDEF G183 GALUPPI
7842 D:DGFEFGAFD2AGFEFGA N311 NAUMANN
7843 D:DGFEFGAGFEFGADBC2DFGA B458 BENDA
7844 D:DGFEFGAGFG P662 PIO
7845 D:DGFEFG2ABCD L825 LOEHLEIN
7846 D:DGFEFGFD R578 RINALDO
7847 D:DGFEFGFDFADEDCDE G432 GIAMBERGHI
7848 D:DGFEFGFEAGFGAGF M998 MYSLIVECEK
7849 D:DGFGFCDA ANON. D/BRD-DO
7850 D:DG2FB2AD2ADEFGABCDA R558 RIEPEL
7851 D:D2GAGFED K925 KREUSSER
7852 D:D2GFBAGFED2GFBAB C524 CHERZELLI
7853 D:D2G2F2ED C196 CAMPIONI
7854 D:D4GFEDCEDCBFEDC ANON. S-L
7855 D:D6GF2GBABDCD ANON. CS-BRsav/JUR
7856 D:DG#AEFGNFGAGFD V426 VEICHTNER
7857 D:2D//9D B414 BEECKE
7858 D:2DAB2AB2ABAGF2DAB2A C573 CIMAROSA
7859 D:2DABCDABCDABCDABCD M939 MOZART
7860 D:2DABCDABCDF N261 NASOLINI
7861 D:2DABCDADADAC2AB O770 ORSTER
7862 D:2DABCDADA2FCDE H337 HARTWIG
7863 D:2DABCDAFDAFDA T645 TOESCHI
7864 D:2DABCDEF//BFGEBF R748 ROLLA
7865 D:2DABCDEFCDA#//FAGFGED R748 ROLLA
7866 D:2DABCDEF2EFGF ANON. Breitkopf 65
7867 D:2DABCDEFGAFGEFDEC O650 ORDONEZ
7868 D:2DABCDEFG#A2DABCD C523 CHERUBINI
7869 D:2DABCD2EACD B348 BAUMGARTNER
7870 D:2DABCDFA S638 SMETHERGELL
7871 D:2DABCDFAF4DEDGF M435 MATTEI
7872 D:2DABC2DABCDABC M315 BERNARDINI
7873 D:2DABC2DABCFAFA A370 ALESSANDRI
7874 D:2DABC2DCBAEFGF//DABCDEF G878 GROSSE
7875 D:2DABC3DCD2ECDEFDCD D136 DALAYRAC
7876 D:2DABFG//DFAE2AD C439 CHALON
7877 D:2DABGAG2FABG B228 BARBA
7878 D:2DACE2A2D2AD L869 LORENZITI
7879 D:2DADA M315 BERNARDINI
7880 D:2DADABCDADA N635 NICOLAI

7881　D:2DADADADABCDEFGA　ANON. S-Skma
7882　D:2DADADADA3D　M666 MINOJA
7883　D:2DADADADFDADF　L239 LAMPUGNANI
7884　D:2DADADFAF//DFDAFDADEDCB　S414 SCHWINDL
7885　D:2DADA3DADFAFAFD　C225 CANNABICH
7886　D:2DADAFEDAFE//ADAFEDAFE　S383 SCHUBERT
7887　D:2DADAFGADAFGE//4FDCDFD　H138 HAFENEDER
7888　D:2DADEFEDCBAGFA2DC　G774 GRAUN
7889　D:2DADEFGAGFE　L269 LANG
7890　D:2DAD2EDEFDABGE#F　N478 NEUBAUER
7891　D:2DADFADFADFA　G183 GALUPPI
7892　D:2DADFA2DADFA　M939 MOZART
7893　D:2DADFCADADF　A924 AULETTA
7894　D:2DADFECDECD　A139 ABEL
7895　D:2DAD2FDF2AFA5DCBAGFE　M985 MUSCHEL
7896　D:2DA2DAD2ABC　A370 ALESSANDRI
7897　D:2DA2DADFEDFEDAGF　F816 FRANCHI
7898　D:2DA2DADFGADADA　R594 RISO
7899　D:2DA3DADB3DA　ANON. I-Mc
7900　D:2DA3DC3DC3DE　A579 ANFOSSI
7901　D:2DA3DFADA5DFA　ANON. CS-BRsav/Kez
7902　D:2DAFABCDABCDFGFE2A　C221 CANNABICH
7903　D:2DAFAC2CNAFAB　L356 LATILLA
7904　D:2DAFA2DABA3GAG　C267 CARDON
7905　D:2DAFAFDABCDACA　B733 BORGHI
7906　D:2DAFAFDADAEAFGA　C225 CANNABICH
7907　D:2DAFAFDFD　T645 TOESCHI
7908　D:2DAFAFDFDB　H758 HOLZBAUER
7909　D:2DAFBGEDE　W373 WEBER
7910　D:2DAFBGFDAFDABGDBAGFE　R928 RUGE
7911　D:2DAFDAFD　S355 SCHMITT
7912　D:2DAFDAFDAGFED　S395 SCHUSTER
7913　D:2DAFDAFD2AECAECA　L269 LANG
7914　D:2DAFDAFD4AD　C225 CANNABICH
7915　D:2DAFDAF2DAFDAF　B947 BURCKHOFFER
7916　D:2DAFDAF9D　D617 DITTERSDORF
7917　D:2DAFD2AECA　Z310 ZANI
7918　D:2DAFD2AFGE　H487 HEMBERGER
7919　D:2DAFD2FDAF　C742 COMY
7920　D:2DAF2DAFDADA　R714 ROELLIG
7921　D:2DAF2DAG#AG#A2DC2GFED　P762 POLAZZI
7922　D:2DAF2DE2FDA2FGADAFD　P471 PESCETTI
7923　D:2DAF2DFDFDFDFEGEGEGEG2F2A　S789 STAMITZ
7924　D:2DAF3DAFD　S521 SEYFERT
7925　D:2DAF3DAFD2AEC3AECA　C573 CIMAROSA
7926　D:2DAF3DAFDEFG　G778 GRAUN
7927　D:2DAF4DEFNEDC　W131 WAGENSEIL
7928　D:2DAF5DAF5DAF2AFD　ANON. D/BRD-DS
7929　D:2DAFEDFEDEAE2GFE　G774 GRAUN
7930　D:2DAFE4DEFNED　W131 WAGENSEIL
7931　D:2DAFGFE2DFDABAGF　T722 TOUCHEMOULIN
7932　D:2DAFGFEFE//9DEFGFED　R748 ROLLA

```
7933  D:2DAFGFGACBCD     D797 DRUSCHETZKY
7934  D:2DAFG2FGFEAEF    G778 GRAUN
7935  D:2DA2FD//FGFEFG   M837 MOREIRA
7936  D:2DA2FD//DADFDFAD P592 PICHL
7937  D:2DA2FD2A2DA      U890 UTINO
7938  D:2DA2FD2A2DAB     U930 UTTINI
7939  D:2DA2FD2E         C182 CAMERLOHER
7940  D:2DA2FEFGAGFEDAFEFGAGFE  Z950 ZUMSTEEG
7941  D:2DA2F2G          C182 CAMERLOHER
7942  D:2DA3FGABCDFGABC  C182 CAMERLOHER
7943  D:2DAGDAFD2A       O710 ORLANDI
7944  D:2DAGFB2GFEAF     A579 ANFOSSI
7945  D:2DAGFEDCDEFEDCB  D655 DOHENECH
7946  D:2DAGFE3DAGFEDAFA L239 LAMPUGNANI
7947  D:2DAGF2EBAG2FDCB  G834 GRETRY
7948  D:2D2AB            A282 AGTHE
7949  D:2D2ABAG2FGABAGAD M464 MAXIMILIAN
7950  D:2D2ABAG2FGABAGAD ANON. D/DDR-Dlb
7951  D:2D2ADAFABCDEDEFGFE  G251 GASSMANN
7952  D:2D2AD5AFD        M729 MOLTER
7953  D:2D2AD2FE2DC      R687 RODEWALD
7954  D:2D2A2DEFGABCD//4DFA  H700 HOFFMEISTER
7955  D:2D2A2D2F2A2D2A2F G430 GIAI
7956  D:2D2A2D2F2A2D2A2F S785 STAMITZ
7957  D:2D2A2D2F2A2D2A2F L576 LEO
7958  D:2D2A2D2F2A2D2A2F ANON. S-Skma
7959  D:2D2A2D2F2A2D2A2F2D  S789 STAMITZ
7960  D:2D2A2D2F2A2F2B2G2A2F2B2G  ANON. D/BRD-RH
7961  D:2D2A2D2F2A2F2D2A4D4F4A4D  S316 SCHEIBE
7962  D:2D2A2D2FD        K840 KOERZL
7963  D:2D2A2D2F2D2A2D2F G567 GLUCK
7964  D:2D2A2DGFEGFE     S594 SIMON
7965  D:2D2A3DCNB$//5DEF4GE  W786 WINTER
7966  D:2D2A3DFD2A       K680 KNECHTEL
7967  D:2D2A4D           W853 WOLF
7968  D:2D2AFD4F2G2EF    F438 FIALA
7969  D:2D2AF2DEFG#2A    D778 DREYER
7970  D:2D2AFE2C2AEF     A579 ANFOSSI
7971  D:2D2AFG2A2GEFG    ANON. D/BRD-DS
7972  D:2D2A2F//DGFEFGAGFG  P662 PIO
7973  D:2D2A2F//GFGEFGA  G498 GIORDANIELLI
7974  D:2D2A2FAGFED      N644 NICOLINI
7975  D:2D2A2FCBABECD    J750 JOMMELLI
7976  D:2D2A2FDEFGA      M666 MINOJA
7977  D:2D2A2FDGFED2A    W786 WINTER
7978  D:2D2A2F2DADAEAFAGAF  G495 GIORDANI
7979  D:2D2A2F2D2AGFED   S522 SEYFRIED
7980  D:2D2A2F2DEFGABC4D W827 WITT
7981  D:2D2A2F3DAF3D2A2F2D  E560 ENDLER
7982  D:2D3ADCAECA       A579 ANFOSSI
7983  D:2D3AFDFAFD       A579 ANFOSSI
7984  D:2D4ADEF//ADCDEFA C626 CLEMENTI
```

7985	D:2D6AGFED	P589	PICCINNI
7986	D:2D9A	W939	WRANITZKY
7987	D:2DBA//D2BAGECABC	F413	FESCA
7988	D:2DBABGFGE	S414	SCHWINDL
7989	D:2DBADCBABCD	A579	ANFOSSI
7990	D:2DBAGFEDECD	G678	GOSSEC
7991	D:2DB2AG2FE3D//2D2G2F2ED	C196	CAMPIONI
7992	D:2DB2AG3FE2D	C523	CHERUBINI
7993	D:2DBCDAGABFGFEAFEDA2D	C933	CRISPI
7994	D:2DBCDAGABFGFEAFEDA2D	J750	JOMMELLI
7995	D:2DB2DADF	S699	SONNLEITHNER
7996	D:2DB2DAD2FEDC//DADFADF	H708	HOFMANN
7997	D:2DBGFE	M395	MASCHEK
7998	D:2DBGF2GECAEGFE	M753	MONROY
7999	D:2D3B4GFED3A	P987	PUSCHMANN
8000	D:2DCADCADBGEC	W464	WELTZ
8001	D:2DCBA//DEFE2DFGAGF	C389	CEDRONIO
8002	D:2DCBABABCD	R571	RIGHINI
8003	D:2DCBABAD	B116	BACH
8004	D:2DCBABAGFGFED	B116	BACH
8005	D:2DCBABAGFGFEDE	M748	MONN
8006	D:2DCBABAGFGFE2DADA	F528	FISCHER
8007	D:2DCBABAGFGFE2DC#CNB	M938	MOZART
8008	D:2DCBA2BGE	H877	HUBER
8009	D:2DCBAD2CBABCD	A579	ANFOSSI
8010	D:2DCBADECD2BCBCDA	ANON.	F-Pn
8011	D:2DCBADF2AGFEDFA	B914	BRUSACO
8012	D:2DCBAGF	C564	CIAMPI
8013	D:2DCBAGFED	S355	SCHMITT
8014	D:2DCBAGFEDCBCDBCDECD	D778	DREYER
8015	D:2DCBAGFED2EFG2//3ABGFGCEAGFEF	Z510	ZELBELL
8016	D:2DCBAGFEDF	G776	GRAUN
8017	D:2DCBAGFEDFDA	G779	GRAUPNER
8018	D:2DCBAGFE3DCBAGFEDC7A	ANON.	I-Bsp
8019	D:2DCBAG2FDEFG	P126	PAER
8020	D:2DCBAG2F2EF//ABCDEFGABGE	ANON.	I-Vnm
8021	D:2DCBA2GAGABAG	R817	ROSETTI
8022	D:2DCBA2GFEDCD	B896	BRUNETTI
8023	D:2DCB2ABAD	B116	BACH
8024	D:2DCB2AGB	G356	GERARDO
8025	D:2DCB2AGFEDF	G776	GRAUN
8026	D:2DCB2AGFEDFDA	S944	SUESSMAYR
8027	D:2DCB2AGFEFED	S328	SCHETKY
8028	D:2DCB2AG#GNF	W827	WITT
8029	D:2DCB4ADCB3AB	T180	TARCHI
8030	D:2DCBCBD//DABCDEFG2ABC	W786	WINTER
8031	D:2DCBCDBDB	S795	STARZER
8032	D:2DCBDB	J750	JOMMELLI
8033	D:2DCBDCDEDEF	B118	BACH
8034	D:2DCBFG//2DCDCDFDCDCDG	W827	WITT
8035	D:2DCBG#AGN	W131	WAGENSEIL
8036	D:2DC2BA2BA2GF	G617	GOLABEK

8037 D:2DCDA F438 FIALA
8038 D:2DCDABC2DCDBCD2EDE G834 GRETRY
8039 D:2DCDADADADFGE H758 HOLZBAUER
8040 D:2DCDADCDBDADGD K917 KRAUSE
8041 D:2DCDADCDFEDC H573 HERTEL
8042 D:2DCDADE2FEFDFADEDCDADE D617 DITTERSDORF
8043 D:2DCDADF L576 LEO
8044 D:2DCDADFA N311 NAUMANN
8045 D:2DCDADFAFEFDFA H411 HAYDN
8046 D:2DCDADFDFEFDFAFAGAFADA A839 ASPLMAYR
8047 D:2DCDADFDFEFDFAFDC P592 PICHL
8048 D:2DCDADFDG3FEDED D437 DEROSSI
8049 D:2DCDADF2DCDADF2EDEAE ANON. Sharp Cat.
8050 D:2DCDADF2DCDADF L576 LEO
8051 D:2DCDADF2DCDADF2EDEAEG V777 VINCI
8052 D:2DCDAFDAF K860 KOSPOTH
8053 D:2DCDAF3DCDAFD S337 SCHINELLI
8054 D:2DCDAF3DCDBGD H704 HOFMANN
8055 D:2DCDAFEDEACD R491 RICCI
8056 D:2DCDAFEDFEFDAGF P589 PICCINNI
8057 D:2DCDA2FAGFDB S281 SCALABRINI
8058 D:2DCD2AGFDA T180 TARCHI
8059 D:2DCD3A3DCDBFDBA B581 BIANCIARDI
8060 D:2DCDBCABAGF N644 NICOLINI
8061 D:2DCDBCDCDE//2DCB2AG#GNF W827 WITT
8062 D:2DCDB2DCDA M625 MICHL
8063 D:2DCDCB2AGFGFED V254 VANHAL
8064 D:2DCDCB2AGFGFE2D H700 HOFFMEISTER
8065 D:2DCDCB2AGFGFE2D H708 HOFMANN
8066 D:2DCDCDBDCDCDG P761 POKORNY
8067 D:2DCDCDCDADFAFEDE G678 GOSSEC
8068 D:2DCDCDCDCDCDCDCDADFAGFEDC R817 ROSETTI
8069 D:2DCDCDEDGF S361 SCHNEIDER
8070 D:2DCDCDEFCDEFG#A V254 VANHAL
8071 D:2DCDCDFDCDCDG W827 WITT
8072 D:2DCDC2DADCN F248 FASCH
8073 D:2DCDC2DEFGFEDCABC M998 MYSLIVECEK
8074 D:2DCDC2DFEFEF2AG#AG#AD M666 MINOJA
8075 D:2DCDEA J330 JANITSCH
8076 D:2DCDEABCD2GFGAEFGF F248 FASCH
8077 D:2DCDECAFADF4EA B279 BARSANTI
8078 D:2DCDEDABGFDCDEDFGED S395 SCHUSTER
8079 D:2DCDEDADA5D4E4F4G M917 MOTA
8080 D:2DCDEDADAF G183 GALUPPI
8081 D:2DCDEDADA2FEFGFDFD2AGABAFAFD B116 BACH
8082 D:2DCDEDADF2AGFEF P761 POKORNY
8083 D:2DCDEDADF2AGFEF R571 RIGHINI
8084 D:2DCDEDAD2FEFGF2D P584 PIAZZA
8085 D:2DCDEDAD3FEFG J750 JOMMELLI
8086 D:2DCDEDAFD A139 ABEL
8087 D:2DCDEDBAG B336 BATTIRELLI
8088 D:2DCDEDCBA R571 RIGHINI

```
8089   D:2DCDEDCDEDG  H758 HOLZBAUER
8090   D:2DCDEDEFDC2DEF2D  J750 JOMMELLI
8091   D:2DCDEDEFEFG  P126 PAER
8092   D:2DCDEDFAFAF  S348 SCHMIDT
8093   D:2DCDEDFDGDA//DFEDCBAFGC  D456 DESHAYES
8094   D:2DCDEDFDGDA  C175 CAMBINI
8095   D:2DCDEDFEFG2FEFGA  K840 KOERZL
8096   D:2DCDEDFGED  R535 RICHTER
8097   D:2DCDE2DA2FEFG2FD  ANON. DK-Kk
8098   D:2DCDE2DA2FEFG2FDADA  S249 SARTI
8099   D:2DCDE2DCDEDEDCD  R578 RINALDO
8100   D:2DCDE3DADFEG  P439 PERGOLESI
8101   D:2DCDE3DADFEG  ANON. D/DDR-SW1
8102   D:2DCDE3DADFEG2FEFG2F  G183 GALUPPI
8103   D:2DCDE3DFAF  D337 DELANGE
8104   D:2DCDEF  B414 BEECKE
8105   D:2DCDEFDEFG  W939 WRANITZKY
8106   D:2DCDEFDFG#2AG#ABCABC  F534 FISHER
8107   D:2DCDEFEDCD  K840 KOERZL
8108   D:2DCDEFEFG2AD2A2GFE  T645 TOESCHI
8109   D:2DCDEFGAGFEDC2D  S749 SPERGER
8110   D:2DCDEFG2ACDEFG2A  C573 CIMAROSA
8111   D:2DCDEFGCD  B553 BERWALD
8112   D:2DCDEFG2E  ANON. I-Mc
8113   D:2DCDEFG2FEFGAB  G492 GIOMBATTA
8114   D:2DCDEFG2FEFGABA  C341 CASSATI
8115   D:2DCDEFG2FEFGABADCDABCDFGE  C334 CASALI
8116   D:2DCDEFG2FEFGABADCDABCDFGEF  P589 PICCINNI
8117   D:2DCDEFG3FEFGABA  G251 GASSMANN
8118   D:2DCDEF2GAGFD  G396 GEWEIJ
8119   D:2DCDEF2GFGAG  S318 SCHEICHER
8120   D:2DCDE2FEFG  G943 GUGLIELMI
8121   D:2DCDE2FEFGA  S349 SCHMIDT
8122   D:2DCDE2FEFGA  B116 BACH
8123   D:2DCDE2FEFG3AFD  H458 HEEL
8124   D:2DCD2EDE2FEF  C573 CIMAROSA
8125   D:2DCDF2A2GEFGAGF  G183 GALUPPI
8126   D:2DCDFBDCA//4F4GADCD  H877 HUBER
8127   D:2DCDFDAFDAFA  G183 GALUPPI
8128   D:2DCDFD2AG#ACA  P149 PAISIELLO
8129   D:2DCDFD2AG#ACA2DCDFD  B897 BRUNI
8130   D:2DCDFDCD  N454 NERUDA
8131   D:2DCDFDCDADC3DCDGDCD  M729 MOLTER
8132   D:2DCDFDCEDADFAGFEDCED  H113 HABEL
8133   D:2DCDFDD#ED#ED#EGEE#F  A334 ALBERTI
8134   D:2DCDFDFEFAF  U930 UTTINI
8135   D:2DCDFED  P149 PAISIELLO
8136   D:2DCDFE2DCDFE  P149 PAISIELLO
8137   D:2DCDFEF2DC2DFDA  M281 MANNA
8138   D:2DCDFEGFDEFDGEA  P439 PERGOLESI
8139   D:2DCDFGFE17D  R594 RISO
8140   D:2DCD2F2DCDFE  A579 ANFOSSI
```

8141 D:2DCD2FEF S412 SCHWEITZER
8142 D:2DCD2FEFA B116 BACH
8143 D:2DCD2FEFA L269 LANG
8144 D:2DCD2FE#F2A K958 KUEFFNER
8145 D:2DC2DBDFD N454 NERUDA
8146 D:2DC2DCD N489 NEUMANN
8147 D:2DC2DCDAEF H354 HASSE
8148 D:2DC2DCD4AG#2AG#A3F C389 CEDRONIO
8149 D:2DC2DCDFAFGECA S414 SCHWINDL
8150 D:2DC2DC2DCBABAGF M816 MONZA
8151 D:2DC2DC2DC2DC W525 WESTENHOLTZ
8152 D:2DC2DC2D2CBAB2AGF M816 MONZA
8153 D:2DC2DC2DFADF H758 HOLZBAUER
8154 D:2DC2DE2F L576 LEO
8155 D:2DC2DFAD2CB3AG# S320 SCHEINPFLUG
8156 D:2DC2DFD N454 NERUDA
8157 D:2DC2DFE#FD P149 PAISIELLO
8158 D:2DC3DC3DCDGECD G251 GASSMANN
8159 D:2DC3D2C2BA3B2A M386 MARTINI
8160 D:2DC3DFAD B861 BRIVIO
8161 D:2DC4DE2F R158 RAINONE
8162 D:2DC5D G779 GRAUPNER
8163 D:2DC5DC5DEDFDED A334 ALBERTI
8164 D:2DC5DC5DEDFDE2D Z310 ZANI
8165 D:2DC6DC4D W464 WELTZ
8166 D:2DCE2AGFEDCEAG S320 SCHEINPFLUG
8167 D:2DCEFBGFE2DCDCDED G251 GASSMANN
8168 D:2DC2G N489 NEUMANN
8169 D:2DC2GF A579 ANFOSSI
8170 D:2DC2GF2D S120 SACCHINI
8171 D:2D2C M233 MAJER
8172 D:2D2C M474 MAYR
8173 D:2D2CBADECD2BDCBCDA ANON. F-Pn
8174 D:2D2CB2A2GAGABAGE2F R817 ROSETTI
8175 D:2D2CB2A4GABAG S789 STAMITZ
8176 D:2D2CDEFG B818 BRANDL
8177 D:2D2C2D2A2D2F2A2F L222 LAMBERT
8178 D:2D2C2D2C2D2CDEFD R596 RISPOLI
8179 D:2D4C4E4A4C4B G678 GOSSEC
8180 D:2DD#ED#EB2CDCD A579 ANFOSSI
8181 D:2DEAFGADEFGCDABCDFE F378 FERRARI
8182 D:2DECD//DEDCDFED#E B414 BEECKE
8183 D:2DECDECD2F L619 LE ROY
8184 D:2DECDECD3FGEF C531 CHIESA
8185 D:2DECDEFDGEFD2A V181 VALLE
8186 D:2DECD2F//A2D2CDABCDEDC G219 GARDI
8187 D:2DEDCBA A333 ALBERTAZZI
8188 D:2DEDC2BCBAGFED2A ANON. S-Skma
8189 D:2DEDCDADE D916 DUNI
8190 D:2DEDCD2A S395 SCHUSTER
8191 D:2DEDCDE2DCBA V254 VANHAL
8192 D:2DEDCDEF P221 PARADEISER

8193 D:2DEDCDFDEDCDFDAFD A139 ABEL
8194 D:2DEDCDFGFEF2ADBEDCD ANON. CS-BRsav
8195 D:2DEDCDGFE F532 FISCHIETTI
8196 D:2DEDCDGFEC R578 RINALDO
8197 D:2DEDC2DEDCDGFEDBAG H333 HARTMANN
8198 D:2DEDC3DEDCDAFAF W131 WAGENSEIL
8199 D:2DEDC3DEDCDAFAF ANON. H-Gc
8200 D:2DEDCE2DEDCEDFGFEGF N261 NASOLINI
8201 D:2DEDCF2DEDCFDFGFEG ANON. I-Gi
8202 D:2DEDEF2E C933 CRISPI
8203 D:2DEDEFGBCD3ADF2AG A139 ABEL
8204 D:2DEDEFGEBCD S383 SCHUBERT
8205 D:2DEDFDEFGABCDADFEAEG P285 PASQUALI
8206 D:2DEDFDGDFDGDFD C516 CHELLERI
8207 D:2DE2D2AB2A B414 BEECKE
8208 D:2DE2DEDFEGFAGBADCE S286 SCARLATTI
8209 D:2DE2DG P592 PICHL
8210 D:2DE2DG2F ANON. CS-Bm
8211 D:2DE3DE2DEDCDEFEDEF J750 JOMMELLI
8212 D:2DE3DF2EF3E P727 PLEYEL
8213 D:2DE3DF3EFE C265 CARCANI
8214 D:2DEFDABC2DE4D K760 KOCH
8215 D:2DEFDAFDAFDGEDCD A341 ALBRECHTSBERGER
8216 D:2DEFD2ABCADADA R578 RINALDO
8217 D:2DEFD2ABCADADA ANON. S-L
8218 D:2DEFD3ABGABEAFGAD M382 MARTIN
8219 D:2DEFDCA2DEFDCA2DEFGAB G396 GEWEIJ
8220 D:2DEFDCDEFCDBAG H652 HILLER
8221 D:2DEFDEFGEDC B652 BLOIS
8222 D:2DEFDF P761 POKORNY
8223 D:2DEFDFAFDEFDFAF G183 GALUPPI
8224 D:2DEFDGDAD H758 HOLZBAUER
8225 D:2DEFDGDADBGFEDC H708 HOFMANN
8226 D:2DEFEAEFGFEFGFGAGFE ANON. D/BRD-DO
8227 D:2DEFE2AGF2D F248 FASCH
8228 D:2DEFECD2FGAGEF3D S383 SCHUBERT
8229 D:2DEFEDA//DAF2DFAGFGEA N311 NAUMANN
8230 D:2DEFED2A S785 STAMITZ
8231 D:2DEFED2ABCBA2DEFED B617 BIRCK
8232 D:2DEFED2A2BCDCB2FG M386 MARTINI
8233 D:2DEFED2AFDFA D617 DITTERSDORF
8234 D:2DEFED2A2GFBAG D617 DITTERSDORF
8235 D:2DEFEDEFEDADAD R578 RINALDO
8236 D:2DEFEDEFEDADADEFE M315 BERNARDINI
8237 D:2DEFEDEFGA F248 FASCH
8238 D:2DEFEDFDFD2B3AGFGF H411 HAYDN
8239 D:2DEFEDFED2ABCBACBA A139 ABEL
8240 D:2DEFE2DEFEFGABCDEFG M435 MATTEI
8241 D:2DEFE2DFEDFDEABCBAEG#AEAEFED K820 KOENIGSPERGER
8242 D:2DEFE4DEFGABC2D ANON. CH-Mue
8243 D:2DEFEFD2G2F A333 ALBERTAZZI
8244 D:2DEFGA B547 BERTONI

8245 D:2DEFGABCA2DEFED2A P645 PINAIRE
8246 D:2DEFGABCA2DEFG G778 GRAUN
8247 D:2DEFGABCDABCDEFGAGFED A334 ALBERTI
8248 D:2DEFGABCDAF2EFGABCDEDCBAGF B118 BACH
8249 D:2DEFGABCDBGD#//ADCDEF C573 CIMAROSA
8250 D:2DEFGABCDEFGAGFE H710 HOFMANN
8251 D:2DEFGABCDF//DEFGAFB R748 ROLLA
8252 D:2DEFGABCDFA2FGBAG2F C221 CANNABICH
8253 D:2DEFGABC2DEF H354 HASSE
8254 D:2DEFGABC2DEFGABC P761 POKORNY
8255 D:2DEFGABC2DEFGABCDBG#FG# F347 FERDINANDO
8256 D:2DEFGABC2DEFGABC2DEFGABC2D M676 MIROGLIO
8257 D:2DEFGA2B2ACBABC3D M938 MOZART
8258 D:2DEFGA2BCDEF2G P761 POKORNY
8259 D:2DEFGAD2ADEFA S120 SACCHINI
8260 D:2DEFGADFA2DEFGADFA5D S297 SCHALE
8261 D:2DEFGA2D2BA B843 BRESCIANELLO
8262 D:2DEFGA3DCDBDA3D A334 ALBERTI
8263 D:2DEFGA8DEFGAB G779 GRAUPNER
8264 D:2DEFGAFDAFD2GFGA2B G926 GUENIN
8265 D:2DEFGAF2DEFG M998 MYSLIVECEK
8266 D:2DEFG2ABCDACA G778 GRAUN
8267 D:2DEFG2ABCD2ABAGF H700 HOFFMEISTER
8268 D:2DEFG2ABCD2E S872 STOLZEL
8269 D:2DEFG2ABC3D2BCDEF N478 NEUBAUER
8270 D:2DEFG3ABCD W853 WOLF
8271 D:2DEFG3A2EFGAF C948 CROUBELIS
8272 D:2DEFG4A D617 DITTERSDORF
8273 D:2DEFG5A F248 FASCH
8274 D:2DEFGEAGF2DEFGEAG M315 BERNARDINI
8275 D:2DEFGEFACD B858 BRIOSCHI
8276 D:2DEFGEFGA A333 ALBERTAZZI
8277 D:2DEFGFEDCDEC R578 RINALDO
8278 D:2DEFGFEDCDECD M315 BERNARDINI
8279 D:2DEFGFEDC2DEFGFEDC S286 SCARLATTI
8280 D:2DEFGFEDC2DEFGFEDC S419 SCIROLI
8281 D:2DEFGFGA P895 PRACHENSKY
8282 D:2DEFGFGA2BGEDC G779 GRAUPNER
8283 D:2DEFGFGFED S120 SACCHINI
8284 D:2DEFG2FGAB R578 RINALDO
8285 D:2DEFG2FGAB2AGFED M315 BERNARDINI
8286 D:2DEF3GFE2FDFA H337 HARTWIG
8287 D:2DE2FEDED H758 HOLZBAUER
8288 D:2DE2FE2DEDEF K880 KOZELUCH
8289 D:2DE2FGAD D136 DALAYRAC
8290 D:2DE2FG2ABCDCBA T465 THOMELIN
8291 D:2DE2FG2ADCBADCBAD B116 BACH
8292 D:2DE4FG2A H411 HAYDN
8293 D:2DE4FG2ABABCBC F489 FILTZ
8294 D:2DEGFED2A S785 STAMITZ
8295 D:2D2E//DEDCDEDCDGF K860 KOSPOTH
8296 D:2D2EAF C523 CHERUBINI

8297 D:2D2EDEFDEFE2DEFED H761 HOLZBOGEN
8298 D:2D2EFGBGFEDCBA G414 GHERARDESCHI
8299 D:2D2E2F A560 ANDREOZZI
8300 D:2D2E2F2G2A2B2C2A ANON. I-Bsp
8301 D:2D2E2F2G2A2G ANON. D/BRD-Hs
8302 D:2D2E2F2G2F2EDA C948 CROUBELIS
8303 D:2DFABA H877 HUBER
8304 D:2DFA2BAGFE A334 ALBERTI
8305 D:2DFACDFACDFG//DE2DFGFAGF G943 GUGLIELMI
8306 D:2DFACDFBD# P337 PAVESI
8307 D:2DFADCDE4D N224 NARDINI
8308 D:2DFAD2C//DD#2E2DCB3A H411 HAYDN
8309 D:2DFAD4C//DD#2EDNDCB4AGFDD#E D187 DANKOWSKI
8310 D:2DFAD2EGCEF S159 SALA
8311 D:2DFADFADADEFEDBAG G774 GRAUN
8312 D:2DFADF2AGFG2E ANON. I-Pca
8313 D:2DFADFEDCBAG H573 HERTEL
8314 D:2DFA2DABCDAFDAFED G811 GREENE
8315 D:2DFA2D3C2EGF D617 DITTERSDORF
8316 D:2DFA2D3C2EGFEF V254 VANHAL
8317 D:2DFA2DFA H409 HAYDN
8318 D:2DFA2DFADCBAGFED2ACE W464 WELTZ
8319 D:2DFA2DFADFAD2FAD S165 SALIERI
8320 D:2DFA2DFADGFAFGEC R558 RIEPEL
8321 D:2DFA2DFA2DEFGAGFE G545 GLANZ
8322 D:2DFA2DFG3AGEF2G ANON. CS-BRsav/Pruske
8323 D:2DFA3DEFA T323 TERRADEGLIAS
8324 D:2DFA3DFA3DCB E550 ENDLER
8325 D:2DFA3DGB3DEGCD Z770 ZINCK
8326 D:2DFA4DGB4DFADFAGFEFD ANON. CS-BRsav/Trnava
8327 D:2DFAFADFAF G183 GALUPPI
8328 D:2DFAFAFDFACNBCB B699 BONAZZI
8329 D:2DFAFD4AD G943 GUGLIELMI
8330 D:2DFAFDF//AGFED3C ANON. I-Rsc
8331 D:2DFAFDFADCAGFED3C F375 FERRARI
8332 D:2DFAFDFAF2DCNBCB B699 BONAZZI
8333 D:2DFAF2DCBAGFE C564 CIAMPI
8334 D:2DFAF2DCBAGFEDADA G183 GALUPPI
8335 D:2DFAF2DFAF K662 KLOEFFLER
8336 D:2DFAF2EGB2GFE2DC R364 REINDL
8337 D:2DFAGB2CBC2DFAG G678 GOSSEC
8338 D:2DFAGFE3F S419 SCIROLI
8339 D:2DFAGFGA//F4D8E H411 HAYDN
8340 D:2DFAGFGEFECDEFED M244 MALDERE
8341 D:2DF2AFG2EGF2AFG2EGFD Z820 ZLATNIK
8342 D:2DF2AGF O650 ORDONEZ
8343 D:2DF2AGFE3F S419 SCIROLI
8344 D:2DF2AGFGEFECDEFED M244 MALDERE
8345 D:2DF2AG2FGEDC N489 NEUMANN
8346 D:2DF2A3GF//AGF#CNB ANON. CS-BRsav
8347 D:2DF3AD3AFDA ANON. CS-BRsav
8348 D:2DFBGEC3G//17DFG V254 VANHAL

8349 D:2DFDA S373 SCHRAMEK
8350 D:2DFDA2BDB C182 CAMERLOHER
8351 D:2DFDA2BDBF ANON. D/BRD-Mbs
8352 D:2DFDA2BDBF ANON. S-Uu
8353 D:2DFDA3DFD W853 WOLF
8354 D:2DFDA3DFDEFG S521 SEYFERT
8355 D:2DFDAFD G617 GOLABEK
8356 D:2DFDAFDAF V254 VANHAL
8357 D:2DFDAFDAFCDB2ACD2ECA M285 MANZ
8358 D:2DFDAF2DFDAF P589 PICCINNI
8359 D:2DFDAF2DFDAFDCDEGF B116 BACH
8360 D:2DFDA2GFE2DCBA P186 PAMPANI
8361 D:2DFD2ABAG C182 CAMERLOHER
8362 D:2DFD2ABCDA H761 HOLZBOGEN
8363 D:2DFD2ACADFDAFDA S383 SCHUBERT
8364 D:2DFD2ACA2DEFG#2A H354 HASSE
8365 D:2DFD2ACAEDC2DEDC2D N489 NEUMANN
8366 D:2DFDBGECD K880 KOZELUCH
8367 D:2DFDEGEFAFDBAGDCNBGFE ANON. I-Pca
8368 D:2DFDF H544 HERFFERT
8369 D:2DFDFADADAF ANON. I-TN
8370 D:2DFDFADADAF N261 NASOLINI
8371 D:2DFDFDFDF2EGEGEG G295 GEBEL
8372 D:2DFDGEFDGEAGFE R971 RUST
8373 D:2DF2DF M939 MOZART
8374 D:2DF2DFDFADFA H761 HOLZBOGEN
8375 D:2DF2DF2DF F345 FERANDINI
8376 D:2DF2DGD C564 CIAMPI
8377 D:2DF2DGDFADF2ED C566 CIAMPI
8378 D:2DF3DADADEFGABC R758 ROMAN
8379 D:2DF3DF3DFDEGEDC R571 RIGHINI
8380 D:2DF3DG3DFDEGEDC P761 POKORNY
8381 D:2DFE P149 PAISIELLO
8382 D:2DFECD//DEDCDFED#E B414 BEECKE
8383 D:2DFEC2DFECDA R158 RAINONE
8384 D:2DFEDADEFGABC4DCBA M386 MARTINI
8385 D:2DFEDADFE3DFED E560 ENDLER
8386 D:2DFEDA2DFEDA P761 POKORNY
8387 D:2DFED2ACBA H813 HORN
8388 D:2DFED2ACBADFEDAD M729 MOLTER
8389 D:2DFED2ACBA2DABC H337 HARTWIG
8390 D:2DFED5A H337 HARTWIG
8391 D:2DFEDCA2GFB2A B285 BARTHELEMON
8392 D:2DFEDCBAFGC D456 DESHAYES
8393 D:2DFEDC2BDCBA2G P116 PACHMANN
8394 D:2DFEDCDEFG C175 CAMBINI
8395 D:2DFEDCDEFGFEDE P221 PARADEISER
8396 D:2DFED2CDEFG T180 TARCHI
8397 D:2DFEDEFGBCD3ADF2AG A139 ABEL
8398 D:2DFEDFE2DEFGA P761 POKORNY
8399 D:2DFE2D2ACB2A B414 BEECKE
8400 D:2DFE3DF3EGFE C265 CARCANI

8401 D:2DFE4DFE4DAG   ANON. D/BRD-DS
8402 D:2DFE13D   ANON. GB-Lbl
8403 D:2DFEF2ABA   P592 PICHL
8404 D:2DFEF2DCB5A   S161 SALAZAR
8405 D:2DFEF3DAGA3FAGAB   L356 LATILLA
8406 D:2DFEFG2AB2AD2AB2A   ANON. D/DDR-Dlb
8407 D:2DFEG   P221 PARADEISER
8408 D:2DFEGEGFA   G736 GRAF
8409 D:2DFEGFAGB3AGFEDCDED2CEDFEGFA   C733 COMPAGNOLI
8410 D:2DFEGFE//8D4F4A4G8E4C   W834 WITZTHUMB
8411 D:2DF2EFAGBAGFED   G414 GHERARDESCHI
8412 D:2DFGABAGF   B116 BACH
8413 D:2DFGABC2DFGABC   G537 GIULINI
8414 D:2DFGAC   R491 RICCI
8415 D:2DFGAC2DFGAC   F118 FABREGA
8416 D:2DFGADBDCD   C516 CHELLERI
8417 D:2DFGADF2EFG//AFG2ADB   B229 BARBANDT
8418 D:2DFGA2DFGADFGA   O350 OGLIO
8419 D:2DFGAEFGCBCD   P761 POKORNY
8420 D:2DFG4AD   G172 GALLO
8421 D:2DFG8ABAGABAGFE   G834 GRETRY
8422 D:2DFGEDABG   R952 RUSH
8423 D:2DFGEDABGFABC   B116 BACH
8424 D:2DFGFBABECF   J750 JOMMELLI
8425 D:2DFGFBAGFE2DFGFBAGFE   R594 RISO
8426 D:2DFGFED   G998 GYROWETZ
8427 D:2DFGFE2DCBA#B   G678 GOSSEC
8428 D:2D2F//2D2C2D2C2D2CDEFD   R596 RISPOLI
8429 D:2D2F//2DCBABABCD   R571 RIGHINI
8430 D:2D2FAA#BCG#AFD   Z780 ZINGARELLI
8431 D:2D2FAB2AF   S157 SALA
8432 D:2D2FABC2DE2FE2DEF   ANON. A-Wn
8433 D:2D2FADA   M939 MOZART
8434 D:2D2FADA   D617 DITTERSDORF
8435 D:2D2FAFADAFDA   R397 RENDEUX
8436 D:2D2FAFBGAF   ANON. CS-BRsav
8437 D:2D2FA2GFA2GFEDG   P186 PAMPANI
8438 D:2D2F2A//DEFEDEFDEFGF   C573 CIMAROSA
8439 D:2D2F2A   B157 BAILLEUX
8440 D:2D2F2A//9DFEDFE   T765 TRAETTA
8441 D:2D2F2A//6DE2F   G183 GALUPPI
8442 D:2D2F2A//9DFE   S785 STAMITZ
8443 D:2D2F2AB$AGFGFE   D617 DITTERSDORF
8444 D:2D2F2ABC2DFD//AFGEDFA3D   F438 FIALA
8445 D:2D2F2AD   B734 BORGO
8446 D:2D2F2ADA2FDA   G530 GIULIANI
8447 D:2D2F2ADEFG   //DFADAGFED   C564 CIAMPI
8448 D:2D2F2ADFAFDAFD   G567 GLUCK
8449 D:2D2F2ADFAFDAFDE   J750 JOMMELLI
8450 D:2D2F2ADFEF   W131 WAGENSEIL
8451 D:2D2F2ADFEG   H366 HATTASCH
8452 D:2D2F2ADFE2GFACED   L382 LAURENZO

8453 D:2D2F2A2D P149 PAISIELLO
8454 D:2D2F2A2D//D2AGFE2D G998 GYROWETZ
8455 D:2D2F2A2D E340 EICHNER
8456 D:2D2F2A2D E164 EBERLIN
8457 D:2D2F2A2D2A2C2E2AD2B2D C824 CORRETTE
8458 D:2D2F2A2D2ADAD B734 BORGO
8459 D:2D2F2A2D2ADA2D ANON. I-Rps
8460 D:2D2F2A2D2A2F R440 RETZEL
8461 D:2D2F2A2D2A2F2DA2DCD G776 GRAUN
8462 D:2D2F2A2D2A2F2DCDEDE G778 GRAUN
8463 D:2D2F2A2D2F L576 LEO
8464 D:2D2F2A2D2F2A G779 GRAUPNER
8465 D:2D2F2A2D2F2A B515 BERLIN
8466 D:2D2F2A2D2FDEFA P589 PICCINNI
8467 D:2D2F2A2D2F2D2F2A C948 CROUBELIS
8468 D:2D2F2A2D2FE//D2AGFE4D A555 ANDRE
8469 D:2D2F2A3DCDEDCBAGFE G948 GUILLEMAIN
8470 D:2D2F2A4D//11DBDB W841 WOELFL
8471 D:2D2F2AFEF2DCDEDCDCBABAG H573 HERTEL
8472 D:2D2F2A2F2A2D2A2DFGFEF2G R578 RINALDO
8473 D:2D2F2A2F3DC2GF A852 ASTARITA
8474 D:2D2F2AGFEDFA A370 ALESSANDRI
8475 D:2D2F3ABCD G811 GREENE
8476 D:2D2F3ABC4D R971 RUST
8477 D:2D2F3ABG#GNF L475 LE DUC
8478 D:2D2F3AG#ADC2B G328 GENERALI
8479 D:2D2F6A G183 GALUPPI
8480 D:2D2FB//ADFA2DA2D P853 PORTOGALLO
8481 D:2D2FDA H152 HAINDL
8482 D:2D2FDA2E2GEA G834 GRETRY
8483 D:2D2FDEFGABCDFEC2D T195 TARTINI
8484 D:2D2FDEFGABCDFEC2D ANON. D/DDR-Dlb
8485 D:2D2F2DAFG2A2G2F2ED D771 DREHER
8486 D:2D2F2D2F2D2A S249 SARTI
8487 D:2D2FEDBAB A340 ALBRECHT
8488 D:2D2FEDCBA#BFGFE G678 GOSSEC
8489 D:2D2FE2DCA2GFB2A B285 BARTHELEMON
8490 D:2D2FE2DCDE//DCDCDCDCDCDE G328 GENERALI
8491 D:2D2FEG P221 PARADEISER
8492 D:2D2FGAFBD#//DAFDAFDF A333 ALBERTAZZI
8493 D:2D2FGEFDABCDEF C295 CARNICER
8494 D:2DGAD2C B495 BERGAS
8495 D:2DGFED2ADCBA H813 HORN
8496 D:2DGFED3ABCDCB G779 GRAUPNER
8497 D:2DGFEDCB4A P853 PORTOGALLO
8498 D:2DGFEDCDEFG C175 CAMBINI
8499 D:2DGFEDCDEFG2E D456 DESHAYES
8500 D:2DGFED2CDEFG T180 TARCHI
8501 D:2DGFEF3DBAGA3FAGAB L356 LATILLA
8502 D:2DG2FEDCDA2DB P727 PLEYEL
8503 D:2DG2FEDCDA2DB2AGFE ANON. CS-Bm
8504 D:2D2G2CN//FD7AF F225 FARINELLI

```
8505  D:2D2GDEG  F654 FOERSTER
8506  D:2D2G2F2ED  C196 CAMPIONI
8507  D:2DG#ABABAEFCD4C  ANON. D/DDR-SW1
8508  D:3D//2ABA2G2FGA  D136 DALAYRAC
8509  D:3D  S383 SCHUBERT
8510  D:3D//9D  B414 BEECKE
8511  D:3D//DGFBAC  B664 BOCCHERINI
8512  D:3D  M498 MEHUL
8513  D:3D  Z110 ZACH
8514  D:3DA  H354 HASSE
8515  D:3DABAD  J750 JOMMELLI
8516  D:3DABAGFEDCBAGF  R558 RIEPEL
8517  D:3DAB2A3FDE  L356 LATILLA
8518  D:3DAB2A3FDE2D3ADE  ANON. S-Uu
8519  D:3DABC  D617 DITTERSDORF
8520  D:3DABCDABC  Z660 ZIEGLER
8521  D:3DABCDABCD  B393 BECK
8522  D:3DABCDABCDEFG3A  S120 SACCHINI
8523  D:3DABCDABCDFDAD  D617 DITTERSDORF
8524  D:3DABCDADAD  A371 ALESSANDRO
8525  D:3DABCDADAD  ANON. D/BRD-DO
8526  D:3DABCDCDED  P761 POKORNY
8527  D:3DABCDCDED  G926 GUENIN
8528  D:3DABCDEFE  P727 PLEYEL
8529  D:3DABCDEFED  ANON. I-Gi
8530  D:3DABCDEFED  H409 HAYDN
8531  D:3DABCDF2ABCD  H138 HAFENEDER
8532  D:3DABCDFDABCD2FABC  S785 STAMITZ
8533  D:3DABCDFDABCD2FABC  S699 SONNLEITHNER
8534  D:3DABC2DFDADEFG#  S383 SCHUBERT
8535  D:3DABC2D2FA  A579 ANFOSSI
8536  D:3DABC3D  K912 KRAUS
8537  D:3DABC4DFA  A613 ANNA
8538  D:3DAC//DEDGFED  H411 HAYDN
8539  D:3DADADAD  B912 BRUSA
8540  D:3DADADAD  S120 SACCHINI
8541  D:3DADAD5AGFG  P592 PICHL
8542  D:3DADADFD  M234 MAJO
8543  D:3DADADFDA  I930 IVANSCHIZ
8544  D:3DADADFDADADF  S781 STAIN
8545  D:3DADADFDADADFDADF  ANON. D/BRD-Tu
8546  D:3DADAFDAB  C295 CARNICER
8547  D:3DAD2AFD2AFD2AFD  C225 CANNABICH
8548  D:3DADCBAFGFEAD  M197 MAGNIEN
8549  D:3DADEFG3AE  S838 STERKEL
8550  D:3DADEFG3D2ABCDCB2A  S838 STERKEL
8551  D:3DADEF2G3AEFG//B-:3BDCN3BC#D#  A839 ASPLMAYR
8552  D:3DADEF2G3AEFG//B-:3BDCN3BC#D#  ANON. H-Bn
8553  D:3DADE6F  H409 HAYDN
8554  D:3DADFDADFDADFAFADAGFED  S785 STAMITZ
8555  D:3DADFDAFDAF  A139 ABEL
8556  D:3DADF2DADFDAGFEF  C225 CANNABICH
```

```
8557  D:3DAD2FDF2AFA     L239 LAMPUGNANI
8558  D:3DAD3FDF3AFA3D   S411 SCHWARZENDORF
8559  D:3DA3DADFDF       M998 MYSLIVECEK
8560  D:3DA3DADFDFDA     D617 DITTERSDORF
8561  D:3DA3DADFED       A560 ANDREOZZI
8562  D:3DAFDAFDAF       C221 CANNABICH
8563  D:3DAFDFA2DA       M748 MONN
8564  D:3DAF2DAFCDAFC2D  B615 BIONI
8565  D:3DAF2E$D         G328 GENERALI
8566  D:3DAFEGACD        ANON. D/BRD-DO
8567  D:3DA3FD#CN        W786 WINTER
8568  D:3DAGFEDB2AGFED   P761 POKORNY
8569  D:3DAGFEDBGFED     Z660 ZIEGLER
8570  D:3DAGFEDCBAGFED   V160 VALENTINI
8571  D:3D2AA#G#A#4BEDCEDCBA   ANON. I-Gi
8572  D:3D2ABCDEFG3AF    G926 GUENIN
8573  D:3D2ABCDEFG#7A    B116 BACH
8574  D:3D2AD            G183 GALUPPI
8575  D:3D2ADAGFG2FEDED  J750 JOMMELLI
8576  D:3D2ADF2DE        S357 SCHMITTBAUR
8577  D:3D2ADFED         R535 RICHTER
8578  D:3D2A2DEFGABC     P523 PFEIFFER
8579  D:3D2A2FABCDABCDFGFE2A   C221 CANNABICH
8580  D:3D2A2FCBABECD    J750 JOMMELLI
8581  D:3D2A2FDA         N261 NASOLINI
8582  D:3D2A3F2D2AGFED   S522 SEYFRIED
8583  D:3D2AG#GNAB//6FG2AEGFEB   P337 PAVESI
8584  D:3D3A             M939 MOZART
8585  D:3D3A             S356 SCIIMITTBAUR
8586  D:3D3AA#G#A#4BEDCEDCBA   ANON. I-Gi
8587  D:3D3AD            R817 ROSETTI
8588  D:3D3A3DACADA      A579 ANFOSSI
8589  D:3D3A4FDFD5C      G998 GYROWETZ
8590  D:3D3AG#GNAB//6FG2AEGFEB   P337 PAVESI
8591  D:3DBAGAFGFEFA     S944 SUESSMAYR
8592  D:3DBAGFEDECD      G678 GOSSEC
8593  D:3D4BGG#A         T645 TOESCHI
8594  D:3DCBADCBADCBA2DFADCBAGFED   F653 FOERSTER
8595  D:3DCBAGFE2D       S819 STEGMANN
8596  D:3DCBA4GABAG3F    ANON. CS-BRsav
8597  D:3DCB2AF2A3DCBAFAFAF   G494 GIORDANI
8598  D:3DCB2A4GABAG3F   ANON. CS-BRsav
8599  D:3DCB3A2G         T645 TOESCHI
8600  D:3DCBCBD//DABCDEFG2ABC   W786 WINTER
8601  D:3DCBC7BDCBCDCBAG   R814 ROSETTI
8602  D:3DCD             S395 SCHUSTER
8603  D:3DCDADADADFGE    H758 HOLZBAUER
8604  D:3DCDADCD         H354 HASSE
8605  D:3DCDADCDFEDC     H573 HERTEL
8606  D:3DCDADE2FEFDFGADCD   A154 ABOS
8607  D:3DCDADFA         N311 NAUMANN
8608  D:3DCDAF//4DAF5DB4D   N478 NEUBAUER
```

8609	D:3DCDAF//4DFGAF4DBCDB4D	N478	NEUBAUER
8610	D:3DCDBA	C573	CIMAROSA
8611	D:3DCDB2DCDA2D	E340	EICHNER
8612	D:3DCDCDCD	P285	PASQUALI
8613	D:3DCDCDFGAGFDCDCD	ANON.	CS-BRsav
8614	D:3DCDCDGFDCDCDBA	N945	NOVOTNI
8615	D:3DCDED//2DEFG4A	D617	DITTERSDORF
8616	D:3DCDEDEFDC2DEF2D	J750	JOMMELLI
8617	D:3DCDEDFGE2D	R535	RICHTER
8618	D:3DCDE2DCDEDFADFDCDE	H354	HASSE
8619	D:3DCDE3DADFEG2FEFG2F	ANON.	I-Pca
8620	D:3DCDE6D4F	S291	SCHACHT
8621	D:3DCDE2FNEDC2DCDEFNDA	ANON.	CS-BRsav/JUR
8622	D:3DCDE3FEFE2AGF	N208	NAEGELIN
8623	D:3DCDE3FEFGA	P761	POKORNY
8624	D:3DCDFADFA	H491	HEMPEL
8625	D:3DCDFDAFDAFDE	S320	SCHEINPFLUG
8626	D:3DCDF2DCDFDAFD	A139	ABEL
8627	D:3DCDFE	P149	PAISIELLO
8628	D:3DCD2FEF2ADBDCD	ANON.	CS-BRsav
8629	D:3DCDGFE	F532	FISCHIETTI
8630	D:3DCDGFEC	R578	RINALDO
8631	D:3DCDGF2ED#//DEFDEFG	C573	CIMAROSA
8632	D:3DCD2GF2BA	F912	FRIGEL
8633	D:3DC2DFAFE4DCD	E560	ENDLER
8634	D:3DC4DCDAFAF	W131	WAGENSEIL
8635	D:3DC4DCDAFAF	ANON.	H-Gc
8636	D:3DCE3DC2EDCBAGFG2A	V624	VIBERT
8637	D:3DCEFGBGB$GABNCDEF	N478	NEUBAUER
8638	D:3DC2FEF2AGAD	G557	GLEISSNER
8639	D:3DCG//2ABCDABCDABCD	G943	GUGLIELMI
8640	D:3DCGA2G	G537	GIULINI
8641	D:3D2C2D2C2DEDCD2F	S165	SALIERI
8642	D:3D3C	M939	MOZART
8643	D:3DEAFEFGEDEF	P791	PONS
8644	D:3DECDECD3F	L619	LE ROY
8645	D:3DECDECD3FGEF	C531	CHIESA
8646	D:3DEDADCDBC//2FEF2DCDBDAGA	G328	GENERALI
8647	D:3DEDC2B2AA#3B	H516	HENNETT
8648	D:3DEDCD	S395	SCHUSTER
8649	D:3DEDCDD#4EDN3C	R817	ROSETTI
8650	D:3DEDCDEDCBABCA3F	M887	MORTELLARI
8651	D:3DEDCDEGFEFGA3D	M234	MAJO
8652	D:3DEDCD2EFEDE	C573	CIMAROSA
8653	D:3DEDCDFDCBDBAG	D617	DITTERSDORF
8654	D:3DEDCDGFE	F532	FISCHIETTI
8655	D:3DEDCDGFEC	R578	RINALDO
8656	D:3DEDE3FGFGADAGFE	G943	GUGLIELMI
8657	D:3DE3DE3D3F2D	A579	ANFOSSI
8658	D:3DEF	A748	ARNE
8659	D:3DEF3B2E	G498	GIORDANIELLI
8660	D:3DEFDADC2ABCAEG	Z310	ZANI

8661 D:3DEFD3EFAE G998 GYROWETZ
8662 D:3DEFDFGAD3F2EG T152 TALON
8663 D:3DEFED H761 HOLZBOGEN
8664 D:3DEFED2A H758 HOLZBAUER
8665 D:3DEFED2A G778 GRAUN
8666 D:3DEFED3AB F851 FREDERIC
8667 D:3DEFED3ABCBAD K789 KOHAUT
8668 D:3DEFED3ABCBA3DEFED2A K820 KOENIGSPERGER
8669 D:3DEFED3ABCBA4D M386 MARTINI
8670 D:3DEFEDEFGA F248 FASCH
8671 D:3DEFEDFEDA B116 BACH
8672 D:3DEFEDFEFGE3FGAGF C225 CANNABICH
8673 D:3DEFE2DCB S348 SCHMIDT
8674 D:3DEFE2DCB T645 TOESCHI
8675 D:3DEFE2DCBAGE C221 CANNABICH
8676 D:3DEFE2DEFEDABCDEFGEDEFE B199 BAMBINI
8677 D:3DEFE2DEFEDFDGE K662 KLOEFFLER
8678 D:3DEFGA M337 MARINELLI
8679 D:3DEFGABC S320 SCHEINPFLUG
8680 D:3DEFGABCD F517 FIORAVENTI
8681 D:3DEFGABCDABABGA H738 HOLLER
8682 D:3DEFGABCDCDC2DEF K662 KLOEFFLER
8683 D:3DEFGABCDEFGFE//DFE2D C564 CIAMPI
8684 D:3DEFGABCD2FAGFE ANON. D/BRD-Mbs
8685 D:3DEFGABC2D2C2D2C2D2A# G998 GYROWETZ
8686 D:3DEFGABC2DE2FG2AD S249 SARTI
8687 D:3DEFGABC3DAGFDFADAFDA G886 GRUENBEIN
8688 D:3DEFGABC4DEFGABC ANON. D/DDR-SWl
8689 D:3DEFGABC4DEFGABCDABGA S789 STAMITZ
8690 D:3DEFGADEFGFGFEFGAD M729 MOLTER
8691 D:3DEFGA2DEFGAFD T180 TARCHI
8692 D:3DEFG2ABC2D R568 RIGEL
8693 D:3DEFG3A3DEFG3A C573 CIMAROSA
8694 D:3DEFG4AD ANON. Breitkopf 65
8695 D:3DEFGC K840 KOERZL
8696 D:3DEFGEC F489 FILTZ
8697 D:3DEFGECA B547 BERTONI
8698 D:3DEFGECD C523 CHERZELLI
8699 D:3DEFGEFACD B858 BRIOSCHI
8700 D:3DEFGFEDCDEC R578 RINALDO
8701 D:3DEFGFEDCDECD M315 BERNARDINI
8702 D:3DEF3GFE2FDFA H337 HARTWIG
8703 D:3DEFG#2A//2DEFGFGFED S120 SACCHINI
8704 D:3DEGFED3A S785 STAMITZ
8705 D:3DEGFEDG#2A H758 HOLZBAUER
8706 D:3DEGFEDG#3ABDCBAD K789 KOHAUT
8707 D:3D2EADF2AFAF S521 SEYFERT
8708 D:3D2EDE4F2GFGA4D H573 HERTEL
8709 D:3D2EFEDED P761 POKORNY
8710 D:3D2EFEDED ANON. D/BRD-Rtt
8711 D:3D3E3ADCBAGF R350 REICHARDT
8712 D:3D3EF ANON. CS-Pnm/Frydlant

8713 D:3D3EFGECDECA A579 ANFOSSI
8714 D:3D3E3FAGFEFEDC2D2A G943 GUGLIELMI
8715 D:3D3E3F3E5ABCD G834 GRETRY
8716 D:3DFADCBABDFBAGFG M386 MARTINI
8717 D:3DFADEFGABCDEFGFGAG C225 CANNABICH
8718 D:3DFADF//EF2E2BCDEDC H354 HASSE
8719 D:3DFADFAB//AEF2E ANON. H-Gc
8720 D:3DFADFAFDAFD G183 GALUPPI
8721 D:3DFADFG2A C933 CRISPI
8722 D:3DFA2D N489 NEUMANN
8723 D:3DFA2DEFGABCD2BA2GF2G M316 MARCHI
8724 D:3DFA3DFADFADFAGFE H761 HOLZBOGEN
8725 D:3DFA3DFA2DFA2D W853 WOLF
8726 D:3DFAF ANON. D/BRD-DO
8727 D:3DFAFAFA V158 VALENTINI
8728 D:3DFAFAFD G251 GASSMANN
8729 D:3DFAF3DBG K926 KREUSSER
8730 D:3DFAFEA C614 CLASING
8731 D:3DFAFEGACDFAF K840 KOERZL
8732 D:3DFAGB2CBC2DFAG G678 GOSSEC
8733 D:3DFAGECADFAGECAD L368 LAUBE
8734 D:3DF2AD2FED G251 GASSMANN
8735 D:3DF2A2DF2A ANON. S-Skma
8736 D:3DF2AGF2GFE#2F3EG2BAG#A ANON. PL-GNd
8737 D:3DF4ADFAFDF3A B116 BACH
8738 D:3DFBG#ADEDCD S384 SCHUBERT
8739 D:3DFC4DAEF3D S575 SIGHIZELLI
8740 D:3DFD C225 CANNABICH
8741 D:3DFDADFDF S395 SCHUSTER
8742 D:3DFDAFDA S419 SCIROLI
8743 D:3DFDAFDA N216 NAPOLITANO
8744 D:3DFDAFDADAFDE J750 JOMMELLI
8745 D:3DFDAFDADAFDEA G821 GREGORIO
8746 D:3DFDAFDADAFDEA R397 RENDEUX
8747 D:3DFDAF2DBECFD O680 ORGITANO
8748 D:3DFDAGAGFGAB//FGEFGABECD2A H411 HAYDN
8749 D:3DFD2AC3DF T152 TALON
8750 D:3DFD3ACA R598 RISTORI
8751 D:3DFD3ACADFDFD G736 GRAF
8752 D:3DFD3AGA G778 GRAUN
8753 D:3DFD6ADA V158 VALENTINI
8754 D:3DFD6ADA3F A579 ANFOSSI
8755 D:3DFDEGEC N489 NEUMANN
8756 D:3DFDEGEC B116 BACH
8757 D:3DFDEGEC2D N311 NAUMANN
8758 D:3DFDEGEC3DEFED B116 BACH
8759 D:3DFDFAD N224 NARDINI
8760 D:3DFDFDFEDCBAGF G678 GOSSEC
8761 D:3DFD3FAF2ADAF S383 SCHUBERT
8762 D:3DF2D2C2B2A#B M244 MALDERE
8763 D:3DF3DA//ABC13DFDEGE K662 KLOEFFLER
8764 D:3DF3DFAFD K966 KUNTZEN

8765 D:3DF3DFDFA2DFA H298 HARRER
8766 D:3DF3DFDFGAB B275 BARRIERE
8767 D:3DF6DA2D H354 HASSE
8768 D:3DFE ANON. D/BRD-HR
8769 D:3DFEA3DAF5DAF V777 VINCI
8770 D:3DFEC3DFECDA R158 RAINONE
8771 D:3DFEDADFAFDFADA S348 SCHMIDT
8772 D:3DFEDA3D J750 JOMMELLI
8773 D:3DFEDA3DFED4ACBAE B125 BACHSCHMIDT
8774 D:3DFED2A G159 GALIMBERTI
8775 D:3DFED3ACBA G188 GAMBARO
8776 D:3DFEDCDFAGFE K840 KOERZL
8777 D:3DFEDE3FAGFGAD2AGFE G943 GUGLIELMI
8778 D:3DFEDFAF3D S249 SARTI
8779 D:3DFEDFED V155 VALENTINE
8780 D:3DFED3FAGF2ADA S383 SCHUBERT
8781 D:3DFE4D4A4D4F Z110 ZACH
8782 D:3DFEFA C979 CUPIS
8783 D:3DFEFDFA2DEFGFED N216 NAPOLITANO
8784 D:3DFEFE2GFG M625 MICHL
8785 D:3DFEFGA P761 POKORNY
8786 D:3DFEFGA H413 HAYDN
8787 D:3DFEFGABC3D G779 GRAUPNER
8788 D:3DFEFG2A2BADFEFGA S789 STAMITZ
8789 D:3DFEGFAEFAEG F569 FLACKTON
8790 D:3DF2E W939 WRANITZKY
8791 D:3DF2E3AG2F H700 HOFFMEISTER
8792 D:3DF3E3FA3G G779 GRAUPNER
8793 D:3DFGA M625 MICHL
8794 D:3DFGABCDE3FABCDEFG A552 ANDERSSEN
8795 D:3DFGAF2D B421 BEHRWALD
8796 D:3DFGAFEAG G251 GASSMANN
8797 D:3DFGA4FDEFD A277 AGRELL
8798 D:3DFG3A W853 WOLF
8799 D:3DFG6A3D T722 TOUCHEMOULIN
8800 D:3DFGEAF G323 GEMMINGEN
8801 D:3DFGEDEC3D M947 MUELLER
8802 D:3DFGFED D617 DITTERSDORF
8803 D:3DFGFE2DCBA#B G678 GOSSEC
8804 D:3DFGFGFABAB M625 MICHL
8805 D:3D2F2ACFGAB ANON. S-L
8806 D:3D2FDGFED2CA3E G998 GYROWETZ
8807 D:3D2FE2DCDE//DCDCDCDCDCDE G328 GENERALI
8808 D:3D3F3A D617 DITTERSDORF
8809 D:3D3F3A P761 POKORNY
8810 D:3D3F3ABCAD A370 ALESSANDRI
8811 D:3D3F3ABCDCB2ABA Z780 ZINGARELLI
8812 D:3D3F3AD S838 STERKEL
8813 D:3D3F3ADF3A M498 MEHUL
8814 D:3D3F5AGFEF A839 ASPLMAYR
8815 D:3D3FDA3E3GEA G834 GRETRY
8816 D:3D3F3GG#4A G834 GRETRY

8817 D:3DGABAGFEFEDGABAGFE G948 GUILLEMAIN
8818 D:3DGABC3D G678 GOSSEC
8819 D:3DGDFADA2B G999 GYRZICHS
8820 D:3DG2DAFDCBAG K860 KOSPOTH
8821 D:3DGFEDCB4A P852 PORTOGALLO
8822 D:3DGFEDGFEDBAGFBA C936 CRISPI
8823 D:3DGFE3DGFEDBAG//AECBAGAF B858 BRIOSCHI
8824 D:3D2G2F2ED M278 MANGO
8825 D:4D K930 KROMMER
8826 D:4D//2EFGABFGED G328 GENERALI
8827 D:4D D617 DITTERSDORF
8828 D:4D ANON. I-TN
8829 D:4DABADCBABA D617 DITTERSDORF
8830 D:4DABADCDED S249 SARTI
8831 D:4DABC M816 MONZA
8832 D:4DABCD G878 GROSSE
8833 D:4DABCDABCDEF D771 DREHER
8834 D:4DABCDADADFAFD S355 SCHMITT
8835 D:4DABCDEFE F489 FILTZ
8836 D:4DABCDEF2G2A//3D3AD R817 ROSETTI
8837 D:4DABC2DABC S189 SAMMARTINI
8838 D:4DABC2DCBAGFE C824 CORRETTE
8839 D:4DABC2DFDA E340 EICHNER
8840 D:4DADABCDFD K662 KLOEFFLER
8841 D:4DADAD A579 ANFOSSI
8842 D:4DADADADADA L386 LAUSENMAYER
8843 D:4DADADADADA S357 SCHMITTBAUR
8844 D:4DADADCDEFDGF F534 FISHER
8845 D:4DADADEFGFEDA ANON. D/BRD-RH
8846 D:4DADA3DADA G779 GRAUPNER
8847 D:4DAD2A S360 SCHNEIDER
8848 D:4DADBDC D369 DEMACHI
8849 D:4DADEFGADEFGABC2DCDC S785 STAMITZ
8850 D:4DADE4FDFG D617 DITTERSDORF
8851 D:4DADFADFAD K595 KIRMAIR
8852 D:4DADFAF S189 SAMMARTINI
8853 D:4DADFAFDGECDADF A139 ABEL
8854 D:4DADFAFEGECAC ANON. USSR-Koe
8855 D:4DADFAFEGECACDA ANON. CS-Pnm/Doksy
8856 D:4DADFE2ABCD4EAEGFD B229 BARBANDT
8857 D:4DAD3FDF3AFA L239 LAMPUGNANI
8858 D:4DA3DADFDFDA2D ANON. CS-BRsav
8859 D:4DAE2CBABAGFEDCD P213 PAPAVOINE
8860 D:4DAEDCBAB F738 FORTESSI
8861 D:4DAF2DCDCDC2DAFDFEFE M729 MOLTER
8862 D:4DAF5DB4D N478 NEUBAUER
8863 D:4DAFGADEDCD2AFGA P129 PAGANELLI
8864 D:4DA2FD3A ANON. I-TN
8865 D:4DA2FD3AFDA B914 BRUSACO
8866 D:4DAGFDC3B P589 PICCINNI
8867 D:4D2ABC4D F248 FASCH
8868 D:4D2AD2AD A282 AGTHE

8869 D:4D2ADFAFDFAF W522 WESLEY
8870 D:4D3A M244 MALDERE
8871 D:4D3ADADADA A839 ASPLMAYR
8872 D:4D3ADFDAD S395 SCHUSTER
8873 D:4D3A3F S521 SEYFERT
8874 D:4D3A3F3D3A A560 ANDREOZZI
8875 D:4D4A4D S215 SANDER
8876 D:4D4A4DA T356 TEYBER
8877 D:4D4AFD K789 KOHAUT
8878 D:4D4AFD4B4FDB W131 WAGENSEIL
8879 D:4D4A4F4D4A4F4C4A ANON. I-Gi
8880 D:4D4A4F4D4A4F4D4A4F4D4A4D P149 PAISIELLO
8881 D:4D4A4F4D4B4G4D4A4F W131 WAGENSEIL
8882 D:4D4A4F6D12E ANON. D/DDR-SWl
8883 D:4D4A4F4E4D8A4G4F4D M998 MYSLIVECEK
8884 D:4D4A8F4D8A4F5DFG2A M729 MOLTER
8885 D:4DBA2D A579 ANFOSSI
8886 D:4DBCD2BAGAB2GF H738 HOLLER
8887 D:4DBCDEFGAB K926 KREUSSER
8888 D:4DBCDEFG#A4B E210 EDELMANN
8889 D:4DBG#ABG Z730 ZIMMERMANN
8890 D:4D2B E209 EDELMANN
8891 D:4D4BG3E S383 SCHUBERT
8892 D:4DCA//FGB3D W939 WRANITZKY
8893 D:4DCABA W522 WESLEY
8894 D:4DC2AE2FEF2G//DEFDGFEDCDE3A P592 PICHL
8895 D:4DCB S366 SCHOEPS
8896 D:4DCBADCBADCBA2DFADCBAGFED F653 FOERSTER
8897 D:4DCBAG R714 ROELLIG
8898 D:4DCBAG K926 KREUSSER
8899 D:4DCBAGFE P285 PASQUALI
8900 D:4DCBAGFE2DFADCBAGFEF M729 MOLTER
8901 D:4DCB2ACN G834 GRETRY
8902 D:4DCB4AG2FED#EFGEDNC D357 DELLER
8903 D:4DC2BAG#ACBAGN2F M754 MONSIGNY
8904 D:4DC2B2A T645 TOESCHI
8905 D:4DC2B2AA#3B H516 HENNETT
8906 D:4DC4BA4GF S689 SOLNITZ
8907 D:4DC4CNB$ W786 WINTER
8908 D:4DCDADADAGA G943 GUGLIELMI
8909 D:4DCDADFE H763 HOLZINGER
8910 D:4DCDAF//4DFGAF4D E162 EBERL
8911 D:4DCDAF//4DFGAF4DBCDB4D N478 NEUBAUER
8912 D:4DCDCBA P149 PAISIELLO
8913 D:4DCDCD5EDEDEF P157 PALERMITANO
8914 D:4DCDEDCBABCA4FEF M887 MORTELLARI
8915 D:4DCDEDFE3FEFG H573 HERTEL
8916 D:4DCDEFEFGA3D M234 MAJO
8917 D:4DCD3EDE C573 CIMAROSA
8918 D:4DCD3EDEFDG2FE G943 GUGLIELMI
8919 D:4DCDFAFD S249 SARTI
8920 D:4DCDFAF2DCDFAF R748 ROLLA

8921 D:4DCDFAF2DCDFAFGECA S233 SANTI
8922 D:4DCDFAFGEBC ANON. D/BRD-DO
8923 D:4DCDF2AFAFAFAG S291 SCHACHT
8924 D:4DCDFDFDFGE2DC S120 SACCHINI
8925 D:4DC3D S189 SAMMARTINI
8926 D:4DC3DCDCDCDC B393 BECK
8927 D:4DCEAGFD B393 BECK
8928 D:4DCECABCA S335 SCHIMPKE
8929 D:4DCE4DC2EDCBAGFG2A V624 VIBERT
8930 D:4D2CA3G2FA M998 MYSLIVECEK
8931 D:4D2C2B2A2B2A2G2F P761 POKORNY
8932 D:4D2C4B2A G778 GRAUN
8933 D:4D2CDCBA P149 PAISIELLO
8934 D:4D3C3BA3B3A3GF3G3F3ED M938 MOZART
8935 D:4D3CEFG P761 POKORNY
8936 D:4D4CDCDFGFD ANON. D/BRD-DO
8937 D:4D2EDE2GFGB$//DCDCDD# P727 PLEYEL
8938 D:4DECE2D3A T195 TARTINI
8939 D:4DEDCBCDEF2GAGFEFGAB W853 WOLF
8940 D:4DEDCD4ADCBAD P589 PICCINNI
8941 D:4DEDCDEDCD4F S347 SCHMIDEL
8942 D:4DEDCDEF K926 KREUSSER
8943 D:4DEDGFED//FD5ABC W744 WILMS
8944 D:4DE5DCDCDCDGF S749 SPERGER
8945 D:4DE5DF2EFGFAGFE S189 SAMMARTINI
8946 D:4DEF K580 KIRCHNER
8947 D:4DEFAGFEF G251 GASSMANN
8948 D:4DEFDGFEAFBAG G183 GALUPPI
8949 D:4DEF2DFGA2DFG G943 GUGLIELMI
8950 D:4DEF4DEFDFGAB B275 BARRIERE
8951 D:4DEFED K662 KLOEFFLER
8952 D:4DEFEDABGFGAGF K760 KOCH
8953 D:4DEFEDCBAGF3E L486 LEEMANS
8954 D:4DEFEDEFGABCBABCADEFEDEFG# L356 LATILLA
8955 D:4DEFE2D K295 KELLY
8956 D:4DEFE2DEFED S785 STAMITZ
8957 D:4DEFE4DFGAGF3D2AGA B460 BENDA
8958 D:4DEFGA A579 ANFOSSI
8959 D:4DEFGA M337 MARINELLI
8960 D:4DEFGA A579 ANFOSSI
8961 D:4DEFGAA#B2AG//DFAGFEFGAB T722 TOUCHEMOULIN
8962 D:4DEFGABC R568 RIGEL
8963 D:4DEFGABC M939 MOZART
8964 D:4DEFGABC E168 EBERS
8965 D:4DEFGABCD//3DABAD J750 JOMMELLI
8966 D:4DEFGABCD S355 SCHMITT
8967 D:4DEFGABCD Z110 ZACH
8968 D:4DEFGABCDAF2DAF2DCDCD M729 MOLTER
8969 D:4DEFGABCDEFN K930 KROMMER
8970 D:4DEFGABC3D H758 HOLZBAUER
8971 D:4DEFGABC4DEFGABC D972 DUSSEK
8972 D:4DEFGAB2DFED ANON. USSR-Koe

```
8973  D:4DEFGAGFE2DEFG   ANON. F-Pn/Blancheton
8974  D:4DEFGAGFE3D   A579 ANFOSSI
8975  D:4DEFG5ABCDAD   ANON. D/DDR-SW1
8976  D:4DEFGFE   K600 KIRNBERGER
8977  D:4DEFGFEF   G251 GASSMANN
8978  D:4DEFG3F   N311 NAUMANN
8979  D:4DEFG#6AG#ABC   D617 DITTERSDORF
8980  D:4DEGF   W642 WIEDALLER
8981  D:4D2EDCBCBA   D617 DITTERSDORF
8982  D:4D2E2FEDE2D2EF   J750 JOMMELLI
8983  D:4D3E2G2FE//ABC4DFDEFG4A   B233 BARBELLA
8984  D:4D6E6F5G   A839 ASPLMAYR
8985  D:4DFN3D2F//CDEF2G2F2G2G#   R559 RIESS
8986  D:4DF   W817 WISTEIN
8987  D:4DFA   H700 HOFFMEISTER
8988  D:4DFACD//7D   G998 GYROWETZ
8989  D:4DFACDFA   B612 BINDER
8990  D:4DFACDFA4DFAC   G557 GLEISSNER
8991  D:4DFADFAD   B664 BOCCHERINI
8992  D:4DFADFADCA   R350 REICHARDT
8993  D:4DFADF2GCD//A3DEDE   D245 DAVAUX
8994  D:4DFA2DEFGABCD2B   ANON. D/BRD-DS
8995  D:4DFA2DFA2DFAD   Z425 ZECHNER
8996  D:4DFA3DGBD   H813 HORN
8997  D:4DFA4DFA   K966 KUNTZEN
8998  D:4DFAF2DCDEDEF   G779 GRAUPNER
8999  D:4DFA4F4A   H409 HAYDN
9000  D:4DFAGF3DF   M498 MEHUL
9001  D:4DFD   L115 L'ABBE
9002  D:4DFDADFDAFDCBA   B116 BACH
9003  D:4DFDAFDA   K860 KOSPOTH
9004  D:4DFD3A//4DEFGA   A579 ANFOSSI
9005  D:4DFD3AGAD   G778 GRAUN
9006  D:4DFD4BDB   S819 STEGMANN
9007  D:4DFD4BDBGFEDCBAGF   H877 HUBER
9008  D:4DFD4CEC4BDBA   D617 DITTERSDORF
9009  D:4DFD3EFAE//2DFGFED   G998 GYROWETZ
9010  D:4DFDFA2D   S348 SCHMID
9011  D:4DFDFA2DFDFA2D   S377 SCHREINER
9012  D:4DFDFA3D   C182 CAMERLOHER
9013  D:4DFDFAFDFA4D4F4A   E560 ENDLER
9014  D:4DF2DA3D   S521 SEYFERT
9015  D:4DF3D9A4E3GF7A   R578 RINALDO
9016  D:4DF3DGECA   ANON. CS-Bm
9017  D:4DF3DGECA4E   P727 PLEYEL
9018  D:4DFEDABCDFE   S348 SCHMIDT
9019  D:4DFEDABCDFED   L134 LACHNITH
9020  D:4DFEDADFAD//2DCDCDEDGF   S361 SCHNEIDER
9021  D:4DFEDADFDFEDADF   B393 BECK
9022  D:4DFEDCB2AGF   E340 EICHNER
9023  D:4DFEDC4B//DFADFA4D   H708 HOFMANN
9024  D:4DFEDFEDFEDFED   H458 HEEL
```

```
9025   D:4DFED4FAGF    P761 POKORNY
9026   D:4DFED4FAGF3A    B737 BORRONI
9027   D:4DFE2DFED4ACBA    D248 DAVESNE
9028   D:4DFE5DGFE    D617 DITTERSDORF
9029   D:4DFEF6DCB3ACB3A    C573 CIMAROSA
9030   D:4DF2E2C#GFAGFBE4D4A4D    S215 SANDER
9031   D:4DFGABCDE3F    F631 FLOQUET
9032   D:4DFGAF4D    E162 EBERL
9033   D:4DFGAF4DBCDB4D    N478 NEUBAUER
9034   D:4DFGD#3E5GAEF    ANON. CS-Pnm/Osek
9035   D:4D2F2A2D2A2F    P761 POKORNY
9036   D:4D2F2A2D2A2F2A2F    B524 BERNASCONI
9037   D:4D2FDADAG2FEDFGG#    B737 BORRONI
9038   D:4D2FDAD2AGFE    P761 POKORNY
9039   D:4D2F2D4A2GF4D2A2F    P116 PACHMANN
9040   D:4D2FG2A2GFEDC    B116 BACH
9041   D:4D2FGD#2E//2DE2DG    P592 PICHL
9042   D:4D2FGD#2E//2DE2DG2F    ANON. CS-Bm
9043   D:4D3F3A3DFEFGA    P589 PICCINNI
9044   D:4D3FD2A    L269 LANG
9045   D:4D4F    H652 HILLER
9046   D:4D4F3AB    S572 SIEVERS
9047   D:4D4F4A    G778 GRAUN
9048   D:4D4F4A4DA2D    M234 MAJO
9049   D:4D4F4A4DA3DA3DFAF    N311 NAUMANN
9050   D:4D4F4A4DF15A4C    S789 STAMITZ
9051   D:4D4F4A4D4F2A4D4G4B    M328 MARGIANE
9052   D:4D4F4A4D4F4A    W464 WELTZ
9053   D:4D4F4A4D4F4A    B755 BOYCE
9054   D:4D4F4A4D4F4A4D    M729 MOLTER
9055   D:4D4F4A4D4F4A4D4A4G4F4E4D    H738 HOLLER
9056   D:4D4F4A8D4F4A8D4G4B    G445 GIBELLI
9057   D:4D4F4A4F4A4D4A    S765 SPOURNY
9058   D:4D4F4D4A4B4G4E4C4D4E4    B718 BONNO
9059   D:4D4F5D4F4AF    M895 MOSELL
9060   D:4D4F4G4E8A4B4CD    K926 KREUSSER
9061   D:4DGABAGFEFEDGABAGFE    G948 GUILLEMAIN
9062   D:4DGAGFGFA    S398 SCHWANENBERGER
9063   D:4DGFED4ADCBA3D    S139 SAINT-GEORGES
9064   D:4DGFEF4D4EAGFG    C573 CIMAROSA
9065   D:4DGFEF6DCB3ACB3A    C573 CIMAROSA
9066   D:4D2GF2BADCBC    M751 MONOPOLI
9067   D:4D2GFE    K110 KACHEL
9068   D:4D2GFGFA    S398 SCHWANENBERGER
9069   D:5D    S355 SCHMITT
9070   D:5D//5DCBCABCDF    H735 HOLLAND
9071   D:5D    D617 DITTERSDORF
9072   D:5D    M939 MOZART
9073   D:5D    N454 NERUDA
9074   D:5D//DFA    R349 REICHA
9075   D:5D//FE3DGF3E    C573 CIMAROSA
9076   D:5D//ADFAEFCDFA    S331 SCHIEDERMAYER
```

9077 D:5D S355 SCHMITT
9078 D:5DABCD T645 TOESCHI
9079 D:5DABCD H409 HAYDN
9080 D:5DABCDCDFECACECAC M489 MEDERITSCH
9081 D:5DABCDEF2G2A R817 ROSETTI
9082 D:5DABCDE5F B928 BUEHLER
9083 D:5DABCDFEA G678 GOSSEC
9084 D:5DABC3DFAFD G735 GRAF
9085 D:5DABC4DEABCDE B144 BAGEETTI
9086 D:5DADCEDCDCBCNBA#BC# ANON. CS-Bm/RAJ
9087 D:5DADEDEFDFEDEDA G943 GUGLIELMI
9088 D:5DADFAFAF4D L939 LUCHESI
9089 D:5DADFAFD R535 RICHTER
9090 D:5DADFAFDABC T645 TOESCHI
9091 D:5DADFDFAFADFD//2DEFDEFGEDC B652 BLOIS
9092 D:5DAFD Z260 ZANETTI
9093 D:5DAFDA4D T645 TOESCHI
9094 D:5DAFDCDEC2AFDCD C573 CIMAROSA
9095 D:5DAF2DAF2DAF M729 MOLTER
9096 D:5DAF2E$D G328 GENERALI
9097 D:5DAFEA ANON. A-LA
9098 D:5DAFGE S355 SCHMITT
9099 D:5DAFGE K840 KOERZL
9100 D:5DAGABCBC V158 VALENTINI
9101 D:5DAGFED V158 VALENTINI
9102 D:5DAGFEDCBAGF C392 CELESTINO
9103 D:5D2AC3DF T152 TALON
9104 D:5D2ADFAFDFAF W522 WESLEY
9105 D:5D4A A579 ANFOSSI
9106 D:5D5AFEFGEFE2FDCBAGFE B843 BRESCIANELLO
9107 D:5DBAGABDCBC V158 VALENTINI
9108 D:5DBCDCBA4D Z780 ZINGARELLI
9109 D:5DB3G W420 WEIGL
9110 D:5DC4AGFEDFEGBC V254 VANHAL
9111 D:5DC4AGFEDFEGBEDCA V254 VANHAL
9112 D:5DCBA2BA R539 RICKERT
9113 D:5DCBA4BCBAG K996 KYRMAYER
9114 D:5DCBA2D O350 OGLIO
9115 D:5DCBAFGBFAD A277 AGRELL
9116 D:5DCBA# V227 VANDENBROEK
9117 D:5DCBCABCDF H735 HOLLAND
9118 D:5DCBCDEF3GFEFGAB W853 WOLF
9119 D:5DCDADADE G943 GUGLIELMI
9120 D:5DCDADFEFDF//4GFEDCEDCBFEDC ANON. S-L
9121 D:5DCD4ACBAD P589 PICCINNI
9122 D:5DCDCDFGED T765 TRAETTA
9123 D:5DCDED B414 BEECKE
9124 D:5DCDEDCDEFED ANON. H-Gc
9125 D:5DCD3EFGFGE S249 SARTI
9126 D:5DCDF4DCD N454 NERUDA
9127 D:5DC2DCD4A L269 LANG
9128 D:5DC3DC3DFDAF B116 BACH

9129 D:5DCEDFEG5F D236 DAUBE
9130 D:5DCG2AE2G//6DEFGABCD F596 FLEISCHMANN
9131 D:5D2C2B2A2GA2D S383 SCHUBERT
9132 D:5D3C M939 MOZART
9133 D:5DEDCBCBA D617 DITTERSDORF
9134 D:5DEDCDEDCBAGFE Z780 ZINGARELLI
9135 D:5DEDE S838 STERKEL
9136 D:5DEDEFDA3F G834 GRETRY
9137 D:5DEFDA ANON. USSR-Koe
9138 D:5DEFEDADAD R578 RINALDO
9139 D:5DEFED2A W499 WERTTIG
9140 D:5DEFEDC W853 WOLF
9141 D:5DEF6EFGF K966 KUNTZEN
9142 D:5DEFGABC M939 MOZART
9143 D:5DEFGABC T613 TISECK
9144 D:5DEFGABC H517 HENNIG
9145 D:5DEFGABCDADAEA G779 GRAUPNER
9146 D:5DEFGABC2D//AG2FE2DEDEDEDB W939 WRANITZKY
9147 D:5DEFGABC2DC2B ANON. S-L
9148 D:5DEFGABC3D H758 HOLZBAUER
9149 D:5DEFGABC6D G779 GRAUPNER
9150 D:5DEFGADC3ACDEFGE B667 BODE
9151 D:5DEFGAGFE2DEFG ANON. F-Pn/Blancheton
9152 D:5DEFGAGFE5D R535 RICHTER
9153 D:5DEFG3A G835 GRETSCH
9154 D:5DEFG4A ANON. A-LA
9155 D:5DEFG4A M938 MOZART
9156 D:5DEFG4AFGABC ANON. D/DDR-Dlb
9157 D:5DEFG5ABCDAD ANON. D/DDR-SWl
9158 D:5DEFGFGAG S785 STAMITZ
9159 D:5DEF4GE W786 WINTER
9160 D:5DE2FED A139 ABEL
9161 D:5DEGFED5ABDCBA W499 WERTTIG
9162 D:5D3E3FGEDC C331 CARUSO
9163 D:5D5E H361 SCHNEIDER
9164 D:5D5EFEFGADCDE ANON. D/DDR-Dlb
9165 D:5DFA V878 VOGEL
9166 D:5DFADA M380 MARTIN
9167 D:5DFADAFD P719 PLATTER
9168 D:5DFADCBAD B414 BEECKE
9169 D:5DFADCB2ACDE4AC ANON. I-Bsp
9170 D:5DFA2DCBAD B414 BEECKE
9171 D:5DFA2DFA2DE2D P979 PUGNANI
9172 D:5DFAFDA C933 CRISPI
9173 D:5DFAFDA B524 BERNASCONI
9174 D:5DFD S163 SALES
9175 D:5DFD C225 CANNABICH
9176 D:5DFDAFD5F Z510 ZELBELL
9177 D:5DFDAF2DFAFADA R750 ROLLE
9178 D:5DFD4A S355 SCHMITT
9179 D:5DFD4AFDA S787 STAMITZ
9180 D:5DFD4AFDADCD//5DFE ANON. D/BRD-HR

```
9181  D:5DF2DF2D   G245 GARZIA
9182  D:5DF2DF2DA  P791 PONS
9183  D:5DFE  ANON. D/BRD-HR
9184  D:5DFEDAFDED  S785 STAMITZ
9185  D:5DFEDAFDEGFEAGE  G678 GOSSEC
9186  D:5DFEDCBACE  S395 SCHUSTER
9187  D:5DFEDCDEFE  S395 SCHUSTER
9188  D:5DFEDEFGA4D  G779 GRAUPNER
9189  D:5DFE2DFAGF  G567 GLUCK
9190  D:5DFE2DFAGFDADCBA  G537 GIULINI
9191  D:5DFE6DFE2DFD2FAGF  S765 SPOURNY
9192  D:5DFE7DA  S795 STARZER
9193  D:5DFE7DEFG#4A  S783 STAMITZ
9194  D:5DFEFAFD  L269 LANG
9195  D:5DFEFDFDFA  M388 MARTINO
9196  D:5DFEFDFDFA  P439 PERGOLESI
9197  D:5DFEFDFDFAFAGAF  ANON. S-Uu
9198  D:5DFEFGA  H413 HAYDN
9199  D:5DFGABCDE  A758 ARNOLD
9200  D:5DFGABCDFGABCDB2AG  M676 MIROGLIO
9201  D:5DFGAFDA  K640 KLEINKNECHT
9202  D:5DFGAFDFGAFDFGAF  C225 CANNABICH
9203  D:5D2F4A2F4D2FA  P968 PROTA
9204  D:5D2FEGFAGCA  B676 BOHDANOWICZ
9205  D:5D3F  M666 MINOJA
9206  D:5D4F4A4D4F4ABD  ANON. S-L
9207  D:5D5F  R247 RAUPACH
9208  D:5D5FAD3A  ANON. S-Skma
9209  D:5D5FAFADAFAD  P837 PORPORA
9210  D:5D5F3A3D3B  B755 BOYCE
9211  D:5D5FDCED  M829 MORANDI
9212  D:5DGFEDCDEFE  S395 SCHUSTER
9213  D:5DG2F//8D  S749 SPERGER
9214  D:5DG2FB3AGFEF4D  D617 DITTERSDORF
9215  D:5D3G  J910 JUCKHEN
9216  D:6D  T645 TOESCHI
9217  D:6D//DGFBAC  B664 BOCCHERINI
9218  D:6DA  S355 SCHMITT
9219  D:6DABCNB2A  H413 HAYDN
9220  D:6DAB3CN2B  A579 ANFOSSI
9221  D:6DABCDABCDABCDEDE  H761 HOLZBOGEN
9222  D:6DABCDCDE5F  ANON. S-L
9223  D:6DABC4DEABCDE  B144 BAGEETTI
9224  D:6DADFAFGE  G942 GUGEL
9225  D:6DADFDADFDE  S291 SCHACHT
9226  D:6DADFEGAC  L239 LAMPUGNANI
9227  D:6DAFEAGFDFA  B858 BRIOSCHI
9228  D:6D2A  R936 RUMLING
9229  D:6D2A2F3D  P761 POKORNY
9230  D:6D4A8D4G4F4E  S411 SCHWARZENDORF
9231  D:6D5A  G943 GUGLIELMI
9232  D:6D6A  K958 KUEFFNER
```

9233 D:6DBA5DG   O650 ORDONEZ
9234 D:6D2BA//DFAF   W939 WRANITZKY
9235 D:6D6B6A6G   Z425 ZECHNER
9236 D:6DCB   ANON. D/BRD-DO
9237 D:6DCBA   S421 SCOLARI
9238 D:6DCBADCBA   G537 GIULINI
9239 D:6DCBA4DBAG   Z780 ZINGARELLI
9240 D:6DCBAFGBEA2DCBAFG   ANON. I-Pca
9241 D:6DCBAFGE   C936 CRISPI
9242 D:6DCBAGFE2D   R247 RAUPACH
9243 D:6DCBAGFE3DCBAGF   ANON. S-Skma
9244 D:6DC2D   E720 ERRICHELLI
9245 D:6DCEDCDCBCNBA#BC#   ANON. CS-Bm/RAJ
9246 D:6D3C   M939 MOZART
9247 D:6D6CD   A579 ANFOSSI
9248 D:6DECE//D:2DE3DF2EF3E   P727 PLEYEL
9249 D:6DEDCDADFD   E720 ERRICHELLI
9250 D:6DEF   ANON. CS-Pnm/Frydlant
9251 D:6DEFD6A   A579 ANFOSSI
9252 D:6DEFEDEFED   D617 DITTERSDORF
9253 D:6DEFGABC   F248 FASCH
9254 D:6DEFGABC   F596 FLEISCHMANN
9255 D:6DEFGABCDAFD   R845 ROTH
9256 D:6DEFGABC2D//2AG3FE2DFEDFED   W939 WRANITZKY
9257 D:6DEFGABC2D//2AG3FED   G998 GYROWETZ
9258 D:6DEFGA5DEFG   G779 GRAUPNER
9259 D:6DEFGAGFEDEFGAGFED   W131 WAGENSEIL
9260 D:6DEFGDAD   G778 GRAUN
9261 D:6DEFGFED   D199 DANZI
9262 D:6DE2F   G183 GALUPPI
9263 D:6DFA   S787 STAMITZ
9264 D:6DFADADFA   F654 FOERSTER
9265 D:6DFA2DCBAD   B414 BEECKE
9266 D:6DFA2DFA   G943 GUGLIELMI
9267 D:6DFA2DFA2DEFGAG   B858 BRIOSCHI
9268 D:6DFDAFD//DF3DEFGABCDCDCADFE   K930 KROMMER
9269 D:6DFDFADAF6D   E560 ENDLER
9270 D:6DFD2G2EF   G943 GUGLIELMI
9271 D:6DFEDACBA   F654 FOERSTER
9272 D:6DFEDCBACE   S395 SCHUSTER
9273 D:6DFEDEF//DADADADFDEA   W786 WINTER
9274 D:6DFEDFED   A370 ALESSANDRI
9275 D:6DFEFACDA   G778 GRAUN
9276 D:6DFGE5F   V254 VANHAL
9277 D:6D3F   A341 ALBRECHTSBERGER
9278 D:6D3FGEC   ANON. CS-Bm
9279 D:6D3FGECD   D617 DITTERSDORF
9280 D:6D4F   P761 POKORNY
9281 D:6D4F4A4F   ANON. D/BRD-DO
9282 D:6D4F2D4ADA   F271 FAUNER
9283 D:6D5F4A   Z780 ZINGARELLI
9284 D:6DGFBADCE   F118 FABREGA

9285 D:6D4G W420 WEIGL
9286 D:7D K930 KROMMER
9287 D:7D B114 BACH
9288 D:7D G998 GYROWETZ
9289 D:7DABC4D4E4F4G S785 STAMITZ
9290 D:7DAD2FEDEC S785 STAMITZ
9291 D:7DAF3AF4D P379 PEKAREK
9292 D:7DAFD N486 NEUKOMM
9293 D:7DAF3DEAG3E3F B116 BACH
9294 D:7DAGFED T928 TUMA
9295 D:7D2A2D2F P592 PICHL
9296 D:7D6AF2AFA ANON. I-Gi
9297 D:7DCB K662 KLOEFFLER
9298 D:7DCBAGFED8G B858 BRIOSCHI
9299 D:7DCBA2GFED2A E560 ENDLER
9300 D:7DCBA# V227 VANDENBROEK
9301 D:7DCBC7DCBC P626 PIETROWSKI
9302 D:7DC2BAG//DEFGAG H559 HEROLD
9303 D:7DCDADAFA Z730 ZIMMERMANN
9304 D:7DCDCDCDCDCBA B393 BECK
9305 D:7DCDED B414 BEECKE
9306 D:7DCDEDAF S189 SAMMARTINI
9307 D:7DCDEDAFEFGF P761 POKORNY
9308 D:7DCDGFBA Z780 ZINGARELLI
9309 D:7DC4DCD4A S297 SCHALE
9310 D:7DCFEDCFED S419 SCIROLI
9311 D:7DCGAF M278 MANGO
9312 D:7DCG2A2E2G//6DEFGABCD F596 FLEISCHMANN
9313 D:7DEDE2FG2AB2ABCD G251 GASSMANN
9314 D:7DEDE2FG2AB2ABCD S286 SCARLATTI
9315 D:7DEFABC B116 BACH
9316 D:7DEFGABCD J750 JOMMELLI
9317 D:7DEFG7ABC4D G874 GROENEMANN
9318 D:7D2E2F2G# R383 RELUZZI
9319 D:7DFAD P761 POKORNY
9320 D:7DFADFA3DCB2AGF W550 WEYSE
9321 D:7DFAFDAFD W939 WRANITZKY
9322 D:7DFDADFADAFD F154 FAGHETTI
9323 D:7DFE2DFE A370 ALESSANDRI
9324 D:7D2F M488 MEDER
9325 D:7D3F9A P589 PICCINNI
9326 D:7D4F4A4F ANON. D/BRD-DO
9327 D:7D4F2G#ECG#2A G567 GLUCK
9328 D:7D7FA D199 DANZI
9329 D:7D2GFD G251 GASSMANN
9330 D:7D4G S838 STERKEL
9331 D:8D S749 SPERGER
9332 D:8D M365 MARSH
9333 D:8D//8B4D4B4A4F4D4F G678 GOSSEC
9334 D:8D D617 DITTERSDORF
9335 D:8D A888 AUBERLIN
9336 D:8D//ABC5DA M379 MARTIN

9337 D:8D W786 WINTER
9338 D:8D5A W131 WAGENSEIL
9339 D:8D8A4D K630 KLAUSEK
9340 D:8D13AF4D J750 JOMMELLI
9341 D:8DB2DB//D:DFEDFEDCEA H413 HAYDN
9342 D:8DCDCDCDCDCBA B393 BECK
9343 D:8DCDEDCDED S419 SCIROLI
9344 D:8DCDE6G W464 WELTZ
9345 D:8DCD4EFGFGE S249 SARTI
9346 D:8D2C4B2A G826 GRENSER
9347 D:8D8C V546 VEROCAI
9348 D:8DE3DED8FG3FGF8D O124 OBERMEIER
9349 D:8DEFDGFEDCDEABCD G219 GARDI
9350 D:8DEFGACB2ACEDA B318 BASILI
9351 D:8DEGFE A889 AUBERT
9352 D:8D3E2G2FE4D P761 POKORNY
9353 D:8D4E S316 SCHEIBE
9354 D:8D4E W786 WINTER
9355 D:8D4E R817 ROSETTI
9356 D:8D4E4D4F4D4G4D H472 HEINSIUS
9357 D:8D4E4F4G4A4B4C8D S355 SCHMITT
9358 D:8D4E4F4G4A4B4C8D A141 ABEL
9359 D:8D8E//DABCDEFCD C225 CANNABICH
9360 D:8D9EFGAGFABC R565 RIGEL
9361 D:8D12E4DG P739 POCHARM
9362 D:8DFAD G537 GIULINI
9363 D:8D2F2D2A2DB7D M386 MARTINI
9364 D:8D4F4A G778 GRAUN
9365 D:8D4F4A4G8E4C W834 WITZTHUMB
9366 D:8D8F2AD4C Z260 ZANETTI
9367 D:8D8F8ADCDEFEFGA2D B861 BRIVIO
9368 D:8D8F8A8D8F8A9DCBAGFED ANON. CS-Pnm
9369 D:8D8F8E8GFA J750 JOMMELLI
9370 D:8D2GFD G251 GASSMANN
9371 D:8D4G S838 STERKEL
9372 D:9D G567 GLUCK
9373 D:9D B414 BEECKE
9374 D:9D B114 BACH
9375 D:9D S348 SCHMIDT
9376 D:9D C936 CRISPI
9377 D:9D Z310 ZANI
9378 D:9D M385 MARTINELLI
9379 D:9D D617 DITTERSDORF
9380 D:9DADADADA9FDFDFDFD P437 PEREZ
9381 D:9DAF G678 GOSSEC
9382 D:9D2A3FD2AF2DA//8D D617 DITTERSDORF
9383 D:9DCBABGF S189 SAMMARTINI
9384 D:9D9C V546 VEROCAI
9385 D:9DEFGFED R748 ROLLA
9386 D:9D6E S361 SCHNEIDER
9387 D:9D8E T195 TARTINI
9388 D:9D9E D311 DEECKE

9389 D:9DF3D3F3A3D D492 DEVIENNE
9390 D:9DF4DFAF3DF R563 RIGEL
9391 D:9DFE S785 STAMITZ
9392 D:9DFEDCB S791 STANZEN
9393 D:9DFEDFE T765 TRAETTA
9394 D:9DFGG#A//DFAC2DG#2AE#F R348 REICHA
9395 D:9D5F S594 SIMON
9396 D:9DGEFDEC8D ANON. CS-Pnm/Doksy
9397 D:10D ANON. S-Skma
9398 D:10D Z310 ZANI
9399 D:10D B414 BEECKE
9400 D:10DAF G678 GOSSEC
9401 D:10DB3DB11DB3DB3D2E2F ANON. S-L
9402 D:10DCBAGFED C247 CAPPONI
9403 D:10DC3DC11DC3DC3D2E2F ANON. S-Uub
9404 D:10DEDCDECEDCDECDEFG# B116 BACH
9405 D:10D7E ANON. GB-Lbl
9406 D:10D10E D311 DEECKE
9407 D:10DF H354 HASSE
9408 D:10DFAGEBCD G943 GUGLIELMI
9409 D:10D2F2A2DC5A ANON. CS-Pnm/Doksy
9410 D:10D8F S320 SCHEINPFLUG
9411 D:10D11F2A S283 SCARAMOZZI
9412 D:11D C936 CRISPI
9413 D:11D A579 ANFOSSI
9414 D:11DADADAGFE6D S395 SCHUSTER
9415 D:11D2A3FD2AF2DA//9D D617 DITTERSDORF
9416 D:11DBDB W841 WOELFL
9417 D:11DCDABFG ANON. D/DDR-Bds/Thulemeier
9418 D:11DCDECDCDEC B116 BACH
9419 D:11DEDCDECEDCDECDEFG# B116 BACH
9420 D:11D11E T195 TARTINI
9421 D:12D M498 MEHUL
9422 D:12D P727 PLEYEL
9423 D:12D G183 GALUPPI
9424 D:12D S785 STAMITZ
9425 D:12D2A2F L239 LAMPUGNANI
9426 D:12D2A2F12E2C2G G159 GALIMBERTI
9427 D:12D2A2F12E2C2G4F ANON. CS-Pnm
9428 D:12D4A4D4F4A4F4D4A4D4F C226 CANOBBIO
9429 D:12D12A L545 LE MAIRE
9430 D:12D2C2A L239 LAMPUGNANI
9431 D:12D8E ANON. GB-Lbl
9432 D:12D12E//8D4E R817 ROSETTI
9433 D:12D12E T765 TRAETTA
9434 D:12D12E6F//8D4E W786 WINTER
9435 D:12DF11DA11D G779 GRAUPNER
9436 D:12D4F4A M816 MONZA
9437 D:12D4F12A4F4D4A4D4F2DEDEF A579 ANFOSSI
9438 D:12D4F12D4A4F4D4A4F B575 BIANCHI
9439 D:12D4F12D4A4F4D4A4F P523 PFEIFFER
9440 D:12D4FE7A G832 GRESSER

9441 D:13DAG2FEDAG S789 STAMITZ
9442 D:13DCDEF15D H409 HAYDN
9443 D:13DEFG S789 STAMITZ
9444 D:13DFDFDFDF S419 SCIROLI
9445 D:13DFD4F S383 SCHUBERT
9446 D:14D C182 CAMERLOHER
9447 D:14DCBAGF P495 PETRINI
9448 D:14DFGG#AB R666 ROBUSCHI
9449 D:15DC W550 WEYSE
9450 D:15D3EDEF L884 LOTTI
9451 D:16D M529 MELSHEDE
9452 D:16D M938 MOZART
9453 D:16D S785 STAMITZ
9454 D:16D S756 SPILLER
9455 D:16D J750 JOMMELLI
9456 D:16D ANON. S-Skma
9457 D:16D ANON. D/BRD-Mbs
9458 D:16D4A4D4A4D4ADAF K926 KREUSSER
9459 D:16D16A M729 MOLTER
9460 D:16DE4A W131 WAGENSEIL
9461 D:16DE27A4GF11D4F S789 STAMITZ
9462 D:16D4E4D4E4D4F P761 POKORNY
9463 D:16D4E4D4E4D4F4D4F4D4 C659 COCCHI
9464 D:16D8E16F4G4A4B4C16DE A991 AZAIS
9465 D:16DF3DA3FD3A G779 GRAUPNER
9466 D:16DF15D C182 CAMERLOHER
9467 D:16D16F16A3D2E2F ANON. CH-Mue
9468 D:16DG16FBC Z110 ZACH
9469 D:17DABCDABCDCBAGFED C573 CIMAROSA
9470 D:17DADFDFAFADF4E R928 RUGE
9471 D:17D4A C573 CIMAROSA
9472 D:17D7A S785 STAMITZ
9473 D:17D8CN8B8G8F S120 SACCHINI
9474 D:17DCBAGFBAGFE2DCBAGF A646 APPEL
9475 D:17DCBAGFED4E R578 RINALDO
9476 D:17DCDEFEFGAGFE L115 L'ABBE
9477 D:17DEFG12A2BC10DEFGA S789 STAMITZ
9478 D:17DFA W939 WRANITZKY
9479 D:17DFG V254 VANHAL
9480 D:18D M939 MOZART
9481 D:18D G779 GRAUPNER
9482 D:18D2A2F2A2D2A2F2A C573 CIMAROSA
9483 D:18DCBAGFED16E ANON. S-L
9484 D:18DEFGFEDED R578 RINALDO
9485 D:18DEFG2FEDED M315 BERNARDINI
9486 D:18D2F2A2D2F2D2A2F S328 SCHETKY
9487 D:19D H517 HENNIG
9488 D:19DEFGABCDCDE B524 BERNASCONI
9489 D:20D8A4F4D16A4F F770 FRAENZL
9490 D:20D2F2A G779 GRAUPNER
9491 D:20D4F4A4F16D F489 FILTZ
9492 D:20D4F4A4F20D S785 STAMITZ

```
9493  D:20D4F4A4F20D  ANON. I-Gi
9494  D:21D9CN8B8G8F  S120 SACCHINI
9495  D:24D  C182 CAMERLOHER
9496  D:24D  B858 BRIOSCHI
9497  D:25DADF  L239 LAMPUGNANI
9498  D:25DFEFAGF//7DAFD  N486 NEUKOMM
9499  D:30D  R817 ROSETTI
9500  D:30D  B858 BRIOSCHI
9501  D:32D  S255 SATZENHOFFEN
9502  D:32D  R535 RICHTER
9503  D:32D  S785 STAMITZ
9504  D:32D16A  G779 GRAUPNER
9505  D:32D16A  ANON. PL-R
9506  D:32D32F32D32F  L939 LUCHESI
9507  D:40D8A8F8D  M625 MICHL
9508  D:40D8C  M816 MONZA
9509  D:56D  S785 STAMITZ
9510  D:EAG2AG2AECACBEDCBAGABEC  A337 ALBINONI
9511  D:EDCDADFGFEFDFA  M816 MONZA
9512  D:EDCDAFGFEFD2AGFGAGFEFGF  F191 FALK
9513  D:EDCDEDEFDCDCDF2D  J750 JOMMELLI
9514  D:EDCDGFEFBAGA  V163 VALERI
9515  D:ED#AGB//DADFACEDCDFD  R568 RIGEL
9516  D:EF2E2BCDEDC  H354 HASSE
9517  D:EFGABFGED  G328 GENERALI
9518  D:EFGE  S377 SCHREINER
9519  D:EFGFG#  B414 BEECKE
9520  D:EGAGFGFEGAGFGF  M625 MICHL
9521  D:E2GFE3AG  B664 BOCCHERINI
9522  D:2EFGABFGED  G328 GENERALI
9523  D:3E3AF2GFAGBAGFEDEFG  W939 WRANITZKY
9524  D:FNGAB$AG2FNEDC  A748 ARNE
9525  D:FABABABABABABADEFGABCF  M938 MOZART
9526  D:FABAGFDEFGABAG  L368 LAUBE
9527  D:FAB2AD2AB2A  ANON. CH-Mue
9528  D:FABCDADFADEFGABCD  R447 REUTTER
9529  D:FABCDCBAGBEG  R558 RIEPEL
9530  D:FABCDCDCDCDEFABCDCDCDCDE  S342 SCHLOEGER
9531  D:FABCDEFGABAG2FABCD  P439 PERGOLESI
9532  D:FABCDEFGAGFEDCBAGFED  L239 LAMPUGNANI
9533  D:FABCDEFGFGAB  B755 BOYCE
9534  D:FABC2DCDE  F653 FOERSTER
9535  D:FABC2DEDCDEFG//3DCDADCD  H354 HASSE
9536  D:FABC3DEF  H354 HASSE
9537  D:FACDBGAFGE  M214 MAHAUT
9538  D:FACDBGAFGEFACD  ANON. DK-Kk
9539  D:FACDEFACDEFDFAFA  P529 PFEIFFER
9540  D:FACDFAB5G  M729 MOLTER
9541  D:FADABFGEAGFDGCFAFA  B116 BACH
9542  D:FADADCBADCBAA#2B  B693 BOLOGNA
9543  D:FADADEFEFD  H544 HERFFERT
9544  D:FADADFDAFEC  Z660 ZIEGLER
```

9545 D:FADAFADAFEDCD G943 GUGLIELMI
9546 D:FADAFD6A H133 HAEFFNER
9547 D:FAD2AD J750 JOMMELLI
9548 D:FAD2AFDBA M380 MARTIN
9549 D:FAD3AGFDEFGBCF L368 LAUBE
9550 D:FADCN//D-:48D K662 KLOEFFLER
9551 D:FADCDEGCBCDEF2GF D617 DITTERSDORF
9552 D:FADEDCDGFEDEFE A748 ARNE
9553 D:FADFABE W131 WAGENSEIL
9554 D:FADFADFAGA M476 MAZELLA
9555 D:FADFAGABCDE W131 WAGENSEIL
9556 D:FADFAGACEGF A839 ASPLMAYR
9557 D:FADFAGACEGF D617 DITTERSDORF
9558 D:FADFBG M419 MASSONNEAU
9559 D:FADFEDBAGF5EF D972 DUSSEK
9560 D:FADFEDCDGFEDEFE A748 ARNE
9561 D:FADFGABEFGADEF J750 JOMMELLI
9562 D:FADFGB M419 MASSONNEAU
9563 D:FADF2G2EFADF2G2E2F2D G167 GALLIA
9564 D:FAD9FADF P337 PAVESI
9565 D:FA2DC//GFGABAGFGDG S382 SCHUBAUR
9566 D:FA2DCBAG3B Z660 ZIEGLER
9567 D:FA2DCECADF3AGFEDC V254 VANHAL
9568 D:FA2DEFDGEADC R714 ROELLIG
9569 D:FA2DEFGFEFA2D D948 DURAN
9570 D:FA2DE2FGAE L475 LE DUC
9571 D:FA2DFA2DFA2D G779 GRAUPNER
9572 D:FA2DFAFDBDBGEG H413 HAYDN
9573 D:FA2D3F2G//4ABAG#ABG#3ABCDEFG4A R817 ROSETTI
9574 D:FA3DA3DAD T645 TOESCHI
9575 D:FA3DCE B825 BRAUN
9576 D:FA5D4A4F4D4A4F S291 SCHACHT
9577 D:FA6D S348 SCHMIDT
9578 D:FAEAFAEAFDCBAGFE K789 KOHAUT
9579 D:FAEDCDEGDCBCDEF2GF D617 DITTERSDORF
9580 D:FAEF B667 BODE
9581 D:FAEFAE H573 HERTEL
9582 D:FAEGABDF2ACEAG S944 SUESSMAYR
9583 D:FAEGFDCBAB A925 AUMON
9584 D:FAFABCDABCD S120 SACCHINI
9585 D:FAFABCDABCD ANON. H-Gc
9586 D:FAFAD2ADFA J750 JOMMELLI
9587 D:FAFAFAFAF T195 TARTINI
9588 D:FAFAFAFAFA H758 HOLZBAUER
9589 D:FAFAFAFAFAFAFA D248 DAVESNE
9590 D:FAFAFAFAFAFAFA S165 SALIERI
9591 D:FAFAFAFAFAFAFA P437 PEREZ
9592 D:FAFAFAFAFAFAFAFA C748 CONFORTO
9593 D:FAFAFAGABABCDAFAFAGABABC C933 CRISPI
9594 D:FAFAFAGFE F154 FAGHETTI
9595 D:FAFAFAGFEFG R928 RUGE
9596 D:FAFAF2AGE//DFEFGABCDCBAGF Z780 ZINGARELLI

9597 D : FAFAFDAFAFAFDAGBG G378 GERRASIO
9598 D : FAFAFD8AFD R568 RIGEL
9599 D : FAFAFDCDCD V465 VENTO
9600 D : FAFAFDEDFGAF R491 RICCI
9601 D : FAFAFDEDFGFABAF ANON. D/BRD-DO
9602 D : FAFA3F C933 CRISPI
9603 D : FAF2A2GF L134 LACHNITH
9604 D : FAFBEC5DEFAGFE M729 MOLTER
9605 D : FAFDABABC V254 VANHAL
9606 D : FAFDABABCDABAB2DCDE A839 ASPLMAYR
9607 D : FAFDABCFAFDABC2DC2D ANON. CH-SA
9608 D : FAFDABG P439 PERGOLESI
9609 D : FAFDABGFAFDABCN B335 BATTAR
9610 D : FAFDABGFAFDABCN M388 MARTINO
9611 D : FAFDADFEDEF H708 HOFMANN
9612 D : FAFDAFAFAFDAFA3F D617 DITTERSDORF
9613 D : FAFDAFAF2DFA G183 GALUPPI
9614 D : FAFDAFAF2DFA S189 SAMMARTINI
9615 D : FAFDAFAF2DFA ANON. D/BRD-DO
9616 D : FAFDAFAF2DFAGBG2DGB J750 JOMMELLI
9617 D : FAFDAFDAFAG H758 HOLZBAUER
9618 D : FAFDAFDFAF S785 STAMITZ
9619 D : FAFDAFDFAF R383 RELUZZI
9620 D : FAFDAFDFAFAFAF J750 JOMMELLI
9621 D : FAFDAFDFAFDAFD K876 KOZAK
9622 D : FAFDAFGBCB2AF S189 SAMMARTINI
9623 D : FAFDA2FDAFGBGDB2GDBG M729 MOLTER
9624 D : FAFDAGFEFAFD P837 PORPORA
9625 D : FAFDAGFEFAFDAGFE8F B524 BERNASCONI
9626 D : FAFDCDC2DCDC F532 FISCHIETTI
9627 D : FAFDC2DFEDE B547 BERTONI
9628 D : FAFDCEDFEGF2AGFGAGFE S412 SCHWEITZER
9629 D : FAFDEFE3D S348 SCHMIDT
9630 D : FAFDEFE3DGBB M866 MORO
9631 D : FAFDEFG2A H758 HOLZBAUER
9632 D : FAFDEFG2AB ANON. H-Gc
9633 D : FAFDEFG4AFD G678 GOSSEC
9634 D : FAFDEFGF L269 LANG
9635 D : FAFDFDADA R491 RICCI
9636 D : FAFDFDADAFAF2DFAGB Q500 QUESTORINO
9637 D : FAFDFEFAF2DAFD C221 CANNABICH
9638 D : FAFDFEFAF2DAFD C213 CANAVAS
9639 D : FAF2D2AFDADF A579 ANFOSSI
9640 D : FAF5DE3DB3AGF V880 VOGEL
9641 D : FAFEFAFEF4D M315 BERNARDINI
9642 D : FAFEFDADFAFEFDAD J750 JOMMELLI
9643 D : FAFGB T645 TOESCHI
9644 D : FAFGECFGA2DEFG2C K959 KUERZINGER
9645 D : FAFGEDCDFAFGEDC R952 RUSH
9646 D : FAFGEFAFGE2F2D2C2B2A2GE B211 BAMBINI
9647 D : FA2FAF2D G183 GALUPPI
9648 D : FA2FAF2D2F2A R578 RINALDO

9649 D:FA2FAFGBG G245 GARZIA
9650 D:FA2FAFGEAG Z110 ZACH
9651 D:FA2FA2FAFAFD S521 SEYFERT
9652 D:FA2FA2FAFGBEG P778 POLOGNA
9653 D:FA2FA3FA2FAG ANON. I-Rps
9654 D:FA2FBAGA3FG G943 GUGLIELMI
9655 D:FA2F2DAFD2A C791 CORBISIERI
9656 D:FA2F2D2BGECAC S816 STEFFAN
9657 D:FA2FGAGFE2D2A2F2D S316 SCHEIBE
9658 D:FA3FA2FDF E720 ERRICHELLI
9659 D:FAGAB2ABGEC S414 SCHWINDL
9660 D:FAGAD2FAGBABD2GB M729 MOLTER
9661 D:FAGAFAGAFAFDAFD H839 HOUPFELD
9662 D:FAGEC5DCB2AGF K210 KAUER
9663 D:FAGEFAGEFDECDAD M386 MARTINI
9664 D:FAGFAGF L972 LUSTRINI
9665 D:FAGFDAFDBAG B668 BODINUS
9666 D:FAGFDEFGABC H354 HASSE
9667 D:FAGFDEFGABC B524 BERNASCONI
9668 D:FAGFDEFGABC M388 MARTINO
9669 D:FAGFDFAFAGFDFABGEC F489 FILTZ
9670 D:FAGFEADCBAF3D C972 CUNATH
9671 D:FAGFEDAFDBAGF C936 CRISPI
9672 D:FAGFEDAFDEFGA R714 ROELLIG
9673 D:FAGFEDAGFE5D L619 LE ROY
9674 D:FAGFEDCBABCDAFD C182 CAMERLOHER
9675 D:FAGFEDCBABCDAF2D H152 HAINDL
9676 D:FAGFEDCBAGFED L368 LAUBE
9677 D:FAGFEDCDFGE2A W464 WELTZ
9678 D:FAGFEDEAGFE R383 RELUZZI
9679 D:FAGFEDFAA#BCDCB2AGF B285 BARTHELEMON
9680 D:FAGFEDFDABDEGF2ACFAGFE T213 TASSINO
9681 D:FAGFEDFDAB2DGF2AC L382 LAURENZO
9682 D:FAGFEDFGABA H758 HOLZBAUER
9683 D:FAGFE2DECA//3AB3AG3FE2D W786 WINTER
9684 D:FAGFE2DFA2FGFED B737 BORRONI
9685 D:FAGFEFABCDAGFE G776 GRAUN
9686 D:FAGFEFCDADABFGFEAD H758 HOLZBAUER
9687 D:FAGFEFDADFAGFEFDAD J750 JOMMELLI
9688 D:FAGFEFDFAFDFAFDF2EDCB F532 FISCHIETTI
9689 D:FAGFEFEFGAGF N311 NAUMANN
9690 D:FAGFE2FEDC2DCBAB H758 HOLZBAUER
9691 D:FAGFGADCB2AGFGF J750 JOMMELLI
9692 D:FAGFGED R748 ROLLA
9693 D:FAGFGFAGFGFAGFGFAD E550 ENDERLE
9694 D:FAG2FEDEAG#FEDCBAF R383 RELUZZI
9695 D:FAG2FEG#AFA M498 MEHUL
9696 D:FAG3FEFAG3FCD P761 POKORNY
9697 D:FAG3FEFAG3F2CFGABA E360 EISENMANN
9698 D:F2ABADFADFACD S163 SALES
9699 D:F2ABCNBA3B S521 SEYFERT
9700 D:F2ABF2G C936 CRISPI

9701   D : F2ADABABC2BABCB   D617 DITTERSDORF
9702   D : F2AD2AGAF   S521 SEYFERT
9703   D : F2A8D4E8F4EF2A   A839 ASPLMAYR
9704   D : F2AFA2F2G2A2B2C2D   ANON. I-Rps
9705   D : F2AF2AF2A2D2C2B2A   P589 PICCINNI
9706   D : F2AGF2AGFAB   R971 RUST
9707   D : F2AGF2AGFABC2DCBA   ANON. A-Wn
9708   D : F2AGFD   A925 AUMON
9709   D : F2AGFEDFAA#BCDCB2AGF   B285 BARTHELEMON
9710   D : F2AG2F2AGFAGF   ANON. CS-Pnm/Doksy
9711   D : F2AG2F2AGFAG2FE   G567 GLUCK
9712   D : F3ABF2G   C936 CRISPI
9713   D : F3AFAGEGF2A   T611 TISCHER
9714   D : F3AF3AF2AGFE   H413 HAYDN
9715   D : F3AGFGABAG   P948 PRIULI
9716   D : F4ADCBAG//2DFAFADFAF   G183 GALUPPI
9717   D : F4AGFGEDCE   C936 CRISPI
9718   D : F8A7G   H354 HASSE
9719   D : F17A   G435 GIARDINI
9720   D : F20A   P761 POKORNY
9721   D : F20AG20B16C   R571 RIGHINI
9722   D : F21A   A139 ABEL
9723   D : FBAC2DEFG   G736 GRAF
9724   D : FBAGFGFEDEAG#FEDCBAF   R383 RELUZZI
9725   D : FB2FDBD2CFE   H688 HOECKH
9726   D : FBGEAGFEDCDEA   H657 HIMMEL
9727   D : FCB2AFE2DAFBCDEFGAB   J750 JOMMELLI
9728   D : FCDC2DEF2G   H411 HAYDN
9729   D : FCDC2DEF2G   C392 CELESTINO
9730   D : FCDEFAGFDBEFCDEF   S163 SALES
9731   D : FC5D4A   F489 FILTZ
9732   D : FDABFGDEFE2DABFG   N224 NARDINI
9733   D : FDACA2DGE   M938 MOZART
9734   D : FDADBAG2FEFGA   L269 LANG
9735   D : FDADEFGAGFED   L269 LANG
9736   D : FDADGDGBEAEFGFED   M386 MARTINI
9737   D : FDAFDADFEAEGFEDGFE   S167 SALINETTI
9738   D : FDAFDAFA2G2FEFA2G2FE   P129 PAGANELLI
9739   D : FDAFDAFDADA2DCDEG   D918 DUNI
9740   D : FDAFDAGE   S316 SCHEIBE
9741   D : FDAFDB   O650 ORDONEZ
9742   D : FDAFD3BGEC   H708 HOFMANN
9743   D : FDAFD3BGE2C   M388 MARTINO
9744   D : FDAFDFEDEF   ANON. CH-Mue
9745   D : FDAFDFE2DEF   B329 BATES
9746   D : FD2A2FD2FD   B547 BERTONI
9747   D : FD2AGF2AGFE3FEDF   ANON. CS-Pnm/Frydlant
9748   D : FD5ABC   W744 WILMS
9749   D : FD7AF   F225 FARINELLI
9750   D : FDCBAGFEDBAGFEDCBA   S342 SCHLOEGER
9751   D : FDCBAGFEFDCBAGFE3F   G860 GRIMM
9752   D : FDCB2AGFE2DAFBCDEFGAB   J750 JOMMELLI

9753 D:FDCDADFAFDCDADFA2F2A P437 PEREZ
9754 D:FDCDAFDFA4D4F B515 BERLIN
9755 D:FDCD3A H409 HAYDN
9756 D:FDCDBDADGDBD D617 DITTERSDORF
9757 D:FDCDBDADGDBDADGD M998 MYSLIVECEK
9758 D:FDCDCDCDCDCD M943 MUELLER
9759 D:FDCDCDCDGED#E P337 PAVESI
9760 D:FDCDCDE3DCDCDB2AD H138 HAFENEDER
9761 D:FDCDEDADF2EDEF L368 LAUBE
9762 D:FDCDEDAFDAF S382 SCHUBAUR
9763 D:FDCDED6ABCDEFG P761 POKORNY
9764 D:FDCDED6ABCDEFG B718 BONNO
9765 D:FDCDEDCDEDCDED P322 PATTONI
9766 D:FDCDEDEFGAD2AGF L356 LATILLA
9767 D:FDCDEDFADFA F489 FILTZ
9768 D:FDCDEDFADFA ANON. PL-MO
9769 D:FDCDEDFADFAG G778 GRAUN
9770 D:FDCDEDFADFAG S785 STAMITZ
9771 D:FDCDE2DCDCDEFDCDED B189 BALLAVICINI
9772 D:FDCDE2DCDCDEFDFGFGA T645 TOESCHI
9773 D:FDCDE4DFCBCDC H571 HERSCHEL
9774 D:FDCDEFDAF S249 SARTI
9775 D:FDCDEFDGE G183 GALUPPI
9776 D:FDCDFDADBGFGBACE ANON. I-Gi
9777 D:FDCDFDFEFA U930 UTTINI
9778 D:FDC2DCDFAFDC2DCD P437 PEREZ
9779 D:FDCEACFDCEACDBGAFGEF M938 MOZART
9780 D:FDCFGEFDCFGEFD P978 PUGLIANI
9781 D:FDECDEFDEFGFEDCDED H700 HOFFMEISTER
9782 D:FDEC2DEFD V777 VINCI
9783 D:FDECFDECDA2F2GE M386 MARTINI
9784 D:FDEDCBADEF2G H411 HAYDN
9785 D:FDEDCDADFAFADFDEDCD ANON. S-Uu
9786 D:FDEDCDADFAFADFDEDCDAFA P437 PEREZ
9787 D:FDEDEF2DEDEF2DEDF H758 HOLZBAUER
9788 D:FDEDEFGABCDEFGABABC S286 SCARLATTI
9789 D:FDEDFADF2AGFE H708 HOFMANN
9790 D:FDEDFG2DEDGAD A659 ARAIJA
9791 D:FDEDG2FED#2EAEGEB2G P592 PICHL
9792 D:FDEFDBAG#2AGNFE W131 WAGENSEIL
9793 D:FDEFEDAGEDC2DEFE S291 SCHACHT
9794 D:FDEFEDEFEDEFE M124 MACCHI
9795 D:FDEFEDEFEDEFEF S181 SALURINI
9796 D:FDEFEDEFEDEFEFDEFE A584 ANGELO
9797 D:FDEFEDFADFDFA D972 DUSSEK
9798 D:FDEFED2F2G2AB L269 LANG
9799 D:FDEFED2F2G2A2B2C2D B863 BRIXI
9800 D:FDEFGABAGFGFE O650 ORDONEZ
9801 D:FDEFGABAGFGFE H758 HOLZBAUER
9802 D:FDEFGABCDEFGABCD H413 HAYDN
9803 D:FDEFGABC2D H877 HUBER
9804 D:FDEFGABC2DECFDEFGA ANON. A-GOe

9805 D : FDEFGAFGEFDFABGECD K840 KOERZL
9806 D : FDEFG2ACBAGADEFG M332 MARIA
9807 D : FDEFGFE C524 CHERZELLI
9808 D : FDEFGFE C531 CHIESA
9809 D : FDEFGFEDABCD L757 LINLEY
9810 D : FDEFGFEFDEFGFEFD L576 LEO
9811 D : FDE3FDADE3FDA S320 SCHEINPFLUG
9812 D : FDEGFBAFDEDCBA U530 UMSTATT
9813 D : FDFABEDCBADFA D357 DELLER
9814 D : FDFADAFD2A M262 MALZAT
9815 D : FDFADAFD3AEA G567 GLUCK
9816 D : FDFADAFDFADAFDFADACDCD P377 PEILE
9817 D : FDFAD2AGFDFADF W775 WINKLER
9818 D : FDFADFAD3FADFADF M729 MOLTER
9819 D : FDFADFA4G4E4F4G Z425 ZECHNER
9820 D : FDFADFA4G4E4F4GF L459 LECHNER
9821 D : FDFA5D T645 TOESCHI
9822 D : FDFAFDFACN A676 ARDINA
9823 D : FDFAFDFA2DCEGE ANON. CS-Pnm/Doksy
9824 D : FDFAFDFAFDFA P437 PEREZ
9825 D : FDFAGBAGFDFAGBAG G567 GLUCK
9826 D : FDFDFADFAFAFDA S318 SCHEICHER
9827 D : FDFDFADF2AB2GF B125 BACHSCHMIDT
9828 D : FDFDF4A4B4CFDFDF S357 SCHMITTBAUR
9829 D : FDFDFD R817 ROSETTI
9830 D : FDFDF7DFDFD B393 BECK
9831 D : FDFDFGFE H411 HAYDN
9832 D : FDFD2FDFD2FDFD G328 GENERALI
9833 D : FDFDGD M385 MARTINELLI
9834 D : FDFDGEAFBABGFG G729 GRAB
9835 D : FDFECAGF L619 LE ROY
9836 D : FDFECAGFDFEDCG H704 HOFMANN
9837 D : FDFEDCDADA2FAGFEF M729 MOLTER
9838 D : FDFEGEFDFEGEF4D M748 MONN
9839 D : FDFGADAF2DCBADCBADEFD V181 VALLE
9840 D : FD2FED S348 SCHMIDT
9841 D : FD6FD F218 FANTACCI
9842 D : FDGEA2FDGEAFB2GE S189 SAMMARTINI
9843 D : F2D2A2D2A2D2A P945 PRIALI
9844 D : F2DA#B2GG#AF//2DFAF2DFAFD K662 KLOEFFLER
9845 D : F2DC2BABCBCAGA M729 MOLTER
9846 D : F2DCDE2FEFGADCBCFD R491 RICCI
9847 D : F2DEDCBADEF2G H411 HAYDN
9848 D : F2DEFEDAG#2ABDCBA B555 BESCH
9849 D : F2DEFGABCDEFGA M943 MUELLER
9850 D : F2DFAFDAFDAFDCBA S189 SAMMARTINI
9851 D : F2DFDAFDAFDAFDA G778 GRAUN
9852 D : F2DF3DADFEAEGFDEFG M729 MOLTER
9853 D : F2D2F2D2F2D2F2DF2AGFEDBCD M244 MALDERE
9854 D : F2D2F2E2G2A2G2F2A H758 HOLZBAUER
9855 D : F3DADEFADEFADEFDEFGABC ANON. S-Skma
9856 D : F3DAD2F3EAEG H758 HOLZBAUER

9857   D:F3DAF3DAF3B2DFADAFD   ANON. CS-Pnm
9858   D:F3DC2BABCBCAGA   M729 MOLTER
9859   D:F3DCDCDC5D4C4D4A4D4F   R716 ROESER
9860   D:F3DFDCDEFG4E   S335 SCHIMPKE
9861   D:F3DF3DG3DG3D   P213 PAPAVOINE
9862   D:F3DF2EGF   H714 HOFSTETTER
9863   D:F3DF2EG5FA2GBA//2DFDAFDAF   V254 VANHAL
9864   D:F4D8E   H411 HAYDN
9865   D:F4DFAF   G291 GAZZANIGA
9866   D:F4DFA2FA   C932 CRISCIANI
9867   D:F4D4F4A   L239 LAMPUGNANI
9868   D:F4D4F4E4G4F4A2B2G2F2E   S163 SALES
9869   D:F5DABC   C221 CANNABICH
9870   D:F5DABCD   S414 SCHWINDL
9871   D:F5DFDGE   S357 SCHMITTBAUR
9872   D:F5D5F5A   L239 LAMPUGNANI
9873   D:F5DGBABAB   H758 HOLZBAUER
9874   D:F6D4A4B4C4D4A4B4C   T645 TOESCHI
9875   D:F6D4E3F   W522 WESLEY
9876   D:F6DFDGE   S357 SCHMITTBAUR
9877   D:F7DAGFEF5D   D617 DITTERSDORF
9878   D:F12D   F489 FILTZ
9879   D:F2D#ED#EDN//3AG   G779 GRAUPNER
9880   D:FECABCD   C626 CLEMENTI
9881   D:FECFGEBAGAFAGFGE   P746 POGLIANI
9882   D:FED   R971 RUST
9883   D:FEDADFAG//DABCD   W827 WITT
9884   D:FED3A2DCBAGFGA   G776 GRAUN
9885   D:FED3A2DC2BAGFGA   B456 BENDA
9886   D:FEDCAGFEDAF2BGE   J750 JOMMELLI
9887   D:FEDCBCB   C742 COMY
9888   D:FEDCDADFAFEDCDADFA2F2A   P437 PEREZ
9889   D:FEDCDBED#EGFGBA#   B461 BENDA
9890   D:FEDCDCBA2BAGFE   B790 BOYCE
9891   D:FEDCDEDCDFAFEDCDEDCD   P437 PEREZ
9892   D:FEDCDEDEDCDEFEDCDED   B189 BALLAVICINI
9893   D:FEDCDEDEFGAD2AGF   L356 LATILLA
9894   D:FEDCDEDFABCDEFGE   H443 HEBELT
9895   D:FEDCDEFDAF   S249 SARTI
9896   D:FEDCDFDADBGFGBACE   ANON. I-Gi
9897   D:FEDD#EF2GF   N478 NEUBAUER
9898   D:FEDEAGAFAGA   A337 ALBINONI
9899   D:FEDEFAGFGA   P437 PEREZ
9900   D:FEDEFDAFA   S536 SHAW
9901   D:FEDEF4DEFGA   N311 NAUMANN
9902   D:FEDEFGFGACBCD   P437 PEREZ
9903   D:FE2DEF2CD   Z660 ZIEGLER
9904   D:FE2D2GFG//DFDFDF2ED#EGE   K860 KOSPOTH
9905   D:FE3DCDCDFE3DCDCDBA3G   B737 BORRONI
9906   D:FE3DGF3E   C573 CIMAROSA
9907   D:FEFABCDAEA   G537 GIULINI
9908   D:FEFADCE   B667 BODE

```
9909  D:FEFAGFGE  Z780 ZINGARELLI
9910  D:FEF2AGFEF2AGFDEFGABCDA  S485 SERINI
9911  D:FEFDAGAFDCDAFEFDFA  E670 ERCOLANI
9912  D:FEFDCBAGFE2A//A:AECBACDE  T338 TESSARINI
9913  D:FEFDCD  L939 LUCHESI
9914  D:FEFDCDEDADF2EDEF  B228 BARBA
9915  D:FEF2DGEAF2D  M729 MOLTER
9916  D:FEFEDCDEDBDF  ANON. D/BRD-DO
9917  D:FEFEFEFE  H571 HERSCHEL
9918  D:FEFEFGABCDCBAGFE  K966 KUNTZEN
9919  D:FEFGABC6DE2FG2AB  ANON. S-Skma
9920  D:FEFGAGFE  L239 LAMPUGNANI
9921  D:FEFGAGFEF  G778 GRAUN
9922  D:FEFGAGFEFEFGAGFE  R156 RAININO
9923  D:FEFG2AA#BGE  F528 FISCHER
9924  D:FEFGEAD  G251 GASSMANN
9925  D:FEFGECADEFGA  C175 CAMBINI
9926  D:FEFGECDEFGAB  G279 GAVEAUX
9927  D:FEFGEDCDBCDEADC  M498 MEHUL
9928  D:FEFGFAGABA  B547 BERTONI
9929  D:FEGF2A  L269 LANG
9930  D:FEGF2A2GFEFE  B116 BACH
9931  D:FEGFDABEB//DCBA  G678 GOSSEC
9932  D:FEGFDABEBA//DCBAGFEFE  ANON. CS-Pnm
9933  D:F2EFGA//3DCDADCDFEDC  H573 HERTEL
9934  D:F2EFG3ABC  H354 HASSE
9935  D:F2E2GAG2F4ABADAGF  M625 MICHL
9936  D:FGABADCBABADCBA  C177 CAMBIONI
9937  D:FGABAGFEFGA  S286 SCARLATTI
9938  D:FGABAG#2A  S382 SCHUBAUER
9939  D:FGA2BAGFEFGA  S286 SCARLATTI
9940  D:FGADA  K180 KARAVSCHEK
9941  D:FGADAG#AB  F225 FARINELLI
9942  D:FGADCBAGFGA  B755 BOYCE
9943  D:FGA2DAG  G245 GARZIA
9944  D:FGAFAF2G2EGFEFGA  S383 SCHUBERT
9945  D:FGAFBAGEGEAG  ANON. I-TN
9946  D:FGAFDAGEFADCB2AGF  K750 KOBRICH
9947  D:FGAFDED2FABAG//GFGF2GFED  N478 NEUBAUER
9948  D:FGAFGABAFGABAGFEAFD  A329 ALBERGHI
9949  D:FGAFGAFGAGFEDE2D  T711 TORTI
9950  D:FGAFGAFG2ABFA2G  H700 HOFFMEISTER
9951  D:FGAFGEF2AGFE  A337 ALBINONI
9952  D:FGAGABGFE  G998 GYROWETZ
9953  D:FGAGFEDADA  T765 TRAETTA
9954  D:FGAGFEDED2CAGFEDC  S785 STAMITZ
9955  D:FGAGFGEDC  T765 TRAETTA
9956  D:FGAGFGEDCF  L269 LANG
9957  D:FGA2GFGAB2AGEFG2FE  B664 BOCCHERINI
9958  D:FG2AC2DFGABC2D  ANON. A-LA
9959  D:FG2AFDED2CEF  S787 STAMITZ
9960  D:FG3AD3AD3AGF4EAG  Z780 ZINGARELLI
```

```
9961   D:FG3ADC2BA      A337 ALBINONI
9962   D:FG3AGF      S785 STAMITZ
9963   D:FG3AGFB2ADCB2A2GF      N477 NEUBAUER
9964   D:FG4ADCBCBA      A337 ALBINONI
9965   D:FG9AGFED      S934 STUMPF
9966   D:FGB3D      W939 WRANITZKY
9967   D:FG2BAG#2AEF2AGFG      S291 SCHACHT
9968   D:FGE2AFDAF      W827 WITT
9969   D:FGECDED//FEDCD2GF      C567 CIBULKA
9970   D:FGECDFGECA2D2EDCBA      S249 SARTI
9971   D:FGEC4DCB2AGF      K210 KAUER
9972   D:FGEDEFG4ABA      H411 HAYDN
9973   D:FGEFA      G251 GASSMANN
9974   D:FGEFGABECD2A      H411 HAYDN
9975   D:FGEFGEDABGAF      S189 SAMMARTINI
9976   D:FGEGEGEGEGEFEFGABAGF      M480 MAZZONI
9977   D:FGEGFGEGFAFDFGEG      P839 PORTA
9978   D:FGFABCDFGABD      Z425 ZECHNER
9979   D:FGFABCDFGABDAEF4A      U530 UMSTATT
9980   D:FGFAF2DAFBAFE2GF      M678 MITSCHA
9981   D:FGF2BA2GFEDCDADFAFDA      F378 FERRARI
9982   D:FGFDAFGB      B114 BACH
9983   D:FGFDEFGAFGEFDEC      G183 GALUPPI
9984   D:FGFDFGAGF      H763 HOLZINGER
9985   D:FGFEACBAF3D      C972 CUNATH
9986   D:FGFEDAFDF      S485 SERINI
9987   D:FGFEDCBA#BDFBAGF2BF      G778 GRAUN
9988   D:FGFE2DCDE      H782 HOOK
9989   D:FGFE2DEDCEF      N447 NEUBAUER
9990   D:FGFEFDA      T765 TRAETTA
9991   D:FGFEF2DCBAGA      G826 GRENSER
9992   D:FGFEFG      M837 MOREIRA
9993   D:FGFEFGADAFGAGFGA      B737 BORRONI
9994   D:FGFEFGADFGFEFGA      J750 JOMMELLI
9995   D:FGFGADCBAGFGF      J750 JOMMELLI
9996   D:FGFG2AFDFGFG2AFD4F4G4A      G183 GALUPPI
9997   D:FGFGFGFGFGFGFAD      E550 ENDERLE
9998   D:FGFG2FGFGF      M938 MOZART
9999   D:FGF3G3F3A      R331 REEVE
10000  D:FG2FGF4AGABA      W131 WAGENSEIL
10001  D:FG2FGF2DCBAG      L619 LE ROY
10002  D:FG2FGF2DCBAG2FE      W131 WAGENSEIL
10003  D:F2GA      Z780 ZINGARELLI
10004  D:F2GA2FG2EF2AGFE      A337 ALBINONI
10005  D:F2GFEFDA      T765 TRAETTA
10006  D:F2GFGAF2DFGFGAFD      C175 CAMBINI
10007  D:2FAEGACDAGEF      P592 PICHL
10008  D:2FAFA2FAFAFDCDCDCDC2D      C659 COCCHI
10009  D:2FAFAGFEDA      N327 NAVOIGILLE
10010  D:2FAF2ACA      R535 RICHTER
10011  D:2FAF2EGE2FA2DF2EG2CE      B118 BACH
10012  D:2FA2FAFG      H700 HOFFMEISTER
```

10013   D:2FA2FAFGA2BADE2D   J750 JOMMELLI
10014   D:2FA2FA2FAFAF2AGFEDC   P437 PEREZ
10015   D:2FA2F2AGFGAG   H708 HOFMANN
10016   D:2FA2FDA2FD2F   L619 LE ROY
10017   D:2FA3FAF   P589 PICCINNI
10018   D:2FA3FAFEA2E   P761 POKORNY
10019   D:2FA3FA3FA2GBEF   ANON. I-Rps
10020   D:2FAGDAFD2AB   S485 SERINI
10021   D:2FAGEGFDFEDC   R583 RIOS
10022   D:2FAGEGFDFEGCE   S286 SCARLATTI
10023   D:2FAGEGFDFEGCEF   G778 GRAUN
10024   D:2FAGF2BE2GFCE   P221 PARADEISER
10025   D:2FAGFDAFDFAGFDAF   H573 HERTEL
10026   D:2FAGFGFAFAFDA   T765 TRAETTA
10027   D:2FAGF2G2E2ACDE   R817 ROSETTI
10028   D:2F2ADAG2F2ADAGFEFGAFEFGA   C528 CHIARINI
10029   D:2F3ABCDADAFDFD   P837 PORPORA
10030   D:2FBCDFA   G251 GASSMANN
10031   D:2F2CFDEFG   S232 SANTA
10032   D:2FD   N489 NEUMANN
10033   D:2FDAGFEDAGFE2D2A2F2D   S789 STAMITZ
10034   D:2FDBADBA   G943 GUGLIELMI
10035   D:2FDEFEDAFD   S816 STEFFAN
10036   D:2FDEFED2AFGAGF   M940 MOZE
10037   D:2FDEFGAGFE   L831 LOGROSCINO
10038   D:2FDFADFAFD   ANON. A-LA
10039   D:2FDFA2DFADAFDCAECA   M938 MOZART
10040   D:2FDFAFDFAFDAF2DAFD   B524 BERNASCONI
10041   D:2FD5FAFDAFD   L239 LAMPUGNANI
10042   D:2FDGEAFBGCA   W131 WAGENSEIL
10043   D:2F2D2AFBEFGFA   B755 BOYCE
10044   D:2F2D2B2A2EF   S316 SCHEIBE
10045   D:2F2DCBA2BGE   H877 HUBER
10046   D:2F2D2F2A2D2A2F2D2F2D   E560 ENDLER
10047   D:2F6D2C2F2D2A2F   B664 BOCCHERINI
10048   D:2FEDC2AGFEDAF2BGE   J750 JOMMELLI
10049   D:2FEDCDEFG   O120 OBERMEIER
10050   D:2FEDEF4DEFGABCDB   N311 NAUMANN
10051   D:2FEFABCD7AGAGAF3A   F489 FILTZ
10052   D:2FEF2DCDBDAGA   G328 GENERALI
10053   D:2FEFGADAF2GFGA   B737 BORRONI
10054   D:2FEFGA2FEFGA2BAGFE   J750 JOMMELLI
10055   D:2FEFGFDA3FEFGFDAF   B524 BERNASCONI
10056   D:2FEFG2FGABGEDEF2EFG   G183 GALUPPI
10057   D:2FEFG2FGA2FEFGF   K860 KOSPOTH
10058   D:2FEFG2FGA2FEFGF   P761 POKORNY
10059   D:2F2EABCDFDADFDA   P837 PORPORA
10060   D:2F2E2AD   B414 BEECKE
10061   D:2F2EDCBD//2ABGA2FGEF   G1943 GUGLIELMI
10062   D:2F2E2D3A   G567 GLUCK
10063   D:2FG   Z730 ZIMMERMANN
10064   D:2FGABAGFEF   D972 DUSSEK

10065 D:2FGAB3A2FGAB N454 NERUDA
10066 D:2FGABCDA H758 HOLZBAUER
10067 D:2FGAB2FGAB L239 LAMPUGNANI
10068 D:2FGAB2FGAB2FGABAGAG2F B524 BERNASCONI
10069 D:2FGABGFEF D972 DUSSEK
10070 D:2FGADE M939 MOZART
10071 D:2FGA2DCBA B696 BOMTEMPO
10072 D:2FGAF2ABCDADEDEF2D G943 GUGLIELMI
10073 D:2FGAFDA G545 GLANZ
10074 D:2FGAFDBECDFGAF2DAGF D617 DITTERSDORF
10075 D:2FGAFGAGFED F519 FIORILLO
10076 D:2FGA2FGAFCDBAGFE P761 POKORNY
10077 D:2FGA3FGAFD4A C659 COCCHI
10078 D:2FGAGFDFA2FGAGFDFA M938 MOZART
10079 D:2FGAGFECED3A S785 STAMITZ
10080 D:2FGAGFE2FGAGFE S357 SCHMITTBAUR
10081 D:2FGAG2FGAG2FEAG G251 GASSMANN
10082 D:2FG2AB2A L356 LATILLA
10083 D:2FG5A2BC2DABGE G251 GASSMANN
10084 D:2FGEDABG L269 LANG
10085 D:2FGEDABG2FGED ANON. D/BRD-Mbs
10086 D:2FG2E4D3GFGAGFE D245 DAVAUX
10087 D:2FGF2BE2GFCE P221 PARADEISER
10088 D:2FGFE2DBAGFEFG W131 WAGENSEIL
10089 D:2FGFEF//FGADAG#AB F225 FARINELLI
10090 D:2FGFGAG2FGFGA H571 HERSCHEL
10091 D:2FGFGFAFAFDA T765 TRAETTA
10092 D:2FG3FGABG J750 JOMMELLI
10093 D:2F2G2AGFEGFBAGF M489 MEDERITSCH
10094 D:2F2GFGA2BE B285 BARTHELEMON
10095 D:3FABCDABCD G183 GALUPPI
10096 D:3FABCDABCDABCDEFG3A R154 RAINA
10097 D:3FABCDAFDAFDA R440 RETZEL
10098 D:3FABCDCDEDABCD G550 GLASER
10099 D:3FABCDEFGABDCBA R535 RICHTER
10100 D:3FABCDFAFDFAD H758 HOLZBAUER
10101 D:3FABC2D2A2B2C2D2G2F2E B555 BESCH
10102 D:3FADADEFDFG P269 PARTL
10103 D:3FADAEDEFAGA W131 WAGENSEIL
10104 D:3FADAFDEAGE M939 MOZART
10105 D:3FAD3CEA E340 EICHNER
10106 D:3FADFDEAEGEF2A C292 CARLOS
10107 D:3FADFGE M244 MALDERE
10108 D:3FA2DFA2DFA3DCD S316 SCHEIBE
10109 D:3FA2DF2AD2FAD L368 LAUBE
10110 D:3FAFAFBGEGEAFDFD A139 ABEL
10111 D:3FAFAFDEFEDGBC B157 BAILLEUX
10112 D:3FAFAF4D4E4F T645 TOESCHI
10113 D:3FAFAFEDCDEDCDEFGAD J750 JOMMELLI
10114 D:3FAF2ACD H472 HEINSIUS
10115 D:3FAFDAFDFAFAFDA M729 MOLTER
10116 D:3FAFDAFD3GBGDBGDF K870 KOTZWARA

10117   D:3FAFDA2FDAF   G537 GIULINI
10118   D:3FAFDA2FDAF   C762 CONTI
10119   D:3FAFDA5FAFD2AECABDBG#   M386 MARTINI
10120   D:3FAFDCDAGADAEAFAEA   I930 IVANSCHIZ
10121   D:3FAFDEFAFDE   R864 ROUSSEAU
10122   D:3FAFDFAFDADAFED   G835 GRETSCH
10123   D:3FAFDFDADAFAF   D617 DITTERSDORF
10124   D:3FAFGECA   P668 PIRLINGER
10125   D:3FAGABGCADFGE   G183 GALUPPI
10126   D:3FAGFA2DCA   ANON. D/BRD-DO
10127   D:3FAGFA2DCAFEDA2B   S785 STAMITZ
10128   D:3FAGFA2DCBFEDF   S823 STEINMETZ
10129   D:3FAGFDAF   C387 CECERE
10130   D:3FAGFEDAGFE2D2A2F2D   S785 STAMITZ
10131   D:3FAGFEDAGFE3FAGFEDAGFED   C238 CAPPELLETTI
10132   D:3FAGFEDFGABCDC   P982 PULLI
10133   D:3FAGFE3DBAFE   ANON. A-VORAU
10134   D:3FAGFG2BA2DEGBAG//3BAD3BAD   H413 HAYDN
10135   D:3FAG2FE   K150 KAMILLI
10136   D:3FAG3F   ANON. D/BRD-DO
10137   D:3FAG4FAGFBGEAFDGECD   S348 SCHMID
10138   D:3F2AD2A2D   M938 MOZART
10139   D:3F2A2D2FE2A   S320 SCHEINPFLUG
10140   D:3F2A2F2D2F2A   P386 PELLEGRINI
10141   D:3FCBAGFED3EGFEDCBA   M729 MOLTER
10142   D:3FCDE3FCDEFAFAF   G430 GIAI
10143   D:3F2CDFEDCDFEFAGFEF   O760 ORSONI
10144   D:3FDCBAGFE   N454 NERUDA
10145   D:3FDCDADFA3F   ANON. D/BRD-DO
10146   D:3FDCDAGFE   G545 GLANZ
10147   D:3FDCDBDADGDC3DG#A   ANON. D/BRD-MT
10148   D:3FDCDCBAG#ABABAGF   M938 MOZART
10149   D:3FDCDEFDCDE2FEFGAFEFG   C334 CASALI
10150   D:3FDCDE4FEFG3A   B116 BACH
10151   D:3FDEDFDADFDEDFDAD   A368 ALEOTTI
10152   D:3FDEFD   C334 CASALI
10153   D:3FDEFEDADEFE3DEFE   B461 BENDA
10154   D:3FDEFEDFGABCDEFE   H715 HOFSTETTER
10155   D:3FDEFGABCDCDC   R467 REZEL
10156   D:3FDEFGABC2D2A2F2D   M729 MOLTER
10157   D:3FDEFGABC2DEA   B524 BERNASCONI
10158   D:3FDEFGABC2DEAF   L239 LAMPUGNANI
10159   D:3FDEFGABC4D   R440 RETZEL
10160   D:3FDEFGAGFE   ANON. S-L
10161   D:3FDEFG2ABC2D   S377 SCHREINER
10162   D:3FDEFG2AGFEF   H758 HOLZBAUER
10163   D:3FDEFG2AGFEFDEFGA   W131 WAGENSEIL
10164   D:3FDE2F2EDFG   S286 SCARLATTI
10165   D:3FDFADAFD4ADAFD2A   S789 STAMITZ
10166   D:3FDFADFADFADFAD   S338 SCHIOPPA
10167   D:3FDFDAFD3GD   S255 SATZENHOFFEN
10168   D:3FDFDFA2FAFADA   C659 COCCHI

```
10169   D:3FDF3D2FA2EG3E2GB2FA2F   L356 LATILLA
10170   D:3FDFGAGFE3FDFGAGFE   R534 RICHTER
10171   D:3F2DC2D   V254 VANHAL
10172   D:3F2DE2FGAG   L475 LE DUC
10173   D:3F2D2E2F2G2A2B2CD2F   G183 GALUPPI
10174   D:3F2D2E2F2G2A2B2CD2FG   M938 MOZART
10175   D:3F2D2F2A   R535 RICHTER
10176   D:3F3DFEDPAGFEDGFE   F493 FINCK
10177   D:3F4D   R167 RAMBACH
10178   D:3F7D4F4A4CN4B4G   M917 MOTA
10179   D:3F9D2F2AEDB7D   G159 GALIMBERTI
10180   D:3FE   R247 RAUPACH
10181   D:3FEDCDE3FGFEFG3A   B116 BACH
10182   D:3FEF//FGADAG#AB   F225 FARINELLI
10183   D:3FEFGAD3B2AG   I850 ISOUARD
10184   D:3FEF2GEAFD//F2GA   Z780 ZINGARELLI
10185   D:3F3EAFDCAD   V254 VANHAL
10186   D:3F3EDEFGEAGFGA   S789 STAMITZ
10187   D:3F3E4D8A4G   S785 STAMITZ
10188   D:3F8E   B393 BECK
10189   D:3FGA3FGA   R578 RINALDO
10190   D:3FGEDAGEA2GAFEB   D369 DEMACHI
10191   D:3FGEGFD2FEG2E   L475 LE DUC
10192   D:3FGFE3BCBCD   M685 MIZELLINI
10193   D:3FGFG   W245 WANCZURA
10194   D:3FGFGBA2DEGBAG//3BAD3BAD   H413 HAYDN
10195   D:3FGFGFE2B   N644 NICOLINI
10196   D:4F   S286 SCARLATTI
10197   D:4F   ANON. CH-Bu
10198   D:4FABCDBABGAF   M498 MEHUL
10199   D:4FAFAF   M754 MONSIGNY
10200   D:4FAFAF   ANON. D/DDR-SWl
10201   D:4FA5FAFGB2GBG   G183 GALUPPI
10202   D:4FAGFEFAGFEFAGFE2F2D2A2F2A2D   P322 PATTONI
10203   D:4FAGFGFE3D2C   H571 HERSCHEL
10204   D:4FAG2F2D   ANON. D/BRD-DO
10205   D:4F2A2F2D2A2D2A2FDAGABAGB   C258 CARAFFE
10206   D:4F2A2F2DF2A2F2D//ABC7DADF   B524 BERNASCONI
10207   D:4F2BC2DE   R758 ROMAN
10208   D:4F4B   R758 ROMAN
10209   D:4FDCDFD   H138 HAFENEDER
10210   D:4FDEFEDEFEDEFE   ANON. D/BRD-DO
10211   D:4FDEFGAFAFDAD   Z730 ZIMMERMANN
10212   D:4FDFADFADAF   W546 WEYGERT
10213   D:4F2D2F2A2D2CDG   S189 SAMMARTINI
10214   D:4F2D2F2A2F2A   B524 BERNASCONI
10215   D:4F4D4A4F   N454 NERUDA
10216   D:4F4D4A4F4D4F4A4D   H354 HASSE
10217   D:4F4DEC   C710 COLLETT
10218   D:4FED4ABC   F491 FINAZZI
10219   D:4FEDCBAGFEFDFA   ANON. S-Skma
10220   D:4FEDCDFEDC   ANON. A-LA
```

10221 D:4FEDCDFEDC S281 SCALABRINI
10222 D:4FEDCDFEDC ANON. A-LA
10223 D:4FEDCDFEDCD2E H354 HASSE
10224 D:4FED2CD4E ANON. A-Wn
10225 D:4FEFGAB2E B414 BEECKE
10226 D:4FEF2GEAFD Z780 ZINGARELLI
10227 D:4FE4FEFAFA B755 BOYCE
10228 D:4FGABCDADADCBAGFED M625 MICHL
10229 D:4FGA5DFGA C182 CAMERLOHER
10230 D:4FGAFDGEC C182 CAMERLOHER
10231 D:4FGAFDGEC4FGAFDGEC S348 SCHMIDT
10232 D:4FGAFGAFGABA R397 RENDEUX
10233 D:4FGAGFGAG2FGA3G M625 MICHL
10234 D:4FGAG4FGAGFAFAFA ANON. S-Skma
10235 D:4FG2ADABAFABAFABAF K295 KELLY
10236 D:4FGF//DEFGABCDADA Z780 ZINGARELLI
10237 D:4FGF2E2FEBGFEGFDCBA M625 MICHL
10238 D:4F4G V254 VANHAL
10239 D:4F4GADCD H877 HUBER
10240 D:4F4GF R817 ROSETTI
10241 D:4F4G4F2E2FGFE C659 COCCHI
10242 D:5F B524 BERNASCONI
10243 D:5F ANON. A-LA
10244 D:5FABABCD4F G678 GOSSEC
10245 D:5FABCDE N489 NEUMANN
10246 D:5FABCDEFGAGF S345 SCHMID
10247 D:5FADFE2A ANON. S-Skma
10248 D:5FAFAFAFAFABAFEG S783 STALDER
10249 D:5FAFDAFD L239 LAMPUGNANI
10250 D:5FAFDAFDFAFDAFD C534 CHIESA
10251 D:5FAGFEDCBAGFEDG M938 MOZART
10252 D:5FAGFGA A945 AVANZINI
10253 D:5F2A ANON. D/BRD-DO
10254 D:5F2AFEDC ANON. A-LA
10255 D:5F5A L269 LANG
10256 D:5FD2AGFD2AG ANON. D/BRD-FW
10257 D:5FDC4AGFGFE M938 MOZART
10258 D:5FDCDADFE S795 STARZER
10259 D:5FDEFDGEAF2DE D611 DISCHNER
10260 D:5FDFAFDF6A S348 SCHMIDT
10261 D:5FDFGAGAGFDFG P837 PORPORA
10262 D:5F2D2F2A2D2CDGBAGFE S189 SAMMARTINI
10263 D:5F2D2F2A8D2A2F2A2D8F ANON. D/BRD-Tu
10264 D:5F3D G159 GALIMBERTI
10265 D:5FGAF P761 POKORNY
10266 D:5FGAF A341 ALBRECHTSBERGER
10267 D:5FGFGA A945 AVANZINI
10268 D:5F3G R817 ROSETTI
10269 D:6FA ANON. D/BRD-Rtt
10270 D:6FAFDABC S785 STAMITZ
10271 D:6FAFDAFDB V118 VACHON
10272 D:6FAFEDCD W251 WANSKI

10273	D:6FAG3AGAFAG2A	C659 COCCHI
10274	D:6FAGFAFDFA	C353 CASTRUCCI
10275	D:6FDCBAGFEF	M729 MOLTER
10276	D:6F2D2A2FD	M938 MOZART
10277	D:6FEF3GFG	H409 HAYDN
10278	D:6FG2AEGFEB	P337 PAVESI
10279	D:6FGFGADEFEFGFGABGFDC	B125 BACHSCHMIDT
10280	D:6F2GA	ANON. A-LA
10281	D:7FA2F	P437 PEREZ
10282	D:7FCAF3D2C2B2A2G	B921 BUCHHOLZ
10283	D:7FDCD	C659 COCCHI
10284	D:7F3D	L239 LAMPUGNANI
10285	D:7F3DCDC2DCDC	C659 COCCHI
10286	D:7F6D	P838 PORSILE
10287	D:7FEFE2GFGF	M625 MICHL
10288	D:7FGAG	H758 HOLZBAUER
10289	D:8F	A333 ALBERTAZZI
10290	D:8F4A	A141 ABEL
10291	D:8F8E	E550 ENDERLE
10292	D:8F8G8F8G	ANON. F-Pn
10293	D:10FDEFD	J750 JOMMELLI
10294	D:10FDFEG	S189 SAMMARTINI
10295	D:12FEFEFAGAGA	D617 DITTERSDORF
10296	D:12FDCDEDCDE	B524 BERNASCONI
10297	D:12FGAFBFAFBF	P837 PORPORA
10298	D:32F16E	D337 DELANGE
10299	D:34FDCDABFGDE	B678 BOIELDIEU
10300	D.GABDADAEAEAEA	C376 CAVI
10301	D.GBABDGBDGBABD	P439 PERGOLESI
10302	D:GBDBGDGFE	S398 SCHWANENBERGER
10303	D:GBEDCB2AGF	S762 SPOHR
10304	D:GDCDEC	H517 HENNIG
10305	D:GDEFGDCBAGFAD	H331 HARTL
10306	D:GF3DCDCDADC	R817 ROSETTI
10307	D:GFEDCBAGBDGF	H469 HEINICHEN
10308	D:GFE2DBGF	F413 FESCA
10309	D:GFE6DGFEDFDF	M333 MARIA
10310	D:GFEFGEAD	G251 GASSMANN
10311	D:GFEFGFBAGABA	B547 BERTONI
10312	D:GFGABAGFGDG	S382 SCHUBAUR
10313	D:GFGEFGA	G498 GIORDANIELLI
10314	D:GFGF2GFED	N478 NEUBAUER
10315	D:GF2GABAGFGAD	P791 PONS
10316	D:G2FE2DC2BAB2G	H103 HAAN
10317	D:2GAGFED2BCBA	L269 LANG
10318	D:4GFEDCEDCBFEDC	ANON. S-L
10319	D:G#AFGAE2AEFDAFE2AC	F569 FLACKTON
10320	D:G#AG#AFG2AF//4DC2BAG#A	M754 MONSIGNY
10321	D:G#2ADFA3GF2GBG	S787 STAMITZ
10322	D-:ABABABAB	K966 KUNTZEN
10323	D-:ABABFGEGFE//DBC#DEFBA	Z780 ZINGARELLI

10324 D-:ABA2DC#AGFE2DEF   ANON. D/BRD-DO
10325 D-:AB$AGFED2C#2D   F951 FUCHS
10326 D-:ABAGFGEF   Z510 ZELBELL
10327 D-:AB2AFGAD   W786 WINTER
10328 D-:ABC#DEA   P837 PORPORA
10329 D-:ABC#DEBAGFED   B121 BACH
10330 D-:ABDC#DEABNC#DEFGFE   P837 PORPORA
10331 D-:ABNC#DAFDC#AGA//D:A2DCE2A2GFAD   R712 ROEHNER
10332 D-:ABNC#DAFED2AG//DA5DC#D   K966 KUNTZEN
10333 D-:ABNC#DAG2FEDC#   B755 BOYCE
10334 D-:ABNC#D3ABNC#3D   C523 CHERUBINI
10335 D-:ABNC#DBCDEGB//D:ACB3AEACBA   E970 EYBLER
10336 D-:ABNC#DCNB$AGF   W827 WITT
10337 D-:ABNC#D3FEBEDC#BN   C889 CRAMER
10338 D-:ABNC#2D2FA//8D   M365 MARSH
10339 D-:ABNC#4DC#2BG//D:2DCDEDCBA   R571 RIGHINI
10340 D-:ABNC#5D   H708 HOFMANN
10341 D-:ABNC#5D5F6DFD   W939 WRANITZKY
10342 D-:AC#2DFDAGFED   M419 MASSONNEAU
10343 D-:ADADCD2A   H652 HILLER
10344 D-:ADAFDAFDA   H700 HOFFMEISTER
10345 D-:ADBAC#DGFE   S189 SAMMARTINI
10346 D-:ADCBAGAFEFGAFG//FEDEAG   G779 GRAUPNER
10347 D-:ADEFD2B2A   V254 VANHAL
10348 D-:ADEFD2B2A   ANON. CS-Pnm/Doksy
10349 D-:ADE2FE2D2AF2DFE2D   A282 AGTHE
10350 D-:ADEGFEDC#4A   N477 NEUBAUER
10351 D-:ADEGFEDC#5A   W775 WINKLER
10352 D-:ADFADEDEF   Z780 ZINGARELLI
10353 D-:ADFAD2FEG//ABAGFGEF   Z510 ZELBELL
10354 D-:ADFAFDBAGFGEFEDB   R578 RINALDO
10355 D-:ADF2A2FGC#E2G//D:DFECACD   F951 FUCHS
10356 D-:ADFD   E310 EGGERT
10357 D-:ADFDAGFED   N945 NOVOTNI
10358 D-:ADFDAGFEDB3AB3A   V254 VANHAL
10359 D-:ADFD3ADFG#A   H700 HOFFMEISTER
10360 D-:ADFEDEC#   ANON. A-LA
10361 D-:A3D2C#DEFF#G//ADFD   E310 EGGERT
10362 D-:AFDADFA//F:CAFCA3FEFAFC   A523 AMON
10363 D-:AFDADFAFEFG   A523 AMON
10364 D-:AFDAFD   M938 MOZART
10365 D-:AFDC#DEF//D:ABAGFEF   Z780 ZINGARELLI
10366 D-:AF2DADFABAGFEDEDC#   K962 KUMER
10367 D-:AFEDC#AEC#A   H411 HAYDN
10368 D-:A3FE$DC#D   H354 HASSE
10369 D-:AGFEDADA   T588 TINDAL
10370 D-:AGFEDC#E   ANON. S-L
10371 D-:AG3FE2DA2DC#   H571 HERSCHEL
10372 D-:AG#EFAG#EF   M498 MEHUL
10373 D-:2ABD2C#DE2ABC#DE   P837 PORPORA
10374 D-:2ADFBAGFEDC#DE//D:FA3DCE   B825 BRAUN
10375 D-:2AE2DCB2AG#A   A579 ANFOSSI

10376 D-:2AFD3AD3GAFG V158 VALENTINI
10377 D-:2AGAFD2A3DEF K966 KUNTZEN
10378 D-:2AGF2BAGCFGAD B790 BOYCE
10379 D-:2AGFDABA//DEFGABNC#2DF W744 WILMS
10380 D-:2AGFE2D2C#//D:D7ADFGAFDGABA G834 GRETRY
10381 D-:2AG5F W234 WALTER
10382 D-:3A2DEDC#3AE D944 DUPUY
10383 D-:3AFDC#EFGBG R563 RIGEL
10384 D-:3AF6D W939 WRANITZKY
10385 D-:3AFEDC#AEC#A H411 HAYDN
10386 D-:3AGE2DE//DFDC#3ABA B414 BEECKE
10387 D-:10A M474 MAYR
10388 D-:BAG#ADGFEFAEDC#DF B318 BASILI
10389 D-:BAG#3DFDA R559 RIESS
10390 D-:2BND3CEDB2GF2E2CE3D C523 CHERUBINI
10391 D-:C#DCBAGFGF2BA K860 KOSPOTH
10392 D-:C#8D8F//D:ABCDFAFD2C B399 BEDARD
10393 D-:4C#EDC#GAGFED5C# P592 PICHL
10394 D-:D//D:2DCD2FE#F2A K958 KUEFFNER
10395 D-:DA//D:DADFABCD C322 CARTELLIERI
10396 D-:DABAG#5A S314 SCHECK
10397 D-:DABC#DFE2AG#A R350 REICHARDT
10398 D-:DABNC#D//DE3FEF W939 WRANITZKY
10399 D-:DABNC#DFADFA//D:DFADFAD B158 BAILLOT
10400 D-:DADADAD2FA2D N725 NISLE
10401 D-:DA3DF3ADFBDC# H413 HAYDN
10402 D-:DA5DC#D K966 KUNTZEN
10403 D-:DAFD//D:DFABAGFEDC M837 MOREIRA
10404 D-:DAFDA//D:D2AD T678 TORELLI
10405 D-:DAFDA//D:2DCBDCDEDEF B118 BACH
10406 D-:DAFDAFBGFE P149 PAISIELLO
10407 D-:DAFDAFDFE2AFDED H224 HAMMER
10408 D-:DAFD2AG2EF M244 MALDERE
10409 D-:DAFDEFEFGAGABAGFE N311 NAUMANN
10410 D-:DAFDFADC#AECNEACBN H758 HOLZBAUER
10411 D-:DAFDFED K966 KUNTZEN
10412 D-:DAFED N311 NAUMANN
10413 D-:DAFEDAC#DAFD A839 ASPLMAYR
10414 D-:DAFEDC#DEAD//4C#EDC#GAGFE P592 PICHL
10415 D-:DAFEDC#DFAD//DAF2EDC#DEF W786 WINTER
10416 D-:DAFED3GAGFE G251 GASSMANN
10417 D-:DAFE4D ANON. CS-Pnm/Frydlant
10418 D-:DAFEGC#D2A R571 RIGHINI
10419 D-:DAF2EDC#DEF W786 WINTER
10420 D-:DA2FDB2G//DFD5A T678 TORELLI
10421 D-:DAGF2A2C#DB$AFGE B279 BARSANTI
10422 D-:DAGFDEC#DAGFDEC#D5A ANON. A-GOe
10423 D-:DAGFEDF2EDC#BNAG R758 ROMAN
10424 D-:DAGFE4D ANON. CS-Pnm/Frydlant
10425 D-:DAGFE4DB W245 WANCZURA
10426 D-:D2AGFE2D K927 KREUTZER
10427 D-:D3A//DFDC#2A H633 HIEBESCH

10428 D-:D4ABNC#DEFD//DFDC#2A B414 BEECKE
10429 D-:D5AFGAGEFG H652 HILLER
10430 D-:DBAG#AGFEFDFED K966 KUNTZEN
10431 D-:DBC#DEFBA Z780 ZINGARELLI
10432 D-:DC//6D K922 KRESS
10433 D-:DCBAGFE2DC#DADC#DBA G948 GUILLEMAIN
10434 D-:DCDCDEFGFGFE R718 ROESSLER
10435 D-:DC#AEC#AEC#F//2DEFGAB$C M748 MONN
10436 D-:DC#DBAEDAGCBE B896 BRUNETTI
10437 D-:DC#DEDCDE H409 HAYDN
10438 D-:DC#DEF2A W841 WOELFL
10439 D-:DC#DEFDC#2BA R535 RICHTER
10440 D-:DC#DEFEDC//DC#DEF2A W841 WOELFL
10441 D-:DC#2DC#2DE2F N486 NEUKOMM
10442 D-:DC#5DC#4DE//D:D3ADCBAG#AGN M678 MITSCHA
10443 D-:DC#FC#DABNCDEFGABA W245 WANCZURA
10444 D-:D2C#DA2BA M498 MEHUL
10445 D-:DE$C#DBAGG$F//D:DAFDA C626 CLEMENTI
10446 D-:DEC#GG#AF#GN//D:ABCDEFGAFD H411 HAYDN
10447 D-:DEFAGF//D:5DEDCDEDCB Z780 ZINGARELLI
10448 D-:DEFD2AB$CD K440 KEYSER
10449 D-:DEFDBFDBACEG A560 ANDREOZZI
10450 D-:DEFDEFGABC#D H571 HERSCHEL
10451 D-:DEFDEF#2GB M334 MARIA
10452 D-:DEFEDEDCDC3B S357 SCHMITTBAUR
10453 D-:DEFEDEF# M435 MATTEI
10454 D-:DEFGABBNC# H411 HAYDN
10455 D-:DEFGABC#2A E162 EBERL
10456 D-:DEFGABC#DA//D:4DFADFAD B664 BOCCHERINI
10457 D-:DEFGABC#DADFAFADFD L234 LAMONINARY
10458 D-:DEFGABG#AE R568 RIGEL
10459 D-:DEFGABNC#DAB$G#A B461 BENDA
10460 D-:DEFGABNC#2DF W744 WILMS
10461 D-:DEFGADBDC#2DF C938 CROES
10462 D-:DEFGADC#AGFED ANON. S-Skma
10463 D-:DEFGA2DC#AG B858 BRIOSCHI
10464 D-:DEFGA2DC#AGFED B821 BRANT
10465 D-:DEFGA2DC#AGFED ANON. S-Skma
10466 D-:DEFGAEFGAB H413 HAYDN
10467 D-:DEFGEG#AF#ABGF H411 HAYDN
10468 D-:DEF2GABAGFEDC# T152 TALON
10469 D-:DEF2GABC#DABG#A//F:FGABCACF B461 BENDA
10470 D-:DEF2GA2BAG2F2EDC# T152 TALON
10471 D-:DE2FEFGFGAGABABCBAGF T338 TESSARINI
10472 D-:DE3FEF W939 WRANITZKY
10473 D-:DEGB//D:AB3AEABA E970 EYBLER
10474 D-:D2E2DC#AGFBABGEC B285 BARTHELEMON
10475 D-:DFABACE$//24F4A4D4F A371 ALESSANDRO
10476 D-:DFABC#B S355 SCHMITT
10477 D-:DFABC#B4C# B116 BACH
10478 D-:DFADFACGBDGBDG S785 STAMITZ
10479 D-:DFADFADC#3DC#DCBAGFED5C# F438 FIALA

10480	D-:DFADFAGFED5C#	H877 HUBER
10481	D-:DFADFE2D2C#AC#E	R145 RAGUE
10482	D-:DFAGC#EG//D:ADFADF	C486 CHARTRAIN
10483	D-:DFAG#AE	S985 SYLVA
10484	D-:DF2ABAGF2DBA2G#A	F919 FRITSCHEK
10485	D-:DF2AGC#EG//D:ADFADF	C486 CHARTRAIN
10486	D-:DFBAG#A//D:7DCDGFBA	Z780 ZINGARELLI
10487	D-:DFB2ADC#EG#2AE	M498 MEHUL
10488	D-:DFBGEAGFEDC	V884 VOGLER
10489	D-:DF2B2ADG	B790 BOYCE
10490	D-:DFC#DAEFDAB//D:ADCBA#BFG3A	ANON. I-Mc
10491	D-:DFC#EA//F2DED	R559 RIESS
10492	D-:DFDAFDAFDAC#AEC#	S295 SCHAFFRATH
10493	D-:DFDAFDBGEC#A	P727 PLEYEL
10494	D-:DFD5A	T678 TORELLI
10495	D-:DFDC#2A	H633 HIEBESCH
10496	D-:DFDC#3ABA	B414 BEECKE
10497	D-:DFDC#E3AGFEF4D	R568 RIGEL
10498	D-:DFDFAFAFDADF//D:5A	M498 MEHUL
10499	D-:DF3DBD2B	H409 HAYDN
10500	D-:DF3DBD3B	W418 WEIGERT
10501	D-:DFE2A2GFE2DC#D//D:E2GFE3AG	B664 BOCCHERINI
10502	D-:DFEDA2DC#FEA	R447 REUTTER
10503	D-:DFED3AGFEFADEGC#D	S364 SCHOEDL
10504	D-:DFEDC#D	M678 MITSCHA
10505	D-:DFEDC#E2GABC#EG2BAG	B393 BECK
10506	D-:DFED2C#DAGF	G251 GASSMANN
10507	D-:DFEDE3ADGAFE	B755 BOYCE
10508	D-:DFEDEC#DF	B170 BALADO
10509	D-:DFE2DAGFED//D:DFE5AGFEDE	M435 MATTEI
10510	D-:DFE3DFEDC#D	G678 GOSSEC
10511	D-:DFEFBDC#EDEAG#	K913 KRAUS
10512	D-:DFEFGFEDC#D	V884 VOGLER
10513	D-:DFG#AFBAGFEDC#2D	G926 GUENIN
10514	D-:D2FAC#2EGFA	D382 DEMLER
10515	D-:D2F3A2D2F2A	G567 GLUCK
10516	D-:D2FE2DC#E	K958 KUEFFNER
10517	D-:D3FEFAFE3DC#DFDCNB	ANON. CS-BRsav
10518	D-:DGF#AGB//D:FAF2A2GF	L134 LACHNITH
10519	D-:2DABCDEFED//D:AFD2AFD	P837 PORPORA
10520	D-:2DAFAEA//D:2DE2FGAD	D136 DALAYRAC
10521	D-:2DAFDAF9D	D617 DITTERSDORF
10522	D-:2DAFDGBDBA2DAFDGBD	S682 SOHIER
10523	D-:2DAF2DC#A//D:6D6A	K958 KUEFFNER
10524	D-:2DA2FD2AF2BGFE	P149 PAISIELLO
10525	D-:2DA2FD2BGEDC#EA	O710 ORLANDI
10526	D-:2D2A//D:FDFD2FDFDF	G328 GENERALI
10527	D-:2D2A2BGABNC#DEF	G778 GRAUN
10528	D-:2D2A3DC#BAG	W786 WINTER
10529	D-:2D2A2FD2EGB//DFEDEC#DF	B170 BALADO
10530	D-:2D4AGF4GFEFD	B664 BOCCHERINI
10531	D-:2DC2AGFEFE	S652 SMITH

```
10532  D-:2DC#AEC#AEC#2F//2DEFGAB$C    M748 MONN
10533  D-:2DC#CNBNB$A3G    R762 ROMBERG
10534  D-:2D2C#C2F#G    D199 DANZI
10535  D-:2DEC#//D:ABCDEFGAFDBGE    H411 HAYDN
10536  D-:2DEDC#E2GAGEF    L134 LACHNITH
10537  D-:2DEFE2AGF2DC#    S295 SCHAFFRATH
10538  D-:2DEFGAB$C    M748 MONN
10539  D-:2DEFGABC#DABG#A//F:FGABCACF    B461 BENDA
10540  D-:2DEFGADBA//AGFEDC#E    ANON. S-L
10541  D-:2DEF2G    V254 VANHAL
10542  D-:2DE2FGADC#//ABNC#DCNB$A    W827 WITT
10543  D-:2DE2FGAGF    B544 BERTIN
10544  D-:2DEGFED2ABNC#DFDEGEFGAC#    ANON. BSB
10545  D-:2DFADC2BDFBAGBAC#D    R350 REICHARDT
10546  D-:2DFADFA//D:DFADFAD    B158 BAILLOT
10547  D-:2DFAFGA$3GBD//D:7D7FA    D199 DANZI
10548  D-:2DFC#D//D:2DCDEFGCD    B553 BERWALD
10549  D-:2DFC#EACN//DEFEDEF#    M435 MATTEI
10550  D-:2DFDC#EGE2DFD    W786 WINTER
10551  D-:2DFDC#EGE2DFDGEAG#2AD    D617 DITTERSDORF
10552  D-:2DFDFDF    E340 EICHNER
10553  D-:2DFDFDF    G567 GLUCK
10554  D-:2DF5DADFAFDFAFDAFDFAD    H758 HOLZBAUER
10555  D-:2DFEAGF    P439 PERGOLESI
10556  D-:2DFEDC#E3GABC#EG2BAG    B393 BECK
10557  D-:6DBAG#//D:4D2D2C2ED    R718 ROESSLER
10558  D-:2D2FA    R129 RADICCHI
10559  D-:2D2F2D2F//D:CDE#FG#ACD    P713 PLANTADE
10560  D-:2DGDACBCBCBCDEDC    L576L576EO LEO
10561  D-:3DABGEAFED    F345 FERANDINI
10562  D-:3DABGEAFE4D    W418 WEIGERT
10563  D-:3DA3DA//D:FGE2DEFG4ABA    H411 HAYDN
10564  D-:3DAFDGBDBA3DAFDGBD    S682 SOHIER
10565  D-:3DAGFEFEDC#D3E    W939 WRANITZKY
10566  D-:3D3B2GE    E340 EICHNER
10567  D-:3DBNDC#BNABNC#BNC#D    Z510 ZELBELL
10568  D-:3DC#A2C#BNC#DADEA    C221 CANNABICH
10569  D-:3DC#2A3GF2D    C938 CROES
10570  D-:3DC#DEDC#DA    N376 NEEFE
10571  D-:3DC#E3GEF    L134 LACHNITH
10572  D-:3D2C#BNC#BN    S689 SOLNITZ
10573  D-:3DEFGAB//ADFADEDEF    Z780 ZINGARELLI
10574  D-:3DEFGABAG#3ABNC#DE    G926 GUENIN
10575  D-:3D4EF    L885 LOTTIN
10576  D-:3DFDFDF    E340 EICHNER
10577  D-:3DFDFDF    G567 GLUCK
10578  D-:3D2F3E2G//DADADAD2FA2D    N725 NISLE
10579  D-:4D//DEFEDEDCDC3B    S357 SCHMITTBAUR
10580  D-:4DABNC#DC#DEFGFE    R535 RICHTER
10581  D-:4D3AGFEF//D:FADFBG    M419 MASSONNEAU
10582  D-:4DCDC#EA    V462 VENNINGEN
10583  D-:4D4E4F2G2F    H354 HASSE
```

```
10584  D-:4DF       R571 RIGHINI
10585  D-:4DFADAF2DAFD       C938 CROES
10586  D-:4DFADFABGFE//D:F3DFDCDEFG4E       S335 SCHIMPKE
10587  D-:4DFD2E       B927 BUEHLER
10588  D-:4D4F4A2B       Z780 ZINGARELLI
10589  D-:5D//D:4DEFGABC       E168 EBERS
10590  D-:5DABNC#DC#DEFGFE       R535 RICHTER
10591  D-:5DADFADAF       M498 MEHUL
10592  D-:5DC#EACN//D:4DEFGABCDEFN       K930 KROMMER
10593  D-:5DE5FG3A       M652 MILLICO
10594  D-:5DFB2AD       M498 MEHUL
10595  D-:5DFEDA       H411 HAYDN
10596  D-:FGFEF4EDCBA       B818 BRANDL
10597  D-:5DFEDA3B       ANON. CS-Pnm/Doksy
10598  D-:6D//D:3DABCDEFED       ANON. I-Gi
10599  D-:6D       T928 TUMA
10600  D-:6D//D:3DABCDEFE       P727 PLEYEL
10601  D-:6DAG2FED//D:3DABCDEFED       H409 HAYDN
10602  D-:6DC#E2A3G       M498 MEHUL
10603  D-:6DFEDA       H411 HAYDN
10604  D-:6DFEDA3B       ANON. CS-Pnm/Doksy
10605  D-:6DFEDFEDFE7D       C824 CORRETTE
10606  D-:7D       ANON. I-Gi
10607  D-:7DBAG#A       B818 BRANDL
10608  D-:8D       M365 MARSH
10609  D-:8D8F//D:DFAFD2C       B399 BEDARD
10610  D-:8D8F8ADFAD       V880 VOGEL
10611  D-:9D3C#       S295 SCHAFFRATH
10612  D-:9DFE2DFE9D       A889 AUBERT
10613  D-:9D4FE//D:DFAFAFAF       S749 SPERGER
10614  D-:10D2C#2D2EFEDA       F413 FESCA
10615  D-:10DE//D:D3ADCBAG#AG       M678 MITSCHA
10616  D-:15DA//D:DFD2AFDC       K880 KOZELUCH
10617  D-:32D32F32D//10D2C#2D2EFEDA       F413 FESCA
10618  D-:48D       K662 KLOEFFLER
10619  D-:49D3CFE       H411 HAYDN
10620  D-:4D#EDC#2GFED5C#       P592 PICHL
10621  D-:EFC#DG#AEFC#       P895 PRACHENSKY
10622  D-:4E//D:DC2A2FDEF       C939 CROES
10623  D-:FAC#DFAB       E164 EBERLIN
10624  D-:FAC#DFA2BDF#       M831 MORAVETZ
10625  D-:FA2C#DF2AB       E164 EBERLIN
10626  D-:FDC#DEAFA//2DC2AGFEFE       S652 SMITH
10627  D-:F2D2B2GE12D       B145 BAGGE
10628  D-:F2DED       R559 RIESS
10629  D-:F3DF2EG5FA2GB2A2D       V254 VANHAL
10630  D-:FEDEAG       G779 GRAUPNER
10631  D-:FE2DABC#D       P439 PERGOLESI
10632  D-:FF#GA2B//D:DCEDCEDD#E       B818 BRANDL
10633  D-:4FGAGFEDCBA//5DEFGAB       G948 GUILLEMAIN
10634  D-:2F2A2D2FGA4B       B790 BOYCE
10635  D-:2FDF//ABC#DEBAGFED       B121 BACH
```

```
10636   D-:2F2E//D:2FGA2DCBA   B696 BOMTEMPO
10637   D-:2F2ED//D:9D5F   S594 SIMON
10638   D-:3FAEA//AB3AFGAD   W786 WINTER
10639   D-:4FGAGFEDCBA   G498 GUILLEMAIN
10640   D-:24F4A4D4F   A371 ALESSANDRO

10641   E$:A4C4A4C4A16G16FE   S382 SCHUBAUR
10642   E$:AFBFAFBF   A833 ASIOLI
10643   E$:AGFE2BGE   B116 BACH
10644   E$:AGFE3BGE   K666 KLOPP
10645   E$:A$2GABGF4EDE2FGA$   L234 LAMONINARY
10646   E$:ANBANBAN2BAG2FG   P979 PUGNANI
10647   E$:ANBC2BGEFEDED   W499 WERTTIG
10648   E$:ANBDEANBDEANBD3E   B896 BRUNETTI
10649   E$:B   W973 WUTKY
10650   E$:BABGFGEN2FGABCDE   H700 HOFFMEISTER
10651   E$:BA2BAFED   P979 PUGNANI
10652   E$:BACBCDE   B823 BRAUN
10653   E$:BAG2B2AFDEFE   B664 BOCCHERINI
10654   E$:BAGFEBAGFEFEDCB   K930 KROMMER
10655   E$:BAGFECBGAF   B858 BRIOSCHI
10656   E$:BAGFECBGAF   ANON. S-L
10657   E$:BAGFE2CBAGF   W839 WODICZKA
10658   E$:BAGFED2CBAGF2E   P727 PLEYEL
10659   E$:BAGFEDE//GBGBGBGBGBGBG   N478 NEUBAUER
10660   E$:BAGFEDEF5G   M798 MONTORO
10661   E$:BAGFE2GFEG   V254 VANHAL
10662   E$:BAGFE2GF2E4BEBGE   A839 ASPLMAYR
10663   E$:BAGF3E4A3GCDFDC   C175 CAMBINI
10664   E$:BAGF3EDC//C-:2C2DEFG5A   G678 GOSSEC
10665   E$:BAGFGAGF   G736 GRAF
10666   E$:BA2GE2GF2E   M244 MALDERE
10667   E$:BA2GFEDE//GBGBGBGBGBGBC   N478 NEUBAUER
10668   E$:B2AGFEDCBAGEFDGEBGAFG   B233 BARBELLA
10669   E$:B2A2G2F2E2D2C2B2A2G   B114 BACH
10670   E$:BBNCB$B2AGAANB2A$G   D617 DITTERSDORF
10671   E$:BCAF   W939 WRANITZKY
10672   E$:BCBAGFE   W827 WITT
10673   E$:BCBA2GABBNCDE   L475 LE DUC
10674   E$:BCBANBEG2BAF2AGED   K662 KLOEFFLER
10675   E$:BCBAN2BCBANB   P727 PLEYEL
10676   E$:BCBCBCBCBEDCBAGFEDEBA   P987 PUSCHMANN
10677   E$:BCBCDE   B696 BOMTEMPO
10678   E$:BCBEBAGFGAGFED   V254 VANHAL
10679   E$:BCBEB2AGFGBAGFED   D617 DITTERSDORF
10680   E$:BCB2EDFEDC//EGBGE   K926 KREUSSER
10681   E$:BC2BD$BN2C   Z730 ZIMMERMANN
10682   E$:BC2BE2B3F   S355 SCHMITT
10683   E$:BC2BEDCBAGF   Y345 YATES
10684   E$:BC2BEDCBBNC2AG   D972 DUSSEK
10685   E$:BC2B2EDCBC2B   D617 DITTERSDORF
10686   E$:BC2BGA3BAGF   W464 WELTZ
```

10687	E$: BCD$CBAGBAE	D617 DITTERSDORF
10688	E$: BCDE	N489 NEUMANN
10689	E$: BCDEBCDEBCDE	M742 MONET
10690	E$: BCDEBDEFBGA2B	G776 GRAUN
10691	E$: BCDEBED2CBAGFE	P589 PICCINNI
10692	E$: BCDEBEDEFGE	S934 STUMPF
10693	E$: BCDEBGE3BAG2AGFG	M729 MOLTER
10694	E$: BCDE2BAGFE2BAGFEDCB	P582 PIANTANIDA
10695	E$: BCDECG2AGF#GAB	H411 HAYDN
10696	E$: BCDECGEBGE	B652 BLOIS
10697	E$: BCDEFGFE	A839 ASPLMAYR
10698	E$: BCDEGEBG	K926 KREUSSER
10699	E$: BCDEGEBG3BCD	G779 GRAUPNER
10700	E$: BCDEGEBGEGEBG	S189 SAMMARTINI
10701	E$: BCDEGEBG2EBGE	C266 CARDON
10702	E$: BCDEGE2BCDEFGABCDED	G961 GUILLON
10703	E$: BCD2EDCBGABE	G778 GRAUN
10704	E$: BCD2EDEBN2CBNCGA	S363 SCHOBERT
10705	E$: BCD3EDCB	O650 ORDONEZ
10706	E$: BCD4EDE	E162 EBERL
10707	E$: BCD4EFGE4B	V155 VALENTINE
10708	E$: BCD5E	H354 HASSE
10709	E$: BCD5E	M388 MARTINO
10710	E$: BCD10EBGEBG	S189 SAMMARTINI
10711	E$: BCGDEBAG//EDEBGDEDEB	H708 HOFMANN
10712	E$: B2CBAGFE	W827 WITT
10713	E$: BDCBCB	R718 ROESSLER
10714	E$: BDCBCDE	B696 BOMTEMPO
10715	E$: BDC2BEDCBBNC2AG	D972 DUSSEK
10716	E$: BDC4BDFBDBC	S320 SCHEINPFLUG
10717	E$: BDEAGFBD	G736 GRAF
10718	E$: BDED2C2B	V254 VANHAL
10719	E$: BDE8FCEF8G	K891 KRAML
10720	E$: BDFBANBAN//EGFEGBAG	T180 TARCHI
10721	E$: BDF2BCDB16F	B460 BENDA
10722	E$: BE	B116 BACH
10723	E$: BEBAGFECAFED	R714 ROELLIG
10724	E$: BEBAGF2EDAGFED	D369 DEMACHI
10725	E$: BEBA2GBGBGAG//BDF2BCDB16F	B460 BENDA
10726	E$: BEBCBANBFBGAGABCDE2GFA	N224 NARDINI
10727	E$: BEBE2A	V254 VANHAL
10728	E$: BEBEBEBE8B	Z780 ZINGARELLI
10729	E$: BEBEGB2AGAGB	K913 KRAUS
10730	E$: BEBFBGA2B	G776 GRAUN
10731	E$: BEBFBG3B	R817 ROSETTI
10732	E$: BEBFBG3B	S348 SCHMIDT
10733	E$: BEBGAFDEDEFE	L939 LUCHESI
10734	E$: BEBGAF2EB2EBG2EB	P727 PLEYEL
10735	E$: BEBGBEBAD	V296 VARESCO
10736	E$: BEBGBEBGBE	H409 HAYDN
10737	E$: BEBGEBBNCA2F	M395 MASCHEK
10738	E$: BEBGECAGFBEBGECAGF	G537 GIULINI

10739 E$: BEBGEDAFD   D369 DEMACHI
10740 E$: BEBGFECAFD   R714 ROELLIG
10741 E$: BEB2GBGBGAG//BDF2BCDB16F   B460 BENDA
10742 E$: BEB2GFGEG   G567 GLUCK
10743 E$: BEB3G2B2E2D   H700 HOFFMEISTER
10744 E$: BE2BAGFGA2BE2BC   L368 LAUBE
10745 E$: BE3BGAF   Z660 ZIEGLER
10746 E$: BEC   O650 ORDONEZ
10747 E$: BEDCB   Z660 ZIEGLER
10748 E$: BEDCBCBAGF   H413 HAYDN
10749 E$: BEDC3BC   A139 ABEL
10750 E$: BEDEBEDE2BCBAG   K840 KOERZL
10751 E$: BEFGABCB   F921 FRITZ
10752 E$: BEFGAB2CBC   B393 BECK
10753 E$: BEFGAGFE   M998 MYSLIVECEK
10754 E$: BEFGEGA   F653 FOERSTER
10755 E$: BEFGF2EFGF2E   D617 DITTERSDORF
10756 E$: BEFGF2EFGF2E   M998 MYSLIVECEK
10757 E$: BEFGFGAGABG2FGAGF2E   ANON. CS-Pnm/Osek
10758 E$: BEGAB2CBAGFEDE   W131 WAGENSEIL
10759 E$: BEGB   P979 PUGNANI
10760 E$: BEGBBNCAFD   W827 WITT
10761 E$: BEGBCBAGFBE   M676 MIROGLIO
10762 E$: BEGBCDCDE   A139 ABEL
10763 E$: BEGBCD4EFEDCBAG   R817 ROSETTI
10764 E$: BEGBECB12EDFE   G779 GRAUPNER
10765 E$: BEGBEFAGBDFE   Z720 ZIMMERMANN
10766 E$: BEGBEGBEG   H133 HAEFFNER
10767 E$: BEG6BC2B   H298 HARRER
10768 E$: BEGCA   A833 ASIOLI
10769 E$: BEGEB   B414 BEECKE
10770 E$: BEGEBE   D972 DUSSEK
10771 E$: BEGEB2EGE   D617 DITTERSDORF
10772 E$: BEGEBGF   H769 HONAUER
10773 E$: BEGFAFBDF   B229 BARBANDT
10774 E$: BEGFAFGEG2BFEDC   E560 ENDLER
10775 E$: BEGFAGBDFEG   V254 VANHAL
10776 E$: BEGFD2BAGFE   W418 WEIGERT
10777 E$: BEGFGABDCD   J750 JOMMELLI
10778 E$: BE3GA$2F   H758 HOLZBAUER
10779 E$: B2EBEGB2AGAGB   K913 KRAUS
10780 E$: B2EBGEBBNCA2F   M395 MASCHEK
10781 E$: B2ECBE2CBE2CBEC   B667 BODE
10782 E$: B2ECEC//B2EGBCDB   E810 ESTIEN
10783 E$: B2ECE2CB   M388 MARTINO
10784 E$: B2EDAF   M419 MASSONNEAU
10785 E$: B2EDEG   M388 MARTINO
10786 E$: B2EFGA2BGEBE   V118 VACHON
10787 E$: B2EGBCDB   E810 ESTIEN
10788 E$: B2EGEBANBBNC   R716 ROESER
10789 E$: B2EGE2BDB//GBEAFBFAGE   B118 BACH
10790 E$: B2EGECBANBBNC   R716 ROESER

10791	E$:B2EGED3EENFEN2F	A918 AUFFMANN
10792	E$:B3EBEBGEBG	S348 SCHMIDT
10793	E$:B3EDEG	M388 MARTINO
10794	E$:B3ED2FDE	O121 OBERMEIER
10795	E$:B3EGFEFGEBEF	ANON. GB-Lbl
10796	E$:B3E2G2BAGF3EGB	M943 MUELLER
10797	E$:B3E2G2B2EGB	ANON. S-Skma
10798	E$:B4EBGEDEBGFBA	C531 CHIESA
10799	E$:B4E2CDECBAG	V878 VOGEL
10800	E$:B5EDCBAGFE	H298 HARRER
10801	E$:B5EDEGEBAGFGABEBA	G778 GRAUN
10802	E$:B5EFGA4B	R535 RICHTER
10803	E$:B5EFGFENDEFE	H573 HERTEL
10804	E$:B6EBCB	ANON. A-SCH
10805	E$:B6EBCBCBAG	V254 VANHAL
10806	E$:B6EBGAFE2BCA	ANON. A-M
10807	E$:B7EBG3F	B116 BACH
10808	E$:B11E	H298 HARRER
10809	E$:BGABC2BED	W522 WESLEY
10810	E$:BGACENFDE$ANB	Z660 ZIEGLER
10811	E$:BGAF2E2FGAB	H411 HAYDN
10812	E$:BGA4GAG	ANON. A-LA
10813	E$:BGBEDEGFED	D236 DAUBE
10814	E$:BGBFBGB2ECAFB	V254 VANHAL
10815	E$:BGDEBAGDEBGE	H708 HOFMANN
10816	E$:BGEBAGEDC	W131 WAGENSEIL
10817	E$:BGEBGEAFDBGDB	F438 FIALA
10818	E$:BGEBGEDE2F2B	A833 ASIOLI
10819	E$:BGEBG2E	B116 BACH
10820	E$:BGECBCBDE7G	ANON. DK-Kk
10821	E$:BGEFBD$CDNEC	E559 ENDLER
10822	E$:BGEFGABCD6E	R817 ROSETTI
10823	E$:BGEFGFGAGA2B	K789 KOHAUT
10824	E$:BGEGBAFDF	S787 STAMITZ
10825	E$:BGEGB2EGBFB	S383 SCHUBERT
10826	E$:BGEGF	T797 TRENTO
10827	E$:BG2EBE2GENFCA	C948 CROUBELIS
10828	E$:BG2EBG2EDE2F2B	A833 ASIOLI
10829	E$:BG2EDE2CBG2BAFA	H708 HOFMANN
10830	E$:BG2EFGABCD6E	R817 ROSETTI
10831	E$:BG4EDEFA	G778 GRAUN
10832	E$:BG14EBG4E	B664 BOCCHERINI
10833	E$:BGF2EBGENF	W786 WINTER
10834	E$:BGF3EDCB2AGA	C175 CAMBINI
10835	E$:BGF4EDE	H716 HOFSTETTER
10836	E$:BGF6E	H700 HOFFMEISTER
10837	E$:BGFGA2BGFGA2BGFGAB	O650 ORDONEZ
10838	E$:BGFG2EGFGB	C573 CIMAROSA
10839	E$:B2GABD2EFGB	H700 HOFFMEISTER
10840	E$:B2GABECBAGAFEDEBCD//4E2G4B3A	A561 ANDRESKA
10841	E$:B2GABECBAGAFEDEBCDEFGADB	ANON. CS-Pnm/Osek
10842	E$:B3GAG2FEDE	H758 HOLZBAUER

```
10843  E$ : B3GED3AFE2B   P727 PLEYEL
10844  E$ : 2BAGFEFE2D2AGFED   D617 DITTERSDORF
10845  E$ : 2BA2GFEDE//GBGBGBGBGBGB   N478 NEUBAUER
10846  E$ : 2B2A2G2F2E2D2C2B2A2G   B114 BACH
10847  E$ : 2BANBC4B//3EDEGBF   G183 GALUPPI
10848  E$ : 2BCABAGC2BAG   H758 HOLZBAUER
10849  E$ : 2BCBAGECA   K666 KLOPP
10850  E$ : 2BCBDE   H409 HAYDN
10851  E$ : 2BCB2E2BCB2EB2A   A839 ASPLMAYR
10852  E$ : 2BC2BA   S348 SCHMIDT
10853  E$ : 2BCDEF2GF2B   N485 NEUHAUSER
10854  E$ : 2BCDE2FEDC   K789 KOHAUT
10855  E$ : 2BCD2ED2CB//BEGB   P979 PUGNANI
10856  E$ : 2BDC2B2A3GFAGBAC2B   P979 PUGNANI
10857  E$ : 2BDC2EDFEGF   V160 VALENTINI
10858  E$ : 2BEBEBEB3EGEGEGE   K966 KUNTZEN
10859  E$ : 2BEBE2BEBE8B   Z780 ZINGARELLI
10860  E$ : 2BE2BGEFGABGEB   D187 DANKOWSKI
10861  E$ : 2BE5B   G251 GASSMANN
10862  E$ : 2BEGABGAF   F413 FESCA
10863  E$ : 2BEGBAFAGED   K662 KLOEFFLER
10864  E$ : 2B2E4FGAGFE   R535 RICHTER
10865  E$ : 2BGBEDEGFED   D236 DAUBE
10866  E$ : 2BGBGEF2BAG   G778 GRAUN
10867  E$ : 2BGEDEFEGE   O121 OBERMEIER
10868  E$ : 2BG2ED2BAF   W499 WERTTIG
10869  E$ : 3BAGFEDFGFEDCB   M435 MATTEI
10870  E$ : 3BAGF2E2F   G998 GYROWETZ
10871  E$ : 3B2A2G   S774 STADT
10872  E$ : 3BC2BF   H758 HOLZBAUER
10873  E$ : 3BCDEFGABG   N454 NERUDA
10874  E$ : 3B6CBGF2E   L486 LEEMANS
10875  E$ : 3BDC2BF   H758 HOLZBAUER
10876  E$ : 3BE5B   G251 GASSMANN
10877  E$ : 3BE3GB   G826 GRENSER
10878  E$ : 3B4ED3BF//CBANBEGCA   A833 ASIOLI
10879  E$ : 3BGBAG2F2EGBEDCBEBAG   P221 PARADEISER
10880  E$ : 3BG2B   P727 PLEYEL
10881  E$ : 4BCDE2FEDEF2GFE   L356 LATILLA
10882  E$ : 4BFDGEFDGE   S594 SIMON
10883  E$ : 4B4G3ED   W827 WITT
10884  E$ : 6B   W245 WANCZURA
10885  E$ : 6B   N478 NEUBAUER
10886  E$ : 6BEGBEBGE//6E   A555 ANDRE
10887  E$ : 7B6EG   ANON. D/BRD-DS
10888  E$ : 9B   W245 WANCZURA
10889  E$ : 12B   G736 GRAF
10890  E$ : 12BG//EFGFED   D972 DUSSEK
10891  E$ : CBA2BAFED   P979 PUGNANI
10892  E$ : CBANBEGCA   A833 ASIOLI
10893  E$ : CBCB//EDECEBEDCEB   P727 PLEYEL
10894  E$ : C2BANBCBAGF3EFG   K860 KOSPOTH
```

10895	E$: CDCBNCGEND	A758	ARNOLD
10896	E$: CDE2CDECG//5GEDECBN	M395	MASCHEK
10897	E$: 6C2GC2GC2G//E$-:EG$BEFEDEG$EB	S357	SCHMITTBAUR
10898	E$: DB	D617	DITTERSDORF
10899	E$: DBDFAENFG	B461	BENDA
10900	E$: DBE2GAGBE2GAG	ANON.	CS-BRsav/JUR
10901	E$: D2BE2DECB2E	ANON.	Breitkopf 65
10902	E$: DEAGFEAN4B2A	G396	GEWEIJ
10903	E$: DEBAGBAGFE	ANON	H-Gc
10904	E$: DEBAG2BAGFE	ANON.	H-Gc
10905	E$: DEB2EFAGF	ANON.	D/BRD-DS
10906	E$: DEDCBGACBEDC	ANON.	CS-BRsav/Kremica
10907	E$: D2EFGABCDEBCDEFGAB	P762	POLAZZI
10908	E$: D8E8B16E4F4A4G4F	ANON.	D/BRD-DS
10909	E$: EABAG	ANON.	GB-Lbl:Longman Per.Ov.
10910	E$: EABC2BCB	N327	NAVOIGILLE
10911	E$: EAB3EDCBA2GB	ANON.	S-Skma
10912	E$: EAB4E2BEB	S395	SCHUSTER
10913	E$: EACAF2DE//BCD$CBAGBAE	D617	DITTERSDORF
10914	E$: EAGBAGFE	H708	HOFMANN
10915	E$: EAGCB	H839	HOUPFELD
10916	E$: EAGCBAGF	B459	BENDA
10917	E$: EAGC2BAG	H708	HOFMANN
10918	E$: EAGC2BAGEC	H700	HOFFMEISTER
10919	E$: EAGC2BAGFEAG	R568	RIGEL
10920	E$: EAGC3B	H517	HENNIG
10921	E$: EAGEBG	S414	SCHWINDL
10922	E$: EAGFD2ECBA	V254	VANHAL
10923	E$: EAGFD2ECBAFG	ANON.	CS-Bm
10924	E$: EAGFE	K925	KREUSSER
10925	E$: EAGFEBDFBEDCBEGBE	ANON.	US-Wc
10926	E$: EAGFEBDFBEDCBEGBEAGFE	S789	STAMITZ
10927	E$: EAGFE2BEDCBF6AGFEDE	A370	ALESSANDRI
10928	E$: EAGFE4B	A839	ASPLMAYR
10929	E$: EAGFEDC6BCF	A833	ASIOLI
10930	E$: EAGFEF3BAN2BF	A748	ARNE
10931	E$: EAGFGEGEGFBAGAFA	S357	SCHMITTBAUR
10932	E$: E2AGCBAGF	B459	BENDA
10933	E$: EBAEDBAFE	L815	LOEFFLER
10934	E$: EBA2FAGEBFGAF	F118	FABREGA
10935	E$: EBAGBACB2CDE	W131	WAGENSEIL
10936	E$: EBAGBAGEDCBAG	G396	GEWEIJ
10937	E$: EBAGBAGF2ED	B116	BACH
10938	E$: EBAGBGEB	H716	HOFSTETTER
10939	E$: EBAGBGE24F	D136	DALAYRAC
10940	E$: EBAG2BAGF2ED	B116	BACH
10941	E$: EBAGCBAGFED	D972	DUSSEK
10942	E$: EBAGCDEDEFGAGFEB	M998	MYSLIVECEK
10943	E$: EBAG2CBF4B4A	B896	BRUNETTI
10944	E$: EBAGFECAFEDCBG	G286	GAYER
10945	E$: EBAGFEGBE	R491	RICCI
10946	E$: EBAGF2EFGABFEDCB	R491	RICCI

```
10947  E$ : EBAGF3EDECAGF  M895 MOSELL
10948  E$ : EBA2GFEEN  R565 RIGEL
10949  E$ : EB2AGAFCDE//4E4G  H409 HAYDN
10950  E$ : EBANBANBANBANBANBANBAN  T356 TEYBER
10951  E$ : EBANBCD4E  U520 UMLAUFF
10952  E$ : EBCAFD  M998 MYSLIVECEK
10953  E$ : EBCAGFEDEBAGFE2DB  ANON. DK-Kk
10954  E$ : EBCBAG  M244 MALDERE
10955  E$ : EBC2BCB  N327 NAVOIGILLE
10956  E$ : EBCDCAGBEGFADF  G175 GALLUS
10957  E$ : EBCDEBCDEBEBEGBE  T757 TOZZI
10958  E$ : EBCDEBCDEBEBEGBE  P589 PICCINNI
10959  E$ : EBCDEBCDE4BDCB  H695 HOENICKE
10960  E$ : EBCDEBCDEDEDEDEDEDCB  C266 CARDON
10961  E$ : EBCDEBFBGEFGEAFB  S419 SCIROLI
10962  E$ : EBCDEFGABEBCBAGF  L115 L'ABBE
10963  E$ : EBCDEFGB2AG  T655 TOMASCHEK
10964  E$ : EBCDEFGDEFGA  A839 ASPLMAYR
10965  E$ : EBCDEGBE3G2B2E  M792 MONTILLOT
10966  E$ : EBCDEGEAFD  S785 STAMITZ
10967  E$ : EBCDEGEBCDEGBGEB2E  C225 CANNABICH
10968  E$ : EBCDEGEBEBEG  S326 SCHERER
10969  E$ : EBCDEGEBEDC2B  A139 ABEL
10970  E$ : EBCDEGEGFBCDEF  C225 CANNABICH
10971  E$ : EBCD2EBCDEDCBAGF  B858 BRIOSCHI
10972  E$ : EBCD2EBCD2E  M388 MARTINO
10973  E$ : EBCD4E  W131 WAGENSEIL
10974  E$ : EBCD5ECECBGAFDB  B553 BERWALD
10975  E$ : EBCECAGB2EFGA  V254 VANHAL
10976  E$ : EBCG4A4F4D4B  R535 RICHTER
10977  E$ : EB2CBGB2CB  S699 SONNLEITHNER
10978  E$ : EB2CBGB2CB  H413 HAYDN
10979  E$ : EB2CBGB2CBC  L510 LEITHNER
10980  E$ : EB2CBGB2CBC2E2GB  R932 RUGIETZ
10981  E$ : EB4C2BFD4A2G  G678 GOSSEC
10982  E$ : EBDBEBEBEBDBE  M666 MINOJA
10983  E$ : EBDE2GFENF  R535 RICHTER
10984  E$ : EBEBE  W939 WRANITZKY
10985  E$ : EBEBEBE2B2AG  A277 AGRELL
10986  E$ : EBEBEBE2B2AG  S689 SOLNITZ
10987  E$ : EBEBEBECECE  P923 PREDIERI
10988  E$ : EBEBEBEFG2EFBGE  S249 SARTI
10989  E$ : EBEBEBEF2G  S838 STERKEL
10990  E$ : EBEBEB2EFG2AGF2EDEFE  E920 EVANCE
10991  E$ : EBEBEB4E4G4B4ED3CEC  S347 SCHMIDEL
10992  E$ : EBEBEBFECECFE  P923 PREDIERI
10993  E$ : EBEBEBGEBEB2EC  T763 TRAEG
10994  E$ : EBEBEDCBANBCD  P115 PACHLECHNER
10995  E$ : EBEBEGAB  H708 HOFMANN
10996  E$ : EBEBEGABFGAG  F489 FILTZ
10997  E$ : EBEBEGBG2EDC4B  S412 SCHWEITZER
10998  E$ : EBEBEGEB  K926 KREUSSER
```

10999   E$: EBEBEGEBEBEGEBCDEDEF   S215 SANDER
11000   E$: EBEBFGBAGFE   F438 FIALA
11001   E$: EBEBGEFDE   S774 STADT
11002   E$: EBE2BAGFE / / 2EBAGBAGFE   H708 HOFMANN
11003   E$: EBE2BFGAG2F   V254 VANHAL
11004   E$: EBECB   R714 ROELLIG
11005   E$: EBEDCA2G2F2ED   R348 REICHA
11006   E$: EBEDCBAGABAFEDCBA   K840 KOERZL
11007   E$: EBEDCBAGCBAGF2EDEB   ANON. A-GOe
11008   E$: EBEFGAFD   Z730 ZIMMERMANN
11009   E$: EBEFGA3GF   H758 HOLZBAUER
11010   E$: EBEFGEGA   V296 VARESCO
11011   E$: EBEFGFAGCBAGFEDEFEDEF   O680 ORGITANO
11012   E$: EBEFGFED   S638 SMETHERGELL
11013   E$: EBEGBAFDEBEGBAFD   G678 GOSSEC
11014   E$: EBEGBEDEBGEBG / / EFEDE3BCD$CBN   G998 GYROWETZ
11015   E$: EBEGBEGABEFG   H708 HOFMANN
11016   E$: EBEGBGEBGEBFG   S749 SPERGER
11017   E$: EBEGBG2EFEDCDCBABAG   P987 PUSCHMANN
11018   E$: EBEG2BAN2B   M388 MARTINO
11019   E$: EBEGEAF   B116 BACH
11020   E$: EBEGEBCBC2AF   P761 POKORNY
11021   E$: EBEGEBEGE2BEGB   L765 LIPPERT
11022   E$: EBEGEFEDEG   L484 LEEDER
11023   E$: EBEGEFGAGEGB   G251 GASSMANN
11024   E$: EBEGEGBGBE4GFGA   H758 HOLZBAUER
11025   E$: EBEGEGBGEAFD2ED   D617 DITTERSDORF
11026   E$: EBEGEGBGEB / / EBG4EFEDEFEAG   G998 GYROWETZ
11027   E$: EBEGFBFAEGAB   F534 FISHER
11028   E$: EBEG2F2AGFE   H758 HOLZBAUER
11029   E$: EBE2GFECEC   H544 HERFFERT
11030   E$: EB2EB2EBEGBG   F489 FILTZ
11031   E$: EB2EB2EBEGBG   K295 KELLY
11032   E$: EB2EB2EBEGBG   S785 STAMITZ
11033   E$: EB2EB2EBEGBGEB2EBE   ANON. D/DDR-SW1
11034   E$: EB2EBGEBGE   F489 FILTZ
11035   E$: EB2EDEFB2FEFG   K860 KOSPOTH
11036   E$: EB2EDEFB2FEFGEFAANB   H700 HOFFMEISTER
11037   E$: EB2EGA2BGE3GA2B   A748 ARNE
11038   E$: EB2EGE2G4EFGABE   A748 ARNE
11039   E$: EB2EGFEDCB2AG   N454 NERUDA
11040   E$: EB3EBEGBGFGBEB   L223 LAMBERTI
11041   E$: EB4EFG2FE   S787 STAMITZ
11042   E$: EB5EDEDBCDEDEF   M678 MITSCHA
11043   E$: EBFBGEADEFGF2E   C175 CAMBINI
11044   E$: EBGAFEBGAF   H708 HOFMANN
11045   E$: EBGAF2EGBDF   R594 RISO
11046   E$: EBGBABAB   Z730 ZIMMERMANN
11047   E$: EBGBAFDB   H758 HOLZBAUER
11048   E$: EBGBAGFEDF2AGEG   S139 SAINT-GEORGES
11049   E$: EBGBCB2E2B   S749 SPERGER
11050   E$: EBGBCDCD   Z730 ZIMMERMANN

```
11051  E$ : EBGBEBCBAG       U360 ULBRICH
11052  E$ : EBGBEBGEDCBAGEGE  H411 HAYDN
11053  E$ : EBGBEGBEG4B       S944 SUESSMAYR
11054  E$ : EBGBEGFD2ED       S749 SPERGER
11055  E$ : EBGB2E2FG         D617 DITTERSDORF
11056  E$ : EBGB2EGFEBGB2EBA  W131 WAGENSEIL
11057  E$ : EBGBGEBGBGBEBGB   P727 PLEYEL
11058  E$ : EBGBGEBCAFDE      ANON. PL-MO
11059  E$ : EBGBGE2BCDE       S291 SCHACHT
11060  E$ : EBGCBF4B4A        B896 BRUNETTI
11061  E$ : EBGDEBGDE         E340 EICHNER
11062  E$ : EBGDEBGDEBGDE     B943 BUONO
11063  E$ : EBGDEDEFGAGFEB    M998 MYSLIVECEK
11064  E$ : EBGE              R535 RICHTER
11065  E$ : EBGE              B116 BACH
11066  E$ : EBGE              C957 CRUSE
11067  E$ : EBGE              F489 FILTZ
11068  E$ : EBGE2ABAGAB       T645 TOESCHI
11069  E$ : EBGEBAGF          S756 SPILLER
11070  E$ : EBGEBBNCA2F       M395 MASCHEK
11071  E$ : EBGEBC2B2AB2AG    C225 CANNABICH
11072  E$ : EBGEBCDEBGEB      R817 ROSETTI
11073  E$ : EBGEBDC2B2ACB2AG  C225 CANNABICH
11074  E$ : EBGEBEBGB         M816 MONZA
11075  E$ : EBGEBEFEDCBEGB    R817 ROSETTI
11076  E$ : EBGEBFDB          G778 GRAUN
11077  E$ : EBGEBGA2C         K390 KERPEN
11078  E$ : EBGEBGAFEBGB      S419 SCIROLI
11079  E$ : EBGEBGBEGB        N454 NERUDA
11080  E$ : EBGEBGEB          W131 WAGENSEIL
11081  E$ : EBGEBGEBCBCDCDEGFE F253 FATKEN
11082  E$ : EBGEBGEBGBEBG//2EGBGE  B116 BACH
11083  E$ : EBGEBGEBGDFAFD//FEDEDEFG  C175 CAMBINI
11084  E$ : EBGEBGEBGEB       S414 SCHWINDL
11085  E$ : EBGEBGEBGEBECAECAECAEC  B896 BRUNETTI
11086  E$ : EBGEBGEBGEDEFCA   F491 FINAZZI
11087  E$ : EBGEBGE4BG        B818 BRANDL
11088  E$ : EBGEBG2E4DEFGA    V254 VANHAL
11089  E$ : EBGEBG2EGBECA     K760 KOCH
11090  E$ : EBGEBGFGAGEBGEB   G251 GASSMANN
11091  E$ : EBGEB2GBEG        S320 SCHEINPFLUG
11092  E$ : EBGE3BAG2A        M262 MALZAT
11093  E$ : EBGE3BEGFAGFEB    H715 HOFSTETTER
11094  E$ : EBGE4BCD2EG       B667 BODE
11095  E$ : EBGE10B           R817 ROSETTI
11096  E$ : EBGEC2AGFEGFGAF   S316 SCHEIBE
11097  E$ : EBGECF4B4A        B896 BRUNETTI
11098  E$ : EBGE3C            V281 VAN SWIETEN
11099  E$ : EBGE3C4AGABA      V254 VANHAL
11100  E$ : EBGED$B           V254 VANHAL
11101  E$ : EBGEDEFDEFGE      G251 GASSMANN
11102  E$ : EBGEDEFGA         S328 SCHETKY
```

11103 E$: EBGEDEGBCA   A139 ABEL
11104 E$: EBGE4DEFG   R817 ROSETTI
11105 E$: EBGEFEDE   L484 LEEDER
11106 E$: EBGEFGF2EFGFE   C225 CANNABICH
11107 E$: EBGE5F//B2CBAGFE   W827 WITT
11108 E$: EBGEG   B864 BRODSKY
11109 E$: EBGEGBA2G2FAG2FE   C221 CANNABICH
11110 E$: EBGEGB7E2G   G998 GYROWETZ
11111 E$: EBGEG2BAGAFDBA   S348 SCHMIDT
11112 E$: EBGEGE//GFEAGFE   A833 ASIOLI
11113 E$: EBGEGE   L825 LOEHLEIN
11114 E$: EBGEGEGB4E   S189 SAMMARTINI
11115 E$: EBGEGF2E3FBAFE   M798 MONTORO
11116 E$: EBGEGFGAGB   S785 STAMITZ
11117 E$: EBG2EBGECBA   B858 BRIOSCHI
11118 E$: EBG2EBGECEA   W131 WAGENSEIL
11119 E$: EBG2ED$C   W939 WRANITZKY
11120 E$: EBG2EDE   K925 KREUSSER
11121 E$: EBG2E4DEFG   R817 ROSETTI
11122 E$: EBG2EFDE2BAB2FGEF2BAB   B116 BACH
11123 E$: EBG2EFE4D2AFD3E   S249 SARTI
11124 E$: EBG2EFGABGEB2A   S355 SCHMITT
11125 E$: EBG2EFGB2AGA   T175 TAPRAY
11126 E$: EBG2EG   S395 SCHUSTER
11127 E$: EBG2EGB   S787 STAMITZ
11128 E$: EBG2EGFEDE2BCBABAG   W131 WAGENSEIL
11129 E$: EBG3EB3GFGAGAFEBGE   M435 MATTEI
11130 E$: EBG3E4D2AF   S249 SARTI
11131 E$: EBG4CFCDCFEAG   G998 GYROWETZ
11132 E$: EBG5E4DFBA4F   P234 PARISOT
11133 E$: EBG5E5F5DE   N376 NEEFE
11134 E$: EBGFBGEG   V254 VANHAL
11135 E$: EBGFEDBEGE2C2BAGF   D686 DONNINGER
11136 E$: EBGFEDFBAG   B896 BRUNETTI
11137 E$: EBGFEGA3BABBNC   B285 BARTHELEMON
11138 E$: EBGF2EBGEBGEB   B116 BACH
11139 E$: EB2GABGAGF   K789 KOHAUT
11140 E$: EB2GAFDC   V254 VANHAL
11141 E$: EB2GEC4B4E4B4G   M435 MATTEI
11142 E$: EB2GFD2EBGEB   B116 BACH
11143 E$: EB4G4E4F4D4E4G4B4A   T645 TOESCHI
11144 E$: EB4G4E4F4D4E4G4B4A   F489 FILTZ
11145 E$: EB4GFGA   O650 ORDONEZ
11146 E$: E2BAB3GFG3EDE   P345 PAZZAGLIA
11147 E$: E2BAGFEDF2BA   H452 HEEL
11148 E$: E2BA3GEDA2F   B576 BIANCHI
11149 E$: E2BCBAG2FEDE   W131 WAGENSEIL
11150 E$: E2BCBANBA$GF#GE   S787 STAMITZ
11151 E$: E2BC2BCB   M748 MONN
11152 E$: E2BC2BCBEDCBAGFE   W131 WAGENSEIL
11153 E$: E2BE2BE2BG2E2BG   P149 PAISIELLO
11154 E$: E2BEDC2BAGFEDCBA   Z425 ZECHNER

11155 E$: E2BEDC2BANA$G4FA A139 ABEL
11156 E$: E2BEG2ABF H652 HILLER
11157 E$: E2BEGB T722 TOUCHEMOULIN
11158 E$: E2BEGBE2BEG2B V254 VANHAL
11159 E$: E2B2EDCB2E E164 EBERLIN
11160 E$: E2BGBE D617 DITTERSDORF
11161 E$: E2BGBEFGAB M488 MEDER
11162 E$: E2BGEB F489 FILTZ
11163 E$: E2BGE2BGEFGABC2BCB C534 CHIESA
11164 E$: E2BGE2BG3E2D2C2B G678 GOSSEC
11165 E$: E2BGEGA B461 BENDA
11166 E$: E3BAGFEDEFGAFEDE3B H413 HAYDN
11167 E$: E3BC2BGEBA2G//8EGF2E H704 HOFMANN
11168 E$: E3BC2BGEBA2G A277 AGRELL
11169 E$: E3BCDEF2GF V254 VANHAL
11170 E$: E3BEBGA D652 DOERSTER
11171 E$: E3BEBGAGE F733 FOERSTER
11172 E$: E3BEBGAGE H573 HERTEL
11173 E$: E3BG4EEN K926 KREUSSER
11174 E$: E4BCB V254 VANHAL
11175 E$: E5BF5A//EBGFEDFBAG B896 BRUNETTI
11176 E$: ECB2DECBAG S189 SAMMARTINI
11177 E$: ECECG//5GEDECBN M395 MASCHEK
11178 E$: ECF2EFGABC//2EFGA3B ANON. H-Bn
11179 E$: ED$CAEFD3E F489 FILTZ
11180 E$: ED$CBCDEGA G678 GOSSEC
11181 E$: EDBEB2EBDBE M666 MINOJA
11182 E$: EDB2EG//BGF2EBGENF W786 WINTER
11183 E$: EDCBAGABAGEBAG G251 GASSMANN
11184 E$: EDCBAGCBAGFE B755 BOYCE
11185 E$: EDCBAGF3EFGFGE ANON. S-Skma
11186 E$: EDCBGACB P592 PICHL
11187 E$: EDCBGACB D617 DITTERSDORF
11188 E$: EDCBGEBAGB C322 CARTELLIERI
11189 E$: EDCBN W939 WRANITZKY
11190 E$: EDCGACB2AG4E3D S749 SPERGER
11191 E$: ED2CBGFGBAGFGAB B393 BECK
11192 E$: EDE G998 GYROWETZ
11193 E$: EDEBEEN2F R817 ROSETTI
11194 E$: EDEBEEN2FENFBF P592 PICHL
11195 E$: EDEBGDEDEB H708 HOFMANN
11196 E$: EDEBG2FEFBAGB B393 BECK
11197 E$: EDE2BEFGFG P473 PESCH
11198 E$: EDECEAFBAGAFGE G998 GYROWETZ
11199 E$: EDECEBEDCEBAGFGABE P727 PLEYEL
11200 E$: EDE3C K958 KUEFFNER
11201 E$: EDEDCBCB H411 HAYDN
11202 E$: EDEDEBCD P371 PEDRAZZI
11203 E$: EDEDEBGEGFGFGECGBABABGEB C371 CAUCIELLO
11204 E$: EDEDEDEBEG R383 RELUZZI
11205 E$: EDEDEDEDE2FE Z790 ZINGONI
11206 E$: EDEDEENFENFEFENFEN M666 MINOJA

11207 E$: EDEDE2G2 FENF   R491 RICCI
11208 E$: EDEF   S383 SCHUBERT
11209 E$: EDEFEBGFGAG   C322 CARTELLIERI
11210 E$: EDEFEDEFEDEA2G   B664 BOCCHERINI
11211 E$: EDEFEFGEDCBAGFGAGAB   C267 CARDON
11212 E$: EDEFEGEAF   L475 LE DUC
11213 E$: EDEF4E2A2G2F2ED   B393 BECK
11214 E$: EDEF4E2A2G2F2EDEBEB   G251 GASSMANN
11215 E$: EDEF4E2A2G2F2EDEBEBEDEF   ANON. DK-Kk
11216 E$: EDEFGABCBANFA   V254 VANHAL
11217 E$: EDEFGABCEDA   A839 ASPLMAYR
11218 E$: EDEFGAEDEFGA   R491 RICCI
11219 E$: EDEFGE2F2BANA$GFEDE   D972 DUSSEK
11220 E$: EDEFGFGABCBAGAGF   S521 SEYFERT
11221 E$: EDEGDEDEGD   Z780 ZINGARELLI
11222 E$: EDEGEBAG   M939 MOZART
11223 E$: EDEGEB2EDCDFDB2F   E560 ENDLER
11224 E$: EDEGEG   M385 MARTINELLI
11225 E$: EDE2GEBAGFE2GECBAGFA   P340 PAWLOWSKI
11226 E$: EDE2G2F2EB3E   W420 WEIGL
11227 E$: ED2EDEGEB2ED2EDEB3E   H573 HERTEL
11228 E$: ED2ED2ED2ED2EBG   M234 MAJO
11229 E$: EDFGAGF3E   S934 STUMPF
11230 E$: EF / / EBANBCD4E   U520 UMLAUFF
11231 E$: EF   B896 BRUNETTI
11232 E$: EFAGFE   C938 CROES
11233 E$: EFAGFGEB   H573 HERTEL
11234 E$: EFDEBCGAF   S357 SCHMITTBAUR
11235 E$: EFEAGFEFGEAGFEFG   T152 TALON
11236 E$: EFEB2EFEB2EG   G779 GRAUPNER
11237 E$: EFEDEBEFGAGFGEGA   R535 RICHTER
11238 E$: EFEDEBE2GFEBEFGAGFGEGB   D617 DITTERSDORF
11239 E$: EFEDE3BCD$CBNC3F   G998 GYROWETZ
11240 E$: EFEDEFEDEB   T913 TUBEL
11241 E$: EFEDEFEDEFEDEFE2G   S355 SCHMITT
11242 E$: EFEDEFEDEGFGFE   Z110 ZACH
11243 E$: EFEDEFGAGFGABEGBE   B116 BACH
11244 E$: EFEDEGAGFEB / / EGE2 FEN   M435 MATTEI
11245 E$: EFEDEGE2BG / / BDCBCB   R718 ROESSLER
11246 E$: EFEDEGEG3BGB3EBEGBAB   H413 HAYDN
11247 E$: EFEFEDEFEBED   ANON. CS-Pnm/Doksy
11248 E$: EFEFEFEFEFEFEFEF2E2G2FE   R491 RICCI
11249 E$: EFEFEFEFEGAGAGAGAG   R350 REICHARDT
11250 E$: EFEFEGFGFGFA   R558 RIEPEL
11251 E$: EFEFGAGAB3E2D   R539 RICKERT
11252 E$: EFEFG2BAGFEF   T175 TAPRAY
11253 E$: EFEF2GABG   B116 BACH
11254 E$: EFEGBE2GEFD   B116 BACH
11255 E$: EFEGBE2GEFD   B555 BESCH
11256 E$: EFG$ / / 4EFA   Z730 ZIMMERMANN
11257 E$: EFGABCBA / / 5EA   D797 DRUSCHETZKY
11258 E$: EFGABAGAGFGABC   M742 MONET

11259   E$: EFGABCBE   Z730 ZIMMERMANN
11260   E$: EFGABCDEGA   T152 TALON
11261   E$: EFGABCDEGEG   S320 SCHEINPFLUG
11262   E$: EFGABCD2E2G2E2B2E2B2G2E   ANON. F-Pn
11263   E$: EFGABCD3E2G2E2B2E2B2G2E   P762 POLAZZI
11264   E$: EFGABCD5EDCB//B5EFGFEDEFE   H573 HERTEL
11265   E$: EFGAFEBNCF   H411 HAYDN
11266   E$: EFGACBAGBAGFGAB2CBAGBAGF   M742 MONET
11267   E$: EFGA2FG2ED2EDC   M678 MITSCHA
11268   E$: EFGAGABC   S785 STAMITZ
11269   E$: EFGAGFEFEDE   M753 MONROY
11270   E$: EFGAG2F2EFGABA2GF   V227 VANDENBROEK
11271   E$: EFG2A2GCB2CG//EGEBGEBGEBGE   R748 ROLLA
11272   E$: EFG3AGABAG   D617 DITTERSDORF
11273   E$: EFGBAGFEGFEDE   M753 MONROY
11274   E$: EFGBCBAG4FBE   R817 ROSETTI
11275   E$: EFGBEDEF//2EGFED2EG   P592 PICHL
11276   E$: EFGE3BC   B858 BRIOSCHI
11277   E$: EFGEDG   R167 RAMBACH
11278   E$: EFGEFGEFGE//BCDECGEBGE   B652 BLOIS
11279   E$: EFG2ED   H877 HUBER
11280   E$: EFGFEBECEBE   S342 SCHLOEGER
11281   E$: EFGFED   D972 DUSSEK
11282   E$: EFGFEFGFEFGFEBGEBCDC   M729 MOLTER
11283   E$: EFGFEGEGEFGFEGEGF   B116 BACH
11284   E$: EFGF4EBEB5E   C221 CANNABICH
11285   E$: EFGFGA   O121 OBERMEIER
11286   E$: EFGFGAB   M365 MARSH
11287   E$: EFGFGA3BEDEF3G   Z660 ZIEGLER
11288   E$: EFGFGAGABABCBEEN   S521 SEYFERT
11289   E$: EFGFGA2GB2EG2FA2DF   S336 SCHINDELE
11290   E$: EFGFG4BAGF   S189 SAMMARTINI
11291   E$: EFGFGEB   H573 HERTEL
11292   E$: EFG2FGAG   M938 MOZART
11293   E$: EF2GABG3FBCD   G811 GREENE
11294   E$: EF2GA4BCDE   K840 KOERZL
11295   E$: EF2GBAFE//GAANBCD$DNE   H411 HAYDN
11296   E$: EF3GAFGEGA2B   G926 GUENIN
11297   E$: EF3GBAFAG   P221 PARADEISER
11298   E$: EF3G2F2EFG2A   G998 GYROWETZ
11299   E$: E3FEF2EFEFD2E   B664 BOCCHERINI
11300   E$: E4F4G4A4BF4G//GEDBEBGEFAEGDBEB   G943 GUGLIELMI
11301   E$: EGABAG   C182 CAMERLOHER
11302   E$: EGAB2EFGFEFEFE   E164 EBERLIN
11303   E$: EGA2BFAGAG2FE   M379 MARTIN
11304   E$: EGA2BFGAG   Z730 ZIMMERMANN
11305   E$: EGA3BABAGEDB   T152 TALON
11306   E$: EGA4B2E2DC//CBA2BAFED   P979 PUGNANI
11307   E$: EGA2FBGE   B699 BONAZZI
11308   E$: EGAGDGAG   A748 ARNE
11309   E$: EGAGFBEC2AGB//B$:FG2FDBC3A   W939 WRANITZKY
11310   E$: EGA2GA2GA2GFDE2DE2DEDF   D248 DAVESNE

11311	E$: EGANBFA	M943	MUELLER
11312	E$: EGB	K662	KLOEFFLER
11313	E$: EGBAEA	A748	ARNE
11314	E$: EGBAF2DEF	W939	WRANITZKY
11315	E$: EGBAGEBEGBAGEB	R558	RIEPEL
11316	E$: EGBAGF	H411	HAYDN
11317	E$: EGBAGFEBECBA	S189	SAMMARTINI
11318	E$: EGBAGFE2D2EENFB	B550	BERTRAN
11319	E$: EGBAG3FBA3G	H411	HAYDN
11320	E$: EGBAGFG2EAGFGB	C573	CIMAROSA
11321	E$: EGB2AGFEDEF2G	M798	MONTORO
11322	E$: EGB3A2F2DEGB	ANON.	I-TN
11323	E$: EGBCBABA2G	S249	SARTI
11324	E$: EGBCDE	S414	SCHWINDL
11325	E$: EGBCEABEG	A748	ARNE
11326	E$: EGBCGACFAGBGE	W131	WAGENSEIL
11327	E$: EGBDEGBD2EFEDED2CDC	C225	CANNABICH
11328	E$: EGB2D2EABCD2EGBCD$CB	B858	BRIOSCHI
11329	E$: EGB2D2EAC2DE	G159	GALIMBERTI
11330	E$: EGBE	S789	STAMITZ
11331	E$: EGBEAFDEBGAFDEFGAG	B199	BAMBINI
11332	E$: EGBEBCAN5B	W131	WAGENSEIL
11333	E$: EGBEB2CEAF	B116	BACH
11334	E$: EGBEBEGBE2B	H571	HERSCHEL
11335	E$: EGBEBEG3BEBCBG	N478	NEUBAUER
11336	E$: EGBEBEG4B	H423	HAYMANN
11337	E$: EGBEBEGFAGFE	B643	BLANTINI
11338	E$: EGBEBE2GA	B858	BRIOSCHI
11339	E$: EGBEBGBEA	T611	TISCHER
11340	E$: EGBEBGBEFGF2EFGFE	N859	NORRIS
11341	E$: EGBEBGEAC	H708	HOFMANN
11342	E$: EGBEBGEBGEGBEBGE	ANON.	D/DDR-Dlb
11343	E$: EGBEDBAGFEDCEACB	Z770	ZINCK
11344	E$: EGBEDEFGFGA5B	B664	BOCCHERINI
11345	E$: EGBEFACBDE	ANON.	S-Skma
11346	E$: EGBEFGFE	S414	SCHWINDL
11347	E$: EGBEFGFE	F528	FISCHER
11348	E$: EGBEFGFE	B116	BACH
11349	E$: EGBEGACFAD	Z780	ZINGARELLI
11350	E$: EGBEGBAGFED	H571	HERSCHEL
11351	E$: EGBEGBC	S414	SCHWINDL
11352	E$: EGBEGBEDFA	K957	KUETTREYS
11353	E$: EGBEGBEGBEG	K930	KROMMER
11354	E$: EGBEGBEGE	G736	GRAF
11355	E$: EGBEGB2EGB2G2F	S638	SMETHERGELL
11356	E$: EGBEGBGEBG	J960	JUST
11357	E$: EGBEGBG2EACE	S785	STAMITZ
11358	E$: EGBEGBG2EACE	S336	SCHINDELE
11359	E$: EGBEG2B	K926	KREUSSER
11360	E$: EGBEG2BAGABCB	Z110	ZACH
11361	E$: EGBEGEBGED$CBN	P727	PLEYEL
11362	E$: EGBEGE3CB	H337	HARTWIG

```
11363  E$ : EGBEGFBDFBAGFE    H668 HIRNER
11364  E$ : EGBEGFEBCA    W131 WAGENSEIL
11365  E$ : EGBEGFEBGECAGFEDC    R716 ROESER
11366  E$ : EGBEGF2EFEDB    G678 GOSSEC
11367  E$ : EGBEGF3ECGF    ANON. CS-Pnm/Doksy
11368  E$ : EGBE2GABABC    S414 SCHWINDL
11369  E$ : EGBE6GB2E2C    F176 FAKAERTI
11370  E$ : EGBE6GB2E2C    C442 CHAMBRAY
11371  E$ : EGB2EBC    C742 COMY
11372  E$ : EGB2EB2CDFED2CB    B116 BACH
11373  E$ : EGB2EDCBANBANBANBCB    S346 SCHMID
11374  E$ : EGB2EDC5B    S346 SCHMID
11375  E$ : EGB2EFGAB    B858 BRIOSCHI
11376  E$ : EGB2EFGABEDCB    S189 SAMMARTINI
11377  E$ : EGB2EFGF2EDEFEDB    G678 GOSSEC
11378  E$ : EGB2EGBEFAD2FADF    K966 KUNTZEN
11379  E$ : EGB2EGB4EDE    D245 DAVAUX
11380  E$ : EGB4EBE    S395 SCHUSTER
11381  E$ : EGB5ED2FEC    B285 BARTHELEMON
11382  E$ : EGB6EGFEBCBEGFE    W131 WAGENSEIL
11383  E$ : EGBGE    K926 KREUSSER
11384  E$ : EGBGEBDFDBGBEGBE    S783 STALDER
11385  E$ : EGBGEBEBEGE    ANON. CS-Bm
11386  E$ : EGBGEBEBEGE2BC    P592 PICHL
11387  E$ : EGBGEBEGB    S357 SCHMITTBAUR
11388  E$ : EGBGEBGE2GEA2G    R491 RICCI
11389  E$ : EGBGEFAFDB//EBEBEB4E4G4B4ED3CEC    S347 SCHMIDEL
11390  E$ : EGBGEFEDEFEDE    A579 ANFOSSI
11391  E$ : EGBGEGBGEDEFEDEFEA2G2F    ANON. PL-GNd
11392  E$ : EGBGEGE2BECFEDCD    P761 POKORNY
11393  E$ : EGBGEGE2BECFEDCDEG4E    P592 PICHL
11394  E$ : EGBGEG2FACAFAGCD3E    D442 DESAUGIERS
11395  E$ : EGBGFA2GDEBG    H793 HOEPFLINGER
11396  E$ : EG2BAGDE3CANB//EGF3E2B2AG    O650 ORDONEZ
11397  E$ : EG2BAGFEA    S411 SCHWARZENDORF
11398  E$ : EG2BCBA    L712 LIDARTI
11399  E$ : EG2BCDE    M648 MILLER
11400  E$ : EG2BCDECEG    N311 NAUMANN
11401  E$ : EG3BAGCB    P592 PICHL
11402  E$ : EG3BE2C    Z780 ZINGARELLI
11403  E$ : EG8BGE    M939 MOZART
11404  E$ : EGCFBEFG2A    G736 GRAF
11405  E$ : EGDE//EDE3C    K958 KUEFFNER
11406  E$ : EGEAEBECEAFGEFD    B393 BECK
11407  E$ : EGEAEBECEAFGEFDE    R491 RICCI
11408  E$ : EGEAFDE    W853 WOLF
11409  E$ : EGEAFEGAB    M748 MONN
11410  E$ : EGEB    A282 AGTHE
11411  E$ : EGEBAGABGEBA    W131 WAGENSEIL
11412  E$ : EGEBCDEGEBCDEBEBEAG    ANON. CS-Pnm/Doksy
11413  E$ : EGEBDB3EBN2C    S787 STAMITZ
11414  E$ : EGEBEBG    N941 NOVERRE
```

11415	E$: EGEBEBGBG2EDC	D617 DITTERSDORF
11416	E$: EGEBEBGBG2EG	G183 GALUPPI
11417	E$: EGEBEBGBG2EGE	M754 MONSIGNY
11418	E$: EGEBEB2GE2BG	F293 FEDERICI
11419	E$: EGEBE2BE2BG2BGB	G495 GIORDANI
11420	E$: EGEB2EF2EFE	R491 RICCI
11421	E$: EGEB2EFGA2BEBGE	A277 AGRELL
11422	E$: EGEBFD//BEGEB	B414 BEECKE
11423	E$: EGEBGBEGBEDCB	D972 DUSSEK
11424	E$: EGEBGEBG	A139 ABEL
11425	E$: EGEBGEBGEBGE	R748 ROLLA
11426	E$: EGEBGE2BDFDBFD2B//DBDFAENFG	B461 BENDA
11427	E$: EGEBGE2BDFE2B	B116 BACH
11428	E$: EGEBGE4GFDBF	S735 SPANGENBERG
11429	E$: EGEBG2EBGE	C266 CARDON
11430	E$: EGEBG2EFEFGEGE	S320 SCHEINPFLUG
11431	E$: EGEBG5EGEDE	D972 DUSSEK
11432	E$: EGE2BDBE2FGF	C486 CHARTRAIN
11433	E$: EGE2BDF2EFEDCBA	T678 TORELLI
11434	E$: EGE2BEB2GE2BG	F293 FEDERICI
11435	E$: EGE2BEGFE	G776 GRAUN
11436	E$: EGE3B	H133 HAEFFNER
11437	E$: EGECACFED2BCDE	M435 MATTEI
11438	E$: EGEC2BDF2EFEDCBA	T678 TORELLI
11439	E$: EGEDCBAGF2E2BC	S521 SEYFERT
11440	E$: EGEDEBEGEDEBFAFEFB	A918 AUFFMANN
11441	E$: EGEDEFEDEFEFG	H700 HOFFMEISTER
11442	E$: EGEDFAGBGEDFAGB	M998 MYSLIVECEK
11443	E$: EGE3D	K926 KREUSSER
11444	E$: EGEFGBAG2FGBG	A139 ABEL
11445	E$: EGE2FEN	M435 MATTEI
11446	E$: EGEGBG	M748 MONN
11447	E$: EGEGEBCDEDEFGBCDE	B393 BECK
11448	E$: EGEGEGEBGBGBG	V254 VANHAL
11449	E$: EGEGEGEBGBGBGDBD	G998 GYROWETZ
11450	E$: EGEGEGF2A2GF	S594 SIMON
11451	E$: EGEG2EFGAGAGABCBCD	C221 CANNABICH
11452	E$: EGEG2EGEGEFCFG	G396 GEWEIJ
11453	E$: EG3EGE5BDFAG	L619 LE ROY
11454	E$: EGFA	S638 SMETHERGELL
11455	E$: EGFAGB	R936 RUMLING
11456	E$: EGFAGEFGABCDEGFAGB	B125 BACHSCHMIDT
11457	E$: EGFDEBCBAGFE//EDEDCBCB	H411 HAYDN
11458	E$: EGFDEBGFDEBG	ANON. D/DDR-Dlb
11459	E$: EGFDEBGFDEBGFDEGBA	S699 SONNLEITHNER
11460	E$: EGFEBEGBAGEGCD2E	A237 ADLGASSER
11461	E$: EGFEBEGBGE	P727 PLEYEL
11462	E$: EGFEBEGEGFEBE	B393 BECK
11463	E$: EGFEBEGEGFEBFAGF	S785 STAMITZ
11464	E$: EGFEBEGFE	O770 ORSTER
11465	E$: EGFEBEGFEFAGFB	P761 POKORNY
11466	E$: EGFEBEGFEFAGFBFAGF2G2B2E2B	N821 NOPITSCH

11467	E$: EGFEB2EFGA2BAGFEBE	S787 STAMITZ
11468	E$: EGFE2BCEDCB	E164 EBERLIN
11469	E$: EGFE2BDCBF6AGFEDE	A370 ALESSANDRI
11470	E$: EGFE4B	A839 ASPLMAYR
11471	E$: EGFE4B2A	G396 GEWEIJ
11472	E$: EGFECDCB	B285 BARTHELEMON
11473	E$: EGFE2CBGE	B858 BRIOSCHI
11474	E$: EGFEDCBAGFEBAGFEDCBA	R919 RUCK
11475	E$: EGFEDCBCDE	C175 CAMBINI
11476	E$: EGFEDCBCDED//GBEFE3DEFEDC	D456 DESHAYES
11477	E$: EGFEDC2BBN	W853 WOLF
11478	E$: EGFEDE	M998 MYSLIVECEK
11479	E$: EGFEDEBEBEFGB	B664 BOCCHERINI
11480	E$: EGFEDECED$CBN	P592 PICHL
11481	E$: EGFEDECED$CBNC	W477 WENT
11482	E$: EGFEDEENFAGFEF	G166 GALLENBERG
11483	E$: EGFEDEFGABGCA	B858 BRIOSCHI
11484	E$: EGFE2DC2B2AF	W786 WINTER
11485	E$: EGFE2D2FA//B3GED3AFE2B	P727 PLEYEL
11486	E$: EGFEF3BAN2BF	A748 ARNE
11487	E$: EGFEFG2BAGFEGF	T175 TAPRAY
11488	E$: EGFEF2GABG	B116 BACH
11489	E$: EGFEGBAG	T180 TARCHI
11490	E$: EGFEGBGEGFEGBGEFGAGFEABC	S621 SIRMEN
11491	E$: EGFEGDE	V254 VANHAL
11492	E$: EGFEGF2EDEGBAGAG	P149 PAISIELLO
11493	E$: EGFEGF2E2G	S412 SCHWEITZER
11494	E$: EGFE3G	P761 POKORNY
11495	E$: EGF2ED2EGFEGFGEGFEBAB	P129 PAGANELLI
11496	E$: EGF2EGF2EGFE3BDCBDFED	K820 KOENIGSPERGER
11497	E$: EGF3E	V254 VANHAL
11498	E$: EGF3EBEGEGF3EBEGEGBDFB	V118 VACHON
11499	E$: EGF3E2B2AG	O650 ORDONEZ
11500	E$: EGF3EGF2EBDC2B	ANON. D/BRD-DS
11501	E$: EGF3EGF2EFGABAG	L812 LOCHON
11502	E$: EGFGA3BCD3EGA2B	H573 HERTEL
11503	E$: EGFGBEDEDBAGAG	P228 PARERA
11504	E$: EGFG2CBG2E	S189 SAMMARTINI
11505	E$: EGFGEGEGFAGAFA	S357 SCHMITTBAUR
11506	E$: EG2FAGB2AC	F489 FILTZ
11507	E$: EG2FEDCB	T645 TOESCHI
11508	E$: EG2FEDCBAGEFDE	H758 HOLZBAUER
11509	E$: EG2F2EFA2G2FGC2BDE	N945 NOVOTNI
11510	E$: EG2F4E	A634 ANTON
11511	E$: E2GAFDBE2G	W131 WAGENSEIL
11512	E$: E2GB	M998 MYSLIVECEK
11513	E$: E2GBCBABA2GBGFE	S249 SARTI
11514	E$: E2G2BAGA2GBEG	B918 BUCELLI
11515	E$: E2G2BD2F2A	E168 EBERS
11516	E$: E2G2BGB2EG	B116 BACH
11517	E$: E2G2BGFEDCBGFED	M729 MOLTER
11518	E$: E2GE2BGBGE5B	P293 PASZCZYNSKI

11519	E$: E2GFAFEAFAG	M648 MILLER
11520	E$: E2G2F2E2B2A2G	O650 ORDONEZ
11521	E$: E2G2F2E2G2FE	M998 MYSLIVECEK
11522	E$: E3G2EDE//CDCBNCGEND	A758 ARNOLD
11523	E$: 2E	T797 TRENTO
11524	E$: 2EAGACBAGF	H795 HOEPKIN
11525	E$: 2EAGFE2FBAGFGBEB	D972 DUSSEK
11526	E$: 2EAGF2ECBA	D576 DILETTANTE
11527	E$: 2EAGF2ECBA	M748 MONN
11528	E$: 2EAGF2ECBA	ANON. A-LA
11529	E$: 2EBABCDED2CB	S785 STAMITZ
11530	E$: 2EBABCDED2CB	F489 FILTZ
11531	E$: 2EBAGBAGFE	H708 HOFMANN
11532	E$: 2EBAGFEFED	H354 HASSE
11533	E$: 2EBAGFEFED2E	S297 SCHALE
11534	E$: 2EBAGFEFED2EBAGFEFED	P582 PIANTANIDA
11535	E$: 2EBANBCD//BCAF	W939 WRANITZKY
11536	E$: 2EBCBABEBGEBGEB	O650 ORDONEZ
11537	E$: 2EBCDEBD//2EBGD2EBGDEBGDE	B943 BUONO
11538	E$: 2EBCDEDCBA2G	M244 MALDERE
11539	E$: 2EBCDEDCBA3G	A631 ANTIN
11540	E$: 2EBCDEDEFGFGAB	K830 KOPF
11541	E$: 2EBCDEFGB2AG	T655 TOMASCHEK
11542	E$: 2EBCD2E2G2D2F	M385 MARTINELLI
11543	E$: 2EBCDFEDCBA3GABCB	ANON. S-Skma
11544	E$: 2EBEBEBEBE	H758 HOLZBAUER
11545	E$: 2EBEB2EBEF2G	S838 STERKEL
11546	E$: 2EBEGBEGB//BDCBCDE	B696 BOMTEMPO
11547	E$: 2EBEGEBEG2FBFAFBFAG	S934 STUMPF
11548	E$: 2EB2E2D2C2BACB	E340 EICHNER
11549	E$: 2EB2E2G2B	L297 LANZ
11550	E$: 2EBG	A676 ARDINA
11551	E$: 2EBGBEBGBE3B	H411 HAYDN
11552	E$: 2EBGBEBGBE3B2G	ANON. PL-GNd
11553	E$: 2EBGBEGBGBCDEBGBEG	M498 MEHUL
11554	E$: 2EBGBFAGBEGFADA	S816 STEFFAN
11555	E$: 2EBGD2EBGDEBGDE	B943 BUONO
11556	E$: 2EBGEBAFDEDEG	ANON. CH-Mue
11557	E$: 2EBGEFB	M281 MANNA
11558	E$: 2EBGEGFEFGFAFDBEBC	C221 CANNABICH
11559	E$: 2EBG2EF	B864 BRODSKY
11560	E$: 2EBG3EBGECBA	B858 BRIOSCHI
11561	E$: 2EBG3EBGECEA	W131 WAGENSEIL
11562	E$: 2EB2GEB//EDEFEBGFGAG	C322 CARTELLIERI
11563	E$: 2EB2GEBGEB	W131 WAGENSEIL
11564	E$: 2E2BABEBGEBGEB	O650 ORDONEZ
11565	E$: 2E2BAGBEF	D617 DITTERSDORF
11566	E$: 2E2B2C2G4A4F4D4B	R535 RICHTER
11567	E$: 2E2BGE	R535 RICHTER
11568	E$: 2EBNCENFADB	T796 TRENTIN
11569	E$: 2ECBABCDFED2CB	F489 FILTZ
11570	E$: 2ECBABCDFED2CB	S785 STAMITZ

11571 E$:2ECB2EDC//EBEGEAF B116 BACH
11572 E$:2ECB2EDEFG2AGA3EDGF ANON. D/DDR-Bds/Thu
11573 E$:2ECBGBAFF#GE M625 MICHL
11574 E$:2EC3BC2B3ABAG G577 GODECHARLE
11575 E$:2E2C2B2A O650 ORDONEZ
11576 E$:2ED$CB2EDC//EBEGEAF B116 BACH
11577 E$:2ED$2CA W159 WALDEK
11578 E$:2EDABAGFED2CBF S384 SCHUBERT
11579 E$:2EDCB P727 PLEYEL
11580 E$:2EDCBAGFEDE4D2FEDCBAGABA F438 FIALA
11581 E$:2EDCB4A K990 KYFFNER
11582 E$:2EDCBDEFAGF G251 GASSMANN
11583 E$:2EDCBGBAFF#GE M625 MICHL
11584 E$:2EDCBNCB$AGFE W418 WEIGERT
11585 E$:2EDCDCBCB N454 NERUDA
11586 E$:2EDCDC2BCBA K840 KOERZL
11587 E$:2ED2C2ACAN2B V254 VANHAL
11588 E$:2ED2C2BANB O650 ORDONEZ
11589 E$:2EDEBGEA2CBAGBAGF G550 GLASER
11590 E$:2EDECAFDBAG H411 HAYDN
11591 E$:2EDEC2DCDE C221 CANNABICH
11592 E$:2EDECEGEACBAGEGE ANON. PL-MO
11593 E$:2EDEFEAGFECBAGED B283 BARTA
11594 E$:2EDEFEBE2GFGAGEG D337 DELANGE
11595 E$:2EDEFEDEFEDEFE2G S355 SCHMITT
11596 E$:2EDEFEDEFEGFGAGFGA H700 HOFFMEISTER
11597 E$:2EDEFEGBEGBEGBEGBE T645 TOESCHI
11598 E$:2EDEFEGB3EDEFEGCE S359 SCHMITTBAUR
11599 E$:2EDEF2EDEF2EBGE B116 BACH
11600 E$:2EDEF2EDEF2EFG P523 PFEIFFER
11601 E$:2EDEF3EBGEBG2EDEF2E R716 ROESER
11602 E$:2EDEFGE2BCDEDEFGFGA2BA2G C935 CRISPI
11603 E$:2EDEF2GFGABEGBE B116 BACH
11604 E$:2EDEGBEG S320 SCHEINPFLUG
11605 E$:2EDEGBF G183 GALUPPI
11606 E$:2EDE2G K268 KEHL
11607 E$:2ED2EDEB T913 TUBEL
11608 E$:2ED2EDEBCDEGBGAC R716 ROESER
11609 E$:2ED2EDEDEDEDEDEFGABCD G738 GRAGNANI
11610 E$:2ED2EDEG2FE2FEFA Z110 ZACH
11611 E$:2EDFEF2GAF D617 DITTERSDORF
11612 E$:2EDGCANB H633 HIEBESCH
11613 E$:2E2D2C2BAGABG M493 MEHRSCHEIDT
11614 E$:2E2D2D$2C2C$ S414 SCHWINDL
11615 E$:2E2D2EB2AGFGF T645 TOESCHI
11616 E$:2E2DF2AGFGFE R558 RIEPEL
11617 E$:2EFAGFE2B W131 WAGENSEIL
11618 E$:2EFAGFE2B H758 HOLZBAUER
11619 E$:2EFAGFEFG2AGF H708 HOFMANN
11620 E$:2EFDEAGF2EFDEAGF2EFGABGA S355 SCHMITT
11621 E$:2EFEAG2FGFBA A139 ABEL
11622 E$:2EFED2C3BGFBG2BAGFE B116 BACH

11623	E$:2EFEDEBEF2GFGAGF	H700 HOFFMEISTER
11624	E$:2EFEDE2CBABEAGBAGFE	H708 HOFMANN
11625	E$:2EFEDEFEDEGFGAGFGAG	H700 HOFFMEISTER
11626	E$:2EFEDE2GAGFEB//EGE2FEN	M435 MATTEI
11627	E$:2EFEFEFEF2EFEFEFEF2E2G	R491 RICCI
11628	E$:2EFEFG	T657 TOMASINI
11629	E$:2EFEFGEGAGABGE//2EGBGE	K662 KLOEFFLER
11630	E$:2EFE2GABG2EFGE	P761 POKORNY
11631	E$:2EF2ED3B	ANON. D/BRD-DO
11632	E$:2EF2EF2EF2E	ANON. S-Skma
11633	E$:2EFGABCDEBCDEFGAB	P762 POLAZZI
11634	E$:2EFGABCDEBGE	G678 GOSSEC
11635	E$:2EFGABCDEBG2EFGABCDECA	R716 ROESER
11636	E$:2EFGABECBCB	H411 HAYDN
11637	E$:2EFGAB2E	J330 JANITSCH
11638	E$:2EFGABGBG2EGBADEFGAFAF	B461 BENDA
11639	E$:2EFGABGCADBEBGE	Z770 ZINCK
11640	E$:2EFGA2BAGF2E2BEC2F	K789 KOHAUT
11641	E$:2EFGA2BCD2EFGAB	B460 BENDA
11642	E$:2EFGA3B	ANON. H-Bn
11643	E$:2EFGAFGEGABCDE	Z110 ZACH
11644	E$:2EFGA2FGABG	B283 BARTA
11645	E$:2EFGAGABCB	J330 JANITSCH
11646	E$:2EFGAGF4EGABCDEF	L619 LE ROY
11647	E$:2EFGA2GABCB	C182 CAMERLOHER
11648	E$:2EFG3AGAB3CB	ANON. S-Skma
11649	E$:2EFGBAGF	H758 HOLZBAUER
11650	E$:2EFGBAGF4EGABCDEF	L619 LE ROY
11651	E$:2EFGEFG	ANON. CH-EINS
11652	E$:2EFGEF2GABCB	D617 DITTERSDORF
11653	E$:2EFGE2GABG	M748 MONN
11654	E$:2EFGE2GABG	P761 POKORNY
11655	E$:2EFGFEBEGBEFDE	M998 MYSLIVECEK
11656	E$:2EFGFEBE2GFGAG	T915 TUERK
11657	E$:2EFGFEBGBEGBGEFGAGAB	K140 KALB
11658	E$:2EFGFE2B	H758 HOLZBAUER
11659	E$:2EFGFE2B	W131 WAGENSEIL
11660	E$:2EFGFEFG2AGF	H708 HOFMANN
11661	E$:2EFGFEGABA2GBEBGEFGFE	F741 FORTIA
11662	E$:2EFGFEGABCDE	P761 POKORNY
11663	E$:2EFGFEGABCDEGEBGE	N454 NERUDA
11664	E$:2EFGFEGBEGB	W131 WAGENSEIL
11665	E$:2EFGFEGBEGBD$	D617 DITTERSDORF
11666	E$:2EFGF2EENE2F	R350 REICHARDT
11667	E$:2EFGF2EFGF2EFGFE	C698 COLLETT
11668	E$:2EFG2FGA	S355 SCHMITT
11669	E$:2EF2GFED2GAB	P761 POKORNY
11670	E$:2E2F	B896 BRUNETTI
11671	E$:2E2F4E//AFBFAFBF	A833 ASIOLI
11672	E$:2E2F2GA	S787 STAMITZ
11673	E$:2EGBAGBG2E	M380 MARTIN
11674	E$:2EGBAGFECDEDC	C979 CUPIS

```
11675  E$ : 2EGBD   K926 KREUSSER
11676  E$ : 2EGBE2B2A$GEGB   E560 ENDLER
11677  E$ : 2EGBEGBE / / 2EGFEDE2C   H704 HOFMANN
11678  E$ : 2EGBEGBEFEDE   C762 CONTI
11679  E$ : 2EGBEGBEFE2D / / 2EGFEDE2CBABE   H708 HOFMANN
11680  E$ : 2EGB2 EGBABCBCBAG   F522 FIORITO
11681  E$ : 2EGB6 E   T645 TOESCHI
11682  E$ : 2EGBGE   K662 KLOEFFLER
11683  E$ : 2EGBGE   B116 BACH
11684  E$ : 2EGBGEGE   P761 POKORNY
11685  E$ : 2EG2BAGFED2BC2DE2FGA   B539 BERTHEAUME
11686  E$ : 2EG2BCDEBNCGAENF   K913 KRAUS
11687  E$ : 2EG2B2ED3 EGBCBN2C   B116 BACH
11688  E$ : 2EG5BGE / / EBEG2BAN2B   M388 MARTINO
11689  E$ : 2EGEBGEBAGF3 E   N454 NERUDA
11690  E$ : 2EGEBG2E2B2AGF   F733 FOERSTER
11691  E$ : 2EGE2 BCEDFEGFAG   H515 HENNERSDORFF
11692  E$ : 2EGE4 B   P853 PORTOGALLO
11693  E$ : 2EGEDF   G291 GAZZANIGA
11694  E$ : 2EGE2 DFD2CEC   H241 HANKE
11695  E$ : 2EGEG3 BGB3 EBEGBAB   H413 HAYDN
11696  E$ : 2EG2E2DGAB2A2G   V227 VANDENBROEK
11697  E$ : 2EGFD2EGFD2EGFA   C182 CAMERLOHER
11698  E$ : 2EGFEBEGF2E   ANON. H-Gc
11699  E$ : 2EGFE2BEDC   W131 WAGENSEIL
11700  E$ : 2EGFEDEBEFGAGFGAGF   H700 HOFFMEISTER
11701  E$ : 2EGFEDE2CBABEBAG   H708 HOFMANN
11702  E$ : 2EGFEDEGB / / BGAF2E2FGAB   H411 HAYDN
11703  E$ : 2EGFED2EG   P592 PICHL
11704  E$ : 2EGFE2DC2B2A2F   W786 WINTER
11705  E$ : 2EGFE2D2FA   ANON. PL-GNd
11706  E$ : 2EGFE2D2F2A / / B3GED3AF   P727 PLEYEL
11707  E$ : 2EGFEFE   C182 CAMERLOHER
11708  E$ : 2EGFE2FAGFGBEB   D972 DUSSEK
11709  E$ : 2EGFEG   ANON. D/BRD-DS
11710  E$ : 2EGFEGE   P979 PUGNANI
11711  E$ : 2EGFEGFEBGEB / / EAGFE2BEDCBF   A370 ALESSANDRI
11712  E$ : 2EGF2ED$BN2C   B393 BECK
11713  E$ : 2EGF3 EGFEAFDB / / EDEFEGEAF   L475 LE DUC
11714  E$ : 2EGFGBAGFECDEDC   C979 CUPIS
11715  E$ : 2E2GB4 EDENFEDC   Z770 ZINCK
11716  E$ : 2E2GBGEBCB / / 4GCFGANB   W744 WILMS
11717  E$ : 2E2G2 BA   J750 JOMMELLI
11718  E$ : 2E2G2 BEB2D2F2B   N594 NICHELMANN
11719  E$ : 2E2G2 BE2B / / EBGDEBGDE   E340 EICHNER
11720  E$ : 2E2G2B2E2D2C2B   G778 GRAUN
11721  E$ : 2E2G2B2EGBAG3AG   K966 KUNTZEN
11722  E$ : 2E2G2B2EGF / / BCDEBED2CBAGFE   P589 PICCINNI
11723  E$ : 2E2G2B2E2G2B2G2E2B2G2E2B   B114 BACH
11724  E$ : 2E2G2B4 E2G2B2 E   E550 ENDERLE
11725  E$ : 2E2G2 BG2B2 EG   B116 BACH
11726  E$ : 2E2G3 B   T356 TEYBER
```

```
11727   E$ : 2E3GAGFDAEDCB    ANON. CS-Pnm/Doksy
11728   E$ : 2E4GFDAEDCB    ANON. CS-Pnm/Doksy
11729   E$ : 3EAGF2EBEGEBEGBEG2BAG2F    H758 HOLZBAUER
11730   E$ : 3E2A2G2F2E2C2BA    B199 BAMBINI
11731   E$ : 3EBABCDFE    P979 PUGNANI
11732   E$ : 3EBAGFE//EBCDEFGB2AG    T655 TOMASCHEK
11733   E$ : 3EBBN3C2GA    E340 EICHNER
11734   E$ : 3EBCBA2ECD$C    Z770 ZINCK
11735   E$ : 3EBCDEFG    H758 HOLZBAUER
11736   E$ : 3EBCDEFGABC4B    P727 PLEYEL
11737   E$ : 3EBCGAC2B2AG3E    P149 PAISIELLO
11738   E$ : 3EBEBEBGBEBEF    M365 MARSH
11739   E$ : 3EBEBEG    C762 CONTI
11740   E$ : 3EBE2B2AGE    H298 HARRER
11741   E$ : 3EBGE    B116 BACH
11742   E$ : 3EBGEBGC5A    ANON. I-TN
11743   E$ : 3EBGEBGEBGEB    T645 TOESCHI
11744   E$ : 3EBGFE//EEBCDEFGB2AG    T655 TOMASCHEK
11745   E$ : 3EBGFGAFDB    K926 KREUSSER
11746   E$ : 3EBG6FDB    P221 PARADEISER
11747   E$ : 3E2B2GABCBA    I930 IVANSCHIZ
11748   E$ : 3E2B2G7E    B933 BULANT
11749   E$ : 3E3B//3EDF    W939 WRANITZKY
11750   E$ : 3E3BGBG    S787 STAMITZ
11751   E$ : 3EDBD3CDCB    B116 BACH
11752   E$ : 3EDCBACEACEA    B116 BACH
11753   E$ : 3ED2C3BGFBG2BAGFE    B116 BACH
11754   E$ : 3EDEC2DCD2E    C225 CANNABICH
11755   E$ : 3EDEF2EDEF2EBGE    B116 BACH
11756   E$ : 3EDE2FEDCB//GAGFBCDE    S291 SCHACHT
11757   E$ : 3EDE3FEF    W131 WAGENSEIL
11758   E$ : 3EDEGBF    G183 GALUPPI
11759   E$ : 3ED2EBA    F489 FILTZ
11760   E$ : 3ED2EDE3GF2GFG2B    H573 HERTEL
11761   E$ : 3ED7E    Z310 ZANI
11762   E$ : 3EDF    W939 WRANITZKY
11763   E$ : 3EDFED//BACBCDE    B823 BRAUN
11764   E$ : 3EDFEF3GAF    D617 DITTERSDORF
11765   E$ : 3EDFE5GFA    F489 FILTZ
11766   E$ : 3EFED2EDE    J750 JOMMELLI
11767   E$ : 3EFEFGAG    P727 PLEYEL
11768   E$ : 3EF2EBCDEBEBCDEBGA    H708 HOFMANN
11769   E$ : 3EFGAB//3BEGABGAF    F413 FESCA
11770   E$ : 3EFGABCDEDC    H571 HERSCHEL
11771   E$ : 3EFGABCD2E    S563 SIBERER
11772   E$ : 3EFGA3EFGA    S320 SCHEINPFLUG
11773   E$ : 3EFGAFG2EGABCDE    Z110 ZACH
11774   E$ : 3EFGAGFEAGFED2EDEF    G943 GUGLIELMI
11775   E$ : 3EFGAGF3GABCBA    S414 SCHWINDL
11776   E$ : 3EFG2EFEBGF2E    S689 SOLNITZ
11777   E$ : 3EF2GAEN5FG2A    S379 SCHROETER
11778   E$ : 3EF2GEFG    ANON. CH-EINS
```

```
11779  E$ : 3EF2GFEB3GA2BAGE    S383 SCHUBERT
11780  E$ : 3E3FGBCBAG    R817 ROSETTI
11781  E$ : 3E4F4G3A    L134 LACHNITH
11782  E$ : 3EGABG    M365 MARSH
11783  E$ : 3EGA3BAGFE4B4C4D4E    L113 LABARBIERA
11784  E$ : 3EGBA    P985 PURCKSTEINER
11785  E$ : 3EGBEGB    D617 DITTERSDORF
11786  E$ : 3EGBEGBEGBEGB    G998 GYROWETZ
11787  E$ : 3EGBEGBEGBGEB    P213 PAPAVOINE
11788  E$ : 3EGB3EEN    T645 TOESCHI
11789  E$ : 3EGB4E    ANON. F-Pn
11790  E$ : 3EGB5EBD    A991 AZAIS
11791  E$ : 3EG2BA    P985 PURCKSTEINER
11792  E$ : 3EG2BDFDAFGE    B116 BACH
11793  E$ : 3EG2BG2EB2GEB    N478 NEUBAUER
11794  E$ : 3EGBNCEGACDCBA    S785 STAMITZ
11795  E$ : 3EGE    P979 PUGNANI
11796  E$ : 3EGEB    M938 MOZART
11797  E$ : 3EGEBCDB    R714 ROELLIG
11798  E$ : 3EGEBCDB    H298 HARRER
11799  E$ : 3EGEBCDB    H354 HASSE
11800  E$ : 3EGEBEG    R535 RICHTER
11801  E$ : 3EGE2DFD2CEC    H241 HANKE
11802  E$ : 3EGE3FAF//2EGEDF    G291 GAZZANIGA
11803  E$ : 3EGEGBGBEB    K840 KOERZL
11804  E$ : 3EG2ED2A    E168 EBERS
11805  E$ : 3EG2EGAC    R535 RICHTER
11806  E$ : 3EGFEBEBEGFEBEBE    S419 SCIROLI
11807  E$ : 3EGFE3BDCBE    A341 ALBRECHTSBERGER
11808  E$ : 3EGF2E    S348 SCHMIDT
11809  E$ : 3EGF2EBEGEBEGBEGBAG2F    H758 HOLZBAUER
11810  E$ : 3E2GEBAGFE2GECB    P340 PAWLOWSKI
11811  E$ : 3E3GBGEB    T356 TEYBER
11812  E$ : 3E3GC//EBEBE    W939 WRANITZKY
11813  E$ : 3E4G    F357 FERLIGA
11814  E$ : 4E//2EGE2DFD2CEC    H241 HANKE
11815  E$ : 4E4A    S215 SANDER
11816  E$ : 4E4A4E4A4F4D4E    ANON. CS-Pnm/Frydlant
11817  E$ : 4EBAFDEBAFDEB    N327 NAVOIGILLE
11818  E$ : 4EBAGF    M939 MOZART
11819  E$ : 4EB2AGFGAGAB3AGF    B664 BOCCHERINI
11820  E$ : 4EBCDEBEB    S189 SAMMARTINI
11821  E$ : 4EBCDEBEBAGF    B858 BRIOSCHI
11822  E$ : 4EBCDEFAGFG    F489 FILTZ
11823  E$ : 4EBCDEFAGFGAF    T645 TOESCHI
11824  E$ : 4EBCEDF    S357 SCHMITTBAUR
11825  E$ : 4EBEBEB    T645 TOESCHI
11826  E$ : 4EBEBEBEBEB    E340 EICHNER
11827  E$ : 4EBEBEBE2G2F2E    G495 GIORDANI
11828  E$ : 4EBEBE4B    P592 PICHL
11829  E$ : 4EBEBE5BAGA    R817 ROSETTI
11830  E$ : 4EBEBGEFADF    A561 ANDRESKA
```

11831	E$:4EBEGBGAFDB	H758 HOLZBAUER
11832	E$:4EBEG2BEGBE	G251 GASSMANN
11833	E$:4EB4FB	H758 HOLZBAUER
11834	E$:4EBGE	S789 STAMITZ
11835	E$:4EBGEBGE4FAF	A139 ABEL
11836	E$:4EBG3E	B414 BEECKE
11837	E$:4EBGFEBGFEBGF	R716 ROESER
11838	E$:4EB4GE	F489 FILTZ
11839	E$:4E2BE2DCBE	G998 GYROWETZ
11840	E$:4E2BE2DCBEDEF	P727 PLEYEL
11841	E$:4E2BG3EDB2A	H573 HERTEL
11842	E$:4E2B2G2E	ANON. S-Skma
11843	E$:4E2B2G2E2BE	S785 STAMITZ
11844	E$:4E2B2G2E2B3E	D617 DITTERSDORF
11845	E$:4E3B2GBGE	K979 KUZNIK
11846	E$:4E4B4E4G	S521 SEYFERT
11847	E$:4E4B4G4B4F12B	H715 HOFSTETTER
11848	E$:4ECEBEAE	G678 GOSSEC
11849	E$:4ED	S785 STAMITZ
11850	E$:4EDCBAG//BEGBCD4EFEDCBAG	R817 ROSETTI
11851	E$:4EDCBAGA2GAB2CF	L134 LACHNITH
11852	E$:4EDCBANB	B114 BACH
11853	E$:4EDCBCBA	B733 BORGHI
11854	E$:4EDEAGFDB	G998 GYROWETZ
11855	E$:4EDEBCEBD	P592 PICHL
11856	E$:4EDE4BANB	B199 BAMBINI
11857	E$:4EDEFEDCBAG	M395 MASCHEK
11858	E$:4EDEFGEDEFGAFEDGABCA	S567 SICKINGEN
11859	E$:4EDE2FEDCB//GAGFBCDE	S291 SCHACHT
11860	E$:4EDE3FEFGEAFGEAFG3E	K913 KRAUS
11861	E$:4ED2EDE	J750 JOMMELLI
11862	E$:4EDGF2E	C221 CANNABICH
11863	E$:4EDGF2E2G2B	S785 STAMITZ
11864	E$:4E7D3E	K972 KURZWEIL
11865	E$:4EFA	Z730 ZIMMERMANN
11866	E$:4EFEDFG4F	R565 RIGEL
11867	E$:4EFEFG	C957 CRUSE
11868	E$:4EFEFGE	G778 GRAUN
11869	E$:4EF2E2C2B	H411 HAYDN
11870	E$:4EF2ED3B	ANON. D/BRD-DO
11871	E$:4EF3EAG	B283 BARTA
11872	E$:4EFG$2FGAG	H354 HASSE
11873	E$:4EFGA//A4C4A4C4A16G16FE	S382 SCHUBAUR
11874	E$:4EFGA	G678 GOSSEC
11875	E$:4EFGABCDEGBE	G998 GYROWETZ
11876	E$:4EFGAEDGFE	S291 SCHACHT
11877	E$:4EFGAGABCBCDEDFEAG	H700 HOFFMEISTER
11878	E$:4EFGA3G	S330 SCHIATTI
11879	E$:4EFGFEG	K100 KAA
11880	E$:4EFG4F	F565 RIGEL
11881	E$:4E2FDCBA2G	N478 NEUBAUER
11882	E$:4E2F5G2AB	R535 RICHTER

11883 E$: 4E2F5G2A4B Z410 ZEBRO
11884 E$: 4E4FD2G P149 PAISIELLO
11885 E$: 4EGB C698 COLLETT
11886 E$: 4EGBECDEBGEBA B255 BARIERA
11887 E$: 4EGBEDEGEBG3EDE A925 AUMON
11888 E$: 4EGBEFENFG2EGEBCB S383 SCHUBERT
11889 E$: 4EGBEG//9E ANON. I-Gi
11890 E$: 4EGBEGBGEDEFGA M895 MOSELL
11891 E$: 4EGBE2G//5EGBEGBE W550 WEYSE
11892 E$: 4EGB3EEN T645 TOESCHI
11893 E$: 4EGBF2BDF3AGFGFE B229 BARBANDT
11894 E$: 4EG2BANBC C710 COLLETT
11895 E$: 4EGE4B D617 DITTERSDORF
11896 E$: 4EG2EDCBAGFE B116 BACH
11897 E$: 4EG3EB3EG3E ANON. S-L
11898 E$: 4EGF A282 AGTHE
11899 E$: 4EGFA2G H409 HAYDN
11900 E$: 4EGFEBAG4EGFEDCBAG P116 PACHMANN
11901 E$: 4EGFEBE//EDEGDEDEGD Z780 ZINGARELLI
11902 E$: 4EGFEDCBAG E340 EICHNER
11903 E$: 4EGFEDEDCBAGAGFED M831 MORAVETZ
11904 E$: 4EGFED2EGE2BDB P761 POKORNY
11905 E$: 4EGF2EB3DG7E J330 JANITSCH
11906 E$: 4EGF2E2C2B H411 HAYDN
11907 E$: 4EGFGAB M748 MONN
11908 E$: 4EGFGA5BFEFG G251 GASSMANN
11909 E$: 4E2GAGF H411 HAYDN
11910 E$: 4E2G4B3A A561 ANDRESKA
11911 E$: 4E4G H409 HAYDN
11912 E$: 4E4GB K662 KLOEFFLER
11913 E$: 4E4G4B4E4G4B H758 HOLZBAUER
11914 E$: 4E4G4B4E4G4B P761 POKORNY
11915 E$: 4E4G4B4E4G4BFBANBCBANBCBANB B667 BODE
11916 E$: 4E4G4B4E4G8B4D4F S295 SCHAFFRATH
11917 E$: 4E4G4B6E4B4G2E H761 HOLZBOGEN
11918 E$: 4E4G8B H298 HARRER
11919 E$: 4E4G4E4A4F4D4E4G M943 MUELLER
11920 E$: 4E4G4F4D B421 BEHRWALD
11921 E$: 5E//3EGE2DFD2CEC H241 HANKE
11922 E$: 5EA D797 DRUSCHETZKY
11923 E$: 5EBAFAGEGFCBD T722 TOUCHEMOULIN
11924 E$: 5EBCDEDEFG S820 STEGMANN
11925 E$: 5EBCDEF S785 STAMITZ
11926 E$: 5EBCDEFG H758 HOLZBAUER
11927 E$: 5EBCEB2E P592 PICHL
11928 E$: 5EBGAFGEB F489 FILTZ
11929 E$: 5EBG2EBG2ECAE M926 MOULINGHEN
11930 E$: 5E2BAG//4ED S785 STAMITZ
11931 E$: 5E2B5G2E2BGE S383 SCHUBERT
11932 E$: 5ECABGAF K110 KACHEL
11933 E$: 5ED2A3D//32E E310 EGGERT
11934 E$: 5EDBF3A S789 STAMITZ

11935	E$:5EDBF3A	R817 ROSETTI
11936	E$:5EDCB2AG	S785 STAMITZ
11937	E$:5EDEDEDEDE	D617 DITTERSDORF
11938	E$:5EDEF2EDEFE//4G	F770 FRAENZL
11939	E$:5EDEFGAGEFG	V426 VEICHTNER
11940	E$:5EDEG5EDEA	D199 DANZI
11941	E$:5EDFED4A//GDECGDEC	R919 RUCK
11942	E$:5E2D//B2EDAF	M419 MASSONNEAU
11943	E$:5E2D2C2BGCB	S789 STAMITZ
11944	E$:5EFEFGEB6G	G834 GRETRY
11945	E$:5EF3EA3G	B283 BARTA
11946	E$:5EFG$2FGAG	H354 HASSE
11947	E$:5EFGABEGFEDCBAGFE	G948 GUILLEMAIN
11948	E$:5EFGA5BCDB	K923 KREUDER
11949	E$:5EFGACABG	Z660 ZIEGLER
11950	E$:5EFGAF3G	M380 MARTIN
11951	E$:5EFGB2ABCBA//EFAGFE	C938 CROES
11952	E$:5EFGFEDCB	E570 ENGEL
11953	E$:5EFG5FGA5GABA	Z110 ZACH
11954	E$:5E2F3G2A3B2D2E	S789 STAMITZ
11955	E$:5E4FD2G	P149 PAISIELLO
11956	E$:5E$8F	W939 WRANITZKY
11957	E$:5EGBEG	ANON. I-Gi
11958	E$:5EGBEGBCB//8E	G678 GOSSEC
11959	E$:5EGBEGBE	W550 WEYSE
11960	E$:5EGBEGBEGB	H704 HOFMANN
11961	E$:5EGB5E	B116 BACH
11962	E$:5EGBGEGBG	C221 CANNABICH
11963	E$:5EG2B2AG6E2B2AG	R714 ROELLIG
11964	E$:5EGEGABE	H298 HARRER
11965	E$:5EGFE	M938 MOZART
11966	E$:5EGFEFE	S785 STAMITZ
11967	E$:5EGFEFG//2EDCB	P727 PLEYEL
11968	E$:5EGFEFGEB6G	G834 GRETRY
11969	E$:5E4G4B	O650 ORDONEZ
11970	E$:6E	K295 KELLY
11971	E$:6E	A555 ANDRE
11972	E$:6EAG6ECB4EDCBCB	N821 NOPITSCH
11973	E$:6EAGFEAGFE3B	F852 FREDERIC
11974	E$:6E2AC2A2GB2E2D	H758 HOLZBAUER
11975	E$:6EBGE3GA	D199 DANZI
11976	E$:6EBG4FGF	V254 VANHAL
11977	E$:6E2B	N489 NEUMANN
11978	E$:6EDCB5A	D369 DEMACHI
11979	E$:6EDE	M365 MARSH
11980	E$:6EDEFB3EDEFB3E	S689 SOLNITZ
11981	E$:6EDEFB4EDEFB3E	S961 SURMONTI
11982	E$:6EDEFEBEG2FEFGFBF	P761 POKORNY
11983	E$:6E2DCEBG	R817 ROSETTI
11984	E$:6EFEDEFG$GNA//GBGEGEBGE	R762 ROMBERG
11985	E$:6EFED4E	T645 TOESCHI
11986	E$:6EFGFEFE	S785 STAMITZ

11987 E$: 6E2F2G2A2G2D2E   D617 DITTERSDORF
11988 E$: 6E4FG   S749 SPERGER
11989 E$: 6EGBG2EGBG   C225 CANNABICH
11990 E$: 6EGE   S357 SCHMITTBAUR
11991 E$: 6EGFE   M938 MOZART
11992 E$: 6EGFGABE   R173 RAMIDA
11993 E$: 6EGFGAB3E   O350 OGLIO
11994 E$: 6EGFGAB3E   H354 HASSE
11995 E$: 6EGFGAB4EGFGA   ANON. D/DDR-Dlb
11996 E$: 6EGFGABGEBG2EB   M676 MIROGLIO
11997 E$: 7E//EBED   R349 REICHA
11998 E$: 7E//EGBAF2DEF   W939 WRANITZKY
11999 E$: 7EBEG   S355 SCHMITT
12000 E$: 7ECABGAF   K110 KACHEL
12001 E$: 7EDCBA   K920 KREBS
12002 E$: 7ED4E   T645 TOESCHI
12003 E$: 7EFEA2G2FED4FGBAF   ANON. PL-GNd
12004 E$: 7E7F   L269 LANG
12005 E$: 7EGBAGFEDC   C267 CARDON
12006 E$: 7EGBG2EACA   D972 DUSSEK
12007 E$: 7EG4E   D617 DITTERSDORF
12008 E$: 8E   G678 GOSSEC
12009 E$: 8E//EDECEBEDCEBAG   P727 PLEYEL
12010 E$: 8E   M939 MOZART
12011 E$: 8E   T928 TUMA
12012 E$: 8E   G678 GOSSEC
12013 E$: 8EA5G   P979 PUGNANI
12014 E$: 8E8B8E   ANON. D/BRD-DS
12015 E$: 8E8B16F4F4A4G4E4F4A4G   C182 CAMERLOHER
12016 E$: 8ECB   K917 KRAUSE
12017 E$: 8EC2BAGB   ANON. CS-Pnm/Doksy
12018 E$: 8EGF2E   H704 HOFMANN
12019 E$: 8E4G4C4D4F8B8C4E4A   R535 RICHTER
12020 E$: 8E8G   Q400 QUERFURTH
12021 E$: 8E8G   K966 KUNTZEN
12022 E$: 8E8G6BCD2EGABAGFEDCBA   ANON. D/BRD-RH
12023 E$: 9E   ANON. I-Gi
12024 E$: 9E6F3B   A839 ASPLMAYR
12025 E$: 9EGBEBDFA   F654 FOERSTER
12026 E$: 9EGBEGBG   S189 SAMMARTINI
12027 E$: 10E   B116 BACH
12028 E$: 10E   D337 DELANGE
12029 E$: 11E//EBEDCA2G2F2ED   R348 REICHA
12030 E$: 11EFGFE   B116 BACH
12031 E$: 11EFGFEGEG   S785 STAMITZ
12032 E$: 12EDE   C221 CANNABICH
12033 E$: 12E3D//2GANBN2C   B414 BEECKE
12034 E$: 12EGFGA   S567 SICKINGEN
12035 E$: 12E2G14B   P645 PINAIRE
12036 E$: 13E   R535 RICHTER
12037 E$: 13E   D617 DITTERSDORF
12038 E$: 13EDCBA4G   H839 HOUPFELD

12039	E$:13EDECAFDBA//2GA2GF2EDEG2B	H411	HAYDN
12040	E$:13EG14E	C225	CANNABICH
12041	E$:13EGFGA	S567	SICKINGEN
12042	E$:14E	E340	EICHNER
12043	E$:14EG6E	K860	KOSPOTH
12044	E$:14EGF2EGF2EGFEFED	A371	ALESSANDRO
12045	E$:15E	C221	CANNABICH
12046	E$:15E	R535	RICHTER
12047	E$:15E	D617	DITTERSDORF
12048	E$:16E	G779	GRAUPNER
12049	E$:16E//4EFGA	G678	GOSSEC
12050	E$:16E	P979	PUGNANI
12051	E$:16E4G4B16E4A4C14EB	S789	STAMITZ
12052	E$:17EFEF	N477	NEUBAUER
12053	E$:17EFGABC	ANON.	CS-Pnm/Doksy
12054	E$:18E	F770	FRAENZL
12055	E$:20E	P979	PUGNANI
12056	E$:20E4A4G4F20E4C4B	L486	LEEMANS
12057	E$:24E8B	G678	GOSSEC
12058	E$:28E	C221	CANNABICH
12059	E$:32E	E310	EGGERT
12060	E$:32EF31B	F489	FILTZ
12061	E$:40ECEAC	P979	PUGNANI
12062	E$:40E8D24G8F24B8A	L939	LUCHESI
12063	E$:48E8A8D48E8A8D2EFGABED	O124	OBERMEIER
12064	E$:FEDEDEFG	C175	CAMBINI
12065	E$:FEDEFEDEFEDEFED2EBG	M234	MAJO
12066	E$:FEDEF4E3A2G2F2ED	G251	GASSMANN
12067	E$:FEDEF4E3A2G2F2ED	B393	BECK
12068	E$:FEDEF4E3A2G2F2ED	ANON.	DK-Kk
12069	E$:FED2EFED3EBEENGF	S787	STAMITZ
12070	E$:3FEDCDAC//17EFEF	N477	NEUBAUER
12071	E$:GAANBCD$DNE	H411	HAYDN
12072	E$:GABCEDCB	W550	WEYSE
12073	E$:GABE2CBEDEFGA	C550	CHRISTELLI
12074	E$:GABEDG	W939	WRANITZKY
12075	E$:GABNCGFABNCFGAGF	M435	MATTEI
12076	E$:GAC$B//EGFEDEENFAGFEF	G166	GALLENBERG
12077	E$:GACAGAFEGFEDE	Z730	ZIMMERMANN
12078	E$:GAFDED$CAFDFDB	B896	BRUNETTI
12079	E$:GA2FBFGD	G776	GRAUN
12080	E$:GAGABCBAG3AG	B664	BOCCHERINI
12081	E$:GAGAF2BGAGFGEGF//3E3GBGEB	T356	TEYBER
12082	E$:GAGCGEC2G//C-:CECDCEFD	C742	COMY
12083	E$:GAGFBCDE	S291	SCHACHT
12084	E$:GAG2FBFGD	G776	GRAUN
12085	E$:GA2GFGACFED	S414	SCHWINDL
12086	E$:GA2G3FBABA2G//BCD4EDE	E162	EBERL
12087	E$:G2AFDED$2CAFDFDB	B896	BRUNETTI
12088	E$:GBAGABD$CBCEG	B818	BRANDL
12089	E$:GBAGABDC2BAG2ABAG	B664	BOCCHERINI
12090	E$:GB2AGFED2CB	S355	SCHMITT

12091 E$:GBDCDEB M947 MUELLER
12092 E$:GBEAFBFAGE B118 BACH
12093 E$:GBEBGEBG4CA2CBFA//EGABAG C182 CAMERLOHER
12094 E$:GBECAF#GCAFDE C486 CHARTRAIN
12095 E$:GBEFE3DEFEDC D456 DESHAYES
12096 E$:GBEGBEDCBAGFGFEB H573 HERTEL
12097 E$:GBEGBEGBEGBE F438 FIALA
12098 E$:GBEGB2EBAGBD$ N311 NAUMANN
12099 E$:GBEGFE2BAG P523 PFEIFFER
12100 E$:GB2E3DEFEDC D456 DESHAYES
12101 E$:GB2EGBG2CB H413 HAYDN
12102 E$:GBGBEGFBD2FA S189 SAMMARTINI
12103 E$:GBGBGBGBGBGBG T913 TUBEL
12104 E$:GBGBGBGBGBGBGBGBACAC N478 NEUBAUER
12105 E$:GBGEGEBGE R762 ROMBERG
12106 E$:GBGF4EFA$ L234 LAMONINARY
12107 E$:GB2GB6G4F4A P129 PAGANELLI
12108 E$:G2B2G3E C168 CALVI
12109 E$:GC3BAGFD S320 SCHEINPFLUG
12110 E$:GCBN3CBN3CGFAGFED M277 MANGEAN
12111 E$:GDBFAGDBFA3GAB S355 SCHMITT
12112 E$:GDEAENF//EG3BE2C Z780 ZINGARELLI
12113 E$:GDECGDEC R919 RUCK
12114 E$:GEAF3D//3BAGF2E2F G998 GYROWETZ
12115 E$:GEBGEGEBGEAFDAF B617 BIRCK
12116 E$:GE2BC2BEGBCB W853 WOLF
12117 E$:GE2BG2EBGEB//BEDCBCBAGF H413 HAYDN
12118 E$:GEDBEBGEFAEGDBEB G943 GUGLIELMI
12119 E$:GEDCDGCDEFGFEDEFC B234 BARBELLA
12120 E$:GED4CGB2AGF N478 NEUBAUER
12121 E$:GEDEDEB2EDE ANON. A-Wn
12122 E$:GEDEFEGBEG2BFEFGFAB P377 PEILE
12123 E$:GEDEF2EFGBAG C221 CANNABICH
12124 E$:GEDEF2EFGBA2GFG S414 SCHWINDL
12125 E$:GEDEF3E4D$2CAF D617 DITTERSDORF
12126 E$:GEFGA5BCAGFG H700 HOFFMEISTER
12127 E$:GEFG2EFGF2EB M998 MYSLIVECEK
12128 E$:GEGB2EDEBGBE2GFBDFB G172 GALLO
12129 E$:GE2G2BFD2F2ADE B116 BACH
12130 E$:G2EBA2GFEEN R565 RIGEL
12131 E$:G2E3BGBG3E2GFE S785 STAMITZ
12132 E$:G2EGBGEB2GAB3FA F489 FILTZ
12133 E$:G3EDEFEGD R348 REICHA
12134 E$:G5E6F2AGFEDEB W131 WAGENSEIL
12135 E$:G6EGBEG S787 STAMITZ
12136 E$:G7EBG B116 BACH
12137 E$:G7EBG3F F770 FRAENZL
12138 E$:G7EBG3F3GBG F489 FILTZ
12139 E$:G7EBG3F3GBG P592 PICHL
12140 E$:G14E//EBG2ED$C W939 WRANITZKY
12141 E$:GFEAGFE A833 ASIOLI
12142 E$:GFEBAGFEDEFED R817 ROSETTI

12143 E$: GFE2BGE   R116 BACH
12144 E$: GFE2BGE   K666 KLOPP
12145 E$: GFEDCDEFEDCBCD   M214 MAHAUT
12146 E$: GFEDCDEFEDCBCDEDCDE   ANON. DK-Kk
12147 E$: GFEGFAGBCDE   S335 SCHIMPKE
12148 E$: G2FG2FG2F2CBAGBECAFEF   M678 MITSCHA
12149 E$: 2GABEBGAB   M947 MUELLER
12150 E$: 2GABGEDEFGF   H700 HOFFMEISTER
12151 E$: 2GA2BCDFE2D2EFG   R535 RICHTER
12152 E$: 2GACBAGF   S785 STAMITZ
12153 E$: 2GAFBCBAG2FGB2AGF   A139 ABEL
12154 E$: 2GA2GF2EDEG2B   H411 HAYDN
12155 E$: 2GA2GFGBAGCFED//EGEC2BDF2EFEDCBA   T678 TORELLI
12156 E$: 2GANBN2C   B414 BEECKE
12157 E$: 2GBAGFEEN   V254 VANHAL
12158 E$: 2GBCBGFGBAGFE   M963 MUENCHHAUSEN
12159 E$: 2GEBEGBEBGEB   K295 KELLY
12160 E$: 2GFGABGBG   S414 SCHWINDL
12161 E$: 2GFGABGBGBGAGFEDCBGCAFD   ANON. PL-MO
12162 E$: 2GFGAFEF   S189 SAMMARTINI
12163 E$: 2GF2GBEG   K660 KLOB
12164 E$: 2G2F2EDEGBEGBC   S348 SCHMIDT
12165 E$: 3G   M244 MALDERE
12166 E$: 3GACBAGF   F489 FILTZ
12167 E$: 3GACBAG2F   S785 STAMITZ
12168 E$: 3GBEBGE   S594 SIMON
12169 E$: 3GBEBGF   G824 GREINER
12170 E$: 3GBEGBEG   R762 ROMBERG
12171 E$: 3G2B2E2G2E2B2G   M244 MALDERE
12172 E$: 3GEDCB   M244 MALDERE
12173 E$: 3GEDEFEGEGEGFEFGFGE   S351 SCHMIDT
12174 E$: 3GEFGA3GABCB   S934 STUMPF
12175 E$: 4G   F770 FRAENZL
12176 E$: 4G4BEB4E4GCG   G779 GRAUPNER
12177 E$: 4GCFGANB   W744 WILMS
12178 E$: 4GEBGA   G567 GLUCK
12179 E$: 4GEDCBNCAGFEDCBN   B116 BACH
12180 E$: 4GFG   N478 NEUBAUER
12181 E$: 5GA2BC   H839 HOUPFELD
12182 E$: 5G5B   R716 ROESER
12183 E$: 5GEDECBN   M395 MASCHEK

12184 E$- : BAG$FAG$EGE//E$: 3EG2ED2A   E168 EBERS
12185 E$- : EG$BEFEDEGEBGD$ S357 SCHMITTBAUR

12186 E : E   T820 TRIEBEL
12187 E : ABCDEFGABCD   C182 CAMERLOHER
12188 E : BABCBABAGAG   B533 BERRETTA
12189 E : BAG3AGFG   H409 HAYDN
12190 E : BAG3BCDEDFEDCBAG   S383 SCHUBERT
12191 E : BAGFEDEFG   D972 DUSSEK
12192 E : BAGFGA2BAGFGA   C566 CIAMPI

12193 E : BAGFGEGBE G811 GREENE
12194 E : BAG2FEBCDEFGAGF G183 GALUPPI
12195 E : BA#FANG P592 PICHL
12196 E : BCAG C524 CHERZELLI
12197 E : BCBA2BGAFEDCBCD K926 KREUSSER
12198 E : BCDEBFBD R817 ROSETTI
12199 E : BCDEDEFGFGABAGFGBEG M277 MANGEAN
12200 E : BDE2BABAFEDE2B2GFGF B285 BARTHELEMON
12201 E : BEBCBAGEGFEDE Z730 ZIMMERMANN
12202 E : BEBEGBA K990 KYFFNER
12203 E : BEB3EDEFBF H354 HASSE
12204 E : BEBFBGBAGF A370 ALESSANDRI
12205 E : BEBGEAFEDEBGE V254 VANHAL
12206 E : BEBGEFGABCE V254 VANHAL
12207 E : BEBGFAFEDCBA N454 NERUDA
12208 E : BE2B2EF2GABAB H354 HASSE
12209 E : BEDCBAGCBA F653 FOERSTER
12210 E : BEFEDEF W853 WOLF
12211 E : BEFEDFABAG M498 MEHUL
12212 E : BEFGABCBGECBGDC ANON. D/DDR-SWl
12213 E : BEF3GABA2G2FBFG2A M998 MYSLIVECEK
12214 E : BEF4GBGD#2E W131 WAGENSEIL
12215 E : BEGABC Z730 ZIMMERMANN
12216 E : BEGABEGABGFAGFE V254 VANHAL
12217 E : BEGAFGEBCAB2GA P285 PASQUALI
12218 E : BEG2ABCAFCD B114 BACH
12219 E : BEGBAG2FB D972 DUSSEK
12220 E : BEGBAG2FBDF K880 KOZELUCH
12221 E : BEGBDFED2E V254 VANHAL
12222 E : BEG2EGBG S249 SARTI
12223 E : BEG2EGE V254 VANHAL
12224 E : BEGFAF L619 LE ROY
12225 E : BEGFGAGCF H411 HAYDN
12226 E : BE2GAFGE2BCAB3GAFGEB P285 PASQUALI
12227 E : B2EGE2BFB F917 FRITSCH
12228 E : B2E2GFEDEFG B285 BARTHELEMON
12229 E : B4EFGABCDECBAGFEB H573 HERTEL
12230 E : B5EDEFBCBAB K922 KRESS
12231 E : B5EFGFEB T611 TISCHER
12232 E : BGA4BA O650 ORDONEZ
12233 E : BGAFEGAFBGAF M244 MALDERE
12234 E : BGAFEGAFBGAFEBCD A839 ASPLMAYR
12235 E : BGBEGB W827 WITT
12236 E : BGE2BGEBCB J750 JOMMELLI
12237 E : BGE2BGEBEDEDCB Z780 ZINGARELLI
12238 E : BGEG2BAFGBAG2F2ED B664 BOCCHERINI
12239 E : BGFE2FG2ABAGC2BAG S785 STAMITZ
12240 E : BGF2ED S298 SCHALL
12241 E : BGFGA2BGFGA C566 CIAMPI
12242 E : BGFGA2BGFGAB S249 SARTI
12243 E : BGFGA2BGFGA2BAB2C G183 GALUPPI
12244 E : BGFGA2BGFGA2BAB2CBAB2CBAGAGFE ANON. DK-Kk

12245	E : B2G2E2B2G2EB2E	K295	KELLY
12246	E : B2G2E2B2G2EB2EGBGE	S783	STALDER
12247	E : 2BA2BGAFDCBCD	K926	KREUSSER
12248	E : 2BAGFE2CD2EFG	B116	BACH
12249	E : 2BCAC2BCDE	S189	SAMMARTINI
12250	E : 2BCBCD2E2FAF	S785	STAMITZ
12251	E : 2BCDFED	P979	PUGNANI
12252	E : 2BEDFE	H700	HOFFMEISTER
12253	E : 2BEDFEDFEGBAFG	H704	HOFMANN
12254	E : 2B3GF2A//BGF2ED	S298	SCHALL
12255	E : 3B3A2G2FE	K928	KREUTZER
12256	E : 3B2E2D2C4B2E2D2C	D617	DITTERSDORF
12257	E : 5B	S785	STAMITZ
12258	E : 5B2FE5B2F	S735	SPANGENBERG
12259	E : 6BEB	P592	PICHL
12260	E : 7BCBA2GBG	H413	HAYDN
12261	E : DNC2AGFEDE	F271	FAUNER
12262	E : DEDCBCDEGAGFEFGAG	ANON.	CS-BRsav/Marianka
12263	E : DEFGB#CDE	R919	RUCK
12264	E : DEFGEAFGDEF	D972	DUSSEK
12265	E : DEGA4BCAB4CACBCAG	ANON.	GB-Lbl
12266	E : D3EDEF2GF2GABAG	ANON.	D/BRD-DS
12267	E : DGAGAG2C2B2A	ANON.	H-Gc
12268	E : EAF2ECAG3E2D	V254	VANHAL
12269	E : EAGFE6BE2GFEDE	B116	BACH
12270	E : EAGFEDNCBAG2FEB2CBAGFE	V624	VIBERT
12271	E : EA#BANA	ANON.	A-LA
12272	E : EBAGFEBAGF	P153	PALADINO
12273	E : EBAGF5EC	V254	VANHAL
12274	E : EBCBCDEBCBCDE	R539	RICKERT
12275	E : EBCDEDEFGFEDEBGBE	H354	HASSE
12276	E : EBCDEFGEFGABFGEBEFGA	M729	MOLTER
12277	E : EBCD2EBCG	G834	GRETRY
12278	E : EBEAGFEBEAGF	G251	GASSMANN
12279	E : EBEBEBEBEFE	N454	NERUDA
12280	E : EBEBEBEBEF2EFD	M748	MONN
12281	E : EBEBEBEBEF2EFE	G567	GLUCK
12282	E : EBEBEBEBEF2EFEGEGE	J750	JOMMELLI
12283	E : EBEBEBEBEF2EFEGEGEGEGE	C182	CAMERLOHER
12284	E : EBEDEFGFGABGAB	D617	DITTERSDORF
12285	E : EBEG2BGBE2GEGB5E2D	O650	ORDONEZ
12286	E : EBEGEGBGB	S689	SOLLNITZ
12287	E : EB2EDEFAD2EDE	H413	HAYDN
12288	E : EBGA2GEB2CBEBC	G678	GOSSEC
12289	E : EBGB	M748	MONN
12290	E : EBGBEBGB	O750	ORSLER
12291	E : EBGEBGEBGEBGE2DB	W131	WAGENSEIL
12292	E : EBGEBGEGB	S419	SCIROLI
12293	E : EBGEBGEGEBEBG	B644	BLASI
12294	E : EBGEDFAF	M388	MARTINO
12295	E : EBGEGBEBGBFBABGFEDEFGAB	K350	KENNIS
12296	E : EBG2EGB2EDC3B	F520	FIORILLO

```
12297   E : EBGFGFEFGEBF    P592 PICHL
12298   E : EB2GA3BEDCB2GB2A    S383 SCHUBERT
12299   E : EB2GBDNCED#F    S785 STAMITZ
12300   E : E2BAGDEFB    F489 FILTZ
12301   E : E2B2E2GB2E2G2B    G834 GRETRY
12302   E : E4BEF    R845 ROTH
12303   E : E5BCBAG    N454 NERUDA
12304   E : E6BEBEG3B    P592 PICHL
12305   E : ECAFD    D617 DITTERSDORF
12306   E : EDNC3AGFEDE    F271 FAUNER
12307   E : EDCB2AGCB2AGF    B664 BOCCHERINI
12308   E : EDCBCDEGAGFEFGAG    A839 ASPLMAYR
12309   E : EDE5BAB5GFG4E    P979 PUGNANI
12310   E : EDEDECBCBA#BANBAG    W131 WAGENSEIL
12311   E : EDEFEBEFGEDEFGEGA#BEDEFE    ANON. DK-Kk
12312   E : EDEFGABCDEFGA    H877 HUBER
12313   E : EDEGEB    ANON. CS-Pnm
12314   E : E2D2E2F2G2A2F2G2E    S381 SCHUBACK
12315   E : EFBAGFECBAGF    S383 SCHUBERT
12316   E : EFEDEFGAGFGA    H758 HOLZBAUER
12317   E : EFEDE2GABCBAB2E    R758 ROMAN
12318   E : EFEDE2GAGFEB    H758 HOLZBAUER
12319   E : EFGABCDEF    Z660 ZIEGLER
12320   E : EFGAB2CDEDCBA    S789 STAMITZ
12321   E : EFGAB3CD    J330 JANITSCH
12322   E : EFGAB3CD    V855 VIVALDI
12323   E : EFGA2BCBCDEDCBAG    ANON. S-L
12324   E : EFGA4BGABGEBF2BA    F718 FORESTI
12325   E : EFGFEBEG3BAGFEDCB    K860 KOSPOTH
12326   E : EGABACD2EGAB    O750 ORSLER
12327   E : EGABAGEBGEBCDE    C710 COLLETT
12328   E : EGABCDEFGBEGFADF    V254 VANHAL
12329   E : EGABCDEGA2BAGFE    H573 HERTEL
12330   E : EGABCFGACAGFED    V254 VANHAL
12331   E : EGA2BCDE    ANON. A-LA
12332   E : EG2A3BABCAB    G251 GASSMANN
12333   E : EG2AGABGBED    M943 MUELLER
12334   E : EGBAGEDF2EFGABAG    P515 PEYERL
12335   E : EGBCBEGBAG    M748 MONN
12336   E : EGB2CBDEAGFEA#BC    S419 SCIROLI
12337   E : EGBEACF2A2GF    A839 ASPLMAYR
12338   E : EGBEBAGA2B    H758 HOLZBAUER
12339   E : EGBEB3AGAGA    V254 VANHAL
12340   E : EGBEGB2E2B2G    G678 GOSSEC
12341   E : EGBEGBGE    B116 BACH
12342   E : EGB2EDC2BE2AFGEGB    G537 GIULINI
12343   E : EGB2EFGFEB    M998 MYSLIVECEK
12344   E : EGB2EGBE2GEGBEG    W464 WELTZ
12345   E : EGBGEBEGEBGBEB    H758 HOLZBAUER
12346   E : EGBG4E2CEC    R936 RUMLING
12347   E : EG2BAGA3BFA    G567 GLUCK
12348   E : EG2BAGA3BF2AGFG2C    M754 MONSIGNY
```

12349	E : EG2BCBEG2BAG	M748	MONN
12350	E : EG2BCDEB	W131	WAGENSEIL
12351	E : EG2BED2CAFE2DBAGEG	A839	ASPLMAYR
12352	E : EG2BEG2BG2EGE2 B	C442	CHAMBRAY
12353	E : EG3BDFA	ANON.	A-LA
12354	E : EG3BDFBAGB	H366	HATTASCH
12355	E : EG5B	S785	STAMITZ
12356	E : EGE	T645	TOESCHI
12357	E : EGEAFBCDEDEFA	B918	BUCELLI
12358	E : EGEBAGFEC	S785	STAMITZ
12359	E : EGEBEBGEFGA	M380	MARTIN
12360	E : EGEBGEGEBGA2F2EDE	F532	FISCHIETTI
12361	E : EGE3 BAGA	K840	KOERZL
12362	E : EGEGEG2BAGFEDCBA	S414	SCHWINDL
12363	E : EGEGEG2BAGFEDCBA	C221	CANNABICH
12364	E : EGEG2EDEFGEB3GFGABGEB2EDEF	C524	CHERZELLI
12365	E : EGFAGB	M938	MOZART
12366	E : EGFC2B2EDEG	C523	CHERUBINI
12367	E : EGFDECB	H411	HAYDN
12368	E : EGFEBAG2F4E2DC	O650	ORDONEZ
12369	E : EGFEBAG2F4E2D#2C2BA	B116	BACH
12370	E : EGFEBEFGE3C	B858	BRIOSCHI
12371	E : EGFEB3EGBAGE3G	G678	GOSSEC
12372	E : EGFE6BE2GFEDE	B116	BACH
12373	E : EGFECBAGFEB2CBAGFE	V624	VIBERT
12374	E : EGFEDEGFEDEG2BA	D357	DELLER
12375	E : EGFEDE2GBAGFEB	H758	HOLZBAUER
12376	E : EGFEFGABAGABCDE	B652	BLOIS
12377	E : EGFEGA2BDC	J330	JANITSCH
12378	E : EGFEGF2EBAGBAGE	G943	GUGLIELMI
12379	E : E2GF2AGB	M938	MOZART
12380	E : 2EAF2ECAG3E2D	V254	VANHAL
12381	E : 2EBAGF5EC	V254	VANHAL
12382	E : 2EBEBGEGEGEGE	A277	AGRELL
12383	E : 2EBGEBG2E	C742	COMY
12384	E : 2EB2GEBGEBGEBGE3DB	W131	WAGENSEIL
12385	E : 2ECBAGABCD2E	R535	RICHTER
12386	E : 2ECBAGABCD2E	ANON.	A-LA
12387	E : 2EDCBAGFGAG//EFEGAB3E	O650	ORDONEZ
12388	E : 2EDCB2AGABAGEG	C221	CANNABICH
12389	E : 2EDC2BEBAGFEDED	F489	FILTZ
12390	E : 2EDC2BE2BAGF	S785	STAMITZ
12391	E : 2EDEBG2FGAB	F534	FISHER
12392	E : 2EDEFGBG	A139	ABEL
12393	E : 2EDEF2GFGA	H758	HOLZBAUER
12394	E : 2EDEF2GFGAB	M262	MALZAT
12395	E : 2EFAGFGABECBECB	B116	BACH
12396	E : 2EFDEFD2EBE	S795	STARZER
12397	E : 2EF3EFGF	S872	STOLZEL
12398	E : 2EFGABCDEFGABD	P761	POKORNY
12399	E : 2EFGABCDEFGABDE	A277	AGRELL
12400	E : 2EFGA3BCD2E	V254	VANHAL

```
12401  E:2EFGA3BCD3EFE     G251 GASSMANN
12402  E:2EFGAGFEFGAGFE    M998 MYSLIVECEK
12403  E:2EFGEC2BEBAGCB    P761 POKORNY
12404  E:2EFGEC2BEBAGC2BAGFEFAFED   A277 AGRELL
12405  E:2EFGFE2CBAGAGF    E550 ENDERLE
12406  E:2EFGFGABECBECB    B116 BACH
12407  E:2EF2GABCD2EACBAGFE   S419 SCIROLI
12408  E:2EF2G2FG2AGBCDE   D248 DAVESNE
12409  E:2EGABCDE          H758 HOLZBAUER
12410  E:2EGABCEDFEGFA     W131 WAGENSEIL
12411  E:2EGBDEDC2BE2AE    S689 SOLNITZ
12412  E:2EGBDEDC2BE2AFGEGB    B858 BRIOSCHI
12413  E:2EGBEG2EGBEG2EFGA#2B   S342 SCHLOEGER
12414  E:2EGB2EDC2BE2AF    U170 UCIELINI
12415  E:2EGB2EDC2BE2AFGEGB    G537 GIULINI
12416  E:2EGB3EGBEFGFGAGFGFE   S765 SPOURNY
12417  E:2EG3BAFGAFGEFDA   S249 SARTI
12418  E:2EG3BAFGAFGEFDE2BAGFE   ANON. DK-Kk
12419  E:2EGEBAGFGABAGEAFGE    S324 SCHENCKER
12420  E:2EGEDFAFEGB       S785 STAMITZ
12421  E:2EG3EGEGEGEGEGEC2AGFED2B   ANON. DK-Kk
12422  E:2EGFE2BDCBEDCBAGFGE   ANON. D/BRD-RH
12423  E:2EGFEFG2FAGFGAG   H758 HOLZBAUER
12424  E:2E2GFEFEFE2G2BA   G251 GASSMANN
12425  E:3EBG2EDC          S357 SCHMITTBAUR
12426  E:3ECBABAEBAF       D369 DEMACHI
12427  E:3ECB2EDE          L939 LUCHESI
12428  E:3EDC2BCE          K600 KIRNBERGER
12429  F:3EDEFGBG          A139 ABEL
12430  E:3EDEF2GF2GABAG    F345 FERANDINI
12431  E:3EFEFGAGABECEDCD  R716 ROESER
12432  E:3EGA3BGA4B        H758 HOLZBAUER
12433  E:3EGFEBGF2EC       K917 KRAUSE
12434  E:3EGFEDCBAGF3E     J960 JUST
12435  E:3EGFGEGFGB2A3G2F2E   F489 FILTZ
12436  E:4EBAGFED          S689 SOLNITZ
12437  E:4EBGA3BFEFGAGFG   L869 LORENZITI
12438  E:4EDFEGFA          P221 PARADEISER
12439  E:4EDFGEDEDCBA      P221 PARADEISER
12440  E:4EGBEG            Z425 ZECHNER
12441  E:4EGBEGB           E340 EICHNER
12442  E:4E4G4BEG2BAGF     S316 SCHEIBE
12443  E:5EB//BGBEGB       W827 WITT
12444  E:5EBAGFE           D248 DAVESNE
12445  E:5EBAGFEB          H758 HOLZBAUER
12446  E:5EBA#BEGBE2D      C221 CANNABICH
12447  E:5EDEFG2EF         B555 BESCH
12448  E:5EDEFG2EF3GFGAB2GB   P761 POKORNY
12449  E:5EF3E             P592 PICHL
12450  E:5EFGFEBEGFAGEAFED    C221 CANNABICH
12451  E:5EGABAGFE         D248 DAVESNE
12452  E:5EGEB5GBGE5BEBG   G251 GASSMANN
```

12453	E:5EG2EGEGFA2FAFA	B125	BACHSCHMIDT
12454	E:5EGFAGB2E	J330	JANITSCH
12455	E:5EGFGABG	A341	ALBRECHTSBERGER
12456	E:5EGFGABG	P761	POKORNY
12457	E:13E10FGA	J750	JOMMELLI
12458	E:GABG2ECBGE	C175	CAMBINI
12459	E:GAB2GFGAGF	R578	RINALDO
12460	E:GA4BFG4AEF3G	C175	CAMBINI
12461	E:GAGFEDCB#CB#CB#CD	R571	RIGHINI
12462	E:GBED//BEFEDFABAG	M498	MEHUL
12463	E:GBEGAFD#A	W131	WAGENSEIL
12464	E:GB2EGABCDE	H758	HOLZBAUER
12465	E:GB3EG2B	M388	MARTINO
12466	E:GBGBGBGBGFGFGAF	B393	BECK
12467	E:GBGBGEBG6E	G678	GOSSEC
12468	E:GEGEBEGBEGFD	L619	LE ROY
12469	E:GFEGFEGFEGFEGFE2B	B858	BRIOSCHI
12470	E:2GB2G2FAE	P129	PAGANELLI
12471	E:5GFGAG	D617	DITTERSDORF
12472	E-:BA#FANG	9592	PICHL
12473	E-:BEB5CBABE5AGFGB	V158	VALENTINI
12474	E-:BEBGEBAG2F3ED#3E	V254	VANHAL
12475	E-:BEBG2EA#B	W550	WEYSE
12476	E-:BEDEFBGEA#2BF2GD#E	M748	MONN
12477	E-:BED#EBAGFED#EFGABAG	M214	MAHAUT
12478	E-:BEFED#EBFGFEFBG	S316	SCHEIBE
12479	E-:BEF2GFBFG2AGBEB	V254	VANHAL
12480	E-:BEGFD#2EACB	C175	CAMBINI
12481	E-:BEGFD#2EACBG#A	K917	KRAUSE
12482	E-:BEGFEBEFGAB	W853	WOLF
12483	E-:BEGFED#EDNC	H758	HOLZBAUER
12484	E-:BEGFED#EFGG#A	R535	RICHTER
12485	E-:B2EFED#B2ABAGE	Z730	ZIMMERMANN
12486	E-:B3ED#DNC#FBE	S373	SCHRAMEK
12487	E-:B4EGFEFCBAGF	V254	VANHAL
12488	E-:BGB4E	P221	PARADEISER
12489	E-:BGB4ECE3ACACFA	D617	DITTERSDORF
12490	E-:BGEGFD#2EBCA	V254	VANHAL
12491	E-:BGFEGABC#D#E	G948	GUILLEMAIN
12492	E-:2BAGFED#//3EFGAGFGE	R535	RICHTER
12493	E-:2BGFGED#EBABGFG	P221	PARADEISER
12494	E-:3BEB//BEBG2EA#B	W550	WEYSE
12495	E-:DBGD#C#2BEFGABCD	ANON.	Breitkopf 65
12496	E-:EBC#D#EFGA2BAGFE	F248	FASCH
12497	E-:EBED#BCB	H411	HAYDN
12498	E-:EBGEBEFGABC#D#E	B279	BARSANTI
12499	E-:EBGEBGEFGA3B	G779	GRAUPNER
12500	E-:EBGFGE2BCAF//BEDEFBGEA#2BF2GD#E		M748 MONN
12501	E-:E2BE2BCBAGFGEBCB	S689	SOLLNITZ
12502	E-:E3BAGF2ED#E	S295	SCHAFFRATH
12503	E-:EDCBAGFEGB3EFB3FG#A	C516	CHELLERI

```
12504  E-:EDCBEDCBEFGEB     V158 VALENTINI
12505  E-:EDCBGECBA#BANGF   A748 ARNE
12506  E-:ED#EFED#2EFGFEDCBAG#   B114 BACH
12507  E-:EF2ABCD   B634 BLAINVILLE
12508  E-:EFD#EAFGCAB2EDCBCDCBAGFE2B   ANON. S-Uu
12509  E-:EFED#BGF//3EFGABC   Z780 ZINGARELLI
12510  E-:EFGABCBAG3ED#FBC   V469 VENTURINI
12511  E-:EFGA4BDCBABE   E560 ENDLER
12512  E-:EGA#2BDE#F   S522 SEYFRIED
12513  E-:EGBD#EGBD#EDNCB   M748 MONN
12514  E-:EGBED#B2C2B   N644 NICOLINI
12515  E-:EGBED#FB   Z730 ZIMMERMANN
12516  E-:EGBEFG   H877 HUBER
12517  E-:EGBEGBG   V254 VANHAL
12518  E-:EGBEG2ED#DNC#CNBA   Z780 ZINGARELLI
12519  E-:EGBEGF2B   S947 SUHLE
12520  E-:EGBFED#EFG   H877 HUBER
12521  E-:EGD#2EGD#2EGD#2E   S682 SOHIER
12522  E-:EGEBAGFED#   R748 ROLLA
12523  E-:EGFEBAGEC   B283 BARTA
12524  E-:EGF2ED#2CBAG   W786 WINTER
12525  E-:EGF5EBG4E   ANON. A-LA
12526  E-:E2G2BEBEFGF2ED#   H573 HERTEL
12527  E-:2EBCBAGF   H700 HOFFMEISTER
12528  E-:2EBCBG#A2FAB   F683 FONTENET
12529  E-:2EDCB2A   B634 BLAINVILLE
12530  E-:2EFG2AB   B843 BRESCIANELLO
12531  E-:2EFGFECBA#B   ANON. CS-Pnm/Frydlant
12532  E-:2EFGFECBA#B   W245 WANCZURA
12533  E-:2EGF2EC2BD#2E   V254 VANHAL
12534  E-:2E2G2BEBEBEBG   ANON. I-TN
12535  E-:3EFED#EFGABFED#CB   P548 PHILIDOR
12536  E-:3EFGABC   Z780 ZINGARELLI
12537  E-:3EFGAGFGE   R535 RICHTER
12538  E-:3EFG3AB   B843 BRESCIANELLO
12539  E-:3EG2EC//EGEBAGFED#   R748 ROLLA
12540  E-:4ED#ED#3D   C938 CROES
12541  E-:4EGB4EFG   F248 FASCH
12542  E-:5ED#4BAG//E:DEFGB#CDE   R919 RUCK
12543  E-:6E   P645 PINAIRE
12544  E-:6E5BED#CNBAGFG   R758 ROMAN
12545  E-:GAGF//EGBEG2ED#DNC#CNBA   Z780 ZINGARELLI
12546  E-:GDEFGABAGFED#ED#EF   M748 MONN

12547  F:ABAB2CDE4F   Z425 ZECHNER
12548  F:ABAGABCBABC   L269 LANG
12549  F:ABAGAG2FAC   D136 DALAYRAC
12550  F:ABAGBFGFEG//CBAGFEGBFAC   R817 ROSETTI
12551  F:ABAGBFGFEGABAGB   H700 HOFFMEISTER
12552  F:ABAGFBCBAGCDCBA   M998 MYSLIVECEK
12553  F:ABAGFE$DCEN2FEF   B461 BENDA
12554  F:ABCACAFCBA3F   V155 VALENTINE
```

```
12555   F : ABCBACF2ACBCDCB   W429 WEISS
12556   F : ABCD2CBCDE$2D   T722 TOUCHEMOULIN
12557   F : ABCDEFEDCDEF   ANON. S-Skma
12558   F : ABC2FDFCFBFBAG   M244 MALDERE
12559   F : ABC4FABCGFE   S689 SOLNITZ
12560   F : AB2CAB2CAB2C   W767 WINEBERGER
12561   F : AB2CDCBAG//3FGA2G   V158 VALENTINI
12562   F : AB2CDEFED   M388 MARTINO
12563   F : AB3CDEFED   S411 SCHWARZENDORF
12564   F : AB3CDEFED3CDEF   ANON. S-Skma
12565   F : A2BABCDCBG   H708 HOFMANN
12566   F : A2BAB2CDE   W131 WAGENSEIL
12567   F : ACACACACACAC   ANON. D/DDR-Dlb
12568   F : ACBAFEFGABCFDEFDCB   P234 PARISOT
12569   F : ACBAGABCDEFCFCAB   E560 ENDLER
12570   F : ACBAGFEF2GEDCBAG   ANON. CS-Bm/RAJ
12571   F : ACDEFE2CDE2F   W853 WOLF
12572   F : ACDEFED2C3B   G778 GRAUN
12573   F : ACFABABCBA   G251 GASSMANN
12574   F : ACFA2CBABA   H758 HOLZBAUER
12575   F : ACFA2CFAF2C   F274 FAVI
12576   F : ACFA2GFEDEC   L576 LEO
12577   F : ACFA2GFEDECBGEB   C516 CHELLERI
12578   F : A2C2B3A2C2B2A   J750 JOMMELLI
12579   F : A2CDCB3ABAGF   S787 STAMITZ
12580   F : A3CDCG2CBAC   M281 MANNA
12581   F : AD2BAGAD   F248 FASCH
12582   F : AF   H633 HIEBESCH
12583   F : AF   S357 SCHMITTBAUR
12584   F : AFBFAF   T645 TOESCHI
12585   F : AFCACAFBFD   M380 MARTIN
12586   F : AFEDC2A   W786 WINTER
12587   F : AFEFCAF12A2GF#GECGB   A277 AGRELL
12588   F : A4F4C4BA4F3C   Z730 ZIMMERMANN
12589   F : AF#GFNDE$   W853 WOLF
12590   F : AGABG3F   S335 SCHIMPKE
12591   F : AGFCAFAGFEGEC   S189 SAMMARTINI
12592   F : AGF2CDCBNCDE6FEGFED   H839 HOUPFELD
12593   F : AGFEDEFF#GA   F248 FASCH
12594   F : AGFEFBAGF#G//3FEF3GF#G   Z780 ZINGARELLI
12595   F : AGFEFCA2FG12AGAGF#GEC2GA12B   A277 AGRELL
12596   F : AGFEFCDCBAG2FABCAFED   J750 JOMMELLI
12597   F : AG2F2CBCAG2F2CBCDBFD   G948 GUILLEMAIN
12598   F : 2A2A$//FGFEFCG#A   P340 PAWLOWSKI
12599   F : 2ABAGFEFGECFEFA   I930 IVANSCHIZ
12600   F : 2ABA2GAG2FAC   D136 DALAYRAC
12601   F : 2ABGEGFCDEFGA   Z780 ZINGARELLI
12602   F : 2A2BAD//3AD2B   P285 PASQUALI
12603   F : 2A2BDBAFDC2BA   M943 MUELLER
12604   F : 2A2BEDCBAGFEDCBCBA   M943 MUELLER
12605   F : 2A3BAD//3AD2B   P285 PASQUALI
12606   F : 2ABNC#DEDFED3CDCBA   P548 PHILIDOR
```

12607 F : 2ACBAFEFGABCFDEFDCB P234 PARISOT
12608 F : 2AFAC2A2F3A M998 MYSLIVECEK
12609 F : 2AF2GE3FEG2D2CBN T195 TARTINI
12610 F : 2A2FCAFC C182 CAMERLOHER
12611 F : 2A2F3CDE R578 RINALDO
12612 F : 2AGA2BAB F248 FASCH
12613 F : 2AGF2BAGCFGA B755 BOYCE
12614 F : 3ABABG3FG3ABABGFC Z780 ZINGARELLI
12615 F : 3ABA2FEF2GC3F J750 JOMMELLI
12616 F : 3ABCDE2FBABCA S816 STEFFAN
12617 F : 3AD2B P285 PASQUALI
12618 F : 3AFAC2FAC3ABDCB B188 BALLABENE
12619 F : 3AFDFBABGCG T149 TALLMAN
12620 F : 3AGA3BAB F248 FASCH
12621 F : 3AGAG3FE2D3CBCBAFB ANON. A-Wn
12622 F : 3AGAG3FE2D3CBCBAFC B896 BRUNETTI
12623 F : 3AGE / / AF H633 HIEBESCH
12624 F : 4AB2G3FA4CD2B2A P727 PLEYEL
12625 F : 4AD$CBN W827 WITT
12626 F : 4AFAFCAFCAF B634 BLAINVILLE
12627 F : 4AGF P589 PICCINNI
12628 F : 5AGFEF4AGFE M676 MIROGLIO
12629 F : 6ACBACECE Z310 ZANI
12630 F : 7AGF W939 WRANITZKY
12631 F : BAGFEF R817 ROSETTI
12632 F : BAGFEF3G G998 GYROWETZ
12633 F : BAG2FBAG2F2CAC ANON. D/BRD-EB
12634 F : BD2CBCDB S357 SCHMITTBAUER
12635 F : BDFGABE$FCB C564 CIAMPI
12636 F : 18B R291 REBEL
12637 F : BNC3FCC#D3BA W374 WEBER
12638 F : C A139 ABEL
12639 F : CAB2AGFGF2C H700 HOFFMEISTER
12640 F : CABCDCFDCBAG2F J660 JOHNSEN
12641 F : CABCDCF2DC S825 STENDEL
12642 F : CABCDCF2DCBAG2F ANON. S-L
12643 F : CABGFDFD H700 HOFFMEISTER
12644 F : CACACE$DBFBDF D617 DITTERSDORF
12645 F : CACACE$DBFBDFB2D S213 SANDEL
12646 F : CACBA T645 TOESCHI
12647 F : CACBA H758 HOLZBAUER
12648 F : CACBCAC D617 DITTERSDORF
12649 F : CACFAFACBC H469 HEINICHEN
12650 F : CAFAC3FEFGFEF P979 PUGNANI
12651 F : CAFBGEBAFBGEB H708 HOFMANN
12652 F : CAFCA7CEFGCDEFGA G779 GRAUPNER
12653 F : CAFCA3FEFAFC A523 AMON
12654 F : CAFCAG2FCA H708 HOFMANN
12655 F : CAFCBG2CBAGFEF M262 MALZAT
12656 F : CAFCBGEDEF C175 CAMBINI
12657 F : CAFCDBDEFGFEDC2BA P619 PIERLOT
12658 F : CAFCDBGEFACAFC S749 SPERGER

12659　F : CAFCFACBACAFCA　M498 MEHUL
12660　F : CAFDCABG2FAGFG　H411 HAYDN
12661　F : CAFEDCBAG　D617 DITTERSDORF
12662　F : CAFEDEFCDEFGABCF　G776 GRAUN
12663　F : CAFEDEFCDEFGABCFEDEFCDE　ANON. D/BRD-HR
12664　F : CAFEFAGCAFEFAGCADBCABGAF　ANON. I-MOe
12665　F : CAFEFGAGABGD2CBAC　C175 CAMBINI
12666　F : CAFE2FDF　D617 DITTERSDORF
12667　F : CAFEGBFAC　R817 ROSETTI
12668　F : CAFGAGFEF//4FGFEFC　W767 WINEBERGER
12669　F : CA2FAF2CFC2ACAF　ANON. D/BRD-DS
12670　F : CA2FCA2F2CAC　ANON. D/BRD-EB
12671　F : CA2FEDCBAG　D617 DITTERSDORF
12672　F : CA2F2EBG　V426 VEICHTNER
12673　F : CA2F3E　V254 VANHAL
12674　F : CA2F3EDEFGE2BA　G251 GASSMANN
12675　F : CA2FGFEFCA2FGFEFB　ANON. S/BRD-RH
12676　F : CA3FCA2F　E360 EISENMANN
12677　F : CA3FCA3FB4EFCDEFGABCAG2FGAG　ANON. D/BRD-RH
12678　F : CA5FEGEC4BACA　K979 KUZNIK
12679　F : CAGAB2AGABG　J750 JOMMELLI
12680　F : CAGABC　S357 SCHMITTBAUR
12681　F : CAGABCAC　L269 LANG
12682　F : CAGAFE　M244 MALDERE
12683　F : CAGFAF2CFC2ACAF　ANON. D/BRD-DS
12684　F : CAGFBAGFEDCBAGAFGA　E560 ENDLER
12685　F : CAG4FEFC　G778 GRAUN
12686　F : CAG5FEGEC4BACA　K979 KUZNIK
12687　F : CA2GFE2DCFDC　Z730 ZIMMERMANN
12688　F : CA2G2FEF　W767 WINEBERGER
12689　F : C3AB2G3FC3AB2G3F　V254 VANHAL
12690　F : CBABC3F2EG　D617 DITTERSDORF
12691　F : CBA2CBAG2B　M753 MONROY
12692　F : CBAD2CGFEDC　J750 JOMMELLI
12693　F : CBADF2D2C　F489 FILTZ
12694　F : CBA3DCB2G　F385 FERRER
12695　F : CBA3DCB2G　B836 BRELL
12696　F : CBA4FBGA2F　K660 KLOB
12697　F : CBAGABC　S357 SCHMITTBAUR
12698　F : CBAGAFC2FE2C　G776 GRAUN
12699　F : CBAGA2FE　M244 MALDERE
12700　F : CBAGF2DCDEFED　G172 GALLO
12701　F : CBAGFEACACACA　ANON. D/BRD-Tu
12702　F : CBAGFEGBFAC　R817 ROSETTI
12703　F : CB2ABAGFBCBABC2DCBA　D492 DEVIENNE
12704　F : CB2ACA2GCE2F//FEFGABGFEA　O650 ORDONEZ
12705　F : CB2AF2EDCBAB2C2F2EF　B896 BRUNETTI
12706　F : CB2A2F2A2C　H487 HEMBERGER
12707　F : CBCDCFEDCB2AGFEF　D248 DAVESNE
12708　F : C2B2AC2A2GCEFBN//FEFGABAGFEA　O650 ORDONEZ
12709　F : CBNCDCBAGFE　H700 HOFFMEISTER
12710　F : CBNCDCB2AGFED　B664 BOCCHERINI

12711 F : CBNCFCBNCG M938 MOZART
12712 F : CBNCF2CC#D ANON. US-Wc
12713 F : CD//3FA2C2E B664 BOCCHERINI
12714 F : CDBABGF C175 CAMBINI
12715 F : CDBC2FDCBACBAGAF H652 HILLER
12716 F : CDBGEFEFGFD D617 DITTERSDORF
12717 F : CDCAGFCF//FCFAGCE A748 ARNE
12718 F : CDCBABCDE5F ANON. D/DDR-Dlb
12719 F : CDCBABCDE5FCDCB R817 ROSETTI
12720 F : CDCBAGABC C175 CAMBINI
12721 F : CDCBNCFGAGF#GB T722 TOUCHEMOULIN
12722 F : CDCDE$DENFGABGFE4F G864 GRIMMER
12723 F : CDCED2CDC2BA R535 RICHTER
12724 F : CDCFCB2AGDBG K666 KLOPP
12725 F : CDCFD2CD P761 POKORNY
12726 F : CDCFEDCFED G295 GEBEL
12727 F : CDCFEDCFED2CBA K750 KOBRICH
12728 F : CDCFGFABAFGFCDC S787 STAMITZ
12729 F : CD2CBAG2F M937 MOZART
12730 F : CD2C2BA P221 PARADEISER
12731 F : CDEFC3AG W323 WASSMUTH
12732 F : CDEFCBACFAGF G159 GALIMBERTI
12733 F : CDEFCDEF K948 KUEFFNER
12734 F : CDEFEFBA//FCBAFAGF G251 GASSMANN
12735 F : CDEFGABCFGABCDEFEFGFEFG M741 MONDONVILLE
12736 F : CDEFGABGFEG O650 ORDONEZ
12737 F : CDEFGFEFCDEFCAG N311 NAUMANN
12738 F : CDE2FACF2CDBFDBF ANON. CS-Pnm/Doksy
12739 F : CDE2FGFE2DC//FEDCDGFEFB P979 PUGNANI
12740 F : CDE2FGFEFCDE3FG2A P761 POKORNY
12741 F : CDE2FGFEFCDE3FG2A4G4F S451 SEEMAN
12742 F : CDE3FF#G W786 WINTER
12743 F : CDE3FG2CA2F P589 PICCINNI
12744 F : CDE4FCFG2A M277 MANGEAN
12745 F : CDE4FG4ABC M729 MOLTER
12746 F : CDE5FGABCAGF#4G S386 SCHUBERTH
12747 F : CDFE//F2AGFA2CBA G251 GASSMANN
12748 F : CDFEFEFBA//FCBAFAGF G251 GASSMANN
12749 F : CDF3EFGABCB2A C175 CAMBINI
12750 F : CDGCDGF//GDEFGFGAG V158 VALENTINI
12751 F : C2DE$DCB4C2DEDCB E710 ERNST
12752 F : CEC3FCGCACGCFCGC R578 RINALDO
12753 F : CEDCBAGABC C175 CAMBINI
12754 F : CEFC2AFA S521 SEYFERT
12755 F : CEFGAGFEFEDCDCBABAGFBAG C759 CONTI
12756 F : CE2FEGFAGBA Z780 ZINGARELLI
12757 F : CEGCEG P727 PLEYEL
12758 F : CFABGFBDAG H411 HAYDN
12759 F : CFACAC2FAGEC H298 HARRER
12760 F : CFACBA2CDBAGCEF I930 IVANSCHIZ
12761 F : CFACBGCBG//C2FG2AE Z780 ZINGARELLI
12762 F : CFAC2B3ACFAG2F ANON. D/BRD-DS

12763	F:CFACFAFCA	J660	JOHNSEN
12764	F:CFACFAFCAFACFAFCA5DC		ANON. S-L
12765	F:CFACFAFCAFC//FGBAGABAGC	W786	WINTER
12766	F:CFACFA2F2EGFEDCBAGFE	Z730	ZIMMERMANN
12767	F:CFACFEDCBEFGDCB	S789	STAMITZ
12768	F:CFACGB//F2CBCDCFAC	G251	GASSMANN
12769	F:CFA2CBA2CDBAGC2EF	I930	IVANSCHIZ
12770	F:CFA2CFACFGABAGF	B652	BLOIS
12771	F:CFADGCBABN	M498	MEHUL
12772	F:CFAEFDCDC//7FEF7GFG	Z780	ZINGARELLI
12773	F:CFAFAFCAGBGBGC	D918	DUNI
12774	F:CFAFBDFEGCBAC	H413	HAYDN
12775	F:CFAFBGACFCAF		ANON. D/BRD-Tu
12776	F:CFAFEFACFC3A2CG	H413	HAYDN
12777	F:CFAFEFC	B414	BEECKE
12778	F:CFAGBACBDCBCDF	A435	ALLEXI
12779	F:CFAGCBAGCD2CBA	G678	GOSSEC
12780	F:CFAGFCFCBDGBEGCE	S399	SCHWARZ
12781	F:CFAGFEFA2CFAGFE	B896	BRUNETTI
12782	F:CFAGFEFAGFEF4CBAG	K840	KOERZL
12783	F:CFAGFEFC	B414	BEECKE
12784	F:CF2A2CFED2CB3G	P727	PLEYEL
12785	F:CF2AGBEG3FAFA2C2BA	P727	PLEYEL
12786	F:CFBAGFCFCBDGBEGCE	S399	SCHWARZ
12787	F:CFBAGFGAB	S286	SCARLATTI
12788	F:CFBAGFGAB	N454	NERUDA
12789	F:CFBAGFGABABCD	S485	SERINI
12790	F:CFCABCDBAFAFGABAC	H758	HOLZBAUER
12791	F:CFCACBAG2FGA	R817	ROSETTI
12792	F:CFCACFCAFCA2FEFG	R717	ROESLER
12793	F:CFCACGCBC	V254	VANHAL
12794	F:CFCA2C3AFC	O650	ORDONEZ
12795	F:CFCA2C3AFC	L269	LANG
12796	F:CFCA2C3AFC	K840	KOERZL
12797	F:CFCAFCDFDBFD	S297	SCHALE
12798	F:CFCAFCFGEFGC	R539	RICKERT
12799	F:CFCAFE$	W853	WOLF
12800	F:CFCA2F2B3ABGE	D778	DREYER
12801	F:CFCA2FCA2FCAF	G778	GRAUN
12802	F:CFCA2FCA2FCA2FC	S521	SEYFERT
12803	F:CFCA2FCA2FCA2FCABCDE2F	S519	SEYFFARTH
12804	F:CFCA2FECG2C	S785	STAMITZ
12805	F:CFCA2F4EGBGEB	V254	VANHAL
12806	F:CFCAG2CGCB	C182	CAMERLOHER
12807	F:CFCAGF2GCBAG	G779	GRAUPNER
12808	F:CFC2AFC5FEF	G779	GRAUPNER
12809	F:CFCDAB	S785	STAMITZ
12810	F:CFCFA//CAGAC	L239	LAMPUGNANI
12811	F:CFCFAFACA	P221	PARADEISER
12812	F:CFCFAFCFACAGFC	L239	LAMPUGNANI
12813	F:CFCFCFACAGCGC	L486	LEEMANS
12814	F:CFCFCFEFGAC	N454	NERUDA

```
12815  F : CFCF2CBAGF      D972 DUSSEK
12816  F : CFCF2CFCFCAF2CACA    A285 AHLEFELDT
12817  F : CFCGCAC      H517 HENNIG
12818  F : CFCGCAGFEDCDG    P727 PLEYEL
12819  F : CF2C2AFBCD2CF2C    S789 STAMITZ
12820  F : CF2CBABA2BADBG2FEFCEF    B933 BULANT
12821  F : CF3CBABGCBAFAC    B524 BERNASCONI
12822  F : CFDCDBADBABG2FDCDB    ANON. D/DDR-Dlb
12823  F : CFEDCBAFCF    H469 HEINICHEN
12824  F : CFEDCBAGABGEDCBAG    ANON. CS-Bm/RAJ
12825  F : CFEDCBAGA2BGFEDCB    V254 VANHAL
12826  F : CFEDCD2CFCBABA    V254 VANHAL
12827  F : CFEDCD2CFCBABA    H413 HAYDN
12828  F : CFED2CFEDC / / 2ABGEGFCDEFGA    Z780 ZINGARELLI
12829  F : CFEFAGBAGFE    S389 SCHULZ
12830  F : CFEF2CADCFGAC    S521 SEYFERT
12831  F : CFEFGFAFBGCGF#G    S749 SPERGER
12832  F : CFEFGFEFGFAFDCBACBA    ANON. D/DDR-SW1
12833  F : CFEFGF2EF    B617 BIRCK
12834  F : CFE2FE2FA2C    G516 GIRANEK
12835  F : CFGABCBA    D972 DUSSEK
12836  F : CFGABC2DC2FEFD    V118 VACHON
12837  F : CFGABCFD    H337 HARTWIG
12838  F : CFGAB2CFGAB2CFGAFGA    G183 GALUPPI
12839  F : CFGAEFG3FD    S320 SCHEINPFLUG
12840  F : CFGAFCAGABAGFED    F438 FIALA
12841  F : CFG4ACBGCA2FGAGBAGF / / FEBA    F438 FIALA
12842  F : CFGFEFA2CFGFE    B896 BRUNETTI
12843  F : CFGFEFGABCDCBA / / CABGFDFD    H700 HOFFMEISTER
12844  F : CFGFEFGABG    M998 MYSLIVECEK
12845  F : CFG2FC2A2F2C    B116 BACH
12846  F : C2FACFGABAFAC    F917 FRITSCH
12847  F : C2FAFCBN2CF    H652 HILLER
12848  F : C2FAGF2DFED    V254 VANHAL
12849  F : C2FAGFED    M998 MYSLIVECEK
12850  F : C2FAGFE3D2G    C224 CANNABICH
12851  F : C2FAGFEF2CBABABAGA    H700 HOFFMEISTER
12852  F : C2FCA2F4EG2BGEB    V254 VANHAL
12853  F : C2FCFAG2F    S785 STAMITZ
12854  F : C2F2C2AFCAB2AFCA    ANON. CS-Pnm/Doksy
12855  F : C2FEDE2F2GA    B414 BEECKE
12856  F : C2FEFA2FGABCDEFAGFEF    H708 HOFMANN
12857  F : C2FEFGABCFED    J330 JANITSCH
12858  F : C2FEFGF2EF    B617 BIRCK
12859  F : C2FGABCDCBA / / CABGFDFD    H700 HOFFMEISTER
12860  F : C2FGA2B2AF2ABC2D2C    ANON. D/BRD-B
12861  F : C2FGAFCDC    R845 ROTH
12862  F : C2FG2AE    Z780 ZINGARELLI
12863  F : C2FGFEFCBABABAGA    H700 HOFFMEISTER
12864  F : C2FGFEFGBCC#DE$ENF    W767 WINEBERGER
12865  F : C2FGFEFGE2C2GAGFG    D617 DITTERSDORF
12866  F : C2FGFEFGE2C2GAGFG2AFG    ANON. F-Pn
```

12867	F : C2F2G2ABA3GC	H698 HOFMANN
12868	F : C3FACA3FACA	H413 HAYDN
12869	F : C3FAGFAC2GB	M748 MONN
12870	F : C3FAGFEFCAF	T611 TISCHER
12871	F : C3FCD3BA	W374 WEBER
12872	F : C3FEDCBAGF2G	K917 KRAUSE
12873	F : C3FEDE2F2GA	B414 BEECKE
12874	F : C3FEFA2FEF	G776 GRAUN
12875	F : C3FEFCFAGC3GF#G	N311 NAUMANN
12876	F : C3FEFGE2C3GFG2AFG	ANON. F-Pn
12877	F : C3FEFGE2C3GFG2AG	D617 DITTERSDORF
12878	F : C3FE2FE2F	G778 GRAUN
12879	F : C3FGABCBAGFCA	V155 VALENTINE
12880	F : C3FGFA3FGFC	D617 DITTERSDORF
12881	F : C4F4A4C4F4A	G545 GLANZ
12882	F : C4F4A4C4F4A4F4C4A	N454 NERUDA
12883	F : C5FAG5F	G779 GRAUPNER
12884	F : C5FEFAFEFCBAFEF	G776 GRAUN
12885	F : C5FEFGC5GFGAC	S485 SERINI
12886	F : C5FGABNCBN2CDEFEDCB	F439 FIAMENGHINI
12887	F : C5FGFGAF	P727 PLEYEL
12888	F : C5FGFGA4F	H700 HOFFMEISTER
12889	F : C6FEGACBAGA	ANON. S-Uu
12890	F : C6FEG2ABAGA4F	B116 BACH
12891	F : C6FGDCB	ANON. S-L
12892	F : C8FECB	H354 HASSE
12893	F : C8FEFGACAFCE	G779 GRAUPNER
12894	F : C9FEFGCAGC	H354 HASSE
12895	F : CGFEFGFE2FA2C	G516 GIRANEK
12896	F : 2CAB4CBCAB4CBA	D357 DELLER
12897	F : 2CADCA4BGC	O650 ORDONEZ
12898	F : 2CAFD2CABG2FAGFG	H411 HAYDN
12899	F : 2CA2F3E	V254 VANHAL
12900	F : 2CA3FGFEDEC	G778 GRAUN
12901	F : 2CAGFBAGFEDCBAGAFGA	E560 ENDLER
12902	F : 2CBAGAFC2FE2CG	G776 GRAUN
12903	F : 2CBAGFED	B664 BOCCHERINI
12904	F : 2CBAGF2G	W939 WRANITZKY
12905	F : 2CBA4GACBAG	G251 GASSMANN
12906	F : 2CBCACFCACGC	ANON. Breitkopf 65
12907	F : 2C2B2ACA2G2FCAF	ANON. A-M
12908	F : 2CBNCD2CAG#AB3AGAB	C225 CANNABICH
12909	F : 2CDCBAGABGFE2F	G888 GRUNER
12910	F : 2CDCFEFG2ECBABC	E710 ERNST
12911	F : 2CDEFCAFD//5C	G776 GRAUN
12912	F : 2CDE2FEDCEFACBA	P548 PHILIDOR
12913	F : 2CDE2FGFE2DC//FEDCDGFEFB	P979 PUGNANI
12914	F : 2CDFBFDBCAFC2A//FAGCBAGAGF	G183 GALUPPI
12915	F : 2C2D//3FA2C2E	B664 BOCCHERINI
12916	F : 2C3D3CFE	ANON. D/BRD-DO
12917	F : 2CE$D	G371 GERLACH
12918	F : 2CFADGCB2ABN	M498 MEHUL

```
12919   F : 2CF2AC / / 2FGAGF2GABAG   B118 BACH
12920   F : 2CFCF2CAFA   G779 GRAUPNER
12921   F : 2CF2CA2F3CDCAFE2C   S685 SOLERE
12922   F : 2CFDC   A925 AUMON
12923   F : 2C2F2ABC2A2FC   N454 NERUDA
12924   F : 2C2F2ABC2A2FC   P762 POLAZZI
12925   F : 2C2F2A2F2C2FA   H354 HASSE
12926   F : 2C2F2AGC   G965 GULLI
12927   F : 2C2F2AG2C2G2BA   P982 PULLI
12928   F : 2C5FEF / / FGFEFCG#AFG   P340 PAWLOWSKI
12929   F : 3C   ANON. CS-Bm
12930   F : 3CABCBGABA   B790 BOYCE
12931   F : 3CAF2CAFCAG2BD   C523 CHERUBINI
12932   F : 3CBC2DCDCBAC   ANON. S-L
12933   F : 3CDCBAG   V855 VIVALDI
12934   F : 3CDCBAG3CDCBAGFABCAFAG   ANON. S-L
12935   F : 3CDEFCAF / / 5C   G776 GRAUN
12936   F : 3CF3AC / / 2FGAGF2GABAG   B118 BACH
12937   F : 3CFCBABAGAB   H298 HARRER
12938   F : 3CGEDCGED2CBA   K750 KOBRICH
12939   F : 4C   K966 KUNTZEN
12940   F : 4CA3C   P727 PLEYEL
12941   F : 4CBA   M947 MUELLER
12942   F : 4CB2A3B   T645 TOESCHI
12943   F : 4C2BGE   A839 ASPLMAYR
12944   F : 4CBNCDCB2AGFE   B664 BOCCHERINI
12945   F : 4CFE3DCBNCBNCBN2C   B896 BRUNETTI
12946   F : 4C5GABC2DBCDEF   M386 MARTINI
12947   F : 5C   G776 GRAUN
12948   F : 5CBA5D5B   W939 WRANITZKY
12949   F : 5CD3B3D3F2D   Z660 ZIEGLER
12950   F : 5CDCB2ACDEGFED   ANON. H-Bn
12951   F : 5CD2C   H354 HASSE
12952   F : 5CFC4ACAF   H411 HAYDN
12953   F : 6CB2ACDEFED   ANON. H-Bn
12954   F : 10C12BA   A337 ALBINONI
12955   F : 13C   D617 DITTERSDORF
12956   F : 15C   U520 UMLAUFF
12957   F : 16C   M365 MARSH
12958   F : 16C3D3E   R817 ROSETTI
12959   F : 18C   D136 DALAYRAC
12960   F : DBAGFEFD   F248 FASCH
12961   F : DBDB2D2C2B   P987 PUSCHMANN
12962   F : DCBA3CBAG2BA   M753 MONROY
12963   F : DCBCDE2FED   S464 SELETTI
12964   F : DCBNCF2CC#D   ANON. US-Wc
12965   F : DCDEFG3EFED   E710 ERNST
12966   F : DCFCAC2FAF   ANON. Breitkopf 65
12967   F : DCFEFEFF#2G   P987 PUSCHMANN
12968   F : DC2FA2GFEDCBNB$BAC2AG   ANON. CS-BRsav/Marianka
12969   F : D2CBCACFCGCGC   ANON. Breitkopf 65
12970   F : D3CBG2EFEF   V254 VANHAL
```

12971	F : DFACFCABG2CF	ANON. CS-BRsav/JUR
12972	F : DFAFAFAFCACACAFAFAF	ANON. PL-Gos
12973	F : DFCBAC2FEDCBAG2F	ANON. CS-BRsav/Pruske
12974	F : DFCB5CAG5AFE5FC	ANON. GB-Lbl
12975	F : DFCDE5FGAEFCDE5FGAE2FE	ANON. CS-BRsav/Marianka
12976	F : DFCFCFCFACA	ANON. D/BRD-DS
12977	F : DFC4FABAFEC	ANON. CS-BRsav/JUR
12978	F : DF3CBAG2CBAGAF	ANON. H-Gc
12979	F : DF4CD2C	ANON. Breitkopf 65
12980	F : DF2D2CBD2B2A	F489 FILTZ
12981	F : DFEFEFEFGABAGAGAGAB	ANON. CS-BRsav/Kosice
12982	F : D2FC2AF2CFCABGECGB	ANON. H-Gc
12983	F : D2FEFAFA2FE2DC	ANON. I-Pca
12984	F : D2FGAB3CDBABCBACFAGFEDCB	ANON. CS-BRsav
12985	F : D3FEFAFE3DC#DFDCNB	ANON. CS-BRsav
12986	F : D3FGABCDE3FBAGF	ANON. GB-Lbl
12987	F : D4FGAGABABCBCDC	ANON. D/BRD-DS
12988	F : D8FA3FC3FAGB	ANON. D/BRD-DS
12989	F : DGF#BAB2CDC//4DE$BCDCB	V158 VALENTINI
12990	F : 4DE$BCDCB	V158 VALENTINI
12991	F : 5DEFGAB	G948 GUILLEMAIN
12992	F : EFGABC4B//FCBAGF4E	R752 ROLLER
12993	F : EFG2AG2FEDBAG	T795 TRENTIN
12994	F : EFGF2EFGFE	M998 MYSLIVECEK
12995	F : E2FACADBAGBGCA	W827 WITT
12996	F : EGF2C2BG3A2G2FAGFEDCD	K268 KEHL
12997	F : FA//2FAGFACBACFE	S838 STERKEL
12998	F : FABAGFCDCBAF2E$2DFD	ANON. D/BRD-Tu
12999	F : FABBNCC#DEF	M678 MITSCHA
13000	F : FABCABCDEFG	H413 HAYDN
13001	F : FABCAFD2EF	T611 TISCHER
13002	F : FABCBAFGAGFCDEFBAGF	M676 MIROGLIO
13003	F : FABCDCD2CBAGAGAB	D918 DUNI
13004	F : FABCDEFACDEFGA	M729 MOLTER
13005	F : FABCDEFAGABC	G550 GLASER
13006	F : FABCDEFEDCDE	J330 JANITSCH
13007	F : FABCDEFEDFEDC	A839 ASPLMAYR
13008	F : FABCDEFGABCEF	H409 HAYDN
13009	F : FABCDEFGABCEFABCDE	A372 ALESSIO
13010	F : FABCDEFGABCFGEF	V254 VANHAL
13011	F : FABCFACFGFABC	T765 TRAETTA
13012	F : FABCFACFGFABCFACF	R397 RENDEUX
13013	F : FABCFGAFCAFDE2FDBD	R383 RELUZZI
13014	F : FABCFGAFDA	S785 STAMITZ
13015	F : FAB2CFCB2ABA//D-:C#DCBAGFGF2BA	K860 KOSPOTH
13016	F : FAB4CDCFC	R750 ROLLE
13017	F : FAB7C	P287 PASSERA
13018	F : FAB8CDEF2C	ANON. I-Gi
13019	F : FABDCBN2C2GA2BGEDCB	C267 CARDON
13020	F : FA2BCD2EFAGAB2CC#	G550 GLASER
13021	F : FACAC2AGFG3F2E2D//BAGFEF3G	G998 GYROWETZ
13022	F : FACA2CBAG	S638 SMETHERGELL

13023	F : FACAECDBCABGAFABGBNF	B114 BACH
13024	F : FACAF	R535 RICHTER
13025	F : FACAFACAFCDEFGAEF	S838 STERKEL
13026	F : FACAFACA8F	D617 DITTERSDORF
13027	F : FACAFBDBGEFEFGF	R812 ROSENCRANZ
13028	F : FACAFCACFCAF	H413 HAYDN
13029	F : FACAFCACFCAFBGFEFACA	D617 DITTERSDORF
13030	F : FACAFCAFEFG	H411 HAYDN
13031	F : FACA3F3GA3F	G251 GASSMANN
13032	F : FACBAGFDEFGABC	G678 GOSSEC
13033	F : FACBAG2FGA2FACBAG2F	P213 PAPAVOINE
13034	F : FACBCFBGBDBD	K966 KUNTZEN
13035	F : FAC2BAG	K835 KOPPAUR
13036	F : FAC4B//FCBAGF4E	R752 ROLLER
13037	F : FACD2BGFEFAC	C267 CARDON
13038	F : FACDCBA2GF	L368 LAUBE
13039	F : FACDC2B2AGB2G2FEF	D617 DITTERSDORF
13040	F : FACDECFACDECF	H409 HAYDN
13041	F : FACDEF2CBNF//FGABBNCAF	A555 ANDRE
13042	F : FACDFACBABD	H472 HEINSIUS
13043	F : FACFABCDC	S355 SCHMITT
13044	F : FACFAC	C524 CHERZELLI
13045	F : FACFACA	C221 CANNABICH
13046	F : FACFACA	H758 HOLZBAUER
13047	F : FACFACACB2AG	G251 GASSMANN
13048	F : FACFACBAFGABCDE	S386 SCHUBERTH
13049	F : FACFACBCE	F535 RICHTER
13050	F : FACFACDF2DBCDBFDBD	O124 OBERMEIER
13051	F : FACFACFEDCBAG	G779 GRAUPNER
13052	F : FACFAC2FGAG2FGF	Z310 ZANI
13053	F : FACFA2CB	R568 RIGEL
13054	F : FACFADFA	B414 BEECKE
13055	F : FACFAFBD	Z110 ZACH
13056	F : FACFAFBDFBD	R535 RICHTER
13057	F : FACFAFD2C	L486 LEEMANS
13058	F : FACFA2FEDCFA	ANON. US-Wc
13059	F : FACFA2FEDCFA2FEDC	N311 NAUMANN
13060	F : FACFAG	G774 GRAUN
13061	F : FACFAGBAFACFA	H573 HERTEL
13062	F : FACFAG2CGAF	ANON. S-Skma
13063	F : FACFAGFAG2FBDFBGF	C442 CHAMBRAY
13064	F : FACFAGFEDCB	G778 GRAUN
13065	F : FACFAGFEDC#D	E340 EICHNER
13066	F : FACFCADBGECBAF	D797 DRUSCHETZKY
13067	F : FACFCAF	S785 STAMITZ
13068	F : FACFCAFDCFAC	S394 SCHURER
13069	F : FACFCAFDCFACFCAFBA	ANON. S-Uu
13070	F : FACFCAF2D2EF	R535 RICHTER
13071	F : FACFCDACBAGCBAG	B461 BENDA
13072	F : FACFCEGCFACFEDC	C516 CHELLERI
13073	F : FACFCEGCFACFEDC	Z310 ZANI
13074	F : FACFCEGCFACFEDC	ANON. S-Uu

13075 F : FACFEDCBAG2FEDCBAGFGFGA   Q100 QUAQUARO
13076 F : FACFEDCDC   N489 NEUMANN
13077 F : FACFEDCDC   M678 MITSCHA
13078 F : FACFEFCFEFC2FGCGFGCA   ANON. D/DDR-SW1
13079 F : FACFEGCFAFEGC   ANON. US-Wc
13080 F : FACFGAGFCGCA   E164 EBERLIN
13081 F : FACFGAGFD   H652 HILLER
13082 F : FACFGCEGACFA   B617 BIRCK
13083 F : FACFGECA   S342 SCHLOEGER
13084 F : FACFGFEFGAFCA   L134 LACHNITH
13085 F : FACFGFGAFAFCFAG   C534 CHIESA
13086 F : FAC2FAC2FACF   R535 RICHTER
13087 F : FAC2FEFCDFA2D   R716 ROESER
13088 F : FAC2FEFEFD//CEGCEG   P727 PLEYEL
13089 F : FAC2FGFE2FAC2F   O650 ORDONEZ
13090 F : FAC3FAG3F4C   B393 BECK
13091 F : FAC3FECEG2B   R758 ROMAN
13092 F : FAC3FEDC   G778 GRAUN
13093 F : FAC3FEF   O650 ORDONEZ
13094 F : FAC3FEFA   R558 RIEPEL
13095 F : FAC3FEFCBABCA   A277 AGRELL
13096 F : FAC3FE2FAC3FEF   ANON. CS-Pnm/Osek
13097 F : FA2CBGEFGACBAGF#   L820 LOEFFLER
13098 F : FA2C2B2AGB2G2FEF   D617 DITTERSDORF
13099 F : FA2C2BGABG2EFGECDCB   L486 LEEMANS
13100 F : FA2CDA2BDE$FGABC   G678 GOSSEC
13101 F : FA2CFGAEFGAEFGAEFA   P589 PICCINNI
13102 F : FA3CF2CA2C   ANON. D/BRD-DO
13103 F : FA3CG2CA2CBAG   ANON. D/BRD-DO
13104 F : FA7CBNB$AG   P727 PLEYEL
13105 F : FAC#DB   L619 LE ROY
13106 F : FAC#2DFAB   M488 MEDER
13107 F : FADB   L619 LE ROY
13108 F : FADCBNCAF//2FAFBGCA   Z780 ZINGARELLI
13109 F : FADFBDCBAGF   R535 RICHTER
13110 F : FAFABCDE$CDBDENF   P761 POKORNY
13111 F : FAFA2BCAF   Z770 ZINCK
13112 F : FAFACACFCFA   G876 GRONER
13113 F : FAFACFACFAFACFACGBGB   G537 GIULINI
13114 F : FAFACFCFCA   ANON. I-TN
13115 F : FAFA2CBADC   S819 STEGMANN
13116 F : FAFA4CFGAGFEDC   R555 RIEGER
13117 F : FAFAFAFCACACA   R817 ROSETTI
13118 F : FAFAFAFCACACA   P592 PICHL
13119 F : FAFAFCABGDE   A371 ALESSANDRO
13120 F : FAFBD   V254 VANHAL
13121 F : FAF3BFA2F   ANON. D/BRD-DO
13122 F : FAF3BFA2FG   B859 BRISSI
13123 F : FAF3BFA2FGFGFGABABAB   ANON. D/BRD-HR
13124 F : FAFCA//C4F4A4C4F4A4F4C4A   N454 NERUDA
13125 F : FAFCABGECECGE   F439 FIAMENGHINI
13126 F : FAFCACAF   R598 RISTORI

13127 F : FAFCAFABCDCBA2FA P156 PALELLA
13128 F : FAFCAFAFCABFDB C221 CANNABICH
13129 F : FAFCAFAFC2ACAFC G183 GALUPPI
13130 F : FAFCAFCAFCD F528 FISCHER
13131 F : FAFCAGBGEC P761 POKORNY
13132 F : FAFCAGBG2FF#G M262 MALZAT
13133 F : FAFCBAGFE S785 STAMITZ
13134 F : FAFCBEBGFGA C221 CANNABICH
13135 F : FAFCDCBAGFEDCDEC W939 WRANITZKY
13136 F : FAFCDCBA6GCBAG4F B847 BREVAL
13137 F : FAFCDE2F2E2D2C2B2A2G2F R350 REICHARDT
13138 F : FAFCDFDA D972 DUSSEK
13139 F : FAFCECFCBADC G998 GYROWETZ
13140 F : FAFCEDEGEF2A B116 BACH
13141 F : FAFCFAC2DGFEDCFCAC A573 ANDRIOT
13142 F : FAFCFAFAFCFA B116 BACH
13143 F : FAFCFAFAFCFAGBGCGB M998 MYSLIVECEK
13144 F : FAFCFEDEGEF2A B116 BACH
13145 F : FAF2C2A B948 BURCKSTEINER
13146 F : FAF3CAFC M939 MOZART
13147 F : FAF3CB2AF S189 SAMMARTINI
13148 F : FAF3CB2AFBC2DFEG4F M388 MARTINO
13149 F : FAF3CEC2F B393 BECK
13150 F : FAF3C2F2A B116 BACH
13151 F : FAF4C//C3FEDE2F2GA B414 BEECKE
13152 F : FAF5CFC4A N311 NAUMANN
13153 F : FAFDCDFDBABDBFEFEFGF S789 STAMITZ
13154 F : FAFE2DFD M939 MOZART
13155 F : FAFEGCEGF$D//FACFGFEFGAFCA L134 LACHNITH
13156 F : FAFGCAGFEFG//CE2FEGFAGBA Z780 ZINGARELLI
13157 F : FAFGE2FC J330 JANITSCH
13158 F : FA2FA2FA2FAFGB2G D948 DURAN
13159 F : FA2FEDCBAGCBFAF C486 CHARTRAIN
13160 F : FA2F2G2AB2A2F2G W131 WAGENSEIL
13161 F : FAF#G2BAGFEDCFA2F2E ANON. I-Gi
13162 F : FAGAB2AGABF P129 PAGANELLI
13163 F : FAGABCAC2E$C#D R535 RICHTER
13164 F : FAGAB4C C742 COMY
13165 F : FAGABEFCGCACGCF R563 RIGEL
13166 F : FAGACADBG K926 KREUSSER
13167 F : FAGACAFCACFAC M498 MEHUL
13168 F : FAGAD2CBAGAD G779 GRAUPNER
13169 F : FAGAFAGAFAGAFAGA F178 FALCARI
13170 F : FAGAFCBCAFEFGAB P589 PICCINNI
13171 F : FAGAFCBCAFEFGAB S120 SACCHINI
13172 F : FAGBACBGAFEDCBAGFGF ANON. D/BRD-RH
13173 F : FAGBAG8FAG8F G283 GAVINIES
13174 F : FAGB2ACBDC F312 FELDMAYR
13175 F : FAGCAGABGFEFC B790 BOYCE
13176 F : FAGCBAGAGF G183 GALUPPI
13177 F : FAGECBAF F489 FILTZ
13178 F : FAGECEFA M998 MYSLIVECEK

```
13179   F : FAGECFADBNCE$ABDF#GBE    K880 KOZELUCH
13180   F : FAGEDEFGABGBA    R928 RUGE
13181   F : FAGFABCDBGFE    T645 TOESCHI
13182   F : FAGFABCDBGFE    A139 ABEL
13183   F : FAGFACAFC    O650 ORDONEZ
13184   F : FAGFBGA2FDCA    S521 SEYFERT
13185   F : FAGFB2G2FE$CABDF    ANON. D/BRD-HR
13186   F : FAGFCACF    M386 MARTINI
13187   F : FAGFCAC2FBAD2CAFBGEG    S735 SPANGENBERG
13188   F : FAGFCAC3F    S713 SORKOCEVIC
13189   F : FAGFCAFACFCFG    U530 UMSTATT
13190   F : FAGFCAFBCDC    H708 HOFMANN
13191   F : FAGFCAGFENG    G251 GASSMANN
13192   F : FAGFCA2GAB    M244 MALDERE
13193   F : FAGFCA2GABGBAGCB    ANON. S-Skma
13194   F : FAGFCBAG2FEDCBAGFAGF    G183 GALUPPI
13195   F : FAGFCBAG2FEDCBAGFAGFCBAGF    ANON. D/DDR-SWl
13196   F : FAGFCB2AGFAGF    S189 SAMMARTINI
13197   F : FAGFC3FE$DCDC2FE$DC    G779 GRAUPNER
13198   F : FAGF2C    G251 GASSMANN
13199   F : FAGF2CD2BC    O650 ORDONEZ
13200   F : FAGFEBAGF    D337 DELANGE
13201   F : FAGFEC    S774 STADT
13202   F : FAGFEDC    R535 RICHTER
13203   F : FAGFEDCBAGAB    D492 DEVIENNE
13204   F : FAGFEDCFEDCBADCBAGF    M277 MANGEAN
13205   F : FAGFE2D2CFEDCB//FEFGEFCFEFGE2F    R558 RIEPEL
13206   F : FAGFEFABCDEFAGFEFCBAGFC    S342 SCHLOEGER
13207   F : FAGFEFAC2FAGFE    G778 GRAUN
13208   F : FAGFEFAGFEF    P761 POKORNY
13209   F : FAGFEFAGFEF    A341 ALBRECHTSBERGER
13210   F : FAGFEFAGFEF2AC    B116 BACH
13211   F : FAGFEFBAG    C516 CHELLERI
13212   F : FAGFEFBAGF    S189 SAMMARTINI
13213   F : FAGFEFCAFBDCBAB    S795 STARZER
13214   F : FAGFEFCAFDFBDCAGFE    S355 SCHMITT
13215   F : FAGFEFCBAGFCDEFAGFEF    C221 CANNABICH
13216   F : FAGFEFDAGFEFC    M998 MYSLIVECEK
13217   F : FAGFEFEFCBE    K840 KOERZL
13218   F : FAGFEFGAGF    H571 HERSCHEL
13219   F : FAGFE2FAFD    F921 FRITZ
13220   F : FAGFE2FCFEDC#2D    V254 VANHAL
13221   F : FAGFGABACBABCDCDCBAG    G183 GALUPPI
13222   F : FAGFGACACBAB2C    J750 JOMMELLI
13223   F : FAGFGAFAGFGA    P761 POKORNY
13224   F : FAGFGAFAGFGACAFBGCADBAFEG    J750 JOMMELLI
13225   F : FAGFGAFAGFGAFABCBGFGAEF    F851 FREDERIC
13226   F : FAGFGAFGBAGABG    L132 LACHER
13227   F : FAGFGFAGFGFAGBGBGE    A139 ABEL
13228   F : FAGFGFC2FA    B116 BACH
13229   F : FAGFGFC2F2ACBABA    T645 TOESCHI
13230   F : FAG2FACB2AF    R537 RICHTER
```

```
13231   F : FAG2 FAGFCBAGFGFE      G778 GRAUN
13232   F : FAG2 FAGFGBA2GBAG      C972 CUNATH
13233   F : FAG2 FBAFAG2 F2EC      W131 WAGENSEIL
13234   F : FAG2 FED2C2DBD         S521 SEYFERT
13235   F : FAG2 FGBA2GEGF2E       P987 PUSCHMANN
13236   F : FAG3 FCAGF / / 7FGFEDCB   D617 DITTERSDORF
13237   F : FAG3 FGBA3GACA         G537 GIULINI
13238   F : FA2GB2AC2 BGAFEDCBAGFGF   ANON. D/BRD-RH
13239   F : F2A3BC2 BCBAG/ / FBGEFD   D617 DITTERSDORF
13240   F : F2ACBCDCFGABA          J750 JOMMELLI
13241   F : F2ACBCFBGBDBD          K966 KUNTZEN
13242   F : F2A2CAC2 F2AFA         B116 BACH
13243   F : F2A2CAF2A2CADCBAFE     A995 AZLER
13244   F : F2AGABA2CBGAFEDCBAGFGF    Z110 ZACH
13245   F : F2AG2BAC               ANON. A-LA
13246   F : F2AGCBAGAGFC           G183 GALUPPI
13247   F : F2AGFA2CBA             G251 GASSMANN
13248   F : F2AGFCFEDCF2AGF2C      C175 CAMBINI
13249   F : F2AG2F2AGFCBAGFGFE     G778 GRAUN
13250   F : F2A2G2FC               B175 BALDAN
13251   F : F2A3G2B2A              P985 PURCKSTEINER
13252   F : F4AGFGAFCFCFC          C175 CAMBINI
13253   F : F9AGFG                 C182 CAMERLOHER
13254   F : FBA3CBAGFB             S785 STAMITZ
13255   F : FBA3CBAGFBA3CBAG       G736 GRAF
13256   F : FBA2DCBA               C182 CAMERLOHER
13257   F : FBAGAB4C               C742 COMY
13258   F : FBAGACADBG             K926 KREUSSER
13259   F : FBAGACAFCACFAC         M498 MEHUL
13260   F : FBAGAFDCBCAFEFGAB      P589 PICCINNI
13261   F : FBAGFBAG               G736 GRAF
13262   F : FBAGFC3FE$DCDC2FE$DC   G779 GRAUPNER
13263   F : FBAGF2C                G251 GASSMANN
13264   F : FBAGF2CDC2BC           O650 ORDONEZ
13265   F : FBAGF2DCDEFEDCBAFDE    ANON. USSR-Koe
13266   F : FB2ABCFBAB             H298 HARRER
13267   F : FBCDE$F2BABGFE$F       A334 ALBERTI
13268   F : FBGEFD                 D617 DITTERSDORF
13269   F : FBGEFDBGAFEDCBA        Z730 ZIMMERMANN
13270   F : F2B2ABG                S165 SALIERI
13271   F : FCABAG2 FAFBGE2G2 FACADBGB   F438 FIALA
13272   F : FCAB2AGDAFG2FE         H698 HOFMANN
13273   F : FCABBNCF / / 2FEFGFE3FC   P184 PALUSELLI
13274   F : FCABCB3ACAFGAG3F       M262 MALZAT
13275   F : FCABCBCDC              H652 HILLER
13276   F : FCACACFCACEC           P791 PONS
13277   F : FCACAF2CDEFG2C         ANON. CS-Pnm/Doksy
13278   F : FCACAFGABACFCBAGF      H498 HENDRICH
13279   F : FCACDBGE2FCA           L712 LIDARTI
13280   F : FCACFACBABCB           G866 GRINER
13281   F : FCACFACBABCB           ANON. D/DDR-SW1
13282   F : FCACFAC2BCFA           S774 STADT
```

13283	F : FCACFA2CBNCBN	C221 CANNABICH
13284	F : FCACFA2CBNCBNCBNCBNCD	H138 HAFENEDER
13285	F : FCACFCACFCAC6FAFCF	M729 MOLTER
13286	F : FCACFCAFCAFC	R383 RELUZZI
13287	F : FCACFCAFCAFCA	G567 GLUCK
13288	F : FCAC3FCAC2F	H761 HOLZBOGEN
13289	F : FCAC4FABAGFEDCBGE	H413 HAYDN
13290	F : FCAC7F	S181 SALURINI
13291	F : FCADC	H839 HOUPFELD
13292	F : FCADCBGF#G	V254 VANHAL
13293	F : FCAD2CFEGFBAGFE	V254 VANHAL
13294	F : FCAE2FCAEFCAEF	G678 GOSSEC
13295	F : FCAF	V254 VANHAL
13296	F : FCAFABGE	D778 DREYER
13297	F : FCAFAFCADEFEDC	P474 PESCH
13298	F : FCAFAGABCDBCAGABC	M729 MOLTER
13299	F : FCAFAGEABCDEFGA	C266 CARDON
13300	F : FCAFAGFGAG2F	O740 ORLOWSKI
13301	F : FCAFAG5FEFGFAGB	G678 GOSSEC
13302	F : FCAF2ABGE	D778 DREYER
13303	F : FCAFBFDB	P589 PICCINNI
13304	F : FCAFC	R535 RICHTER
13305	F : FCAFCAF	M939 MOZART
13306	F : FCAFCAFC	S785 STAMITZ
13307	F : FCAFCAFCACBAG	S213 SANDEL
13308	F : FCAFCAFCAFCAFCF	S189 SAMMARTINI
13309	F : FCAFCAFCAGEGCBGEB	C225 CANNABICH
13310	F : FCAFCAFCAGF	G516 GIRANEK
13311	F : FCAFCAFDCBC	B687 BOLDERINO
13312	F : FCAFCAFEBGC	S932 STUEBENER
13313	F : FCAFCAFEFGAB2C	K145 KALICK
13314	F : FCAFCBABCDEFEFGF	F489 FILTZ
13315	F : FCAFCBAGAC#2DEF	H715 HOFSTETTER
13316	F : FCAFCBAG2F	W131 WAGENSEIL
13317	F : FCAFCBCACFAC	C221 CANNABICH
13318	F : FCAFCBCACFAC	B667 BODE
13319	F : FCAFC2B2A	G778 GRAUN
13320	F : FCAFCDBAGFC	B858 BRIOSCHI
13321	F : FCAFCDB2ABG2F	R539 RICKERT
13322	F : FCAFCDCBAGF	O650 ORDONEZ
13323	F : FCAFCDCBAGF	H758 HOLZBAUER
13324	F : FCAFCDCBAGFE	S785 STAMITZ
13325	F : FCAFCDCD	S787 STAMITZ
13326	F : FCAFC2DBD	W131 WAGENSEIL
13327	F : FCAFCFACA	C957 CRUSE
13328	F : FCAFCFAF	B116 BACH
13329	F : FCAFCFAFAC	M244 MALDERE
13330	F : FCAFC4F	B864 BRODSKY
13331	F : FCAFCGE	M938 MOZART
13332	F : FCAF2CD3CD3C	P589 PICCINNI
13333	F : FCAF2CED2CBAG	S785 STAMITZ
13334	F : FCAF5C	P727 PLEYEL

```
13335   F : FCAFDB   U930 UTTINI
13336   F : FCAFDBCFCAFBGA   M748 MONN
13337   F : FCAFDBDFB   W131 WAGENSEIL
13338   F : FCAFDCFEFC   H668 HIRNER
13339   F : FCAFDF2ED2EF   S350 SCHMIDT
13340   F : FCAFEFEFGABACD   K926 KREUSSER
13341   F : FCAFGABCDE2F   B285 BARTHELEMON
13342   F : FCAFGAB4CA2FGAB3CF   W639 WIDERKEHR
13343   F : FCAFGAGFDFDC   T645 TOESCHI
13344   F : FCAFGAGFDFDC   S357 SCHMITTBAUR
13345   F : FCAFGBGEFCAFDBAB   F919 FRITSCHEK
13346   F : FCAFGEFAB2GFE   D651 DOEMMING
13347   F : FCAFGF#2GECBAGF   N765 NOEL
13348   F : FCA2FA2FCAF   W639 WIDERKEHR
13349   F : FCA2FAGB   C221 CANNABICH
13350   F : FCA2F2B2ABGE   D778 DREYER
13351   F : FCA2FCA2FCAF2DG   H700 HOFFMEISTER
13352   F : FCA2FEDCBNC   C182 CAMERLOHER
13353   F : FCA2FEFCDCBAGFCAF   C225 CANNABICH
13354   F : FCA2F2ECAGFGF2E   O650 ORDONEZ
13355   F : FCA2FGABCDE   B634 BLAINVILLE
13356   F : FCA3FGFEFG2ABAGAB   F631 FLOQUET
13357   F : FCA3F2G2A2G2A2GAGFGFEDCG   ANON. S-L
13358   F : FCA4FE$   M939 MOZART
13359   F : FCA4FEFG3AGAB   F631 FLOQUET
13360   F : FCAGCBABC//C5FGFGA4F   H700 HOFFMEISTER
13361   F : FCAGCBABCBAGF//C5FGFGAF   P727 PLEYEL
13362   F : FCAGFACFCAGF   C182 CAMERLOHER
13363   F : FCAGFCF2C   D537 DIAGELLI
13364   F : FCAG2FEFEFE$C   B283 BARTA
13365   F : FC2A2G   V254 VANHAL
13366   F : FC2A2G   S699 SONNLEITHNER
13367   F : FC3AFC   R535 RICHTER
13368   F : FC4AC3GEC   H413 HAYDN
13369   F : FCBA   S638 SMETHERGELL
13370   F : FCBAB2A   L269 LANG
13371   F : FCBAB2AGF   B116 BACH
13372   F : FCBAB2AGFGFA   B461 BENDA
13373   F : FCBABCDCBAGFEGCB   B790 BOYCE
13374   F : FCBACAFGABACFCBAGF   H498 HENDRICH
13375   F : FCBACFAGF   B858 BRIOSCHI
13376   F : FCBACFAGF   L811 LOCATELLI
13377   F : FCBACFAGFEDCBACF   M541 MENEGETY
13378   F : FCBACFAGFEDCBACF   G159 GALIMBERTI
13379   F : FCBACFAGF2ECBACF   A495 AMBREVILLE
13380   F : FCBACFBAFGE   F921 FRITZ
13381   F : FCBADCBGFEFC   S291 SCHACHT
13382   F : FCBAFAGF   G251 GASSMANN
13383   F : FCBAFCBAFCBA   ANON. USSR-Koe
13384   F : FCBAFCB2AGFEFCBAFCBA   G778 GRAUN
13385   F : FCBAFGABAF   P129 PAGANELLI
13386   F : FCBAG   E164 EBERLIN
```

```
13387   F : FCBAGBA   G537 GIULINI
13388   F : FCBAGBACFAGBAF   S189 SAMMARTINI
13389   F : FCBAGFCBAGFAG   P761 POKORNY
13390   F : FCBAGFCBAGFAG   A341 ALBRECHTSBERGER
13391   F : FCBAGFCDEFCDEFACBAGF   F770 FRAENZL
13392   F : FCBAGFCFC   S411 SCHWARZENDORF
13393   F : FCBAGFEDCFCBAGFEDCF   G779 GRAUPNER
13394   F : FCBAGFEFBAFCA   R755 ROMAGNOLI
13395   F : FCBAGF4E   R752 ROLLER
13396   F : FCBAG4FEBAGF   D369 DEMACHI
13397   F : FCBA2GFEFAFCAC   S189 SAMMARTINI
13398   F : FCB2ACAFGABACFCBAGF   H498 HENDRICH
13399   F : FCB4ACA3GEC   H413 HAYDN
13400   F : FCBCA2FDBDCF   G736 GRAF
13401   F : FCBCD2CBCD2CABCDCF   M748 MONN
13402   F : FCB5CAG4A   P762 POLAZZI
13403   F : FCBGEFEFCBGE3F2E2D   B667 BODE
13404   F : FCBNCDCFCBNCDCACBNCDC   P970 PUCITTA
13405   F : FCC#DBD   M998 MYSLIVECEK
13406   F : FCDA//C2F2G2ABA   H704 HOFMANN
13407   F : FCDABCDCBABGCABC   P592 PICHL
13408   F : FCD2B2ABG   V254 VANHAL
13409   F : FCDCB   R167 RAMBACH
13410   F : FCDCBACF2CDCBA2CDCBAC   D245 DAVAUX
13411   F : FCDCBNCGCDCBNCA   S120 SACCHINI
13412   F : FCDCFCDC   Z310 ZANI
13413   F : FCD2CF2CB2A   K840 KOERZL
13414   F : FCDE$D   H769 HONAUER
13415   F : FCDEFACDE2FGACDEF   P761 POKORNY
13416   F : FCDEFACFCDEFAC   R716 ROESER
13417   F : FCDEFACFC2FE   M937 MOZART
13418   F : FCDEFCACFADCBADCB2AB   D617 DITTERSDORF
13419   F : FCDEFCAF   M748 MONN
13420   F : FCDEFCAFC   V160 VALENTINI
13421   F : FCDEFCDEF   W827 WITT
13422   F : FCDEFCFABGBG   S785 STAMITZ
13423   F : FCDEFCFCFCDEFCFCFABC   S934 STUMPF
13424   F : FCDEFCGCAFCFDFEGF   S346 SCHMID
13425   F : FCDEFEFE   F653 FOERSTER
13426   F : FCDEFEFGAGFEFCACFCAGF   H354 HASSE
13427   F : FCDEFGBACEFGFEDCBAGF   ANON. S-L
13428   F : FCDE5FGAEF   G998 GYROWETZ
13429   F : FCDE6FGFEFG   K660 KLOB
13430   F : FCDFB   W131 WAGENSEIL
13431   F : FCDFBDEFE2DCBN2C   K789 KOHAUT
13432   F : FCEF//FGABCDE2F   B414 BEECKE
13433   F : FCFABABCBA   G251 GASSMANN
13434   F : FCFABGECFCFA   B116 BACH
13435   F : FCFABGECFCFABGECFEFG2F   S414 SCHWINDL
13436   F : FCFACAF//AGABG3F   S335 SCHIMPKE
13437   F : FCFACAFCFACA4FEFAF   A839 ASPLMAYR
13438   F : FCFACAFCFAFCFACBAB   D972 DUSSEK
```

13439 F : FCFACAFDC   S414 SCHWINDL
13440 F : FCFACAFDCBA   F528 FISCHER
13441 F : FCFACFDCB   N454 NERUDA
13442 F : FCFAFACAG2F2E   S291 SCHACHT
13443 F : FCFAFCAFC   S414 SCHWINDL
13444 F : FCFAFCAFCF   M488 MEDER
13445 F : FCFAFCFAFABABCABABCDC   B125 BACHSCHMIDT
13446 F : FCFAFCFAFCFCFC   G396 GEWEIJ
13447 F : FCFAFC2FAF2CFC   H498 HENDRICH
13448 F : FCFAF2CDCBABAG   H839 HOUPFELD
13449 F : FCFAF2CDCBABAGFEFGF   ANON. Domp Kat.
13450 F : FCFAGCE   A748 ARNE
13451 F : FCFAGFG2AFACBABC   B125 BACHSCHMIDT
13452 F : FCFAG6FAGF   P837 PORPORA
13453 F : FCF2AFA2CAD2C   P589 PICCINNI
13454 F : FCFBAGFDCBAGFCFBAGFDC   S414 SCHWINDL
13455 F : FCFCAC   G736 GRAF
13456 F : FCFCACF   ANON. PL-GNd
13457 F : FCFC2DCAB2C   A139 ABEL
13458 F : FCFCFACFA2F2E   H409 HAYDN
13459 F : FCFCFAFAFAF   D617 DITTERSDORF
13460 F : FCFCFAFAGF   G678 GOSSEC
13461 F : FCFCFAGBAEFC   H354 HASSE
13462 F : FCFCF2AGFGFED   O650 ORDONEZ
13463 F : FCFCFCABG   ANON. US-Wc
13464 F : FCFCFCBAGF   P523 PFEIFFER
13465 F : FCFCFCFABAG   W834 WITZTHUMB
13466 F : FCFCFCFC   S357 SCHMITTBAUR
13467 F : FCFCFCFCECFCGCACECFCECFCEC   B125 BACHSCHMIDT
13468 F : FCFCFCFCFACAFC   D136 DALAYRAC
13469 F : FCFCFCFC2FAC   T765 TRAETTA
13470 F : FCFCFCFC2FAC   ANON. A-LA
13471 F : FCFCFCFGABGC   W131 WAGENSEIL
13472 F : FCFCFC2FCFCFCF   D617 DITTERSDORF
13473 F : FCFCF2CF3C   ANON. D/DDR-Dlb
13474 F : FCFCGCAFCEFCGCA   S485 SERINI
13475 F : FCFCGCGCAC   H409 HAYDN
13476 F : FCF2C2F2B2DE   R535 RICHTER
13477 F : FCF3CAG5F   S787 STAMITZ
13478 F : FCFDCDE2FCABGC   K922 KRESS
13479 F : FCF5E$DC#DCN   V281 VAN SWIETEN
13480 F : FCFEAGFE$DFGABCDE$FDC2B2DC   B461 BENDA
13481 F : FCFEDCBAGFEDCBA   W131 WAGENSEIL
13482 F : FCFG   N594 NICHELMANN
13483 F : FCFGABABAGABG   G289 GAYET
13484 F : FCFGABABDEBE2BEBEFG   M729 MOLTER
13485 F : FCFGABCBGA   S785 STAMITZ
13486 F : FCFGACAGDGAB   P727 PLEYEL
13487 F : FCFGAFBF   G776 GRAUN
13488 F : FCFGBAGFGCGACBAGAC   O650 ORDONEZ
13489 F : FCFGCG   D972 DUSSEK
13490 F : FCFGFG2AFABABC   B123 BACHSCHMIDT

13491 F : FC2FACDFBD   C486 CHARTRAIN
13492 F : FC2FCFAF3ACAC   G396 GEWEIJ
13493 F : FC2F3GFGAFGCAFGC   V158 VALENTINI
13494 F : FC3FACAFD2F   C221 CANNABICH
13495 F : FC3FC3FGFGABAB   T765 TRAETTA
13496 F : FC4FABCF   A193 ADAM
13497 F : FC4FABCFEC   M388 MARTINO
13498 F : FC4FABCFEC   G778 GRAUN
13499 F : FC4FABCFEG   S189 SAMMARTINI
13500 F : FC6F   C573 CIMAROSA
13501 F : FCGACBC3FAG   Z780 ZINGARELLI
13502 F : FC2GC2ACBGAFCFC2GC   P444 PERILLO
13503 F : F2CABGAFCABG   T152 TALON
13504 F : F2CABGF2CABGA3FE2DCBABCDEF   F378 FERRARI
13505 F : F2CACFG   P592 PICHL
13506 F : F2CAC2FAF   E340 EICHNER
13507 F : F2CA2EFCAFCAGF   G567 GLUCK
13508 F : F2CAFCA//2FCAC   C221 CANNABICH
13509 F : F2CAFCG2CGEF   H515 HENNERSDORFF
13510 F : F2CAF2C2BGEB//2FEDCBA   B912 BRUSA
13511 F : F2CAFDBGCAGF   R122 RACKEMANN
13512 F : F2CAGFEF2CAGFE   H708 HOFMANN
13513 F : F2CAGFEF2CAGFE   ANON. A-GOe
13514 F : F2C2ACA2F2CA   G779 GRAUPNER
13515 F : F2CBAB2A   L269 LANG
13516 F : F2CBAB2AGF   B116 BACH
13517 F : F2CBAD2CBA   G778 GRAUN
13518 F : F2CBAD2CBG   K917 KRAUSE
13519 F : F2CBAG   E164 EBERLIN
13520 F : F2CBAG   C764 CONTRAPUNTI
13521 F : F2CBAGCBAGA   W493 WERNER
13522 F : F2CBAGFCF2C   S411 SCHWARZENDORF
13523 F : F2CBCDCFA2C   G251 GASSMANN
13524 F : F2CBGAFGE2FCBGAFGE   H708 HOFMANN
13525 F : F2C2B   B116 BACH
13526 F : F2C2BACDB   G778 GRAUN
13527 F : F2C2BADEFC   S795 STARZER
13528 F : F2C2BG3A2G2FAGFEDCD   K268 KEHL
13529 F : F2C3BAC//B$:4BCDEFG3FB   P979 PUGNANI
13530 F : F2CBNCBNCB$ABGF2C   O890 OTT
13531 F : F2CBNCG2CBNCA   S120 SACCHINI
13532 F : F2CDBAFD   V254 VANHAL
13533 F : F2CD3C2AB2A   S386 SCHUBERTH
13534 F : F2CDEGFEFBGEGFE   O650 ORDONEZ
13535 F : F2CFA2F4EG   V254 VANHAL
13536 F : F2CF2CFGABCADBC//CAFCBGEDEF   C175 CAMBINI
13537 F : F2CF2CG2C//EFGF2EFGFE   M998 MYSLIVECEK
13538 F : F2CF2CG2C   H354 HASSE
13539 F : F2CF2DFDCBAFGEF   W131 WAGENSEIL
13540 F : F2CFE2DCDCDEFEFGB   I930 IVANSCHIZ
13541 F : F2C2FCADB//2FCAC   C221 CANNABICH
13542 F : F2CG#AF2C2BGEB//2FED2CBA   B912 BRUSA

```
13543  F : F3CAGADEF  P523 PFEIFFER
13544  F : F3C2AGABFEFA  F489 FILTZ
13545  F : F3CBA$3BA$G  H758 HOLZBAUER
13546  F : F3CBAG2CBAGA  W493 WERNER
13547  F : F3CDC//FABBNCC#DEF  M678 MITSCHA
13548  F : F3CDC2DCD  M385 MARTINELLI
13549  F : F3CDEFEFGAF  G779 GRAUPNER
13550  F : F3CDEFG3CEFGA  ANON. D/BRD-DS
13551  F : F3C2E$2DFEFGABGFE  S351 SCHMIDT
13552  F : F3CEDCDEDCD  M385 MARTINELLI
13553  F : F3CFAG3CGBACAF  G251 GASSMANN
13554  F : F4CAGADEF  P523 PFEIFFER
13555  F : F4CBAGCEFA2CBAGFEFG  ANON. S-Uu
13556  F : F4C3B2CFCF  P761 POKORNY
13557  F : F4C3B2CFCF  A341 ALBRECHTSBERGER
13558  F : F4CDEFED4C  G159 GALIMBERTI
13559  F : F5C  N489 NEUMANN
13560  F : F6CBC3DCF  Z515 ZELLER
13561  F : F7CBAGFCDEF  C979 CUPIS
13562  F : F7CD  M939 MOZART
13563  F : F7CFEFCFEFCGF#G  G435 GIARDINI
13564  F : FDBC2FCACA2FCACA  G567 GLUCK
13565  F : FDCBA  H411 HAYDN
13566  F : FDCBABCDEGFE2D  K913 KRAUS
13567  F : FDCBAFDCBAFGAB  ANON. D/DDR-SW1
13568  F : FDCB2AGF#GF#GAE$CBA  E340 EICHNER
13569  F : FDCDEFDCBAGF2AG  A277 AGRELL
13570  F : FDCDFEFB  P979 PUGNANI
13571  F : FD2CBAFD2CBAFGAB  ANON. D/DDR-SW1
13572  F : FD2CD2CAF2CD2CBAGF  M678 MITSCHA
13573  F : FD4C4EF  S375 SCHRAUB
13574  F : FDE2FBABNCBCBAGFD  G685 GOTTBALD
13575  F : F2DCF2BAF2D2C  P149 PAISIELLO
13576  F : FEAFEAF2E  Z780 ZINGARELLI
13577  F : FEA2G2FAGCB  I930 IVANSCHIZ
13578  F : FEBA  F438 FIALA
13579  F : FEBADCAF  J810 JOSEPH
13580  F : FEBAE$DCBA  A341 ALBRECHTSBERGER
13581  F : FEBAE4FEFGAB  W499 WERTTIG
13582  F : FEDC  H700 HOFFMEISTER
13583  F : FEDCBAFABCEGA  J114 JACKSON
13584  F : FEDCBAFEDCBA  M388 MARTINO
13585  F : FEDCBAFEDCBAFG  S189 SAMMARTINI
13586  F : FEDCBAG2ABCBAG  H478 HELLMAN
13587  F : FEDCBAGFCEFGA  G778 GRAUN
13588  F : FEDCBAGFGFABACDC  G948 GUILLEMAIN
13589  F : FEDCBNCBAGFEFDF#GABDC  ANON. D/BRD-Rtt
13590  F : FEDCDEDC2DCBAGF  K350 KENNIS
13591  F : FEDCDGFEFB  P979 PUGNANI
13592  F : FEDCFEFGFE  G251 GASSMANN
13593  F : FED2CDBGD  S348 SCHMIDT
13594  F : FED3CFCDE  ANON. F-Pn/Blancheton
```

13595	F : FEDEFAGFGA16D	H573 HERTEL
13596	F : FE2DGA	H700 HOFFMEISTER
13597	F : FEFA2BNC	M938 MOZART
13598	F : FEFACDGBE	ANON. US-Wc
13599	F : FEFACFDCDBD2CBG	D617 DITTERSDORF
13600	F : FEFAFCFCACAFABA	M729 MOLTER
13601	F : FEFAGFEDCB	J330 JANITSCH
13602	F : FEFAGFEDCBAFC2BA	B456 BENDA
13603	F : FEFBAFEFGFEDCD2CBA2B	S139 SAINT-GEORGES
13604	F : FEFCACACFEFCACEC	P791 PONS
13605	F : FEFCBCAGAFEFC	M947 MUELLER
13606	F : FEFCDCDAD	T611 TISCHER
13607	F : FEFCDEFEFCDE2FEFCDEF	B114 BACH
13608	F : FEFCEFAG	P676 PISCATOR
13609	F : FEFCFGABCDE	F248 FASCH
13610	F : FEFCGEAFBGECFEFC	D972 DUSSEK
13611	F : FEF2CAFCG2CGEF	H515 HENNERSDORFF
13612	F : FEF2CA2F2CA	S342 SCHLOEGER
13613	F : FEFDB//18C	D136 DALAYRAC
13614	F : FEFD2CBA	A139 ABEL
13615	F : FEFD2CDCACFA	B116 BACH
13616	F : FEFDFDC2BA	K926 KREUSSER
13617	F : FEF2DCDCB2AC2FEA	M382 MARTIN
13618	F : FEFED2CDCACFA	B116 BACH
13619	F : FEFEF	V254 VANHAL
13620	F : FEFEFDC#DC#DBABAB	M382 MARTIN
13621	F : FEFEFEFGAB	B116 BACH
13622	F : FEFEFEFGABAGAG	R491 RICCI
13623	F : FEFEFEFGED3A	Z780 ZINGARELLI
13624	F : FEFEFGAGAGFE	ANON. D/DDR-SWl
13625	F : FEFEGAFCAGFEF	P727 PLEYEL
13626	F : FEFF#GFNEDC	B823 BRAUN
13627	F : FEFGABABCDE$	M998 MYSLIVECEK
13628	F : FEFGAB2AG//CABAGFGF2C	H700 HOFFMEISTER
13629	F : FEFGABC2FCDBAGCAF	O750 ORSLER
13630	F : FEFGABGFEA	H758 HOLZBAUER
13631	F : FEFGABGFEAGABCD	O650 ORDONEZ
13632	F : FEFGABGFEAGABCDBAGA	S383 SCHUBERT
13633	F : FEFGABGFEF	S386 SCHUBERTH
13634	F : FEFGACB2AG//CAB2AGFGF2C	H700 HOFFMEISTER
13635	F : FEFGAGABC3FE	O650 ORDONEZ
13636	F : FEFGAGFEDCDCBABBNCC#	ANON. D/DDR-SWl
13637	F : FEFGBA2CDFEGFACDFEG	A839 ASPLMAYR
13638	F : FEFGECFGABGE	W418 WEIGERT
13639	F : FEFGEFCFEFGE2F	R558 RIEPEL
13640	F : FEFGEFGABCDEFEFGEFC	G172 GALLO
13641	F : FEFGFAFCAF	C271 CARESTINI
13642	F : FEFGFAFCA2FEFG	H354 HASSE
13643	F : FEFGFAGABACBABCBAB	D617 DITTERSDORF
13644	F : FEFGFAGFGAGB	N454 NERUDA
13645	F : FEFGFCAFAGAB	M938 MOZART
13646	F : FEFGFEDCDCBAGF	V254 VANHAL

13647 F : FEFGFED4C J960 JUST
13648 F : FEFGFEFGFEFG2F2A2C Z310 ZANI
13649 F : FEFGFEFGFEFG2F2A2C S189 SAMMARTINI
13650 F : FEFG2FACF P668 PIRLINGER
13651 F : FEFG2FACFA H708 HOFMANN
13652 F : FE2FACFE2FACFE H573 HERTEL
13653 F : FE2FAGFED3C B664 BOCCHERINI
13654 F : FE2FGABCDEFEDCBAGAF G778 GRAUN
13655 F : FE2FGABCDEFG H485 HEMBEL
13656 F : FE4FCAC2FGFEFF#G N478 NEUBAUER
13657 F : FEGABADCEF J810 JOSEPH
13658 F : FEGFEGFEGFCA C279 CARLETTI
13659 F : F2EFGAB2ABCDE$ M998 MYSLIVECEK
13660 F : F2E2FAGFED3C B664 BOCCHERINI
13661 F : FNF2EDC#DC#DE$CN A590 ANGLOIS
13662 F : FGAB C358 CATEL
13663 F : FGABABCAD2CBA2B C175 CAMBINI
13664 F : FGABABCDCDEFGAB ANON. B-St.Leonard
13665 F : FGABADCDE B114 BACH
13666 F : FGABBNCAF A555 ANDRE
13667 F : FGABCACF B461 BENDA
13668 F : FGABCAF2CD B667 BODE
13669 F : FGABCAFGABGFGFE//6FGAB W939 WRANITZKY
13670 F : FGABCAG2FE R383 RELUZZI
13671 F : FGABCBAGFACFC B718 BONNO
13672 F : FGABCBAGFACFC P761 POKORNY
13673 F : FGABCBCDBGEF D972 DUSSEK
13674 F : FGABCDEFCAF N327 NAVOIGILLE
13675 F : FGABCDE2F B414 BEECKE
13676 F : FGABCDE2FGABCDEF2GAGF D243 DAUVERGNE
13677 F : FGABCDE2FEF2DCFC S342 SCHLOEGER
13678 F : FGABCDE4F S281 SCALABRINI
13679 F : FGABCDE4FEDC M474 MAYR
13680 F : FGABCDE4FEDC H354 HASSE
13681 F : FGABCDE4FEDCBAGAF H573 HERTEL
13682 F : FGABCDE4FEDCBAGAF S785 STAMITZ
13683 F : FGABCDE5FGABCDEF5G M386 MARTINI
13684 F : FGABCFCBAFE S297 SCHALE
13685 F : FGABCFDEFCBAGF G948 GUILLEMAIN
13686 F : FGAB2CDEGFEC ANON. A-Wn
13687 F : FGAB2CFEDCDCBAFEDCBCD S838 STERKEL
13688 F : FGAB2CFEDCDCBAGEDCBCD ANON. D/BRD-Rtt
13689 F : FGAB5C8D8E2GAG C524 CHERZELLI
13690 F : FGABGFEFBE//4FABCDE$ ANON. A-LA
13691 F : FGA2BABC2D K913 KRAUS
13692 F : FGA2B2ABCFCBAB H298 HARRER
13693 F : FGACBABCAD2CBA2B C175 CAMBINI
13694 F : FGAC2BD//FABCABCDEFG H413 HAYDN
13695 F : FGACFGABAFEGFAFEDCD ANON. H-Bn
13696 F : FGA3CC#DEFB S816 STEFFAN
13697 F : FGA3CC#DEFB W131 WAGENSEIL
13698 F : FGAFABCA2FAFGBGA T722 TOUCHEMOULIN

13699	F : FGAFB	P592 PICHL
13700	F : FGAFCACFCAFDBDF	K840 KOERZL
13701	F : FGAFEFGCFCDA	F569 FLACKTON
13702	F : FGA2FGABCDEFGAFGAG	J216 JADIN
13703	F : FGA3FBGEC	M943 MUELLER
13704	F : FGAGAB	S785 STAMITZ
13705	F : FGAGABAGA	W786 WINTER
13706	F : FGAGABAGFEFGAB	W131 WAGENSEIL
13707	F : FGAGAB2GAE	P523 PFEIFFER
13708	F : FGAGFEDCBAGFAGB	S295 SCHAFFRATH
13709	F : FGAG3F2BAB	B858 BRIOSCHI
13710	F : FG2ABAGFEFG//FACFEDCDC	M678 MITSCHA
13711	F : FG2ABGE	V163 VALERI
13712	F : FG4ABAGFE	V227 VANDENBROEK
13713	F : FG5AGFBAF	P221 PARADEISER
13714	F : FGBAGABAGC	W786 WINTER
13715	F : FGED2CFEFGC	K680 KNECHTEL
13716	F : FGEFEFAGFEDCBAGF	V160 VALENTINI
13717	F : FGF	S819 STEGMANN
13718	F : FGFACAFC	O650 ORDONEZ
13719	F : FGFA2CBE	S355 SCHMITT
13720	F : FGFBAD2CFDGFEDCBDCBAG	Z110 ZACH
13721	F : FGF3CFAGE	B858 BRIOSCHI
13722	F : FGFEC	S774 STADT
13723	F : FGFEDCDCDC	M998 MYSLIVECEK
13724	F : FGFEFCDEFGABCAGFBG	S521 SEYFERT
13725	F : FGFEFCFGCGAGF#G	D972 DUSSEK
13726	F : FGFEFCG#AFGFEFF#G	P340 PAWLOWSKI
13727	F : FGFEF4EDCBA	B818 BRANDL
13728	F : FGFEFGACAFGAGFGA	B972 BURRONI
13729	F : FGFEFGAGFG	G678 GOSSEC
13730	F : FGFEFG2ABAGABC	K840 KOERZL
13731	F : FGFEFGFEF2ACBA	B116 BACH
13732	F : FGFEFGFE2F2BA	D617 DITTERSDORF
13733	F : FGFEFGFGFEFGF	A758 ARNOLD
13734	F : FGFE2FGABCDCFAGFE2FGABCD	C824 CORRETTE
13735	F : FGFEGFEFAB3D3B2AGFAGFE	D357 DELLER
13736	F : FGFGABABABCDCDCBAG	G183 GALUPPI
13737	F : FGFGABABCDCDBCBCAFE	M216 MAHU
13738	F : FGFGABCFBGE	H411 HAYDN
13739	F : FGFGABGABG	K880 KOZELUCH
13740	F : FGFGA2BCBA	J350 JANSON
13741	F : FGFGACABAB2C	J750 JOMMELLI
13742	F : FGFGAFEDEF16B	H573 HERTEL
13743	F : FGFGAFGAGABG	L132 LACHER
13744	F : FGFGAFGFGACAFBGCADBAFEG	J750 JOMMELLI
13745	F : FGFGAFGFGAFA	P761 POKORNY
13746	F : FGFGAFGFGAFABCBGFGAEF	F851 FREDERIC
13747	F : FGFGFED4CDEFGFEDCBAGA	K180 KARAVSCHEK
13748	F : FGFGFGAFEDCAG2A2BA	T645 TOESCHI
13749	F : FG2FB2AD2C	V254 VANHAL
13750	F : FG2FB2AD3CDEFGABGEB	A839 ASPLMAYR

13751 F : FG2FEACFEDC#A   E559 ENDLER
13752 F : FG2FED3CDEFGFEDCBAGA   K180 KARAVSCHEK
13753 F : FGG#2AFABBN2CA   ANON. C.Landon
13754 F : F2GACBNCBNCBN   O650 ORDONEZ
13755 F : F2GAGEB2AFAG   O650 ORDONEZ
13756 F : F3GEBA   O650 ORDONEZ
13757 F : 2F   H761 HOLZBOGEN
13758 F : 2F//ABAGAG2FAC   D136 DALAYRAC
13759 F : 2FABAECFBADC   ANON. CH-Mue
13760 F : 2FABAGFD2EFD   F439 FIAMENGHINI
13761 F : 2FABCABC2D   H298 HARRER
13762 F : 2FABC2DEDE2F   W464 WELTZ
13763 F : 2FABC2DFGA4B4C4D4EF   T722 TOUCHEMOULIN
13764 F : 2FAB2CDE4FCAF   S785 STAMITZ
13765 F : 2FABDCBCDBAG2F   C221 CANNABICH
13766 F : 2FACACA2FACACA2BD   D617 DITTERSDORF
13767 F : 2FACBCDFD2F2C   L712 LIDARTI
13768 F : 2FACDBAGFE2FACD   S189 SAMMARTINI
13769 F : 2FACD2BGFEFAC   C267 CARDON
13770 F : 2FACFAC   S357 SCHMITTBAUR
13771 F : 2FACFACD   T152 TALON
13772 F : 2FACFAF   F996 FUX
13773 F : 2FACFAGAC   P668 PIRLINGER
13774 F : 2FACFAGAC2FAC   B116 BACH
13775 F : 2FACFAGEC4B   S352 SCHMIDT
13776 F : 2FACFGA2GBEGAB   C759 CONTI
13777 F : 2FAC3FACF   ANON. CS-Pnm/Frydlant
13778 F : 2FAC3FGAFEDEDCDEF   G778 GRAUN
13779 F : 2FACGBACFACFACFACFC   S749 SPERGER
13780 F : 2FA2C2B2AGF   V254 VANHAL
13781 F : 2FA2C2B2AG2FAC   H708 HOFMANN
13782 F : 2FA2CDEFGAB   ANON. D/BRD-DO
13783 F : 2FA2CFEFGA2B   D972 DUSSEK
13784 F : 2FA3CF3AC2F   S521 SEYFERT
13785 F : 2FAFBGCA   Z780 ZINGARELLI
13786 F : 2FAFCFA3FAFCFAFGEBECEBEGEBE   S789 STAMITZ
13787 F : 2FAFCFC2GB   H758 HOLZBAUER
13788 F : 2FAF2CFCA   S411 SCHWARZENDORF
13789 F : 2FAF2C2F2A2C2B2C2G2B   P761 POKORNY
13790 F : 2FAF2C2F2A2C2B2D2G2B   B555 BESCH
13791 F : 2FAFEFEF2ACAGAGA   B116 BACH
13792 F : 2FAFE3FAFEF   S189 SAMMARTINI
13793 F : 2FAFE3FAFEF   H354 HASSE
13794 F : 2FA2FA2GBG   V254 VANHAL
13795 F : 2FA2FC2FA2FC   W418 WEIGERT
13796 F : 2FA2FC2FA2FC2GB2GC2GB2GC   F345 FERANDINI
13797 F : 2FA3FBGEC   M513 MEILLER
13798 F : 2FAGB2ACBDC   L269 LANG
13799 F : 2FAGF   T645 TOESCHI
13800 F : 2FAGFACBACFE   S838 STERKEL
13801 F : 2FAGFAFAGF   S819 STEGMANN
13802 F : 2FAGFAGFCBAGF//CAFEFDF   D617 DITTERSDORF

13803 F:2FAGF2ACBA G251 GASSMANN
13804 F:2FAGFCDCABA B533 BERRETTA
13805 F:2FAGFCFACD//FCBNCDCFCBNCDC P970 PUCITTA
13806 F:2FAGF3CEDCFE3F N386 NEGRI
13807 F:2FAGFE2DC//FEFGEFCFEFGE2F R558 RIEPEL
13808 F:2FAGFEGFEF2ACBAGBAGA B116 BACH
13809 F:2FAGF2EBAGF D337 DELANGE
13810 F:2FAGFGABN2CEFGABGAF S785 STAMITZ
13811 F:2FAGFGFEFAF H758 HOLZBAUER
13812 F:2FAG2FABG O121 OBERMEIER
13813 F:2FAG2F2ACB2A S363 SCHOBERT
13814 F:2FAG2FGFEFAF H758 HOLZBAUER
13815 F:2FAG4FCA2BFDB3FCA S351 SCHMIDT
13816 F:2FAG5FA H411 HAYDN
13817 F:2F2AC//FACFADFA B414 BEECKE
13818 F:2F2AC2A2CFABGF O680 ORGITANO
13819 F:2F2ACDBGEFCAC K966 KUNTZEN
13820 F:2F2ACDCDEGF B668 BODINUS
13821 F:2F2A2C O650 ORDONEZ
13822 F:2F2A2CA2C2F2AFA B116 BACH
13823 F:2F2A2C2AF//AFEDC2A W786 WINTER
13824 F:2F2A2C2A2F2A2C2FAGFEDCF P285 PASQUALI
13825 F:2F2A2CBABA S419 SCIROLI
13826 F:2F2A2CBAGFE M798 MONTORO
13827 F:2F2A2CBDCABGAFGE S355 SCHMITT
13828 F:2F2A2CBGFE3AGFE ANON. CS-Pnm/Osek
13829 F:2F2A2C2B2A2G2F2E A579 ANFOSSI
13830 F:2F2A2CE M798 MONTORO
13831 F:2F2A2C2FAB2C M729 MOLTER
13832 F:2F2A2C2FAG2FA H758 HOLZBAUER
13833 F:2F2A2C4F B664 BOCCHERINI
13834 F:2F2A2F2C2A2C2A2F K966 KUNTZEN
13835 F:2F2A2G2F2C2E2D2CFB C182 CAMERLOHER
13836 F:2FBGE2FDBGAFEDCBA Z730 ZIMMERMANN
13837 F:2F2BA F489 FILTZ
13838 F:2F6BNB$ G998 GYROWETZ
13839 F:2FCAC C221 CANNABICH
13840 F:2FCACFCACFAGFG D617 DITTERSDORF
13841 F:2FCACFCAFCAFCA G567 GLUCK
13842 F:2FCAE2FCAEFCAEF G678 GOSSEC
13843 F:2FCAFCDEFGAEFGABCA A839 ASPLMAYR
13844 F:2FCA2F2E2CAGF O650 ORDONEZ
13845 F:2FCA2GECA H813 HORN
13846 F:2FC2AF2CAB3C D617 DITTERSDORF
13847 F:2FC2AF2CFC G998 GYROWETZ
13848 F:2FC2AF2CFCABGECGBACBAGF D617 DITTERSDORF
13849 F:2FCBAGABCBD Z425 ZECHNER
13850 F:2FCBAGFCBAGF F569 FLACKTON
13851 F:2FCB2A K295 KELLY
13852 F:2FCB2AG2FGABCDE//FC6F C573 CIMAROSA
13853 F:2FCBNCB$ N489 NEUMANN
13854 F:2FCDBAGFEFGA V254 VANHAL

13855   F : 2FCDBEGBAFDBGC   A839 ASPLMAYR
13856   F : 2FCDCBNC2GCDCBNC   S120 SACCHINI
13857   F : 2FC2DBE   W131 WAGENSEIL
13858   F : 2FC2DCBAG2F   G537 GIULINI
13859   F : 2FC2DCBAG2FD   ANON. GB-Lbl:Longman Per.Ov.
13860   F : 2FC2DCBAG2FDCBAG2F   G159 GALIMBERTI
13861   F : 2FCEF / / FGABCDE2F   B414 BEECKE
13862   F : 2FCFAFCAFCA   M998 MYSLIVECEK
13863   F : 2FCFAGFG3AFA   B123 BACHSCHMIDT
13864   F : 2FC2FC2FAFAGC2GCG   O650 ORDONEZ
13865   F : 2FC2FC2FAFAGC2GCG   D617 DITTERSDORF
13866   F : 2F2CA / / D - : DAFEGC#D2A   R571 RIGHINI
13867   F : 2F2CAFCA / / 2FCAC   C221 CANNABICH
13868   F : 2F2C2AFCAF   S357 SCHMITTBAUR
13869   F : 2F2C2AFG2D2BG   K928 KREUTZER
13870   F : 2F2C2DCBAG2FDCBAG2F   G159 GALIMBERTI
13871   F : 2F2C2F2A   C659 COCCHI
13872   F : 2F2C2FCADB   C225 CANNABICH
13873   F : 2F2C3FACFA   W853 WOLF
13874   F : 2FDCBAGFE2F   R383 RELUZZI
13875   F : 2FDCB2AGF#GF#GAE$CBA   E340 EICHNER
13876   F : 2FDCBCFBAGAFDCBCF   M386 MARTINI
13877   F : 2FDCBCFDCBCG / / EFG2AG2FEDBAG   T795 TRENTIN
13878   F : 2FEDEF2D   V158 VALENTINI
13879   F : 2FE2B   S787 STAMITZ
13880   F : 2FECBA   O160 OCH
13881   F : 2FEDCBA   O650 ORDONEZ
13882   F : 2FEDCBA   B912 BRUSA
13883   F : 2FEDCBAGFE2F   R383 RELUZZI
13884   F : 2FEDCB2A2FEDCBA   C759 CONTI
13885   F : 2FEDCB2DCBAG2BE   B896 BRUNETTI
13886   F : 2FEDCBNC2BAGFEF2DF#GABDC   ANON. Dbr-Rtt
13887   F : 2FEDCDCBABAG2FED   S783 STALDER
13888   F : 2FEDCDCDC   M998 MYSLIVECEK
13889   F : 2FEDC2DCBA2FE2FACA   L115 L'ABBE
13890   F : 2FED2CBA   B912 BRUSA
13891   F : 2FED2C2DABGF   G778 GRAUN
13892   F : 2FED2C2D2AGF   G776 GRAUN
13893   F : 2FEDC#DE$DCNBNC / / FGFEFGAGFG   G678 GOSSEC
13894   F : 2FEFA2B2C2BA2GF#   G577 GODECHARLE
13895   F : 2FEFACBDGBEGCEF   S795 STARZER
13896   F : 2FEFAF   G736 GRAF
13897   F : 2FEFAFA2FE2DC   W131 WAGENSEIL
13898   F : 2FEFAFGFE2FACABABAGFG   A839 ASPLMAYR
13899   F : 2FEFAFGFE2FA2CBABAGFGFEDEDCBC   ANON. DK-Kk
13900   F : 2FEFA2FE2FACBABGFG   A839 ASPLMAYR
13901   F : 2FEFA2FE2FACBABGFGEDECBC   ANON. DK-Kk
13902   F : 2FEFAGACFE$ S521 SEYFERT
13903   F : 2FEFAGFEFBAG   H710 HOFMANN
13904   F : 2FEFBAFEFDCEFBA   W639 WIDERKEHR
13905   F : 2FEFCAFAGAFC   H710 HOFMANN
13906   F : 2FEFDFDC2BA   K926 KREUSSER

13907 F : 2 F E F E F A B 2 D 2 B A G F G F E   D357 DELLER
13908 F : 2 F E F E F C # D C # D C # 2 D B   D617 DITTERSDORF
13909 F : 2 F E F E 2 F E F E F A B C   K913 KRAUS
13910 F : 2 F E F F # 3 G F N G G # A   Z730 ZIMMERMANN
13911 F : 2 F E F F # 3 G F G G # A   P727 PLEYEL
13912 F : 2 F E F G A C A F 2 G F G A   B972 BURRONI
13913 F : 2 F E F G 2 A F A 2 F 2 E   T645 TOESCHI
13914 F : 2 F E F G 2 A G A B C A E C   H839 HOUPFELD
13915 F : 2 F E F G 3 A G A B C   K840 KOERZL
13916 F : 2 F E F G F A B A D C B G E F   S521 SEYFERT
13917 F : 2 F E F G F A F C A F   R535 RICHTER
13918 F : 2 F E F G F A 2 F E F G F A G E G E G E   Z110 ZACH
13919 F : 2 F E F G F C B A 2 F E F G F B A G   ANON. D/DDR-Dlb
13920 F : 2 F E F G F C B A 2 F E F G F C B A   M464 MAXIMILIAN
13921 F : 2 F E F G F C D E F   M998 MYSLIVECEK
13922 F : 2 F E F G F C D E F 2 C D B A G F E F   D617 DITTERSDORF
13923 F : 2 F E F G F E 3 F C   P184 PALUSELLI
13924 F : 2 F E F G 2 F E F G F   A758 ARNOLD
13925 F : 2 F E F G 3 F 3 E $ D617 DITTERSDORF
13926 F : 2 F E 2 F E 2 F B A C G F E F   D617 DITTERSDORF
13927 F : 2 F E 2 F E 2 F E 2 F E F G A B C D E F   B664 BOCCHERINI
13928 F : 2 F E 2 F 3 G F 2 G A   Z730 ZIMMERMANN
13929 F : 2 F E 4 F E 2 F   R568 RIGEL
13930 F : 2 F E G F A G B A   L269 LANG
13931 F : 2 F E G F A G B A 4 C 4 D 4 E D F E   B116 BACH
13932 F : 2 F E G F G B A 2 F E G F G B A G F B A G 2 C B   Z660 ZIEGLER
13933 F : 2 F 2 E 2 G 3 F A G 2 B A   U930 UTTINI
13934 F : 2 F F # G A B C D B C A   K930 KROMMER
13935 Γ : 2 Γ G A B A D C D E   B114 BACH
13936 F : 2 F G A B A G 2 A B C D C B   R758 ROMAN
13937 F : 2 F G A B 2 A B C D C 2 F E F   M386 MARTINI
13938 F : 2 F G A B 2 A B C D 3 C D E F G A C B A G   C225 CANNABICH
13939 F : 2 F G A B C D E F   R167 RAMBACH
13940 F : 2 F G A B C F C B A F E   S297 SCHALE
13941 F : 2 F G A B C F 2 D E F 2 C B A G F   G948 GUILLEMAIN
13942 F : 2 F G A B 2 C D E 2 F G A B 2 C D E   D179 DANESI
13943 F : 2 F G A B 3 C D E 3 F G A   ANON. D/BRD-DS
13944 F : 2 F G A B 4 C A B 2 C A G F E   ANON. CS-Pnm/Doksy
13945 F : 2 F G A B 4 C D C B C D   G678 GOSSEC
13946 F : 2 F G A B 4 C G A B C A   S189 SAMMARTINI
13947 F : 2 F G A B G F E F B E / / 4 F A B C D E $ ANON. A-LA
13948 F : 2 F G A C F G A 2 F G A C F G A F C A F C A F   H710 HOFMANN
13949 F : 2 F G A F A B C A G F E F C F   P761 POKORNY
13950 F : 2 F G A F A B C A G F E F C F C A C   A341 ALBRECHTSBERGER
13951 F : 2 F G A F A C F   K580 KIRCHNER
13952 F : 2 F G A F B A 2 G A B G C   C948 CROUBELIS
13953 F : 2 F G A 2 F E D C D C D E 2 F A C A   U410 ULLINGER
13954 F : 2 F G A 2 F G A F A B C D C   A341 ALBRECHTSBERGER
13955 F : 2 F G A 2 F G A F A B C D C D F E G   P761 POKORNY
13956 F : 2 F G A 2 F G A F A B C D C D F E G   L356 LATILLA
13957 F : 2 F G A 2 F G A F E F G F C B A G C   P761 POKORNY
13958 F : 2 F G A 2 F G A F E F G F C B A G C F E F E   R535 RICHTER

```
13959  F:2FGAGABA2CDEF      G779 GRAUPNER
13960  F:2FGAGABAGAB3A      K760 KOCH
13961  F:2FGAGEDCDCDE2FACA  U410 ULLINGER
13962  F:2FGAGFCAF2D        L484 LEEDER
13963  F:2FGAGF2CDEDCF      A341 ALBRECHTSBERGER
13964  F:2FGAGF4C4D4C4D     H715 HOFSTETTER
13965  F:2FGAGF2E2FACF      M386 MARTINI
13966  F:2FGAGFGACBAG       V254 VANHAL
13967  F:2FGAGFGACBAG2FGAGFG  R817 ROSETTI
13968  F:2FGAGFG2CDBA3BA    C564 CIAMPI
13969  F:2FGAGF2GABAG       B118 BACH
13970  F:2FGAG2FBCB2ADED2CF S421 SCOLARI
13971  F:2FG2AB2CDEFDCBN2CDEF  M729 MOLTER
13972  F:2FG2AB2CFA         R491 RICCI
13973  F:2FG2AB2CFACF       A277 AGRELL
13974  F:2FGB//3FCA4FA      F951 FUCHS
13975  F:2FGBAGF2CDFEDCF    A341 ALBRECHTSBERGER
13976  F:2FGE2FC2DFED       O250 OCH
13977  F:2FGF               S819 STEGMANN
13978  F:2FGF2ABA           G251 GASSMANN
13979  F:2FGF2AGF           E570 ENGEL
13980  F:2FGFEFA2FGFEFA     Z110 ZACH
13981  F:2FGFEFD2FGFEFC2FGFEF  W853 WOLF
13982  F:2FGFEF2GAGFG//6FGFED6C  Z780 ZINGARELLI
13983  F:2FGFGAGABABCBCDC   G778 GRAUN
13984  F:2FG2FAGCDCGBABC    F528 FISCHER
13985  F:2FG4FCFA           K958 KUEFFNER
13986  F:2F2GA2G2AB2A       R145 RAGUE
13987  F:2F2GFGAFGEFDCABGAFGEFD  A337 ALBINONI
13988  F:2F2G2F2B2A2D2C2F   S421 SCOLARI
13989  F:3FABAB             C742 COMY
13990  F:3FABAGFD2EFD       F439 FIAMENGHINI
13991  F:3FAB3CFED          S397 SCHWAEGRICHEN
13992  F:3FACFACEA2GEGCE    C258 CARAFFE
13993  F:3FACFCAF           D972 DUSSEK
13994  F:3FA2CAC            L269 LANG
13995  F:3FA2C2E            B664 BOCCHERINI
13996  F:3FAFAFCFGAB        ANON. I-Gi
13997  F:3FAFAFCFGABCBAG    S785 STAMITZ
13998  F:3FAFCB             R535 RICHTER
13999  F:3FAGFACFAC2F       A889 AUBERT
14000  F:3FAGFAGFCBAGF//CAFE2FDF  D617 DITTERSDORF
14001  F:3FAGFCAFBCDC3F     B459 BENDA
14002  F:3FAGFCAFDC         H573 HERTEL
14003  F:3FAGFCBACDFEG      G183 GALUPPI
14004  F:3FAGF3CEDCFEF      N386 NEGRI
14005  F:3FAGFEDCBAFGABCDE4F  B524 BERNASCONI
14006  F:3FAGF3GBAGAB2CBAG  G877 GRONVALL
14007  F:3FAG2FACF3A        T645 TOESCHI
14008  F:3FAG3FGABCDEFGA    S838 STERKEL
14009  F:3FAG3FGABCDEFG3A   S357 SCHMITTBAUR
14010  F:3FAG3FGABCDEFG3ACB2A  D617 DITTERSDORF
```

14011	F : 3FAG5FAGFGAB	ANON. B-Bc	
14012	F : 3FA2G2F2E//ABAGAG2FAC	D136 DALAYRAC	
14013	F : 3F2A2C3A2C2F	Z310 ZANI	
14014	F : 3F2A2C2FAFAFCBA3GC	C334 CASALI	
14015	F : 3F3ACA	S586 SILVA	
14016	F : 3F3ACDCDE3FGBAEF	M386 MARTINI	
14017	F : 3F3BEFGABBN//4FA2F2G	B713 BONFICHI	
14018	F : 3FCA4FA	F951 FUCHS	
14019	F : 3FC2AFC	B116 BACH	
14020	F : 3FCBAG4FC	A748 ARNE	
14021	F : 3FCDBCABG	R695 RODOLFO	
14022	F : 3FCDCBA2G2ABCBAGF3C	B847 BREVAL	
14023	F : 3FCDEFCFA	F439 FIAMENGHINI	
14024	F : 3FCDEFCFCAFCDEFCAFCA	P368 PECKI	
14025	F : 3FC2D2C2D2E2F2E	L619 LE ROY	
14026	F : 3FCFACBAGFEDCBA	M380 MARTIN	
14027	F : 3FCFAGFCBACDFEG	G183 GALUPPI	
14028	F : 3FCFCFCFCDEF2G	R568 RIGEL	
14029	F : 3FCF2CB2ABAGF	F489 FILTZ	
14030	F : 3FCFEFGFEFGFEFG	K791 KOHAUT	
14031	F : 3FCFGAB	B858 BRIOSCHI	
14032	F : 3FCFGABCDEF	M386 MARTINI	
14033	F : 3FCFGBDEFCF	M244 MALDERE	
14034	F : 3FCFGFEDF#GB	F898 FRIDERICO	
14035	F : 3F3C2DCBAGF3C	M379 MARTIN	
14036	F : 3FC#3DABCDE	D492 DEVIENNE	
14037	F : 3FD3FC3FGFGA	A991 AZAIS	
14038	F : 3F3DABCDEFA	S189 SAMMARTINI	
14039	F : 3FEDCDEFADBNC	H700 HOFFMEISTER	
14040	F : 3FEEDDCB	S355 SCHMITT	
14041	F : 3FEFABN3GF#G	B114 BACH	
14042	F : 3FEFAFCFDCBABA	C175 CAMBINI	
14043	F : 3FEFAFE3DC#D	G998 GYROWETZ	
14044	F : 3FEF3A3CD3GFG	L812 LOCHON	
14045	F : 3FEF3AGA3CBA	Z780 ZINGARELLI	
14046	F : 3FEFGA3FEFGA3GFGABA	S255 SATZENHOFFEN	
14047	F : 3FEFG5AGABC	B874 BROSCHI	
14048	F : 3FEFGFEDCFGABAG	H657 HIMMEL	
14049	F : 3FEF3GF#G	Z780 ZINGARELLI	
14050	F : 3FEF4GFGAF//5FEAGFED	G779 GRAUPNER	
14051	F : 3FE2F	G736 GRAF	
14052	F : 3FE3FEFABCBA	B579 BIANCHI	
14053	F : 3FEGFE2D3CBAG	R350 REICHARDT	
14054	F : 3FEG3F	Z730 ZIMMERMANN	
14055	F : 3F2E	S785 STAMITZ	
14056	F : 3F2EDF2DC	G678 GOSSEC	
14057	F : 3F2E2FAGFED3C	B664 BOCCHERINI	
14058	F : 3F3E3F3E	S363 SCHOBERT	
14059	F : 3FGABCDCGBAGFE	G537 GIULINI	
14060	F : 3FGABCDCGBAGFE	H813 HORN	
14061	F : 3FGABCDEFGABCBCD2FE	S280 SCALA	
14062	F : 3FGABCDE3FGABCDEFC	ANON. S-L	

```
14063  F:3FGABCDE6F      S961 SURMONTI
14064  F:3FGABCDE6F      S246 SARMONTI
14065  F:3FGAB3CDE       K917 KRAUSE
14066  F:3FGAF2C2F2A2C2B2C2G2B    P761 POKORNY
14067  F:3FGAF2C2F2A2C2B2D2G2B    B555 BESCH
14068  F:3FGAF3DEFD2B    E340 EICHNER
14069  F:3FGAGFCDEFACFAC   C221 CANNABICH
14070  F:3FGAGFEDC#2D    H700 HOFFMEISTER
14071  F:3FGAGF2E2FACF   M386 MARTINI
14072  F:3FGAGFGA        R535 RICHTER
14073  F:3FGAGFGA        P761 POKORNY
14074  F:3FGAG2FGAGF     S934 STUMPF
14075  F:3FGA2G          V158 VALENTINI
14076  F:3FG2ABCFDFCF    K966 KUNTZEN
14077  F:3FGEG           K662 KLOEFFLER
14078  F:3FGFCFGABAGFGABCBAGABCD   D617 DITTERSDORF
14079  F:3FGFEFGF        Z790 ZINGONI
14080  F:3FGFEFGFEF      J750 JOMMELLI
14081  F:3FG3FGABCDEFGA  S838 STERKEL
14082  F:3FG3FGABCDEFG3AB2A    D617 DITTERSDORF
14083  F:3F2GF2A2B       S359 SCHMITTBAUR
14084  F:3F2GFGA         P761 POKORNY
14085  F:3F2GFGA         R535 RICHTER
14086  F:4F              M998 MYSLIVECEK
14087  F:4F              P473 PESCH
14088  F:4FABCBAG        S295 SCHAFFRATH
14089  F:4FABCBAGF       A277 AGRELL
14090  F:4FABCBAG2FGAGEFGFED   ANON. S-L
14091  F:4FABCDE$        ANON. A-LA
14092  F:4FABCFE         T645 TOESCHI
14093  F:4FACDBGE        O750 ORSLER
14094  F:4FAC5FACF       F218 FANTACCI
14095  F:4FA2CGECDE3F    V591 VETTER
14096  F:4FAFACFAC2F     F654 FOERSTER
14097  F:4FAFAFAFAFAFA   D972 DUSSEK
14098  F:4FAFC           S232 SANTA
14099  F:4FAFCFCACAF     B275 BARRIERE
14100  F:4FAFCFCACAFABAGAB   L134 LACHNITH
14101  F:4FAFEFCFEF      A584 ANGELO
14102  F:4FAFEFCFE5F     ANON. S-Skma
14103  F:4FA2F2G         B713 BONFICHI
14104  F:4FA3F           ANON. D/BRD-RH
14105  F:4FA4FA          W131 WAGENSEIL
14106  F:4FAGFEDCBAC3F   H758 HOLZBAUER
14107  F:4FAGFEDCDC      S787 STAMITZ
14108  F:4FAGFEFBAGFAGFEFBAG   M386 MARTINI
14109  F:4F2ABABA        S348 SCHMIDT
14110  F:4F2A2C2F2A4G2C2E    H469 HEINICHEN
14111  F:4F2A2C2F2D2BNC  K789 KOHAUT
14112  F:4F2ADF2GCEF     S699 SONNLEITHNER
14113  F:4F2A2D2E2C4D2F2B    R535 RICHTER
14114  F:4F2A2F2A4F4E$   D617 DITTERSDORF
```

```
14115  F:4F2A2F2A4F4E$4D  S816 STEFFAN
14116  F:4F4AB2AC  T645 TOESCHI
14117  F:4F4A4C4F  G778 GRAUN
14118  F:4F4A4F4E4F4A4F4A  R123 RACKMANN
14119  F:4FBAG2FEGFDBG  B461 BENDA
14120  F:4FBCDBCDGAB  S689 SOLNITZ
14121  F:4FCACACABG  H413 HAYDN
14122  F:4FCACACACA//BAGFEF  R817 ROSETTI
14123  F:4FCAEFCAEFEDCBA  L134 LACHNITH
14124  F:4FCAFCAFACFAC  P727 PLEYEL
14125  F:4FCAFCAFACFACF  V779 VIOTTI
14126  F:4FCA3FDCBA  T195 TARTINI
14127  F:4FCA4FCA  B858 BRIOSCHI
14128  F:4FC4AFCAFCFACA  S383 SCHUBERT
14129  F:4FC4AFCAFCFCFAC  G251 GASSMANN
14130  F:4FCBABCFCFA  N859 NORRIS
14131  F:4FC3B//7AGF  W939 WRANITZKY
14132  F:4FCDEFCDEFAG4F2A  B157 BAILLEUX
14133  F:4FCDEFGAB2C2B2A2G2A2G  P645 PINAIRE
14134  F:4FCF2AGF2AGFAGF  D245 DAVAUX
14135  F:4FCFC  K929 KREUZER
14136  F:4FCFCFCAFC  ANON. S-L
14137  F:4FCFCFCFC  H298 HARRER
14138  F:4FCFGABGFGABCAGABCD  D617 DITTERSDORF
14139  F:4FCFG3A  S161 SALAZAR
14140  F:4F2C2C#2DE  O650 ORDONEZ
14141  F:4F2CDE2FG2AB2C  S295 SCHAFFRATH
14142  F:4F2CDE2FG2AB2C  G778 GRAUN
14143  F:4F2CDE2FG2AB2C  S749 SPERGER
14144  F:4F2CDE2FG2AB3CDE  ANON. D/DDR-SWl
14145  F:4F3C2ACAF  ANON. CH-Mue
14146  F:4F3C2ACAF  T645 TOESCHI
14147  F:4F4C4A13F4C4A4FG  M414 MASSA
14148  F:4F2E$2DCD  W245 WANCZURA
14149  F:4F2E$2DCDE$  ANON. CS-Pnm/Frydlant
14150  F:4FEDCBA4F  C182 CAMERLOHER
14151  F:4FEDCDEFADBNCBNC  H700 HOFFMEISTER
14152  F:4FEFA2CBNCF2AGAC2FF#GABG  H113 HABEL
14153  F:4FEFAFCA4FEFBFDB  ANON. CH-Mue
14154  F:4FEFCBAGFGBAG  S934 STUMPF
14155  F:4FEFEDCBAG2F  R568 RIGEL
14156  F:4FEFG6AGABC  B874 BROSCHI
14157  F:4FEFGF  Z790 ZINGONI
14158  F:4FEF5GFGA4CFG  M938 MOZART
14159  F:4FE2FEF  J750 JOMMELLI
14160  F:4F4E4F4E4F4E4F4G4A4G4A4G  S363 SCHOBERT
14161  F:4FG  B555 BESCH
14162  F:4FGABCAGF2CFGAB  M244 MALDERE
14163  F:4FGABCAGF2CFGAB  ANON. S-Skma
14164  F:4FGABCDBC  K495 KINZI
14165  F:4FGABCDEF  D797 DRUSCHETZKY
14166  F:4FGABCDE2FEF  ANON. CS-Bm
```

14167 F : 4FGABCDE2FEF3C V254 VANHAL
14168 F : 4FGABCDE2FEG3C ANON. A-Wn
14169 F : 4FGABCDE3FBAGF ANON. GB-Lbl
14170 F : 4FGABCFECDE R716 ROESER
14171 F : 4FGAB2CDEFABCDCBA M938 MOZART
14172 F : 4FGAB3C R845 ROTH
14173 F : 4FGAGABABCBCD ANON. D/BRD-DS
14174 F : 4FGAGABABCBCDC G778 GRAUN
14175 F : 4FGAGABABCBCDC B456 BENDA
14176 F : 4FGAGAFEFDCDBA V254 VANHAL
14177 F : 4FGAGFEDCBA//5DEFGAB G948 GUILLEMAIN
14178 F : 4FGAGFEFEFEFEDC# B414 BEECKE
14179 F : 4FGAGFGAGF H693 HOELZL
14180 F : 4FG5ABC H877 HUBER
14181 F : 4FG3CAFEFGFAFEFG P761 POKORNY
14182 F : 4FG3CAFEFGFAFEFGF B524 BERNASCONI
14183 F : 4FGFEFC W767 WINEBERGER
14184 F : 4FGFG4ABAB P257 PARONI
14185 F : 4FGFG4ABABC M234 MAJO
14186 F : 4FGFG4ABABCAB3CA L356 LATILLA
14187 F : 4FGFG4ABABCDCBAG B266 BARONI
14188 F : 4FG3F B858 BRIOSCHI
14189 F : 4FG7FG3F M664 MINGETTI
14190 F : 4FG7FG4F2ED O350 OGLIO
14191 F : 4FG7FG4F2E2DC ANON. S-Uu
14192 F : 4FG7FG4F2E2D2CB M497 MEGIS
14193 F : 4F4G//FCDEFCDEF W827 WITT
14194 F : 4F4G//FG2ABGE V163 VALERI
14195 F : 4F4G B456 BENDA
14196 F : 5FACF2GFGAF W972 WURZER
14197 F : 5FAFCB D617 DITTERSDORF
14198 F : 5FA3F ANON. D/BRD-RH
14199 F : 5FA5FA W131 WAGENSEIL
14200 F : 5FAGFBGFE5FAGFBGFE S189 SAMMARTINI
14201 F : 5FAGFG B116 BACH
14202 F : 5FAGFGAGFG B393 BECK
14203 F : 5FA2GB3AC2BAG3F S163 SALES
14204 F : 5FA5G//FCDE6FGFEFG K660 KLOB
14205 F : 5F5A5G B116 BACH
14206 F : 5F5A5G5B M244 MALDERE
14207 F : 5FCDEFCDEF S785 STAMITZ
14208 F : 5FCFGABC S330 SCHIATTI
14209 F : 5FC3F G824 GREINER
14210 F : 5F2C G778 GRAUN
14211 F : 5F2C R977 RUTINI
14212 F : 5F2CBAGF#2G//CDEFCDEF K958 KUEFFNER
14213 F : 5FEAGFED G779 GRAUPNER
14214 F : 5FEDCBAG S189 SAMMARTINI
14215 F : 5FEDCBAG M388 MARTINO
14216 F : 5FEDCBAG4F V113 VACCARI
14217 F : 5FEFDC4F P987 PUSCHMANN
14218 F : 5FEFGABFGAFBGCA//FGAFB P592 PICHL

```
14219   F:5FEFGAF5CA        K928 KREUTZER
14220   F:5FGAB5CDEC5FGABC  A961 AVONDANO
14221   F:5FGAG2F3CGABAG    M277 MANGEAN
14222   F:5FGA5GAB          T611 TISCHER
14223   F:5FGEAGEFBGC       B116 BACH
14224   F:5FGEGEAFAF        S485 SERINI
14225   F:5FGFG             B116 BACH
14226   F:5F5G//2FE$DE$F2D  V158 VALENTINI
14227   F:6FAFCA2F          A193 ADAM
14228   F:6FAFCA2F4G        G778 GRAUN
14229   F:6FAFCA2F6GBG      S297 SCHALE
14230   F:6F6A2C            S838 STERKEL
14231   F:6F3BCBABCB        ANON. I-Gi
14232   F:6F4BABCB          ANON. I-Gi
14233   F:6F4BCB            D369 DEMACHI
14234   F:6FCAF             V855 VIVALDI
14235   F:6F6C6AF           A484 AMAN
14236   F:6FDCBA5F          E570 ENGEL
14237   F:6FDCBAGF          C182 CAMERLOHER
14238   F:6FEC              A748 ARNE
14239   F:6FEDCBAGF         O350 OGLIO
14240   F:6FEDCBAG2FEDCBAGF S329 SCHIASSI
14241   F:6FEDCBAG2FEDCBAGFE ANON. S-Uu
14242   F:6FED4CB           B275 BARRIERE
14243   F:6FEFDAGAFC        N477 NEUBAUER
14244   F:6FGAB             W939 WRANITZKY
14245   F:6FGABCDE3FGAB     P645 PINAIRE
14246   F:6FGABCF4G         A277 AGRELL
14247   F:6FGECFAC          G998 GYROWETZ
14248   F:6FGFED6C          Z780 ZINGARELLI
14249   F:6FGFEFAFAG        S795 STARZER
14250   F:7F                F248 FASCH
14251   F:7FAGFACBACEDC4F   B843 BRESCIANELLO
14252   F:7FAGFE            C523 CHERUBINI
14253   F:7FAGFGABCFCA      J330 JANITSCH
14254   F:7FCAF             V855 VIVALDI
14255   F:7FDCBAG           C182 CAMERLOHER
14256   F:7FEFAFAG          S795 STARZER
14257   F:7FEF2EDCDCD2CB    D617 DITTERSDORF
14258   F:7FEF7GFG          Z780 ZINGARELLI
14259   F:7FGFEDCB          D617 DITTERSDORF
14260   F:7FGFEFGA          G245 GARZIA
14261   F:8F                R331 REEVE
14262   F:8F                C182 CAMERLOHER
14263   F:8FA3FC3FAGBACBDC  W131 WAGENSEIL
14264   F:8F4A4C4B4G        Z110 ZACH
14265   F:8F4C4A            S189 SAMMARTINI
14266   F:8F4C4A8F4C4A4F4C4A4F  T645 TOESCHI
14267   F:8F8C2D2A2B2CF     ANON. D/DDR-Dlb
14268   F:8F8CFCACFCACGEBEGEBE  B234 BARBELLA
14269   F:8FEDCBA3F         B556 BESOZZI
14270   F:8FEFA2GA2G        T195 TARTINI
```

14271 F : 8FEFGA G245 GARZIA
14272 F : 9FDCBAD2F M214 MAHAUT
14273 F : 9FEFGFA8C P761 POKORNY
14274 F : 10F5C C182 CAMERLOHER
14275 F : 10F2G S575 SIGHIZELLI
14276 F : 11F M998 MYSLIVECEK
14277 F : 11FAGFEFEDCDCBABAG M938 MOZART
14278 F : 12F//FAB8CDEF2C ANON. I-Gi
14279 F : 12F4C F489 FILTZ
14280 F : 12F4C12A4F12C4A S785 STAMITZ
14281 F : 12F4C12A4F12C4A12F D617 DITTERSDORF
14282 F : 16F8GABC M214 MAHAUT
14283 F : 20F4C4F4A16C S785 STAMITZ
14284 F : 20F4C4F4A20C W817 WISTEIN
14285 F : GABA4GABCB4A Z660 ZIEGLER
14286 F : GB2AC2BD2CE$D H495 HENDL
14287 F : GBDGB2DBG G396 GEWEIJ
14288 F : GBDG2B3E2CEF G396 GEWEIJ
14289 F : GDEFGFGAG V158 VALENTINI
14290 F : GFEFACDGBE ANON. US-Wc
14291 F : GFEF2CA2F2CA S342 SCHLOEGER
14292 F : GFEFGBAGABC4FE O650 ORDONEZ
14293 F : GFEFGFAFCAF C271 CARESTINI
14294 F : GFEFGFAFCAFGFEFG H354 HASSE
14295 F : 2G#2F G968 GUIU

14296 F- : A4E4CDEFE//EAG G251 GASSMANN
14297 F- : AGBA//FG2ADCBA Z780 ZINGARELLI
14298 F- : CABNB$GANA$F K791 KOHAUT
14299 F- : CAENFGABAGFEN M386 MARTINI
14300 F- : CA2FEN V254 VANHAL
14301 F- : CAGFENFDC O650 ORDONEZ
14302 F- : CBNDEENF R535 RICHTER
14303 F- : CDBCFAGBENF H411 HAYDN
14304 F- : CD2CA5FCA4G H571 HERSCHEL
14305 F- : CD2CDCFG5FENGE2CB ANON. A-GOe
14306 F- : CD4CFCE B664 BOCCHERINI
14307 F- : CENGBCD$CBANCEG$FE K787 KOHAUT
14308 F- : CENGC F760 FRAENZL
14309 F- : CFAFDBN2CDCD2CDCDC B664 BOCCHERINI
14310 F- : CFCFCGC F489 FILTZ
14311 F- : CFCFCGCGCAFC ANON. A-M
14312 F- : 2CAF2CAFCAG2BD C523 CHERUBINI
14313 F- : 2CAG2FEN2DC2BAG B285 BARTHELEMON
14314 F- : 2CENGBCD$CBANCEG$FE K787 KOHAUT
14315 F- : 4CDCDENFGFGAB A833 ASIOLI
14316 F- : 4C4EN F489 FILTZ
14317 F- : 9C//4CDCDENFGFGAB A833 ASIOLI
14318 F- : EAG G251 GASSMANN
14319 F- : ENFBNCDCFENFGABAG H758 HOLZBAUER
14320 F- : FAB2CFAC6D2CDCB P727 PLEYEL
14321 F- : FACAFACAENGCENFACA W418 WEIGERT

THEMATIC IDENTIFIER   G:AFG   277

```
14322   F-: FACD4ENFG     Z780 ZINGARELLI
14323   F-: FACENGBCD     G279 GAVEAUX
14324   F-: FACFAC2FENGCENGC    G961 GUILLON
14325   F-: FACFAD$F      A839 ASPLMAYR
14326   F-: FACFGBENGA    R550 RIEDEL
14327   F-: FAC2FC2D2C    P727 PLEYEL
14328   F-: FAFCFCACAFCF  G678 GOSSEC
14329   F-: FCA2FGFEN     O650 ORDONEZ
14330   F-: FCAGBAGF      B492 BERETTI
14331   F-: FCAGFGFENFC   P439 PERGOLESI
14332   F-: FCAGFGFENF2CBAFGEN   D248 DAVESNE
14333   F-: FC2AGF2EN//2FACFCFA4C   W245 WANCZURA
14334   F-: FCBACBA       E168 EBERS
14335   F-: FCBAGFAGENF2CBAFGEN   P439 PERGOLESI
14336   F-: FCBAGFAGFENF2CBAFGEN  D248 DAVESNE
14337   F-: FCBAGFDCBAGFENGE   D369 DEMACHI
14338   F-: FCDCBAG2FCDCB     H571 HERSCHEL
14339   F-: FCDCENFGABAG      H758 HOLZBAUER
14340   F-: FCFCFAFAGF    G678 GOSSEC
14341   F-: FCFGAG2FEN    B283 BARTA
14342   F-: FDCBNB$DCB//F: FCFCFAFAGF   G678 GOSSEC
14343   F-: FENDNENGA2FBCF    T356 TEYBER
14344   F-: FENF//FACD4ENFG   Z780 ZINGARELLI
14345   F-: FENFG$        H710 HOFMANN
14346   F-: FENFG$GBNC    L811 LOCATELLI
14347   F-: F2ENFEN       ANON. CS-Pnm/Doksy
14348   F-: FGAGA2FENBAC  S682 SOHIER
14349   F-: FG2ADCBA      Z780 ZINGARELLI
14350   F-: FGFEN2B2AGFEN     ANON. CS-Pnm/Doksy
14351   F-: FGFEN2B2AGFEN     V254 VANHAL
14352   F-: FGFENGAFBFC2FAF   T356 TEYBER
14353   F-: 2FACFCFA4C    W245 WANCZURA
14354   F-: 2FENFA2G//F: FEFF#GFNEDC    B823 BRAUN
14355   F-: 2FG$BANC//FENDNFGA2FBAF    T356 TEYBER
14356   F-: 3FENFGFCAFENFGFCAF//FACFAD$F   A839 ASPLMAYR
14357   F-: 4F4A5CEN      ANON. D/DDR-SWl
14358   F-: 4FG2AGFENGA2BAG   V880 VOGEL
14359   F-: 5FCFGAFABCAGF//CENGBCD$CBANCEG$FE   K787 KOHAUT
14360   F-: 5FEN          K925 KREUSSER
14361   F-: 6F//F: 2FG4FCFA   K958 KUEFFNER
14362   F-: 6FBNCGAENF//6FDCENFGA    M498 MEHUL
14363   F-: 6FDCENFGA     M498 MEHUL
14364   F-: 9F            F912 FRIGEL
14365   F-: GENDC//F: FGFGA2BCBA    J350 JANSON
14366   F-: 2GF           V254 VANHAL

14367   F#-: FAC2FAC2FAC2FACFABC    C573 CIMAROSA
14368   F#-: FCAFCAB3D    H411 HAYDN
14369   F#-: FE#F         G998 GYROWETZ

14370   G: ADAD2B         G998 GYROWETZ
14371   G: AFGEDGFEDBEDCBA    S291 SCHACHT
```

14372　G : AGFE5DCB　C182 CAMERLOHER
14373　G : AGFGAFGDADB2DCBAG　L972 LUSTRINI
14374　G : AGFGAGF3GFEDCBABEDCBAGF　ANON. D/DDR-Dlb
14375　G : AGFGDGCBABCD　W131 WAGENSEIL
14376　G : AGFGEDCDCBABAGFGDAG　M938 MOZART
14377　G : 3AB3G　H411 HAYDN
14378　G : BABC3DCBCD　S357 SCHMITTBAUR
14379　G : BAB2CDCB2CBC　Z269 LANG
14380　G : BAB2DBD　J750 JOMMELLI
14381　G : BAD5G　R817 ROSETTI
14382　G : BA5FEF2GABAB　P727 PLEYEL
14383　G : BAGAGAGAG　Z110 ZACH
14384　G : BAGCBEDBAGC2BA　F526 FISCHER
14385　G : BAGDBGBD　C168 CALVI
14386　G : BAGFEDC　I850 ISOUARD
14387　G : BAGFGDCBA2BAGFGFED　H573 HERTEL
14388　G : BAGFG2DCBAB2GDBGDCB　M729 MOLTER
14389　G : BAGFGFEB　G567 GLUCK
14390　G : BAG4FEF2G3AB　B664 BOCCHERINI
14391　G : BA2GFDCB　R714 ROELLIG
14392　G : B2AGFGFGG#ACB　M678 MITSCHA
14393　G : BA#BCBCGEDC　A139 ABEL
14394　G : BCBACBAG　R491 RICCI
14395　G : BCBCDGBDB　J750 JOMMELLI
14396　G : BCDBGBCDBG　A925 AUMON
14397　G : BCDB4GEFGDB4GEFG　D617 DITTERSDORF
14398　G : BCDB5GDB5GDB　D617 DITTERSDORF
14399　G : BCDCDEDCBA　W546 WEYGERT
14400　G : BCDEDEDF2GB　T611 TISCHER
14401　G : BCDED2GBCDED2GD　G251 GASSMANN
14402　G : BCDEF6G2BD3BG　C534 CHIESA
14403　G : BC3DBA2GA2FG　ANON. I-Gi
14404　G : BC3DCBEDBCD　M947 MUELLER
14405　G : BC3DCBGA2BAG　ANON. CS-Pnm/Doksy
14406　G : BC6DB2G2E2CABC6D　N478 NEUBAUER
14407　G : BCE3DBA2GA2FG　ANON. I-Gi
14408　G : B2C2DC2BGBD2GFED　T645 TOESCHI
14409　G : BDABC2A//EDC#DGFEDCBADFGA　W939 WRANITZKY
14410　G : BDBDBCBC　S357 SCHMITTBAUR
14411　G : BDBDGBGBDGDGBDBGDBDGB　B114 BACH
14412　G : BDCBCDGBDB　J750 JOMMELLI
14413　G : BDF2GEFGEDCB　D972 DUSSEK
14414　G : BDGBADGFEDEG3ED　R758 ROMAN
14415　G : BDGBDGDGBDGB　G779 GRAUPNER
14416　G : BDGDCDCBAFGFGA　S355 SCHMITT
14417　G : BD2GF2AGD　D337 DELANGE
14418　G : BD4GBDGBAGDCBABCAG2F2D　B125 BACHSCHMIDT
14419　G : BD5GDBGDFACBA　G567 GLUCK
14420　G : B3DB3DB3DB3D　P837 PORPORA
14421　G : BEBFBGFEF　C516 CHELLERI
14422　G : BE2C#DFN2BCEADG　U530 UMSTATT
14423　G : BEDCBADCBAG　H411 HAYDN

14424 G : BEGFEBEFGABCBABAG ANON. D/DDR-SW1
14425 G : BGABCBGABCDEFGFEDCBGFE S414 SCHWINDL
14426 G : BGABCDGFAB N454 NERUDA
14427 G : BGBDGDCB L619 LE ROY
14428 G : BGBEA H700 HOFFMEISTER
14429 G : BGBGBGBGBG M937 MOZART
14430 G : BGCADCBAG2EG2FB C175 CAMBINI
14431 G : BGDCBAGFGEDEDBGDCBAGFG ANON. A-GOe
14432 G : BGFEGABC#D#EF2GFECBAGFE G948 GUILLEMAIN
14433 G : BGFGAGABABCBCDCD S749 SPERGER
14434 G : B2GAGAB2ABCAC S521 SEYFERT
14435 G : B3GCBAGF5D3FGFEF4G L765 LIPPERT
14436 G : 2BABCDB2GB K295 KELLY
14437 G : 2BAGAGBAGAG Z110 ZACH
14438 G : 2BAGFECEDG G251 GASSMANN
14439 G : 2BAGFED3E R535 RICHTER
14440 G : 2B2A3GABCD/ /G- :D2GF#CBE G183 GALUPPI
14441 G : 2BCDACDE T611 TISCHER
14442 G : 2BCDCBGBDG L269 LANG
14443 G : 2BC2DECBC2DFGEFGDFG S341 SCHLECHT
14444 G : 2B2C2DBDBDB2A2B2CACACA E360 EISENMANN
14445 G : 2B3CB2D F248 FASCH
14446 G : 2BDCAFGD2B A555 ANDRE
14447 G : 2B2D2B2A2B2D2BA M938 MOZART
14448 G : 2B2DCDC2B2DCDC2B2DCDC Z110 ZACH
14449 G : 2B2DFGFG G183 GALUPPI
14450 G : 2BGD#EGBCBAG H354 HASSE
14451 G : 3BCA3DCA2G2ACBA S749 SPERGER
14452 G : 3BCD2ACDE T611 TISCHER
14453 G : 4B7ACBAGE2G B337 BATTISTA
14454 G : 4BCD4GAB B114 BACH
14455 G : 4B2D2A G998 GYROWETZ
14456 G : 8B8ABDBDGDAD4B R928 RUGE
14457 G : 16B L356 LATILLA
14458 G : CAF5DG2DA B414 BEECKE
14459 G : CBAB2DBD J750 JOMMELLI
14460 G : CBAGFAGBACBDC H411 HAYDN
14461 G : C3G2EA2DGC C626 CLEMENTI
14462 G : 4C B414 BEECKE
14463 G : DA4DFED V254 VANHAL
14464 G : D2AFG2A2GEF2GFED ANON. D/BRD-DS
14465 G : D3ACBABC3D M244 MALDERE
14466 G : DBABCDBABC S286 SCARLATTI
14467 G : DBAGAG2F2DCB L574 LENTZ
14468 G : DBAGDCBCDFGA N594 NICHELMANN
14469 G : DBAGFGCBADBGFED G117 GABRYEL
14470 G : DB2AGAFGEDCDBG2FG ANON. CS-BRsav/Trnava
14471 G : DBCABGAF S348 SCHMIDT
14472 G : DBCABGAGFGA G926 GUENIN
14473 G : DBCACBGCAD L576 LEO
14474 G : DBCA2GFGED H758 HOLZBAUER
14475 G : DBCDABCDEDG2BAGFEDA ANON. D/BRD-DS

14476 G:DBCDE3DB8G8B8D8G G435 GIARDINI
14477 G:DBCDEF4GFGABC Z660 ZIEGLER
14478 G:DB2CAB W853 WOLF
14479 G:DBDBDBDBAB W853 WOLF
14480 G:DBDBD2CACACBD A925 AUMON
14481 G:DBDC2DBDCD F528 FISCHER
14482 G:DB2DB2D2GBA2C H413 HAYDN
14483 G:DBGDBGDBGDBF G778 GRAUN
14484 G:DBGDBGD2B2C S521 SEYFERT
14485 G:DBGDGBDBGD//GBCBCDGBCBCD Z730 ZIMMERMANN
14486 G:DBGDGEDCAFDCACDCBD V254 VANHAL
14487 G:DBG2DBGD S348 SCHMIDT
14488 G:DBGEDBGEDBGEDC2AF L712 LIDARTI
14489 G:DB2GDBG V254 VANHAL
14490 G:DB2GFGCDBC H354 HASSE
14491 G:DB3GFEDEFGAF2GFGBDBCD C175 CAMBINI
14492 G:DB4GFAG T611 TISCHER
14493 G:DB4GFAGDB4G F528 FISCHER
14494 G:DB6GD2CB V254 VANHAL
14495 G:D2BAGABCFACD2AG ANON. D/BRD-HR
14496 G:D2BAGAB2CBAGBAGFGAB2CBAG ANON. CS-BRsav/Trnava
14497 G:D2BCACBGCAD L576 LEO
14498 G:D2BD2BE3CBCDC J750 JOMMELLI
14499 G:D2BGAF2GBCA H298 HARRER
14500 G:D3BAGEDCBDBA//GBGDGD W939 WRANITZKY
14501 G:D3BGBAB2C F248 FASCH
14502 G:D3B2G L269 LANG
14503 G:DCBABCDCBABC S286 SCARLATTI
14504 G:DCBAGBD4GAGFEDCBA F521 FIORILLO
14505 G:DCBAGDECFDGDCBA D617 DITTERSDORF
14506 G:DCBAGDGDGAFBCA S713 SORKOCEVIC
14507 G:DCBAGEDABCBAB R928 RUGE
14508 G:DCBAGFGAGG#ABDCEAG D492 DEVIENNE
14509 G:DCBAGFGEDE2DCBAGFG ANON. A-GOe
14510 G:DCBAGFG2EDCB ANON. F-Pn/Blancheton
14511 G:DCBA3GBAG T611 TISCHER
14512 G:DCBA3GG#A D617 DITTERSDORF
14513 G:DCBCDEFGFGFEF P523 PFEIFFER
14514 G:DCBCDEF4GFGABC Z660 ZIEGLER
14515 G:DCBDCB G736 GRAF
14516 G:DCBDCBDCBDCBEDC P645 PINAIRE
14517 G:DCBDCBEFGED G926 GUENIN
14518 G:DCBE2DGFE2DCBA Z730 ZIMMERMANN
14519 G:DCBGABCD G948 GUILLEMAIN
14520 G:DC5B2CBCD J960 JUST
14521 G:DC5BDCE2D W131 WAGENSEIL
14522 G:DCDCDABCDEFGAG M395 MASCHEK
14523 G:DCDEDFDGDADBDC#ADAEAFA A925 AUMON
14524 G:DCDEDGABAGDCDE C516 CHELLERI
14525 G:DCDEDGEDEFNE L869 LORENZITI
14526 G:DCDGBC2BABCBAG V118 VACHON
14527 G:DC#CNB2DA2D2GABCE N485 NEUHAUSER

14528 G:DC#DC#DE7D   D617 DITTERSDORF
14529 G:DC#DC#D2G   G998 GYROWETZ
14530 G:DC#DC#D2G   Z730 ZIMMERMANN
14531 G:DC#DGFNEDEGE   G776 GRAUN
14532 G:DC#DGFEDCBADFGA   W939 WRANITZKY
14533 G:DEABCDCB   B823 BRAUN
14534 G:DECAF2GFED   K926 KREUSSER
14535 G:DEC#DC#BCBA#B   C175 CAMBINI
14536 G:DEDBA2GFG#A//ECEFDFDFG   S382 SCHUBAUR
14537 G:DEDBA2GFG#BCAF   S291 SCHACHT
14538 G:DEDCBA   W546 WEYGERT
14539 G:DEDCBAGF2G2FED   K926 KREUSSER
14540 G:DEDCBCBAGABCDED   ANON. F-Pn
14541 G:DEDC3G   G183 GALUPPI
14542 G:DEDGABAGDE   C516 CHELLERI
14543 G:DEDG3CB   G998 GYROWETZ
14544 G:DED2GEAFGD   K860 KOSPOTH
14545 G:DE2DCBC2BAG   S785 STAMITZ
14546 G:DEFAGFCFG   C182 CAMERLOHER
14547 G:DEFGABC2D   P129 PAGANELLI
14548 G:DEFGABC2D   Z780 ZINGARELLI
14549 G:DEFGABC2DEFGBFAG   H573 HERTEL
14550 G:DEFGABEFGABC   W827 WITT
14551 G:DEFGABEFGABC   B414 BEECKE
14552 G:DEFGBCDEFG   G678 GOSSEC
14553 G:DEFGBDAGCBEDGF2ED2CB   K660 KLOB
14554 G:DEFGBDBGBCAFBAG#A   M998 MYSLIVECEK
14555 G:DEFGBDGBAGDG   H469 HEINICHEN
14556 G:DEFGBGBGDEFGBGBGDEFG   G251 GASSMANN
14557 G:DEFG2B2DCFGA   A277 AGRELL
14558 G:DEFGDAFG2DF   M624 MICHELI
14559 G:DEFGDBAGABC#   S785 STAMITZ
14560 G:DEFGDBAG2DEF   H573 HERTEL
14561 G:DEFGDBDGD2B   P149 PAISIELLO
14562 G:DEFGDBDGDEFGECEG   B617 BIRCK
14563 G:DEFGDBG2DEFGDBGD   P589 PICCINNI
14564 G:DEFGDCBAG2DEF   H573 HERTEL
14565 G:DEFGDEFG   ANON. D/BRD-EB
14566 G:DEFGEB2GBAEACBGBD   ANON. I-Gi
14567 G:DEFGFEDC2BCBABDCBAGDEF   R817 ROSETTI
14568 G:DEF2G2DCBG2DC   W131 WAGENSEIL
14569 G:DEF2G2DCBG2DC   L841 LOMBARDO
14570 G:DEF2G2DCBG2DC   G183 GALUPPI
14571 G:DEF2G2DCBG2DC2BGE   G537 GIULINI
14572 G:DEF2GFAFD   V254 VANHAL
14573 G:DEF2GFE2DEFG   B535 BERSONI
14574 G:DEF2GFEGDGDCBGB   C175 CAMBINI
14575 G:DEF3GF   B535 BERSONI
14576 G:DEF3GFG3ABCD   B275 BARRIERE
14577 G:DEF4GAFDGDBD   H758 HOLZBAUER
14578 G:DEF4GB2GBD2GD4G   B116 BACH
14579 G:DEF4GB2GBD2GD4GBGDB   P584 PIAZZA

14580 G:DEF4G4D4B5GFG2BGFGB4A4F4D4A ANON. D/BRD-RH
14581 G:DEF4GFGAB B459 BENDA
14582 G:DEF4GFGABDCB H354 HASSE
14583 G:DEF5GDFDGDFD H298 HARRER
14584 G:DEF5GF3GABA3DC2BA T928 TUMA
14585 G:DEF9GBGDBDBG S189 SAMMARTINI
14586 G:DEF23GA2BGBC G172 GALLO
14587 G:DEGDEDCBA H411 HAYDN
14588 G:D2EDFG2EDF B114 BACH
14589 G:DF3AB2G2FEGBCDCDA I930 IVANSCHIZ
14590 G:DFEDBACBA2D G776 GRAUN
14591 G:DFEDCBDCBAGABCDED ANON. F-Pn
14592 G:DFEFGABC2DEF P523 PFEIFFER
14593 G:DFEF2GBADCBCBCDB M357 MARPURG
14594 G:DFGAGBAGF2GDBG L386 LAUSENMAYER
14595 G:D2FGDCBCBA M498 MEHUL
14596 G:DG B678 BOIELDIEU
14597 G:DGABABCDCBGAFBDCBAG ANON. A-M
14598 G:DGABAGFGDGDGABAGFGDGD G172 GALLO
14599 G:DGABCBCBA M998 MYSLIVECEK
14600 G:DGABCDAEDGED2GFGAC ANON. USSR-Koe
14601 G:DGABCDBDC2BAGAD P548 PHILIDOR
14602 G:DGABCDBGD M938 MOZART
14603 G:DGABCDEF4GB3GFGEGDGCG ANON. CS-BRsav
14604 G:DGABCDEGFEDCBABA G159 GALIMBERTI
14605 G:DGABCDGEDGE G172 GALLO
14606 G:DGABGDABCA ANON. CS-Bm
14607 G:DGAFGAB3CBG F491 FINAZZI
14608 G:DGAGFAGFGAB V254 VANHAL
14609 G:DGAGFGABCD N454 NERUDA
14610 G:DGAGF2GAB3CBG F491 FINAZZI
14611 G:DGA2GBC2BG K990 KYFFNER
14612 G:DGBACBAGBACBABGCADGDC V160 VALENTINI
14613 G:DGBAGAGBAGAGFE2DC Z730 ZIMMERMANN
14614 G:DGBAGBAG2D2C2BACBACBA P548 PHILIDOR
14615 G:DGBAGFGB2D O650 ORDONEZ
14616 G:DGBAG2FED M748 MONN
14617 G:DGBCAFGBCDC//DC#CNB2DA2D2GA N485 NEUHAUSER
14618 G:DGBCDGABCBG W493 WERNER
14619 G:DGBCEDGBGBCE M388 MARTINO
14620 G:DGBCEDGBGBCEDGBGBA S189 SAMMARTINI
14621 G:DGBDBDBD2BABCA Z660 ZIEGLER
14622 G:DGBDBDBDGDBG M395 MASCHEK
14623 G:DGBDBDBDGDBGBAG#BAG#ACB K880 KOZELUCH
14624 G:DGBDBDCDEF2G H354 HASSE
14625 G:DGBDBDCDEF2G H298 HARRER
14626 G:DGBDBGBDBG C190 CAMPAGNOLI
14627 G:DGBDGBDABABCD R491 RICCI
14628 G:DGB2DEF3GAGFEDCBAB2G ANON. CS-BRsav/Pruske
14629 G:DGBEDCAFDC//B2AGFGFGG#ACB M678 MITSCHA
14630 G:DGBFADGABC2BA//DEFGABEFGABC B414 BEECKE
14631 G:DGBGBDAC P221 PARADEISER

14632	G : DGBGDFD2GDE2C2E2C2EC#DBCN2AC	ANON. CS-BRsav/Trnava
14633	G : DGBGDGBGD	G429 GIACOMELLI
14634	G : DGBGFEGEDCEC2BAG	H334 HARTMANN
14635	G : DGBGFGFG	V254 VANHAL
14636	G : DGBGFGFGFGED	M998 MYSLIVECEK
14637	G : DGB2G2FAFDC	G942 GUGEL
14638	G : DG2BDCEACBDGB	L269 LANG
14639	G : DG2B2D2GB	M388 MARTINO
14640	G : DGDADBDBDCD	M998 MYSLIVECEK
14641	G : DGDBABCBDEF	A237 ADLGASSER
14642	G : DGDBAGDEFGAGFGABCD	A337 ALBINONI
14643	G : DGDBCDGDG2E	T645 TOESCHI
14644	G : DGDB2DCB2C	F248 FASCH
14645	G : DGDCBABCBDEF	A237 ADLGASSER
14646	G : DGDCBABG//DEGDEDCBA	H411 HAYDN
14647	G : DGDCBACEAGFGDCBACEAGF2G	C762 CONTI
14648	G : DGDCBAEDCBACBAGF2G	ANON. GB-Lbl
14649	G : DGDCBAGB2AGFE	H298 HARRER
14650	G : DGDCBAGDBA2GABC2B	T338 TESSARINI
14651	G : DGDCBA3GABAG2AGFGADAB	G948 GUILLEMAIN
14652	G : DGD2CBAGCE2DCDBCBAG	A839 ASPLMAYR
14653	G : DGD2CBA3GDGB	G779 GRAUPNER
14654	G : DGDEBCB2CDABAB	H411 HAYDN
14655	G : DGDECBA2DBA2GBC	ANON. GB-Lbl
14656	G : DGDG	ANON. D/BRD-EB
14657	G : DGDGABDBC	G183 GALUPPI
14658	G : DGDGABDBC3DCBDBA	P982 PULLI
14659	G : DGDGABGAFGEFDGE	C759 CONTI
14660	G : DGDGD2GBD	H354 HASSE
14661	G : DGDGD2GBDGDGB2GBD	D617 DITTERSDORF
14662	G : DGDGD2GBDGDGB2GBD	B459 BENDA
14663	G : DGD2GBDGDB2GD2GBDGBDB	M741 MONDONVILLE
14664	G : DG2DCBE2CBA	V254 VANHAL
14665	G : DG2DED2CBD	I930 IVANSCHIZ
14666	G : DG2DE2DCB	M388 MARTINO
14667	G : DG3DB3D	V254 VANHAL
14668	G : DG4DCB	M388 MARTINO
14669	G : DG4DED	V254 VANHAL
14670	G : DGD#2EGECC#2D	H573 HERTEL
14671	G : DGEDECBGFGCBAG//BEDCBADCBAG	H411 HAYDN
14672	G : DGEDEDBCDCAB	G251 GASSMANN
14673	G : DGEDGEDCBC	G183 GALUPPI
14674	G : DGEGBGEGA2BC	ANON. CS-BRsav/Kosice
14675	G : DGE2GFGAGDGDEGDG	P837 PORPORA
14676	G : DG2EDC3BCD2E	K969 KUNTZEN
14677	G : DG2EDG2EDCBC	G183 GALUPPI
14678	G : DG3EDC3BCD2E	K969 KUNTZEN
14679	G : DGFAFGFAF	V254 VANHAL
14680	G : DGFCB2DEC	Z660 ZIEGLER
14681	G : DGFED2ADCBA2D	G776 GRAUN
14682	G : DGFEDCBAGDCBAGFED	G779 GRAUPNER
14683	G : DGFFNEBCA//GF3GF3GBACBGAB	W834 WITZTHUMB

14684 G:DGFFNEC#A//GF3GF3GBAC G678 GOSSEC
14685 G:DGFGABCDCBGDBG2E V624 VIBERT
14686 G:DGFGAFGFGAFGDEFGA C762 CONTI
14687 G:DGFGBAGACBAG S713 SORKOCEVIC
14688 G:DGFGDFGDEDCBABCDEDEDCB L756 LINIKE
14689 G:DGFGFEDEDC2BE D797 DRUSCHETZKY
14690 G:DGF2GFGBGFGDGCGB M748 MONN
14691 G:D2GABC2D5GDEFG A277 AGRELL
14692 G:D2GABGAGD T611 TISCHER
14693 G:D2GA2BA2GAF G183 GALUPPI
14694 G:D2GA2BCDB2DCB F489 FILTZ
14695 G:D2GA3DECBA G159 GALIMBERTI
14696 G:D2GAFG2CDEFGAB T126 TAGO
14697 G:D2GAGFGEGFEF2GB2AC R817 ROSETTI
14698 G:D2GBAG2DEDCBABAG ANON. S-Skma
14699 G:D2GBDGFGABABC2BDG ANON. CS-BRsav/JUR
14700 G:D2GBD2GBAGA2BDGB ANON. I-Pca
14701 G:D2GDGBF C564 CIAMPI
14702 G:D2GD2GDEDEFGABC2D C524 CHERZELLI
14703 G:D2GD2GDEDEFGABC2DG ANON. A-GOe
14704 G:D2GFAF2GFAF V254 VANHAL
14705 G:D2GFEDC2EDC V254 VANHAL
14706 G:D2GFFNEBCA//GF3GF3GBACBGAB W834 WITZTHUMB
14707 G:D2GFFNEC#A//GF3GF3GBAC G678 GOSSEC
14708 G:D2GFGABCD N454 NERUDA
14709 G:D2GFGABGDC2GFGABGDCBG F851 FREDERIC
14710 G:D2GFGA2BDB2CBCDC G942 GUGEL
14711 G:D2GFGAG2BD S421 SCOLARI
14712 G:D2GFGAGDBG2BABCB G550 GLASER
14713 G:D2GFG2A2GFGAGDBEC G183 GALUPPI
14714 G:D2GFGDBGBD2GF H354 HASSE
14715 G:D2GFGFGAG E980 EYSELT
14716 G:D3GABC3DCBA W767 WINEBERGER
14717 G:D3GA2FGDD#EDNCBABA2G P548 PHILIDOR
14718 G:D3GBAG2ACBA B634 BLAINVILLE
14719 G:D3GBAGF C182 CAMERLOHER
14720 G:D3GBAGFEDC ANON. S-L
14721 G:D3GBAGFEDCBGCGD G779 GRAUPNER
14722 G:D3GBC2DGD H298 HARRER
14723 G:D3GFG3AGA H354 HASSE
14724 G:D3GFGDBGBDGBAGD H354 HASSE
14725 G:D3GFGFGAG E980 EYSELT
14726 G:D4GAGFG S598 SIMONETTI
14727 G:D4GBAGFEDC ANON. S-L
14728 G:D4G2B3DB5D G779 GRAUPNER
14729 G:D4GFGAD4AGABD S485 SERINI
14730 G:D5GABAG2DEF G779 GRAUPNER
14731 G:D5GBABCDC R714 ROELLIG
14732 G:D5GBA4GB V281 VAN SWIETEN
14733 G:D5GDBDGDGDAD G779 GRAUPNER
14734 G:D5GDBD5GDBDGDBD P285 PASQUALI
14735 G:D5GDEFGDEFGDEFG L368 LAUBE

14736 G:D5GFEDEDC S785 STAMITZ
14737 G:D5GFG S598 SIMONETTI
14738 G:D6G S985 SYLVA
14739 G:D6GDBD6GDBD P285 PASQUALI
14740 G:D6GDEFGDEFGDEFG L368 LAUBE
14741 G:D6GE T611 TISCHER
14742 G:D7GBAGD3ECABDCBD S789 STAMITZ
14743 G:D8G N454 NERUDA
14744 G:D8GABCD7GABC2D G779 GRAUPNER
14745 G:D9GBAGD S785 STAMITZ
14746 G:D9GFEDCBA G778 GRAUN
14747 G:D9GFG T195 TARTINI
14748 G:D12GFGAD12G H354 HASSE
14749 G:2D A676 ARDINA
14750 G:2DBAG2ECBA A925 AUMON
14751 G:2DBCBCDB2CBCD M998 MYSLIVECEK
14752 G:2DBCDGBAGDBG M998 MYSLIVECEK
14753 G:2DB2CA2BG2AF D972 DUSSEK
14754 G:2DB3DCA2D L754 LINEK
14755 G:2DBGE3DBE G251 GASSMANN
14756 G:2DBG3E//G-:2GABCDEDG Z780 ZINGARELLI
14757 G:2DCBAGC2ECBA A925 AUMON
14758 G:2DCECDBD2BCABAGF S795 STARZER
14759 G:2DCBCDEFGFGFEF P523 PFEIFFER
14760 G:2DEFGFEDGBAGFG D972 DUSSEK
14761 G:2DEF6GF4GAB T928 TUMA
14762 G:2DEGF2GABAGF ANON. H-Gc
14763 G:2DFA2DFA2DEFDACEA S373 SCHRAMEK
14764 G:2DFE4DFE4DAG ANON. D/BRD-DS
14765 G:2D3F3A3C2D3G2B D617 DITTERSDORF
14766 G:2DGBABCBA2G F248 FASCH
14767 G:2DGBCEACBAGFE2D V254 VANHAL
14768 G:2DGD2BDB2GBG2DGD H498 HENDRICH
14769 G:2DG2DCBA2CA2C V254 VANHAL
14770 G:2DG2DE P523 PFEIFFER
14771 G:2DGE2GFGAGDGD P837 PORPORA
14772 G:2DG2EDG2EDCBC G183 GALUPPI
14773 G:2DGF//DCBDCBDCBDCBEDC P645 PINAIRE
14774 G:2DGFGAGBGD R817 ROSETTI
14775 G:2D2G2A2B2CD W939 WRANITZKY
14776 G:2D9GFGADBAD2G ANON. CS-BRsav/JUR
14777 G:3D B858 BRIOSCHI
14778 G:3DBC2DECB H411 HAYDN
14779 G:3DBC3DGED F853 FREDERICI
14780 G:3DCBE2DCBED A337 ALBINONI
14781 G:3DCDEDC3DEFGFEDCD ANON. D/DDR-Dlb
14782 G:3DC#DEBDCB4ACEA2GFED C175 CAMBINI
14783 G:3DC#DGD S749 SPERGER
14784 G:3DEDBDGB3DEDBD S652 SMITH
14785 G:3DEFEFDGFEFD3FGAGAF V878 VOGEL
14786 G:3DGF//DCBDCBDCB P645 PINAIRE
14787 G:3DGFE3DGFEDGBD G779 GRAUPNER

14788 G:3D3GB S355 SCHMITT
14789 G:3D3G3B5C3E C175 CAMBINI
14790 G:4DCBAEGF//CBAGFAGBACBDC H411 HAYDN
14791 G:4D2C4B2A A278 AGRICOLA
14792 G:4DC#CNBA//8DC#DB P791 PONS
14793 G:4DD#2EG4FA F621 FLICKER
14794 G:4DEFEFE4DFGAGAG M678 MITSCHA
14795 G:5DC//CBAG2FAGBACBDC H411 HAYDN
14796 G:5DE2GFGAB4DEFGFGA ANON. S-L
14797 G:5D5FA2FA L831 LOGROSCINO
14798 G:7DCBAGFEDG A277 AGRELL
14799 G:8DC#DB P791 PONS
14800 G:8DGB8DBD8G G779 GRAUPNER
14801 G:9DEDECDCD C175 CAMBINI
14802 G:16D2C6E F345 FERANDINI
14803 G:17D2B2G2DBCBABDCA G183 GALUPPI
14804 G:17D2B2G2DBCBABDCA L356 LATILLA
14805 G:17D2B2G2D2BABCABABCA G183 GALUPPI
14806 G:ECEFDFDFG S382 SCHUBAUR
14807 G:EDCDGBDC2BABC2BAG V118 VACHON
14808 G:EDC#DGFEDCBADFGA W939 WRANITZKY
14809 G:E2DE2DG2F2EFGAGF D617 DITTERSDORF
14810 G:EFG//2DGFGAGBGD R817 ROSETTI
14811 G:EF5GDEF4G H354 HASSE
14812 G:EGFEBAGFCB B283 BARTA
14813 G:FGFGFGA#BA#B#ABCA2FGBG L475 LE DUC
14814 G:GABABC2DEFG H571 HERSCHEL
14815 G:GABAB2CBEDGABC H758 HOLZBAUER
14816 G:GABAGDCBCDC2BA ANON. S-L
14817 G:GABAGFGABAGFG S189 SAMMARTINI
14818 G:GABAGFGABAGFGEDCB P592 PICHL
14819 G:GABAGFGAGFEFGABAGFGAGFEFG F378 FERRARI
14820 G:GABA2GABAGEFGF S249 SARTI
14821 G:GABA2GABAGEFGFE ANON. CS-Pnm/Doksy
14822 G:GABA2GABA2GBG K913 KRAUS
14823 G:GABA3GFEDCBE S785 STAMITZ
14824 G:GABCABDEFGEDCB A748 ARNE
14825 G:GABCBABCDGDAD C175 CAMBINI
14826 G:GABCBAG6ABCDCBA B896 BRUNETTI
14827 G:GABCBA2G3FGABDC W251 WANSKI
14828 G:GABCBCBCD S353 SCHMITE
14829 G:GABCBC3DEF P523 PFEIFFER
14830 G:GABCBDCBCD S353 SCHMITE
14831 G:GABCBDCBCDG S356 SCHMITTBAUR
14832 G:GABCC#DEDC#2DEFG E340 EICHNER
14833 G:GABCDEABCDEFG S699 SONNLEITHNER
14834 G:GABCDECBAGFED V254 VANHAL
14835 G:GABCDEDCBAGFG T195 TARTINI
14836 G:GABCDEDEFGABD G779 GRAUPNER
14837 G:GABCDEDEF3G2A B492 BERETTI
14838 G:GABCDEDGAFGDBG E164 EBERLIN
14839 G:GABCDE2D ANON. S-L

14840 G:GABCDEFGDADB2G G779 GRAUPNER
14841 G:GABCDEFGDBG2A G811 GREENE
14842 G:GABCDEFGDBGD//DCBGABCD G948 GUILLEMAIN
14843 G:GABCDEFG2DBAG2D ANON. S-Skma
14844 G:GABCDEFGEGED Z110 ZACH
14845 G:GABCDEF2GDECEDECEGABCDEF2G ANON. D/DDR-Dlb
14846 G:GABCD4EDG G776 GRAUN
14847 G:GABCD2GABCD3GFE ANON. S-Skma
14848 G:GABC2D B858 BRIOSCHI
14849 G:GABC2DEFGABC2DEF S394 SCHURER
14850 G:GABC3DBAGEDCBAG M464 MAXIMILIAN
14851 G:GABC3DCBAG2EDCBAG ANON. D/DDR-Dlb
14852 G:GABC3DCB3CBF ANON. D/BRD-DS
14853 G:GABC3D2GABC S689 SOLNITZ
14854 G:GABC7DGDGBD G779 GRAUPNER
14855 G:GABCFNEF#G C225 CANNABICH
14856 G:GAB2C2A2G2FGDGAB B489 BERESCIOLLO
14857 G:GAB4CBGDBGB S343 SCHLOSSER
14858 G:GABD2C2BAGFG P727 PLEYEL
14859 G:GABDGDBGDCBDGDBA2GA H573 HERTEL
14860 G:GAB8DCBAGFED D617 DITTERSDORF
14861 G:GAB8DCBAGFED S375 SCHRAUB
14862 G:GABGAFGDCBGAF2GA B617 BIRCK
14863 G:GABGBAGBAGD H354 HASSE
14864 G:GABGBCEA//4B2D2A G998 GYROWETZ
14865 G:GABGCADCBGBGCADC W131 WAGENSEIL
14866 G:GABGCADCBGBGCADCB2G C182 CAMERLOHER
14867 G:GABGCADEFG B125 BACHSCHMIDT
14868 G:GABGCBA S652 SMITH
14869 G:GABGDBGDBGDBGDB2GAB W853 WOLF
14870 G:GABGFGAFEFGABGFGAFEFG F378 FERRARI
14871 G:GABGFGF W464 WELTZ
14872 G:GAB2GABC2ADBAGFG S414 SCHWINDL
14873 G:GAB3GAB3GAB P579 PIACENTINO
14874 G:GAB3GAB3GAB B617 BIRCK
14875 G:GAB6GAGAB R817 ROSETTI
14876 G:GA2BAGFAGBAGFA S785 STAMITZ
14877 G:GA2BCDGA2BCDC S689 SOLNITZ
14878 G:GA2BFGEDCBG#2A//GBABCDBABCDGFGA A370 ALESSANDRI
14879 G:GACBC3DCB2CDCBF ANON. D/BRD-DS
14880 G:GACGF3G2D2BG T611 TISCHER
14881 G:GA2CEDC2BC2EG G779 GRAUPNER
14882 G:GADEFGABGCBA C759 CONTI
14883 G:GAD3GBABCAGAB M751 MONOPOLI
14884 G:GAFDBG C573 CIMAROSA
14885 G:GAFGAFGAFAGFEDCBA A748 ARNE
14886 G:GAFGAFGDC Z730 ZIMMERMANN
14887 G:GAFGAFGDC3B S189 SAMMARTINI
14888 G:GAFGAFGFGAFGDGAB L356 LATILLA
14889 G:GAFGAFGFGAFGDGABCA B547 BERTONI
14890 G:GAFGBAGA2FG H700 HOFFMEISTER
14891 G:GAF2GABCDEA M798 MONTORO

14892 G:GAF2GABC3DCB B858 BRIOSCHI
14893 G:GAF2GB2GAFG C182 CAMERLOHER
14894 G:GAF2GFGDGBABCBA U930 UTTINI
14895 G:GAGABCBCDEFGEDED G435 GIARDINI
14896 G:GAGABFEFG G736 GRAF
14897 G:GAGAGABCDCBA S189 SAMMARTINI
14898 G:GAGAGAGAGAGAGAGA G779 GRAUPNER
14899 G:GAGAGAGAGC G251 GASSMANN
14900 G:GAGBGCGDGEGFG B199 BAMBINI
14901 G:GAGF//E-:EGBEG2ED# Z780 ZINGARELLI
14902 G:GAGFDGCC#2DCN ANON. CS-Bm
14903 G:GAGFEDCAGFEDEFG S355 SCHMITT
14904 G:GAGFEF W939 WRANITZKY
14905 G:GAGFGABABCEDCDEGFEFGAGFE M729 MOLTER
14906 G:GAGFGABAGFE3D T839 TRITTO
14907 G:GAGFGABAGFGAGAGFGAG J750 JOMMELLI
14908 G:GAGFGABCBABC A758 ARNOLD
14909 G:GAGFGABCBABCD ANON. GB-Mp
14910 G:GAGFGABCBABCDB4G K880 KOZELUCH
14911 G:GAGFGABDBGD G943 GUGLIELMI
14912 G:GAGFGABD2CABAG#ABC C175 CAMBINI
14913 G:GAGFGABGD L939 LUCHESI
14914 G:GAGFGAGBGBGAGFGAGBGBA B116 BACH
14915 G:GAGFGAGDB2GAGFGA G183 GALUPPI
14916 G:GAGFGAGDCDE H758 HOLZBAUER
14917 G:GAGFGAGFGAGFGAGFGAGFG G172 GALLO
14918 G:GAGFGAGFGBAGFEDC ANON. S-Skma
14919 G:GAGFGBCBABDBG G293 GEARGE
14920 G:GAGFGBCBABDBG S139 SAINT-GEORGES
14921 G:GAGFGBCBABDBGD A139 ABEL
14922 G:GAGFGBGAGFGB2G2D2BG2CDEDCBC A370 ALESSANDRI
14923 G:GAGFGBGDBDG P149 PAISIELLO
14924 G:GAGFGDB2G S348 SCHMIDT
14925 G:GAGFGDECGECEGAGFGE G567 GLUCK
14926 G:GAGFGDEDCBC Z660 ZIEGLER
14927 G:GAGFGDGABCBABGBC S414 SCHWINDL
14928 G:GAGFGDGABCBABGBC2DEDC R535 RICHTER
14929 G:GAGF2GAGFG B116 BACH
14930 G:GA2GA2GC2BC2BC2B M998 MYSLIVECEK
14931 G:GA5GBC4BDEGF H413 HAYDN
14932 G:G2ABGDBDBG2ABG R563 RIGEL
14933 G:G2AFG B116 BACH
14934 G:G2AGAB2DCDECBAGF2G P471 PESCETTI
14935 G:GBABABABGCABGDBG ANON. CH-Mue
14936 G:GBABCACBCDB H704 HOFMANN
14937 G:GBABCACBCDBDCDEC C225 CANNABICH
14938 G:GBABCAD B116 BACH
14939 G:GBABCADBABCA ANON. I-Bsp
14940 G:GBABCAFG M998 MYSLIVECEK
14941 G:GBABCBCDCBC M939 MOZART
14942 G:GBABCDBABCDGFGA A370 ALESSANDRI
14943 G:GBABCDBABC5D4E4F C531 CHIESA

```
14944  G:GBABCDBDBGDEDCBDCDEFG  G183 GALUPPI
14945  G:GBABCDBGDEGFEFGDBG  G943 GUGLIELMI
14946  G:GBABCDBGEGEDBAGFG  B393 BECK
14947  G:GBABCDCBC  M488 MEDER
14948  G:GBABCDEDFG  P761 POKORNY
14949  G:GBABCDEDF2GABG  F770 FRAENZL
14950  G:GBABCDG2ED  K840 KOERZL
14951  G:GBABC2DGBABCDBGBABC2D  P584 PIAZZA
14952  G:GBABC2DGBADCDAFEFD  M729 MOLTER
14953  G:GBABC3DBGBDC  P668 PIRLINGER
14954  G:GBABC3DBGBDCAF  B589 BIERLINGER
14955  G:GBABC3D2ED2ED2CBAGBAGFG  P498 PETRUCCI
14956  G:GBABC3DG2D2B2ABCAGFGD  ANON. A-GOe
14957  G:GBABC3DGFEDEDCBA  D578 DILLETTY
14958  G:GBABC4DCBA2GFGA2B  O650 ORDONEZ
14959  G:GBABDBD  P439 PERGOLESI
14960  G:GBABDBGEDEDABCBAG  C225 CANNABICH
14961  G:GBABDGBDGBABDGB2DFEFADFA  ANON. D/DDR-Dlb
14962  G:GBABGBD  B858 BRIOSCHI
14963  G:GBABGDGFGDB  G779 GRAUPNER
14964  G:GBAB2GBABGCACA  L972 LUSTRINI
14965  G:GBAB2GBABGCACABGBG  J750 JOMMELLI
14966  G:GBAB2GDGBABDBDGD2GBG  ANON. I-Bsp
14967  G:GBAC  S252 SASSIA
14968  G:GBACADB  V254 VANHAL
14969  G:GBACBDBGCEACBDBG  E164 EBERLIN
14970  G:GBACBEDCBA  M332 MARIA
14971  G:GBAC2GABC2D  G567 GLUCK
14972  G:GBAEGCC#D  W373 WEBER
14973  G:GBAFA2GBDCAC2B  C486 CHARTRAIN
14974  G:GBAFDEFGABC  H354 HASSE
14975  G:GBAF2GABCD  S189 SAMMARTINI
14976  G:GBAGA  W527 WESTERMAYER
14977  G:GBAGABDCBCDEFG  G435 GIARDINI
14978  G:GBAGA2DC  S295 SCHAFFRATH
14979  G:GBAGAFGBAGAFG4DCB  M998 MYSLIVECEK
14980  G:GBAGAGBAGAGC  G251 GASSMANN
14981  G:GBAGAGFGFEDEF  F248 FASCH
14982  G:GBAGBA  ANON. A-LA
14983  G:GBAGBAGBCDBCD  P589 PICCINNI
14984  G:GBAGBAGDGBADACB  D617 DITTERSDORF
14985  G:GBAGBAG3DECBABAGD  V777 VINCI
14986  G:GBAGBCEDFEGFAG  P619 PIERLOT
14987  G:GBAGBD//DCBDCBEFGED  G926 GUENIN
14988  G:GBAGBDG  M388 MARTINO
14989  G:GBAGBD3GFG  P186 PAMPANI
14990  G:GBAGBGDBGD  M316 MARCHI
14991  G:GBAGC2DED2GFG  G778 GRAUN
14992  G:GBAGDBGDB  L576 LEO
14993  G:GBAGDFED3GFAGFEDC  W464 WELTZ
14994  G:GBAG2DEF4G  S942 SUCHANEK
14995  G:GBAG4D2GA  G778 GRAUN
```

14996 G:GBAGFN D916 DUNI
14997 G:GBAGFAGB S316 SCHEIBE
14998 G:GBAGFEDCBA2BD K917 KRAUSE
14999 G:GBAGFE2D R350 REICHARDT
15000 G:GBAGFGBAGF M938 MOZART
15001 G:GBAGFGBAGFGDBG L576 LEO
15002 G:GBAGFGBCDGBAGF U170 UCIELINI
15003 G:GBAGFGBCDGBAGFGBCD C759 CONTI
15004 G:GBAGFGDB2EC2FA P979 PUGNANI
15005 G:GBAGFGDEC# M938 MOZART
15006 G:GBAGFGD3ED F248 FASCH
15007 G:GBAGFGD#EGFED#EB S355 SCHMITT
15008 G:GBAGFGFG2DC H704 HOFMANN
15009 G:GBAGFGFG2DC2BAGFGFG M262 MALZAT
15010 G:GBAGFGFGED S482 SERAZI
15011 G:GBAGF2GBDGBAGF2GBDG7D S297 SCHALE
15012 G:GBAG2FGDEC# M938 MOZART
15013 G:GBA2GBA2GBDGFA G251 GASSMANN
15014 G:GBA2GEDB2GD B858 BRIOSCHI
15015 G:GBA3GDGDGBA R383 RELUZZI
15016 G:GBA4GBA3GCDEDCBA2G K290 KELLER
15017 G:GBA10G P153 PALADINO
15018 G:GB2ACDEDCBDGF M244 MALDERE
15019 G:GB2AFDBDCA Z730 ZIMMERMANN
15020 G:GB2AGABCB2AG G736 GRAF
15021 G:GBCAFACB ANON. D/BRD-Mbs
15022 G:GBCAFDGBCAFD I930 IVANSCHIZ
15023 G:GBCAG2CBCAG D972 DUSSEK
15024 G:GBCBC3AB//GDBGDBAB A833 ASIOLI
15025 G:GBCBCDGBCBCDBC Z730 ZIMMERMANN
15026 G:GBCBGBCBD K490 KIMMERLING
15027 G:GBCC#//GDABFGD B414 BEECKE
15028 G:GBCDBACB S638 SMETHERGELL
15029 G:GBCDBCDEFGFEDBC S165 SALIERI
15030 G:GBCDBC2D//DEFGFEDC R817 ROSETTI
15031 G:GBCDBC2DFE7DEF R814 ROSETTI
15032 G:GBCDBGCDEC S344 SCHLOSSER
15033 G:GBCDB2GBCDBGB C759 CONTI
15034 G:GBCDCBAGFGD H354 HASSE
15035 G:GBCDCBAGFGDGBC D311 DEECKE
15036 G:GBCDCDE W853 WOLF
15037 G:GBCDEDCGBCDEDCBEDCBEDC F248 FASCH
15038 G:GBCDED2CBGABCBA B790 BOYCE
15039 G:GBCDEDEDC S189 SAMMARTINI
15040 G:GBCDEDGCD M939 MOZART
15041 G:GBCDEFGEG Z110 ZACH
15042 G:GBCDEF4GAGFG G778 GRAUN
15043 G:GBCDEF6GEGABCD G779 GRAUPNER
15044 G:GBCDGBCD H354 HASSE
15045 G:GBCDGFAGBADEF A237 ADLGASSER
15046 G:GBCDGFE2DECBADBAGF2G B617 BIRCK
15047 G:GBCEADBGBCEADBG H700 HOFFMEISTER

15048	G:GBCEDC	H411	HAYDN
15049	G:GB3CF2G	L269	LANG
15050	G:GB3CF2G	B114	BACH
15051	G:GBC#DABCNGA#BFG#	E340	EICHNER
15052	G:GBDBCADBECFDGBD	M488	MEDER
15053	G:GBDBCAFG//DEFGABEFGABC	W827	WITT
15054	G:GBDBCBAD	D617	DITTERSDORF
15055	G:GBDBCBAD2GBD	W131	WAGENSEIL
15056	G:GBDBCBAD2GBDGDBG	W418	WEIGERT
15057	G:GBDBDGEGFGAGFG	S521	SEYFERT
15058	G:GBDBGBABDBG	S791	STANZEN
15059	G:GBDBGBDBGBD	S785	STAMITZ
15060	G:GBDBGBG	H758	HOLZBAUER
15061	G:GBDBGDEDED	M234	MAJO
15062	G:GBDCAC2BAGB	L239	LAMPUGNANI
15063	G:GBDCAC2BAGBCBAFG	S189	SAMMARTINI
15064	G:GBDCAC2BAGBCBGFGBAG	ANON.	CH-Mue
15065	G:GBDCBAGEDGBEDBAGEDBG	ANON.	D/DDR-Dlb
15066	G:GBDCBAGE2DGD	H652	HILLER
15067	G:GBDCBA2G2BCBABGC	D357	DELLER
15068	G:GBDCBCAF2ACBA	H758	HOLZBAUER
15069	G:GBDCBGBDCBD	K490	KIMMERLING
15070	G:GBDEDAGFADCBD	S139	SAINT-GEORGES
15071	G:GBDEDCBGBCBA	H573	HERTEL
15072	G:GBDEFGABC3D	M748	MONN
15073	G:GBDFGBDFGBDFGBDF	B283	BARTA
15074	G:GBDFGBDFGBGDG	D393	DENGLER
15075	G:GBD2FGECDCAB	D797	DRUSCHETZKY
15076	G:GBDGABAGDBGE	S787	STAMITZ
15077	G:GBDGACDACBAGCBAG	H332	HARTMANN
15078	G:GBDGB	M244	MALDERE
15079	G:GBDGB	ANON.	S-L
15080	G:GBDGBA2D	G251	GASSMANN
15081	G:GBDGBAF2GACB	B918	BUCELLI
15082	G:GBDGBAGBAGEDB	R714	ROELLIG
15083	G:GBDGBAGDC	T645	TOESCHI
15084	G:GBDGBAGDC	I930	IVANSCHIZ
15085	G:GBDGBAG4ED	H296	HARRE
15086	G:GBDGBAGFGBDGBDCBA2G	C225	CANNABICH
15087	G:GBDGBDBABC2BACBCD	S316	SCHEIBE
15088	G:GBDGBD2CEFEFG	G678	GOSSEC
15089	G:GBDGBDECF	A372	ALESSIO
15090	G:GBDGBDGBCDE2DCBCDB	C221	CANNABICH
15091	G:GBDGBDGB2D	F489	FILTZ
15092	G:GBDGBDGB2DEDCD	S785	STAMITZ
15093	G:GBDGBDGB10DGBD	S789	STAMITZ
15094	G:GBDGBDGBGAFGDC	I930	IVANSCHIZ
15095	G:GBDGBDGBGD3GB	J750	JOMMELLI
15096	G:GBDGBDGBGD3GB	G527	GIULINI
15097	G:GBDGBDGBGD3GB	M388	MARTINO
15098	G:GBDGBDGBGD3GB	R383	RELUZZI
15099	G:GBDGBDGFGAG	S785	STAMITZ

15100 G:GBDGBDGFGAGAGABA S414 SCHWINDL
15101 G:GBDGB2DCAFGEFDGDFD Z660 ZIEGLER
15102 G:GBDGB2DFAC//D2GDGBF C564 CIAMPI
15103 G:GBDGB2EDCBACAFGABC W939 WRANITZKY
15104 G:GBDGBGAFGEDCBGAF P523 PFEIFFER
15105 G:GBDGBGDB2GFG H652 HILLER
15106 G:GBDG2BAG H354 HASSE
15107 G:GBDGC2AB2G H652 HILLER
15108 G:GBDGDBGBDGDB2GFGABCB S387 SCHULTZE
15109 G:GBDGDB2GDBG H298 HARRER
15110 G:GBDGDB2GDBGC2E3C S392 SCHUNKE
15111 G:GBDGDB16G2E2C4D S421 SCOLARI
15112 G:GBDGDCBA2GF S231 SANTA
15113 G:GBDG2DCBAGECA V254 VANHAL
15114 G:GBDG3DCBAECA V254 VANHAL
15115 G:GBDGFBAGFG H411 HAYDN
15116 G:GBDGFE S785 STAMITZ
15117 G:GBDGFEDCB H298 HARRER
15118 G:GBDGFEDCB W939 WRANITZKY
15119 G:GBDGFEGB O780 ORTNER
15120 G:GBDGFEGBED I930 IVANSCHIZ
15121 G:GBDGFGBDEDGBD G774 GRAUN
15122 G:GBDG2FGECDCAB D797 DRUSCHETZKY
15123 G:GBD2GBD2GBCDE2DCBCDB C225 CANNABICH
15124 G:GBD2GCEG M998 MYSLIVECEK
15125 G:GBD2GFE S785 STAMITZ
15126 G:GBD2GFGB2DEDGBD G778 GRAUN
15127 G:GBD2GF2GFG R383 RELUZZI
15128 G:GBD3GBAGAG H411 HAYDN
15129 G:GB2DBDGDG2B R845 ROTH
15130 G:GB2DCB H708 HOFMANN
15131 G:GB2DCBCBABCD J750 JOMMELLI
15132 G:GB2DCBCDEDABCB A839 ASPLMAYR
15133 G:GB2DCBGFGABC2DC H652 HILLER
15134 G:GB2D2CABGB S783 STALDER
15135 G:GB2D2EDCBGE T611 TISCHER
15136 G:GB3DCBCBABCD J750 JOMMELLI
15137 G:GB15D7G G251 GASSMANN
15138 G:GB18D P727 PLEYEL
15139 G:GB25D2G ANON. D/BRD-Rtt
15140 G:GBEA2DC#DE2FEFG H700 HOFFMEISTER
15141 G:GBE2CA K928 KREUSSER
15142 G:GBE3C#DGBE K928 KREUSSER
15143 G:GB3EC#DBCNG#A L574 LENTZ
15144 G:GBFEFGBFEF Z110 ZACH
15145 G:GBF3G S521 SEYFERT
15146 G:GBGAFD Z730 ZIMMERMANN
15147 G:GBGAFGDBCABCAB Z515 ZELLER
15148 G:GBGAFGDBGAFGDEDCBA L576 LEO
15149 G:GBGAFGEDCBAGFD G779 GRAUPNER
15150 G:GBG2AGA2GBGB2CBCB S357 SCHMITTBAUR
15151 G:GBGBAGABCBCDCBA J750 JOMMELLI

15152 G:GBGBCAFDGB S783 STALDER
15153 G:GBGBC4DBAB4CA F522 FIORITO
15154 G:GBGBDBGDBGB R758 ROMAN
15155 G:GBGBDGBDEGEGCEGCFAFA M729 MOLTER
15156 G:GBGBFAFAGBGB L576 LEO
15157 G:GBGBGBAGF H839 HOUPFELD
15158 G:GBGBGBAGF V254 VANHAL
15159 G:GBGBGBAGFE A758 ARNOLD
15160 G:GBGBGBGBGBAGFGBAGA P437 PEREZ
15161 G:GBGBGBGBGBGB H354 HASSE
15162 G:GBGBGBGBGBGBGBGBF L576 LEO
15163 G:GBGBGBGDBDBGEGFED D617 DITTERSDORF
15164 G:GBGBG2D2CBCE G396 GEWEIJ
15165 G:GBGB2GABGBDGBGDBFAFAF P968 PROTA
15166 G:GBG2BGDBGDBGDBGD M742 MONET
15167 G:GBGCADBECDABF F489 FILTZ
15168 G:GBGCADEGE H487 HEMBERGER
15169 G:GBGCA2DEC S368 SCHOLLER
15170 G:GBGCEDEF M939 MOZART
15171 G:GBG2C2B2E2D2G2F2CB F378 FERRARI
15172 G:GBGDBCDCBAG S357 SCHMITTBAUR
15173 G:GBGDBDBGDGB S235 SANTINI
15174 G:GBGDBDBGDGDB T195 TARTINI
15175 G:GBGDBGCAD K925 KREUSSER
15176 G:GBGDBGDBGDBGDBG H491 HEMPEL
15177 G:GBGDBGDB2GBGDBGDBG G537 GIULINI
15178 G:GBGDBG2DBG A277 AGRELL
15179 G:GBGDBG3DGFDFN G778 GRAUN
15180 G:GBGDBGECGECG S414 SCHWINDL
15181 G:GBGDB2GABCDEF R568 RIGEL
15182 G:GBGDB2GBADFGABCAB2G E560 ENDLER
15183 G:GBGDCBAEDEF M678 MITSCHA
15184 G:GBGDCDCBCB J750 JOMMELLI
15185 G:GBGDEF2GBAGFED2CB H198 HAMAL
15186 G:GBGDFGBGDCECA2GFAFD A839 ASPLMAYR
15187 G:GBGDGBGDG3BABCBAD S383 SCHUBERT
15188 G:GBGDGD W939 WRANITZKY
15189 G:GBGDGDBDB S398 SCHWANENBERGER
15190 G:GBGDGDBDBGBGEFGFE G183 GALUPPI
15191 G:GBGDGDBDBGDCBA2G S383 SCHUBERT
15192 G:GBGDGDBGBGDGD M938 MOZART
15193 G:GBGDGDCBDBAG S267 SAVIO
15194 G:GBG2D2B2GB H413 HAYDN
15195 G:GBG2DEGE2BCEC2G M938 MOZART
15196 G:GBG2DGDBGBGDGD M938 MOZART
15197 G:GBG4DB4CA F522 FIORITO
15198 G:GBG4D4B4C5ABG F734 FOERSTMEYER
15199 G:GBG4DCA3D//2GABGBG2DC G251 GASSMANN
15200 G:GBGECAFDCDC2B C175 CAMBINI
15201 G:GBGFACAG G537 GIULINI
15202 G:GBGFACA2GFEDCBA S783 STALDER
15203 G:GBGFACA2GFEDCBA S189 SAMMARTINI

15204 G:GBGFE5DCBAGFE D617 DITTERSDORF
15205 G:GBGFEFGBGFEF Z110 ZACH
15206 G:GBGFGDGEGD3G D617 DITTERSDORF
15207 G:GB2GABAGA2GBGBCDCBC S357 SCHMITTBAUR
15208 G:GB2GAGABAC2A S163 SALES
15209 G:GB2GAGFGCBABEDCBAG O680 ORGITANO
15210 G:GB2GBGD L484 LEEDER
15211 G:GB2GBGFGAF C182 CAMERLOHER
15212 G:GB2GB2GBGDECAD P582 PIANTANIDA
15213 G:GB2GB2GDBGFGBGDF G495 GIORDANI
15214 G:GB2GCAFDCDC2B C175 CAMBINI
15215 G:GB2GD2BG2DBG M729 MOLTER
15216 G:GB2G2D2BGBC S320 SCHEINPFLUG
15217 G:GB2G2EFEFGB2G2EFEF F118 FABREGA
15218 G:GB2G2EFEFGB2G2EFEFG G943 GUGLIELMI
15219 G:GB2G2FCE2C2B P985 PURCKSTEINER
15220 G:GB2G2FCE2C2B ANON. A-GOe
15221 G:GB3GB2GECGDBGAEDCBAGDBG F378 FERRARI
15222 G:G2BC2D Q400 QUERFURTH
15223 G:G2B2DEDC2AC L134 LACHNITH
15224 G:G2B2DGDEFGB G779 GRAUPNER
15225 G:G2BGEDCBAGDCBACBDCB ANON. D/BRD-EB
15226 G:G3BCAGB3DECB M625 MICHL
15227 G:G3BFGEDCBG#4A P761 POKORNY
15228 G:G4BED2CBCBAGEDCB D248 DAVESNE
15229 G:GCAFBG S749 SPERGER
15230 G:GCA2GCA2GC2BDC2BDC M998 MYSLIVECEK
15231 G:GCBABCAD B116 BACH
15232 G:GCBABCADCBABCA ANON. I-Bsp
15233 G:GCBABCAFG M998 MYSLIVECEK
15234 G:GCBABCDBDBGDEDCBEDCDEFG G183 GALUPPI
15235 G:GCBABCDBGDEFEFGDBG G183 GALUPPI
15236 G:GCBABCDBGEGEDBAGFG B393 BECK
15237 G:GCBABC2DCGFEDEDCBA ANON. CH-Mue
15238 G:GCBABC3D2GFEDEDCBA D578 DILLETTY
15239 G:GCBAB2GFNECGF#EF#2GFN C225 CANNABICH
15240 G:GCBAGDCBAGDCBA B821 BRANT
15241 G:GCBA8G S485 SERINI
15242 G:GCBCBDCDCDGABC S357 SCHMITTBAUR
15243 G:GCBCDAC2BGFGAEG2FGD A839 ASPLMAYR
15244 G:GCB2DCB H411 HAYDN
15245 G:GCBDGACBAB C182 CAMERLOHER
15246 G:GCBEDFG O160 OCH
15247 G:GC2BE2DG2F2ACBD M998 MYSLIVECEK
15248 G:GCD2CBGCD2CBG D972 DUSSEK
15249 G:GCEDF2GABCB D617 DITTERSDORF
15250 G:GCEDF2GABCBA V254 VANHAL
15251 G:GCEF2GADCBD H877 HUBER
15252 G:GCEF2GADCBDGDC D617 DITTERSDORF
15253 G:GCFGAFAGFGAFGDGAB L356 LATILLA
15254 G:G4C2B2E H337 HARTWIG
15255 G:GD//ADAD2B G998 GYROWETZ

15256 G:GDABFGD B414 BEECKE
15257 G:GDABGDAB2GABGAD//DGABGDABCA ANON. CS-Bm
15258 G:GDADADEFGABC B818 BRANDL
15259 G:GDADBGCAFDBGCAFD P444 PERILLO
15260 G:GDADGFGAG H354 HASSE
15261 G:GDBABCBAGCBAG H354 HASSE
15262 G:GDBAB2FGDBABF S189 SAMMARTINI
15263 G:GDBADADC M939 MOZART
15264 G:GDBADCBGB A748 ARNE
15265 G:GDBADC2BG2CAD ANON. A-Ssp
15266 G:GDBADE2DCBABG2D B583 BICININO
15267 G:GDBAG H354 HASSE
15268 G:GDBAGBDGABAGBC C759 CONTI
15269 G:GDBAGDEF F851 FREDERIC
15270 G:GDBAGDEF G778 GRAUN
15271 G:GDBAG3ED//3DEDBDGB3DEDBD S652 SMITH
15272 G:GDBAGFGAGDAFED N454 NERUDA
15273 G:GDBAGFG2CDEDCBAG D617 DITTERSDORF
15274 G:GDBAGFGDBAGF B456 BENDA
15275 G:GDBAGFGDBAGF2G P761 POKORNY
15276 G:GDBAGF4G S521 SEYFERT
15277 G:GDBA2GF N454 NERUDA
15278 G:GDB2A W817 WISTEIN
15279 G:GDBCAFDGBCEDCBA L725 LIGNANI
15280 G:GDBCAFGEDCBAGDBC M662 MILWID
15281 G:GDBCAGDBCAG T645 TOESCHI
15282 G:GDBCBAB D617 DITTERSDORF
15283 G:GDBCBABDCE S355 SCHMITT
15284 G:GDBCDACACBA2G M729 MOLTER
15285 G:GDBCDEDGFGAG O650 ORDONEZ
15286 G:GDBCDGBDCBGB A925 AUMON
15287 G:GDBCDGFGBGDB O650 ORDONEZ
15288 G:GDBCDGFGBGDB V254 VANHAL
15289 G:GDBC3DBD B461 BENDA
15290 G:GDBCEAGFADC M947 MUELLER
15291 G:GDB2CBCDGDGF H469 HEINICHEN
15292 G:GDBDBGDBDBGD2G2BCBAG B116 BACH
15293 G:GDBDBGDB2GD H298 HARRER
15294 G:GDBDCBAB D617 DITTERSDORF
15295 G:GDBDCBABDCE S355 SCHMITT
15296 G:GDBDCBAG D617 DITTERSDORF
15297 G:GDBDCBAG K666 KLOPP
15298 G:GDBDCBAGDCBAGBDEF H758 HOLZBAUER
15299 G:GDBDGBADBCBAGA D617 DITTERSDORF
15300 G:GDBDGBCDEFGA Z660 ZIEGLER
15301 G:GDBDGDBDG8D W236 WALTHER
15302 G:GDBDGDB2DCAFGDBGD K670 KNECHT
15303 G:GDBD2GFD Z310 ZANI
15304 G:GDBECADBGDBECAD U530 UMSTATT
15305 G:GDBECADBGFGA B755 BOYCE
15306 G:GDBECADFG ANON. S-Skma
15307 G:GDBECDGD E340 EICHNER

15308   G:GDBEC#2DBCNA   M938 MOZART
15309   G:GDBF   Z110 ZACH
15310   G:GDBGABCDEF2GFG2AGAB   H700 HOFFMEISTER
15311   G:GDBGAGFGAGECAFDB   S785 STAMITZ
15312   G:GDBGAGF2GECGAGFG   L619 LE ROY
15313   G:GDBGBABCACBCDB   H704 HOFMANN
15314   G:GDBGBABCACBCDBDCDEC   C225 CANNABICH
15315   G:GDBGBD   S344 SCHLOSSER
15316   G:GDBGBDG   A282 AGTHE
15317   G:GDBGBDGABCD   H298 HARRER
15318   G:GDBGBDGBDB   L820 LOEFFLER
15319   G:GDBGBDGBDG2A   L939 LUCHESI
15320   G:GDBGBDGBGD   S213 SANDL
15321   G:GDBGBDGDBGBDGDBA   R397 RENDEUX
15322   G:GDBGBDGDBGBDGD2BAD2C2B2GA   A559 ANDREI
15323   G:GDBGBDGBGBDGEGF   A748 ARNE
15324   G:GDBGBDG3DC2DC#   P592 PICHL
15325   G:GDBGBD2GABA2GDBGBD   G251 GASSMANN
15326   G:GDBGBG2DBGED   H298 HARRER
15327   G:GDBG2BABC2C#BC#   E340 EICHNER
15328   G:GDBGCEDGFDGDADBD   W464 WELTZ
15329   G:GDBG2CBCD   H413 HAYDN
15330   G:GDBGDB   B116 BACH
15331   G:GDBGDBAB   A833 ASIOLI
15332   G:GDBGDBEABCDGABCBABCDB   T779 TRAVENOL
15333   G:GDBGDBG   A925 AUMON
15334   G:GDBGDBGAGF4GA   T645 TOESCHI
15335   G:GDBGDBGD   B114 BACH
15336   G:GDBGDBGD   E164 EBERLIN
15337   G:GDBGDBGD   B733 BORGHI
15338   G:GDBGDBGD   N489 NEUMANN
15339   G:GDBGDBGDBDCBAGFEDCBA//GEDFG   B617 BIRCK
15340   G:GDBGDBGDBGCB   ANON. A-VORAU
15341   G:GDBGDBGDBGDEF   L134 LACHNITH
15342   G:GDBGDBGDD#2EFG2ED   S255 SATZENHOFFEN
15343   G:GDBGDBG5D2B   B114 BACH
15344   G:GDBGDBGFGDD#ECBAGF   H152 HAINDL
15345   G:GDBGDB2G   A139 ABEL
15346   G:GDBGDB2GA   T645 TOESCHI
15347   G:GDBGDB2GAGFGFA   N311 NAUMANN
15348   G:GDBGDB2GF4GA   T645 TOESCHI
15349   G:GDBGD2B2G   F345 FERANDINI
15350   G:GDBGDEDGABA2C   ANON. D/BRD-DS
15351   G:GDBGDEDGABC4D   ANON. CH-Mue
15352   G:GDBGDEDGABC4D   ANON. CS-Pnm/Doksy
15353   G:GDBGDGFEDGFED   D797 DRUSCHETZKY
15354   G:GDBG2DG2EGD   S485 SERINI
15355   G:GDBG4DBGDB4G   G972 GULTZAU
15356   G:GDBGEDEC2EDCDB   H708 HOFMANN
15357   G:GDBGEFAGF2EDC#2D   H409 HAYDN
15358   G:GDBGEGFAGFGAGD   G183 GALUPPI
15359   G:GDBGFADCBDBGFADC   L239 LAMPUGNANI

15360	G:GDBGFADCBDBGFADCBGABCDEF	M388 MARTINO
15361	G:GDBGFGA	S342 SCHLOEGER
15362	G:GDBGFGABCAFDD#EE#F3GAGF	K860 KOSPOTH
15363	G:GDBGFG2ABCBEDG	V254 VANHAL
15364	G:GDBGF4G	S521 SEYFERT
15365	G:GDBGG#A	P727 PLEYEL
15366	G:GDB2GABAGBCBCD2B	H582 HERZNER
15367	G:GDB2GAGFGA	H758 HOLZBAUER
15368	G:GDB2GA3GEC2GA2G	G737 GRAF
15369	G:GDB2GDBG	H761 HOLZBOGEN
15370	G:GDB2GDBGBGD2BGDB	C182 CAMERLOHER
15371	G:GDB2GDGBADACBGDB	H413 HAYDN
15372	G:GDB2GF2GEC2GFG	L619 LE ROY
15373	G:GDB3G	H411 HAYDN
15374	G:GDB3GABCB	I930 IVANSCHIZ
15375	G:GDB3GFGA	H758 HOLZBAUER
15376	G:GDB4GDB	ANON. A-LA
15377	G:GDB4GDBGBGDGD	G537 GIULINI
15378	G:GDB4GDBGBGDG2DG	C534 CHIESA
15379	G:GDB4GDB3G	Z310 ZANI
15380	G:GDB4GDB4GDEFGFEDEDCB	T195 TARTINI
15381	G:GDB5G4ABGDB	S713 SORKOCEVIC
15382	G:GD2BA2GAD2CBABDG	M748 MONN
15383	G:GD2B2ADAGFED2CB	I930 IVANSCHIZ
15384	G:GD2B2D	S785 STAMITZ
15385	G:GD2BGDGD4B4G4D4G4B4D	O680 ORGITANO
15386	G:GD2BG2DEFGFE2DEDCDCB	M998 MYSLIVECEK
15387	G:GD2BG3D2CBCDCBAGFA	D245 DAVAUX
15388	G:GDCBABCBAGCBAG	H354 HASSE
15389	G:GDCBABCDEFGACBABC	G776 GRAUN
15390	G:GDCBACBA2BAGFGFGAFEDC#DCNB	M729 MOLTER
15391	G:GDCBACEGBAGDCD4GF	E162 EBERL
15392	G:GDCBAEDCBA	L811 LOCATELLI
15393	G:GDCBAEDCBACBAGF2G	ANON. S-Uu
15394	G:GDCBAEGAGDCD4GF	E162 EBERL
15395	G:GDCBAFCBAG	B858 BRIOSCHI
15396	G:GDCBAG	H354 HASSE
15397	G:GDCBAGBDGFAGFED	G678 GOSSEC
15398	G:GDCBAG2BAGF2G2D2G2B2A2F2G2B	M816 MONZA
15399	G:GDCBAGCBAG	E810 ESTIEN
15400	G:GDCBAGDAGFED2GDCBAGD2AG	M729 MOLTER
15401	G:GDCBAGDBDGDCBAGDBDGDCBA	S714 SORVANI
15402	G:GDCBAGDBG	B858 BRIOSCHI
15403	G:GDCBAGDB3GFNED	P529 PFEIFFER
15404	G:GDCBAGDCBA2GABC2EDC2BCDEG	S346 SCHMID
15405	G:GDCBAGDCBA2GBD2GBD	S785 STAMITZ
15406	G:GDCBAGDCBA2GBD2GBD	ANON. I-Gi
15407	G:GDCBAGDGBDGDGBDCB	M277 MANGEAN
15408	G:GDCBAGDGDGDCB	C710 COLLETT
15409	G:GDCBAGEF	C265 CARCANI
15410	G:GDCBAGEF2GE	E810 ESTIEN
15411	G:GDCBAGFGAFA	L368 LAUBE

15412 G : GDCBAGFG2CD2EDCBAG D617 DITTERSDORF
15413 G : GDCBAG2FEBAGF G678 GOSSEC
15414 G : GDCBA2GFGA S342 SCHLOEGER
15415 G : GDCBA4G ANON. PL-GD
15416 G : GDCBA5GDCBAG M365 MARSH
15417 G : GDCBCDCBAGDB2G ANON. D/DDR-SW1
15418 G : GDCBC2DCBCD S414 SCHWINDL
15419 G : GDCBC2DGBAC H573 HERTEL
15420 G : GDCBDCBAG K666 KLOPP
15421 G : GDCBDCBGFEDCBDGBCAGFGD Z730 ZIMMERMANN
15422 G : GDCBF2GBDCB S189 SAMMARTINI
15423 G : GDCBGFE H652 HILLER
15424 G : GDCBGFG2ABCBEDG V254 VANHAL
15425 G : GDCBGF2GFGEG V254 VANHAL
15426 G : GDCBGF4GEG V254 VANHAL
15427 G : GDCDBDBABGD R397 RENDEUX
15428 G : GDCDCBC U310 UHLMAN
15429 G : GDCDEDCBCDCBABC L712 LIDARTI
15430 G : GDCDEDCBCDFEFG S795 STARZER
15431 G : GDCDED8E8FG H573 HERTEL
15432 G : GDCDE2DEDEFN3EG L619 LE ROY
15433 G : GDCDGBDCBC2AC W464 WELTZ
15434 G : GDC2DBA2BGFG R974 RUTHA
15435 G : GDC2DBA2BGFG K130 KAISER
15436 G : GDCFGDCFG2D2G2B Z110 ZACH
15437 G : GDCFGDCFG4D2G2B2G2D2G2B P945 PRIALI
15438 G : GD2CBA2GD2CBAG H758 HOLZBAUER
15439 G : GDC#DE3DADA G183 GALUPPI
15440 G : GDD#ED#ED#E K789 KOHAUT
15441 G : GDEBCGAGDCBCBA B456 BENDA
15442 G : GDEB2CAEF C175 CAMBINI
15443 G : GDE2BCG2CDB H354 HASSE
15444 G : GDECADCBAGD K926 KREUSSER
15445 G : GDECBCDBABC G778 GRAUN
15446 G : GDECBCDBABCBADEDG G776 GRAUN
15447 G : GDECBDEFGBCA L269 LANG
15448 G : GDECBDEFGBCAGBCA B116 BACH
15449 G : GDECDBCADEDG G776 GRAUN
15450 G : GDEDBDBACDCACA2B2D2G2B H573 HERTEL
15451 G : GDEDCBCDEF2G C182 CAMERLOHER
15452 G : GDED2CBCD W131 WAGENSEIL
15453 G : GDEDEDCGBC G567 GLUCK
15454 G : GDEDGDEDFEDEF4G H472 HEINSIUS
15455 G : GDEDGFNE M998 MYSLIVECEK
15456 G : GDEDGFD2CB S785 STAMITZ
15457 G : GDE2DBC2BGA2GDED H573 HERTEL
15458 G : GDE2DCB2G N489 NEUMANN
15459 G : GDEFGABCB H411 HAYDN
15460 G : GDEFGABAGFED#E M280 MANN
15461 G : GDEFGBCD G183 GALUPPI
15462 G : GDEFGBCDEG H354 HASSE
15463 G : GDEFGBCDEGAB S785 STAMITZ

15464 G:GDEFGDBDGDB3DBGBC   M262 MALZAT
15465 G:GDEFGDBF4CAC   R714 ROELLIG
15466 G:GDEFGDCBAG   A839 ASPLMAYR
15467 G:GDEFGDEFGABCDABCDGAB   S982 SYDOW
15468 G:GDEFGDEFGD2BA//CAF5DG2DA   B414 BEECKE
15469 G:GDEFGDEFGD3BAGABC   R928 RUGE
15470 G:GDEFGDEFGDGBDBG   D797 DRUSCHETZKY
15471 G:GDEFGDEFGDGBDG   G779 GRAUPNER
15472 G:GDEFGDEF3 2G1 6FN   M742 MONET
15473 G:GDEFGDGBGBA5GFED5CB   A370 ALESSANDRI
15474 G:GDEFGDGDGDGDA   H813 HORN
15475 G:GDEFG2DBG   H354 HASSE
15476 G:GDEFGFNEDEDCBCABC   F248 FASCH
15477 G:GDEFGFGFGFGF   F733 FOERSTER
15478 G:GD2EGCEFNEDEDCA   M394 MASCH
15479 G:GDFEFGDFEFGB2DCAFGD   B667 BODE
15480 G:GDF2GBAGFEDC   J150 JACOMELLI
15481 G:GDGABDAB   F921 FRITZ
15482 G:GDGABGBCDBCBAG   S713 SORKOCEVIC
15483 G:GDGADABDBCDC   D617 DITTERSDORF
15484 G:GDGBABCAEFGDGBABCAEF   C268 CARDONNE
15485 G:GDGBACBGBD   G824 GREINER
15486 G:GDGBADACBDBCA2BGAFG   R928 RUGE
15487 G:GDGBAFAD   B116 BACH
15488 G:GDGBAFADADA2CBDCG   D617 DITTERSDORF
15489 G:GDGBAGADACBABAEDCB   G251 GASSMANN
15490 G:GDGB2ACDADA2CB   B116 BACH
15491 G:GDGBCGFEF2GFEFA   Z660 ZIEGLER
15492 G:GDGBDB   B858 BRIOSCHI
15493 G:GDGBDBFA   P523 PFEIFFER
15494 G:GDGBFGBFGEB   U530 UMSTATT
15495 G:GDGBG   H700 HOFFMEISTER
15496 G:GDGBG   P727 PLEYEL
15497 G:GDGBGBAGA2BGBD   S414 SCHWINDL
15498 G:GDGBGBGFEDE2DCBC   S713 SORKOCEVIC
15499 G:GDGBGD   S785 STAMITZ
15500 G:GDGBGDADA   K860 KOSPOTH
15501 G:GDGBGDB2GDGBG   G251 GASSMANN
15502 G:GDGBGDGBGDGADACADAC   M625 MICHL
15503 G:GDGDABC3DCBCBA2BC2D   M624 MICHELI
15504 G:GDGDADBDCD   P968 PROTA
15505 G:GDGD3ADAD2B   G998 GYROWETZ
15506 G:GDGDBGBG   M625 MICHL
15507 G:GDGDCBGDCB   B459 BENDA
15508 G:GDGDCBGDCB   G780 GRAVE
15509 G:GDGDCBGDCBACBA   G778 GRAUN
15510 G:GDGDCBGDCBACBABGFEDC   H354 HASSE
15511 G:GDGDEFGDBGA2CB   H479 HELLMICH
15512 G:GDGDGBGBGFED#E   T645 TOESCHI
15513 G:GDGDGDAD   C182 CAMERLOHER
15514 G:GDGDGDFEFGDAGA   S286 SCARLATTI
15515 G:GDGDGDGA2BGBGBG   F851 FREDERIC

15516 G : GDGDGDG2ABGBG   P761 POKORNY
15517 G : GDGDGDGBCDEDCBAGFGB   G779 GRAUPNER
15518 G : GDGDGDGB2DCBAGBD   B125 BACHSCHMIDT
15519 G : GDGDGDGDBDGABGBG   A748 ARNE
15520 G : GDGDGDGDGBGDGBGB   L820 LOEFFLER
15521 G : GDGDGDGDGDGDG   W767 WINEBERGER
15522 G : GDGDGDGDG2DC   ANON. D/DDR-Dlb
15523 G : GDGDGDGDG2DCB   R817 ROSETTI
15524 G : GDGDGDGFEFGDBAGA   S286 SCARLATTI
15525 G : GDGDGEDCBADCBAG   R491 RICCI
15526 G : GDGDGFEDCBA2GBDG   B456 BENDA
15527 G : GDGFGAGF2GD4B4C   H515 HENNERSDORFF
15528 G : GD2GACBAG3D   B118 BACH
15529 G : GD2GBDB2GBDBG   B414 BEECKE
15530 G : GD2GDGBDGDBG   G779 GRAUPNER
15531 G : GD2GECGDB   ANON. D/BRD-DO
15532 G : GD3GECBABGBD2G   K290 KELLER
15533 G : GD3GFGADA   M939 MOZART
15534 G : GD3GFGFA   H758 HOLZBAUER
15535 G : GD5GF2GFG   R379 REITTER
15536 G : GD7GD6G   H354 HASSE
15537 G : GD9GABCDEFGAC   J330 JANITSCH
15538 G : G2DBCBA2G2DBCBAGEFG   G779 GRAUPNER
15539 G : G2DBD2G2C   P967 PROT
15540 G : G2DBG2DBG2D   T645 TOESCHI
15541 G : G2DBGFEDC   K990 KYFFNER
15542 G : G2D2BA2G2D2BAGEFG   G779 GRAUPNER
15543 G : G2D2BDBDBG   P592 PICHL
15544 G : G2D2BDCBA2GDG2BAG   ANON. I-Gi
15545 G : G2D2B2D2B2GFGAG   K880 KOZELUCH
15546 G : G2D2BGA2D2C   G779 GRAUPNER
15547 G : G2D2B2G2DBA   O650 ORDONEZ
15548 G : G2D2B5GFEDCBABAG   M729 MOLTER
15549 G : G2D3BCAD2AF   P592 PICHL
15550 G : G2D3B3G   D245 DAVAUX
15551 G : G2DCBAG   H758 HOLZBAUER
15552 G : G2DCB2A//GABGCBA   S652 SMITH
15553 G : G2DCB2AGDAD   G537 GIULINI
15554 G : G2DCBG2CBA2D   D778 DREYER
15555 G : G2DCBGDBGD   ANON. USSR-Koe
15556 G : G2DC2BAFG2DC2BAF2G   M729 MOLTER
15557 G : G2DC2BAGDEDCBAG   G779 GRAUPNER
15558 G : G2DCD3BAB3GFG   D245 DAVAUX
15559 G : G2DCDEDGDBABCB   ANON. YU-Zha
15560 G : G2DC#ACN   N489 NEUMANN
15561 G : G2DEDCBAC3BCBAGF   D248 DAVESNE
15562 G : G2DEDC2BCDEC   D778 DREYER
15563 G : G2DE2D4CA   P727 PLEYEL
15564 G : G2DEFEFGDGDGD   K966 KUNTZEN
15565 G : G2DEFG2DEFG2D   G779 GRAUPNER
15566 G : G2DEF5GD5BG   S347 SCHMIDEL
15567 G : G2DE2GF2ED2C#D   K791 KOHAUT

15568 G:G2D2E2F2G2D2E2F2G2C2B2FG S354 SCHMITT
15569 G:G2DGECDG E164 EBERLIN
15570 G:G2DGE2DB M938 MOZART
15571 G:G3DA3D V254 VANHAL
15572 G:G3DB2GFFNEE$DCB A278 AGRICOLA
15573 G:G3DCBAGE3AGFED S785 STAMITZ
15574 G:G3DCBGBDBDGDGBAGA S693 SOMIS
15575 G:G3DEDCB H411 HAYDN
15576 G:G3DEDCBAC4BCBAGF D248 DAVESNE
15577 G:G3DEFGDGBACDC G778 GRAUN
15578 G:G3DEF2GBACDC G567 GLUCK
15579 G:G3DFEDC4BDCBA P727 PLEYEL
15580 G:G3DG3B4GABCB O750 ORSLER
15581 G:G4DAGFGB M748 MONN
15582 G:G4DBC3DG3D G776 GRAUN
15583 G:G4DCDED4GABC W131 WAGENSEIL
15584 G:G4DED2GFEDCBA B634 BLAINVILLE
15585 G:G4DGFGBED# M748 MONN
15586 G:G5DA5DB//GBD3GBAGAG H411 HAYDN
15587 G:G5DBAFG3D W644 WIEDNER
15588 G:G5DEDC#DA5DEDC#D O650 ORDONEZ
15589 G:G5DG5DA5CA5C S189 SAMMARTINI
15590 G:G7DB7D A193 ADAM
15591 G:G8DFED S353 SCHMITE
15592 G:G8DFE2DFEDG3D S356 SCHMITTBAUR
15593 G:G10D R750 ROLLE
15594 G:GD#EBCEDNG G778 GRAUN
15595 G:GECBA2GFED M380 MARTIN
15596 G:GEDCBAGFEDCBABAG R758 ROMAN
15597 G:GEDCBC V254 VANHAL
15598 G:GEDCBGCABGAFGDBG P116 PACHMANN
15599 G:GEDCDBDCBABGD R397 RENDEUX
15600 G:GEDCDGB2DCBC2AC W464 WELTZ
15601 G:GEDECBCA2GFGBA H700 HOFFMEISTER
15602 G:GEDFG B617 BIRCK
15603 G:GEGEDC W767 WINEBERGER
15604 G:G2EDGF M998 MYSLIVECEK
15605 G:G2E2DEFNDEG2F#G G779 GRAUPNER
15606 G:GFNECGDBDBD R568 RIGEL
15607 G:GFAFGBDCBA S189 SAMMARTINI
15608 G:GFAGDACBABCD2GFGA G537 GIULINI
15609 G:GFAGFAG4D4E4FG R539 RICKERT
15610 G:GFA2G W464 WELTZ
15611 G:GFDEFGABCAFDBG H877 HUBER
15612 G:GFECGDCBAGFD N478 NEUBAUER
15613 G:GFEDCBA R758 ROMAN
15614 G:GFEDCBA4BAGFEDC3D S689 SOLNITZ
15615 G:GFEDCBAGABCAB C972 CUNATH
15616 G:GFEDCBAG8A5GFEDCBAG S682 SOHIER
15617 G:GFEDCBAGEFGFEDCBAGCBGFED M729 MOLTER
15618 G:GFEDCBAGFGA ANON. S-L
15619 G:GFEDCBA2GFEDCBAGDC#BAGFE2D N392 NEGRILLO

15620 G : GFEDCBEDCGFEDCBCBA S521 SEYFERT
15621 G : GFEDCBGBC2DEFN4E H573 HERTEL
15622 G : GFED2CBAGABCAB C972 CUNATH
15623 G : GFEDEDCBAEDCBABDGB S342 SCHLOEGER
15624 G : GFEDEDCBCDB B790 BOYCE
15625 G : GFEDEDCB2EDCBCBAGD ANON. D/BRD-BAR
15626 G : GFEDGDGABCD V884 VOGLER
15627 G : GFEDGEFGDG2BAB2C2BD B524 BERNASCONI
15628 G : GFEDGFEDGFED C182 CAMERLOHER
15629 G : GFEDGFEDGFEDGFED A337 ALBINONI
15630 G : GFEDGFEDGFEDGFED V855 VIVALDI
15631 G : GFE5DCB C182 CAMERLOHER
15632 G : GFEFGBFAGFEFGBFAG ANON. US-Wc
15633 G : GFFNEC//2BDCAFGD2B A555 ANDRE
15634 G : GFGABCBABCDED C948 CROUBELIS
15635 G : GFGABCEA H877 HUBER
15636 G : GFGABCEAGFE2DGFGAB D617 DITTERSDORF
15637 G : GFGAFGDADBDCBAG L972 LUSTRINI
15638 G : GFGAGD2BABCBGD C936 CRISPI
15639 G : GFGAGFGAGFGA2GBD ANON. A-LA
15640 G : GFGAGFGAGFGA2GBDGBAEDC R534 RICHTER
15641 G : GFGA#BC#DA#BFGA S414 SCHWINDL
15642 G : GFGBCDBG B189 BALLAVICINI
15643 G : GFGBDCBCACB K966 KUNTZEN
15644 G : GFGBDGBGFG H324 HARSCH
15645 G : GFGBD#ED#EGBACE V699 VILANOVA
15646 G : GFGBGA2G F248 FASCH
15647 G : GFGBGDBGFGBGDB M998 MYSLIVECEK
15648 G : GFGBGDCBAFG S189 SAMMARTINI
15649 G : GFGBGDGBD B667 BODE
15650 G : GFGCBAGD R817 ROSETTI
15651 G : GFGDBABG D972 DUSSEK
15652 G : GFGDBABGCAFA2GFGABGC M625 MICHL
15653 G : GFGDBCDEFG N454 NERUDA
15654 G : GFGD2BDBG B393 BECK
15655 G : GFGDCB2EDGFAGBACBD W464 WELTZ
15656 G : GFGDCDBABGFGDAGFED M938 MOZART
15657 G : GFGDCGFGD H813 HORN
15658 G : GFGDE//GDCBAGEF C265 CARCANI
15659 G : GFGDEDCBADBAGD ANON. S-Skma
15660 G : GFGDEFEDC//GDCBAGEF2GE E810 ESTIEN
15661 G : GFGDEFGFGDFGAGADFG M244 MALDERE
15662 G : GFGDEF2GFGA2B H758 HOLZBAUER
15663 G : GFGD2EDC//GDCBAGEF2GE E810 ESTIEN
15664 G : GFGD2EDCBADBAGD ANON. S-Skma
15665 G : GFGDGBABCD W131 WAGENSEIL
15666 G : GFGDGFGBAGADAGAC C225 CANNABICH
15667 G : GFGD2GFGDGBA M938 MOZART
15668 G : GFGD2GFGDGFG3AGA G776 GRAUN
15669 G : GEGD4G G774 GRAUN
15670 G : GFGEGFGDGFGCDCBAG C824 CORRETTE
15671 G : GFGFEDCBAGFBEDCBA M464 MAXIMILIAN

15672	G:GFGFEDCBAGFBEDCBA	ANON. D/DDR-Dlb
15673	G:GFGFGBD	G323 GEMMINGEN
15674	G:GFGFG2D	H708 HOFMANN
15675	G:GFGFG2DCABGAFGFGD	G251 GASSMANN
15676	G:GFGFGFGDEF	N311 NAUMANN
15677	G:GFGFGFGDE2FEF2GABAGF	M648 MILLER
15678	G:GFGFGF3GABC4DEFDG	B229 BARBANDT
15679	G:GFGF2G2B2G2D2B	G396 GEWEIJ
15680	G:GF2G	S189 SAMMARTINI
15681	G:GF2GAGAC2B	G998 GYROWETZ
15682	G:GF2GA2GCB	K880 KOZELUCH
15683	G:GF2GDGBAGFEDEDCBC	M729 MOLTER
15684	G:GF2GF2GFGABDCBA	D357 DELLER
15685	G:GF2GF2GFGDGBDBGDBG	O124 OBERMEIER
15686	G:GF2GF3GFEDCBABEDCBAGF	ANON. D/DDR-Dlb
15687	G:GF3GF3GBAC	G678 GOSSEC
15688	G:GF3GF3GBACBGAB	W834 WITZTHUMB
15689	G:GF8GF8GF7G	M938 MOZART
15690	G:G2FGEDCBABCAG	G736 GRAF
15691	G:G2FGFEDAB2CBABCAG	G736 GRAF
15692	G:G7FEDE2DCB	S787 STAMITZ
15693	G:2G	M938 MOZART
15694	G:2GABAG	E570 ENGEL
15695	G:2GABAGABCDCBC	G834 GRETRY
15696	G:2GABAGBDGBDG	B555 BESCH
15697	G:2GABAG2C2BACBAGFG	H708 HOFMANN
15698	G:2GABAGDB3GABA	R535 RICHTER
15699	G:2GABAGDCBA2G	B285 BARTHELEMON
15700	G:2GABAGDD#EAGFEFE2DCABA	D617 DITTERSDORF
15701	G:2GABAGDD#AEGF2E2D2	D617 DITTERSDORF
15702	G:2GABAG4D	W942 WRASTIL
15703	G:2GABAG4DG3DB2D	W131 WAGENSEIL
15704	G:2GABAGFEDCB	V254 VANHAL
15705	G:2GABAGF2E	C175 CAMBINI
15706	G:2GABC	B556 BESOZZI
15707	G:2GABCBAG7ABCDCBA	B896 BRUNETTI
15708	G:2GABCBAGCD	M816 MONZA
15709	G:2GABCBGBD	L576 LEO
15710	G:2GABCD	M939 MOZART
15711	G:2GABCDBAF4E4F4G4AB	B116 BACH
15712	G:2GABCDBDBGDGDBG	B116 BACH
15713	G:2GABCDBECDBCAG	H334 HARTMANN
15714	G:2GABCDBED3C	B279 BARSANTI
15715	G:2GABCDCBA	H758 HOLZBAUER
15716	G:2GABCDCBAG	B461 BENDA
15717	G:2GABCDCBAG	B125 BACHSCHMIDT
15718	G:2GABCDCBA2GABCD	P761 POKORNY
15719	G:2GABCDCBA2GABCDCBA3G	W131 WAGENSEIL
15720	G:2GABCDE	G778 GRAUN
15721	G:2GABCDEDCBAG	N386 NEGRI
15722	G:2GABCDEDGAFGDBG	E164 EBERLIN
15723	G:2GABCDE2D	ANON. S-L

15724 G:2GABCDE2DC# T928 TUMA
15725 G:2GABCDEFDGBCA2DEF L486 LEEMANS
15726 G:2GABCDEFG G295 GEBEL
15727 G:2GABCDEFG H337 HARTWIG
15728 G:2GABCDEFGABCABABAGFG R491 RICCI
15729 G:2GABCDEFGABCBCDC C221 CANNABICH
15730 G:2GABCDEFGDBGD//DCBGABCD G948 GUILLEMAIN
15731 G:2GABCDEF2GABCDEF3GFG G172 GALLO
15732 G:2GABCDEF4G K917 KRAUSE
15733 G:2GABCDEF4GFEF G183 GALUPPI
15734 G:2GABCD4EDG G776 GRAUN
15735 G:2GABCDGBD2GABCDGBDEGCE G778 GRAUN
15736 G:2GABC2D B858 BRIOSCHI
15737 G:2GABC2DEF3G P527 PFEIFFER
15738 G:2GABC2DGF2G W131 WAGENSEIL
15739 G:2GABC4D5G4F4E C710 COLLETT
15740 G:2GABC5DBGD B116 BACH
15741 G:2GABC5DEF2G2FE D797 DRUSCHETZKY
15742 G:2GABC9DGFED B116 BACH
15743 G:2GABDBGDEDBDBGDED G537 GIULINI
15744 G:2GAB2D R817 ROSETTI
15745 G:2GABGBG2DC G251 GASSMANN
15746 G:2GABG2BCDBC2E G943 GUGLIELMI
15747 G:2GABGCADB2GFE D617 DITTERSDORF
15748 G:2GABGCDGFGAB2DCB L269 LANG
15749 G:2GAB2GAB2GABGDBCDB2FGA2FGA S783 STALDER
15750 G:2GAB3GABG P761 POKORNY
15751 G:2GA2BC B556 BESOZZI
15752 G:2GA2BCDGABCD C225 CANNABICH
15753 G:2GA5BC#D#EFG2ABG Q300 QUENTIN
15754 G:2GACBAG2C2BAC2BAGFG H708 HOFMANN
15755 G:2GACBAG4D W942 WRASTIL
15756 G:2GACBAG4DG3DB2D W131 WAGENSEIL
15757 G:2GACBDFAGDB B524 BERNASCONI
15758 G:2GACBE2DCBAGFGFGD ANON. D/BRD-Mbs
15759 G:2GADBA7G G537 GIULINI
15760 G:2GADBA7G C762 CONTI
15761 G:2GAFGBCA K835 KOPPAUR
15762 G:2GAGABG2D2EDCBDCBA Z110 ZACH
15763 G:2GAGA2BCBCDBCADG Z110 ZACH
15764 G:2GAGBGB2GAGBGB2AB B116 BACH
15765 G:2GAGC2BGBCBE2D T645 TOESCHI
15766 G:2GAG3D B667 BODE
15767 G:2GAGFA2GAGFAGA2BCBCDFGBA S249 SARTI
15768 G:2GAGFG2ABAGA2DC O650 ORDONEZ
15769 G:2GAGFGBGDB B116 BACH
15770 G:2GAGFGBGDBD P149 PAISIELLO
15771 G:2GAGFGDGA2BCBABGBC S414 SCHWINDL
15772 G:2GAGFGDGA2BCBABGBC T645 TOESCHI
15773 G:2GAGFGDGA2BCBABGBC2D R535 RICHTER
15774 G:2GAG2F2E3DCBCB M831 MORAVETZ
15775 G:2GA5GAGEFGEDC H573 HERTEL

15776 G : 2G2A2B2C4D2F2D   M214 MAHAUT
15777 G : 2G2A3BAGFEDCBA   K820 KOENIGSPERGER
15778 G : 2GBAB4CBA3G   H758 HOLZBAUER
15779 G : 2GBABD2C#DGBD2C   S521 SEYFERT
15780 G : 2GBACBDCBA   P439 PERGOLESI
15781 G : 2GBACBDFA2G2DBDCAGF   M388 MARTINO
15782 G : 2GBACBDFA2G2DBDCAGF   P153 PALADINO
15783 G : 2GBACDFGBGBACDF   V467 VENTURA
15784 G : 2GBAD2ABG2B//GBDCBAGEDGBEDBAG   ANON. D/DDR-Dlb
15785 G : 2GBAGBAGAGA   M938 MOZART
15786 G : 2GBAGBAG2DAGFAGF2G   B858 BRIOSCHI
15787 G : 2GBAG3DEFG   S255 SATZENHOFFEN
15788 G : 2GBAGFGBGDB   B116 BACH
15789 G : 2GBA2GFEDC   O121 OBERMEIER
15790 G : 2GBCA2GBCAGAGA   R491 RICCI
15791 G : 2GBCBC3ABAB   A833 ASIOLI
15792 G : 2GBCDC2GBCDCG   L551 LEMESSIER
15793 G : 2GBDBCDEFG   S189 SAMMARTINI
15794 G : 2GBDBDG2BDGDGBD   R535 RICHTER
15795 G : 2GBDBGADFAFDBGBDBG   O350 OGLIO
15796 G : 2GBDB3GCEC3GB   C225 CANNABICH
15797 G : 2GBDCAFD2GBDCAFDGB2GBG   G170 GALLINI
15798 G : 2GBDC#DC#DBGBCAFDG   P727 PLEYEL
15799 G : 2GBD2EGB   S785 STAMITZ
15800 G : 2GBDGAGABGBDG   D617 DITTERSDORF
15801 G : 2GBDGBA   C486 CHARTRAIN
15802 G : 2GBDGBD   B393 BECK
15803 G : 2GBDGBD2CEFEFG   G678 GOSSEC
15804 G : 2GBDGBDF   M388 MARTINO
15805 G : 2GBDGBD2GCEGCE   F489 FILTZ
15806 G : 2GBDG2BDCBCACBG   K966 KUNTZEN
15807 G : 2GBDG2BDGB2D   ANON. S-Skma
15808 G : 2GBDGDA3DFACD   C972 CUNATH
15809 G : 2GBDGDBGADADAD   G729 GRAB
15810 G : 2GBDGFGABABC2BDGBABC   ANON. PL-MO
15811 G : 2GBDGFGAFEADB   B524 BERNASCONI
15812 G : 2GBD2GABCDCBAGFED   T175 TAPRAY
15813 G : 2GBD2GAGAB   G183 GALUPPI
15814 G : 2GBD2GAGAB   H354 HASSE
15815 G : 2GBD2GBAGAB   G183 GALUPPI
15816 G : 2GBD2GFEF2DFA2C   R758 ROMAN
15817 G : 2GBD2GFGAFCADCBDFAG   M388 MARTINO
15818 G : 2GBD2GFGAFEADB   B524 BERNASCONI
15819 G : 2GBD6GCE   H710 HOFMANN
15820 G : 2GB2DBACB7D   S189 SAMMARTINI
15821 G : 2GB2DEFGDGDGDGD   B858 BRIOSCHI
15822 G : 2GB2DEFGFGABG   G779 GRAUPNER
15823 G : 2GBEADEDC#DEFGFEFG   H700 HOFFMEISTER
15824 G : 2GBFDBGB2EC3GBD   C221 CANNABICH
15825 G : 2GBGABAG   D617 DITTERSDORF
15826 G : 2GBG2AFD   Z730 ZIMMERMANN
15827 G : 2GBG2AFD2BD2CA   Z770 ZINCK

15828 G:2GBGBCDCBADFDCDEDB A484 AMAN
15829 G:2GBGB2DG B858 BRIOSCHI
15830 G:2GBGBGB L576 LEO
15831 G:2GBGBG2EGEGECA2D S838 STERKEL
15832 G:2GBGB2GBGB M385 MARTINELLI
15833 G:2GBG2BAGFGFED2CBAB ANON. D/DDR-Dlb
15834 G:2GBGD W853 WOLF
15835 G:2GBGDBGDBGDBGDE ANON. S-L
15836 G:2GBGDEFGDEDBABCBAB G251 GASSMANN
15837 G:2GBG2DFDGFGFGFG H708 HOFMANN
15838 G:2GBG2DGD R383 RELUZZI
15839 G:2GBG3DG P761 POKORNY
15840 G:2GB2GBGBGB T711 TORTI
15841 G:2GB2GBGFGFGFGA2BD U530 UMSTATT
15842 G:2GB2GB2GABCDEF N327 NAVOIGILLE
15843 G:2GB2GB2GBGEDEF K917 KRAUSE
15844 G:2GB2GD2GBG K840 KOERZL
15845 G:2GB2GD2GBG C524 CHERZELLI
15846 G:2GB2GFGABGFGABCBCDEF S412 SCHWEITZER
15847 G:2GB3GB2GB P761 POKORNY
15848 G:2GB3GB2GBDBCAEFG P437 PEREZ
15849 G:2GB3GB2GBDBCAEFGBDB E340 EICHNER
15850 G:2GB3GB2GBDBCA2F B912 BRUSA
15851 G:2GB3GB3GB3GBGBGBGBGDG H298 HARRER
15852 G:2GB3GDCDECBCDBABC A139 ABEL
15853 G:2G2BACG N489 NEUMANN
15854 G:2G2BCA//3AB3G H411 HAYDN
15855 G:2G2B2DBEDCBAGFDEF ANON. I-Gi
15856 G:2G2B2DBG2AGFEDG S787 STAMITZ
15857 G:2G2B2DEFGECDG L367 LAUBALEK
15858 G:2G2B2DEFGECDG M497 MEGIS
15859 G:2G2B2DEFGECD2GABC8D S789 STAMITZ
15860 G:2G2B2DGB B116 BACH
15861 G:2G2B2DGBAGBAGFEDED P285 PASQUALI
15862 G:2G2B2D2GA S872 STOLZEL
15863 G:2G2B2G2BGB3DCBCB P149 PAISIELLO
15864 G:2G3BACB ANON. D/BRD-DO
15865 G:2G4B4G4F4GE2G4C4G4F4G M998 MYSLIVECEK
15866 G:2GCABGDF S189 SAMMARTINI
15867 G:2GCBAB3CDCBA3G H758 HOLZBAUER
15868 G:2GCBAGCBAG ANON. USSR-Koe
15869 G:2GCBAGCBAGAGA M938 MOZART
15870 G:2GCBAGCBAGD ANON. D/DDR-Dlb
15871 G:2GCBA3GFEDCB S181 SALURINI
15872 G:2GCDBC2DFE5D//DEFGFEDCBC R817 ROSETTI
15873 G:2GCDFGCDF2G2B//GAFDBG C573 CIMAROSA
15874 G:2G2CDABC F248 FASCH
15875 G:2GDBAG2DAFEDGBDB ANON. CS-Pnm/Doksy
15876 G:2GDBAG2D2FG P837 PORPORA
15877 G:2GDBD2GDB3DCAFGDBGD K670 KNECHT
15878 G:2GDBFGDBFGG#2ADCF# ANON. PL-MO
15879 G:2GDBGAGF2GA2FG V254 VANHAL

```
15880  G:2GDBGDB2G    R383 RELUZZI
15881  G:2GDBGDB2GFGAD    S521 SEYFERT
15882  G:2GDBGD2GDBGD    G295 GEBEL
15883  G:2GDBGFA2C    S291 SCHACHT
15884  G:2GDB2GF2GAFG    V254 VANHAL
15885  G:2GD2BGD2B2GFGAD    S521 SEYFERT
15886  G:2GD2BG2DBG    R535 RICHTER
15887  G:2GD2BG2DEFAGFE3DEDCDCB    M998 MYSLIVECEK
15888  G:2GDCBAGBDGFGDCBAG    B524 BERNASCONI
15889  G:2GDCBCACBA    M624 MICHELI
15890  G:2GDEFGAGFGDEFGAGFGD    ANON. S-L
15891  G:2GDEFGBDE2GFE    M388 MARTINO
15892  G:2GDEF2GDEFGD2BA//CAF5DG2DA    B414 BEECKE
15893  G:2GD3FA//GBDGB    ANON. S-L
15894  G:2GD3F2A//GBDG2BAG    H354 HASSE
15895  G:2GDGBGBDBDG    D457 DESIO
15896  G:2GDGFDGBCDEFGD    M678 MITSCHA
15897  G:2GD2GD2BG2BG2DBD    G396 GEWEIJ
15898  G:2GD3GD3GD2GBDGBG    M938 MOZART
15899  G:2G2D2B$2GB$AGA    ANON. I-TN
15900  G:2G2DB2G2E3CAFDGABAG    D357 DELLER
15901  G:2G2DB4GF//G3DB2GFFNEE$DCB    A278 AGRICOLA
15902  G:2G2D2B2G2D2B    F921 FRITZ
15903  G:2G2D2E2FG2D2E2F    C182 CAMERLOHER
15904  G:2G2D2G2DE2CEFED    S789 STAMITZ
15905  G:2G2D3GAB3CBA    C938 CROES
15906  G:2GECBAG2DAGFEDGBDB    ANON. CS-Pnm/Doksy
15907  G:2GECBDGBDGDBDCBA    V254 VANHAL
15908  G:2GEC#D2AEFG//GABCDECBAGFED    V254 VANHAL
15909  G:2GEDCBG    B858 BRIOSCHI
15910  G:2GEDCBGCBA2G    ANON. S-Skma
15911  G:2GEDGEDCBCBAGA    M388 MARTINO
15912  G:2GFAGBACB4DEFGABD    S342 SCHLOEGER
15913  G:2GFD2GEGDG    M388 MARTINO
15914  G:2GFEDC//GDBGDBGD    N489 NEUMANN
15915  G:2GFEDC    G736 GRAF
15916  G:2GFEDCBABDCD2EFG    G778 GRAUN
15917  G:2GFEDCBAG    ANON. F-Pn/Blancheton
15918  G:2GFEDCBAGFGD    G567 GLUCK
15919  G:2GFEDC#DEDCBA    H652 HILLER
15920  G:2GFEDEDC    P333 PAUR
15921  G:2GFEDGDGABCD    V884 VOGLER
15922  G:2GFEFGAGFGD2GFEFGAGFG    S139 SAINT-GEORGES
15923  G:2GFEFGBFA2GFEFGBFAG    ANON. US-Wc
15924  G:2GF2EDC2BAGFGD    G567 GLUCK
15925  G:2GFGABABCDCDEFEFGA    M729 MOLTER
15926  G:2GFGAB2CACB3AGFG2A2GFGAB    A839 ASPLMAYR
15927  G:2GFGABDBGD    G943 GUGLIELMI
15928  G:2GFGABDCABCBFGA    H413 HAYDN
15929  G:2GFGABDCABCBFGA    P761 POKORNY
15930  G:2GFGABDCBCB    G557 GLEISSNER
15931  G:2GFGABGABC2BABCDBCDE    B667 BODE
```

15932 G:2GFGABGBG3BABC B157 BAILLEUX
15933 G:2GFGABGD L939 LUCHESI
15934 G:2GFGABGDBCD S774 STADT
15935 G:2GFGABGFE3D T839 TRITTO
15936 G:2GFGABGFGA2GFGAG J750 JOMMELLI
15937 G:2GFGABGFGFNECDE M938 MOZART
15938 G:2GFGA2BABC A758 ARNOLD
15939 G:2GFGA2BABCDBGD Q400 QUERFURTH
15940 G:2GFGA2BABCDB4G K880 KOZELUCH
15941 G:2GFGAFEF S189 SAMMARTINI
15942 G:2GFGAFGAGFGAF V254 VANHAL
15943 G:2GFGAGABGBABC L269 LANG
15944 G:2GFGAGA2BABCB2DCDED G251 GASSMANN
15945 G:2GFGAGBABCBCD2GECGECE C225 CANNABICH
15946 G:2GFGAGBC2DEG H877 HUBER
15947 G:2GFGAGBD2EDEFEGF G183 GALUPPI
15948 G:2GFGAGBGB2GFGAGBGBA B116 BACH
15949 G:2GFGAGBGFN2E M938 MOZART
15950 G:2GFGAGDB2DEF4G4B4D4G B285 BARTHELEMON
15951 G:2GFGAGDBGADABDCBADCBA S816 STEFFAN
15952 G:2GFGAGDB3GFGA G183 GALUPPI
15953 G:2GFGAGDE H758 HOLZBAUER
15954 G:2GFGAGECEDGFGAG S213 SANDEL
15955 G:2GFGAG2E2DG M943 MUELLER
15956 G:2GFGAGFGAGBCDBGD T645 TOESCHI
15957 G:2GFGAGFGAGBCDBGD2EDEFNEDEFN C225 CANNABICH
15958 G:2GFGAGF2GA2BCD2BABCBA2BCDGAB C371 CAUCIELLO
15959 G:2GFGA2GBABCB2D2B2G2D ANON. D/BRD-Mbs
15960 G:2GFGA2GBDG D337 DELANGE
15961 G:2GFGA2G2BABCB M365 MARSH
15962 G:2GFGA2GECBCDCADEDC B846 BREUNIG
15963 G:2GFGA2GFGAGDB2GDBG B912 BRUSA
15964 G:2GFGA3GAGCBAG G875 GROMANN
15965 G:2GFG3AFG2BAB3CAB2DC D617 DITTERSDORF
15966 G:2GFGBABDC H517 HENNIG
15967 G:2GFGBACEGFAGD S291 SCHACHT
15968 G:2GFGBA2GB H698 HOFMANN
15969 G:2GFGB2AGAC A925 AUMON
15970 G:2GFGBGDBD P149 PAISIELLO
15971 G:2GFGBG2D2BG P668 PIRLINGER
15972 G:2GFGBGFGDGCGBGAG B461 BENDA
15973 G:2GFGB2GFGB2G2D2BG2CDEDCBC A370 ALESSANDRI
15974 G:2GFG2BABDBG S139 SAINT-GEORGES
15975 G:2GFG2BABDBG G293 GEARGE
15976 G:2GFG2BABDBGD A139 ABEL
15977 G:2GFG2B2AGAC A925 AUMON
15978 G:2GFGDBA2BDC2DGF2G C759 CONTI
15979 G:2GFGDBCABGAFGBD2GFGDBCA S765 SPOURNY
15980 G:2GFGDB2G S348 SCHMIDT
15981 G:2GFGD2BABGD P592 PICHL
15982 G:2GFGDCBABDCBAG P761 POKORNY
15983 G:2GFGDCBAGBD5G N454 NERUDA

```
15984   G:2GFGDEBGA     F248 FASCH
15985   G:2GFGDECBC     Z660 ZIEGLER
15986   G:2GFGDGBDCB2G  N327 NAVOIGILLE
15987   G:2GFGDGB3GFGEGCG  H354 HASSE
15988   G:2GFG2DCD2BAB2GFG  H478 HELLMAN
15989   G:2GFG2EDECBAGF  Z730 ZIMMERMANN
15990   G:2GFGFGDEF     F841 FRASCIA
15991   G:2GFGFGF       E164 EBERLIN
15992   G:2GF2GBDEGFG   ANON. D/BRD-DO
15993   G:2GF2GBDEGF2GCEG  B442 BELLETTI
15994   G:2GF2GF        H298 HARRER
15995   G:2GF2GF2GABCBABCDEDC  C221 CANNABICH
15996   G:2GF2G2FE      ANON. CS-Pnm/Frydlant
15997   G:2GF3GF        K930 KROMMER
15998   G:2GF7GCBA2GF7GEDC  ANON. CH-Mue
15999   G:2GF8G         C759 CONTI
16000   G:2G2FEDE2DCB   S785 STAMITZ
16001   G:2G2FEFG2DCB   A748 ARNE
16002   G:2G2F2E2D2C2BA  M938 MOZART
16003   G:3G            R535 RICHTER
16004   G:3GABABGCBABG  B116 BACH
16005   G:3GABAGBDGECAF  C221 CANNABICH
16006   G:3GABAGBDGECAF  F770 FRAENZL
16007   G:3GABCABFGAB   M998 MISLEVECEK
16008   G:3GABCBCDEDEFGDCB  G295 GEBEL
16009   G:3GABCDEDCDEFGFEF  B393 BECK
16010   G:3GABCDEFGBCB  B279 BARSANTI
16011   G:3GABCDEF4GFEF  G183 GALUPPI
16012   G:3GABC3DEFD    S232 SANTA
16013   G:3GABCGDABC2GAGFED  S689 SOLNITZ
16014   G:3GAB3C//GDBGDBGD  B733 BORGHI
16015   G:3GABGABC2ABCABC  T175 TAPRAY
16016   G:3GACADCBG     H413 HAYDN
16017   G:3GAF//D:DEFGA  P791 PONS
16018   G:3GAFDG2BCAFBC  H758 HOLZBAUER
16019   G:3GAFGB3AB2CB3D  S383 SCHUBERT
16020   G:3GAGBGCGDGCGBGAG  F733 FOERSTER
16021   G:3GAGBGCGDGCGBGAG  ANON. S-Uu
16022   G:3GAGC2BAG3BCBED  V254 VANHAL
16023   G:3GAGFEDEDCBAB  P761 POKORNY
16024   G:3GAGFEDEDCBABDCBAG  H413 HAYDN
16025   G:3GAGFGABAGABCBABCB  L134 LACHNITH
16026   G:3GAGFGA3BCBABC  Z110 ZACH
16027   G:3GAGFGA3BCBABCD  S163 SALES
16028   G:3GBABC2DEFGBABC  R535 RICHTER
16029   G:3GBABDB3A     S774 STADT
16030   G:3GBABDBG      T645 TOESCHI
16031   G:3GBABGBABG    B116 BACH
16032   G:3GBAFGBAFGEDC  Z310 ZANI
16033   G:3GBAF2G       H758 HOLZBAUER
16034   G:3GBAF3GDBAB   G251 GASSMANN
16035   G:3GBAGBDBGBDBGBDG#ABC3A  K791 KOHAUT
```

16036 G : 3GBAGDB2G   L972 LUSTRINI
16037 G : 3GBAGDEFGDBCAEAG   P761 POKORNY
16038 G : 3GBAGDEFGDBCAFAG   N821 NOPITSCH
16039 G : 3GBAGF   V880 VOGEL
16040 G : 3GBAGFEDCBA   R795 ROSE
16041 G : 3GBAGFGA2D   C473 CHARKE
16042 G : 3GBAGFGDGFEDEBEDCBCBAD   P761 POKORNY
16043 G : 3GBAGFGDGFEDEBEDCBCBAE   E360 EISENMANN
16044 G : 3GBA3GBA4G   S521 SEYFERT
16045 G : 3GBCDBCAFD2G   B589 BIERLINGER
16046 G : 3GBCDCBABGBCD   S789 STAMITZ
16047 G : 3GBCDCBABGBCD   M214 MAHAUT
16048 G : 3GBCDCBGDB   T213 TASSINO
16049 G : 3GBCDEFGBCDEF   K840 KOERZL
16050 G : 3GBCDEF2G   S787 STAMITZ
16051 G : 3GBCD2GBDGBGBCDB   J750 JOMMELLI
16052 G : 3GBDCBC2ACE   W131 WAGENSEIL
16053 G : 3GBDCEACBDGB   C182 CAMERLOHER
16054 G : 3GBDFAGBDFA   K840 KOERZL
16055 G : 3GB2DCBC2ACE   W131 WAGENSEIL
16056 G : 3GBG   S398 SCHWANENBERGER
16057 G : 3GBGAGAB   P437 PEREZ
16058 G : 3GBGBAGAB   J750 JOMMELLI
16059 G : 3GBGBAGAB   P437 PEREZ
16060 G : 3GBGBAGDGA2G   A579 ANFOSSI
16061 G : 3GBGB2G   P186 PAMPANI
16062 G : 3GBGB2G   S419 SCIROLI
16063 G : 3GBGDBGDBGDBG   G778 GRAUN
16064 G : 3GBGDBGDBGDBGDBGDBDB   M676 MIROGLIO
16065 G : 3GBGDGDBDBG   R716 ROESER
16066 G : 3GBGDGDBDBGDEFG   P761 POKORNY
16067 G : 3GBGD3G   H704 HOFMANN
16068 G : 3GBGD3GAG   S189 SAMMARTINI
16069 G : 3GBGD3GAGFGE   H758 HOLZBAUER
16070 G : 3GBGD3GAGFGE   M388 MARTINO
16071 G : 3GBGD3GAGFGECBCAFEF   B442 BELLETTI
16072 G : 3GBG2DG2DC2BG   S785 STAMITZ
16073 G : 3GBG3DGD3BDB2G   M729 MOLTER
16074 G : 3GB2GBDGBDGBD   C225 CANNABICH
16075 G : 3GB3GB3GB3GBGBGBG   ANON. S-Skma
16076 G : 3G2BCDGBCDB   S785 STAMITZ
16077 G : 3G2BD   M854 MORIGI
16078 G : 3G2BDEDGBEAGF   S322 SCHENK
16079 G : 3G2B2DCE2FEFG   G251 GASSMANN
16080 G : 3G2B2D2G2D2B2G   A889 AUBERT
16081 G : 3G3BCA2FGBG   L475 LE DUC
16082 G : 3G3B3D3G3B   T195 TARTINI
16083 G : 3G3B5DEF3GAB   B755 BOYCE
16084 G : 3GCBABC2DEFGCBABC   R535 RICHTER
16085 G : 3GCBABDBG   T645 TOESCHI
16086 G : 3GCBABDB2GFED   C221 CANNABICH
16087 G : 3GC2BG//G2D2B2D2B2GFGAG   K880 KOZELUCH

16088	G : 3GDBDGDBDGABDCBCD	J750	JOMMELLI
16089	G : 3GDBDGFED3GDBDEDCB	L619	LE ROY
16090	G : 3GDBGBDBG	ANON.	USSR-Koe
16091	G : 3GDBGD2B2D	O750	ORSLER
16092	G : 3GDBGD2BGFGAG	T722	TOUCHEMOULIN
16093	G : 3GDB2GABCDEFG	R568	RIGEL
16094	G : 3GDB2GDBGDGDEBCDEBC	S398	SCHWANENBERGER
16095	G : 3GDCBAGDEFEFGC	C221	CANNABICH
16096	G : 3GDCB3GDCBGDCBGDCB	O350	OGLIO
16097	G : 3GDEDCB2DFGFGAG	F489	FILTZ
16098	G : 3GDE3DEFGBCBAGFE	G567	GLUCK
16099	G : 3GDEFGBCD2EBCDEGAB2C	G183	GALUPPI
16100	G : 3GDEFGDAD	G776	GRAUN
16101	G : 3GDEFGDADBA	ANON.	D/BRD-RH
16102	G : 3GDEFGDADBADEFG	Z310	ZANI
16103	G : 3GDEFGDEFG	R716	ROESER
16104	G : 3GDEF2GFGA2B	H758	HOLZBAUER
16105	G : 3GDEGCE	H758	HOLZBAUER
16106	G : 3GDEGCEDGBD	K840	KOERZL
16107	G : 3GDEGFA	N311	NAUMANN
16108	G : 3GDGBCDCBAG / / GDGDGDAD	C182	CAMERLOHER
16109	G : 3GDGBGBDBDGD	D769	DRAZDIANSKY
16110	G : 3GDGDADBFGABC	D972	DUSSEK
16111	G : 3GDGDGBAD3FDADACBG	B125	BACHSCHMIDT
16112	G : 3GDGDGBA2DADACBABCDE	S348	SCHMIDT
16113	G : 3GDGDGDGDGD	H354	HASSE
16114	G : 3GDGDGDGDGDGD	ANON.	D/BRD-Rtt
16115	G : 3GDGFGCBE	B556	BESOZZI
16116	G : 3GD4G	G778	GRAUN
16117	G : 3G2D2B2G2DBA	O650	ORDONEZ
16118	G : 3G2DCBED3G	B977	BUSCHMANN
16119	G : 3G2D3CB2B$4AD	K913	KRAUS
16120	G : 3G3DEDC2BCBAG	B933	BULANT
16121	G : 3G2ED2ED2EDEDCBA	I930	IVANSCHIZ
16122	G : 3G3E3CB	Z770	ZINCK
16123	G : 3GF	P713	PLANTADE
16124	G : 3GFDGDG2DG2DG3D	ANON.	S-Uu
16125	G : 3GF3DFAC	D972	DUSSEK
16126	G : 3GF4D	G736	GRAF
16127	G : 3GFEDCBA3GFEDCBA	A237	ADLGASSER
16128	G : 3GFED2CB2GFED2CBAG	D617	DITTERSDORF
16129	G : 3GFED2CB2GFED2CBAG	ANON.	A-GOe
16130	G : 3GF2EDC	G736	GRAF
16131	G : 3GFGABCB	W853	WOLF
16132	G : 3GFGA3BABC2DCBA2G	S139	SAINT-GEORGES
16133	G : 3GFGACFDBG	A139	ABEL
16134	G : 3GFGAFG	B664	BOCCHERINI
16135	G : 3GFG3AGADC	O650	ORDONEZ
16136	G : 3GFGBA2GB	H698	HOFMANN
16137	G : 3GFGDECBGA	F248	FASCH
16138	G : 3GF3GBA2G	S189	SAMMARTINI
16139	G : 3GF3GFEDCBAGBAB2GFG	J330	JANITSCH

16140 G:3GF3GFG2DABC B858 BRIOSCHI
16141 G:3G2FAF2D2CAFC M678 MITSCHA
16142 G:3G3F S316 SCHEIBE
16143 G:4G A282 AGTHE
16144 G:4G//GAGFEF W939 WRANITZKY
16145 G:4GABA2GABG T645 TOESCHI
16146 G:4GABCBAGDCDGF P186 PAMPANI
16147 G:4GABCB3ABC ANON. CS-Pnm/Frydlant
16148 G:4GABCDEF L239 LAMPUGNANI
16149 G:4GABCDEFGBAG N454 NERUDA
16150 G:4GABCDEFGBAGFEDC C762 CONTI
16151 G:4GABCDEFGBAGFEDC ANON. CS-Pnm/Doksy
16152 G:4GABCDEFGBAGFEDC ANON. D/DDR-SW1
16153 G:4GABCDEFGDEFGABCD S359 SCHMITTBAUR
16154 G:4GABCDEFGFGAC H354 HASSE
16155 G:4GABCDEF3G A613 ANNA
16156 G:4GABCDEF5G B524 BERNASCONI
16157 G:4GABCDEF6GABC M281 MANNA
16158 G:4GABCDEF6GABC2D A371 ALESSANDRO
16159 G:4GABC3DEF H298 HARRER
16160 G:4GAB2CABC#2D M939 MOZART
16161 G:4GAB2C2D2E2F G548 GLASECK
16162 G:4GAB3C//GDBGDBGD B733 BORGHI
16163 G:4GABC#DCDEDCDED S348 SCHMIDT
16164 G:4GABGBDBGBDCBADB O680 ORGITANO
16165 G:4GAEDC S411 SCHWARZENDORF
16166 G:4GAFEFG R535 RICHTER
16167 G:4GAGDEDBCBGAGD H573 HERTEL
16168 G:4GAGFGBGD T645 TOESCHI
16169 G:4GAGFG2BA Z790 ZINGONI
16170 G:4GA2GFEDCBAGBAB2GFG J330 JANITSCH
16171 G:4GA4GAGBDGDC L619 LE ROY
16172 G:4G2AEDC S411 SCHWARZENDORF
16173 G:4GBAGB2GBAGBG H354 HASSE
16174 G:4GBAG4DFED S328 SCHETKY
16175 G:4GBAGF T175 TAPRAY
16176 G:4GBAGFEDCBAGFEDCBCDE H700 HOFFMEISTER
16177 G:4GBA2GBAG G183 GALUPPI
16178 G:4GB2AGF H758 HOLZBAUER
16179 G:4GBCDCBAGBDGBDGBCDCBA R716 ROESER
16180 G:4GBC2DE G183 GALUPPI
16181 G:4GBC2DEDC S421 SCOLARI
16182 G:4GBDGB S638 SMETHERGELL
16183 G:4GBDGBDG3BAG3A P213 PAPAVOINE
16184 G:4GBD2GBD2GFGBGB2GF C659 COCCHI
16185 G:4GBGBGB F532 FISCHIETTI
16186 G:4G2B2D4G2B2D2GB G948 GUILLEMAIN
16187 G:4G4B4D P761 POKORNY
16188 G:4G4B4D2GECDBCABG G948 GUILLEMAIN
16189 G:4G4B4D4G A341 ALBRECHTSBERGER
16190 G:4G4B4D4GFEFG3BAGA C258 CARAFFE
16191 G:4G4B4G G943 GUGLIELMI

16192 G:4GD   H652 HILLER
16193 G:4GDBCAGFEFGD   S355 SCHMITT
16194 G:4GDBDB3GEDGCBG   K350 KENNIS
16195 G:4GDBGABCBA2GDBG   N454 NERUDA
16196 G:4GDBGD   S798 STAUBER
16197 G:4GDBG2DB   ANON. CS-Pnm/Doksy
16198 G:4GDB4GBAGA   S355 SCHMITT
16199 G:4GDB4GBAGA4GBAGAGABCDED   S353 SCHMITE
16200 G:4GD2BG2DB   ANON. CS-Pnm/Doksy
16201 G:4GDCBAGFEDCB   M943 MUELLER
16202 G:4GDCBAGFEDCBA   F489 FILTZ
16203 G:4GDCDBABGF   W464 WELTZ
16204 G:4GDEFGABABCAG   G183 GALUPPI
16205 G:4GDEFGDBG   L619 LE ROY
16206 G:4GDEF2GABDCBC   P384 PELISSIER
16207 G:4GDGAB   B858 BRIOSCHI
16208 G:4GDGBAGABC   T645 TOESCHI
16209 G:4GDGBGDGB   ANON. GB-Mp
16210 G:4GDGDGDGABG2FED   A139 ABEL
16211 G:4GDGD2G2A2B2C2D   C225 CANNABICH
16212 G:4G2D//BGFGAGABABCBCDCD   S749 SPERGER
16213 G:4G4D4B4G   ANON. A-LA
16214 G:4G4D4B4G4B4D4G   H354 HASSE
16215 G:4G4D4B8G   S281 SCALABRINI
16216 G:4G2FNEE$2D   G567 GLUCK
16217 G:4GFAGBGFAGBGFAG   M939 MOZART
16218 G:4GFE   H337 HARTWIG
16219 G:4GFEDCBAG   M938 MOZART
16220 G:4GFED2CB3GFED2CBAG   D617 DITTERSDORF
16221 G:4GFED2CB3GFED3CBAG   ANON. A-GOe
16222 G:4GFEDEDCBAB   P761 POKORNY
16223 G:4GFEDEDCBABDCBAG   H413 HAYDN
16224 G:4GFEDEDCBCBA   M938 MOZART
16225 G:4GFG   D337 DELANGE
16226 G:4GFGAB3GEGDEDCB   P761 POKORNY
16227 G:4GFGAB3GFGDEDCB   A139 ABEL
16228 G:4GFGA3BDCBA   R397 RENDEUX
16229 G:4GFGA4BABC   Z110 ZACH
16230 G:4GFGA4BABCD   S163 SALES
16231 G:4GFGACD   K922 KRESS
16232 G:4GFGAFBABCA4GFG   G736 GRAF
16233 G:4GFGAF4GFGAF   R921 RUDL
16234 G:4GFGAGA2BABCBCDGAF   W429 WEISS
16235 G:4GFGA2GDB   G824 GREINER
16236 G:4GFG2AGA2BABCB   L134 LACHNITH
16237 G:4GFGBAGF   T175 TAPRAY
16238 G:4GFG3BCBC   M625 MICHL
16239 G:4GFGCAGABG   C759 CONTI
16240 G:4GFGD   L356 LATILLA
16241 G:4GFGD   K926 KREUSSER
16242 G:4GFGDBGED   C762 CONTI
16243 G:4GFGDBGEDGF   ANON. USSR-Koe

16244 G : 4GF 4GF 2G   B858 BRIOSCHI
16245 G : 4G4 F4 E4 DCDEFGBG   L744 LINDBERG
16246 G : 5GABAG   M939 MOZART
16247 G : 5GABAGBD3GABG   F248 FASCH
16248 G : 5GABCB4GE   K630 KLAUSEK
16249 G : 5GABCDEFG   C182 CAMERLOHER
16250 G : 5GABCDEFGDEFGABCD   S359 SCHMITTBAUR
16251 G : 5GABG   S355 SCHMITT
16252 G : 5GABGABGABC#D   L484 LEEDER
16253 G : 5GABGCADCBAG   P444 PERILLO
16254 G : 5GACBAG   M939 MOZART
16255 G : 5GAGFE2DFEDC2B   S934 STUMPF
16256 G : 5GAGFGBAGFGB   J750 JOMMELLI
16257 G : 5G3 ABCABG   G779 GRAUPNER
16258 G : 5G4 A4B4C4B4C4 A4B4G4 A4B4C4B   B461 BENDA
16259 G : 5G4 A4B4C4D   B456 BENDA
16260 G : 5GBACB2DFGBACBD   G537 GIULINI
16261 G : 5GBAGF4DEDC   Z310 ZANI
16262 G : 5GBCDBECDBECDGAB   G577 GODECHARLE
16263 G : 5GBCD5GBCD2EABC   F248 FASCH
16264 G : 5GBGBGBGBGDEF   G183 GALUPPI
16265 G : 5GBGBGD2GFAGFEDCBA2G   B125 BACHSCHMIDT
16266 G : 5GBGCAFDEFGABCDCBAGFED   S419 SCIROLI
16267 G : 5GBGCGDGE   G251 GASSMANN
16268 G : 5GCB4GE   K630 KLAUSEK
16269 G : 5GDBCABGCADBCABG   F118 FABREGA
16270 G : 5GDBG   R535 RICHTER
16271 G : 5GDB2GBDG   S398 SCHWANENBERGER
16272 G : 5GDB2GBD2GEC2GCEG   G537 GIULINI
16273 G : 5GDB2GDB2GDB2GDBG / / DEFGDEFG   ANON. D/BRD-EB
16274 G : 5GDB2GDB2GDB2GDBG / / DGDG   ANON. D/BRD-EB
16275 G : 5GDCAF   T645 TOESCHI
16276 G : 5GDCBAGBDFG   B524 BERNASCONI
16277 G : 5GDEFGAB2C   H409 HAYDN
16278 G : 5GDEFGB2DFG   N489 NEUMANN
16279 G : 5GDGBDBGDGBDB   S371 SCHRAGNER
16280 G : 5GDGCADBE   H413 HAYDN
16281 G : 5GD5GD2EC   F248 FASCH
16282 G : 5GFEDCBA5GFEDCBAG   A138 ABEL
16283 G : 5GFGBG2DCDGD   T645 TOESCHI
16284 G : 5GFG2BA   Z790 ZINGONI
16285 G : 5G2 F2G2D2 E2B2C2 F2GD   A277 AGRELL
16286 G : 6G   H411 HAYDN
16287 G : 6GBAGABG5B   S787 STAMITZ
16288 G : 6GBAGFE   G942 GUGEL
16289 G : 6G8 B8 D8 F2GABCDEFGFEDCBA   L239 LAMPUGNANI
16290 G : 6GCBAGF   S751 SPERLING
16291 G : 6GCBAGF6GCBAGF   ANON. CS-Pnm/Osek
16292 G : 6GDCAF   T645 TOESCHI
16293 G : 6GDEFGDEFGDGD2GFGABGBG   H715 HOFSTETTER
16294 G : 6GDGDGDBABG   T645 TOESCHI
16295 G : 6GD6GBGDBGD   G779 GRAUPNER

```
16296  G:6G2DC2BACAGFG   V254 VANHAL
16297  G:6GEDCB   M380 MARTIN
16298  G:6G2FNEE$2D   G567 GLUCK
16299  G:6GFEDGFED   G429 GIACOMELLI
16300  G:6GFGBGFGB   J750 JOMMELLI
16301  G:7G   M244 MALDERE
16302  G:7GBG2DEFG   H337 HARTWIG
16303  G:7GDCBA   B524 BERNASCONI
16304  G:7GDCBABDED   L356 LATILLA
16305  G:7GDCBABDEDCB   ANON. D/BRD-RH
16306  G:7GDEFGBGD6G   G779 GRAUPNER
16307  G:7GDGFGABAG   B232 BARBAZI
16308  G:7G8DGFE   B393 BECK
16309  G:7GEDCBAGEDCBA   G779 GRAUPNER
16310  G:7GEDECB   P583 PIAZZA
16311  G:8GAB   E550 ENDERLE
16312  G:8GABCDEFGABCBAG   ANON. D/DDR-Dlb
16313  G:8G2AFEFG   R535 RICHTER
16314  G:8G5A2G5BG   M938 MOZART
16315  G:8G8AGBGEAGBGEA8G   S594 SIMON
16316  G:8GBAGDGD   C933 CRISPI
16317  G:8GBGBD8GBGBDGBAGFEDC   ANON. D/DDR-SWl
16318  G:8GB7GDGEGDGCG   Z710 ZIMEKHI
16319  G:8G2BCD   G824 GREINER
16320  G:8G4B4D4E4C4A4F   R535 RICHTER
16321  G:8GDBGDBGDB8G   M676 MIROGLIO
16322  G:8G8D   P763 POLAZZI
16323  G:8G8DGEGEBE   G779 GRAUPNER
16324  G:8GFEDCBAGF   G778 GRAUN
16325  G:8GFGABABC2D3E   L115 L'ABBE
16326  G:8G8F8A8G8D4A4G   K835 KOPPAUR
16327  G:9GABAGDGD   C933 CRISPI
16328  G:9GBDBG   C531 CHIESA
16329  G:9GBDB4GBDBG   ANON. NL-Uu
16330  G:9GDBDGDBD   G172 GALLO
16331  G:9GDBDGDBD8A   ANON. USSR-Koe
16332  G:10GBDG   S414 SCHWINDL
16333  G:11GBDGDCBAG   W131 WAGENSEIL
16334  G:12G   R714 ROELLIG
16335  G:12G4B4D4A8D   C938 CROES
16336  G:12GCD//4C   B414 BEECKE
16337  G:13GBAG   M388 MARTINO
16338  G:13GEDCBAGEDCBA   G779 GRAUPNER
16339  G:13G4F4E3D   D617 DITTERSDORF
16340  G:16G20A4B4C4A4B4D8G   S789 STAMITZ
16341  G:16G16BDEDCD   S785 STAMITZ
16342  G:16G16BDEDCD   K295 KELLY
16343  G:17GABCDEDCBABCDEDC   G834 GRETRY
16344  G:18GFGA2G2D   P761 POKORNY
16345  G:18GFGA2G2E2B2G18DC#DE   B524 BERNASCONI
16346  G:20G4A4B4C4D4E4D4F4G   P761 POKORNY
16347  G:20G4A4B4C4D4E4D4F5G   F532 FISCHIETTI
```

16348 G:24G G779 GRAUPNER
16349 G:32G4A4B4C4A S785 STAMITZ
16350 G:32G2F2D2E2F C516 CHELLERI
16351 G:32G2F2D2E2F ANON. D/DDR-SW1
16352 G:33GABCDEFGD A277 AGRELL

16353 G-:AGF#GAGBDGBDG W131 WAGENSEIL
16354 G-:A5GF#D4B ANON. S-L
16355 G-:BAGAEFGFF#EF#//2D3G G183 GALUPPI
16356 G-:BAGBAGBAG B118 BACH
16357 G-:BA2GBA2GCB3AGF# S689 SOLNITZ
16358 G-:B2D2G M477 MAZZINGHI
16359 G-:BGDB2GCAGE2C G567 GLUCK
16360 G-:2BAGAEFGFF#EF#//2D3G G183 GALUPPI
16361 G-:C4G4A E164 EBERLIN
16362 G-:3C2E2CDE L619 LE ROY
16363 G-:DBADCBGFEDC B393 BECK
16364 G-:DBAGF#GED2C#2DBAGF#G B393 BECK
16365 G-:DBC3DCBA$GF# G778 GRAUN
16366 G-:DBF#GABG#ABNC D617 DITTERSDORF
16367 G-:DBF#GABG#ABNC V254 VANHAL
16368 G-:DBGD K958 KUEFFNER
16369 G-:DCBABAGF#GEDCBA C979 CUPIS
16370 G-:DCBAGF#G//2GF#AGBACBDCEC Z780 ZINGARELLI
16371 G-:DC2B2AED2C2B//E$:EAGFE4B A839 ASPLMAYR
16372 G-:DCDE2D3CBCD2CB B667 BODE
16373 G-:DEDBCBGAGDEDBCBG B896 BRUNETTI
16374 G-:DEDC3G G183 GALUPPI
16375 G-:DED3GF#GAG2B R817 ROSETTI
16376 G-:DE2DGDE2DA B285 BARTHELEMON
16377 G-:DEF#GBDGBDGBD2G G961 GUILLON
16378 G-:DEF#4G L576 LEO
16379 G-:DEF#5GDEF#5G R535 RICHTER
16380 G-:DENFEG#2A V254 VANHAL
16381 G-:DENF#GDB2GDGBADABCDAF#D A337 ALBINONI
16382 G-:DENF#GDCBAGDENF# H758 HOLZBAUER
16383 G-:DENF#GDENF#GABDENF#GABCD M379 MARTIN
16384 G-:DENF#GFEDCBAGF#G H534 HERBAIN
16385 G-:DGABCDEDEDEDE H708 HOFMANN
16386 G-:DGABCDEDEDED2ED H700 HOFFMEISTER
16387 G-:DGBADACBG W775 WINKLER
16388 G-:DGBA2GF#G2A O650 ORDONEZ
16389 G-:DGBDBG//GDEGF#EDF#G Z780 ZINGARELLI
16390 G-:DGBDCBAGABC//G:GB3EC#DBCNG#A L574 LENTZ
16391 G-:DGB3DCBAGABC L574 LENTZ
16392 G-:DGBEDEDCBGBEDEDC D918 DUNI
16393 G-:DGBF#GDACAB B283 BARTA
16394 G-:DG4B2AGA4D H411 HAYDN
16395 G-:DGDBDGBABGBAGADF#ADCBCACBA ANON. A-Wgm
16396 G-:DGDBGDBGDBG S335 SCHIMPKE
16397 G-:DGF#BAB2CDC//4DEBCDCB V158 VALENTINI
16398 G-:DGF#GA2GF#GAG L712 LIDARTI

16399	G- :	D2G3BAGAD2A2C	R758	ROMAN
16400	G- :	D2GF#2CBE	G183	GALUPPI
16401	G- :	2D2BAGF#GABCB	O650	ORDONEZ
16402	G- :	2D3G	G183	GALUPPI
16403	G- :	3D3G	K640	KLEINKNECHT
16404	G- :	4DEBCDCB	V128	VALENTINI
16405	G- :	E2DE2DE2D2BA	M939	MOZART
16406	G- :	FD2EDFG//GDBA2G	E310	EGGERT
16407	G- :	GABABGDEABCBCABG	K260	KEGEL
16408	G- :	GABAC2DCDEDG	P761	POKORNY
16409	G- :	GABAC#DFGA$GBNC	V254	VANHAL
16410	G- :	GABA2DFGA$GBNC	V254	VANHAL
16411	G- :	GABCBA2G2F#	M949	MUELLER
16412	G- :	GABCDCBAGABCDCBA	S281	SCALABRINI
16413	G- :	GABCDCBAGABCDCBAGD3GF#	H354	HASSE
16414	G- :	GABCDECAGDADBDC3D	Z780	ZINGARELLI
16415	G- :	GABCD2EDCB2G	Z780	ZINGARELLI
16416	G- :	GABCDGF#ADC	O750	ORSLER
16417	G- :	GABCDGF#GBAGF#DC#	C516	CHELLERI
16418	G- :	GABC4D4G3ABCBAG	ANON. D/BRD-DS	
16419	G- :	GABDCBAGF#GA//GABF#GABCBA	G251	GASSMANN
16420	G- :	GABF#GABCBA	G251	GASSMANN
16421	G- :	GABF#GCD2ED	H877	HUBER
16422	G- :	GABGAF#GDECDBNCDCABG//GDBC#	B617	BIRCK
16423	G- :	GA2BA2G2F#	M949	MUELLER
16424	G- :	GACGACG	S189	SAMMARTINI
16425	G- :	GAF#DABCDCDAF#	S189	SAMMARTINI
16426	G- :	GBAEDED2CBA	J216	JADIN
16427	G- :	GBAF#GFEDBBNCC#	B393	BECK
16428	G- :	GBAGDGD2CBADE	R716	ROESER
16429	G- :	GBAGED2CAF#//GDBAGF#	W939	WRANITZKY
16430	G- :	GBAGFNE$DCBAGF	S295	SCHAFFRATH
16431	G- :	GBAGF#ACDEACBA	K880	KOZELUCH
16432	G- :	GBAGF#GDB2GF#	M748	MONN
16433	G- :	GBAGF#GDFN	S985	SYLVA
16434	G- :	GBA5GBA4G	S189	SAMMARTINI
16435	G- :	GBCBAGCEDCBG	B116	BACH
16436	G- :	GBC#4D3A	H411	HAYDN
16437	G- :	GBDBDBD2F#A	M637	MILANDRE
16438	G- :	GBDC2B3ACECA	O650	ORDONEZ
16439	G- :	GBDGBAF#D	L475	LE DUC
16440	G- :	GBDGDBGDBGD	W131	WAGENSEIL
16441	G- :	GBF#GDF2GDE$BNCBCE$CBNCE$	C759	CONTI
16442	G- :	GBGDF#DGBG2D	M785	MONTICELLI
16443	G- :	GBGDF#DGBG2DB2EC2DB	ANON. S-Uu	
16444	G- :	GBGDF#DGBG2EC	H758	HOLZBAUER
16445	G- :	GBGEGBCEDF#G	K926	KREUSSER
16446	G- :	GBGF#EF#//GABCD2EDCB2G	Z780	ZINGARELLI
16447	G- :	G3B2A3CBN	B285	BARTHELEMON
16448	G- :	G4BCBA2BAB	M244	MALDERE
16449	G- :	GBNCDEFG	P527	PFEIFFER
16450	G- :	GDABF#GDEBN2CGAEF#CDA	C267	CARDON

16451 G-:GDBAGDEF#G B492 BERETTI
16452 G-:GDBAGF#GF#GFED W939 WRANITZKY
16453 G-:GDBA2G E310 EGGERT
16454 G-:GDB2A2GF#G K972 KURZWEIL
16455 G-:GDBCBAGC#2DEDCBAGAG P439 PERGOLESI
16456 G-:GDBCBAG2DEDCBAG P439 PERGOLESI
16457 G-:GDBC4DBC4D B116 BACH
16458 G-:GDBC# B617 BIRCK
16459 G-:GDBDBGB H704 HOFMANN
16460 G-:GDBDB2GDGBG M244 MALDERE
16461 G-:GDBDGDGECEGEDAF#DCD ANON. CS-Pnm/Doksy
16462 G-:GDBGD L869 LORENZITI
16463 G-:GDBGDBGBF#GCADCB B199 BAMBINI
16464 G-:GDBGDCBA F921 FRITZ
16465 G-:GDBG2D3CAF#GDB B279 BARSANTI
16466 G-:GDB2GABC2DECED2C E340 EICHNER
16467 G-:GDB2GF#GAG S355 SCHMITT
16468 G-:GDB4G S189 SAMMARTINI
16469 G-:GDCAB2GFD F248 FASCH
16470 G-:GDCBAGBABAG C550 CHRISTELLI
16471 G-:GDCBAGDCBAG7BF#AGF#EDAGF#E ANON. F-Pn
16472 G-:GDCBAGDCBAG13BF#AGFEDAGFE A991 AZAIS
16473 G-:GDEBCAD S411 SCHWARZENDORF
16474 G-:GDE3DGF#GBGF#GDGEGDGCG G926 GUENIN
16475 G-:GDEGF#EDF#G Z780 ZINGARELLI
16476 G-:GDFEF# R535 RICHTER
16477 G-:GDGBGDGA2BC Z730 ZIMMERMANN
16478 G-:GDGDBGED C742 COMY
16479 G-:GD2GBDGFADF#ADAB G159 GALIMBERTI
16480 G-:GD2GF#GDEDC B858 BRIOSCHI
16481 G-:G2DABF#GDEBN2CGAEF#CDA C267 CARDON
16482 G-:G2D2B2G2D2BG C145 CALDARA
16483 G-:G2DEDC#DBAGF#G W131 WAGENSEIL
16484 G-:G7DGE//BAGBAGBAGB B118 BACH
16485 G-:G8D M998 MYSLIVECEK
16486 G-:GEC#DAB2CBAGF#G M678 MITSCHA
16487 G-:GEDCBA F656 FOGHITI
16488 G-:GEDC2DEDC H337 HARTWIG
16489 G-:GEDEBNC2G O710 ORLANDI
16490 G-:GEFGBGENF L879 LOSENMAYER
16491 G-:GFEDCBAG4B2A S373 SCHRAMEK
16492 G-:GFEDCBAGFEDCBA2GBDGDBGE P645 PINAIRE
16493 G-:GF#CB2GABCDF#G ANON. D/DDR-SWl
16494 G-:GF#DGABCAGF#//G:3GF P713 PLANTADE
16495 G-:GF#GABCDCBABD S316 SCHEIBE
16496 G-:GF#GAGBDGBDG W131 WAGENSEIL
16497 G-:GF#GBACBABDCED S785 STAMITZ
16498 G-:GF#GBGAF#G W131 WAGENSEIL
16499 G-:GF#GCDBGB P527 PFEIFFER
16500 G-:GF#GDGABCDE ANON. CS-Pnm
16501 G-:GF#GDGABCDEF#E G678 GOSSEC
16502 G-:GF#GF#GDE O650 ORDONEZ

16503	G-:GF#8G2F#2GA4B	ANON. B-Bc	
16504	G-:2GABAGDBGECECAF#	R535 RICHTER	
16505	G-:2GABAGF#ACDE2ABCBA	K880 KOZELUCH	
16506	G-:2GABCDEDG	Z780 ZINGARELLI	
16507	G-:2GABD2GF#ED	K789 KOHAUT	
16508	G-:2GAGF#GABCBABCDGB2GF#	R568 RIGEL	
16509	G-:2GAGF#GBA2GAGF#GB	H708 HOFMANN	
16510	G-:2G2ABDB	A748 ARNE	
16511	G-:2GBAGEDCEDC	R535 RICHTER	
16512	G-:2GBDE2D2C	O160 OCH	
16513	G-:2GBGDBGDB3GBGF#A	M498 MEHUL	
16514	G-:2GBGD2GBAGF#GDECAF#	S328 SCHETKY	
16515	G-:2G2BEDC#2A//G:DBA2GAG2F2D	L574 LENTZ	
16516	G-:2GDBAGF#GF#GFED	W939 WRANITZKY	
16517	G-:2GDGB3G2CECF#CAC	T152 TALON	
16518	G-:2G2D2B2GBAGA	ANON. I-TN	
16519	G-:2G3D//G:BAGFEDC	I850 ISOUARD	
16520	G-:2GEDC2DEDC	H337 HARTWIG	
16521	G-:2GEFGBGENF	L879 LOSENMAYER	
16522	G-:2G2EDCBAGCE//A5GF#D4B	ANON. S-L	
16523	G-:2G2E2D2GF#	P523 PFEIFFER	
16524	G-:2G2EF#2GAGF#AC	O750 ORSLER	
16525	G-:2GF#AGBACBDCEC	Z780 ZINGARELLI	
16526	G-:2GF#GADCEDCBCDG	S324 SCHENCKER	
16527	G-:2GF#2GF#GBDBGBDBG	F489 FILTZ	
16528	G-:2G2F#GA2G2EDC	M741 MONDONVILLE	
16529	G-:3GABA2GABAG2EGABAG	A371 ALESSANDRO	
16530	G-:3GABCDEDCBA3G	F248 FASCH	
16531	G-:3GABCDENF#2DENF#GABCDEG	W131 WAGENSEIL	
16532	G-:3GABCDGABAG2F#GA2D	B544 BERTIN	
16533	G-:3GABC3DENF#4G	K820 KOENIGSPERGER	
16534	G-:3GBAGEDC2EDC	R535 RICHTER	
16535	G-:3GCDEDCBGF#DEDCBA	M498 MEHUL	
16536	G-:3GDBA2CAGF#ABF2CB	A839 ASPLMAYR	
16537	G-:3GEDCBAG2B2A2G	W550 WEYSE	
16538	G-:3GFEDCBAGE3GABF#	ANON. D/DDR-SW1	
16539	G-:3GF#GABGBABCDG	D617 DITTERSDORF	
16540	G-:3GF#GA2BABCDGB2GF#	R568 RIGEL	
16541	G-:3GF#GBA3GF#GB	H708 HOFMANN	
16542	G-:4GA$3GA$F//CEDC3G	G183 GALUPPI	
16543	G-:4G2A$BN5CBNDE	P838 PORSILE	
16544	G-:4GAF#//G:DEFGABC2D	Z780 ZINGARELLI	
16545	G-:4G2B2D2G2B2A2F2G2B2D2G	G834 GRETRY	
16546	G-:4GCDEDCBGFD2EDCBA	M498 MEHUL	
16547	G-:4GF#GAGABAGABABC	W131 WAGENSEIL	
16548	G-:4GF#4GF#G	T356 TEYBER	
16549	G-:5G5A	N376 NEEFE	
16550	G-:5G5D	M939 MOZART	
16551	G-:6G	V884 VOGLER	
16552	G-:6G	H571 HERSCHEL	
16553	G-:6GABCDG	ANON. A-LA	
16554	G-:6GDENF#GDENF#GDENF#G5B	C938 CROES	

16555 G-:8GF#GF#DGDADBD   M753 MONROY
16556 G-:9GF#9BA   R535 RICHTER
16557 G-:10GBD7GF   B545 BERTON
16558 G-:10G3EDC#CN   W939 WRANITZKY

Index

ABBÉ, see L'Abbé.
ABEL, Carl Friedrich (1723-87) A139
ABEL, Leopold August (1718-94) A141
ABOS, Girolamo (1715-60) A154
ABOS, Pasquale A156
ACCORIMBONI, Agostino (1739-1818) A172
ADAM, Giovanni (c.1705-79) A193
ADLGASSER, Anton (1729-77) A237
ADRIANI A243
AGRELL, Giovanni (1701-65) A277
AGRICOLA, Johann (1720-74) A278
AGTHE, Carl Christian (1762-97) A282
AHLEFELDT, Maria Theresa Graefin von (1755-1823) A285
ALBERGHI, Paolo Tommaso (1716-85) A329
ALBERTAZZI A333
ALBERTI, Giuseppe (1685-1751) A334
ALBINI A336
ALBINONI, Tomaso (1671-1751) A337
ALBRECHT, G.E. A340
ALBRECHTSBERGER, Johann Georg (1736-1809) A341
ALDAY, Paul (1763-1835) A357
ALEOTTI, Giuseppe A368
ALESSANDRI, Felice (1747-98) A370
ALESSANDRO, C.G. (c.1735-87/8) A371
ALESSIO, Francesco A372
ALLEXI (fl.1750) A435
ÅMAN, Jonas (fl.1765-70) A484
AMBREVILLE, Michel-Ange de A495
AMINCONI, Antonio (fl.1780s) A517
AMON, Johannes Andreas (1763-1825) A523
ANDERSSEN A552
ANDRÉ, J.A. (1775-1842) A555
ANDREI A559
ANDREOZZI, Gaetano (1755-1826) A560
ANDRESKA, Vinzenz A561
ANDRIOT, Nicolas Médard (c.1730-1801) A573
ANFOSSI, Pasquale (1727-97) A579
ANGELO, Bacchi A584

ANIELLO, see Angelo.
ANNA, see Manna.
ANNA AMALIA, Duchesa di Saxe-Weimar (1739-1807) A613
ANON. = Anonymous
ANTIN, Le Duc d' A631
ANTINI A632
ANTON, Clemens Theodor (1755-1836) A634
APPEL, Georg (fl.1750) A646
ARAIJA, Francesco (1709-after1762) A659
ARCARI, Valentino (fl.1800) A668
ARDINA (fl.1775) A676
ARENA, Giuseppe (1713-84) A681
ARNE, Michael (1740-86) A747
ARNE, Thomas (1710-78) A748
ARNOLD, Samuel (1740-1802) A758
ASIOLI, Bonifazio (1769-1832) A833
ASPLMAYR, Franz (1728-86) A839
ASSMAYER A848
ASTARITA, Gennaro (c.1745-1803) A852
AUBERLIN, Samuel (1758-1817) A888
AUBERT, Louis (1720-after 1783) A889
AUFFMANN, Joseph Anton (c.1720-after 1773) A918
AULETTA, Pietro (c.1698-1771) A924
AUMANN, see Aumon.
AUMON, Franz Joseph (1728-97) A925
AURISICCHIO, Antonio (1710-81) A928
AVANZINI, Giacomo (fl.1780s) A945
AVONDANO, Pietro Antonio (1714-82) A961
AVOSSA, Giuseppe (1708-96) A962
AZAÏS, Pierre (1766-1845) A991

BACH, Carl Philipp Emanuel (1714-88) B114
BACH, Jacob Emmanuel B115
BACH, Johann Christian (1735-82) B116
BACH, Johann Christoph Friedrich (1732-95) B118
BACH, Johann Ernst B119
BACH, W.F. (1759-1845) B121
BACHSCHMIDT, Johann Anton (1728-97) B125; cf. Pachschmidt.
BACHTA, Conte J. di B127
BAGEETTI, No. [?Nino] B144
BAGGE, Charles-Ernst, Baron de (1722-91) B145
BAILLEUX, Antoine (c.1720-98) B157
BAILLOT, Pierre (1771-1842) B158
BAISIELLO, see Paisiello.
BAJAMONTI, Giulio (1744-1800) B165
BALADO, Juan (d.1832) B170
BALBI, Ignazio (fl.1720-75) B172
BALDAN, Angelo (1753-1803) B175
BALLABENE, Gregorio (c.1720-c.1803) B188
BALLAVICINI, Vicenzo (d. after 1756) B189
BAMBINI, Eustachio B211

BAMBINI, J.B. (b.c.1745) B199
BARBA, ?Daniele del (1715-1801) B228
BARBANDT, Charles (fl.1750) B229
BARBAZI B232
BARBELLA, Emanuele (1718-77) B233
BARBELLA, Francesco (fl.1730) B234
BARIDONE, Giovanni B252
BARIERA B255
BARONI B266
BARRIÈRE, Étienne (1748-1816/18) B275
BARSANTI, Francesco (1690-1772) B279
BARSILLO, cf. Paisiello.
BARTA, Giuseppe (c.1746-87) B283
BARTHÉLEMON, François (1741-1808) B285
BARTOLI, Francesco B292
BASILI B318; see Bohdanowicz.
BATES, William (fl.1750-80) B329
BATONI, S. B334, see Pattoni.
BATTAR B335
BATTIRELLI B336
BATTISTA, Luigi (1700-c.1764) B337
BAUER, see Paur.
BAUERSCHMIDT, see Schmittbaur.
BAUMGARTNER, Mattias (fl.1790) B348
BEATY B369
BECK, Franz (1734-1809) B393
BÉDARD, J.B. (1765-c.1815) B399
BEECKE, Ignaz (1733-1803) B414
BEETHOVEN, see Witt.
BEHM, Venceslas B420
BEHRWALD, S. (fl.1765) B421; cf. Berwald, Berwaldt.
BELLETTI, G.C. B442
BELLOLI, (1770-1817) B447
BENDA B456
BENDA, Carlo B457
BENDA, Franz C. (1709-86) B458
BENDA, Friedrich ?Wilhelm ?Ernst B459
BENDA, Friedrich Ludwig (1752-92) B460
BENDA, Georg (1722-95) B461
BENEDICTO B463
BERBIGUER, B.T. (1782-1838) B484
BERESCIOLLO B489
BERETTI, Pietro B491; cf. Berretta.
BERETZ B492; cf. Perez.
BEREZOVSKY, Maxim (1745-77) B493
BERGAS, Maria B495
BERLIN, Johan Daniel (1714-87) B515
BERLIN, Johan Henrik (1741-1807) B517
BERGO, see Borgo, Borghi.
BERGOLESI, see Pergolesi.
BERNARDINI, Marcello (c.1740-after 1799); cf. Marcello.
BERNASCONI, Andrea (1706 or 1712-84) B524

BERNER, ?Joh. Georg (1738-1810) B525
BERRETTA, Pietro B533
BERSONI B535
BERTHEAUME, Isadore (c.1752-1802) B539
BERTIN DE LA DOUE, Thomas (c.1680-1745) B544
BERTON, Pierre-Montan (1727-80) B545
BERTONI, Ferdinando (1725-1813) B547
BERTRAM, Balthasar Christian Friedrich B548
BERTRAN, Bernat B550
BERWALD, Johan Fredrik (1787-1861) B553; cf. Behrwald.
BERWALDT B554; cf. Behrwald
BESCH B555; cf. Resch.
BESOZZI, Alessandro (c.1700-75) B556
BEYER B573
BIANCHI B575
BIANCHI, Conte Angelo di Parma B576
BIANCHI, Antonio (1758-c.1802) B577
BIANCHI, Francesco (c.1752-1810) B579
BICININO B583
BIERLINGER B589; cf. Pierlinger.
BINDER, Christlieb Siegmund (1723-89) B612
BIONI, Antonio (1698-after 1739) B615
BIRCK, Wenzel Raimund (1718-63) B617
BIRNBACH, Karl Joseph (1751-1805) B619
BIZZOSSI, see Besozzi.
BLAINVILLE, Charles-Henri de (c.1710-77) B634
BLANGINI, Felix (1781-1841) B642
BLANTINI, (fl.1750) B643
BLASI, Domenico (fl.1760) B645
BLASIUS, Frédéric (1758-1829) B647
BLOIS, Charles de (b.1737) B652
BLUMENTHAL, Jos. de B658
BOCCHERINI, Luigi (1743-1805) B664
BODE, J.J.Chr. (1730-93) B667
BODINUS, Sebastian (1700-60) B668
BOEMO, see Mysliveček.
BOETTNER B673
BOHDANOWICZ, Bazyli (1740-1817) B676
BOIELDIEU, Adrian (1775-1834) B678
BOLDERINO, Giovanni Gior. B687
BOLOGNA, Luigi da (fl.1780) B693
BOMTEMPO, João D. (1775-1842) B696
BONAZZI, Anton (d.1802) B697
BONAZZI, Felice B699
BONESI, Barnaba (1745/46-1824) B712
BONFICHI, Paolo (c.1769-1840) B713
BONNO, Giuseppe (1711-88) B718
BONO B719; cf. Bonno, Buono.
BONONCINI, ?Giovanni (1670-1747) B720
BONPORTI, Francesco Antonio (1672-1749) B721
BORCKENHAGEN, Giov.Giust.Matt. B726
BORGHI B729

BORGHI, Giovanni Battista (1738-96) B731
BORGHI, Jatta B732
BORGHI, Luigi (c.1745-1806) B733
BORGO, ?Giov. B734
BORRONI, Antonio (1738-92) B737
BORTNYANSKY, Dmitry (1751-1825) B739
BOSSI, Franco Antonio B745
BOYCE, William (1710-79) B755
BRANDL, Johann (1763-1837) B818
BRANT, Per (1714-67) B821
BRAUN, Carl Anton Philipp (1788-1835) B823
BRAUN, Johann Friedrich (1758-1824) B825
BRELL, Benat B836
BRESCIANELLO, Giuseppe Antonio (c.1690-1758) B843
BRESCIANI, Giov.; cf. Brescianello.
BREUNIG, Conrad (fl.1770) B846
BRÉVAL, G.B. (1753-1823) B847
BRICIANELLO, see Brescianello.
BRIOSCHI, Antonio (fl.1730-50) B858
BRISSI B859; see Brixi.
BRIVIO, Giuseppe (c.1700-c.1758) B861
BRIXI B862; cf. Brissi.
BRIXI, F.X. (1732-71) B863; cf. Brissi.
BRODECZKY, Johann Theodor (fl.1770) B864
BRODSKY B864; cf. Brodeczky.
BROSCHI, Riccardo (c.1698-1756) B874
BRUCHHAUSEN B887; cf. Bruckhausen.
BRUCKHAUSEN (fl.1785-95) B887
BRUNETTI, Antonio (c.1767-1845) B895
BRUNETTI, Gaetano (1744-98) B896
BRUNI, Antonio Bartolomeo (1757-1821) B897
BRUSA, Giovanni Francesco (c.1700-after 1768) B912
BUCELLI B918
BUCHOLZ, Johann Gottfried (1725-1800) B921
BUEHLER B927
BUEHLER, Franz (1760-1823) B928
BUGNANI, see Pugnani.
BULANT, Antoine (c.1750-1821) B933
BUNTE, F. (fl.1800) B942
BUONO, Felice (fl.1800) B943
BURANELLO, see Galuppi.
BURCKHOFFER B947
BURCKSTEINER, Joseph B948; cf. Purcksteiner.
BURNEY, Charles (1726-1814) B965
BURRONI, Antonio (1738-92) B972
BUSCHMANN B977
BUTLER, T.H. (c.1755-1823) B987
BUTZ B990; cf. Putz.
BUZELI, BUZELLI, see Bucelli.

CAJETANI (fl.?1750) C139

CALANDRA (fl.1750); cf. Frascia.
CALDARA, Antonio (1670-1736) C145
CALDAZI, Antonio C146
CALEGARI, Giuseppe (c.1750-1812) C148
CALESTINI C149; cf. Celestino.
CALVI, ?Giovanni Battista (fl. 1780s) C168
CAMBINI, Giuseppe Maria (1746-1825) C175
CAMBIONI C177; see Campioni, Cambini.
CAMERLOHER, Placidus Cajetan von (1718-82) C182
CAMERLOTTI, see Camerloher.
CAMPAGNIOLI, Bartolomeo C190; cf. Compagnoli.
CAMPIONI, Charles Antonio C196
CANAVAS C213; cf. Canavasso.
CANAVASSO, Joseph (1714-76) C213
CANNABICH C221
CANNABICH, Carl (1771-1806) C224
CANNABICH, Christian (1731-98) C225
CANOBBIO, Carlo (1741-1822) C226
CAPPELLETTI, ?Giuseffo (fl.1780) C238
CAPPONI, Abbate Neri ?Raniero (fl.1744) C247
CAPUA, see Rinaldo, Marcello.
CAPUTI, Antonio C252; cf. Capuzzi.
CAPUZZI, Antonio (1755-1818) C255
CARAFFE, Charles-Placide le Jeune (1730-56) C258
CARASSI C262
CARCANI, Giuseppe (1703-79) C265
CARDON, Jean-Baptiste le fils (1760-1803) C266
CARDON, Jean-Guillain (1732-88) C267
CARDONNE, Jean-Baptiste (1730-after 1792) C268
CARESTINI, ?Giovanni (c.1705-60) C271
CARLETTI, Constantino C279
CARLO C284
CARLOS, ?R.P.Joanes C292
CARNICER, Ramon (1789-1855) C295
CARTELLIERI, Antonio (1772-1807) C322
CARUSO, Luigi (1754-1822) C331
CASALI, Giovanni Battista (c.1715-92) C334
CASSATI, ?Antonio (fl.1750) C341
CASTRUCCI, ?Giuseppe C353
CATEL, Charles-Simon (1773-1830) C358
CAUCIELLO, Prospero (fl.1780) C371
CAVI, Giovanni Battista (fl.1750-1800) C376
CECERE, Carlo (1706-61) C387
CEDRONIO, G.B. (1739-89) C389
CELESTINO, Eligio (1739-1812) C392; cf. Calestini.
CHALON, J. (1739-65) C439
CHAMBRAY, Louis-François (1737-1807) C442
CHAMPEIN, Stanislas (1753-1830) C449
CHARKE, Richard (c.1709-37) C473
CHARTRAIN, Nicolas-Joseph (c.1740-93) C486
CHASMANN, see Gassmann.
CHELLERI, Fortunato (c.1686-1757) C516

CHERUBINI, Luigi (1760-1842) C523
CHERZELLI, Francesco Saverio C524
CHIARINI, Pietro (d. after c.1765) C528
CHIAVACCI, Vincenzo (c.1760-after 1816) C529
CHIESA C531
CHIESA, Melchiorre (fl.1758-99) C534
CHRISTELLI, Caspar (1706-66) C550
CHURFUERST C562
CIAMPI C564
CIAMPI, Vincenzo (1719-62) C566
CIBULKA, Matthaeus Aloys (c.1770-after 1810) C567
CIMAROSA, Domenico (1749-1801) C573
CIRRI, Giovanni Battista (1724-1808) C578
CLASING, J.H. (1779-1829) C614
CLAUSE C616
CLEMENTI, Muzio (1752-1832) C626
COCCHI, Gioacchino (c.1720-after 1788) C659
COLLETT, John (fl.1750) C698
COLLOBRATT C714
COMPAGNOLI C733; cf. Campagnioli.
COMY, Gaudenzio (fl.1780) C742
CONFORTO, Nicola (1718-after 1788) C748
CONRAD C752
CONTI, Francesco Bartolomeo (1681-1732) C759
CONTI, Piero C762
CONTRAPUNTI C764
CORBISIERI, Antonio (1720-90) C791
CORRETTE, Michel (1709-95) C824
COURDALY, Carlo C859
CRAMER, Franz (1772-1848) C889
CRISCIANI C932
CRISPI C933
CRISPI, Giovanni C935
CRISPI, Pietro (c.1737-97) C936
CROES, Henri-Jacques de (1705-86) C938
CROIX C939
CRONER, ?Franz Carl Thomas C940
CROTCH, William (1775-1847) C945
CROUBELIS, Simoni dall'(c.1727-88) C948
CRUSE, G.D. C957
CRUSELL, Bernhard (1775-1838) C959
CUCI, see Kuci.
CUNATH, Ignatio C972
CUPIS, Jean-Baptiste (1711-88) C979
CZAJA C995; cf. Giai.

DALAYRAC, Nicolas-Marie (1753-1809) D136
DALL'OGLIO, see Oglio.
DALVIMARE, see Duvernoy.
DANESI, A. D179
DANKOWSKI, Adalbert (c.1760-1800) D187

DANZI, Franz or Ignaz (1763-1826) D199
DAUBE, Johann Friedrich (1730-97) D236
DAUVERGNE, Antoine (1713-97) D243
DAVAUX, Jean-Baptiste (1742-1822) D245
DAVESNE, Pierre-Just (fl.1745/66-after 1783) D248
DEDLER, Rochus D299
DEECKE D311
DELANGE, Herman-François (1715-81) D337
DELLER, Florian Johann (1729-73) D357
DEMACHI, Giuseppe (1732-91) D369
DEMEL D376
DEMLER D382; cf. Demmler.
DEMMLER, Johann Michael (1748-85) D382
DENGLER, Pat. Sebastian (c.1748-91) D393
DEROSSI, Abbate D437
DESAUGIERS, Marc-Antoine (1742-93) D442
DESELBRUNNER D451
DESHAYES, Prosper-Didier (fl.1780-1815) D456
DESIO, Raimondo D457
DESTOUCHES, Franz Seraph von (1772-1844) D476
DEVIENNE, François (1759-1803) D492
DIAGELLI D537
DIBDIN, Charles (1745-1814) D544
DILETTANTE D576
DILLETTY, Caspar D578
DIMHACZ, Franz D582
DISCHNER D611
DITTERSDORF, Carl Ditters von (1739-99) D617
DOEMMING, Johann Caspar D650
DOEMMING, Johann Martin D651
DOERSTER, C. D652
DOMENECH, Antonio D655
DONBERGER, George Joseph (1709-68) D678
DONNINGER, Ferd. (fl.1780) D686
DRAZDIANSKY D769
DREHER, Angelo D771
DRESSLER, Ernst Christoph (1734-79) D772
DRESSLER, G. D773
DREYER, Johann Melchior (1747-1824) D778
DRUSCHETZKY, Georg (1745-1819) D797
DUCHESA DI SAXE-WEIMAR, see Anna Amalia.
DUNI, Antonio (1709-75) D916
DUNI, Egidio (1708-75) D918
DUNKEL, Franz (1769-1845) D925
DUPUY, Jean-Baptiste (1770-1822) D944
DURAN, Josep [?Giuseppe] (d.1791) D948
DUSSEK, Franz Xaver (1731-99) D972
DUVERNOY, Frédéric-Nicolas (1765-1838) D985

EBERL, Anton (1765-1807) E162
EBERLIN, Johann Ernst (1702-62) E164

EBERS, Carl Friedrich (1770-1836) E168
ECKERT E190
EDELMANN E209
EDELMANN, Jean (1749-94) E210
EDER E220
EGGERT, Joachim (1779-1813) E310
EIBLER, see Eybler.
EICHNER, Ernst (c.1740-77) E340
EISENMANN E360
EMILIANI E500
ENDERLE, Wilhelm Gottfried (1722-90) E550
ENDLER E559
ENDLER, Johann Samuel (1694-1762) E560
ENDRES, Franz Andreas E565
ENGEL, Johann Jakob (1741-1802) E570
ENRICHETTI, see Errichelli.
ENTERLEIN E610
ERNST LUDWIG, Landgrave of Hessen (1667-1739) E710
ERRICHELLI E720; cf. Erichetti, Enrichelli.
ERSKINE, see Kelly.
ESTIEN, François (1671-1755) E810
E.T.P.A. = Ermelinda Talea Pastorella Arcada; see Maria.
EVANCE, William E920
EYBLER, Giuseppe (1765-1846) E970; cf. Eibler.
EYSELT, Gia. Batta. E980

FABBIONI, Giuseppe F113
FABREGA, Josep F118
FABRIZI, Vicenzo (1764-1812) F121
FAGHETTI F154; cf. Foghiti, Bageetti.
FAKAERTI, George (1737-1807) F176; pseud. for Chambray.
FALASTRI F177
FALCARI, Abbate Ferdinando F178
FALK, Georg Paul (c.1630-1689) F191
FANTACCI, Franc. F218
FARINELLI, Giuseppe (1769-1836) F225
FASCH, Carl Fredrich (1736-1800) F248
FASCH, Johann Friedrich (1688-?1758) F249
FATKEN, Johann August Ludwig F253
FAUNER, Francesco F271
FAVI, Andrea F274
FEDERICI, Cavaliere Franc. F293
FEDERICI, ?Vincenzo (1764-1826) F294
FEDERICO F295; cf. Federici.
FELDMAYR, Georg (1756-after 1818) F312
FELICI, Alessandro (1742-72) F314
FELTON, William (1715-69) F327
FERANDINI, Giovanni Battista (c.1710-91) F345
FERATINI, see Ferandini, Frumann.
FERDINANDO F347
FERLIGA F357

FERRARI F375
FERRARI, Carlo (d.1789) F378
FERRER, Mateu F385
FERRETTI, Vincenzo Cesare (fl.1790) F387
FESCA, Friedrich (1789-1826) F413
FESTA, Giuseffo Maria (17781-1839) F418
FIALA, Giuseppe (1748-1816) F438
FIAMENGHINI, Casparo F439
FILTZ, Anton (1733-60) F489
FINAZZI, Filippo (c.1706-76) F491
FINCK F493
FIORAVANTI, see Fioraventi.
FIORAVENTI, ?Pietro (fl.1750-80) F517
FIORELLI F518
FIORILLO F519
FIORILLO, Federigo (1755-1823) F520
FIORILLO, Ignatio (1715-87) F521
FIORITO, Matteo F522
FISCHER F526
FISCHER, Ferdinand (c.1670-1746) F528
FISCHER, ?Joh. Chr. (fl.1750) F530
FISCHER, M.G. (1773-1829) F531
FISCHIETTI, Domenico (c.1725-1810) F532
FISHER, John Abraham (1744-1806) F534
FLACKTON, William (1709-98) F569
FLAMENGHINO (fl.1756); cf. Fiamenghini.
FLEISCHMANN, F. (1766-98) F596
FLICKER F621
FLOQUET, Étienne Joseph (1748-1785) F631
FODOR, Joseph (1751-1828) F652
FOERSTER F653
FOERSTER, Christoph (1693-1745) F654
FOERSTER, Emanuel Aloys (1748-1823) F655
FOGHITI F656; see Faghetti, Bageetti.
FONTENET F683
FORESTI, Egidio F718
FORSTER F733; cf. Foerster.
FORSTMEYER, Ehrenfried Andreas (1730-87) F734
FORTESSI, Pietro F738
FORTIA de PILES, Le Comte Alphonse (1758-1826) F741
FRAENTZEL, see Fraenzl.
FRAENZL, Ferdinand (1767-1833) F755
FRAENZL, Ignaz (1736-1811) F757
FRAIER, D.S. F812
FRANCHI, Carlo (fl.1770) F816
FRANKE (fl.1780) F829
FRANZL, Ferdinand (1767-1833) F835; cf. Fraenzl.
FRANZL, Ignaz (1736-1811) F837; cf. Fraenzl.
FRASCIA F841; cf. Calandra.
FREDERIC F852
FREDERICI F853
FREDERICK THE GREAT (1712-86) F851

FRENTZEL, see Fraenzl.
FREUBEL, Jean Louis (1763-1828) F873
FRIDERICO F898
FRIGEL, Per (1750-1842) F912
FRINGER F914; see Frinzer.
FRITSCH (fl.1760) F917
FRITSCHEK, J. F919
FRITZ, Gaspard (1716-83) F921; cf. Fritsch.
FRUMANNN F944; cf. Ferandini.
FUCHS, Jean (fl.1800), see J. L. Fuchs.
FUCHS, Johann Leopold (1785-1853) F951
FUX, Johann Joseph (1660-1741) F996

GABRYEL, Jo. G117
GALIMBERTI, Ferdinando (fl.1730-50) G159
GALLENBERG, ?Wenzel Robert, Graf von (1783-1839) G166
GALLIA, ?Antonio Francesco G167
GALLINA G168
GALLINI G170
GALLO, Alberto (fl.1730) G172
GALLUS G175
GALUPPI, Baldassare (1706-85) G183
GAMBARO, Giovanni (fl.1760) G188
GANETTI (fl. 1749) G196
GARDI, Franco (1760/65-c.1810) G219
GARNBARO, see Gambaro.
GARNIER, Franz Josef (1755-1825) G236
GARZIA (fl.1760) G245
GASSMANN, Florian Leopold (1729-74) G251
GATTI, Luigi (1740-1817) G263
GAVEAUX, Pierre (1760-1825) G279
GAVINIÈS, Pierre (1728-1800) G283
GAYER, Joh. Joseph Georg (1746-1811) G286
GAYET, Jacint G289
GAZZANIGA, Giuseppe (1743-1818) G291
GEARGE, F. G293; cf. Saint-Georges.
GEBEL, Georg (1709-55) G295
GEMMINGEN, Eberhard Fr., Freiherr von (1726-91) G323
GENERALI, Pietro (1773-1832) G328
GERARDO G356
GERLACH, Karl Gotthelf (fl.1740) G371
GERRASIO, Giovanni Battista (fl.1750) G378
GEWEIJ, Carlo G396
GHERARDESCHI, Filippo Maria (1738-1808) G414
GIACOMELLI, Geminiano (c.1692-1740) G429
GIAI, Giov. Ant. (c.1690-1764) G430; cf. Czaja.
GIAMBERGHI, Paulo G432
GIARDINI, Felice (1716-96) G435
GIBELLI, Lorenzo (c.1719-1812) G445
GIOMBATTA G492; cf. Pergolesi, Sammartini.
GIORDANI, Tommaso (c.1733-1806) G495

GIORDANIELLI, Giovanni G498
GIRANEK, Anton (d.1761) G516
GIRCALLI G523
GIULINI, Count Giorgio (1716-80) G537
GLACHANT, Antoine-Charles (1770-1851) G541
GLANZ, ?Georg (fl.1760) G545
GLASECK G548
GLASER, J.P. (fl.1760) G550
GLEISSNER, Franz (1759-1818) G557
GLOESCH, Carl Wilhelm (1732-1809) G562
GLUCK, Christoph Willibald (1714-87) G567
GNECCO, Francesco (c.1769-1810 11) G571
GODECHARLE, Eugène (1742-98) G577
GOŁABEK, Jakub (1739-89) G617
GOSSEC, François-Joseph (1734-1829) G678
GOTTBALD G685
GOULETTI, Matheo G688
GRAAF, see Graf.
GRAB G729
GRAF, Christian Ernst (1723-1804) G736
GRAF, Friedrich Hartmann (1727-95) G737
GRAF, Johann (d.1745) G735
GRAGNANI, Gio. Batt. (fl.1790) G738
GRAUN G774
GRAUN, Carl Heinrich (1703/4-59) G776
GRAUN, Johann Gottlieb (1702/3-71) G778
GRAUPNER, Johann Christoph (1683-1760) G779
GRAVE, Johann Hieronymus (1648-1729) G780
GREENE, Maurice (1696-1755) G811
GREGORIO G821
GREINER, Joh. Th. (fl.1770) G824; cf. Griner.
GRENSER, Johann (1758-94) G826
GRENTZER (fl.1770) G827
GRÉTRY, André-Ernest-Modeste (1741-1813) G834
GRETSCH (fl.1760) G835
GRIMM, Daniel Joh. G860
GRIMMER, Franz (c.1728-c.1807) G864
GRINER, Joseph (C.1745-before 1807) G866; cf. Greiner.
GROENEMANN, Johann Albert (c.1710-78) G874
GROMANN G875
GRONER G876; cf. Gruner.
GRONVALL G877
GROSSE, Samuel Dietrich (1757-89) G878
GRUENBEIN, Fr. G886
GRUGLY, Georg G887
GRUNER, Nathanael Gottfried (1732-92) G888
GRUNLING, Augustin (1750-78) G891
GUÉNIN, Marie-Alexandre (1744-1835) G926
GUGEL, G.A. (1743-1802) G942
GUGLIELMI, Pietro (1728-1804) G943
GUILLEMAIN, Louis-Gabriel (1705-70) G958
GUILLON (fl.1770-80) G961

GUIU, Antonio G968
GULLI G965
GULTZAU G972
GYROWETZ, Adalbert (1763-1850) G998
GYRZICHS G999

HAAN H103
HABEL, Antoni (fl.?1790) H113
HAEFFNER, Johan (1759-1833) H133
HAFENEDER, Joseph (1746-84) H138
HAIGH, Thomas (1769-1808) H150
HAINDL, Franz Sebastian (1727-1812) H152
HAMAL, Jean-Noël (1709-78) H198
HAMER (fl.1775) H212
HAMMER H224
HANKE, Carl (1750-1803) H241
HARR H294
HARRE H296
HARRER, Gottlob (1703-55) H298
HARSCH, Ferdinand Ludwig Graf von (fl.1760) H324
HARTENFELS H328
HARTL H331
HARTMANN H332
HARTMANN, Christian Karl (1750-1804) H333
HARTMANN, Johann Ernst (1726-93) H334
HARTWIG, G.H. H337
HASS H353
HASSE, Johann Adolf (1699-1783) H354
HASSMANN H359
HATTASCH, Dismas (1725-77) H366
HAYDN H409
HAYDN, Joseph (1732-1809) H411
HAYDN, Michael (1737-1806) H413
HAYER H417
HAYMANN H423; cf. Heymann.
HEBELT, Wenzel (c.1736-69) H443
HEEL H458
HEINE, Samuel Friedrich (1764-1821) H468
HEINICHEN, Johann David (1683-1729) H469
HEINSIO H471
HEINSIUS, ?Ernst (fl.1760) H472
HELLMAN (fl.1750) H478
HELLMICH H479
HEMBEL H485; cf. Hempel.
HEMBERGER, Johann August (fl.1780) H487
HEMPEL, ?Georg Christoph (c.1715-1801) H491; cf. Hembel.
HENDL H495
HENDRICH H498
HENNERSDORFF (fl.1750) H515
HENNETT (fl.1790) H516
HENNIG, Friedrich (fl.1770) H517

HERBAIN, Chevalier d' (1734-69) H534
HERFFERT (fl.1770) H544
HÉROLD, Ferdinand (1791-1833) H559
HERSCHEL, Jakob (c.1734-92) H570
HERTEL, Johann Wilhelm (1727-89) H573
HERZNER, Johann Michael (fl.1790) H528
HEYMANN H618; cf. Haymann.
HIEBESCH, Johann Nepomuk (1766-1820) H633
HILLER, Johann Adam (1728-1804) H652
HIMMEL, Friedrich Heinrich (1765-1814) H657
HIRNER H668
HOECKH, Carl (1707-35) H688
HOEFLICH, Antonio H690
HOELZL, Ludwig H693
HOENICKE, Johann Friedrich (1755-1809) H695
HOEPFLINGER, S. (fl.1760) H793
HOEPKIN, Arvid von (1710-78) H795
HOFFMEISTER, Franz Anton (1754-1812) H700
HOFMANN H704
HOFMANN, Johann Georg (1700-?80) H706
HOFMANN, Leopold (1738-93) H708
HOFMANN, Michael (fl.1750) H710
HOFMANN, Wenzel (fl.1750) H712
HOFSTETTER H714
HOFSTETTER, Johann Urban Alois (1742-c.1808) H715
HOFSTETTER, ?Roman (1742-1815) H716
HOLLAND, Jan David (1746-1827) H735
HOLLER, Georg Augustin (1744-1814) H738
HOLZBAUER, Ignaz (1711-83) H758
HOLZBOGEN, Johann Georg (1727-75) H761
HOLZINGER H763
HOLZMANN, Johann Aloys H765
HONAUER, Leontzi (c.1730-c.1790) H769
HOOK, James (1746-1827) H782
HOPFFE (fl.1770) H792
HOPKIN, see Hoepkin.
HORN, S. (fl.1760) H813
HOUPFELD, Bernhard (1717-96) H839
HOWARD, Samuel (1710-82) H852
HUBER, Thaddeo (1744-?98) H877
HUPFELD, see Houpfeld.
HURLEBUSCH, Conrad Friedrich (c.1696-1765) H965

ISOLA, Gaetano (c.1761-after 1812) I840
ISOUARD, Nicolo (1775-1818) I850
ITACUS I880
IVANSCHIZ, Amandus (fl.1750) I930
IVERSON, J.E. I940

JACKSON, William, of Exeter (1730-1803) J114

JACOMELLI, Geminiano (c.1692-1740) J150
JADIN, J.B. (d.c.1789) J216
JANITSCH, G.A. (1708-c.1763) J330
JANSON, Jean-Baptiste (c.1742-1803) J350
JOANES, see Carlos, R.P. Joanes.
JOANSCHIZ, see Ivanschiz.
JOHNSEN, Heinrich Philip (1716-79) J660
JOMMELLI, Nicolo (1714-74) J750
JOSEKY J790
JOSEPH, Pater (fl.1770) J810
JOSEPHI J830
JUCKHEN J910
JUMENTIER, Bernard (1749-1829) J940
JUNYER, Miguel J955
JUST, Johann August (c.1750-91) J960

KAA, Franz Ignaz (1739-1818) K100
KACHEL K110
KAISER K130; cf. Keyser.
KALB, Jos. K140
KALKBRENNER, Christian (d.1806) K142
KALLICK (fl.1799) K145
KAMILLI, Giorgio K150
KAMMEL, Antonio (1730-c.1787) K160
KAMML, see Kammel.
KARAVSCHEK, Wendelino K180
KAUER, Ferdinand (1751-1831) K210
KEGEL, A. K260
KEHL, Johann Balthasar (1725-78) K268
KELLER, Josepho Raymundo K290
KELLERI, KELLERIJ, KELLERY, see Chelleri.
KELLY, Thomas A. Erskine, Earl of (1732-81) K295
KENNIS, Guillaume Gommaire (1717-89) K350
KERPEN, Hugo Franz (1749-1802) K390
KEYSER K440; cf. Kaiser.
KIMMERLING, Robert (1737-99) K490; cf. Kymerling.
KINZI, H. K495
KIRCHNER K580
KIRMAIR (fl.1760) K595
KIRNBERGER, Johann Philipp (1721-83) K600
KLAUSEK K630
KLEINKNECHT (fl.1780) K640
KLOB, Stephan K660; cf. Klopp.
KLOEFFLER, Johann Friedrich (1725-90) K662
KLOPP K666; cf. Klob.
KLUG K669
KNECHT, Justin Heinrich (1752-1817) K670
KNECHTEL (fl.1750) K680
KOBRICH, Johann Anton (1714-91) K750
KOCH, Heinrich Christoph (1749-1816) K760
KOENIGSPERGER, Marianus (1708-69) K770

KOERZL, F. X. F773
KOHAUT K787
KOHAUT, ?C. K789
KOHAUT, ?Josef (1738-?1793) K791
KOHL (fl.1790) K795
KOHLER, Josef (b.1755) K798
KONIGSPERGER, Marianus (1708-69) K820
KOPF K830
KOPPAUR K835
KORZL, see Koerzl.
KOSPOTH, Otto (1753-1817) K860
KOTZWARA, F. (c.1750-91) K870
KOZAK K876
KOŽELUCH, Leopold (1747-1818) K880
KRAMER K890
KRAML, Ferdinand (fl.1760) K891
KRAUS, Benedict (fl.1760) K912
KRAUS, Joseph Martin (1756-92) K913
KRAUSE, Chr.Gottfried (1719-70) K917
KREBS, ?Johann Ludwig (1713-80) K920
KRESS, Johann Jakob (c.1685-1728) K922
KREUDER K923
KREUSSER K925
KREUSSER, Georg Anton (1746-1810) K926
KREUTZER, Konrad (1780-1849) K927
KREUTZER, Rodolphe (1766-1831) K928
KREUZER, Franz K929
KROMMER, Franz (1759-1831) K930
KROTTENDORFER, ?Joseph (1741-98) K940
KUCI K950; cf. Cuci.
KUEFFNER, Joseph (1776-1856) K958
KUERZINGER, Paul Ignaz (1750-after 1820) K959
KUETTREYS K960
KUHLAU, Jean Conradi K961
KUMER K962
KUMLAUF K964; cf. Umlauf.
KUMMENECKER K965
KUNTZEN, Adolph Carl (1720-81) K966; cf. Kunz, Kuntz.
KUNTZEN, Johann Paul (1696-1757) K969
KURZINGER, see Kuerzinger.
KURZWEIL, Franz (c.1800) K972
KUZNIK, Giov. K979
KYFFNER K990, see Kueffner.
KYMERLING K994, see Kimmerling.
KYRMAYER K996, see Kirmair.

LABARBIERA, Baldassa L113
L'ABBÉ, Joseph-Barnabé, le fils (1727-1803) L115
LABE L116; cf. L'Abbé, Laube.
LACHER, Gius. (1739-after 1790) L132
LACHESI L133

LACHNITH, Ludwig Wenzel (1746-1820) L134
LAMBERT L222
LAMBERTI, ?Luigi L223
LAMONINARY, Jacques-Philippe (1707-1802) L234
LAMP, LAMPE L237; cf. Lang.
LAMPUGNANI, Giovanni Battista (1706-86) L239
LANG, Johann Georg (1722-98) L269
LANGE, see Lang.
LANGLE, Honoré (1741-1807) L283
LANNER L292
LANZ, Johann Michael (fl.1800) L297
LARUETTE, Jean-Louis (1731-92) L336
LATILLA, Gaetano (1711-88) L356
LATROBE, Christian Ignatius (1758-1836) L360
LAU (fl.1770) L366
LAUBALEK L367
LAUBE, Anton (1718-84) L368
LAUGER, ?Dominic L374
LAURENZO L382
LAUSENMAYER (fl.1770-90) L386; cf. Losenmayer.
LAUSMAYER, see Lausenmayer.
LECHNER L459
LE DUC, Simon, l'aîné (1742-77) L475
LEEDER, Johann Wilhelm (d.1784/5) L484
LEEMANS, Hébert (d.1771) L486
LEHMAN L500
LEITHNER, Jon. L510
LEMAIRE, J., l'aîné L545
LEMESSIER, Antonio (fl.1756-85) L551
LEMMER L554
LE MOYNE, Jean-Baptiste (1751-96) L559
LENTZ, H.G. (c.1764-1839) L574
LEO, Leonardo (1694-1744) L576
LE ROY, Philippe (fl.1760) L619
LERZI, Girolamo L621
LEVIS (fl.1770) L664
LIBER, Joseph Anton (1732-1809) L695
LIDARTI, Christian Joseph (1730-after 1793) L712
LIGI L724
LIGNANI DE MONACHO L725
LIND, Samuel L742
LINDBERG L744
LINDBLAD, Adolf Fredrik (1801-1878) L746
LINDSTRAND L753
LINEK, Jiri L754
LINIKE, Johann Georg (c.1680-after 1737) L756
LINLEY, Thomas, Sr. (1733-95) L757
LINLEY, Thomas, Jr. (1756-78) L758
LIPPERT, Friedrich Carl (1758-c.1796) L765
LLEYS, Joan L791
LOCATELLI, Pietro Antonio (1695-1764) L811
LOCHON, Charles (c.1760-after 1817) L812

LOEFFLER, Martin L820
LOEHLEIN, Georg Simon (1725-81) L825
LOGROSCINO, Nicola Bonifacio (1698-1765/67) L831
LOLLY L838; ?Antonio Lolli (1725-1802)
LOMBARDO, Conte (fl.1760) L841
LORENZITI, Joseph-Antoine (c.1740-89) L869
LOSENMAYER L879; cf. Lausenmayer.
LOTTI, Antonio (c.1667-1740) L884
LOTTIN, Denis (1773-c.1826) L885
LUCHESI, Andrea (1741-1801) L939
LUSTRINI, Bartolomeo (fl.1760) L972

MACCHI M124
MADLSEDER, Nonnosus (1730-97) M182
MAGNIEN, Fr. M197
MAHAUT, Antoine (c.1720-c.1785) M214
MAHU, ?S. M216
MAJER M233; cf. Mayr.
MAJO, Gian Francesco del (1732-70) M234
MALDERE, Pierre Van (1729-68) M244
MALZAT, Johann Michael (1749-87) M262
MANELLI M274
MANGEAN, Etienne (c.1710-c.1756) M277
MANGO, Girolamo (d.before 1790) M278
MANN, see Monn.
MANNA M281
MARCELLO, Benedetto (1686-1739) M314
MARCELLO DI CAPUA, see Bernardini.
MARCHI, Giovanni (d.1740) M316
MARESCALCHI, Luigi (1745-after 1805) M325
MARGIANE M328
MARIA ANTONIA WALPURGIS (1724-80) M332; see E.T.P.A.
MARIA THERESA (Habsburg) (1717-80) M333
MARIA, Domenico della (c.1768-1800) M334
MARINELLI, Gaetano (1754-after 1820) M337
MARPURG, Friedrich Wilhelm (1718-95) M357
MARSH, John (1752-1828) M365
MARTELI, see Monticelli M785
MARTIN, François (1727-57) M379
MARTIN Y SOLER, Vicente (1754-1806) M382
MARTINELLI, Antonio (fl.1750) M385
MARTINI, Padre Giovanni Battista (1706-84) M386
MARTINI, see Schwarzendorf.
MARTINO M388; cf. Sammartini.
MASCH, P.H. M394
MASCHEK, Vinzenz (1755-1831) M395
MASCHIETTO, Pier Anto. M396
MASSA, Agostini M414
MASSONI, Josef M416
MASSONNEAU, Louis (1766-1848) M419
MATSCHUKO M434; cf. Maschek.

MATTEI, Stanislao (1750-1825) M435
MAXIMILIAN III, Elector of Bavaria (1727-77) M464
MAYR, Simone (1762-1845) M474; cf. Majer.
MAZELLA, Giovanni M476
MAZZINGHI, Joseph (1765-1844) M477
MAZZONE, ?Ant. (1717-85) M478
MEDER, Johann Gabriel (fl.1755-1800) M488
MEDERITSCH, Johann (1752-1835) M489
MEGELIN, Heinrich (d.1806) M495
MEGIS M497
MÉHUL, Étienne-Nicolas (1763-1817) M498
MEILLER M513
MELSHEDE M529
MENEGETY M541
METZGER M596
MEUNIER (d.before 1782) M597
MEYER M612
MICHALICZA, Johanne M622
MICHELI, Benedetto (c.1700-c.1784) M624
MICHL, Josef (1745-1816) M625
MILANDRE, Louis-Toussaint (fl. 1755-75) M637
MILANO, see Bach, J.C.
MILLER M648; cf. Mueller.
MILLING M655
MILWID, Antoni (fl.1780) M662
MINGETTI M664
MINOJA, Ambrogio (1752-1825) M666
MIROGLIO, Jean-Baptiste (c.1725-c.1785) M676
MITSCHA, Franz (1746-1811) M678
MIZELLINI M685
MOLINO, Luigi M717
MOLTER, Johann Melchior (1696-1765) M729
MOMBELLI, Domenico (1751-1835) M732
MONDONVILLE, Jean-Joseph Cassanéa de (1711-72) M741
MONET, Jean (1703-85) M742
MONN, Johann Christoph M746
MONN, Matthias Georg (1717-50) M748
MONOPOLI, Giacomo Insanguine (1728-95) M751
MONROY M753
MONSIGNY, Pierre-Alexandre (1729-1817) M754
MONTANY M757
MONTICELLI M785
MONTILLOT, Marlot de (fl.1786) M792
MONTORO (fl.1770) M798
MONZA, Carlo (c.1735-1801) M816
MOORE, Thomas (1779-1852) M824
MORAL, Pablo del M827
MORANDI, Pietro (1745-1815) M829
MORAVETZ, Johann (fl.1800) M831
MOREIRA, Antonio Leal (1758-1819) M837
MORIGI, Angelo (1725-1801) M854
MORO M866

MORTELLARI, Michele (c.1750-1807) M887
MOTA ALMEYDA M917
MOULINGHEN, Jean-Baptiste (c.1751-after 1809) M926
MOZART M937
MOZART, Leopold (1719-87) M938
MOZART, Wolfgang Amadeus (1756-91) M939
MOZE, Henry M940
MUELLER M943; cf. Miller.
MUELLER, Gottlieb Friedrich (fl.1760) M945
MUELLER, Thomas Samuel (fl.1790) M947
MUELLER, Wenzel (1767-1835) M949
MUENCHHAUSEN, Adolph August, Baron von (c.1755-1811) M963
MUSCHEL, Franz Joseph M985
MUSSILL, Wenzel M989
MUSSINI, Natale (1765-1837) M991
MYSLIVEČEK, Josef (1737-81) M998

"N", Signor N111
NAEGELIN, ?Johann Nepomuk N208
NAPOLITANO N216
NARDINI, Pietro (1722-93) N224
NASOLINI, Sebastiano (c.1768-1806/16) N261
NAUMANN, Johann Gottlieb (1741-1801) N311
NAVOIGILLE, Guillaume l'aine (c.1745-1811) N327
NEEFE, Christian Gottlieb (1748-98) N376
NEGRI, D. Francesco (fl.1786) N386
NEGRILL N392
NEIMANN N397
NERUDA, Johann Baptist Georg (c.1707-c.1780) N454
NEUBAUER N477
NEUBAUER, Franz Christoph (c.1760-95) N478
NEUHAUSER, Leopold (fl.1800) N485
NEUKOMM, Sigismund Ritter von (1778-1858) N486
NEUMANN, Anton (1740-76) N489
NEUPAUER N494; cf. Neubauer.
NICHELMANN, Christoph (1717-61/2) N594
NICOLAI, Valentino (fl.1775-?1798) N635
NICOLINI, Giuseppe (1762-1842) N644
NISLE, Johann N725
NOEL, Georg (1727-89) N765
NOPITSCH, Christoph Friedrich Wilhelm (1758-1824) N821
NORRIS, Thomas (1741-90) N859
NOVERRE, Jean-Georges (1727-1810) N941
NOVY N943
NOVOTNI, Franz Nikolaus (1743-73) N945

OBERMEIER O120
OBERMEIER, Ant. O121
OBERMEIER, Giuseppe (fl.1780) O124
OBERTI O130

OCH, Andrea (fl.1720-30) O160
OGLIO, Domenico dall' (1700-64) O350
OLALBI O420; cf. Balbi.
ORDONEZ, Carlo d' (1734-86) O650
ORGITANO, Vincenzo (c.1735-?1807) O680
ORLANDI, Ferdinando (1774-1848) O710
ORŁOWSKI, Michał O740
ORSLER, Joseph (1736-1806) O750; see Orster.
ORSONI, Fr. Ant. (fl.1775) O760
ORSTER, Giuseppe O770; cf. Orsler.
ORTNER, A.G. O780
ORTOWSKI, see Orłowski.
OSWALD, James (1711-69) O790.
OTT, Lorenz Justinian (1748-1805) O890

PACH, see Bach.
PACHLECHNER, Carolo P115
PACHMANN P116
PACHSCHMIDT, see Bachschmidt.
PACI, Francesco Maria (?1716-?46) P119
PAER, Ferdinando (1771-1839) P126
PAGANELLI, Giuseppe (1710-c.1763) P129
PAISIELLO, Giovanni (1740-1816) P149; cf. Baisiello.
PALADINO, Giuseppe (fl.1725) P153
PALELLA, Antonio (1692-1761) P156
PALERMITANO, Giuseppe M. P157
PALLAVICINI, see Ballavicini.
PALUSELLI, Stefan (1748-1805) P184
PAMPANI, Antonio Gaetano (c.1705-75) P186
PAPAVOINE (c.1720-93) P213
PARADEISER, Marian (1747-75) P221
PARERA, Francesco P228; cf. Perera.
PARISOT, F. P234
PARONI P257; cf. Baroni.
PARTL P269
PASGRADINI P281
PASQUA, Giuseppe (fl.1760) P283
PASQUALI, Niccolo (c.1718-57) P285
PASSERA P287
PASZCZYNSKI, G. P293
PATTONI, Giovanni Battista (fl.1760) P322; cf. Batoni.
PAUMGARTNER, see Baumgartner.
PAUR P333; see Baur.
PAVESI, Stefano (1779-1850) P337
PAWŁOWSKI, Jakub P340
PAZZAGLIA, Salvador (1723-1807) P345
P.D.B.B.? P360
PECKI P368
PEDRAZZI P371
PEILE, J. P377
PEKAREK P379

PELIKAN, G. P381
PELISSIER, Victor (c.1740-50-c.1820) P384
PELLEGRINI, Ferdinando (1715-66) P386
PER, Ferdinando (1771-1839) P426
PERERA, see Parera.
PEREZ, David (1711-78) P437
PERGOLESI, Giovanni Battista (1710-36) P439; cf. Bergolesi.
PERILLO, Salvatore (c.1731-after 1768) P444
PEROTTI, Domenico (1761-1825) P461
PERREIJ, Carlo P463
PERSILE, Giuseppe (1680-1750) P466
PESCETTI, Giovanni Battista (c.1704-66) P471
PESCH P473; see Besch.
PESCH, Carl August (1730-93) P474
PESOZI, see Besozzi.
PETRINI, Felippo P495
PETRUCCI, C. P498
PEYERL, Joh. Nep. (d.1802) P515
PFEIFFER P523
PFEIFFER, Carl August P525
PFEIFFER, Franz Anton (1754-87) P527
PHILIDOR, François-André-Danican (1726-95) P548
PIACENTINO, Antonio P579
PIANTANIDA, ?Giovanni (1705-82) P582
PIAZZA, Gaetano (fl.1773) P584
PICCINNI P586
PICCINNI, Alexandre (1779-1850) P587
PICCINNI, Niccolo (1728-1800) P589
PICHL, Vaclav (1741-1805) P592
PICHLER, P. Placidus (1722-96) P593
PIERLOT, Denis (fl.1784-92) P619
PIETROWSKI P626
PINAIRE (fl.1748-52) P645
PIO, Antonio (fl.1774-90) P662
PIRCK, see Birck.
PIRLINGER, Joseph (d.1793) P668
PISANI (?Pisano, Nicola) P674
PISCATOR, Anders (1736-1804) P676
PITTRICH, P. Benedikt P691
PLANTADE, Charles-Henri (1764-1839) P713
PLATTER, J.G. P719
PLEYEL, Ignace Joseph (1757-1831) P727
POCHARM P739
POFFA, Giuseppe P745
POGLIANI P746
POKORNY, Franz Xaver (1729-94) P761
POLACI, see Polazzi.
POLAZZI P762
POLAZZI, ?Bernardo P763
POLOGNA, Lorenzo P778
POLOZZI, see Polazzi.
POLUZZI P779

PONS P791
PORPORA, Nicolo (1686-1768) P837
PORSILE, Giuseppe (1680-1750) P838
PORTA P839
PORTOGALLO, Marco Antonio (1762-1830) P853
PRACHENSKY P895
PRANDINI (fl.1740) P899
PRATI, Alessio (1750-88) P912
PRAUN, see Braun.
PREDIERI, Luca Antonio (1688-1767) P923
PRIALI P945; cf. Priuli.
PRIOTCHI, see Brioschi.
PROT, Félix-Jean (1747-1823) P967
PROTA, ?Tommaso (fl.1750-70) P968
PRYXI, see Brixi.
PUCITTA, Vincenzo (1778-1861) P970
PUENDTER P976
PUGLIANI, Francesco (fl.1770s) P978
PUGNANI, Gaetano (1731-98) P979
PULLI, Pietro (fl.1750) P982; cf. Gulli
PURCKSTEINER, Giuseppe P985; cf. Burcksteiner.
PUSCHMANN, Giuseppe (c.1740-94) P987
PUTZ, cf. Butz.

QUAQUARO, Franc. Q100
QUENTIN, Jean-Baptiste, le jeune (fl.1718-c.1750) Q300
QUERFURTH, Franz (fl.1750) Q400
QUESTORINO Q500
QUILMETES, Carlos Q600

RACKEMANN R122
RACKMANN, Friedrich Christian (b.1735) R123
RADICCHI, Giuseppe (fl.1750) R129
RAGUÉ, Louis-Charles (c.1760-c.1793) R145
RAIMONDI, Ignazio (c.1735-1813) R152
RAINA R154
RAININO, Giuseppe R156
RAINONE, Antonio (fl.1740) R158
RAMBACH, Fr. Xaver (fl.1780) R167
RAMIDA R173
RASZEK R231
RAUPACH, Hermann Friedrich (1728-78) R247
RÈ, Abbate (1732-1817) R281; see Ricci.
REBEL, Jean-Féry (1666-1747) R291
REEVE, William (1757-1815) R331
REICHA, Antoine (1770-1836) R348
REICHARDT, Johann Friedrich (1752-1814) R349
REICHEL R351
REIDER R355
REINDL, Constantin (1738-99) R364

REITTER R379
RELUZZI (fl.1760) R383
RENDEUX, Engelbert (fl.1750) R397
RESCH R431; cf. Besch.
RESSI, Marco R435
RETZEL, ?Anton R440; see REZEL, RITSCHEL.
REUTTER, Georg von (1708-72) R447; cf. Reitter.
REXACH, Salvador R455
REZEL R467; see Ritschel.
RICCI, Pasquale (1732-1817) R491; see Rici, Rè.
RICHTER R534
RICHTER, Franz Xaver (1709-89) R535
RICHTER, Giuseppe R537
RICI, see Ricci.
RICKERT, Aemilius (fl.1780) R539
RIEDEL, G.?L. R550
RIEDER, Ambrosius (1771-1855) R551
RIEGEL, see Rigel.
RIEGER, Godefriedo (1764-1855) R555
RIEPEL, Joseph (1709-82) R558
RIESS, ?Ferdinand (1784-1838) R559
RIGEL R563
RIGEL, Antoine (c.1745-after 1807) R565
RIGEL, Henri-Joseph (1741-99) R568
RIGHINI, Vincenzo (1756-1812) R571
RINALDE, see Rinaldo.
RINALDO DA CAPUA (c.1705-c.1780) R578
RIOS, ?Felipe de los R583
RIOTTE, Philipp Jaques (1776-1856) R585
RIPPEL R593; see Riepel.
RISI, see Riso.
RISO, Paolo R594
RISPOLI, Salvatore (c.1736/45-1812) R596
RISTORI, Giovanni Alberto (1692-1753) R598
RITSCHELL, Johannes (1739-66) R612
ROBUSCHI, Ferdinando (1765-1805) R666
RODEWALD, Joseph Karl (1735-1809) R687
RODOLFO, Johann Joseph (1730-1812) R695
RODOLPHE, see Rodolfo.
ROEHNER, J.C. R712
ROELLIG, Johann Georg (1710-90) R714
ROESER, Valentin (c.1735-c.1782) R716
ROESLER, Gregorius (fl.1748) R717
ROESSLER, see F.A.Rosetti.
ROESSLER, Giuseppe (1771-1813) R718
ROLLA, Alessandro (1757-1841) R748
ROLLE, Johann Heinrich (1716-85) R750
ROLLER R752
ROMAN, Johann Helmich (1694-1758) R758
ROMBERG, Andreas Jakob (1767-1821) R762
RONDINELLO R771
ROSE R795

ROSENCRANZ, Franz (1761-1807) R810
ROSES, Josep R812
ROSETTI R814
ROSETTI, Ant. R815
ROSETTI, Francesco Antonio (c.1750-92) R817
ROSSI, Lorenzo (fl.1785-1812) R833
ROTH R845
ROUSSEAU, Jean-Jacques (1712-78) R864
ROY, see Le Roy.
RUCK R919; cf. Runck.
RUDL R921
RUECHTER, see Richter.
RUGE, Filippo (c.1725-c.1767) R928
RUGIETZ R932
RUMLING, Baron Sigismund von (c.1747-1825) R936
RUNCK R940; cf. Ruck.
RUSH, George (fl.1760-80) R952
RUST, Giacomo (1741-86) R971
RUTHA R974
RUTINI, Ferdinando (c.1764-1827) R977

SACCHINI, Antonio (1730-86) S120
SAILER S132
SAINT-GEORGES, Joseph-Boulogne, Chevalier de (c.1739-99) S139
SALA S157
SALA, Nicola (1713-1801) S159
SALAZAR, ?Conte (fl.1780) S161
SALES, Pietro Pompeo (c.1729-97) S163
SALIERI, Antonio (1750-1825) S165
SALINETTI S167
SALURINI, Paolo S181
SAMMARTINI, Giovanni Battista (1700/01-75) S189
SANDEL, Fratre Matthia S213
SANDER, F.S. (c.1760-96) S215
SANDL S220
SANI, Giovanni S227
SAN MARTINO, see Sammartini.
SANPIERIO, Nicola S229
SANTA S232
SANTA CROCE S231
SANTA LAPIS (fl.1740) S232
SANTI, Alfonso (fl.1780) S233
SANTINI S235; cf. Tartini.
SARMONTI, Ant. S246; cf. Surmonti.
SARTI, Giuseppe (c.1729-1802) S249
SARTORIUS, Beda (fl.1758-73) S251
SASSIA S252
SATZENHOFFEN, ?Friedrich (fl.1795-1820) S255
SAVIO, Johann Baptist (fl.1760s) S267
SCACCIA, Angelo Maria (c.1690-1761) S277
SCALA DI BONAGRATIA S280

SCALABRINI, Paolo (1713-1803/06) S281
SCARAMOZZI S283
SCARLATTI, Giuseppe (c.1718-77) S286
SCHACHT, Theodor von (1748-1823) S291
SCHAFFRATH, Christoph (1709-63) S295
SCHALE, Christian Friedrich (1713-1800) S297
SCHALLER, Wolfgang S298
SCHAPOKH, Michael S311
SCHECK, Benedikt Emanuel (1758-1826) S314
SCHEIBE, Johann Adolph (1708-76) S316
SCHEIBEL, Joh.Ad. (1708-76) S317
SCHEICHER, Georg S318
SCHEINPFLUG, Christian Gotthelf (1722-70) S320
SCHENK, Johann Baptist (1753-1836) S322
SCHENCKER S324
SCHERER, N. (fl.1770-90) S326; cf. Schurer.
SCHETKY, Johann Georg Christoph (1737-1824) S328
SCHIASSI, Gaetano Maria (1698-1754) S329
SCHIATTI, ?Giacinto (fl.?1750) S330
SCHIEDERMAYER, Johann Baptist (1779-1840) S331
SCHIERL S333; cf. Schir, Thir.
SCHIMPKE, Christoph (d.1789) S335
SCHINDELE, Johan Viktor S336
SCHINELLI S337
SCHIOPPA, Giuseppe S338
SCHIR S339; cf. Schierl, Thir.
SCHIRINGER, Carlo S340
SCHLECHT, Franz (fl.1780) S341
SCHLOEGER, Mathaeus (d.1766) S342
SCHLOSE, Franz S343
SCHMID S344
SCHMID, Johann Michael (c.1720-92) S345
SCHMID, Theodor (d.c.1783) S346
SCHMIDE, A. S347
SCHMIDT S348
SCHMIDT, Antoni S349
SCHMIDT, G.B. S350
SCHMIDT in Roma S351
SCHMIDT, Leopoldo S352
SCHMITE S353
SCHMITT, ?Franz S354
SCHMITT, Joseph (1734-91) S355
SCHMITTBAUR, see Schmite, Bauerschmidt.
SCHMITTBAUR S356
SCHMITTBAUR, Joseph Aloys (1718-1809) S357
SCHMITTBAUR, Ludwig Joseph (1755-1829) S359
SCHNEIDER S360
SCHNEIDER, Georg Abraham (1770-1839) S361
SCHOBERT, Johann (c.1735-67) S363
SCHOEDL, Gilbert (1734-89) S364
SCHOEPS S366
SCHOLLER S368

SCHRAGNER S371
SCHRAMEK, Adolf Joseph (1747-1803) S373
SCHRAUB, Franz S375
SCHREINER S377
SCHROETER, Johann Samuel (c.1752-88) S379
SCHUBACK, Jacob (1726-84) S381
SCHUBAUR, Johann Lucas (1749-1815) S382
SCHUBERT, Franz Anton (1768-1827) S383
SCHUBERT, Joseph (1757-1837) S384
SCHUBERTH, see Schubert.
SCHULTZE, Christian August (1759-1803) S387
SCHULZ, ?Johann Abraham (1747-1800) S389
SCHUNKE, ?Gottfried (d.?1837) S392
SCHURER S394; cf.Scherer
SCHUSTER, Joseph (1748-1812) S395
SCHWAEGRICHEN S397
SCHWANBERG, see Schwanenberger.
SCHWANENBERGER, Johann Gottfried (c.1740-1804) S398
SCHWARZ, Gottlob (1743-1804) S399
SCHWARZENDORF, Johann Paul Aegidius (1741-1816) S411; cf. Martini.
SCHWEITZER, Anton (bapt.1735-87) S412
SCHWINDL, Friedrich (1737-86) S414
SCIOLINI S416
SCIROLI, Gregorio (1722-after 1781) S419
SCOLARI, Giuseppe (?1720-after 1774) S421
SCOTUR S424
SEDLER S449
SEEMAN, Friedrich (fl.1770) S451
SEIDL, Ferdinand (fl.1757) S458
SEIFFERT, see Seyfert.
SELETTI, Giuseppe (fl.1733-65) S464
SERAZI, Gius. S482
SERINI, Giovanni Battista (fl.1740-56) S485
SEUFERT, see Seyffarth, Seyffert.
SEYDELMANN, Franz (1748-1806) S517
SEYFERT, Johann Gottfried (1731-72) S521
SEYFFARTH, Johann Gabriel (1711-96) S519
SEYFRIED, Ignaz Ritter von (1776-1841) S522
SHAW, Thomas (c.1760-c.1830) S536
SHIELD, William (1748-1829) S555
SIBERER, Andreas (fl.1744-78) S563
SICKINGEN, Conte di S567
SIEVERS, ?Johann Friedrich Ludwig (1742-1806) S572
SIGHIZELLI (1737-1826) S575
SIGNOR "N" S578
SILVA, João Cordeiro da (c.1735-1808) S586
SIMON S594
SIMONETTI (fl.1717) S598
SINGGEDICHT S617
SIRMEN, Ludovico (fl.1768) S621
SMETHERGELL, William (fl.1770-c.1805) S638
SMITH, John Christopher (1712-95) S652

SMITH, S.C. S659
SOHIER, Charles Joseph Balthazar (bapt.1728-59) S682
SOLÈRE, Étienne (1753-1817) S685
SOLNITZ, Anton Wilhelm (c.1708 or 1722-c.1758) S689
SOMIS, Giovanni Battista (1686-1768) S693
SOMMARIVA S695
SOMMER, Giovanni Mattia S697
SONNLEITHNER, Christoph (1734-86) S699
SORCOČEVIČ, Luka (1734-89) S706
SORS, Ferran (1778-1839) S712
SORVANI S714
SPANGENBERG, F.C. S735
SPARRY, Pater Franz (1715-67) S737
SPERGER, Johannes (1750-1812) S749
SPERLING S751
SPILLER, Franz (fl.1780) S756
SPOHR, Louis (1784-1859) S762
SPOURNY, Wenceslaus Joseph (fl.1770) S765
STAAB, Casparo S772
STADT S774
STADTLER, Franz (b.1760) S776
STAEPS (fl.1767) S778
STAIN S781
STALDER, Joseph Franz Xaver Dominik (c.1725-65) S783
STAMITZ S784
STAMITZ, Anton (1754-c.1820) S785
STAMITZ, Carl (1745/6-1801) S787
STAMITZ, Johann (1717-57) S789
STANZEN, J.L. (fl.1780) S791
STARCK, Johann Friedrich (1724-99?) S794
STARZER, Joseph (1726/7-87) S795
STAUBER S798
STEFFAN, Joseph Anton (1726-97) S816
STEGMANN S818
STEGMANN, Carl David (1751-1826) S819
STEGMANN, W.G. S820
STEIBERT S822
STEINMETZ, Johann Erhard (fl.1750) S823
STENDEL S825
STERKEL, Johann Franz Xaver (1750-1817) S838
STIASNI, Joseph S853
STOLZEL, Gottfried Heinrich (1690-1749) S872
STRUCK, Paul (1776-1820) S900
STUEBENER, L. S932
STUMPF, Johann Christian (c.1740-c.1801) S934
SUCHANEK, Carlo S942
SUDETTO S943
SUESSMAYR, Franz Xaver (1766-1803) S944
SUHLE, Johann Matthias (fl.1750) S947
SURMONTI S961; cf. Sarmonti.
SWIETEN, see Van Swieten.
SYDOW, Samuel Peter S982

SYLVA, Abbate Giovanni Elia de S985

TAGO, Lorenzo T126
TAIBER, see Teyber.
TALLMAN T149
TALON, Pierre (1721-85) T152
TANZ, L. (fl.1780) T171
TAPRAY, Jean-François (1738-c.1819) T175
TARCHI, Angiolo (c.1760-1814) T180
TARTINI, Giuseppe (1692-1770) T195; cf. Santini.
TASSINO T213
TEDESCO, see Schwarzendorf.
TERRADEGLIAS, Domingo (1713-51) T323
TESSARINI, Carlo (c.1690-c.1770) T338
TEYBER, Anton (1756-1822) T356; cf. Taiber.
THIR T455; cf. Schir, Schierl.
THOMELIN (fl.1765) T465
TINDAL, W. T588
TISCHER, Johann Nikolaus (1707-74) T611
TISECK T613
TOESCA, see Toeschi.
TOESCHI, Carl Joseph (1731-88) T645
TOMASCHEK, Wenzel Johann (1774-1850) T655
TOMASINI, Alois Luigi (1741-1808) T657
TORELLI, Federico (fl.1780s) T678
TORTI, Giuseppe T711
TOUCHEMOULIN, Joseph (1727-1801) T722
TOZZI, Antonio (c.1736-1812) T757
TRAEG, André (1748-c.1800) T763
TRAETTA, Tommaso (1727-79) T765
TRAVENOL, Louis-Antoine (1698 or 1708-1783) T779
TRENTIN T795
TRENTIN, G. T796
TRENTO, Vittorio (c.1761-1833) T797
TRIEBEL, J.N. T820
TRITTO, Giacomo (1733-1824) T839
TUBEL, Christian Gottlieb (fl.1760s-1776) T913
TUERCK, Daniel Gottlob (1750-1813) T915
TUMA, Franz (1704-74) T928

UCIELINI U170
UHLMAN, Johann Adam (1732-1802) U310
ULBRICH, Maximillian (1741-1814) U360
ULLINGER, Augustin (d.1780) U410
UMLAUF, Ignaz (1746-96) U480
UMLAUFF U520
UMSTATT, Joseph (1711-62) U530
UTINO U890; cf. Uttini.
UTTINI, Francesco Antonio Baldassare (1723-95) U930

VACCARI, Giuseppe V113
VACHON, Pierre (1731-1803) V118
VALENTINE, John (1710-91) V155
VALENTINI, Giuseppe (c.1680-after 1759) V158
VALENTINI, Michelangelo (c.1720-after 1768) V160
VALERI, Gaetano (1760-1822) V163
VALLE, Pietro V181
VALTER, see Walter.
VAN, see Van Swieten.
VAN ABEL, see Abel.
VANCURA, see Wanczura.
VANDENBROEK, Othon Joseph (1758-1832) V227
VANHAL, Johann Baptist (1739-1813) V254
VANSVITT, see Van Swieten.
VAN SWIETEN, Baron Gottfried (1733-1803) V281
VARESCO, Abbate Giambattista V296
VEICHTNER, Franz Adam (1741-1822) V426
VELIKY, Bedrich V443
VENATORINO, see Mysliveček.
VENNINGEN, Frederici De (fl.1799) V462
VENTO, Mattia (1735-76) V465
VENTURA, ?Giuseppe (?1702-after 1751) V467
VENTURINI, F.M. (c.1675-1745) V469
VERACINI, Francesco Maria (1690-1768) V474
VEROCAI, Giovanni (1700-45) V546
VETTER, Heinrich Ludwig V591
VIBERT, Nicolas (c.1710-72) V624
VILA, Agosti V696
VILANOVA, Ramon V699
VINCI, Leonardo (1690-1730) V777
VIOTTI, Giovanni Battista (1755-1824) V779
VITASEK, Jan (1770-1839) V837
VIVALDI, Antonio (1678-1741) V855
VOGEL, ?Cajetan (c.1750-c.94) V878
VOGEL, Johann Christoph (1756-88) V880
VOGL, see Vogel.
VOGLER, Georg Joseph (1749-1814) V884
VRANICKY, see Wranitzky.

WAGENSEIL, Georg Christoph (1715-77) W131
WAGNER, Ant. W134
WALDEK, Franz Adam (fl.1776) W159
WALDSTEIN, Ferdinand Ernst, Graf von (1762-1823) W168
WALPURGIS, Maria Antonia (E.T.P.A.), see Maria.
WALTER W233
WALTER, Joh.Ignaz (1755-1822) W234; cf. Valter.
WALTHER W235
WALTHER, ?Ignaz W236
WANCZURA, Baron de (c.1750-c.1801) W245
WANSKI, Jan (1762-after 1821) W251
WARBACH W300; cf. Wirbach, Woerbach.

WASSMUTH, Franz Georg (fl.1740) W323
WEBER W371
WEBER, Edmund (1766-1828) W373
WEBER, Giuseppe W374
WEICHENMAHR W416
WEIGERT, Fran. W418; see Weygert.
WEIGL, Joseph (1766-1846) W420
WEILER W422
WEINERT, Antoni (1751-1850) W424
WEINLICK W426
WEISS, ?R. W429; cf. Weyse.
WELTZ W464
WENGNER W474
WENT, Johann Nepomuk (1745-1801) W477
WERNER, Gregor Joseph (1693-1766) W493
WERTTIG, Giuseppe (fl.1780) W499
WESLERMEIR W515; cf. Westermayer.
WESLEY, Samuel (1766-1837) W522
WESTENHOLTZ, Carl August Friedrich (1736-89) W525
WESTERMAYER W527; cf. Weslermeir.
WESTROM, Andri (1720-81) W538
WEYGERT W546; cf. Weigert.
WEYSE, Christoph Ernst Friedrich (1774-1842) W550
WIDERKEHR, Jacques Christian Michel (1759-1823) W639
WIEDALLER W642
WIEDNER, Johann Gottlieb Karl (c.1714-83) W644
WILMS, Johann Wilhelm (1772-1847) W744
WINEBERGER, Paul Anton (1758-1821) W767
WINKLER, Pietro W775
WINTER, Peter (bapt.1754-1825) W786
WIRBACH, Martin (fl.1757) W798; cf. Warbach, Woerbach.
WISTEIN (fl.1780) W817
WITT, Friedrich (1770-1836) W827
WITZTHUMB, Ignaz (1720-1816) W834
WODICZKA, Wenceslaus (?1715/20-74) W839
WOELFL, Joseph (1773-1812) W841
WOERBACH W843; cf. Warbach, Wirbach.
WOLF, Ernst Wilhelm (1735-92) W853
WOLF, Fr. Rav. W854
WOLFF W855
WOLFF, Adolf Friedrich (d.1788) W856
WRANITZKY, Paul (1756-98) W939; cf. Vranicky.
WRASTIL, Florian (1717-58) W942
WRATTNI, Wenzel (fl.1780-1804) W950
WURZER, Baldino W972
WUTKY, ?Cajetan (b.1702) W973

YATES, William (fl.1760) Y345

ZACH, Johann (1699-1773) Z110; cf. Zech, Bach.

ZANDER, Johann David (1754-96) Z250
ZANETTI, Francesco (1737-88) Z260
ZANI, Andrea (1696-1757) Z310
ZAPPA, Francesco (fl.1763-88) Z340
ZARTH, Georg (1708-after 1778) Z380
ZEBRO, A.M. Z410
ZECH Z420; cf. Zach.
ZECHNER, Johann Georg (1716-78) Z425
ZELBELL, Ferdinand (1719-1780) Z510
ZELLER, ?Georg Bernhard (1728-after 1783) Z515
ZETTERWALL Z610
ZIANI, Marcantonio (1653-1715) Z640
ZIEGLER, Joseph Paul (1722-67) Z660
ZIMEKHI, Wenzel Z710
ZIMMERMANN, Anton (1741-81) Z730
ZIMMERMANN, Wenzel Z760
ZINCK, Bendix Friedrich (1743-1801) Z770
ZINGARELLI, Niccolo Antonio (1752-1837) Z780
ZINGONI, Giovanni Battista (fl.1759-66) Z790
ZLATNIK, Georg Joseph Z820
ZOBL Z830
ZOPPIS, Francesco (c.1715-after 1781) Z880
ZUMSTEEG, Johann Rudolf (1760-1802) Z950